[明]卢若腾 撰
陈红秋 校注
厦门市图书馆 编

方舆互考（上册）

厦门大学出版社

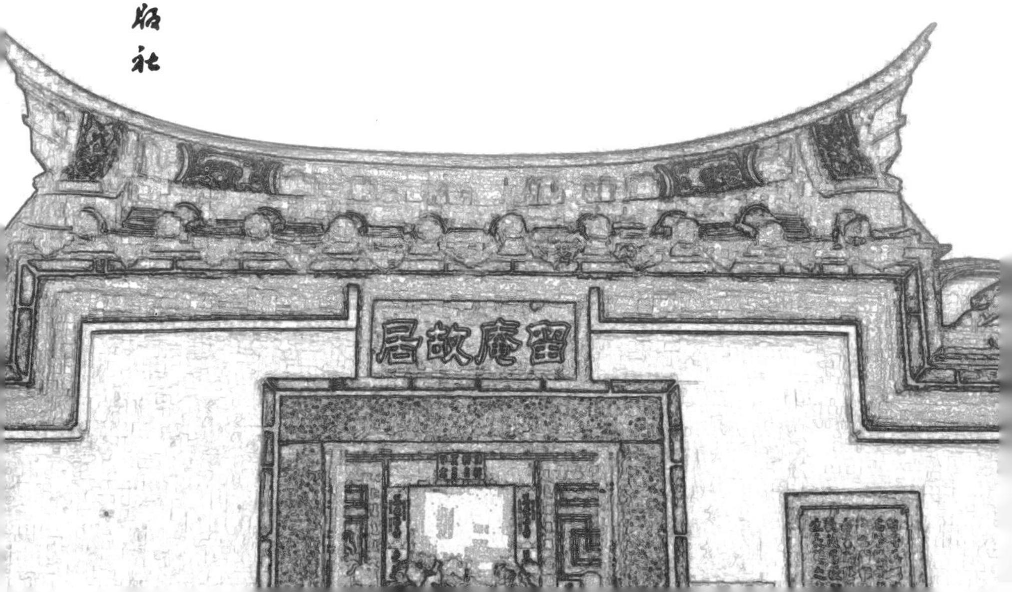

图书在版编目(CIP)数据

方舆互考/(明)卢若腾撰;陈红秋校注;厦门市图书馆编.—厦门:厦门大学出版社,2016.12
(厦门文献丛刊)
ISBN 978-7-5615-6340-3

Ⅰ.①方… Ⅱ.①卢…②陈…③厦… Ⅲ.①历史地理-厦门-明代 Ⅳ.①K925.73

中国版本图书馆 CIP 数据核字(2016)第 311310 号

出 版 人	蒋东明
责任编辑	薛鹏志
特约编辑	黄友良
封面设计	鼎盛时代
责任印制	朱 楷

出版发行 厦门大学出版社
社　　址 厦门市软件园二期望海路 39 号
邮政编码 361008
总 编 办 0592-2182177　0592-2181406(传真)
营销中心 0592-2184458　0592-2181365
网　　址 http://www.xmupress.com
邮　　箱 xmup@xmupress.com
印　　刷 厦门市明亮彩印有限公司

开本 880mm×1230mm　1/32
印张 23.5
插页 8
字数 620 千字
印数 1～2 000 册
版次 2016 年 12 月第 1 版
印次 2016 年 12 月第 1 次印刷
定价 80.00 元(上下册)

本书如有印装质量问题请直接寄承印厂调换

厦门大学出版社
微信二维码

厦门大学出版社
微博二维码

厦门文献丛刊
编委会

主　编　林丽萍
顾　问　洪卜仁　江林宣　何丙仲
编　委　陈　峰　付　虹　叶雅云　薛寒秋
　　　　陈国强　陈红秋　吴辉煌

《方舆互考》编校人员

校　注　陈红秋
统　校　江林宣　吴辉煌
编　务　李　冰　张元基

厦门文献丛刊

总　　序

厦门素有"海滨邹鲁"之誉，文教昌明，人文荟萃，才俊辈出，灿若群星。故自唐代开发以来，鸿章巨著，锦文佳作，层见叠出，源源不绝，形成蔚然可观的厦门地方文献。作为特定地域之人文精神的载体，这些文献记录了厦门地区千百年来之历史发展与社会变迁，讲述着厦门地区千百年来之政教民生与人缘文脉，是本地宝贵之文化遗产，更是不可多得的地情信息资源，于厦门经济建设之规划与文化发展之研究，具有彰往考来的参考价值。

然而，厦门地处滨海扼要，往昔频遭战乱浩劫，文献毁荡散佚颇多，诸志艺文所载之厦门文献，十不存三。而留存于世者，则几成孤本，故藏家珍如拱璧，秘不示人，这势必造成收藏与利用之矛盾。整理开发厦门文献，是解决地方文献藏用矛盾的有效手段。它有利于地方优秀传统文化之传播，有利于发挥地方文献为当地社会和经济发展服务之作用，从而促进地方文献的价值提升。因此，有效地保护、整理与开发利用厦门地方文献，俾绵延千百年之厦门地方文献为更多人所利用，已成当务之急。

保护人类文化遗产是图书馆的重要职能之一，而开发利用文献资源更是图书馆的一个重要任务。近年来，厦门市图书馆致力于馆藏地方文献的搜集、整理与开发，费尽心思，不遗余力。为丰富地方馆藏，他们奔走疾呼，促成《厦门地方文献征集管理办法》正式颁布，为地方文献征集工作提供法规保障；为搜罗地方珍本，他们千里寻踪，于天津图书馆搜得地方名士池显方的《晃岩集》完本，复制而归，俾先贤文献重返故里；为发挥馆藏效用，他们更是联袂馆人，群策群力，编纂《厦门文献丛刊》，使珍藏深闺的地方文献为世人所利用。厦门图书馆人之努力，实乃可贺可勉。

余观《厦门文献丛刊》编纂方案，入选书目多为未曾开发的地方文献，其中不少是劫后残余、弥为珍贵之古籍。如明代厦门文士池显方的《晃岩集》、同安名宦蔡献臣的《清白堂稿》等，皆为唯一存世的个人文集，所载厦门、同安之人文史事尤多，乃研究明代厦门地方史之重要文献；又如清代厦门文字金石名家吕世宜的《爱吾庐笔记》、《爱吾庐题跋》等作品，乃其精研文字，揣摩金石之心得，代表清末厦门艺术研究之时风；再如宋代朱熹过化同安时所著的文集《大同集》、明代曹履泰记述征剿海上武装集团的史料文献《靖海纪略》、清代黄家鼎权倅马巷时所著的文集《马巷集》、清代沈储记述闽南小刀会起义的史料文献《舌击编》等，亦都是厦门地方史研究的重要资料。这些古籍文献，璞玉浑金，含章蕴秀，颇有史料价值。更主要的是这些文献存世极少，有的可能已是存世孤本，急待抢救。《厦门文献丛刊》之编纂，不以尽揽历代厦门文献为能事，而是专注于这些未曾开发之文献，拾遗补缺，以弥补厦门地方文献开发利用之空白，实乃匠心独运之举。

《厦门文献丛刊》虽非鸿编巨制，然其整理、编纂点校工作繁重，决非一蹴可就。愿编校人员持续努力，再接再厉，使诸多珍贵的厦门文献卷帙长存，瑰宝永驻，流传久远，沾溉将来。

是为序。

罗才福

己丑年岁首

博古通今奇异书

——卢若腾的《方舆互考》

《方舆互考》，明卢若腾编撰。关于卢若腾，林树梅有《自许先生传》，清道光《金门志》、后修的历代《金门县志》都有传，记载颇详。卢若腾（1598—1664），字闲之，一字海运，号牧洲，明末福建同安浯屿（今金门）贤聚人。崇祯九年（1636年）举人，十三年进士。因"御试，召对称旨"，授兵部主事。与黄道周、沈佺期等气节相尚，引为同志。曾疏参杨嗣昌佞佛，升本部郎中兼总京卫武学。又三次上疏，劾定西侯蒋维禄。崇祯十五年（1642年），外迁浙江布政司左参议，分司宁绍巡海兵备道。在任期间，疏纠权珰田国兴，平山贼胡乘龙。居官洁己惠民，剔奸弊，抑势豪，峻绝馈遗，轻省赎锾。宁波士民建祠以奉，有"卢菩萨"之称。卢若腾所处时代，正值明末飘摇多事之秋。崇祯十七年（1644年），李自成起义军攻入北京，崇祯帝自缢而亡，明廷谢幕。继而登基南京的弘光帝（福王）召卢若腾为佥都御史。次年，即位福州的隆武帝（唐王）授以都察院右副都御史，巡抚浙东，后加兵部尚书，于浙东抗清。清兵入温州城，卢若腾偕镇将贺君尧率家人巷战，腰臂中流矢，力竭败出永清门，欲投水殉国，被部将救起。不久，黄道周兵败，卢若腾亦溃。南明隆武二年（1646年），隆武帝亡于汀州，清兵入闽。卢若腾同叶翼云、陈鼎退入安平镇，郑成功待以上宾。复转徙鹭江，偕王忠孝、沈宸荃、曾樱、许吉燝、辜朝荐、徐孚远、郭曾一、纪许国等南明遗臣，居于金门岛上，自号留庵，著书自遣。《方舆互考》当在此时编撰。文渊阁大学士路振飞曾疏荐于建都肇庆的永历帝（永明王），召拜兵部尚书，因道阻而不能赴任。南明永历十六年（1662年），郑成功病逝台湾，郑经离厦赴台袭职。永历十八年（1664年），卢若腾欲渡台投奔郑经，至澎湖病亟，忽问今是何日，侍者以三月十九日对答，卢若腾矍然曰："是崇祯先帝殉难之日也。"一恸而绝。

卢若腾著述颇多，据清道光《金门志·艺文志》著录，有《留庵文集》十四卷，《岛噫诗》一卷，《方舆互考》四十卷，《与耕堂值笔》七卷，《岛居随录》二卷，《浯州节烈传》、《与耕堂印拟》、《岛上闲居偶寄》，而志书中未录入的还有《学字》、《白业》、《焚余草》等。今尚存世的有《岛噫诗》等四部，《方舆互考》是其中之一。

厦门市图书馆馆藏八卷抄本《方舆互考》，当为目前存世孤本，其中正文七卷，补遗一卷。卷一通篇讲石；卷二侧重动植物兼物产；卷三从画疆入手，明晰了"三晋"、"三楚"等概念，详述九州分野源流及其神话志怪传说；卷四为名人陵墓山冢；卷五为名人古迹、宅第；卷六为古冢古器物；卷七为"石墨"、"石油"等物产，兼谈文人掌故佚事；卷八全面补遗。从书名辨别，"方舆"为大地之意，"方舆互考"有参校考证地理含义。查古代书名涉"方舆"书籍，如《方舆胜览》、《读史方舆纪要》、《方舆志》等，多为地理著作，由此判断编撰者，本意是一部地理博物之作。"愁愤无聊，曷消永日？辄披阅舆地诸书，而参证之以经传史说，凡郡邑、山川、关梁、陵墓、古迹，同名异地也，并录存之。时有征据，正其伪误。以至象形之连贯，流崎之灵奇，动植之珍傀，幽明之变怪，各随其捃摭所及，条分汇合，以资欣赏。"卢若腾的《方舆互考》自序如是说，清晰地说明了他编纂此书的背景、过程、内容与目的。而采辑众书，条分汇合，正是类书的编纂手段。所谓类书，是我国古代一种大型资料性书籍，辑录各种书中的材料，按门类编排，以备查检。仔细研读《方舆互考》，发现除了采辑、考证编撰者所称的"郡邑、山川、关梁、陵墓、古迹"同名异地者，还辑录了各地物产，如"丽人剩媚"、"留壁名画"等则涉猎大量文史故事，全书按一定分类编排，博古通今（文中指作者生活的时代，即明代），故可说是部地理博物琐闻的类书。

卢若腾"困寄金门时"，为"遣愁愤无聊而著"《方舆互考》，"爰授儿曹，俾寓目焉"，原为晚辈学习了解之用。书中明确点明书籍出处的，就多达228种。其中引用较多的书籍有《水经注》、《舆地碑目》、《酉阳杂俎》、《山海经》、《史记》、《左传》、《路史》等，涉及《大戴礼》、《文选》、《登楼赋》、《云林石谱》、《西京杂记》等文史杂著、歌赋、志怪神话小说等。内容包涵天文、地理、历史、风俗、志怪、人物等，丰富庞杂。其时卢若腾困居海隅小岛，却有如此宏篇巨著问世，足见其博览群书，满腹经纶。

书中记述景观掌故，采多家说法，引用史料、诗句多方分析考证，按语加以研判。常有破俗之见，如述宋邑宰黄子理掘断龙拜山，福建永福科第始盛之例，按语"地脉人事，自有定数"，不拘泥世俗之见。许多景观现存，记述由来等资料，如泉州老君岩等，可补方志之缺，保存了乡邦文献资料。编撰者博学多识，对奇石、墓冢、各地物产等都有较为深入研究，如"石经"、"古篆"等，采撷各家说法，融入自己的分析判断，颇有见地。

阅读本书，可领略祖国山河壮美，感叹造物神奇。虽为石桥、石梁、一线天等各地景观的同题集中，但描述生动，语言各异，可感受景物千姿百态。与有关著作对照，还可分辨景观发展、变化。如雁荡山龙鼻洞，卢若腾的描述："温州府乐清县东九十里雁荡山平霞嶂，右胁有洞，顽石而窍，陷入一龙，独绀碧夭矫，鳞鬣咸具，从洞西南峡中奔而下，一爪踞地，垂首悬鼻如瓠，鼻孔石髓时时下一滴，谓之'龙鼻水'，味甘，已目翳。"徐霞客描写："云内石色俱紫黄，独罅口石纹一缕，青绀润泽，颇有鳞爪之状；自顶贯入洞底，垂下一端如鼻，端孔可容指，水自下滴，下注石盆。此嶂右第一奇也。"卢的描写不输徐霞客,有异曲同工之妙,卢去温州当在徐后,可看出景物发生了变化。

《方舆互考》记载各地风景名胜、文物古迹,在当今的"大众旅游时代",对开发各地旅游资源,丰富旅游内涵,颇有帮助。该书记录了各地的矿产,如石墨、砚石、石液(石油)等出产情况,可知古代人们对石油等早有认知。该书记录了古代人们对中外不同类型宝石的认识,如鸦忽石、猫睛石等,时下"鉴宝热"升温,不断趋于理性,可帮助人们获取有关珠宝鉴赏的知识。

厦门市图书馆馆藏《方舆互考》,"补遗"只编到"贵征冥告",下一则"灵宇夜移"有标题而无下文,似不全,可见是不完整本。据《方舆互考自序》所言,"次为四十卷,命曰方舆互考",最初卢若腾编撰的卷数为四十卷。道光年间的金门人林树梅,在所著《啸云文钞》的《自许先生传》附录(校刊牧洲先生遗书凡例)中称:"树梅因得搜罗先生所著……《方舆互考》三十六卷,《互考补遗》一卷"。《金门志·艺文志》则谓:"自序称四十卷,林树梅《啸云文钞》乃云三十六卷,补遗一卷。盖屡遭兵燹,残缺久矣"。厦门市图书馆现馆藏《方舆互考》抄本,据书中题写的"同里孙勖吾抄 林树梅重校",可知该书乃林树梅重新整理的。然其整理后的《方舆互考》,正文七卷,补遗一卷,为八卷本,与《自序》所记载的卷数相差甚远。校注过程中,我们发现抄本"幻影"条目上有"卷之三十"的字样,当为原编入卷之三十处的"幻影"内容,后来编入八卷本的第六卷中了。据此判断,林树梅所得的《方舆互考》三十六卷书稿已残缺不全,经他重新整理编订,方成现在所见的馆藏抄本。当然这是我们的推断,由于至今没有《方舆互考》的其他版本可比对,无法做出最后的结论。

在查找《方舆互考》有关资料过程中,我们发现乾隆、嘉庆《同安县志·艺文志》中均记载《方舆图考》十一卷,卢若腾人物传记著作中也多题《方舆图考》,清道光《金门志》人物列传也题有《方舆图考》，1933 年《厦门图书馆声》第 2 卷第 10 期《同安著作人物考》也著录"卢若腾……所著有……《方舆图考》三十二卷"，均不知所据。《方舆互考》书名出现，是在清道光《金门志·艺文志》以及林树梅的有关记述中，后人所辑《留庵诗文集》中，该书自序也题为《方舆互考自序》。由此我们推测，《方舆图考》当为《方舆互考》的讹误。卢若腾的《方舆互考》成书后，其孙卢勖吾曾抄写一份并作"补遗"一卷，清道光《金门志》人物列传"卢饶研（卢若腾子）"下述"子勖吾……日取祖父所著书校雠装演。……著有《方舆互考补遗》……（卢氏家谱）"即是。该书未曾付梓，因而不被世人知晓，题名难免被讹误了。直至道光年间被林树梅所觅得并整理出来，方才还其本来面目。至于是否有《方舆图考》一书，因至今未见实书，难下结论，只待古籍文献的再发现。

限于认识水平，《方舆互考》有其局限性。由于无法科学解释透视、地壳运动等现象，书中有"倒影"、"无水"、"海市蜃楼"、"移山"、"涌山"等诸多奇异现象记载，实则自然界的客观变化的真实记录。神异故事、神话传说，如人变龙、钟变龙、钟龙相斗的故事，及占科石、占灾祥石等篇章，一方面留存了民俗风情，一方面阅读时当科学分析，有益吸收。本书典故颇多，阅读时可查找百度，有助加深理解，甚至有豁然开朗之喜悦。

编　者
2016 年 7 月

目 录

自　序 …………………………………… [明]卢若腾　1

卷之一 ……………………………………………………… 2
灵石/印石/照石/影石/面石/目石/掌石/迹石/蹄石/香石/润石/蠹石/方石/动石/应石/徙石/飞石/浮石/长石/裂石/合石/坐石/穿石/宝石/妍石/怪石/磐石/砚石/屏石/杂器石/占年石/占雨石/祷雨石/占灾祥石/占科石/望夫石/祈子石/试剑石/应潮石/出米石/出盐石/出钱石/星化石/树化石/地涌石/水涌石/自起石/不移石

卷之二 ……………………………………………………… 99
草木志异/产变/人化龙/龙寓物/龙卵/异蛇/异鸟/衔叶鸟/异兽/异鱼/飞鱼/化龙鱼/分水鱼/朝庙鱼/大鱼骨/鸟不栖/蛙不聒/蚊不至/蚁不生/异米/仙果/异花/占年花/占科花/洞花/法花/香海棠/异竹/神竹/乐竹/杖竹/兵竹/小巧竹/甘棠树/奇古树/合干树/交代树/占年树/占科树/草木效顺/草木旌忠/木书/叶符/枯木/木辟

谷/草辟谷/土可餐/石可餐/木中有物/石中有物/池盐/海盐/土盐/石盐/木盐/外国异色盐

卷之三 …………………………………………………… 189

画疆来历/分野源流/正都别都/三辅四辅/天星名郡/物瑞筑城/御笔破山/神锋剿水/重崖蔽日/一水分风/洞穴遥通/井泉互注/溪山应梦/陵谷预铭/绝迹灵区/禁声异境/仙都现隐/洞府闭开/树下龙书/石中福地/植杖成树/飞履化禽/龙像能真/水神畏画/山间木客/水里金牛/山神托胎/人杰钟秀/贵征冥告/血食自知/灵宇夜移/鬼工阴作/孝娥庙貌/贞妇血痕/神女余香/丽人剩媚

卷之四 …………………………………………………… 274

盘古墓/伏羲陵/仓颉墓/女娲陵/轩辕陵/蚩尤冢/颛顼陵/商嚳陵/帝尧城/帝舜陵/舜妃墓/丹朱墓/皋陶墓/巢父墓/许由墓/关龙逢墓/成汤陵/伊尹墓/微子墓/比干墓/箕子墓/伯夷、叔齐墓/泰伯墓/太公望墓/尹吉甫墓/管仲墓/鲍叔牙墓/宁戚墓/赵盾墓/鉏麑墓/程婴、公孙杵臼墓/狐突墓/季札墓/徐君墓/晏婴墓/卫灵公墓/蘧伯玉墓/程本墓/庄子墓/闵子骞墓/冉伯牛墓/子路墓/澹台子羽墓/高柴墓/公冶长墓/左丘明墓/佛肸墓/盗跖墓/楚平王墓/楚昭王墓/陶朱公墓/彭祖墓/扁鹊墓/鳖灵墓/段干木墓/聂政墓/孟尝君墓/孙膑墓/庞涓墓/淳于髡墓/燕昭王墓/乐毅墓/赵武灵王墓/廉颇、蔺相如、李牧墓/苏秦墓/左伯桃、羊角哀墓/宋玉墓/甘罗墓/樊于期墓/扶苏墓/蒙恬墓/朱买臣墓/郑都墓/苏武墓/汲黯墓/金日䃅墓/张骞墓/东方朔墓/霍去病墓/霍光墓/公孙弘墓/韦贤墓/张禹墓/扬雄墓/邓禹墓/桓荣墓/班超墓/鲁恭墓/李固墓/范式墓/

栾巴墓/郭巨墓/董永墓/董黯墓/丁兰墓/马融墓/蔡邕墓/刘表墓/陶谦墓/华佗墓/关云长墓/张飞墓/赵云墓/曹植墓/颜良墓/孙钟墓/孙坚、孙策墓/周瑜墓/太史慈墓/甘宁墓/陆凯墓/项羽墓/虞姬墓/杜预墓/张华墓/刘伶墓/阮籍墓/毕卓墓/王祥墓/梁山伯、祝英台墓/石勒墓/陶母墓/温峤墓/郭璞墓/谢安墓/郗愔墓/习凿齿墓/葛玄墓/葛洪墓/陶靖节墓/谢灵运墓/昭明太子墓/僧宝志墓/顾野王墓/隋炀帝陵/魏征墓/房玄龄墓/杜如晦墓/尉迟敬德墓/李靖墓/孔颖达墓/程知节墓/李勣墓/单雄信墓/袁天纲墓/李淳风墓/骆宾王墓/狄仁杰墓/颜真卿墓/许远墓/李白墓/杜甫墓/段秀实墓/李晟墓/浑瑊墓/陆贽墓/贾岛墓/裴休墓/令狐楚墓/唐明宗陵/卢光稠墓/胡曾墓/罗隐墓/宋齐丘墓/沈彬墓/徐铉墓/王旦墓/范仲淹墓/孙复墓/赵抃墓/赵鼎墓/胡安国墓/张孝祥墓/陆秀夫墓/张世杰墓/范增墓/纪信墓/张良墓/陈平墓/周勃墓/樊哙墓/张耳墓/娄敬墓/李左车墓/吴芮墓/梅鋗墓/英布墓/夏黄公墓/羹颉侯墓/丁公墓/冯唐墓/青山冢/严助墓/字山/寿山/灯山/移山/涌山/浮山/通山/凿山/幻山/光山/多面山/广顶山/闻声山/藏书山/占年山/占雨山/占灾祥山/占科山/应星山/无寺山/四削山/纯石山/一线天

卷之五 393

伏羲画卦处/轩辕丘/姚墟/舜井/舜陶处/舜渔处/鲧堤/禹穴/许由洗耳、巢父饮牛处/成汤放桀处/成汤祷雨处/空桑/武王放牛处/太公钓处/葵丘/管鲍分金处/介子推隐处/程婴、公孙杵臼藏孤处/老子生处/老子传经处/漆园/庄子钓处/孔子畏匡处/子路问津处/子路宿石门处/子游弦歌处/蘧伯玉故里/伍子胥遇浣纱女处/卞和泣

玉处/五丁开道处/白起坑赵卒处/博浪沙/田横故垒/戚夫人里/琴高乘鲤处/李陵望乡处/昭君村/杜康造酒处/汉光武渡冰处/吕母起兵处/姜诗孝泉/蔡伦造纸处/马融读书处/马融授经处/郑玄设教处/孙钟种瓜处/八阵图/孔明渡泸处/王祥卧冰处/殷羡投书处/佛图澄洗肠处/温峤燃[然]犀处/支遁放鹤处/慧远掷笔处/江淹梦笔处/杨贵妃生处/晒经石/东坡/苏堤/蚩尤城/高阳城/尧城/唐城/丹朱城/豢龙城/亳城/葛城/羑里城/微子城/蕫廉城/营丘城/谯城/燕城/朝鲜城/辽阳城/棘津城/虞城/虢城/下蔡城/谷城/魏城/阆间城/方城/钟离城/白公城/王官城/丹阳城/鄡城/马邑城/甘罗城/沙丘城/三户/霸王城/东城/平城/厌次城/云中城/巨鹿城/广武城/古冶/东瓯城/长安城/任嚣城/赵佗城/夜郎城/昌邑城/二疏城/春陵城/公孙述城/铜阳城/定远城/刘备城/诸葛城/武侯城/曹操城/吕蒙城/康乐城/东阿故城/鱼复城/龙亢城/乐乡城/彭泽治/豫让桥/圯桥/汉光武扳倒井/柳毅井/潜灊浐/互乡/启母石/桐宫/细腰宫/范蠡宅/澹台子羽故居/扁鹊故居/孟母宅/蔺相如宅/屈原宅/宋玉宅/春申君宅/莫愁故居/梅鋗故居/董仲舒故居/王褒宅/梅福宅/严君平宅/张衡宅/蔡经宅/诸葛故居/王粲宅/孟宗宅/丁令威宅/陆机宅/王羲之宅/陶侃故宅/谢安宅/陶靖节故居/庾信宅/顾野王宅/王通故里/袁天纲宅/张九龄宅/杜甫故居/高力士宅/平泉庄/罗隐宅/范文正公宅/六一堂/安乐窝/朱文公宅/仲宣楼/庾亮南楼/文选楼/李白酒楼/仓颉造书台/涂山氏台/沙丘台/灵台/测景台/章华台/丛台/黄金台/望海台/戏马台/梁孝王平台/司马相如琴台/闽中越王台/严子陵钓台/射戟台/孙登啸台/刘伶台/昭明太子读书台/顾野王读书台/子云亭/华阳亭/孟亭

卷之六 …… 477

铁冢/女冢/燕冢/自成冢/余威冢/发冢如生/发冢更活/禽冢/兽冢/虚粮冢/空乐/幻影/倒影/无影/奇构/神木/名塔/铁塔/铜像/铁像/镌石像/飞像/飞炉/涌像/浮像/浮经/远闻钟/神异钟/古铜鼓/古石研/古瓦研/古箭/古鼎镬/古铁/古船/古木鱼/古甋[砖]瓦/仙人器具/仙人棺

卷之七 …… 570

石墨/石铁/石油/石乳/天然石像/天然石龙/天然石龟/天然石鱼/天然石禽/天然石兽/天然石花草/天然石果/天然石城/天然石室/天然石门阙/天然石塔/天然石碑/天然石梁/天然石井/天然石田/天然石钟鼓/天然石樽/天然石棋/天然石器/石经/古篆/三绝/四绝/集刻名书/磨[摩]崖大字/再完碑/无字碑/雷书灵迹/儒书灵迹/仙书灵迹/释书灵迹/魂书灵迹/留壁名画

卷之八　补　遗 …… 655

剑池/墨池/饮马池/洗药池/丙穴/京观/琉璃井/夫人城/铜柱/索桥/皮船/吕后杀韩信处/汉光武渡冰处/孟嘉落帽处/晒经石/巨桥/汉光武扳倒井/范蠡宅/朱买臣读书台/丹朱墓/冉仲弓墓/长沮、桀溺墓/楚庄王墓/孙叔敖墓/巴蔓子墓/孟姜墓/张敖墓/吕蒙墓/孟嘉墓/谢晦墓/曹彬墓/张叔夜墓/灯山/移山/涌山/通山/多面山/广顶山/占年山/占雨山/四削山/一线天/寿水/酿水/茗水/淬水/疗疴水/瀑布水/流觞水/辨官水/应祈水/陷沦水/绝巅水/通脉水/逆逝水/黑色水/甘水/二味水/海中淡水/清水/温水/凉水/温凉水/水状之奇/潮泉/雷泉/剑泉/锡泉/不盈泉/迁移泉/云井/

风穴/动土/响土/攻玉沙/字石/印石/照石/目石/迹石/蠹石/应石/飞石/长石/坐石/穿石/妍石/怪石/砚石/屏石/试剑石/出米石/星化石/树化石/地涌石/石铁/石乳/天然石像/天然石鱼/天然石禽/天然石室/天然石阙/天然石碑/天然石梁/天然石井/天然石田/天然石钟鼓/天然石棋/天然石/三绝/摩崖大字/再完碑/无字碑/雷书灵迹/儒书灵迹/留壁名画/勒石名画/疑冢/女冢/余威冢/自成冢/发冢更活/幻影/奇构/名塔/铁塔/铁像/镌石像/塑像(新增)/飞像/浮像/远闻钟/神异钟/古铜鼓/古鼎镬/古砖瓦/仙人器具/仙人棺/异鸟/异兽/鸟不栖/蛙不聒/异米/异花/异竹/甘棠树/奇古树/占年树/木书/木中有物/井盐/洞穴遥通/溪山应梦/陵谷预铭/洞府开闭/贵征冥告/灵宇夜移

方舆互考地名释录 ……………………………………………… 711

后　记 …………………………………………………………… 735

自 序[1]

[明] 卢若腾

少时慕司马子长，周览远涉，讲业观风，卒成千古大著作手。而食贫菰芦中，不能聚粮而适千里。一行作吏，便为簿书案牍所桎梏，即几席间之名胜，有未尽过而问者已。其时方锐意经营四方，尚子平[2]敕断家事，遍游五岳名山，固将有待。亡何，丧乱洊至，事与心违，荏苒十年，紫梦赤伏之符，寄身丹崖之岛，舒眸纵步，以海为际。嗟乎！桑弧蓬矢，生而悬之，郁郁久居，此不大惭负我须眉哉！

愁愤无聊，曷消永日，辄披阅舆地诸书，而参证之以经传史说，凡郡邑、山川、关梁、陵墓、古迹，同名异地也，并录存之。时有征据，正其伪误。以至象形之连贯，流崎之灵奇，动植之珍傀，幽明之变怪，各随其掇摭所及，条分汇合，以资欣赏。次为四十卷，命曰《方舆互考》。爰授儿曹，俾寓目焉。虽志在四方，所急非此，然开卷而具遨游之致，抑犹贤于博弈者乎？若夫挂一漏万之讥，故自知其必不免也。

[1] 录自金门县文献委员会编印《留庵诗文集》，1978年。
[2] 尚子平，即向子平。据《后汉书·逸民列传》，向长，字子平，河内朝歌人。隐居不仕，"建武中，男女娶嫁既毕，敕断家事勿相关，当如我死也"。与好友游五岳名山，不知所终。

方舆互考 卷之一

灵 石

平阳府霍州之灵石县，旧属介休县，东南有高壁岭、雀鼠谷、分[汾]水关，皆汾西险固之所。隋开皇十年，因巡幸，傍汾开道，取其平直，得石文曰："大道好吉。"因分置灵石县。

魏明帝青龙三年，张掖删丹县柳谷石上有文字曰："上上三天王述大金大讨曹金但取之金立中大金马一匹中正大吉关寿此马甲寅述水"，凡三十五字[1]。苍质白章，字皆隆起。明帝恶"讨"字，凿去为"计"，以苍石塞之。宿昔而白石满焉，盖司马氏灭魏之先兆也。删丹县，即今山丹卫。

晋永嘉中，张轨霸河西，张掖临松山有石文，作"张掖"字，掖字渐磨灭，粗可识，而"张"字分明。又有文曰："初祚天下，西方安万年。"临松山，在今甘州卫城南一百里，一名青松，一名丹霞，一名马蹄。

北齐武平三年，白水岩下青石旁，有文曰"齐亡走"，人改之为"上延"，后主以为嘉瑞，百僚毕贺。后周师入国，后主果弃邺而走。

拓拔魏太祖真君五年[2]二月，张掖郡上言：丘池县[3]大柳谷山大〈石〉有五，皆青质白章，间成文字。其二石记张、吕之前，已然之效；其三石记国家祖宗，以至于今。一云："慕容氏继世四六，天法平，天下大安"，凡十四字；一云："珪应王，载记千岁"，凡七字；一〈云〉："嗣长子二百二十年"，凡八字；一云："太平天王，继世主治"，凡八字；一云："晃昌封太山"，凡五字。慕容氏[4]，昭成帝后也；珪[5]，道武帝也；嗣[6]，明元帝也；晃[7]，明元太子也。道武初封太平王，又号太平真君。群臣以为与石文相应，请宣告四海，太祖可其奏。

隋大业十三年，西平郡有石文曰："天子立千年"，百僚称贺。有识者尤之曰："千年、万岁者，身后之意也。今称立千年者，祸在非远。"明年而帝被弑。

唐高祖时，齐王元吉于晋阳宫获青石，若龟形，文有丹书四字曰："李渊万吉"。

太宗以武德九年八月即位，九月壬戌林州献祯石，隐起成文曰："圣主某大吉，子孙五千岁。"素质玄字，篆隶相参。按：今梧州府郁林州陆川县境，有废绣州，即唐初林州地，先名林州，后改绣州也。

贞观七年八月，凉州昌松县鸿池谷有石五，青质白文，成字曰："高皇海出多子李元王八十年太平天子李世民千年太子李治书燕山人士乐大国主尚汪谭奖文仁迈千古大王五王六王七王十凤毛才子七佛八菩萨及上界佛田天子武贞观昌大圣延四方上不治示孝仙戈八为善"[8]。其文初不可晓，后人因推己事以验之。盖武氏[9]革命，自以为金德王，其"佛菩萨"者，慈氏金轮之号也；"乐大国主"则镇国太平公主[10]、禁乐公主[11]，皆以女乱国；其"五王六王七王"者，唐世十八之数也。贞观二十年，陕州有石成字曰："李君王"。

武后时，雍州永安县人唐同泰[12]，于洛水中得瑞石一枚，上有紫脉成文云："圣母临朝，永昌帝业"，遂置永昌县。后并州文水县，于谷中又得一石，有"武兴"字，遂改文水为武兴县。

开元十九年，河南登封县石文，旧有"帝"字，新生"上"字。开元末，于弘农古函谷关得宝符，白石赤文，正成"桼"字，解者曰："'桼'者，四十八字也，所以示圣主御历之数也。"遂改元天宝。

宋太平兴国四年九月，夹江县民王谊得黑石二，皆丹文，其一云："君王万岁"，其二云："赵二十一帝"，缄其石来献。其后宋祚终于一十八帝，石文竟不验。

政和二年，晋州土中得一石，绿色，方三尺余，当中有文曰："尧天正"。其字如掌大而端楷，类手画者，"尧"字居右，"天正"字缀行于左。都堂验视，砻石三分而字画愈明，又于"尧"字之下隐约出一"瑞"字，位置始均。盖曰"天正尧瑞"云。时谓之玄圭[13]。

建炎三年四月，鼎州桃源洞大水，巨石乘流而下，有文曰："无为大道，天知人情；无为窈冥，神见人形；心言意语，鬼闻人声；犯禁满盈，地收人魂。"鼎州，今常德府。

乾道四年，兴化游洋民凿井二丈余得石，有文曰："石上状元"。明年郑侨[14]廷试第一，清源石起宗[15]亚之。

福宁州卓越，景泰元年庚午领乡荐，历官永嘉、金乡令，有廉能声。其母将生越时，卧室轧轧有声，惊疑他徙。已室后山崩坏室，山石裂开，中有"卓越"二字，故以"越"名。后赴礼部，途遇贼，匿水中，觉有人捧其足。天顺癸未[16]，礼闱火，越遇巨人，蹴背逾墙出。人称三异。

宁德县西北二十里有登龙石。弘治十年，水涨金溪，山墩崩去半，中有两石相合，摧流其一更，一尚存，中刻二字曰"登龙"，字径方五寸。

按：石文成字必出于崖壁之上者，乃为真符瑞；若零星块石，人可负携者，多是奸人伪造，以惑听邀赏。武后时，献瑞石甚多。唐同泰所献，乃凿石为字，而用药和紫石末以填之者，事旋败露。武后厌之，自是献瑞石者，不复采用矣。后之人不可不知，纵有一二偶验，要不可深信也。

[1]"上上三天王……凡三十五字"句，按：此石文三十五字，见《三国志》、《宋书》。"大金"《宋书》作"大会"；"大讨曹"《宋书》作"讨大

曹";"中正"《三国志》作"在中";"关"《三国志》作"开"。
[2] 拓拔魏太祖真君五年，当指北朝魏太武帝拓跋焘太平真君五年（444年）。
[3] 丘池县，当为张掖郡氏池县。
[4] 慕容氏，即昭成皇后（？—360）慕容氏，鲜卑族，前燕文明帝慕容皝之女，代国昭成帝拓跋什翼犍的皇后。
[5] 珪，即北魏武道武帝拓跋珪（371—409），又名拓跋开、拓跋什翼圭、拓跋翼圭，字涉珪，鲜卑族，北魏开国皇帝。
[6] 嗣，即北魏明元帝拓跋嗣（392—423），鲜卑族人，南北朝时期北魏第二任皇帝。
[7] 晃，即拓跋晃（428—451），鲜卑族，北魏太武帝拓跋焘长子，被立为太子。
[8] "高皇……"句，中华书局1975版《旧唐书》卷三十七志第十七"五行"题：贞观十七年八月……成字曰："高皇海出多子李元王八十年……千年太子李治书燕山人士乐太国主尚汪谭奖文仁迈千古……及上界佛田天子文武贞观昌大圣延……治示孝仙戈入为善。"
[9] 武氏，指武则天（624—705）。
[10] 镇国太平公主（约665—713），为唐高宗李治与武则天的小女儿，由于参与诛杀张易之、张昌宗兄弟有功，而受封"镇国太平公主"。
[11] 禁乐公主，当指安乐公主李裹儿（685—710），唐中宗李显之女，韦氏所生，与韦后毒害中宗。后被李隆基发动政变诛杀。
[12] 唐同泰，唐雍州永昌县人，屡试不第，捐钱买秀才。后向武则天进献伪造的假瑞石，被授游击将军，因置永昌县，文水县改武兴县。不久事败被杀。另有说唐同泰是假造的一个名字。
[13] 玄珪，亦作"玄珪"。一种黑色的玉器，上尖下方，古代用以赏赐建立特殊功绩的人。
[14] 郑侨（1144—1215），字惠叔，号回溪，福建兴化（今莆田）人。乾道五年（1169年）状元及第，官至参知政事，知枢密院事，赠太师，封郇国公，谥忠惠。
[15] 石起宗，字似之，宋代晋江同安（今福建同安县）人。乾道五年（1169年）进士第二名。任秘书省正字，权仓部郎官，漳州通判、尚书吏部员

外郎等职。
[16] 天顺癸未，明天顺七年（1463年）。

印　　石

池州府建德县北印石山，断崖石壁上有"许旌阳"[1]印文，二三相对，圆如马蹄。故老谓旌阳逐蛟过此，其地名沥水崖，崖崩成壁，乃印石而去。

徽州府积溪县[2]南石印潭，方广十丈许，中有巨石，痕如印文之状。

长沙府安化县东南九十里归化乡田中，有印文石。方广百十丈，上有天生印文，大小八颗。或履之，即雷鸣阴雨，其文愈明。

汀州府永定县大埠虎坑，有玉玺石。其石四方，浮于溪面，有纹纵横如隶书。

附　录

九江府德安县北四十里葛洪山，葛洪[3]尝游此，见田蛭害人，为书符篆于石，置田畔，蛭害旋止。

承天府京山县西六十里潼泉山下，有董仲[4]符石。其地多蛇虺毒，仲过此，尝书二符石上，其害遂除。仲，董永之子，即天女所生者。

[1] 许旌阳，即许逊（239—374），江西南昌人，晋代道教人物。晋太康元年（280年）举孝廉，出任旌阳令，人称许旌阳。在江南地区留下了斩蛟龙治水的传说，誉为"神功妙济真君"、"忠孝神仙"，又称许天师、许真君。
[2] 徽州府积溪县，当为徽州府绩溪县。
[3] 葛洪（284—364），字稚川，自号抱朴子，晋丹阳郡（今江苏句容）人。曾受封为关内侯，后隐居罗浮山炼丹。著有《神仙传》、《抱朴子》等。
[4] 董仲，东汉董永之子，自幼灵异，数次书符镇妖。

照　　石

　　保定府庆都县五岳庙前，有透灵碑。俗传碑初立时，其色莹彻可鉴人形。今虽蚀于风雨，余光亘然。

　　完县西南油山石，色光润可以鉴人，故名。

　　凤阳府临淮县清流门外乾明寺，有倒照石。《弥勒佛记》云：石光明莹洁，可鉴毫发。今为乾明庵。

　　徽州府婺源县北十五里苍龙洞第四叠瀑泉上，丹壁数仞，中方尺许，可鉴，号"石镜"。

　　绩溪县东五里石照山，有石高三丈许，光可鉴物。

　　宁国府宁国县南十余里石镜山上，有片石平莹可鉴。黄巢过此，照之，状若狝猴，怒而烧之，石昧久乃光。

　　池州府石埭县西一百六十里栎山之麓，有石正圆，光可以鉴，俗名"镜石"。

　　安庆府潜山县北二十里玉镜山，唐贞元二年，从皖山东面忽然暴裂，皎莹如玉，行人远见，如悬镜然。刺史吕渭[1]奏闻，因改"万岁乡"为"玉镜"，一名"玉照"。

　　济南府长清县[2]东南九十里方山，顶有明镜石。相传昔夐生于此得仙石三丈，明莹如镜，魑魅行伏，了然镜中。至南燕时，镜上忽有漆，俗言山神恶其照物，故漆之。

　　青州府临朐县西南七十里，仰天山之阿，有小岩洞，高深不逾寻丈。壁有石，大视两掌，其光可以鉴。每月明，则山峦草树咸在鉴中。

　　卫辉府辉县西北七里，苏门山中湖寺有石镜，半规黝，莹能鉴天日、山河、人物之影。后有一官见而异之，舁以归。至盘山，忽昏暗无所见，乃复送至寺。

　　南阳府邓州内乡县顺阳保小江口之北，有石崖高数仞许，截然如削。其色青莹，下有潭水，色亦涟漪。宋顺阳尉郭端来游，名为"玉照崖"。

西安府城南五十里终南山老妪石之左，有一圆石，明可鉴物，谓之"石镜"。按："终南"，一作"中南"，言在天之中，居都之南也。

临潼县东南三里骊山下，有笋殿，殿侧有魏温泉堂碑，其石莹彻见人形影，号为"玻璃碑"。

汉中府褒城县南二十里黑龙江山河堰石门之上，有石镜可烛须眉。按：山河堰，一名萧何堰，盖起自汉相国萧何，而平阳侯曹参成之。故有山河庙祀曹平阳，额曰"惠远"。有宋庆历年县尹窦克碑。

杭州府临安县南里许，石镜山东峰有圆石光莹如镜。钱镠[3]幼时临照，其形首戴冠冕。既贵，昭宗诏改为"衣锦山"。

昌化县西南三十五里龙须岭后，有石莹彻可鉴，明则霁，昏则雨，居人以为占候。阴晦之夜，光烛如月。昔有夜盗刈人麦者，乡人嗔石光为盗便，众纷然斧凿，以秽物污之，遂昏晦数十年。后夜光间发而明，终不继，惜哉！县西北九十五里，照金岩下有石，其光可鉴毛发，遭红巾寇焚，遂不复明。

南昌府城北二百一十五里松门山上，有石镜，光可照人。

九江府城东南九十里宫亭湖边，傍山间，有石数枚，形圆若镜，明可鉴人，谓之"石镜"。

南康府城西二十五里石镜峰，有一圆石悬崖，明净照见人形，隐见无时。谢灵运诗"攀崖照石镜"，李白诗"闲窥石镜照我心"，谓此。

吉安府永丰县南一百六十里凤凰山，欧阳永叔父崇公[4]葬此，所谓泷冈阡是也。厥后，奉母郑夫人之丧以归，合葬焉。青州石镌阡表[5]，其石绿色，高丈余，光莹可鉴。

南安府城东北三十里大岩村青龙冈，上有石，时放光明，号

"镜石"。

武昌府城西南黄鹤楼西有石照亭，临崖有石如镜，为西日所照，炯然发光。

岳州府临湘县南十五里大江滨道人矶旁，有白石高丈余，其光如镜，名"石镜"。

澧州东三十里嘉山下江堧有石，光润可鉴，名"镜石"。

永州府祁阳县南五里浯溪上，中兴碑旁，有镜石高尺五寸，阔二尺五寸，厚三寸余，嵌崖石间，黝黑如漆，光莹可鉴人须眉，隔江草树田垄一一皆见。昔有窃去者，石遂昏，归其原处，明彻如故。

道州宁远县南六十里九疑山箫韶峰东北，有麓床三级，其第二级有二石鉴，寒光清圆。

成都府城西北武担山有开明妃墓，墓上一石厚五寸，径五尺，莹彻，号曰"石镜"。杜子美诗云："蜀王将此镜，送死置空山。冥漠怜香骨，提携近玉颜。众妃无复叹，千骑亦虚还。独有伤心石，埋轮月宇间。"按扬雄《蜀本纪》[6]云："石镜径二丈，高五尺。"罗泌《路史》[7]云："石镜周三丈五尺。"其说不同，张彭《锦里耆旧传》[8]云："开明妃与五丁同生，父母弃之溪。后有人闻呱呱声，就视，乃一女五男，收养之。女即妃，男即五丁。"按：今汉州绵竹县西北武都山下有玉妃溪，即其地也。常璩《华阳国志》[9]谓武都山精化为美女，蜀王纳为妃，殊诞。

保宁府阆中县太霄观有唐贞观碑，其石光莹，前后可鉴，号"透明碑"。一云观中有王蜀咸康碑[10]，亦然。

重庆府合州，秦、汉、晋俱为垫江县，至西魏始置合州，改县曰"石镜"，宋改"石照"。石照之义，犹石镜也。《华阳国志》云：石镜山，在县西北四十五里，其山有石，光莹皎洁，照之莫不备见形体，故谓之"石镜"。《方舆胜览》[11]云：州南百步，内江水心有石屹立，正圆如月。其根崭岩，如云捧之，谓之"石镜"，冬出水可三丈。二说不同，然晁公武[12]《将发合州诗》云："铜梁山昏空翠重，石镜水落滩声迟。"王象之《舆地碑目》[13]载：涪内水石镜题名云："大历三年，此石出，兵甲息，黎民归，六气调，五谷熟。刺史兼侍御史王鋋记。"此皆石镜在江心之证也。《华阳国志》之说无征，故《一统志》亦载石镜在江心，而不云州西北有石镜山。

忠州东五里巴子台下江中有石，圆光如镜，旁有五石笋簇之，呼为"仙人照镜台"。

龙安府城东二百里通坝寺左，隔溪道旁，有石光明如镜，照见本寺。

惠州府博罗县西北三十里罗浮山石楼之南稍东，近孤青峰，有一石光莹如鉴。

桂林府阳朔县治南数百步，为鉴山，其石光莹，与县治拱揖，时见人物车马之形。

大理府赵州云南县西北十余里山麓间，有石如镜，光可见面。唐置镜州，因此而名。今县治东南有镜州城遗址。

西域中天竺国所属，有劫化他国[14]。其地有石柱，高七十尺，绀色有光。或照其身，随其罪福，悉从影中见之。

[1] 吕渭（734—800），字君载，河中（今山西永济蒲州镇）人。唐肃宗元年间进士，为太子右庶子。后擢升礼部侍郎，出任潭州刺史兼御史中丞，湖南郡团练观察史，被赠予尚书右仆射。

[2] 长清县，原抄作"长青县"，均予径改。

[3] 钱镠（852—932），字具美（一作巨美），小字婆留，杭州临安人。先后被中原王朝封为越王、吴王、吴越王，五代十国时期吴越国创建者。在位四十一年，庙号太祖，谥号武肃王。

[4] 崇公，欧阳修的父亲，名观，字仲宾，追封崇国公。

[5] 阡表，《泷冈阡表》是欧阳修在他父亲死后六十年所作的墓表，为其代表作，是中国古代三大祭文之一。欧阳修手书阡表碑刻，至今尚存。

[6]《蜀本纪》，西汉扬雄撰。此书保存大量古代佚闻，为后世研究上古史，

特别上古神话传说提供了丰富的资料。
[7]《路史》，南宋罗泌撰，记述了上古以来有关历史、地理、风俗、氏族等方面的传说和史事。
[8]《锦里耆旧传》，一名《成都理乱记》，宋句延庆撰。乃纪王氏、孟氏据蜀时事。据载，陈振孙《书录解题》谓宋开宝三年，秘书丞刘蔚知荣州，得此传，请延庆修之。卢若腾认为张彭所作，现其资料不详。
[9]《华阳国志》，又名《华阳国记》，东晋常璩撰，是一部专门记述古代中国西南地区地方历史、地理、人物等的地方志著作。
[10] 王蜀咸康碑，指十国前蜀后主王衍咸康（925年）所立碑。
[11]《方舆胜览》，南宋祝穆撰。地理类书籍，主要记载了南宋临安府所辖地区的郡名、风俗、人物、题咏等内容。
[12] 晁公武（1105—1180），字子止，人称"昭德先生"，宋朝钜野（今山东巨野县）人。南宋著名目录学家、藏书家，著有《郡斋读书志》等。
[13]《舆地碑目》，南宋王象之撰，为记载金石文献。
[14] 劫化他国，当为劫比他国（Kapitha），在中印度，周回二千余里，城西二十余里有大伽蓝（大寺院）。

影　　石

真定府获鹿县西八里抱犊山之阳，交龙洞中，有一石盘，纹如二龙相交之状。

定州文庙前有雪浪石，苏子瞻帅中山时，得之后圃者。黑石白脉，似孙知微[1]所画石间奔流，尽水之变。凿白石，大盆以盛之，名其室曰"雪浪斋"。刻铭于盆唇，而复为诗。

冀州武邑县东岳庙有古碑石，上现古梅树枝叶，宛然成文。

永平府昌黎县东二里东山上，有危石如盘南向，佛影宛然□面。

凤阳府怀远县治西南荆山上，有三仙避雨石，石前有三人影，上镌"玉佛"二字。后亦有二人卧迹，今裂为二块。

元至元己酉[2]，朝贵自苏州置碑石赴都，抵直沽，忽尔中断，乃有圣像俨然，复使载归于岳祠安奉焉。

徽州府绩溪县西北二十五里，有玉龙潭，涧中巨石生二白文，长丈余，宛然如龙。

宁国府泾县东十五里觉燕院，有龙洞，龙蟠洞壁，鳞爪隐然。

安庆府桐城县东九十里浮渡山，上有莲花石，石上红纹如莲花瓣。

广德州东北七十里大洞中，左窦有一白石，长可七八尺，由大而尖如人舌，特伸于外。其上皆结成龙形、首形，交互杂见，凡三四。

平阳府隰州太宁县[3]南三里，有龙窠崖，上具龙形。

东岳泰山石经峪，有石纹如欹[4]叟曳杖。万历丁巳[5]，南礼部[6]主事文翔凤[7]过此，题曰"欹仙"，刻字于石。有诗曰："此老颠而醉，援歌以命之。玉溪生杖底，动静乃相宜。"

彰德府林县西南三十里天平山，有长者崖，悬崖峭壁间，有石纹如子妇拜长者状。长者崖西有醉仙崖，壁间石脉如醉人状。醉仙崖西有献花崖，石脉如童子献花状。又烟霞峰上有秀士壁，石纹如衣冠士人状。朝阳峰上有居士壁，石纹如世所画维摩诘[8]状。

中岳嵩山少室五乳峰下，初祖庵后，有达摩面壁影石，石高可三尺，广半之。隐隐一僧坐石中，白质玄文，眉目皆具，如胡僧之憨[9]而面微侧者，袈裟文如西域衣，光润可爱。相传达摩坐时所面，后人琢磨深入，其形尚不泯。

西岳太华山上有日月岩，崖间石上有天成赤、白二圆形，故名。

汉中府城固县北四十里桃林山，崖壁间隐然有大士像，林影莫蔽。

洋县北一百七十里女冠山，石壁上有女仙状。

庆阳府宁州画山，石上有文若战马状，无异画图，故名。

巩昌府成县南十里醉仙岩，有仙像在崖壁，如世人所画醉仙状。

凉州卫城西二十里西山莲花峰下，有石五色成纹，如兽形，远望复如莲花。

杭州府城正阳门外海鲜巷内，有海鲜桥。石长丈余，其文如鱼龙蕴藻之状，巧若绘画。盖宋时故大内物也。城西十二里灵隐寺佛殿中，有拜石，长丈余，有花卉、鳞甲之文，工巧如画。

余杭县西南十八里大涤山，有仙迹岩，石崖上有肩胑簪冠之迹，隐然而见，不生苔藓。相传秦始皇驱鬼兵塞海，岩势欲动，忽有神人呵叱，以身镇之，故有此迹。

昌化县西四十里前溪坞口有梅花石，巨石中有白点，宛如梅花，特异可观。

严州府分水县北觉道山，昔有二人入山，得道不知所终。石壁留其影，如二道士状，晴日视之宛然。

金华府城北二十里金华山双龙洞，有两道人影比肩而立。洞顶有游鱼影、仙桃影；又有龙影，首见于左壁，而尾悬于右壁。

永康县东北五十里桃岩山，有石赤白相间，状类桃花。

绍兴府萧山县南六十里峡山，有鸡笼石，红影略如鸡形，俗呼为"金鸡影山"。

诸暨县西五十里五泄山，旁有鸡冠山，出奇石，其文若星、月、花、兽。

宁波府定海县东北桃花山，相传昔安期生以醉墨洒于石上，遂成桃花之形。

南昌府丰城县南七十里始丰山，石壁上有白玉蟾像影。

广信府玉山县东三十五里有章岩，再上二里，得一岩穴，口甚窄，其中极宽广。西壁隐出十六大阿罗汉，中有释迦、两菩萨像，衣文相皆具。

九江府城南二十里庐山之北，有佛手岩。岩有洞三间，大岩腹中有白石，脉理宛然如龙状，头、角、尾、鬣俱全，其长尽岩之广。

南康府建昌县南三十里黄龙山，石壁上有黄龙之像，能兴云雨，每验。

抚州府治西赤冈上有古城，古州治也。城西五里有寺，宋淳化中，有异僧募刻罗汉像。将毕工，入城买拜石，归至中途，遂隐形石间，袈裟、草履悉具。

建昌府南丰县西三十里龙池桥，石壁上有圆光二十四，径三尺许，石晕隐然，若世俗所谓罗汉者，名"罗汉石"。

袁州府分宜县西十五里洪阳洞之东第七洞中，有云波石，形如波浪，汹涌起伏，纹彩逼人。

萍乡县大安里白鹭坑，宋元符中，巨石忽然中裂，声如雷震。居人往视，石分为两，各有罗汉影，一尚屹立，一坠田间。

襄阳府南漳县北五十里石门寺内，石上生成玉兔望月之状，又有笋纹，类笋。

均州南一百二十里太和山玉虚岩，上视有龙虎文，其右有雷文，故中奉帝君，右奉雷部[10]。

荆州府夷陵州西九十里黄牛山上有黄陵庙，相传山神佐禹治水有功，故为立庙，其滩曰"黄牛滩"。南岸重岭叠起，最外高崖间有色，如人负刀牵牛，人黑牛黄，成就分明。诸葛武侯《黄陵庙记》云："熟视于大江重复石壁间，有神像影现焉，鬓发须眉，冠裳宛然，如彩画者。前竖一旌旗，右驻一黄犊，犹有董工开导之势。"

归州东十五里白狗峡，两崖如削，石龛中白石隐起，狗形具足，故名。

兴山县南五十里玉虚洞，周回石壁，隐出异文，成龙虎之形，花木之状。日居左，而圆月居右而阙，如琢如画，颜色鲜艳，不可备述。

岳州府平江县西北龙影洞，深三千余丈，周三十里，石壁莹然。上有龙影屈伸蜿蜒，鳞甲如绘。

澧州慈利县西一百九十里武口寨有花石，石上自然有花，如堆心牡丹，枝叶缭绕，虽精于画者莫能及。或以物击之，花叶应手而碎，略加拂拭，其花复见，重叠非一。

永州府城南二十五里澹山岩，东壁上有观音跌坐影像，北壁上有雷公倒挂影像。

宝庆府武冈州南十里云山，世传秦始皇遣卢生[11]入海求仙药，不获，遂与侯生[12]隐于此。今石上有卢仙影、侯仙迹。

施州卫大田所西三十里，悬崖壁立，有黑迹如虎形。

成都府汉州什邡县西五十里大蓬山，有大、小白崖。其奇崖下有洞，极深邃，中有石柱撑之，左右映出白龙十三，蜿蜒如画。

保宁府城东六十里灵城岩石上，有双竹痕，长尺许，仰视，枝节俨然。

巴州北五里地氲山，一名黄牛山，一名王望山。王望[13]，仙人名也。山半石壁隐出老君像，唐人有《北山老君影迹》诗，即此。

剑州北三十里大剑山北崖顶，有仙女观。去观一里，渡仙女桥，有炼丹台，岩畔有仙女影。《水经注》云：秦冈山悬崖之侧，列壁之上，有神像，若图列状妇人之容，上赤下白，世名之曰"圣女神"，盖即此也。又剑阁下有寿圣寺，在石壁西偏石壁间，影有若僧负杖者，杖端仿佛有刀尺拂子状。

龙安府城东北五十里龙穴山东，有龙像岩，绝壁约万余丈，有四石龙在壁间，隐约可睹。

夔州府大宁县东北十七里二仙洞，一名王子洞，峭壁上有石纹，如人相对起伏状。

梁山县西五十里金凤山南半崖，有罅邃然，内皆洞明。其石上有若图仙女状，面貌俨然。时若动摇，逼而视之则不见。

达州东乡县西北四十里有日月石,崖壁间悬二石,左类日,右类月,月中空隙有婆娑树一株。

叙州府筠连县南三十里黄牛山,石壁上有人作驱牛状,因名。

泸州合江县西五里安乐山,隋刘真人[14]升仙于此。常有仙鱼影,隐隐石壁中。

福州府永福县东三十五里方广岩,石壁间有人形,名曰"观音影"。

兴化府城西北十里八濑溪,有石壁立数仞,下瞰深潭,石罅隐隐有蓑笠钓影。

泉州府城西南三十里罗裳山,东有五髻峰,峰下有画马石。相传唐末罗隐[15]乞食山下,山下人侮之。隐乃画马石面,每夜出食人禾,追之,则见马复入石。山下人乃礼焉,隐为画桩系马,马不出矣。今其迹了然,好事者力镌深刻,欲与□,辄不久漫昧也。

延平府城北三十里有莲花洞,岩石赤纹,状如莲花。

顺昌县西八里赤松洞,旁有花石,如人、物、鸟、兽之形。

建宁府建阳县西北百余里有龙石,石壁上有龙形,脊肋间有纹如火焰,长二百余尺,非假镌刻,自然天成。县西一百二十里,有鹤迹岩,岩中鹤痕三处,下鹤卵二处,影各透入。

嵩溪县[16]南遂应场,有瑞岩,岩下石室可容三四十人,石上黑纹,如画丛篁之状。

崇安县南三十里武夷山一曲,峭壁上有纹如绘鹤,霜翎朱顶,名"仙鹤岩",亦名"鹤模岩"。

汀州府上杭县治西南,有黄伟仙师庙,旧在县北四十里钟寮场石峡间,两崖如束,中通一径可半里许。相传昔有山精石妖为害,巫者黄七翁[17]与子及婿姓幸者,以符法治之,因隐身入石不出,石壁隐映有人影,望之俨然三像。每风雨时,石中隐隐有金鼓声。妖怪既绝,民立庙祀之。宋天圣间,县治在钟寮场。乾道三年,徙县治于今所,而庙亦随徙焉。

永定县治南大溪中，有莲花石，群石丛如莲花，其上石壁，隐然有文，如女妇逐一鹅然，又名"渔矶石壁"。

福宁州宁德县西五十里棋盘山上，有仙人坐卧影迹及棋盘石。

韶州府英德县北五十里金石山，石壁高广。唐长寿三年，雷雨震开，得阿弥陀佛迹像，修丈余，莲华承座，石上有六字："此是丈六佛迹。"

潮州府潮阳县城东三里东山，有五雷坛，石室之间，隐像如雷形者五。

高州府茂名县黄沙大石岭，石理有崖理景物。

化州西南三里石龙冈，有石高六丈，周回如之，石纹俱作龙形。

桂林府城东七星山禅房洞，半壁坐一菩萨像，黑石隐隐，高可七寸。龙隐洞顶，有龙迹夭矫，长数十丈，鳞鬣宛然。城东北伏波岩石上，有紫白二纹，长数丈，蜿蜒相向，有圆晕直其首，如二龙戏珠，旧名"玩珠洞"。宋张维易曰"还珠"，张孝珠［祥］[18]大书于石。

柳州府象州武宣县南四十里仙岩山，岩高一丈，深十丈，石壁上有仙人影。

宾州城外有仙影山，相传有二仙女游此，因留影岩石间。

浔州府贵县南龙影山石壁上，有五色彩画龙影。

南宁府左江滩下石鱼山，石壁间有鱼形。

思恩府城北洪水江之右，有人影山，山半石壁上，有人影作招摇态。

太平府城东北四里鳌头山，一名鸡笼山，屹立江心，其顶有方石，长八尺，四面花阑，中有石纹，自然成树，如丹桂状。

大理府邓川州东二十里豪猪洞，石壁上有龙形，仰观有日、月、星、辰及人、马挥霍之状，层现叠出，如雕刻然。

丽江府巨津州东南一百五十里华马山，石壁有五色斑斓类花马。唐时么些诏[19]名其国为"花马国"[20],本此。

附　录

魏明帝青龙三年,张掖删丹县柳谷石上有马形十二,其一仙人骑之,其一羁靽,其五有形而不善成,其五成形,又有一牛。司马懿有宠将牛金,屡有功。懿作两口榼[21],一口盛毒酒,一口盛善酒,自饮善酒,以毒酒与金,饮之即毙。其长子师曰:"金,名将,可大用,云何害之?"懿曰:"汝忘石瑞,马后有牛乎?"后元帝[22]母夏侯妃[23]与琅琊国小史姓牛[24]私通,而生元帝,乃其应也。

景焕《野人闲话》[25]云:蜀文谷[26]尝诣中书舍人刘光祚,有道士刘云出一白石,圆如鸡子。其上有文彩,隐出如画,乃是二童子持节引仙人,眉目毛发,冠履衣袚,纤悉皆具,云于麻谷洞石穴中得之。又有一客沈默亦出石,阔一寸五分,长二尺五分,上隐盘龙,鳞甲爪牙,无不周备,云于巫峡山中得之。

周密《癸辛杂志》[27]云:"东京天津桥上,有奇石一大片,上有天然华夷图,山青水绿,河黄路白,粲然如画,真异物也。近移置汴京文庙中。"按:此物今不知所在矣。

[1] 孙知微,字太古,生卒年月不详。五代后蜀及宋太宗、真宗时眉州彭山（今四川眉山市彭山县）人,一作眉阳人,著名画家。
[2] 至元己酉,查无此年,疑错。
[3] 平阳府隰州太宁县,当为平阳府隰州大宁县。
[4] 欹,古同"攲",倾斜。
[5] 万历丁巳,明万历四十五年（1617年）。
[6] 南礼部,明代自成祖之后,设有北京和南京两套中央政权机构,南礼部为南京中央政权机构的六部之一。
[7] 文翔凤,约明熹宗天启五年（1625年）前后在世,字天瑞,号太青,陕西三水（旬邑）人。万历三十八年（1610年）进士,历官莱阳令,终太仆寺少卿。书法家,著有《东极篇》、《文太青文集》、《太微经》传世。
[8] 维摩诘,梵文音译名,早期佛教著名居士、在家菩萨,意译为净名、无

垢尘。
[9] 鬝,指胡须多。
[10] 雷部,雷部是神话中主管打雷的部门。有时即指雷神。
[11] 卢生,秦时燕方士。相传为始皇入海求神仙药不获而遁。
[12] 侯生,秦朝时韩国人,著名方士,秦始皇的"顾问",与徐福、卢生齐名。
[13] 王望,字子成,号望山才子,东汉仙人。
[14] 刘真人,名珍,字善庆,绵竹人。前身即合江道士王法兴,隋代人物。
[15] 罗隐(833—909),字昭谏,新城(今浙江富阳市新登镇)人。唐末五代时期的一位道家学者,著有《逸书》及《太平两同书》等。
[16] 嵩溪县,当为建宁府松溪县。后同。
[17] 黄七翁,又称黄先师,福建上杭人,精于巫术。
[18] 张孝祥(1132—1170),字安国,别号于湖居士,历阳乌江(今安徽和县乌江镇)人。南宋著名词人,书法家。
[19] 么些诏,纳西族在唐时称为"磨些",宋元时期则称纳西族先民为"么些"。"诏"义为王或首领。历史上越析诏,也称么些诏(磨些族部落),唐朝前期云南的一个部落,六诏之一。在今云南宾川县地,位于六诏之东。
[20] 花马国,"花马国"称谓在史书上记载最早是在唐朝,么些对自己建立的政权的自称。越析诏,波冲主国,亦称么些诏,又号"花马国"。另说"花马国"是因"丽江马"而得名。丽江马因其花背而有别于其它马种,故俗称"花马"。
[21] 榼,古代盛酒的器具。
[22] 元帝,晋元帝司马睿(276—323),字景文,东晋的开国皇帝(318—323年在位)。"牛继马后"之说称司马睿是牛金之子。
[23] 夏侯妃,即夏侯光姬(?—307),小字铜环,沛国谯县(今安徽省亳州市)人,琅琊恭王司马觐的王妃,晋元帝司马睿的生母。一说其浪荡成性与一牛姓小吏生下司马睿,留下"东晋偏安,以牛易马(牛继马后)"之语。
[24] "小史姓牛",疑为"小吏姓牛",《晋书》、《魏书》记载为琅琊王府也叫牛金的小吏,非牛金将军。

[25]《野人闲话》,宋景焕撰,杂事小说集。书中记载孟蜀时朝野杂事,也有一些方士道术的奇迹异闻,含有志怪性质。
[26] 文谷,五代蜀王朝词人,古玩收藏观赏家。
[27]《癸辛杂志》,宋周密撰,史料笔记。

面　　石

淮安府盐城县北六十里近海岸,有石如人头,出土中,高四尺五寸,俗呼"石人头"。

平阳府蒲州临晋县东南六十里王官谷之天柱峰,有双人石,圆石二枚倚峰而立,恍若人面。

广信府铅山县西二十五里石城洞,一名新岩。有仙人头悬出石顶,眉目皆具。

荆州府夷陵州宜都县北有人滩,水至峻峭,南岸有青石,夏没冬出。其石嵚崎,数十步中,悉作人面形,或大或小,其分明者,须发皆具。

福州府闽清县东白面山,石岩屹立,其色白,望之隐如人面。

建宁府崇安县南三十里武夷山八曲,有大、小面石,两石相向如人面。

目　　石

严州府淳安县西七十里,有龙眼石,石壁上对裂二眼,黑如点漆,有泉出其间如泪。

绍兴府诸暨县西十里九眼山,有石如眼者九,故名。

嘉定州峨眉县西一百里峨眉山牛心寺,唐三藏师继业[1]所建也。业自西域归,过此,将开山,见两石斗溪上,揽得其一。上有眉目,以为宝瑞,至今藏寺中,此水遂名"宝现溪"。

韶州府城东一百一十里有目岭水，水出岩间，有石穴如人眼，瞳子黑白分明，故名。

平乐府城西北三十五里目岩山，岩间有两目如人眼，极大，瞳子黑白分明，故名。

[1] 继业，疑为宋峨嵋山牛心寺住持继业，俗姓王，耀州（今陕西耀县）人。原为东京天寿院僧，被宋太祖送往西天取经。著有《西域行记》。非唐三藏师。

掌　石

淮安府邳州睢宁县西七十里仙掌山，石上有掌痕，长丈余，阔丈余，偶然见之，着意即否。世传为仙迹。

辽州城东北五十里五指山，岩石孤耸，上有五手指文。北齐高洋尝遣人量之，长七尺。

西岳太华山有仙掌迹，在削成四方之东北壁上，长二丈许，掌形覆其拇。相传此山与平阳府蒲州之首阳山本一山，当河，河水过之而曲行。河神巨灵，以手擘开，其上以足蹋离，其下中分为两，以通河流。今睹手迹于华山上，而其足迹在首阳山下。王履[1]《华山记》谓："华山西峰顶有大足迹一，深可三寸，长四尺余，旁镌'巨灵足'三字。"按王涯《太华山仙掌辨》谓：五崖比壑，破崖而列，自下远而望之，偶为掌形。王履则谓石壁本黑色，膏出于壑，其溜痕渐成淡黄微白色，上则五岐，下则片属。岐者如指，属者如掌，使果为巨灵擘。痕则手大而足小，亦不相称甚矣。

辽东都司城西南十五里首山，俗称手山。山颠平石之上有掌指之状，泉出其中，挹之不竭。

广信府贵溪县南七十里逍遥峰许真君祠，当石壁间仿佛如人印掌，悬视掌痕，温其如玉。

施州卫大田所西三十里悬崖,上白色如掌,号"仙掌"。

建宁府崇安县南三十里武夷山六曲,有仙掌峰,穹崖壁立,高广百余丈,崖半石纹红润类人掌者三处。

福宁州宁德县北一百里百步溪边,有仙迹岩,石上双掌痕,深数寸。

鹤庆府剑川州南四十里有峻崖,名金鸡栖,其上有巨人掌迹,大如箕。

[1] 王履(约1332—?),字安道,号畸叟,又号抱独老人,昆山(今属江苏)人,祖籍魏博(今河北境内)。元末明初医学家、画家、诗人,有《华山图册》等行于世。

迹　　石

应天府城南三十里牛首山石台上,有辟支佛[1]足迹。吴孙权时,山裂,有僧出其中,谓是文殊、辟支佛云。

凤阳府旧府城撒金街东升仙桥石上,有仙人蓝采和足迹。采和尝于市楼饮酒,有五色云覆其上。饮毕,乘云而去,遗靴带、襕衫于山。时人聚而望之,故相近崇儒坊又有望仙桥。

池州府铜陵西二十五里石耳山,双峰秀拔,名"真人峰"。有一石高丈余,其上平坦可十数武,有巨人足迹,鸟兽污其上,即雨为涤之。

宁波府城东五十里阿育王山,有佛足迹,入石二寸余。

建昌府新城县东七十里飞猿岭下南岸,有仙人石。相传春月神仙尝来游,人或见之,有石方广三尺余,上有脚指模,倍于常人,俗呼为"仙人足迹"。

南安府城西十里西华山,石涧底有卧僧遗迹,嵌入石内,五体俱全。

黄州府麻城县东六十里龟峰山顶，为唐真应禅师[2]立化之地，足迹印入苔藓间，深四寸许。

常德府桃源县南二十里桃源山下桃川宫，有人迹坛，即唐大历间，瞿柏庭[3]上升处。

长沙府湘潭县南六十里石潭市前濒江石上，有仙人足迹，长一尺六寸，指蹠俨然。

衡州府耒阳县西二十里石印山，石上有巨人迹，旧传汉仙人苏耽尝游此。

成都府金堂县东北十里三学山，有佛迹石，石理坚润，莹白如玉，非世间追琢所能。

重庆府城西北一百三十里缙云山寺佛堂北石上，有佛迹十三，皆长三尺许，阔一尺一寸，深九寸，中有鱼文。

邛州大邑县北五十里雾中山，一名青霞峰，峰顶有金刚足迹，名"金刚台"。

眉州彭山县北十二里彭模山，一名朝女山。昔有朝祖女于此山得道，今石上足迹尚存。按：此山又名彭女、平模、平无、彭亡。后汉岑彭[4]拔武阳，所营地名彭亡，闻而恶之，欲徙，会日暮，蜀刺客诈为亡奴降，夜刺杀彭，即此。

福州府城东南三十里瑞迹岭，唐大中六年，游客邵环闻异香，见白光，亟往，即之化而为佛。须臾入枯木，光亦不散，随现巨迹一只于磐石。后人刻一只偶之，刻迹寻灭。因镌像曰"白佛"，名寺曰"瑞迹"。

兴化府仙游县东北四十里九鲤湖之东雷轰漈石上，有丹灶，灶左有巨人足迹，长三尺许，足指宛然，深入于石。

泉州府南安县东佛迹山，唐光启中，夜有光现。刺史王潮[5]令人物色之，得巨人迹于石上，长二尺四寸，广半之。今存。

惠安县西南四十里嘶山，有巨人迹，入石六七寸许。

漳州府漳浦县东山路口，左右有二大石，紫色，上有两足迹，长尺许，指踵分明。世传为仙人迹。

建宁府建阳县西一百里武仙山巅，有石笋峰，高十余丈。旧传有仙人武装，跨于其上。今足迹尚存，深可寸许。

福宁州宁德县北一百一十里仙迹岩，有双仙掌迹。又仙人岩，中亦有双掌印，石痕深数寸。

广州府城南二十七里三老峰，有飞仙足迹，凿之复完。

惠州府博罗县北二十里象头山，有白水岩，悬泉百仞，水旁有巨人迹数十，故亦名"佛迹岩"。岩西有佛迹院。唐庚[6]记云：巨人迹长三肘，量阔称之，散印于岩石之上。

龙川县东一百里霍山南有佛迹峰，佛迹十四所，或云文殊菩萨游戏之迹也。

肇庆府德庆州城北二里香山巅石上，有佛足迹，长尺许，具趾肉纹。

西南海中有锡兰山国[7]，其国海畔石上，有巨人迹，长三尺许，云是释迦足迹。

按：石上人足迹，是处有之，不可胜载，右［上］所录惟择其奇观及曾著神异者，下"蹄石"亦然。

附　录

常州府无锡县南四十里长泰寺后，有巨人迹，雨后则现。

临安府宁州通海县东南二十里仙人坡，每旦有白沙印数巨人迹，扫去，明日复见，俗谓"仙人迹"。

[1] 辟支佛，辟支迦佛陀的简称，又音译作钵罗翳迦佛陀，或简称辟支迦佛、辟支等。

[2] 真应禅师，即唐代桂琛法师、罗汉桂琛和尚（867—928），浙江常山人，俗姓李。幼入浙江万岁寺，初学戒律，后修南宗禅。著名的嗣法弟子有清凉文益（法眼宗的创立者）、清溪洪进等。62岁示寂，谥"真应禅师"。

[3]瞿柏庭（755—773），瞿童字柏庭，以字为名，辰州辰溪（今湖南省怀化市辰溪县），唐代道士。

[4]岑彭（？—36），字君然，南阳棘阳（今河南省新野县）人。东汉初年军事家，云台二十八将之一。

[5]王潮（846—897），原名王审潮，字信臣，光州固始（今河南固始）人。攻占福建，先后受封为福建观察使、威武军节度使，与其弟王审知开创闽国。唐光启二年（886年），被福建观察使任命为泉州刺史。

[6]唐庚（1070—1120），字子西，人称鲁国先生，眉州丹棱唐河乡（今属四川省眉山市丹棱县）人。北宋诗人，是对惠州产生较大影响的历史人物之一。

[7]锡兰山国，是东南亚的一个古代小国，位于印度半岛南面的印度洋上，即今斯里兰卡，古称师子山国。相传释迦牟尼佛化名僧伽罗到过该国，曾被该国推尊为王，故又称僧伽罗国。

蹄　　石

应天府江浦县西南七十里四溃山，项羽败垓下，走至此，引骑依山为圆阵。石上有马迹数处，尚存。

凤阳府寿州东北五里八公山，汉淮南王安[1]与其宾客八公俱登此学仙。今山石上有当时人马迹。州东北十里紫金山石上，有车辀[辙]、马迹，亦淮南宾客之遗也。

太湖中马迹山，隶常州府武进县。山西地名西青，石壁屹立，下有四穴迹，圆各盈尺，深五六寸，水落则见。旧经谓秦始皇巡幸，马迹所践。僧文鉴[2]《洞庭记》又云：汉郁使君为雍州归社沂州，经从此山，龙马驻迹，留于石面。

淮安府海州西南一百六十里北望山，秦始皇尝登此，石上马迹犹存。

太原府代州马蹄谷，磐石上有马迹若践泥中，自然之形，俗号"天马径"。

五台县东北一百四十里五台山，西台顶上有魏文帝人马迹。

甘州卫城南百里马蹄山石上，有神骥足迹。

杭州府富阳县西三十里灵岩山，一名南山。相传汉建元末，龙化为白马，载僧昙超[3]登此山。至今石上有马迹。

南昌府丰城县南七十五里始丰山巅石上，有虎、鹿、牛、马迹。此山乃道家三十九福地也。

郴州城西三十里骡溪边石上，有武仙人所乘白骡迹。

云南府晋宁州东三里梅溪山麓巨石上，有龙马迹。相传滇池产龙驹，昼见于山，夜入于水。

安宁州界龙马跳涧山及草溪井、龙马河石上皆有龙马蹄迹，深尺许。相传古阿育王[4]有龙马，三子皆欲之。王意在季子而患其争，乃以辔私授之，而纵马逸，下令三子捕得者，以马与之。长子意马渴，必饮滇池；仲子意马必过甸中，伺而邀之，俱不获。季子往东松林，以辔引马，遂获之。二子耻之，长没于碧鸡山下为神。仲没于岩头，曰"上甸景帝"。季亦没于松林，即"金马景帝"也。

楚雄府定远县清和乡有马蹄石，石上马蹄痕六七处，或磨之，经宿其痕如旧。

临安府石屏州八十里有龙马蹄石，高四尺，围六尺，上有蹄迹，旁有四小石，呼为风伯、龙师。岁旱，祷雨立应。

寻甸府城北有龙洞层岩，一石遗龙马迹于其上。

[1] 淮南王安，即刘安（前179—前122），沛郡（今属江苏）人。博学善文辞，好鼓琴，才思敏捷，是西汉著名的思想家、文学家，编写《鸿烈》（全称《淮南鸿烈》，后称《淮南子》）。因谋反事发自杀。

[2] 文鉴，唐武宗会昌间苏州僧。

[3] 昙超（419—492），清河人，俗姓张，南朝齐僧。

[4] 阿育王，印度的国王（前约264—238），孔雀王朝的末代统治者。他改信佛教，确立佛教为国教，影响深远。

香　　石

杭州府余杭县西南十里大涤山前，有涌翠岩出石乳，焚之甚香。

湖州府城北十八里卞山下，有无价香。昔有老母拾得一文石，光采可玩，偶坠火中，异香闻于远近，收而宝之。再投火中，异香如初。

福州府连江县北八十里，有香庵石。其石甚大，有一孔，人以手探之，则香闻于外。

福清县西二十五里灵石山，有香石，手摩之，有香气。又县西南三十里黄檗山嵩头陀岩，有乳香出石罅间，一名"乳香岩"。

兴化府城北三十里囊山，上有石岩，虚敞可容数榻。旁有八小石负之，玲珑如窗棂，棐几上有小窍，时进异香。

大理府城西五里点苍山，中峰号"雪山"。世传为释迦佛苦行之地，草石皆作栴檀香气，亦名"香岩"。

延平府沙县治南莲峰顶山，时有异香，冉冉而闻。每日必有一物直日，或蜂或蝶或鸟或虫，旋绕蔽之，风劲疾，至者亦不能久立，盖仙灵窟宅也。（此条疑当作附录）

润　　石

绍兴府城南三十里云门山寺，宋高宗御书"传忠广孝之寺"六字。碑书用朱，笔法遒劲，每雨则朱流滴滴。

九江府德安县西北一百二十里昆仑山，有巨石名"流涕石"，虽烈日暴烁，石不减润。俗传昔司马仙人负母骨求葬不得，号泣于此。

德安府随州北九十里驴泉山，山石卤润。牛马经过，贪其味甘，不能去。土人牛马解逸，即于此山寻之。

延平府顺昌县西四十里华阳山，中峰之顶，有仙水坛，其石常润。岁旱祷雨，多应。

北胜州南四十里程海，渔者尝网得古碑，刻有"大圣程河妙感景帝"字，盖蒙氏[1]伪封也。碑出水数十年，尚润。又网得青碧瓷枕，岁首视其润、燥以占雨、旱。今送供龙王庙，号曰"龙枕"。

[1]蒙氏，即唐朝南诏国主姓氏。

矗　　石

徽州府城西北一百二十里黄山海门峰南，有飞来石，高十丈许，卓峰端而下断如一线，有磐石承之。

黟县南十八里墨岭上，有石特起十余丈，峰若剑峙。

绩溪县北五十里，有仙人石，高二十五仞。学仙者多居之。

滁州来安县西北二十里练寺山，东有地名浮林，其上有浮石，高百余丈。

广德州南二十里鹰嘴山顶，一石卓立，高十余丈，如鹰嘴。

辽东广宁前屯卫城西北三十里，有石如柱，高数百丈。成化间，都督王锴[1]立碣，题曰"镇辽将军石"。

杭州府城西南二十里资严山，有石笋高数十丈。古有石笋寺，宋末移寺于山西。

临安县西五十里东天目山，云封庵之后陇，有望江石轩然特立，高约百余丈，下锐上丰，须编梯级乃可登，遥望浙江如一带。

于潜县北四十五里西天目山，主峰高出天半为翔凤林，其外则平地突起一石，周回十余丈，高百余丈，为玉柱峰。上有古木苍藤，人莫能登。

昌化县西南五十里皂角岭，有仙人石，高五十余丈，倚空特立,旁无土木,又名"佛柱岩"。

湖州府安吉州东北三十里梅溪山麓,一石耸立百余丈,陡绝不可登。上有磐石如磨,遇大风雨则转。

严州府淳安县东北八十里金紫峰,高二千余丈,中峰有圆石特起数十丈,光莹如草木,每旭日照灼,金紫晃耀,故名。又五里为并山潭,有上、中、下三潭,潭之别源,当合富、流浆二水之冲。有石柱方广二丈许,从涧底挺然拔起者,几七十寻,上下相直,不偏倚。

桐庐县西北六十里石柱山,绝顶有石高十余丈,广丈许,望之如柱,故名。

分水县南十里石柱山,二山对峙,各有石如柱,高数十丈。

金华府城东七十里葛公山下,有二石笋,高数丈,若华表。

兰溪县西四十里白石山,一名玉华峰。其左四五里有大石,高数百丈,飞泉直下,溜石成沟。又左四五里有石柱,高百丈,周十余丈。县西北五十五里严高峰旁,有胜观石,高四十余丈。

东阳县西南十里甑山,一名昆山,顶上有孤石,高三十丈,其形类甑[2]。

衢州府龙游县南四十五里白石山,有圆石耸二十余丈,其色纯白,故名。

江山县南五十里江郎山,一名金纯,一名须郎。昔江姓兄弟三人得道,登其巅,化为石。三峰发地如笋,高六百寻。

绍兴府城东十五里石帆山,有孤石高二十丈,广八尺,望之如帆。

上虞县西南七里有双笋石,其石对立,各高数百尺。

温州府乐清县东九十里雁荡山,大龙湫之下,有剪刀峰,石高千丈,上成两岐。每朝云夕雾,当岐过之,真如剪绮。又小龙湫之旁,有立石,高三十丈,名"卓笔峰"。

处州府青石县西九十里石橹洞中,有三潭,潭中有石笋峙,高二十余丈，如帆。县西一百里古山上，有石笋，高五十丈。

缙云县东二十三里仙都山，一名缙云山，又名丹峰山。有石高数百丈，四面面度五十步，其巅有大树数十株，久雨则水溢下，人指为"鼎湖"云。

广信府城西六十里灵山东北峰，挺立孤石，高百余丈，宛然人形。

贵溪县西南八十里鏖湖山云门下，有石拔起数十丈，绰约秀整，状若飞仙。隔涧有石台，曰"迎仙台"。

弋阳县西南二里有重潭，一名潭石，以潭多异石也。稍西有文笔峰，峰之西有石，奇峭削出，高数十丈，似人秉圭捧璧，名曰"璧石"。

九江府城东南九十里彭蠡湖中，有孤石介立，周回一里，竦立百丈，矗然高峻，特有瑰异。

彭泽县北江滨烽火矶，有一石不附山，杰然特起，高百余尺，丹藤翠蔓，罗络其上，如宝装屏风。

瑞州府上高县西北六十里礼架岭，有石笋，高七八丈，号"插天石"。

建昌府城西五里红屏石，高百仞，赤色，郡治目为印山。

吉安府福安县西一百里武功山云峰寺，后崖上巨石竦立几百尺，有片石偃覆其巅，名"飞来石"。

赣州府信丰县南百余里，有松子石笋，笋有三十余条，约高五百尺。其处三峰屹立如笋，皆高数百丈。

龙南县八十里松梓山上，有石笋三十，率高三十余丈。

石城县东十里，有笋石拔地侵天，高百余丈。

荆州府夷陵州长阳县南三十里方山，一名重山，其下有石笋，临江高六十余丈。

岳州府临湘县南十五里大江滨，有石高十余丈，如道人面北而立，号"道人矶"。

澧州慈利县西三十里崇山下，有欢兜庙。庙下有相公潭，潭左侧立石三，皆高数十丈，野人呼为"相公系马柱"。澧水南岸有白石双立，厥状类人，高各三十丈，周四十丈。

辰州府城东有石峰三，各高数十丈。俗传夸父逐日，至此煮食，此其支鼎石也。

永州府城东南二十余里福田山，崖壁峭绝，中有一峰耸起十余丈，俗名"阿育王塔"。

祁阳县南五里浯溪口有异石，高六十余丈，周四十余步。唐元结为道州刺史，作亭其上。

道州北五十里宜山之麓，有巨石笔立，高数十丈，俗呼"圣人石"。

长沙府益阳县南四十里，有石如笋，高数十丈，俯临溪潭。一日，雷击其顶，断约丈余，横洲渚间，岁久沙不能没。

茶陵州北九十里石人峰，有二巨石对峙，高二十余丈，俨然人立。

施州卫崇教乡三老峰，有四石笋，高可数十丈。

施南宣抚司东三十里众山中，有石屹立如柱，高可十余丈，名"天柱峰"。

成都府内江县石笋山，有石如笋者三，下圆上锐，耸峙汉表。

重庆府綦江县西二十里瀛山上，白云观前，石笋参天。

邛州西七里白鹤山，一名四明，一名群羊，北有孤石耸立，常有鹤巢其上。

福州府城南七十里五仙岩，高山之上，五石并列，中一石高起二十丈许，石上平坦，无路可登。相传曾有五仙围棋于此，故名。

罗源县东六十里匹石岩，有一石突然高数十丈。相传有僧名秀者，遇吕真人于此。

兴化府城东北八十里棋山，一名祺山，有仙掌峰，石高三十余丈，特立如掌。

仙游县东北五十里九鲤湖九仙阁后，有石屏卓立四十丈许。湖西古梅洞北，有石高十余丈，名"万年石"。

泉州府同安县南海中嘉禾屿，唐文士陈黯[3]读书处，人称"场老山"。书堂侧大石高十六丈，名"金榜石"，刻"谈玄石"三字。

漳州府长泰县东四十里天柱山，有巨石如屏，高九丈，阔五丈。

建宁府建阳县西一百二十里，武仙山巅石笋高十余丈。

崇安县南三十里武夷山五曲隐屏峰，右有一石附于屏，名"接笋岩"，一名"仙接石"，状如笋立，有痕如断而复续者三，架十五丈木，乃得登及径云。山北玉柱峰，圆直莹洁，高数千尺，宛如削成。

政和县东八十里有天柱石，方广数丈，高数十丈，上下、大小如一，望之若柱焉。

邵武府光泽县东北五里乌君山，一名乌珮山。峰上有二石，高二十余丈，形皆苍黑，状若双萼，谓之"双石笋"，又名"筊环峰"。

泰宁县西六十里天台山，北有双人石，高耸云霄，如人偶立。

福宁州城东五十里牛迹山，有石壁峰，石锐如笋，壁立千仞，春夏青碧如画。州南一百里峻岩，旁有石笋，高十余丈。

韶州府城北四十里韶石山，有二石如双阙对峙，相去不一里，其高百仞，广圆五里。昔舜南游登此，石奏韶乐，因以名之。今呼"左阙"、"右阙"。迤逦而东，有三十六石，惟太平石稍低平，屹立二十余仞，牧人樵子尚怯攀登，此山即曲红冈也。汉置曲红县，以东连曲红冈而名，后因其下有江，故改名曲江。按：《曾子固文集》引《图经》，《周府君碑》[4]阴"曲江"字，皆作"曲红"，而"苍江"、"江夏"字亦作"红"，或古字通用耳。

肇庆府城北六里石室山，一名圆屋，一名高星，一名定山。上有石耸立，广六十余丈，高二百余仞，谓之"嵩台"。

楚雄府南安州西五里，有神石，高十余丈，蒙氏号为"南岳"。土人每岁以金贴其顶，有祷辄应。

镇远府治后石屏山巅有石，高百丈许，端直苍润如屏。城西十里有白石柱，临江骈立，一大一小，高数十丈。

附　录

扬州府高邮州西南六十里神居山，有排牙石齿，齿如排牙。人欲数之，自始至终，其数必增；自终而始，其增愈甚，竟无能知其数之的者。

［1］王锴，明代辽阳人，曾任左军督金事、骠骑将军、都指挥等，负责过义州、锦州两城防务。
［2］甑，古代蒸饭的一种瓦器。
［3］陈黯（约805—877），字希儒，号昌晦，又自号场老，唐泉州南安县嘉禾（今厦门）人。唐朝文学家。
［4］周府君碑，即《神汉桂阳太守周府君功勋记铭》，记载东汉灵帝熹平三年（174年），桂阳太守周憬开导昌乐六泷，流通商旅，郡民称颂的事迹，东汉荆州从事郭苍撰文。此碑已佚。

方　　石

和州西北四十里鸡笼山，有石宽平四丈许，削立山巅，望之如轩盖。

汉中府兴安州平利县西六十里锡义山，上有方石如坛，长十余丈，世传列仙所居。

绍兴府上虞县西南五十里坛燕山绝顶，有十二方石，悉如坐席行列，乃神仙燕集之所。

台州府天台县西北二十五里桐柏山下女梭溪南崖，有一石，形方如印，曰"印山"。

黄岩县南十里委羽山洞口，土备五色，土中产小石，形甚方，虽琢磨，不过是小、大百碎亦无不方。或云欲采之者，若先泄其事，则不可得。

温州府城北一百五十里石柜山上一方石，传是黄帝缄玉版金券之秘者。

处州府景宁县治北印山上，有突石方正如印，旁生奇木以荫之。

衡州府衡阳县南湘水侧，有磐石，或大或小，其方如印，累然行列无文字，如此可二里许。

辰州府沅州黔阳县治北，有石印潭，潭深莫测，有方石浮水面如印。

成都府城南万里桥之西，有五块石，其一入地，上叠四石俱方。或云其下有井，相传以为海眼。

兴化府城东南三十五里石牛山上，有石方广如印，高数丈，下有石阁之。又四十五里印山上，有石如印，古刻"印山"二字于其上。

漳州府漳浦县东门外，有印石山，高丈余，四面端方如印，上有仙人足迹。

延平府尤溪县西南宣化门外平水滩，有青印石。唐异僧黄涅槃[1]过此，留偈云："塔前青印见，家家亲笔砚。"宋南渡后，露出石如印，遂比屋弦歌。石今尚高丈余。

建宁府建阳县西南六十里葛源山之巅，有方石如截。相传元时，乡人葛兰翁樵于此，遇二叟奕棋石上。至晚，叟曰："子盍归乎？"言既，不知所之。兰翁抵家，已三载矣。

崇安县南武夷山二曲玉女峰下水中，有石方正如印，名"方印石"。

汀州府归化县西南三十里罗汉寺溪口，有印石，形似印。相传创寺时，每月朔旦，其石自能浮动。

邵武城东六十里有印石，形方如印。

建宁县西六十里龙溪口潭中，有石方正如印，名"印石"。

平乐府城西百步西山，一名昭山，漓、乐二水合流之处，巨石径百尺，屹立水中，其石正方如印，亦名"印山"。

附　录

延平府尤溪县西北七十里，有罗经石，其圆如盘，中一线如针，分子午。

[1] 黄涅槃，即妙应禅师（820—898），俗姓黄，名文矩，字崇法、子薰，黄巷（今福建省莆田市涵江区国欢镇黄霞村）人。出家后，法名涅槃、辟支、圆智。唐末著名高僧。

动　石

顺天府蓟州西北二十五里盘山，一名盘龙山，最高峰曰"上盘"，顶有巨石，以指摇之辄动。

永平府昌黎县西三里，有危石，独力撼之即动，虽加千人之力，亦不过如此。

东岳泰山日观峰下，有舍崖怪石，形如大匱[1]，虚倚崖畔，风至摇撼。

湖州府安吉州西北四十里，有石长一丈，高五尺，缎岩谷间，以手抵之辄摇动，人力多则不能移，名"一指石"。

宁波府鄞县境，有动石山，《寰宇记》[2]云："山有坚石，高五六丈，下有小石支之。暴风雨则石自动，行于山者，闻隆隆作声。"

温州府城南四十里大罗山，一名泉山，有石特立，触之即动。

平阳县南二十里前仓山上，有一巨石，上平下锐，以足撼之，则蠕蠕而动，轰轰有声。

抚州府乐安县西四十里石桥岩，一名高碧，旁有动石，风作则运动如转轮。

黄州府城东北一百二十里小崎山，有飞来石，其下石柱，推之可转而不仆。

　　福州府城内乌石山东峰，有坐禅石，劲直若笋，峙于磐石，微触即动，又名降睡石。城东南二十里城门山上，有鳌顶峰，峰之中有飞来石，大可数丈，高三丈余，离地二三寸，有数小石如鸭卵支其下，默而推之，则动。或预语往，推虽数十人共力，不动也。城东七十里有动石，其石甚巨，以一指推之即摇，力推则不动。又城东二十里曲坑，亦有此石。

　　连江县东十五里云居山，有莲花石，上平下尖，四围有瓣，状若莲花。其石甚巨，附于磐石之上，轻摇则动，力撼之则不动。

　　福清县东二十里拱辰山，俗呼"牛角山"，石洞旁有石如鼓，方广丈余，其下危而不安，以一指微推之则动，两手尽力推之则不动。

　　兴化府城东七十五里蚶山上，有大动石、小动石。

　　仙游县东北五十里九鲤湖水晶宫前石壁下，有一巨石如鼓，屹立湖旁，一人撼之辄动。

　　泉州府城东南二十里灵山上，有卷石，其形肖丸，而下不属，势重万钧，一夫撼之，兀兀动摇。

　　惠安县西四十里万岁坡上，有大石高广四丈余，复有一石，上广下削，高丈余，架于其上，若将坠焉。并力推之不动，儿童以芥挺之辄动，名曰"危石"。

　　同安县南海中嘉禾屿簦笃港口，有动石，潮至则自动。又浯洲屿太武山上，有风动石。太文山北有动石山，山上一石，风吹即动。

　　永春县东乐山西台上，有石鼓，下有石承之如架，指触可动。

　　漳州府城东十里鹤鸣山上，有风动石，高五丈，围一十八丈。天生大磐石阁之。此石四面均不偏倚，其下适两尖相当，故风来则动。

漳浦县东北陆鳌所城东,有风动石。

诏安县北二十五里九侯山,有风动石。

建宁府城东南一百二十里,有石塔,塔内有大石,方围三丈余,轻摇之则动,重撼之则不动,人以为异。城西北一百二十里云岩顶,有二石,大者如狮,小者如铃。相传连大师立小石上升。是石,以一指搘[3]之,辄动,有声如铃;集众力撼之,则不能动。

福宁州南三十里,有叠石,二石一方一圆相叠,一人摇之则动,众摇则否。州东十里瑞岩山顶,有石方广十丈余,石上叠一石,摇之可动。州东一百里峻岩上,有二大石相叠,摇之可动。

广州府城北二里虎头岩上,有动石,人叱之则动。城西南一百二十里西樵山,有碧云峰,其上有巨石,以一指触之辄动。

楚雄府城北青峰坡上,有峨碌石,高八尺,广四尺。一人触之即摇,聚众推之,嶷然不倒。古峨碌城得名,本此。

[1] 匱,同"柜"。
[2] 《寰宇记》,由旅居中国达17年的马可·波罗(1254—1324)所著。马可·波罗讲述了东方见闻,由比萨人鲁思梯切诺(小说家)笔录成书。原稿使用法、意混合语写成(已佚),1298年完成。现存各种文字抄本达数十种。
[3] 搘,支撑。

应　　石

永平府抚宁县南二里紫荆山,有石姥,呼名而应。今称"紫荆石婆",即《魏书》辽西郡海阳县之新妇山也。

苏州府城西南一百二十里西洞庭石公山,有二石如老翁立水中。舟人过之,呼"石公",则亦应"石公"云。

徽州府休宁县西六十里齐云山北,有五峰并峙,中稍高曰"五凤楼",上有石人,呼之,隐隐若有声应。

南阳府邓州内乡县东南丹水上,有石高三丈五尺,阔二丈五尺,状如卧兽。人呼之应,笑亦应,号曰"响石";块然独处,亦号"独石"。

湖州府武康县西八里响应山,有大响岩、小响岩。人经此岩者,随语应声,山因岩而名。

温州府乐清县[1]东九十里雁荡山东谷,有响岩,状圆孤立,溪中行人语其侧,随声相应。

广州府弋阳县[2]南十里南岩,旁有响石,人呼其下,其上响应。石无穴窍,盖出自然。

南岳衡山岣嵝峰,有响石,呼唤则应,如人共语。

郴州西北六十里话石山,孤石特竦,尝闻作人语声,故名。

福州府福清县西北二十里傀儡岭北,有应石在驿路旁,过者呼之,其应如答。

泉州府安溪县西北驷马山,有石广二百余丈,人呼则应,名曰"应石"。

汀州府归化县西南三十里响石山,其山皆石,人语则响应。

上杭县安乡石山,有一巨石,善应,近蜕洋铺五里。

广州府龙门县东四十里,有应石,枕河之涯,外实中虚,舟楫往来,叫啸相应。

[1] 乐清县,原抄作"乐青县",均予径改。
[2] 广州府弋阳县,当为广信府弋阳县。

徙　石

真定府赵州柏乡县北八十里,有汉光武庙址,前有灵石,粗肖人形,截然中断。野史载:光武夜至赵州南迷路,闻人语,问而弗应，见二人立其傍，怒拔剑斩之，其一急走去，熟视之，乃石也。今名其处为"石人指路"。

苏州府城西南六十里穹窿山，宋时有谶云："穹窿石移，状元来归"。淳熙间，山中一夕闻风雨声，诘朝视山半，有大石自东徙西，屹立如植，所过草犹偃。辛丑科，吴县人黄由[1]果状元及第。弘治乙卯[2]，山中风雨，复有一大石自走下，见者惊呼乃止。明年丙辰，朱希周[3]状元及第。城西南二十五里支硎山，嘉靖己未[4]冬月夜半，岩端有声如雷，天微雨。居人诘朝视之，有石仅丈，自山腰移下十余丈，复转而东，所过小石裂一缝，如虎丘试剑石之状。壬戌申时，行状元及第。

登州府宁海州文登县南一百二十里召石山，相传秦始皇欲造桥渡海观日出处，有神人驱石下，海石去不速，神辄鞭之，皆流血。今山下石皆赤色。又阳城山石尽起立，巍巍东倾状，如相随行。

吉安府泰和县西黄牛冈上，有黄牛石，旧传能盗官仓米，官尝令人厌伏其怪。下有一小石，宋乾道间，一夕风雨，自移其处。

南岳衡山，唐释明瓒尝居之。一日，刺史祭岳，修道路极严，忽中夜风雷，一峰颓下，大石塞路，多用人、牛推挽，不能去。瓒曰："我能去之！"遂履石而动，忽转盘而下，声若震雷。

成都府资县，唐为资州。长庆中，有石方丈，走行数亩。

福州府城北三十里卧龙山，一名伏龙山。陈陈宝应[5]为刺史时，山有巨石，无故自移。闽人言：石者，阴类，当静而动，臣下僭逆之象。后宝应果谋逆伏诛。

连江县北八十里宝林院中，有独觉岩，形如覆釜。世传唐大中六年，僧法诠建院山下，欲移此石置院中，而未能。乃祷于神，是夜风雨雷电大作，岩移院中，俨然一室，因栖禅其中四十年。今名"雷移石"。

福清县西十四里石竺山下，旧有谶碑云："天宝石移，状元来期；龙爪花红，状元西东。"宋乾道二年三月丙午夜半，居民闻山上有声如震雷。旦视山顶,有大石飞落半腰,石方可九丈,所过成蹊,才四尺,而山之木石如故,既而此石松上复生龙爪花。邑有石陂曰"天宝"。是岁,永福萧国梁[6]魁天下;五年,兴化郑侨继之;八年,永福黄定又继之。《方舆胜览》载百里三状元,注萧国梁居冲峰,郑侨居龟岭,黄定居龙屿。盖西东相望云。当时故老有诗云:"冲峰龟岭与龙屿,三处山川壮矣哉。相去其间只百里,七年三度状元来。"《八闽》[7]、《一统》等志,皆以侨为兴化人。今考龟岭,滨兴化界,侨之祖世居光德里竹演村,迁焉。幼馆陈正献公[8]门,因以兴化贯登第。今墓在永福县二十五都,名郑太师墓[9],翁仲、石兽尚存。

泉州府城东南留澳鄂国留公庙[10]之后浦,旧有岩石。宋淳熙末,一夕晦冥,石最巨者,忽自徙,置于岸上。

永春县西南二十里乌石山,宋陈普足[11]得道居之。初有巨石当道,往来患之,忽一夕转于道侧。

韶州府城东北五里有灵石,高三十丈,广圆五百丈。《水经注》云:"耆旧传言,石本桂阳武城县,因夜迅雷之变,忽然迁此。彼人来见,叹曰:'石乃逃来。'因名逃石,以其有灵运徙,又名灵石。"按两汉《地志》,桂阳郡但有临武而无武城,盖字之误也。桂阳州临武县,今属衡州府。

柳州府来宾县南六十里金峰山寺,旧有大石当其殿前,僧祷于雷神,欲去此石,忽风雨晦冥,顷之开霁,石已移在山中矣。

附 录

本朝太祖微时,江淮讹言接新天子,太祖立于仆碑趺石龟背上望之,石龟行十数步。未详其处。

[1] 黄由(1150—1225),字子由,又名世保,号磐野居士,平江府长洲县(今属江苏省苏州市)酷库巷人。南宋淳熙八年(1181年)辛丑科状元及第,担任绍兴府通判,官至正奉大夫,刑部尚书兼学士院直学士。死

后被赠"太子少师"。宋政治人物、诗人。
［2］弘治乙卯，明弘治八年（1495年）。
［3］朱希周（1473—1557），字懋忠，号玉峰。祖籍昆山，迁吴县。弘治九年（1496年）丙辰科状元，官至南京吏部尚书。
［4］嘉靖己未，明嘉靖三十八年（1559年）。
［5］陈宝应（？—564），福建侯官（今福州）人。梁侯景之乱，与父陈羽割据闽中。陈朝建立，被授持节散骑常侍、信武将军、闽州刺史，领会稽太守。后与割据势力留异、周迪联盟，兵败被杀。
［6］萧国梁，字挺之，南宋福州永福人。宋孝宗乾道二年（1166年），进士第一及第。历官著作郎、太子侍讲兼礼部郎官，终朝奉郎、广东通判，知漳州，后逝于官。有文集。
［7］《八闽》，即《八闽通志》，由镇守太监陈道监修，黄仲昭编纂，现存的第一部福建全省性的地方志。
［8］陈正献公，即陈俊卿（1113—1186），字应求，谥正献，莆田人。南宋绍兴八年（1138年）登进士第，任泉州观察推官、校书郎，累迁至尚书右仆射同中书门下平章事兼枢密使左丞相。著有文集二十卷。
［9］郑太师墓，即郑侨墓，顶层墓碑题"宋太师郇国公郑侨之墓"。在福建省永泰县梧桐镇潼关村教忠寺北侧，福建省省级文物保护单位。
［10］鄂国留公庙，祭祀宋鄂国公晋江王留从效。现有"留从效庙"位于晋江市金井镇溜江村，不知是否为同一庙。
［11］陈普足（1047—1101），福建永春人，人称"清水祖师"。北宋人物，造桥施药，治病驱疫，事迹在安溪一带广为流传。

飞　石

真定府定州曲阳县治西岳庙内，有飞来石。世传以为大舜十有一月北巡，狩至曲阳，因阻雪柴望[1]，有大石飞坠帝侧，遂建祠焉。一云唐贞观间，忽有飞石坠县西，因建祠，自是皆于祠望而祭之。其石色白而润，或云细玩之，有磨砻形，想此石飞来时粗厉，后人磨砻以作美观耳。

绍兴府城东南十五里宛委山，有飞来石。世传自安息国飞来，上有索痕三条，唐宋名贤多题名其上。

温州府乐清县九十里雁荡山东谷龙鼻水下，有观音石。元时有一监司持去渡江，遇恶浪，投诸水中，旋飞还原处。

处州府嵩阳县[2]西三十里，卯山、酉山相对。唐叶法善[3]尝卜居于此，大石当路，善投符，须臾飞去，路即坦平。

建昌府广昌县东南江流之中，有天堆。宋绍兴甲戌[4]，一夕雷雨大作，有沙砾之声。旦则屹然一山，高丈余。童谣曰："天雷飞石头，一夜成汀州，五十年内兴公侯。"至立县恰四十五年，淳熙十一年，何坦登第，官学士。

岳州府澧州慈利县东七里，有灵石。宋乾德中，有巨石溯澧而西飞，止秀峰之巅，人立祠祀之。

成都府金堂县东北十里三学山寺中，有飞石，乃自云顶山飞来者。云顶山，在县南五十里。

福州府城东南三十里新安山上，有石如羊，跪伏石盘上，相传自会稽飞来者。城东南七十里玉壶山上，有三台石，相传自武夷山飞来者。

建宁府建阳县西八十里白塔山，有龙济院，祀唐时钱、刘、李三仙女，院前有飞来石。相传唐贞观六年，一石自空飞来；国朝洪武二十四年，又有一石飞来。

汀州府城西南隅云骧阁左一石，高广丈余，旁有小石撑拄，势若岌岌。相传一夕随雷雨飘至，名"飞来石"。

桂林府全州城西一里湘山顶，有飞来石，相传自罗浮飞来者。城北二里柳山书院，有应泉井。嘉靖壬寅[5]四月七日，有巨石乘风而飞入井内，昂首低尾，状如龙马，其高广正与井之石甃相似。

永昌府城东北八十里罗岷山，蒙诏[6]时僧罗岷者，自天竺来此，尝作戏舞，山石亦随而舞。后殁，土人祠之岩下。时坠飞石，过者惊趋，谓之"催行石"。有人将晓时，见石自江中飞上，雾中甚多。

附　录

赣州府城北六十三里黄唐山角，有石子如弹丸，至丙日则不见，他日皆在。

［1］柴望，古代两种祭礼。柴，谓烧柴祭天；望，谓祭国中山川。亦泛指祭祀。
［2］嵩阳县，当指处州府松阳县。
［3］叶法善（616—720），字道元，括州括苍（今浙江丽水松阳）人。唐代道士、官吏，有摄养、占卜之术，历高宗、则天、中宗朝五十年，时被召入宫，尽礼问道。睿宗时官鸿胪卿，封越国公。他无病而终，享年105岁。
［4］绍兴甲戌，即宋绍兴二十四年（1154年）。
［5］嘉靖壬寅，明嘉靖二十一年（1542年）。
［6］蒙诏，蒙舍诏略写，即蒙舍国，洱海南部的哀牢人小邦国。唐初六诏之一。

浮　　石

顺天府蓟州遵化县西南三十里水门口，有大石如龟，水涨而龟不没。谚云：水淹此龟，则有兵。

凤阳府宿州灵壁县东北有湖，湖中一巨石，水涨涸，不过旧痕，人以为异，因名"石湖"。

汉中府兴安州紫阳县西五里汉江滨，有鸳鸯石，作雌雄状。旧在洋县，鸳鸯顺流止此，渔人识之。

湖州府城南七里玉湖中，有浮玉山，巨石如积，坡陀磈礧，不以水盈缩为高卑，故名。

严州府淳安县东北五十里，有拳石浮跃水中，俗号"钱王秤锤石"。

衢州府城西北信安溪中，有石高丈余，水涨不没，名浮石潭。衢城六门，其北古曰"浮石门"，后改"永青门"。

吉安府泰和县南江中有苍石虎踞，里人云："春涨，石辄浮起，视常立水面。"故相传为"障江石"。

辰州府沅州黔阳县南九十里双石崖，二石对立，三面如一，又名屏风崖。石根随水高下，土人神之。

福州府城南五十里，有石母屿，石出水四尺，巨涨或过丈余，石亦不没。

兴化府仙游县东北五十里九鲤湖西，有小石曰"玄珠"，湖水溢，则与俱浮。

泉州府城南五十里洑田塘中，有石牛，水涨不没，鸣则岸溃。乡人为立祠。

南安县南二都黄石渡，水中有石蟠结，复有一石叠于其上，高丈许，有黄点，状如虾蟆。相传能随水上下。

同安县南海中嘉禾屿篯笃港口，有浮沉石。潮涨，其石不没，潮退则沉海底。天将风，石下有声，名"石虎礁"。

肇庆府德庆州东南五十里南江中，有鼎石随波出没。南江，即晋康水也，晋置晋康郡在此。

长　　石

凤阳府虹县东北四十里朱山下，有朱买臣[1]祠，祠东北五步许，有圣水井，泉甘冽可愈疾。后有于井侧浣濯者，一夕井石暴长几合，山下之人奔祈于神，乃止。

扬州府泰州东北百二十里西溪镇之西，有东台圣果院，院内古井栏，南唐保大中琢。旧有绠迹，深入寸许，后更合满其铭。

严州府城东北七里玉泉旁，有石佛，岁久渐长。

吉安府永新县东二十五里石灰山，其石色白而细，邑人凿取为灰，随凿随合。县西北六十里龙门溪，颜鲁公大书"龙溪"二字，刻岩上。先时字去地二丈许，摹拓者必附梯缘之。今字渐近平地，而岩壁无少损。

建昌府城东五十里铸钱岩之东，有绵缠石。其初低小，凡祷者以绵一幕缠其上。今渐高大，虽绵十倍，绕不能过。

赣州府城北四十里玉石山，俱黑壤，止有片石鲜白如玉。昔有瞿氏钓山下，有二少年皎若冰玉，谓曰："别来！"此石长殊驶，忽不见。

福州府城西北芋原驿前二百步，有石凸。相传此石岁有增长，后因火乃止。石之西有石凸亭。

建宁府嵩溪县南十五里化岩，昔乡人祀马氏仙女于岩罅，俄而岩合，因立祠其上。

广州府新会县南八十里崖山上，有巨石，旧有大刻："元柱国将军张弘范[2]灭宋于此。"我朝某年间，巡按徐瑁易刻曰："宋丞相陆秀夫、太傅张世杰死事于此。"弘治甲子[3]，巡按方良永过此，则石长字没矣。

雷州府城西南八里英榜山雷庙前百步小阜上，有石龟二座，系古墓。盖其一为雷震裂，草木生其间。天顺间，开处犹能容掌。弘治以来，其开处以渐生合，至今坚实，有迹仅如疮瘢而已。询之，石工云："凡石在地中，曾经斧破，岁久未见复合者，况此又置地面。"故以为异也。

欧阳永叔《集古录》[4]云：李阳冰[5]书缙阳三碑篆刻最细瘦，岁久渐长，刻处几合，由石活故也。

附　录

华初平[6]云："葛稚川[7]既仙去，遗朱研于玉笥山，得丹砂之力，岁久弥大，今为一巨峰。"按：此玉笥，即宛委山，在绍兴府城东南十五里，非江右之玉笥也。

段成式《酉阳杂俎》[8]云：于季友为利州刺史，时临江有一寺，寺前渔钓所聚。有渔子下网，举之觉重，坏网视之，有一石如拳。因乞寺僧置于佛殿中，石遂长不已，经年重四十斤。张司封员外入蜀时，亲睹其事。

杜光庭[9]《录异记》云：天复中，洪州贾[10]石于越王山下昭仙观前，长七八尺，围三丈余，青碧如玉。节度使刘威命异入观内，设斋祈谢。七日之内稍小，长三尺，数日长尺余。今只有七八寸留在观内。

[1] 朱买臣，虹县（今安徽省宿州市泗县）人。南朝梁忠臣，本阉人。
[2] 张弘范（1238—1280），字仲畴，易州定兴人。大蒙古国和元初的将领，参加过襄樊之战，曾击败民族英雄文天祥、张世杰。死后，元朝加赠推忠效节翊运功臣、太师、开府仪同三司、上柱国、齐国公，改谥忠武。有遗诗《淮阳集》。
[3] 弘治甲子，明弘治十七年（1504年）。
[4]《集古录》，即《集古录跋尾》，中国现存最早的金石学著作，共10卷，是欧阳修（字永叔）对家藏金石铭刻拓本所作题跋的汇集，收录周至五代金石文字跋尾400多篇。
[5] 李阳冰（721—785），字少温，唐赵郡人。曾任江宁、缙云、当涂三地县令，官终将作少监。工篆书，唐代文学家、书法家。
[6] 华初平，宋会稽人。宋徽宗大观三年（1109年）进士，为太常博士。宋徽、钦二帝北狩，忧愤而卒。著有《越中考古录》。
[7] 葛稚川，即葛洪。
[8]《酉阳杂俎》，唐代小说家、骈文家段成式撰。是唐代神话志怪小说，有前卷二十卷，续集十卷。内容远超出志怪的题材，广泛驳杂，有自然现象、文籍典故、社会民情、地产资源、草木虫鱼、方技医药、佛家故事、中外文化、物产交流等，具有很高的史料价值。
[9] 杜光庭（850—933?），唐末五代时期的著名道士，早年参加科举，落第后入道天台山，从此致力于道经的搜集和编撰工作。所著《录异记》为一部属于"记传类"或"谱录类"的神仙传记集和宣扬道门灵验的志怪作品。

[10] 賈，古通"阞"。

裂　石

　　池州府东流县南二十五里草堂寺北，有金鸡石，相传石中孕金鸡。罗隐过之，题诗云："青山隐隐望长溪，独墩无伴只孤栖。草堂不见娄罗汉，金鸡不向五更啼。"自后石遂迸裂，金鸡飞鸣去。或曰雷斧劈开云。

　　安庆府宿嵩县[1]西南五里佛子岭，有石裂为三，如凳，其色温润。相传有高僧卓锡[2]所成，名"三台石"。

　　太原府交城县西北一百五十里，有大阿苏、小阿苏二山，石崖临江中有洞穴。世传仙人张果老乘白驴至此，以铁棰指石，石裂为穴，并其所乘驴入焉。穴深数十步，内不可测。

　　河南府城西南三十里阙塞山，一名伊阙山，亦名阙口，有东西二岩。东岩有巨石，中裂，传云：昔有龙自此而出。鳞鬣之形，宛然在石，俗名"龙门山"，以此。

　　杭州府余杭县西北五十里径山，唐永泰中，昌化章氏子名俱胝，童真修道，遂有神异。来礼开山法钦和尚[3]，钦指座后石屏，令叱之，屏裂为三，因与落发。代宗赐紫方袍，号"国一"禅师。按蔡襄游记云：巨石屏张笏立，其上下左右可十丈，划而三之，若川字，隶文曰"喝水岩"。

　　南康府城西北二十里庐山尊胜庵下，有大石高数丈，长如之，中若剸裁，可过二三人，谓之"石门"。相传昔有僧诵"尊胜"而石开，遂以名庵云。

　　赣州府会昌县东南一百二十里汉仙岩，岩洞为汉仙炼药处，日久蓁芜。隆庆五年，僧明圆自宁都来此，诛茆卜居，左右石壁，斧凿难施。圆日夕向壁，持呗咒不辍，一日，忽雷电晦冥，划然石开五尺许，于是次第施工，遂为会昌著胜。

成都府灌县西南五十里青城山，有誓石。天师张道陵与鬼兵为誓，朱笔画山，青崖中绝。今验断处，石并丹色，阔二十丈，深六七尺，望之艳然。一云深十三丈，阔三十丈。

顺庆府蓬州北六十里石门之右，有石梁横卧嘉陵江中。元至正壬午，龙忽裂断其梁，水由中行。下有深潭，鱼龙之巢穴也。

重庆府合州西二百二十里青石山，昔巴蜀争界，久而不决。汉高帝八年，一朝密雾，山石为之裂，自上及下，破处直若引绳，州界始判。

福州府古田县东一百余里幽岩寺后，有雷峰。五代晋天福五年，巨石为雷所击，裂成品字，故名。是年，僧法宝者自幽州来，建寺于此，因名"幽岩寺"，亦名"雷峙寺"。

福清县西南五十里双髻峰顶，有仙坛，天然而成，高二丈余，四面如截肪，上平如削，亦有自然石为级。宋乾道二年，雷劈为二。

闽清县南贤良陂源出傅源，流至碌岭约三里余，为巨石所遏。宋时邑人陈旸[4]欲凿而通之，石工已备，无所措手。旸乃具服拜祷，有顷，石岩自裂，其流遂通。人获灌溉之利甚博，以旸尝应绍圣元年贤良科，因以名陂。

兴化府仙游县西南十里钟石山下，有仙门洞，昔有樵者遇一翁，问其所居，曰："居此山五百余年。"又问其屋宇，则以手指石，遂开为门，入门化鹤而去。

唐开元中，漳泉地界未平，讼于台省数年。有州官虔祷于神，俄而迅雷甚雨，崖壁裂为一径，去地丈余，有古篆六行二十四字，字皆广数尺。贞元初，有李协者，辨其文曰："漳泉两州，分地大平。永安、龙溪，山高气青。千年不惑，万古作程。"盖永安、龙溪乃两州首乡名也。按：今长泰县西北四十五里，有石铭里，即其地，而石崖之裂开有字者，已莫可考矣。

[1] 安庆府宿嵩县，当为安庆府宿松县。
[2] 卓锡，卓，植立；锡，锡杖，僧人外出所用。因谓僧人居留为卓锡。
[3] 法钦和尚（714—792），俗姓朱，昆山人。卒谥大觉，世称"牛头六祖"。唐代宗赐号"国一"，宰相崔涣、裴度等皆师事之。
[4] 陈旸（1064—1128），字晋之，闽清县人。宋绍圣元年（1094年）贤良方正能言极谏科及第，授顺昌军节度推官，官至鸿胪太常少卿、礼部侍郎等。陈旸精于乐律，参加乐书编纂，后主其事。还著有《礼记讲文》、《北郊祀典》等。

合　石

瑞州府新昌县东北五十里洞山寺水口，有二石，高丈余。土人谓二石夜间常合为一，因名"夜合石"。

成都府金堂县东北十里三学山寺中，某年楠树枯，飞石离而为二。有王头陀语曰："五百年后，寺当废。若楠再生，石再合，寺当复兴。"后果如其言。一云是灌县东南四十里承天寺，唐大历间，静照头陀建云峰道场。至宋宣和，夺以与黄冠[1]。建炎三年，复还旧物。楠生石合，谶记冥符焉。

建昌卫城东南三百一十里有公母石，两石相随，人或分之，明日复合。土人呼为"公母石"，犹言翁姥也。

兴化府城东南六十里青山海滨，产小白石，状似杏仁，而擘两瓣，腹有纹如虫，贮之醯碟中，两石离立相对，须臾能自动两相迎合，名"雌雄石"，亦曰"相思石"。

[1] 黄冠，黄色的冠帽，多为道士戴用，用以指代道人。

坐　石

顺天府蓟州平谷县北二十里瑞屏山，石台夷旷，可坐百人。

应天府城西嘉善寺后，有方石，其顶莹平，可坐数十人。

溧阳县东南龙鸣山绝顶，有巨石雄坦，可坐数十人。

苏州府城西北九里虎丘山，有千人石，可坐千人。城西北三十里阳山，一名秦余杭山，上有泉名云泉，泉前磐石如卧鼓，可坐二三十人。城西二十里天平山之支垄曰"金山"，山半有石，方二丈余，平坦如砥，嘉木荫覆，名曰"翻经之石"。城西一百二十里西洞庭山明月湾旁，有巨石如砥，可坐百十人。石公山之阳，有石极其半没于湖，犹可坐千人，名"千人矶"。甪庵之东三里，有松甚古，其下有石如砥，高下可坐数百人。

徽州府绩溪县北三里临溪岸侧，有石方圆二丈，其平如砥，溪水甚清澈。数里内妇人悉来浣纱，去家既远，多于石上绩而守之。

安庆府望江县北六十里大茗山上，有石广数丈，其平如砥，可坐数十人。唐末罗隐尝结庐焉。

淮安府海州西南一百六十里北望山上，有嵌石方平，可坐十余人。

太原府代州五台县北一百四十里五台山清凉寺南，有清凉石广数丈，重层覆级而上，可坐千人。

杭州府于潜县西二里岿嵲山，峭耸青绝，下浸浮溪，溪旁绝壁高四十余丈，上可坐千人。晋谢安尝登此，箕踞叹曰："伯昏瞀人何以过此！"

严州府桐庐县西北五十里，有桂竹屏，乃一危石倚玉嵩立，高十五六丈，峻直悬削，大七八丈，上斜而平，可坐二三十人。

《水经注》云："浦阳江又东径石桥，广八丈，高四丈。下有石井，口径七尺。桥上有方石，长七尺，广一丈二尺。桥头有磐石，可容二十人坐。"按：浦阳江，在今金华府浦江县界。

绍兴府城东南四十里秦望山之别峰曰"何山"，有秦始皇刻石。刻石前有石广数丈，云是始皇坐石。两边有石坐八方，云是丞相已下坐石。

新昌县东南五十里天姥山，有大、小二峰，大峰顶有片石平如桌，横阔方二丈，色逾黑漆，名曰"仙人桌"，可坐二十人。

宁波府定海县东北海中补陀落迦山[1]，有盘陀石，平广可坐百余人。

奉化县北二十里赤苋山上，有磐石，可坐千人。

台州府天台县西一百一十里天台山护国寺东北，有金桥潭。潭之南浒水浅，见沙中有磐石三，不没者数寸，可坐以饮。自上流浮杯盘，随流荡漾，必经三石之间，俯而掇之，如在几案。俗云群仙会饮于此，名"会仙石"。

温州府城南四十里大罗山，一名泉山，其西麓为仙岩，有宋陈止斋读书台。台外有石如砥，方数十丈，可坐数百人。旁凿小石盂，注水盥手，则止斋之旧迹也。

乐清县东三十里陶公洞，一名道姑洞，其洞纯石。洞外有巨石，长可数十丈，平坦如床，可坐数百人，侧立者如屏风，内有石室二重，宛如堂房。按：此洞，即雁荡山之西北址也。

处州府缙云县东二十三里仙都山旸谷洞口，有石如覆斗，上坦可坐十人。

南昌府宁州东北二十里清水岩前巨石，可坐千人。

广信府弋阳县西南二里重潭中，有鸾环石，石上有平台，可坐十数人。

永丰县东十里东欢桥上，有石岿然，可踞坐十数人，以临水而名之曰"钓台石"。

南康府城西北二十里庐山，自双龙庵至天池禅院，凡十五里。每三四里辄为亭，以憩行人，凡五亭。过第四亭，有大石凌虚而出，可坐数十人，百千里略无障蔽，俗呼"四望石"。山北有石门水，水出岭端，有双石高竦，其状若门，自下望之，若曳飞练，下有磐石，可坐数十人。

九江府德安县西北一百二十里昆仑山元阳观后磐石，可坐百人。

湖口县南石门山有磐石，可坐数十人。天池、铁船二峰并峙如阙，其间悬流数丈，坐而视之，毛骨竦然。

吉安府安福县东南十五里东阳峰顶，一石可坐数十人。

南岳衡山祝融峰下，有巨石刻"寿岳"二字，为宋徽宗御笔。其石可坐数十人，下有岩。

长沙府攸县北二里朝天峰上，有石可坐千人。

靖州会同县南十里青陂湖，周回十余里，中有大石十余所可坐，游宴多集于此。

重庆府合州东十三里钓鱼山顶，有护国寺。寺门外石台突起，曰"钓鱼台"，其上平正，可坐十数人，有巨人足迹。

福州府福清县西南三十里黄檗山龙潭前，巨石如砥，可坐数百人。

兴化府城东北八十里百丈山石伞岩下，有石床，平坦可坐二十人。城西北八十里芎林山下，有灵龟潭，潭上有石如砥，可坐数十人。

仙游县东琼山上有磐石，广十余丈，可坐数百人。县东北五十里九鲤湖古梅洞之西，有石长数十丈，夹流可坐数百人。县东北六十里石所山顶，有石可坐百人。

泉州府城东北八里遵岩，有大石平如砥，纵广百丈，谓之"百丈石"，可坐千人。城东南二十里灵山比丘塔院门左，有石一，区旷而夷，可坐百人。

安溪县东南宫山有磐石，可坐数十人，石中空如宫室。县西阆苑岩后，巨石中罅，其上平广，可坐数十人。

漳州府漳平县东十五里龙门洞中磐石，可坐百余人。

延平府城东南四十里，有磐陀石，坦夷方广丈余，四山环峙，清泉涌出，其旁嘉木阴森，景绝幽雅。宋李愿中[2]、朱晦庵二先生尝游息其上。

沙县西北淘金山顶，有天平石，可坐百余人。

大田县东北四十里太虚岩背，有望鹤台，高平可坐数十人。

建宁府建阳县西百余里毛虚滁山，永乐年间，大水推出一巨石，宽平可坐五十人。

崇安县南三十里武夷山冲佑观北幔亭峰左，一石盘陀，方广数十丈，浑然天成，不假琢削。汉武帝尝遣使祷祀于此，名"汉祀坛"。三曲有会仙岩，其石方平，可坐数十人，相传群仙会于此。又有三杯石，在溪水中，方平如砥，可坐数十人。六曲三层峰，左有棋盘石，方正平坦，可坐十数人，相传昔有仙人对奕于此。此县东八十里隐屏峰上，有隐仙岩，岩上仙坛平广可十余丈。

福宁州福安县北东溪中，有磐石屹立，方围数十仞，平坦如掌。宋有林氏兄弟争田，乡人劝之，遂感悟。置酒石上，相与欢洽如初，因命工镌石曰"洗心台"，志悔过也。

宁德县东九十里支提山，《华严经》载：天冠菩萨与千众说法处。巨石四方如削，平坦可坐千人，名"说法台"。旁多兰蕙，每有祥云覆顶，白光夜现。

广州府新会县西八十三里金冈山，有石洞曰"金山岩"，岩顶飞瀑如练，有磐石可坐数十人。

惠州府龙川县东一百里霍山仙乐峰，有石可坐数十人。

肇庆府阳江县东北八十里马衔山绝顶，巨石正平如砥，可坐四十余人。

琼州府临高县东十里美泷滩上，黑石平铺，可坐百余人。

南宁府横州城南由大江上十里许，有牛皮滩，以旁有大石，状若牛皮，故名。其石之大，倍于虎丘千人石。

梧州府怀集县西八十里燕岩，石平如砥，可坐百人。

郁林州兴业县北三十里司命井南石室中，有石床可坐百余人。

黎平府城东北十五里罗团洞，旁有石磴如床，可坐二百余人。

都匀府独山州青平县[3]东二里东山绝顶，磐石平坦，可坐数十人。

[1] 补陀落迦山，补陀即"普陀"；补陀落迦，梵语，翻译成中文就是小白花的意思，本来是印度南海的一个小岛，山上开满了小白花，佛经记载的观音菩萨就是住在那里。这里指普陀山。
[2] 李愿中，即李侗（1093—1163），字愿中，曾在福建延平府为官，世称延平先生，宋代理学大师。
[3] 都匀府独山州青平县，当为都匀府独山州清平县。

穿　　石

汉中府洋县俗：遇孟春中浣日，居人游江上，取石之穿者，以丝系归，谓之宜蚕。

襄邓间俗：正月二十二日，士女游河，取小石通中者，用彩丝穿之，带以为祥。故范文正公《献百花洲图上陈州晏相公》诗有曰："彩丝穿石节，罗袜踏青期"。

夔州府城南八阵碛，每岁人日，倾城出游碛上，谓之"踏青"。妇人拾小石之可穿者，贯以彩缕，系于钗头，以为一岁之瑞。

宝　　石

河南府城东白马寺之野中，每大雨过，土中多获细石。一种色深绀绿，类西番马价珠；一种色稍次；一种色淡绿。纹理多斑驳，鲜有莹净者，间有刻成物像，其大不过如梅李。色深绿者，价甚高。此石原产外国，贡之内府。洛阳故都之地，遭乱散失，弃之于地，后乃徐出耳。又有于土中获铜带钩，填以七宝，杂诸细石，灿然可喜。马价珠色青如翠，直价如马，故名。其夹石粉青，有油烟及色老者，价低。

汉中府兴安州西五十里天柱山下，有碧钿、青碌诸洞凡二十余处。唐、宋俱采取入贡，我朝始停闭。

南番、西番出蜡子石，性坚。有红蜡、紫蜡，亦有酒色者，俱明莹。有大如指面者，尽大尽贵，古云："蜡重一钱，价值十万。"可相嵌钏镯、碗盏、戒指用，自然生成者好，碾琢成者不佳。又出碧靛子，石色青绿，好者与马价珠相类，宜相嵌用，有黑绿色者低。

南番出猫睛石，性坚，黄如酒色。睛活者，中间一道白横搭，转侧分明，与猫儿眼睛一般者为佳，宜相嵌用。若睛散及死而不活者，或青黑色者，皆不为奇。大如指面者贵，小者价轻。又出石榴子，即玛瑙之色红而明莹如石榴肉者，宜相嵌用。又有铺绒绿石，颜色纯绿，明莹如铺绒绿，宜相嵌绦环等用，不甚贵。

锡兰国产鸦忽石，有青、红、黄三色，又有青朱蓝不[石]。昔剌[剌]泥、窟没蓝石二种，出于沙中，山被水冲，流下则有之。阿丹国[1]亦产鸦忽石，暹罗国产红马肯的石，次于红鸦忽，明莹如石榴子。鸦忽亦作鸦瑚。又回回国产宝石，有五色亚姑，亦曰"鸦鹘"，皆即鸦忽也。或云鸦忽石，即猫睛石。

[1] 阿丹国，古国名，今译作亚丁，故地在今亚丁湾西北岸一带，扼红海和印度洋出入口，为海陆交通要冲。古时为宝石、珍珠集散地，15世纪前期便与中国互通使节、贸易。

妍　　石

顺德府唐山县西北八里尧山上出文石，五色锦章。

万全都司龙门卫城东五里红石山，产红石，可爱玩。

应天府聚宝门外长十里南，有雨花台。台下一派沙土中，常有五色石子，状如鞦鞴，青碧红绿不等，亦有极通明可爱者，不减宝石也。雨后，行人往往拾得之。

六合县水中或沙土中，出玛瑙石，有绝大而纯白者，又有五色纹如刷丝者，温润莹彻。工人择文采或斑斓点处，就巧碾成佛像。县东十五里灵岩山麓，有洞产五色石，名"玛瑙涧"。

宁国府宁国县西三十里文脊山南，有一洞流出石子，赭色莹润。

池州府青阳县西龟山下圣泉水中，有五色石子。

扬州府仪真县西二十五里神山，出细石，五色皆具。

平阳府蒲县北四十里龙兴洞中，产五色花乳石。

青州府安丘县出玛瑙石，产于土中或水际，一种色嫩青，一种莹白，纹如刷丝，盘绕石面，或成诸佛像及人物、鸟兽之形者，最贵。此石北方及南番、西番皆有之。有锦红花者，谓之"锦红玛瑙"；有漆黑中一线白者，谓之"合子玛瑙"；有黑白相间者，谓之"截子玛瑙"；有红白杂毛如丝相间者，谓之"缠丝玛瑙"。此几种皆贵。有淡水红者，谓之"浆水玛瑙"；有紫红花者，谓之"酱斑玛瑙"；有海蜇色者、兔面花者，皆价低。此物以红多者为上，古云："玛瑙无红一世穷。"

登州府城北三里丹崖山下，有珠玑岩。石壁千寻，水中有小石，状如珠玑，或如弹丸。岁久，为海浪所摩荡，圆洁光莹可爱，俗呼为"弹子涡"。苏子瞻尝取数百枚养石菖蒲。城西北六十里海中，沙门、鼍矶、牵牛、大竹、小竹五岛上多美石，五采斑斓，或作金色。

辽东三万卫西北黄龙府山中，产柏子玛瑙，石色莹白，上生柏枝，或黑或黄，甚光润。

归德府永城县北五十里砀山，出文石。

雒河中出碎石，颇多青白，间有五色斑斓者。

锦川河源出凤翔府麟游县，流径西安府乾州永寿县，其川出石如锦，为世所宝。

汉中府洵阳县西五十里青山，有洞，产碧甽石。

杭州府城南二十里杨村慈岩院侧，有风水洞，洞中石子红点如丹，持出即隐，置于内，如故。

余杭县西南十八里大涤山归云洞中，石皆五色，纹理如玛瑙。

吉安府泰和县东北花石潭中，生大、小石，五色，朝日照水，灿烂如花。

荆州府嵩滋县[1]溪水中，出五色石，间有莹澈温润，纹理如刷丝者。

归州东七十里达洞滩，多奇石，五色灿然可爱，间有文成物象及符书者。

宜都县东五十里苍茫溪水中，生五色石，类玛瑙、玻璃，间有人物、鸟兽、云气之状。《水经注》云：夷水径宜都北，东入大江，所径皆石山，略无土岸，浅处多五色石。

黄州府城北聚宝山，多小石，有温莹如玉者，深浅红黄之色，或细纹如人手指螺纹。

永州府祁阳县东北三十里白鹤山，幽壑水际，有石青绿，花纹如画。

嘉定州峨眉县西一百里峨眉山岩窦中，出菩萨石，其色莹洁，其质六棱。或大如枣栗，则光彩微茫；间有小如樱珠，则五色灿然可喜。又双溪桥下，悉是五色及白质青章石子。

福州府城西南八十里古灵溪，有碧玉潭，溪流青驶，潭底五色石子灿然若机锦。

肇庆府德庆州北二里香山，有五色石。

云南府安宁州治东有温泉，泉出处，其底小石如丸，多碧色或五采，磷磷可拾。

大理府城西点苍山马龙峰南，有青碧溪，源出山下石间，涌沸为潭，深丈许，水色莹澈，小石布底，累累如卵如珠，青绿白黑，丽于宝玉。

石阡府石城南龙底江上有龙洞，洞中产奇石，大小类鸭卵，上有花纹，深碧色，俗名"醮果"。任人赏玩，不得怀归。

[1] 荆州府嵩滋县，当为荆州府松滋县。

怪　　石

真定府获鹿县东五里海山出石柏，脉理纵横，不假雕凿，天然翠柏，枝叶悉具，人采之以为玩。

赵州治廨内有空明石，嶙峋奇耸，孔穴相通，上镌"空明洞天"四字，晋唐时物也。

顺德府沙河县西北七十里汤山，一名西山，山中有石，色黑，峰峦奇巧，可置几案间。

凤阳府宿州灵璧县出奇石处，地名磬山。石产田中，掘之乃见，色如漆，间有细白纹，如玉。然佳者如佛像，如菡萏，或如卧牛，如蟠螭，亦有峰峦岩窦嵌空玲珑者。高者一二丈，或二三尺，或尺余；扣之，声清越如金玉；以利刀刮之不动。此石能收香，斋阁中有之，则香云终日盘旋不散。又有一种产新坑黄泥沟者，峰峦亦奇，扣之微有声，但色淡而稍燥，软不及磬山石之清润而坚也。按宋周煇[1]《北辕录》云：奇石产于灵璧县凤凰山，以小为贵。山在县西五里。

苏州府城西一百二十里西洞庭山圻村，有一石青绿色，周二十余步，上有峰七十二，号"小洞庭"。山下水中产奇石，一种色白，一种色青而黑，一种微青，其质纹理纵横间，有嵌空穿透者，为风浪所冲啮而成，谓之"弹子窝"。山之支岭曰鼋山、鼍山、龟山、三山下皆产奇石。东洞庭山之石多产山上，天然嵌空，不由水啮。土人或先取石雕刻，置急水中舂撞之，久如天成。今四方人所购太湖石，多是此种。又或伪染作灵壁石，以煮酒脚[2]涂之，黑如漆，永不脱，然刮以利刀即成屑。

昆山县北三里马鞍山出石，色洁白，巉岩嵌空，玲珑奇巧，但无耸拔峰峦势，扣之无声。土人探穴得之，植以蒲茁蕉竹，供几案之玩。

镇江府城东五里京岘山，城西南三里黄鹤山，皆土中产石，小者或全质，大者或镌取相连处，奇怪万状。产京岘山者，色多青润；产黄鹤山者，色多土脉。其石多穿眼相通，扣之有声。

庐州府无为州土中产石，色稍黑而润，大者高数尺，小者五六寸，巉岩峻怪，不异真山，扣之有声。

东岳泰山土中产石，大小逾三四寸，色灰白，或微青，亦有峻险奇怪势，其质甚软，可施镌砻。

兖州府邹县东南二十五里峄山土中产美石，有岩穴穿眼，宛转深邃，亦有峰峦，高下无崤崒势。其质坚矿不容斧凿，色如揉蓝，或如木叶。

青州府产石，大者数尺，小亦尺余，或大如拳。玲珑窍眼，宛转通透，无峰峦峭拔势，色带紫，微燥，扣之无声。

彰德府林县产石处，地名交口，其质坚润，扣之有声，峰峦秀拔，洞穴宛转，或如物状，石色甚碧；又有色稍斑而微黑者，大不逾三五尺；或止拳大，而奇怪不可名状。

杭州府城西十二里凤篁岭上，有石高可丈许，清润玲珑，巧若镂刻，俗呼"一片云"。城西延恩衍庆寺，俗称"龙井寺"，有神运石，高可六丈许，奇怪突兀特立。檐下有木香一架，穿绕窈窦，宛若蛇蟠。

临安县石出土中有两种，一深青色，一微青白色。其质奇怪，峰峦崒崋，洞穴委曲；高者丈余，小者数尺；温润而坚，扣之有声。

湖州府武康县山溪间出石，色黑而润，纹如波浪。人家园池叠假山，以此为奇。大至寻丈者，绝少。又有出土中者，一种青色，一种黄色而斑，其质颇燥，有峰峦，而穿眼不甚宛转。

衢州府常山县思溪水中出石，大不逾数尺，奇巧万状，每一石必有联续尖锐十数峰，峭拔嵌空，全若大山气势。亦有如拳大者。又于岩窦中出石笋，或歌斜纤细，作互相撑拄之势，盖石生溪中，风水冲激而成也。一种色深青，石理如刷丝；一种青而滑，皆温润，扣之有声。

开化县龙山深土中出石，磊硘巉岩可观，色稍燥，扣之有声。又地鳖滩水中，亦多产石，稍清润，有峰峦而无思溪石之峭拔，扣之亦有声。按：衢州府治前二石，长六尺许，名"小峨眉峰"，即龙山产也。

九江府湖口县中水产石，或在水际，一种青色，浑然成峰峦岩壑状；一种褊薄嵌空，穿眼遍透似利刀剜刻之状。石理如刷丝，色亦微润，扣之有声。苏子瞻见李正臣[3]蓄此石，大为称赏，有"百金归买小玲珑"之语。

吉安府安福县东三里秀岭，土中产石，其质巉岩清润，扣之有声，高数尺，无小巧者。县东二十余里白马庙，土中产石，有青、白二种，四面嵌空险怪。县西十五里佛僧潭上，土中产石，清润嵌空，穿眼宛转，大小不一，扣之或有声。县西六十里久岩山侧，土中产石，或大或小，嵌空巉岩，少有穿眼，或类物像，宛若天成。

袁州府万载县乱石里、田野间出石无数，其质嶙峋，微青色，峰峦岩窦四向。又有石罅中，上下生小树木，蓊郁可喜。或高五六尺，或三四尺，全如大山气势。

荆州府归州东八十里白沙市，有楚故城，江边泊舟之处，地名"城下"，多巧石，如灵壁、太湖之类。

襄阳府城南五里凤凰山，土中出石，大者尺余，小者如拳，巉岩如大山势，色青黑，或如灰褐，扣之有声。

岳州府澧州，石产土中，大者尺余，亦有绝少者，颇多巉岩，亦时类诸物状，色青白，稍润，间有白脉笼络。

衡州府耒阳县土中出石，磊魂巉岩，大小不等，石质稍坚。一种色青黑，一种灰白，一种黄而斑，四面奇巧，扣之无声，可置几案间。

永州府道州永明县，石产于乱山间，其质坚润，扣之有声。大者十数尺，或二三尺，至有尺余，或大如拳者。峰峦巉岩，亦多透空，险怪万状，多白脉。

江华县石产于乱山间，一种稍青色，一种灰黑色，有巉岩势，扣之有声，然其质粗涩枯燥。

夔州府达州西五里凤凰山顶，有宝芝洞，泉自洞出，冲沙漱石，散而为乳，与土相杂，积成山峰，嵌空奇崛，自然天巧。山民斫掘得之，以植菖蒲。

川石奇耸，高大可爱，然多人力雕刻后，置急水中舂撞之，如造作太湖石法，其色枯燥。

福州府城西一百六十里双髻山，有奇石在土中，人掘取以充玩。

延平府将乐县东二十里九仙山下灵源洞中，多小石，奇润，好事者采归植菖蒲，以供清玩。

永安县北八十里侍郎岩绝顶，怪石罗列，好事者多采以供清玩，世称"玉华石"。

汀州府上杭县东三十里白水漈，溪边土中有石块，质镂章，能运水至顶，以滋花草，取而攻之，可为假山。

韶州府城东南八十里，地名"仇池"，土中产小石，峰峦岩窦甚奇巧，石色清润，扣之有声。

英德县东二十五里英山，产奇石，峰峦耸翠，岩窦分明，无斧凿痕，铿然作金石声。倒生岩下，以锯取之，故底平，色黑润者佳。又溪水中产石，有数种，一微青色，间有白脉笼络，一微灰黑色，一浅绿色，各有峰峦嵌空透穿，其质润，扣之微有声。又一种色白，四面峰峦耸拔多棱角，稍莹彻，面面有光，可以鉴物，扣之无声。

桂林府出桂川石,起峰自然,然质粗而色不佳,或有玲珑者,雅宜置之花槛中。

全州湘江一带溯流而上,江边两岸,狭处悬石如钟乳,嵌空巉岩万状,扣之声清越,其色青翠可爱。舟过其下者,往往击而取之,可得一二尺。

柳州府融县东五里老君洞,名"亦起峰",但粗燥而脆。

大理府宾川州治西乌龙山,产奇石,空窍玲珑。

广南府青溪镇之三五十里,土中出石,巉岩险怪。一种色甚清润,扣之声韵清越,一种白色,亦有绿色者,高者至七八尺。

附　录

宋丁谓[4]有小山,高巉数寸,苍翠嵌空。盛夏常设盆水,置小山其中。一日张宴,有客掬水洒之,须臾,云雾自窍中出,有光如电,细视之,蜿蜒小龙如线,挂云雾中。已而散释,蜿蜒亦莫知所之。众客惊异,谓曰:"此龙精石也。"龙交海上,流精于石。

[1] 周煇,当指周煇(1126—1198),泰州人。隐居多年,不愿为仕,以藏书为事。是南宋学者、藏书家,著有《清波杂志》、《北辕录》等。
[2] 煮酒脚,酒糟。
[3] 李正臣,字端彦,宋朝宦官,写花竹禽鸟,各尽其态。
[4] 丁谓(966—1037),字谓之,后更字公言,两浙路苏州府长洲县人。官至参知政事、枢密使、同中书门下平章事。

磬　石

《山海经》云:泾水东流,注于渭,其中多磬石。

凤阳府宿州灵璧县北七十里磬石山,产石可作磬,其石专给公家之用,民间私采者,则无复声。按:此山北距泗水四五十里,当横流之际，泗水经山下，故《尚书·禹贡》有"泗滨浮磬"之文，注云：石露水滨，若浮于水，然不谓之石者，成磬而后贡也。

西安府耀州东五里磬玉山，产石似玉，可作磬。自唐朝采用，而泗滨之石遂废。

保宁府广元县北十里玉女山，北有燕子谷，产磬石。

潼川州蓬溪县南一百七十里青石山，出青石，可为钟磬。采者必先祀其神。

韶州府乐昌县治东三里昌山，出石可作悬磬，土人呼为"乐石"，县名乐昌以此。

安南国青化府东山县安镬山，出磬石。汉豫章太守范宁[1]尝遣吏于此，采石为磬。

[1] 范宁，字武子，南阳顺阳（今河南淅川东）人，是《后汉书》作者范晔之祖父。曾任豫章太守，是东晋经学家，以著《穀梁传集解》名于世。

砚　　石

顺德府沙河县西北七十里西山，中有乌石，可为砚。

凤阳府寿州东北十七里紫金山，石出土中，色紫，琢为砚，甚发墨，扣之有声。

宿州灵壁县磬石山乐石，为砚润腻发墨，但无石脉。

苏州府城西南二十五里灵岩山，一名砚石山，出砚石处，地名蠡村。又洞庭西山之鼋山，亦名鼋头山，产石，有胎斑而光泽者，可制砚。

徽州府婺源县东南一百里龙尾山，亦名罗纹山，山下芙蓉溪，西连武溪，出砚石，石坑延百余里，取之不绝。龙溪旧坑[1]石，色淡青黑，湛如秋水，无纹，以水湿之微似紫，干则否，细润如玉，发墨如泛油，无声，久用不退锋。或有隐隐白纹，成山水星斗云月异象，水湿则见，干则否。此种是卵石，故难得大者，不过四五寸，多作月砚，就其材也。或有纯黑如角者，苏子瞻最贵此品。今得之，亦贵重不减端溪下岩。其新坑石，色亦青黑无纹，而粗燥砺墨退笔，久用则锋乏。又有罗纹石、刷丝石、眉子石、金银间刷石、四品旧坑石，色并青黑，纹细而质润如玉。罗纹纹如极细罗，刷丝如发密，眉子如甲痕，或如蚕大，金银间刷丝亦细密，久用不退锋，磨墨无声。此皆次于龙尾旧坑者也。其四品新坑石，并粗纹而质枯燥，且不坚。此外又有金星坑石，粗燥，淡青色，虽金星满面，然砺墨退笔，久用锋乏。银星石粗燥，淡青黑色，有银星处，不堪磨墨，人多侧取之，置其星于外，谓之"银星墙壁"，拒墨如锯，久用退乏。如镜面水弦坑，石多金花。水厥坑，石理若浪。溪头坑，石理粗慢。已上数坑，相去不过数里。县西南一百里叶九坑，亦有眉子石与溪头坑石相上下。县西北七十里有驴坑石，色青绿晕。县正北有济源坑石，三坑相连。曰"碧里坑"，在济山上，其石色理青莹。相去半里有水步石、大雨点石，十里外有里山石，青细有金纹花晕，其状奇怪不常。县西北一百二十里有灵岩三洞相连，东曰"庆云"，西曰"莲花"，南曰"含虚"。石产于岩之左右无定所，色拟端溪，然粗而燥，复多瑕璺。

祁门县文溪石，色紫理润，为砚发墨。

平阳府绛州出角石，色如白牛角，可为砚。

济南府淄川县出金雀石，色绀青，声如金玉。又有青金石，扣之无声。为砚，俱发墨。

青州府出蕴玉石，理密声坚清，色青墨，白点如弹，为砚不着墨，墨无光。红丝石，色白而纹红者，发墨慢，亦清墨，不可洗，必磨治之；色赤而纹理斑者，不渍墨，发墨有光，而纹大不入看。慢者经暍则色损，冻则裂，干则不可磨墨，浸经日方可用，一用又可涤，非品之善者。又有青石，色类歙溪，纹粗，亦着墨不发。

登州府蓬莱县海中鼍矶岛下出砚石，名"罗纹金星"，又名

"雪浪"。

河南府会圣宫溪涧中出石,色紫,理如虢石,差硬,为砚发墨不乏,扣之无声。

陕州灵宝县,唐虢州治也,虢石产此。石理细如泥,色紫可爱,发墨不渗,久之石渐损回硬,墨磨之,则有泥香。

南阳府裕州北五十里黄石山,葛仙翁[2]于此上升,名"葛仙翁岩"。产石,色紫,亦有淡青白色,如月如星而无晕;石理向日视之,如玉莹如鉴光;发墨生光,如漆如油,有艳不渗,岁久不乏,世谓之"方城砚"。此州乃春秋时楚之方城也。

汉中府城西北七十里天台山出金星石,可为砚。

巩昌府水中产滉石,深绿色者可爱,或水波纹,间有黑小点,土人谓之"湔墨点"。紧甚而硬者,与墨斗慢甚者,渗墨无光,其中者甚佳,在洮河绿石上。又有赤紫石,色斑,为砚,发墨过于绿者,而不匀净。又有黑者,戎人以砺刀,而铁色光肥,亦可作砚,然坚不发墨。

成县栗亭石,色青有铜点,大如指,理漫,发墨不乏,亦有瓦砾之象。

庆阳府宁州城西五十里安定岩出石,可作砚。

洮河绿石出临洮府大河水底,人力难致,得之为无价之宝。绿如蓝,润如玉,发墨不减端溪下岩。今多以潩石之表或长沙谷山石伪为之。

衢州府常山县出砚石,坚润亚于歙溪。

温州府华严寺岩石,向日视之,其理如方城石,色赤而多白沙点,亦有白点,点处为砚,则当避磨墨处。有玉性,扣之声平无韵,磨墨不热,无泡,发墨生光。王羲之为永嘉守,尝以此为砚。米元章云:"方城温岩石十磨,端溪下岩石三十磨方相及。"又《永嘉郡记》云:"砚溪一源多砚石。"

南昌府丰城县西南三十里有龙湫,出石坚润,其色深黑,可以琢砚，龙尾之亚也。

宁州地名修口，土中产石，五色斑斓，石理细润，作砚粗发墨。

广信府玉山县宾贤乡，溪涧中出石，色清润，扣之有声。土人采而为砚，甚发墨。一云县北五十里沙溪岭出砚石。

袁州府分宜县江水中产一种石，青色稍坚而润，扣之有声，大不过六七寸，亦不常得为砚，发墨宜笔。

荆襄鄂渚之间，有团块墨玉璞，与端溪下岩黑卵石同，而坚缜过之，正堪作砚。但黑中有白玉石相间，甚者阔寸许，谓之"间玉玛瑙"，其白处极坚硬拒墨，若用纯黑处为砚，当在端溪下岩之次，龙尾旧坑之上。

吉安府庐陵县出紫石，可作砚。

荆州府归州巴东县西北十余里旧县下出大沱石，色绿可爱如水苍玉，理有风涛之象，纹头紧慢不等，治难平，得墨快，渗墨无光彩。石色亦有青黑斑。斑者，张莹[3]《汉南记》云："湘州蔡子池南有石穴，深二百许丈，石色青，堪为砚。"按：蔡子池，在今衡州府耒阳县治西南。耒阳，梁、陈时属湘东郡。

辰沅间出黑石，色深黑，质粗燥或微有小眼，黯然不分明。端溪人多市此，刻作端溪样以眩人，不知者，往往称为"黑端溪"，然相去天渊矣。辰沅人自刻者，作荷叶、水波、犀牛、龟鱼、八角、六花等样，极工巧，而材不堪用。

沅州溆溪石，一种表淡青，里深青色。一种绿色，一种紫色，间有金线，或黄脉直截如界行相间者，谓之"金系带"。盖于淘金井中取之，有极细润者，磨墨涩而不快，愈用愈光而顽硬如故。又大溪、深溪、竹寨溪、木深冈石，皆可与此相乱。

长沙府城西七十里谷山石，色淡青，有纹如乱丝，理慢，扣之无声，得墨快，发墨有光，或云庐山"青石砚"大略与此同。

宁乡县有石，产水中，或山间，斫而取之，名"龙牙石"，色稍紫润，为砚亦发墨。

成都府灌县出尤溪石，坚细可作砚。

叙州府长宁县治东牛心山后，有砚石溪，峰石如磬，可为溪砚，以此名。

夔州府出黟石砚，色黑理干，间有黑点，如墨玉光，发墨不乏。

邛州蒲江县出石，为砚颇发墨。

漳州府龙岩县北一百里雁石岭，亦名"砚石岭"，出石可为砚。

延平府城西南四十里出卤水石，为砚细润而不甚发墨。城东十里黯淡滩下，产花纹石，理如牛角，扣之声坚清，磨久不得墨，纵得，色变如灰。

将乐县东一里龙津岩石，光润可为砚。县东二十里石门隔石，亦可为砚。

苏东坡《凤咪石砚铭序》云："北苑龙焙山，如翔凤下饮之状，当其咪有石苍墨坚致如玉。太原王颐以为砚，予名之曰'凤咪'。"按：龙焙山，即今建宁府城东北二十五里凤凰山也，山下有龙焙泉，故云。胡仔《苕溪诗话》尝辩之，以为此地不产砚，山当即是黯淡滩石，东坡为人所欺耳。余谓此不必辩，地之生物，固有不常然而偶然者，凤凰山下不产石砚，则其石非如端、歙二溪之足以炫奇于人世，而人又何必托之以为名哉？

肇庆府城东三十里端山，即斧柯山，出砚石，世称端溪石。下岩旧坑一种漆卵石，细润如玉，扣之无声，磨墨亦无声，有眼，眼中有晕，或六七眼相连，排星斗异象。一种卵石，去朦方得材，色青黑，细如玉，有花点如箸头大，其点别是碧玉青莹，与砚质不同，名"青花子石"，讹为"青花紫石"，实未尝紫色也。青黑之中或有白点，白粟排星斗异象，水湿方见，扣之无声，磨墨亦无声。已上二品，久用锋铓愈出，不退钝，不假磨砻。宋庆历间，坑已竭矣，别无新坑。下岩北壁，泉生石中，非石生泉中也，故其石最润。中岩旧坑，石色紫如新嫩肝，细润如玉，有眼小如菉[4]豆粒，纯绿色而无晕，或有线绦纹，或白绦纹如线。此种亦是卵石，外有黄膘包络，扣之无甚声，磨墨亦无声，久用锋铓不退，不假磨砻。宋时此坑亦竭矣。新坑石色淡紫，眼如鸲鹆，眼大重晕而紧小，其中如瞳人状。石老者，扣之有声；嫩者，扣之无甚声，磨墨则微有声。石有枯润，润者难得，然久用则锋铓退乏，必假磨砻，去下岩旧坑已低三等。上岩新、旧坑石，皆色灰紫而粗燥，眼大为雄鸡眼，扣之珰珰然，磨墨相拒如锯声，久用则锋乏，如镜面不堪用。然旧坑差胜新坑。自上岩转山之背曰"龙岩"，盖唐时取砚之所，后下岩得石胜龙岩，而龙岩遂不复取矣。其石色深紫，眼少。自斧柯山下分路，稍东至半边山诸岩，有大秋风、小秋风、兽头、狮子、桃花、河头、新坑、黄坑等名，其石色稍灰近南者，眼大晕差少绿；近北者眼少晕愈少，亦谓之菉豆眼。城北十里后历山石，性软燥，色深紫带黄赤，扣之无声，间亦有眼。山西南沿溪而上曰"蚌坑"，石性坚，色深紫，有眼黄白微带青色，偏斜不正，无晕，虽润亦不发墨。石皆拾取于涧谷中，端人谓之"野石"。后历石坚润不及蚌坑，而发墨胜之。城西四十里小湘峡，石性软燥，色深紫如蚌坑及后历石，眼亦类蚌坑，大抵润及蚌坑石，而发墨胜之。

琼州府万州悬金崖金星石，色漆墨，细润如玉，隐隐金星，水湿则见，干则否，发墨如泛油无星，久用不退，得之不减端溪下岩。

柳州府城东北十五里龙壁山，石壁峭立，下临大江，其下多秀石，可砚。见柳子厚《柳州山水记》。

临安府石屏州南二十五里钟秀山中，有紫石，可采为砚。

镇远府城东半里中河山，两水夹流，山处其中，北峰产白石，光润可琢砚，亦可为印章。

高丽砚石理密坚，有声，发墨，色青间白，有金星随横文密成列，用久乏。

论砚，欧阳永叔以龙尾溪金星石为上，唐彦猷[5]以青州红丝石为上，米元章以方城石、温岩石为上，赵希鹄[6]以端溪下岩石为上。唐彦猷谓端石有眼者最贵。欧阳永叔谓眼，石病也。叶樾谓石嫩则眼多，老则眼少，嫩石细润发墨，所以重有眼也，眼以翠绿为上。诸家好尚不同如此，总之，无过元章所谓石理发墨为上，色次之，形制工拙又其次也。

[1] 龙溪旧坑，据《洞天清禄集》载，当为"歙溪龙尾旧坑"。
[2] 葛仙翁，即葛洪。
[3] 张莹（857—933），字昭文，出生于连江县名闻乡中鹄里凤凰楯（今丹阳镇坂顶村杜棠）。唐大顺元年（890年）进士及第，官至礼部尚书。长于词赋，尤擅史学，著有《史记正传》、《汉南记》、《吊梁赋》等。
[4] 菉，通"绿"。
[5] 唐彦猷，宋代藏砚、制砚名家，著有《砚录》。
[6] 赵希鹄，约1231年前后在世，赵氏宗室子，南宋袁州宜春人。喜书画，善鉴赏，著有《洞天清禄集》。

屏　　石

庐州府无为州有石，产土中，甚软。土人就土揭取之，见风即劲。石色带紫或灰白，两面多柏枝，如墨写，或如冈峦遍列。林中有一条径路，又或仿佛类诸佛像。土人磨治为屏，颇自然。

巩昌府阶州北有花石峡，出石，青质黑文，有人物、溪桥、水石、山林、楼台、日月之状，可斫为屏。又有一种白石，产深土中，性甚软，大者广数尺。工人就穴中镌刻佛像诸物，见风即劲，以滑石末治令光润，或磨砻为版，制屏亦莹洁可喜。

宁波府奉化县产石，色黄微润，扣之无声。其纹横裂两道，如细墨描写一带夹径，寒林烟雾朦胧之状；或如浓墨点染成高林，可以为屏。

永州府祁阳县东北三十里白鹤山出石，可为屏。宋绍兴间，有宗子于水中得一石，光采绚异，其文若峰峦耸秀、烟云雪月之景，波澜龙凤之象，浑然天成，方广四五尺，虽巧工绘画之妙，莫能及也。

重庆府涪州东二里种松山，昔尔朱先生[1]种松于此，松影映石，石皆有松纹，至今犹然，俗呼"松屏石"。采者祷于先生，乃得佳。先生名洞，隋时成道。

保宁府巴州南江县北五十余里明水川，出石，有生成山、水、草、木形状，可为屏。

延平府南平县出花纹石，色青纹素，有山、水、禽、鱼状，可琢为屏。

大理府城西点苍山出石，白质青文，有山、水、草、木状，可琢为屏。李德裕平泉庄醒酒石，即此产也。

[1] 尔朱先生，尔朱为复姓，当指唐末五代孟蜀时的尔朱，名洞，字通微，号归元子。蜀之八仙之一。书中称其"隋时成道"，似有误。

杂器石

顺天府蓟州玉田县东北二十里徐无山，出不灰木，色白如烂木，而实石也。烧之不然，人多用作小刀靶。又蜀中茂州、黎州俱出不灰木。

真定府元氏县西北四十里黄山，出细软白石，可为器物，土人工之。

大名府浚县西北二十五里善化山，出紫斑石，光腻类玉，其色五等，可光柱础之用，亦可琢为屏、几等器。

北方有竹叶玛瑙，花斑与竹叶相类，其斑大小、长短不一样，每斑紫黄色。斑大者青色，多性坚，锯板可嵌桌面；斑细者贵，有一等斑如米豆大者，甚可爱，多碾作骰盆等器。

应天府句容县东南四十五里茅山出石，洁白类玉，可琢为器。

凤阳府临淮县出金星石，其色深青，坚润，中有金色如麸片。土人碾为器，或妇人首饰用。

泗州盱眙县产玛瑙石，纹理奇怪，可碾成器玩。

苏州府城西百余里太湖中鼋头山产石，色白而温润，名曰"玉石"。刻碑最佳，亦堪为器玩。

昆山县锦峰山紫石可镌杂器，永乐间造。南京报恩寺塔取此石刻佛像，以其阴雨不润，可施彩色也。

常州府无锡县西北五十里安阳山，出石，堪作器用。

徽州府婺源县西北一百二十里灵岩洞，出石赤紫色，无文理，少瑕，光泽如枣木。土人以为香炉之类，为砚则不发墨。县东南一百里金星坑出石，色青如头淀，无金星不夹石者，碾作器物佳，有金星蜡色者低。

徐州出花斑石，可取为几。

太原府石州，石产深土中，色多青紫，或黄白，其质甚软，刻为佛像及品物甚精巧，或雕刻图书印记亦妙。

大同府蔚州出玛瑙，并出造作玛瑙，磨石可以成诸器玩。

广宁县[1]出花斑石，可琢为器。

山西泽潞深山中出乌石，其色纯黑如漆，细润如玉，坚甚，利刀刮不动，可用以相带，亦难得。又有一种名"霞石"，色黑如漆，内有白点如豆大，似菊花，但质极粗，不为奇。

兖州府出石，如褐石，谓之"栗玉"，其质甚坚润，扣之有声，堪为器，颇费镌砻。

金乡县西北三十里阳山，多美石，可作碑碣。

沂州出土玛瑙花，纹如玛瑙，红多细润，不搭粗石者为佳。胡桃花者最好，亦有大云头花及缠丝者次之，有红白粗花者次之。大者五六尺，性坚，用沙锯开，板嵌桌面、胡床、屏风之类，又谓之

"锦犀玛瑙"。

青州府出红丝石，类土玛瑙，质粗不润，白地红纹路，并无云头等花，亦可锯板嵌台桌，大者五六尺，小者可作毂盆。

登州府海中沙门鼍矶岛，多产黑白石，堪磨砻为棋子。

莱州府掖县出石，色青黯，透明斑驳，肤理纵横，润而无声，亦有白色者，未出土最软。土人取巧镌砻成器，甚轻妙，见风即劲；或为铛铫，久堪烹饪。

南阳府南阳县出石，纯绿花者最佳，有淡绿花者，有油色云头花者，皆次之。性极坚、细润，锯板可嵌桌面、砚、屏。其石于灯前或窗间，照之则明，少有大者，俗谓之"硫黄石"。

彰德府城北数十里地名梨园潭，河水中出石数种，或如浓墨圆点，或纹如深广匾头，颇坚润，土人谓之"姜石"，堪琢为器物，亦磨作镇纸。城西南四十里宝山，多产白石，土人取以为器。

河南府陕州阌乡县，出花乳石，一名花蕊石，色黄中有淡白点，体至坚重，可镌为器。

裕州石出土中，其色或淡，或绿，或深紫，或灰白，质不甚细腻，扣之无声，堪镌治为方斛器皿。

汝宁府出白石及花蕊石，俱可为器，亦可作小朱砚。

信阳州出桃花石，或赤地淡白点如桃花片，或淡白地赤点如桃花片，色甚光润，可镌为器。

光州息县西北有珉玉坑石，色洁白，堪为器物。隋时置官采之，唐时为淮水所没，开元中淮水东移，重出。

汝州玛瑙石，出沙土或水中，色多青白、粉红，莹彻有纹理如刷丝者，可治为酒器及诸玩器。

巩昌府成县出栗玉石，色如栗，理坚，为器佳甚。

杭州府城西孤山之东有玛瑙坡，碎石文莹若玛瑙，然人多采之，以镌图记。

金华府义乌县南二十五里云横山，一名黄云山，一名松山，出饭石,青白而紫,可琢数珠。萧梁时,邑人傅大士[2]名翕,于此行道,有黄云如盖盘旋其上。山多猛兽,大士以斋余饭饲之,自是伏匿,余饭化为石。是时有陶氏子资给大士甚勤,因付嘱之曰:"此石,他日赡汝子孙。"今惟此一家能琢数珠,他人效之,石即穿裂。

衢州府开元县[3]出玳瑁石,甚〔其〕纹正如玳瑁。傍视则有纹波者,可为碑材、帛砧、柱础之类。

台州府天台县宝华石,出土中,色微白,纹斑斓。土人镌砻作器皿颇工,或为铠銚,然经火不甚坚久。

温州府华严石,出水中,一种石黄,一种黄而斑黑,一种色紫。石理有纹微粗,扣之无声,稍润。土人镌治为方圆器。

南昌府宁州地名修口,深土中产石,五色斑斓,全若玳瑁,石理细润,或成物像,扣之稍有声。工人就穴镌砻为器,颇精致,见风即劲。

饶州府浮梁县出紫石,如肝色,岩岭处处有之。匠人或琢为茶瓯。

广信府铅山县出石绿,产深穴中,可镌砻为器,向明视之,有光灿。

赣州府上犹县[4]山土中出石,色微紫,质稍粗,多浅黑斑点,三两晕,绿色,堪作水斛或栏槛。好事者往往镌砻甃地面,若玳瑁。

南安府崇义县出茶磨,以石门山石为之。苍礜缜密,镌琢堪施。以磨盘与轮同璞者,为佳。其最谓之"舀石",犹砚之旧坑也。脉红如线,极鲜明,不过三两线,今亦艰得。土人又以白脉者为银线,黄脉者为金线。

永州府出石,色青不坚,多以刀刮成山水、日月、人物之像,紫花者稍胜青花者,锯板可嵌桌面、屏风。

辰州府蛮溪水中出黑石,扣之无声,可以磨刀,亦可琢为方斛、器物及印,村〔材〕粗佳。

宝庆府出邵石，色黑，多以作博棋子，或刻作笔架。

西蜀诸山多产墨玉，在深土中，其质如石，色深黑，体甚轻软，工人镌治为带胯或器物，极润。又一种石白地，而花纹青黑如山坡状，性坚，锯板可嵌桌面、砚屏，少有大者。

西蜀水中出石，甚坚润，色黔白，中有纹如桃、杏花心者，工镌砻为龟、蟾镇纸。又一种纹理如浓墨作圈点，尤温润。又一种微黔黑，理稍粗涩。又一种斑黑光润，龟背上作盘蛇势，或白或朱，土人以药点饰，谓之"玄武君"。又水中出试金石，纯黑色、细润者佳。如上金满，用盐洗去，留于湿地上，少时用胡桃油揩之，仍上金，宜常用袋盛之。

成都府灌县西北二十六里玉垒山，石莹洁类玉，可镌为器。

汉州菜叶玉石出深土中，一种色如蓝，一种微青，斑驳透明，甚坚润，扣之有声。土人浇沙水，以铁刃解之成片，为响板或界方压尺，亦可磨砻为器。

茂州汶川县出白玉石，土人取以作器。

重庆府涪州涪江边，有石细密，名"青蠊石"，可作茶磨。

福州府城东北八十里寿山，有石莹洁如玉，柔而易攻，大者可一二尺，盖珉类也。距山十数里有五花石坑，其石有红者、缃者、紫者，惟艾绿者难得。已上二处石，俱可琢为器玩。

延平府城东十里黯淡滩石，作器甚佳。

汀州府上杭县北金山出石，可镌印章及镇纸。

韶州府土中出一种石，色深绿，可镌砻为器。府城北十里后历山石，土人刻为盆、印合、镇纸及儿戏之物，甚工巧。后历，亦作后砾。

南雄府出嫩石，可琢为釜。

肇庆府德庆州东北一百里焦石山产焦石，可琢为器。

云南府嵩盟州[5]北三十里弥雄山，出五色花石，状如玛瑙，可作器皿。

楚雄府镇南州东三十里五楼山，产美石，可琢为器。

[1] 广宁县，当为大同府蔚州广灵县。
[2] 傅大士，即傅翕（497—569），字玄风，号善慧，人称傅大士或善慧大士，浙江省义乌市双林人。佛教著名居士。
[3] 衢州府开元县，当为衢州府开化县。
[4] 赣州府上犹县，当为南安府上犹县。
[5] 云南府嵩盟州，当为云南府嵩明州。

占年石

汉中府兴安州汉江边，有安康石，岁饥则见，岁丰则没于沙碛间。刘宋之安康郡，以此名州，故城南有安康桥。

湖州府安吉州东北三十里梅溪山麓，耸起一石，高百余丈，陡绝不可登，上复有盘石，圆如车盖，遇大风雨则旋转，俗号为"石磨"。转疾则年丰，迟则岁歉，候之多验。

严州府城北二十五里胥江口，有石如船，长一丈五尺。每春水退，乡民视石船中沙石多寡，以占岁事。

金华府武义县东七里白阳山有异石，色随时变，岁丰则黄，歉则黑。

处州府城东八里东山上有石镬二，盖石中洼如镬也。每春潦漂沙满镬，岁则丰；或水啮石脚见镬，则歉。土人率以此为占。

庆元县城西三里百丈山下有桃州洋，石在水中，里人以石之出没，卜岁丰歉，皆验。

广信府贵溪县西南八十里有仙仓岩，仓极开则岁丰，闭则岁歉。农家以占岁者，凡三所，此仙岩二十四之一也。

抚州府城东三十九里有石状如廪，中可容千斛。相传开则岁歉，闭则年丰。

建昌府南丰门外旴门外临大溪石佛潭中，有蒸饼石，岁饥则见其大如饼，里人凿"天下太平"四字。

吉安府泰和县西三十里武功山上，有石若盘，三伏有水，则其岁不旱。

岳州府澧州安乡县西石龟市，有巨石枕澧水，形如龟。每岁首刲羊以祭，而灼其石，润则丰，焦则歉，岁率为常。后岸崩，石坠水中不复见。

重庆府城西北江岸，有义熙碑[1]，每水落而碑出则年丰，人争摹拓，数十年不一见。

江津县南三里有莲花石，在江中不恒见，见则岁丰。

涪州鉴湖上流江心，有石刻双鱼，皆三十六鳞，一衔萱草，一衔莲花，有石秤、石斗在旁，鱼见则年丰。此地宋初为黔州，开宝四年，州上言：江心石鱼见。上有古记云：广德元年二月，大江水退，石鱼见。部民相传丰稔之兆。

夔州府城东三里有龙脊滩，岷江中有石长百丈，若龙脊然，故名。其石夏没冬见。每岁人日，色[邑]人群游滩上，以鸡子卜岁丰凶。

福州府罗源县西三十里鳌峰铺后山上，一石如鼓。宋景祐间自鸣，有丰年之应；后几鸣，其岁辄稔。

梧州府郁林州东南二里信立山，一名牢石坡，坡上有平石，又有夹石，形如钟侧立。每岁秋日，乡人共候此石，若有云气覆之，其岁必稔。

大理府邓川州浪穹县西南四十里凤羽乡，有石窍，内藏一蛇，田家窥见其头则插秧早，见腹则插秧及时，见尾则旱，呼为"占农石"。

楚雄府镇南州治南石吠山上，有片石类犬。相传凶年将至，则石有声，若犬吠然。

[1] 乂熙碑,又名雍熙碑,百姓称"丰年碑"。碑形天成,位于长江、嘉陵江汇流处的江底,是长200米的石梁,江水枯竭时才露出来,上镌刻东汉光武帝年间以来枯水的水文碑。

占雨石

徽州府城西北二十里灵山上,有圆石高数丈,大如车盖。天将雨,即闻石上有鼓角声。

汾州府城东有仙碑,宋开宝初,州人掘地得石碑,隐隐有"仙降"二字,众因祷请,即悬笔书曰:"瑞气迎空凤鹤飞,相随王母宴瑶池。夜阑拜毕乾坤会,圣迹蛟龙石上挥。"州人因建圣仙庙祀之,而树其碑于庙。每天将雨,碑必先润,时人谓之"雨渍仙碑"。

抚州府城东二十三里英巨山岩,内有石,似人坐磐石上。天晴则莹净如玉,尘集则风,润沾则雨。

袁州府萍乡县东六十里玉女峰,天将雨,水辄先涌出石间,而风生五色云气,土人谓之"玉女披衣"。

武昌府兴国州大冶县北六十里白雉山,有狮子石。遇旱,祠而舁之可举则雨;若不雨,则负者虽众不能胜。

宝庆府城东南一百五十里大余湖,山顶有台,台侧有石如悬几。旱时,祈雨者视水自悬石滴下,旋雨,以为验。

福州府城东南三十里盘石山巅,有三石高数十寻,又一石叠,其上方如棋盘,天欲雨则云出。

福清县西南二十五里灵石山,东有石,久晴鸣,不过七日必雨;久雨鸣则晴,故以灵名。

泉州府城西南三十里石龟铺之西,有鼓雷山。相传天将雨,有雷隐隐鸣石下。

南安县西南凤栖山,一名九州岩,上有石柱,端方峻拔,高五丈余,径一丈四尺,百里外皆见。每欲雨,柱先出泉。

延平府尤溪县南七十里小演村有石,状如卧牛,天欲雨则汗。县南一百二十里连莒溪有石,状如龟,天欲雨,辄湿润如汗。

邵武府建宁县东北四十里龙归山,绝顶有圣觜石,云气出其上,即雨。

泰宁县西南七十里金铙山,绝顶有圣觜石,云蒙其巅则晴,蒙腰则雨。

潮州府揭阳县仙径山南有巨石,卓立如屏,色黑则霁,明则雨。乡人以卜阴晴。

琼州府澄遇县[1]西十里万岁冈上,有石如列屏,号"圣石"。天将雨,则云雾瀜塞。

[1] 琼州府澄遇县,当为琼州府澄迈县。

祷雨石

保定府满城县北十五里玉山之南,有片石,大方于席,横阁山觜石中央,有小臼,每旱掀石洗臼即雨。

徽州府休宁县南十里有石牛潭,潭旁巨石如牛,岁旱涂其背则雨。

太原府平定州西北三十里狮子山旁,有石穴,深若井,名曰"石瓮"。瓮口覆石,遇旱祷祈,举杖挑之,石开即雨。

西安府城西南三十里昆明池中石鲸鱼,历代祭之以祈雨,往往有验。

荆州府夷陵州长阳县南龙角山石穴,窅黑无际,把火行百许步,得二大石碛并立,穴中相去一丈,俗名"阴阳石"。阴石常湿,阳石常燥,每水旱不调,居民作威仪服饰往入穴中,旱则鞭阴石,应时雨;多雨则鞭阳石,俄而天晴,往往有效。但捉鞭者不寿,人颇恶之。

衡州府桂阳州临武县西二十里石龙岩中，有石如龙状，岁旱洗之即雨。

成都府仁寿县治西跨鳌山顶，有石姥，岁旱，人转徙之，天辄雨。宋文同有赋。

保宁府剑州西南旧普成县旁有石麒麟，每天旱，土人讽经，取水洗之即雨。

重庆府合州铜梁县南五十里双山，昔有渔者，网得二石，其一飞去，其留者筑室于此山，而宝祠之。乡人遇旱，以水灌之即雨。

雅州城东五里蔡山，一名周公山，山半有石笋，移之即雨。

建宁府城东北百五十里辰心有牛心洞，洞中悬一石如牛心。乡人遇旱辄致诚，往洞中，以纸向石擦之，须臾水滴如汗，盛以净器，鼓乐迎归即雨。

惠州府和平县东北二十里仙女嶂，奇石如人立，其旁有数足迹。岁旱，乡人以牲醴祀之，而以牲毛血和泥沙涂其迹，须臾云兴雨至，洗去泥沙方止。

肇庆府城西南一里白猪冈，有石如猪形，遇旱，乡人祈祷，以白泥涂其石辄雨。

德庆州封川县西南一里西山，一石高丈余，上有巨人迹。遇旱，以水浇之即雨，名曰"圣石"。

梧州府郁林州东五里有圻[1]牛石，池中有石牛，岁旱杀牛取血，和圻涂背，祀之即雨。

浔州府贵县北二十七里北山上有石牛，相传为山顶石池神所化。每旱，杀血和泥涂牛背，以咸卤抹牛口，歌牧牛诗以乐之，祀毕即雨。雨洗牛背，泥尽乃晴。

平乐府荔蒲县卧山上有卧石，其形似人，而举体青黄隐起，可以祈雨，小举小雨，大举大雨。

元江府城西有五小石，号"风伯雨师坛"。土人皆贴以金，遇旱祷雨于此。

腾冲司城北十五里土山下，有龙池，池旁金轮寺有圆石一，周尺余。相传昔高僧摩伽陀所遗，天旱祈雨，以石浸此池则雷雨，他池则无验，名"济旱石"。一境赖之无忧。

黎平府潭溪长官司西北磨盘山，顶有石如磨，天旱鞭之旋雨。

[1] 坭，同"泥"。

占灾祥石

顺天府蓟州遵化县西南三十里，夹山水门口有大石如龟，水涨而龟不没，谚云："水淹此龟则有兵。"

严州府淳安县西六十里都督山下，即宋之威平镇。《图经》云："山极高峻，临江以占吉凶。凡石崩陨入水者，死；到半山而止者，吉；消散至水际者，免。"有官之镇，以此为验。

襄阳府谷城县南筑水中，有孤石挺出，其下澄潭时，有见此石根，如竹根而黄色，见之多凶，号为"承受石"。

泉州府城南二十里洑田塘中，有石牛水涨不没，鸣则岸溃。

高州府化州治后有石潜江中，谓之"龙尾"。州庭左偏有石微露出地中，谓之"龙首"。州人神之，围以阑干，不敢亵。州守倅[1]时或祭祀间，更深夜静则鸣吼，或于其处所，或于空虚间，声类鹅，而洪大特甚。景泰八年，鸣三日，其夜，州同知杨景生子一，清后为宰相。近或岁一二鸣，或五岁一鸣，鸣则州人以卜官吏灾眚。

[1] 倅，同"卒"。

占科石

池州府石埭县学泮宫前碧澜亭上，有辘轳石，凡汲水转而有声，主贤士发科。

唐时长安城内九耀街有试官石，在武安王庙前，横卧街侧，色黑而莹，长四五尺，高二三尺。举人就试者，以钉钉之，卜其中否。即今，石上有钉数十余，钉头皆露，亦有半入而上曲者，皆如此类。

吉安府吉水县西北九十里峒山，多黑石，能化白。每石化白，其年辄有擢科者。

赣州府雩都县西南十里有龙门石，相传岁大比，石或裂声如雷，谓之"龙门开"，必有登科者。

南安府上犹县治东巽山，邑人有登科者，则山下石嶂必生光彩。

长沙府湘潭县西南锦湾之侧，有马蹄石，形类马蹄。每岁沙拥其石，则邑人俊举。

福州府连江县东十五里王孙山下，有石人。俗传有草丛生其顶，则邑人登第者多，否则登第者少，又号"状元石"。

兴化府厢锦亭之南有摩香石，三石骈峙。大比之岁，士子以手摩之，闻桂花香则中选。出《阮氏家谱》。

邵武府建宁县治东平山上，怪石巉岩。岁当大比，邑士以其堕石之数为预荐多寡之占。又县东一十五里有纱帽石，邑人以其花草占科第。

望夫石

宁国府南陵县南七十里石女山，一名女观山，上有望夫石。相传昔有妇人，夫官于蜀，屡愆期，忧思感伤，登此聘望，因化为石如人形。所牵狗亦化为石，今狗形犹存。

太平府城北十里望夫山，上有望夫石，正对和州城楼，乃姑熟十咏之一也。昔有人适楚不还，其妻登此山望之，久乃化为石。

潞州黎城县西北六十里石仃山，一名望夫山，山上有石仃立，宛若妇人望夫之状。

南阳府邓州新野县北二十五里白河岸上，有望夫石。世传一妇送夫从戎，别于此，怅望久之，化为石。

汉中府兴安州紫阳县西南八里，有望夫石。旧传有妇人，其夫从戎，朝夕登望，后化为石于此。

杭州府海宁县治东朝山上，有望夫石。

于潜县北四十五里天目西峰，有望夫石，一名新妇石。高五丈，天然人形，面东昂立，与东天目新郎石对。

台州府太平县[1]东南八里石夫人山，一名五龙山，又名百丈岩。岩石耸立，大如百围，状如妇人。宋郡志云：昔有人渔于海滨不返，其妻携七子登高望之，感而成石，下有七石人，盖其子云。

南昌府丰城县南二十六里有望夫石，高二十丈。相传昔有商于远者，其妻望之，遂化为石。

武昌府武昌县西樊山之北，有望夫石，高三丈，状若人立。相传昔有贞妇，其夫从役远征，妇携弱子饯送此山，立望而化为石。

兴国州西南一百八十里菁山，昔有妇送夫出征至此，化为石。至今石上有双履迹，名"望夫石"。

郧阳府保康县西一百二十里有望夫石，贞妇望夫而死于此，遂化为石。

永州府祁阳县西二十里湘江边，有石如妇人立，名"媳妇石"，亦名"望夫石"。

重庆府忠州南十里有望夫台，苏子瞻诗云："山头孤石远亭亭，江转船回似石屏。可怜千古长如此，船去船来自不停。浩浩长江赴沧海，纷纷过客似浮萍。谁能坐待山月出，照见寒影高伶俜。"

夔州府巫山县东北四里女观山上，有石如妇人形。相传昔有妇人，其夫官于蜀，登山望夫，因化为石。

建宁府崇安县西七十里分水岭，为江闽之界，岭之西巅有石如妇人携子停望关外，俗呼"望夫石"。度关者以见为吉。

肇庆府四会县西二百里，有新妇石。旧传昔有妇人，其夫远出为商，望久不至，遂化为石。

曲靖府城东北有山，高百余仞，上有望夫石。

附　录

袁州府分宜县西十里昌山峡，水中有望夫石，乃唐太守郑望夫于此修堰溉田，后人思而名之也。

[1]台州府太平县，当为温州府太平县。

祈子石

成都府城东海云山上，有海云寺、鸿庆院诸胜。成都风俗：岁以三月二十一日游山，山有小池，士女摸石于池中，以占求子之祥。唐开元二十三年，鸿庆院灵智禅师，于三月二十一日归寂。蜀人敬之，入山修礼，故因而成俗也。

简州东北二十里玉女山，有玉华池，每三月上巳日，有乞子者，漉得石即是男，瓦即是女，屡验。

重庆府江津县北对江二里，有天水池。邑人春月游此，竞于池中，摸石祈嗣，得石者生男，得瓦者生女，颇验。

叙州府南溪县南十五里青衣江，有二石对江夹立如夫妇，东石腹中流出小石，西石腹中怀之。土人于此乞子，有验。谚云："东石从西，乞子将归。"

泉州府城南七十里宝盖山巅，有石塔，俗名"姑嫂塔"。相传昔有姑嫂，其夫贩海久不至，因塔而望之。塔中刻二女像，游人拾瓦掷之，中者生男，不中女也。

福宁州宁德县北七十里霍童山，有那罗岩石室数十丈，可容数百人。寺建石室之内，顶石如弹，摇之则动。祈嗣者祝弹为应，莫不如响。

附　录

泉州府城南四十里双石山，家此山下者，子多双诞。

试剑石

真定府元氏县西北五十里封龙山，唐郭元振游学于此。一日，闻霹雳声，见石中裂出五色云气，因得石罅中宝剑。左丞史彬书"试剑石"三大字于上。

凤阳府泗州盱眙县西一百里紫阳山，相传昔人尝于此铸剑，上有试剑石。

苏州府城西北七里虎丘山上，有试剑石，相传为吴干将试剑处。

常熟县西北一里虞山之西，有试剑石。

松江府城北四十里䇔山上，有干将试剑石。

常州府宜兴县东北三十五里阳山上，有周处试剑石及剑痕，其淬剑两膝着处皆洼。

庐州府六安州西南七十里独山顶，有仙人试剑石。

徐州城东五里鸡鸣山，一名子房山，山下汉高帝庙旁，有石高三尺余，中裂如破竹，不尽者寸，父老曰："此帝之试剑石也。"

滁州全椒县西北一百里旧高城村，有秦王试剑石，高二丈，阔五尺。相传秦始皇东行郡县道经此。

东岳泰山上有试剑石。

处州府城东八里东山上，有方石中断为四，若利剑左右砍开，呼曰"神人试剑石"。

青田县西北一里青田山上，有试剑石四，各高百余尺，相去各三尺许。旧传青牛道士[1]传道，叶法善炼丹于此，丹成试剑，断石为四。

南昌府宁州西南武乡有铜鼓石，屹立数丈，形类铜鼓。相传许旌阳逐蛟过此，石中有声，挥剑劈之，二石中分，如剑劈状。

广信府贵溪县南八十里龙虎山，有张道陵[2]试剑石。

铅山县南五十里葛仙山，有葛孝先[3]试剑石。

吉安府泰和县西三十里武山，一名新山，有巨石中剖三，之一若截肪然，离而不仆，名"试剑石"。

吉水县北五十里玄潭侧，崇元观后，有试剑石。世传许真君试剑处，剑尚留本观，长仅尺许，似铜非铜，似铁非铁。

安福县北地名桑田，有试剑石。世传唐刘像[4]为安成令，试剑于此。

袁州府万载县西三十里汤周山，相传晋安帝时有汤、周二仙修道于此，观后有试剑石。县北七十里谢山[5]，乃谢仲初[6]修道之所，上有试剑石。

赣州府兴国县东北二十里东岩龛，有试剑石，唐钟绍京[7]读书处也。

会昌县西南七里西岩宋尹天民[8]读书处，有试剑石。

宁都县西北三十五里金精山，有石似刀划断为半，号"试剑石"。

瑞金县东北五十里陈石山，旧传陈武帝尝寄迹于此，有试剑石。

南安府城西十里欧公洞，有卧石，上窍为槽，似剑匣然，巨石中断，名"试剑石"。

武昌府武昌县西三里西山九曲岭下，有孙权试剑石。县西四里樊山，亦有试剑石。

兴国州大冶县北二十里章山，石上有许旌阳试剑痕。相传旌阳逐蛟至此。

襄阳府均州南一百二十里武当山三天门下，有试剑石。

岳州府平江县东北七十里道岩山，有断石，相传为许旌阳试剑处。

长沙府浏阳县东二里有三刀石，又名"试剑石"，石有刀痕。相传许旌阳斩蛟试剑于此。

泸州合江县治北有试剑石，大石剖开。俗传仙人试剑于此。

福州府城南林浔浦前，有试剑石。

泉州府城西南二十里紫帽山西，有试剑石，其峰曰"试剑峰"。

漳州府漳浦县西南九十里将军山，唐将军陈元光[9]筑城于此，山有磨剑、试剑二石。

延平府沙县东南三十五里有试剑石，长约三丈。相传昔仙人尝试剑于此，故名。截为两段后，凿为迎仙桥，至今桥石有肝胆痕。县西六十五里龙会山，有邓真人法试剑石。

永安县北二十里栟榈山上，有试剑石。去此十里侍郎岩下，亦有试剑石。

建宁府崇安县南三十里武夷山小九曲溪中，有石分为二，名"试剑石"，相传控鹤仙人试剑于此。县东南六十里有试剑石，石有钊[剑]痕，相传昔有异人斩蛟试剑于此。

惠州府博罗县西北三十里罗浮山夜乐洞中，有轩辕集试剑石。丫髻峰下亦有试剑石。

桂林府城东北漓江滨伏波岩洞旁，有悬石如柱，去地一线不合，俗呼"马伏波[10]试剑石"。

南宁府城南十里青秀山白云精舍之左，有片石如划，目为试剑石。

蒙化府城北二十五里平川中，有盟石。昔张乐求进[11]，既以女妻蒙细奴逻[12]，复以城让之。细奴逻指石祝之曰："如我当为诏，剑入此石！"祝已，拔剑斫石，入三寸，形如锯断。至今犹存，号"盟石"。夷语谓"王"曰"诏"。

附　录

宝庆府武冈州城东有石高一丈许，双峰俪偶，间不容指。

[1] 青牛道士，指汉方士封君达，陇西人。号"青牛师"，常乘青牛，故又号"青牛道士"。
[2] 张道陵（34—156 或 178），字辅汉，东汉沛国丰县人。是道教的创始者，五斗米道的创始人。
[3] 葛孝先，即葛玄（164—244），字孝先，丹阳郡句容（今属江苏）人，葛洪之祖父。东汉道教天师。
[4] 刘像，字攸震，唐宝应（762—763）中任安成令，在任有德政。
[5] 谢山，山名，在今江西省万载县北七十里，因谢仲初曾在此山修炼成仙，而称为谢山。
[6] 谢仲初，晋代道士，袁州万载人，曾在合皂山修炼得道。
[7] 钟绍京（659—746），字可大，唐代兴国清德乡（今江西省兴国县）人。官至中书令，越国公。书法家，著有《灵飞经》等传世。
[8] 尹天民，生于北宋神宗年间，字先觉，会昌县湘江镇林岗坝人。北宋国子博士，精通经学，著有《易论实纂》《易说拾遗》等。
[9] 陈元光（657—711），字廷炬，号龙湖，被尊称"开漳圣王"。唐朝光州固始人。历官岭南行军总管、中郎将，右鹰扬卫率府怀化大将军，兼领漳州刺史。因讨潮寇死事，赠临漳侯，谥忠毅。
[10] 马伏波，即马援（前 14—49），字文渊，扶风茂陵（今陕西省兴平市窦马村）人。事光武帝，拜伏波将军，因称马伏波。著名军事家，是东汉开国功臣之一。
[11] 张乐求进，常用说法"张乐进求"，白族认可的先祖之一。传说唐太宗时，张乐进求逊位于细奴逻，使南诏一统云南。
[12] 细奴逻（617—674），蒙舍诏第一代诏，蒙姓。649 年称南诏王，653 年向唐朝进贡，被封巍州刺史。谥奇嘉王，尊称高祖。

应潮石

温州府平阳县西南三十里凤山，有石洞，上刻晋魏八分书，其字迹随潮大小为枯润。

广信府弋阳县西四十五里有潮岩，岩上有水痕，能随潮水消长。

泉州府城南四十里灵秀峰顶有一岩,每海潮长时则石润,退则石燥,其验不爽。

附　录

宋朝议李芬好奇,有异石高二尺许,嵌空可爱,常置庭槛间。每日至方未时,即有气出石穴中,若烟云状,依时候之,万不差一,因目之为"未石"。

出米石

赣州府会昌县东三十里注米岩,深广二丈许。伏虎禅师[1]驻锡处有小窦,相传出米随人多寡可给。后人凿之,仅有泉流。

石城县南四十里洪石岩之北,有倒岩,云出米。

岳州府澧州西北七十里天供山,相传唐时,有僧创寺,工役乏食,忽石穴中产粟,僧取以供食。寺成粟绝,遂取以名山。

眉州彭山县东北二十五里有石仓,半山石壁间,有崖窦如蜂房。相传窦中尝出米,崖上刻"石仓米洞"四字,今存。

泉州府同安县东三十里出米岩,石壁上有穴,径数尺。相传宋末有提兵过此者,穴出米供之。县西六十里夕阳山,相传唐宣宗尝遁迹于此,石洞上二窍出米,足以供食。宣宗去,米不复出。

安溪县东北蓬莱山,一名清水岩,宋禅师普足道场也。始草创时,其徒杨道、周明于岩阿累石为二窣堵,临崖距壑,非人措手,若有阴相之者。其饷工匠,岩石中自出米,工竣米绝。

延平府城西南四十里米头山,相传岩畔有石窍出米,山下道庵赖以给日食。后有吴释子者,大其窍,米遂绝。

永安县北二十里栟榈山上,有头陀岩。相传唐有裴头陀者,铁履渡江,来居此山。披荆榛,创小庵,坐侧石罅日涌米二升以赡之,客至则随增。后人大其窍,米遂绝。

沙县南渔溪，旧志云：有石仓能出米，供行人粮乏。

惠州府龙川县东北一百里霍山中，太乙宫岩内有穴。唐会昌中，有米从穴出，日供十余人。后有僧欲其多出，将穴凿大，乃止。今穴口间有见米或谷片，自内而出。

附　录

郴州城东北五十里牛岭，湘山祖师[2]尝结静室其下，母往省之。有顷，母饥，师扣石出馒以奉。今馒模尚在。

沙县北四十里天台山有石庵，时或米谷自飞至此。地界南平、顺昌，每岁春秋之际，三县人多来祈祷。

[1]伏虎禅师，俗姓叶，法号惠宽，福建宁化县叶岭人，五代末年禅师。在汀州开元寺修道，闻山中猛虎为患，自愿入山，虎匍伏听教，后师乘虎下山，人称"伏虎禅师"。

[2]湘山祖师，即释全真（728—867），俗姓周，名宗惠，谥"寂照"、"妙应"等，出生于湖南资兴周源山。在郴州开元寺剃度，到湘源县（广西全州）开创净土院（今湘山寺），138岁圆寂后，其弟子建塔供奉，号"湘山祖师"、"无量寿佛"。

出盐石

吉安府泰和县西五十里潮山，旧传岩下有石穴，日出盐少许，仅足充供，无有余者。或讶其少，加凿之，盐遂不复出。

袁州府分宜县北八十里鸡足山下，有胜因寺，寺背旧有石窍，日出少盐，一寺需之。后贪僧凿大，其穴盐遂绝。县西十五里洪阳洞之第二洞内，有盐井六七眼。旧传有人于此煮盐，盐甚美。后持出鬻，遂无。东第七洞内有盐池，石洿下如池，旧传出盐。

出钱石

温州府平阳县西南三十里凤山旧石钱仓，以其石罅中尝有钱流出，故云。

广信府城西南八十里大宾岩，梁大同中开山，有石出钱之异。

弋阳县西四十二里大山下，有一石临水如廪，高数丈，号曰"钱仓"，户如六尺床。晋太和中，有渔人从户过，遇户开，其钱自出，因得钱四。

附　录

宋庆元二年，吴县金鹅乡铜钱百万自飞。

福州府闽清县西南留钱山，唐乾符间，一夕雨钱满山，以亿万计，树木皆折。一云钱雨于池锡家。

宋陈汝器[1]居兴化府仙游县城中之南街，家居积善，一夕飞钱满其室。汝器与妻朱氏焚香祝曰："愿有良子，钱乞减半。"后其子可大登进士，遂为望族。

[1] 陈汝器，福建莆田人，宋奉直大夫。妻朱氏为宋室文阁待制朱绂之女，福建莆田仙游人。志书言朱氏怜贫惜苦，乐善好施，因而"动天飞钱"，"飞钱陈"世系因此得名。朱氏教子有方，誉满乡里。其子可大登进士第，历任潮州、漳州等地州官，有政声。

星化石

大名府大名县元至正十六年，有星如火，自东南流，尾如曳彗，坠入于地，化为石，青黑光莹，状如狗头，其断处类新割者。有司以进太史验视，云天狗也，命藏于库。

苏州府城西南十二里崒嶂山南，有大石，相传为坠星所化。

沈存中[1]《笔谈》[2]云："治平元年，常州日禺时，天有大声如雷，乃一大星几如月，坠在宜兴县民许氏园中，远近皆见，火光赫然照天，许氏藩篱皆为所焚。火息视地下，有一窍如杯大，极深。下视之，星在其中，荧荧然，良久渐暗，尚热，不可近。又久之，发其窍,深三尺余,乃得一圆石,犹热,其大如拳,一头微锐,色如铁,重亦如之。送润州金山寺,至今匣藏。"

池州府城西南十五里有坠星石,相传为星坠地所化。

青州府临朐县龙山,元至正二十三年六月,有星坠入于地。掘之深五尺,得石如砖,褐色,上有星如银,破碎不完。

诸城县成化中,星陨于马长史家门中。初坠地,其光煜煜,而星体腐软特如粉浆。家人以杖抵之,没杖成穴,久而渐坚,乃成一石。

归德府城北漆沟,一名陨石河。春秋陨石于宋五,相传沟水有涸时,五石存焉。

卫辉府胙城县北三十里有石丘,俗传汉成帝时星陨之石也。

西安府兴平县治内有星石,晋穆帝时,星陨汀泽,化为石。色黄白,形如瓮,高五尺。唐韩琮为兴平令,移置县斋。

耀州元至止[正]十年十一月冬至夜,有星坠于西原,光耀照地,声如雷鸣者三,化为石,形如斧,一面如铁,一面如锡,削之有屑,击之有声。

巩昌府西和县西五里白石镇,汉惠帝时,有星陨成白石,如龟。至唐宣宗时,筑镇城,因以白石名焉。汉水经其下,宋郭思正诗:"落星一石几千年,门外何人叩汉川。"

严州府淳安县东北五十里,有魁星石,俗传陨星所化。

南康府城南五里落星湖中,有石高五丈,周回百五十步。相传落星所化,其石圆洁,不生草木,峭然孤峙,独出水际。

抚州府崇仁县辛陂村,元大德二年六月有星陨此,化为绿色圆石。

襄阳府谷城县粉水口,有一石出地尺余,围可三尺,色极青,其上如斫,明可以鉴人。相传以为陨星所化。

衡州府衡阳县江边有锦石数片,相传坠星所化。

长沙府湘阴县北百里地名钱家坑,元至正间,有星坠地,化为石，尚存。

保宁府昭化县万历二十二年六月望日，有星陨于三堆。初坠入地，掘三尺许，气如蒸，得黑石如斗大。

建宁府瓯宁县，至正十九年，有星坠于营山前，其声如雷，化为石。

高州府电白县，正德间有星坠于经堂前，声震如雷，化为白石，犹在库。

雷州府城南有瑞星池，宋寇准贬雷州司户参军，寓处有小池。一夕星陨于中，求之，得一石，因架轩池上，名曰"瑞星"。

楚雄府嶀嘉县西黑初山下，元泰定间，有大星陨化为黑石，状如冬瓜，色如铁，上有点如星，击之锵然有声。欲举之者，默然则动，有语声则不能举。土人怪而积薪焚之，雷雨交作，乃止。嘉靖间，知县某移至县治前土神祠，以立春日祀之。

按：星之陨，乃光气之溢耳！坠而化石，盖感地气而凝也。如谓星陨而在天之本质遂灭，则自开辟至今，天上几无星矣。

[1] 沈存中，即沈括，字存中。
[2]《笔谈》，即《梦溪笔谈》。

树化石

河南府渑池县北二十里有王乔洞，洞上二木皆化石而产，枝叶犹故。其旧碑云："昔神仙大丹成，土木皆化为石。"

金华府永康县东北延真观前，有松化石。唐道士马湘[1]字自然，建中元年至观，指庭松曰："此松已三千年矣，当化为石。"至夕大风雨，其松果化，近观松皆化为石。按《陆龟蒙集》[2]云："越之东阳多名山，永康之地亦蝉联其间。中饶古松，往往化而为石，盘根大柯，文理具析，好事者攻而置人间，以为耳目之异。"然则永康之松，化为石，不独近延真观者为然矣。

处州府嵩阳县西二十里卯山，出怪石，如松之有枝叶，而实石也。人多取傍山亭及琢为枕。

重庆府永川县有石松坪，其地名来苏镇，有松化石，石质而松理，或二三尺许，大可合抱，然不过相望数山有之，俗呼"雷烧松"。杜诗"万年松化石"，即此。

王象之《舆地纪胜》[3]云："建炎间，遂宁府转运使廨后圃，有松石，外犹松柏，而中化为石。"按：宋遂宁府，即今潼川州之遂宁县也。

彭乘[4]《墨客挥犀》云："壶公山有柏木，长数尺，半化为石，半犹是坚木。蔡君谟[5]运至私第，余亲见之。"按：壶公山，在兴化府城南二十里，今不闻有此种石矣。

贵州普定分司署中有假山，山间有树，根干枝条皆石，而中有叶如榴，袅袅茂翠，开花似桂，微黄。嘉靖丁巳[6]，佥事焦希程赋诗纪之。

《唐书·回鹘传》拔野古国有川，曰"康干河"，断松投之，三年辄化为石，色苍致，然节理犹在，世谓"康干石"。

附　录

金华府东阳县东北五十里有资福院，宋宣和中毁于火，独藏经皆变为石，卷轴宛然，叩之有声。

杜光庭《录异记》云：会稽进士李眺偶拾得一小石，青黑平正，温润可玩，用为书镇。偶有蝇集其上，驱之不去，视之，已化为石。求他虫试之，随亦化焉，壳落坚重，与石无异。

[1] 马湘，字自然，浙江杭州盐官（今海宁）人。唐代云游道士。
[2] 《陆龟蒙集》，当为唐朝文学家、农学家、藏书家陆龟蒙诗文集。
[3] 《舆地纪胜》，南宋王象之编纂，是南宋中期的一部地理总志。
[4] 彭乘，约1086年前后在世，筠州高安人。尝赴任至邕州，并至儋耳，

官至中书检正。能诗，著《墨客挥犀》十卷，续十卷。
［5］蔡君谟，即蔡襄，字君谟。
［6］嘉靖丁巳，明嘉靖三十六年（1557年）。

地涌石

潞安府襄垣县东北五十里仙堂山，有石九，圈如车辋，环水其中，虽旱［旱］不涸。前有隙地生石子、药丸，随人采取，去则复生。

晋武帝泰康[1]十年，洛阳宫西宜秋里，石生地中，始高三尺，如香炉形，后如伛人，盘薄不可掘。

叙州府城东七里旧州江岸，有贞妇石。昔有贞妇，夫殁无子，事姑甚孝。姑抑使嫁，竟不从，终姑之世。身殁，所居室有一犬石涌出，后人号为"贞妇石"。

［1］泰康，当为太康。

水涌石

彰德府武安县西北八十里定普岩下有池，池畔有透影碑。相传自池涌出，至今犹存。

杭州府余杭县西北四十五里齐亨山，一名斜坑山，有天井龙王潭，高崖之上，瀑布数十丈，下泻于潭。潭之东有一石，号曰"龙舌"。昔人掷之于潭，诘旦，其石复出于岸。遇旱，祷雨必应。

衢州府江山县东南六十里济井潭，形方而深。宋绍兴五年，投铁符其中，忽大雷电，风涛四起，涌一青石，方广丈余。

吉安府永丰县南一百七十里凤凰山，一名泷冈，其下为沙溪市，宋欧阳修故居在焉。修葬父崇国公观于泷冈阡，后于青州奉母郑夫人之丧，归而合葬。石镌"泷冈阡"，表以归。舟泊采石，夜梦神人借观。明日水裂，舟危，乃投碑于江。时黄庭江知之，为文以诘龙君。顷之，灵龟涌碑出沙溪沼中。碑有龙王墨迹数行如缕，取置西阳宫，为亭覆之。其石绿色，高丈余，光可鉴。后宫火，独碑亭无恙。按：宋朝执政故事，得立功德院。公素排佛教，雅不欲立寺；崇公讳观，又不可立观。乃立西阳宫，以奉牲祀焉。

叙州府城南马湖江，昔有孝子隗通，为母汲江裔水，天为出平石于江中。今石在马湖江口。

延平府沙县治前太史溪，嘉靖丙辰[1]四月大水，后溪中高岩下忽竖起一石，状类朝冠，阔八尺，高丈许，屹立中流。其旁石有旧刻"焉小十一乘"五字，又倒刻云："政和元年十二月二十八日记。"

附　录

晋惠帝泰安[2]元年，丹阳姑孰县夏架湖，有大石浮二百步而登岸，民惊噪相告曰："石来！"寻，有石冰入建康。按：姑孰即太平府之当涂县，夏架湖疑即丹阳湖。

[1] 嘉靖丙辰，明嘉靖三十五年（1556年）。
[2] 泰安，当为太安。

自起石

前燕慕容皝四年，棘城里有大石，自立而行。按史，慕容廆[1]以棘城即帝颛顼之墟，乃移居之。在今永平府城东南四十里。

常州府宜兴县西南五十里国山，本名离墨山，以钟离墨得道于此，故名。九岑相连，状如覆斗，又名九斗山。吴孙皓时，山顶一大石自立，又有石裂十余丈成室。皓侈，以为瑞，因遣官封为南岳，改名"国山"。刻石诵德，碑石如囷，俗呼"囷碑山"。当时所遣之官，乃司空董朝等，故又呼"董山"。

济南府泰安州莱芜县西南五十里冠山，汉昭帝元凤二年正月，山南民夜闻讻讻，有数千人晨往视之，见大石自立，高丈五尺，大四十八围，入地八尺，白鸟数千集其旁，三石为足，一石居上，其形如冠，后人因名为"冠山"。

兖州府东平州北二十里瓠山，形似瓠，《汉书》作报山。哀帝时，山胁石一枚转侧起立，高九尺六寸，旁行一丈，广四尺。东平王云及后谒自之石所祭，治石象报山立石，束倍草，并祠之。为息夫躬所告，云自杀，谒弃市。

永州府东安县北十里宣义乡，有巨石，长博约丈余。嘉靖二十三年春，忽风雨交作，石乃特立，声闻数里。

附　录

苏州府城西运河中，有青石一方，长可四五尺。盖冢墓间物，崩落于此，岁久为怪。每至秋间，能自行出于河，出必有覆舟之患。见陆灿《庚巳编》。（此条当作附录）

[1] 幕容廆（269—333），字奕落瑰，昌黎棘城（今辽宁义县）人，鲜卑族。五胡始乱，于西晋永嘉元年（307年），自称鲜卑大单于。曾被东晋封辽东公等，谥号襄公。其孙慕容俊称帝，追谥为武宣皇帝，庙号高祖。

不移石

河间府任丘县南三十里，有石臼，受一石二斗。昔有沙门移之至寺，经宿血满其中，乃移归旧处，复净如洗。

苏州府城北数里有石幢，唐徐浩[1]书。郡守陈师锡[2]徙置府第，乡人夜过河上者，多见鬼物，乃相与请于郡，复置旧处，其怪遂绝。

青州府临淄县东十里安平城内，有石槽，方广四尺许，每置水一槽，群马饮之不竭。后有富室窃移于家，马饮俱死，因还故处，遂呼为"石槽城"。

西安府临潼县东八里骊山下秦始皇陵北，有偃石。始皇远采，将置之骊山，至此不复动。石形似龟，高一丈八尺，周回十八步。唐皇甫湜[3]有《偃石铭》。

渭南县东南有六石人，赵石勒[4]所造。西魏入关，移石人于府门外，经宿仍归本处。今县东十五里有二枚，东北一里二枚，东南七里二枚。

杭州府于潜县北四十五里天目山西峰尖顶，有石版，长短、大小不可计数，皆平净如砥，有全解至地者，有解未尽者，锯痕线道分明。其解至半者，有大石砧架之，非人力所及。好事者欲挈而下，辄有风雨、蛇虺之变。

湖州府城西北十九里弁山，一名卞山，东麓有石箦，高数丈。相传人不敢开。晋太守殷康欲开之，会有雷雨而止。

岳州府澧州安乡县治东南隅，有董仲书符石。仲尝游安乡，以县苦水患，书符于石，云可压水，已而果然。有不信者，掘地穷其趾，愈掘愈深，趾不可见，水患复兴，人乃神之。

成都府城西南隅使星亭内，有支机石，正方，长与人等，中一浅窨。即汉时，海上人乘槎至天河所得，织女令问严君平[5]者。唐李德裕[6]好奇尚异，帅蜀时，尝命工人镌取支机石一片，欲为器用。椎琢之际，忽若风瞀，坠于石侧，如此者三；复命穿掘其下，则风雷震惊，咫尺昏曀，遂不敢犯。城西南十余里，有五块石，高一丈余，礧砢叠缀，若累丸然，三面皆方，不测所自始。或云下有海眼。昔人尝起其石，风雨暴作。

福州府福清县南六十里昭灵庙前，有卢焦石在海中，高广数丈，风涛潄激，为龛、岩玲珑之状。采玩者必获谴。

延平府尤溪县东北二十五里沉潭岸侧，有仙人石。昔尝有人凿之，其声轰然，乃止。

汀州府永定县西北八十里小涧中，有石广二尺余，厚四之一，面、背皆有马迹。每大水，巨石皆浮离故处，惟此石不动。

韶州府城南十里五宝石山，一名伏虎山。相传唐时，有邓姓者居其下，有骆家徙其一石去，至夜，虎衔其石复回旧处。乡人神之，立庙石上，水旱疾疫，有祷辄应。

雷州府城西南八里英榜山，旧有石神庙。五代梁，迁雷庙于石神座西。伪汉时，复欲迁雷神正殿居东，而迁石神座于西。使人舁石不动，遂凿其根，愈掘愈深，乃知其神不许迁动也。

楚雄府定边县北五里，有石羊村，井上石似羊形，人不敢动，动则井水泛滥。

[1] 徐浩（703—782），字季海，越州（今浙江省绍兴市）人。唐代书法家。
[2] 陈师锡（1057—1125），字伯修，宋建州建阳（今属福建）人。历官秘书省校书郎、工部员外郎、殿中侍御史等，曾知宣州、苏州等。绍兴年间，追赠龙图阁学士。
[3] 皇甫湜（777—835），唐睦州新安（今浙江建德淳安）人。中国唐代散文家。
[4] 石勒（274—333），字世龙，小字匐勒，羯族，上党武乡（今山西榆社）人。十六国时期后赵建立者，史称后赵明帝。
[5] 严君平（前86—10），名遵，蜀郡成都市人。西汉早期道家学者，思想家。汉成帝时，隐居成都市井中，以筮为业。50岁后归隐，著述、授徒于郫县平乐山，成功预言"王莽篡汉"、"光武中兴"历史事件，著有《老子注》和《道德真经指归》。
[6] 李德裕（787—850），字文饶，唐代赵郡赞皇（今河北赞皇县）人。两度为相，与其父李吉甫同为晚唐名相。曾受李宗闵、牛僧孺等牛党势力倾轧。

方舆互考　卷之二

草木志异

　　开封府中牟县西北七里圃田泽，与阳武分水，多产麻黄草。郭绿之《述征记》[1]云：践县境，便睹斯卉，穷则知逾界。

　　河西不生楸、槐、柏、漆，晋张骏之世，取于泰［秦］陇而植之，终皆枯死。河西，今陕西行都西所属地。

　　温州府乐清县东九十里雁荡山，其兽多猴、狙、豕，而无虎。

　　辰州府城东一里有辰水，城西北三里有沅水，沅水无虾而辰水有虾。

　　蛇死，目皆闭。惟蕲州花蛇虽干枯而眼光不陷，舒、蕲两界者，则一开一闭。蕲州属黄州府，与安庆府接界，安庆府治即唐之舒州治也。

　　白乐天云忠州有荔枝一株，槐一株，自忠之南更无槐，自忠之北更无荔枝。忠州，今属重庆府。

　　叙州府城西南六十里有朱提山，古志云：朱提西犹有鸠、鹊，以南则无矣。按《汉书·地理志》：犍为郡有朱提县，县因山而名也。苏林云："朱"音"铢"，"提"音"时"。

　　蜀中诸县柘叶皆苦，惟雅州之青神县柘叶甘，宜蚕。

　　南海出水松叶，如桧而细长，土产众香，而此木不大香，故彼人无被服者。岭北人极爱之，其香殊胜南方。

　　江南无蝎，江北少蜈蚣。蝎喜燥，而蜈蚣喜湿也。东广富巨蛇，北虏多貂鼠。蛇喜热，而貂喜寒也。

　　闽中产榕树，至福州府而止，故会城古号"榕城"。谚云：榕不过剑。黑羊皮能疗杖疮，京师艰得，独闽中盛产，而白者旷见。

惟汀州无羊，遇祭祀，从他郡倍直而鬻之。

《汉书·地理志》云：儋耳[2]珠崖，亡马与虎。

[1] 郭绿之《述征记》，当为郭缘生《述征记》。
[2] 儋耳，古代地名，在今海南境内。汉置儋耳郡，唐改为儋州，民国设县。旧治所在今海南省儋州市西北。

产　　变

《考工记》[1]云：橘逾淮而化为枳。《列子》云：櫾渡淮而北，化而为枳。櫾，柚同，枳似橘有刺。

段成式《酉阳杂俎》云：大历中，有北人为金坛县主簿，以竹筒赍蝎十余枚，置于厅事之树。后孳育数百枚，为土气所蒸，不能螫人。南人不识，呼为"主簿虫"。

衢州府开化县北三十里有白虾池，宋赵抃[2]镇蜀，以白虾遗余仁合，畜之此池，生息不绝，移他水则色变。

夔州府城东瞿唐峡多猿，不生北岸。或取之，放于北岸山中，初不闻声。按《云仙杂记》云：猿啼之地，蕨乃多，有每一声遽生万茎。

延平府尤溪县由尤溪口入可四十里，有山童如，钢铁出焉。山民凿得铁即渡水，北铁乃可炉，经宿不迁，则不可煅矣。其理难解。

刘恂《岭表录异》[3]云：广州地热，种麦则苗而不实，北人将蔓菁子就彼种者，出土即变为芥。

肇庆府新兴县出变柑，苞大如升，且皮薄，移植不数百里，形味俱变，因名。

[1]《考工记》，是中国战国时期记述官营手工业各工种规范和制造工艺的

文献。

[2]赵抃（1008—1084）字阅道，宋衢州西安（今浙江衢州市）人。景祐元年（1034年）进士，曾任武安军节度推官，殿中侍御史，四川梓州、益州转运使，成都知府等，以太子少保致仕。称"铁面御史"，与当时的包拯齐名。

[3]《岭表录异》，唐刘恂撰。地理杂记，记述岭南异物异事，也是了解唐代岭南道物产、民情的有用文献。

人化龙

庐州府六安州东五十里龙穴山，亦名龙池山。山之东南隅有一穴，穴内有池方五十尺，上有张龙公祠。凤阳府颍州颍上县焦氏台，亦有张龙公祠。熙宁中，封公为昭灵侯，夫人为柔应夫人。公名路斯，颍上百社人也。隋初，明经登第。唐景龙中，为宣城令，为民垦土田，导水利，至今城北一带，呼"路斯田"。夫人石氏，生九子。公既罢官归，每夕戌出丑归，体常冷湿。石氏异而叩之，公曰："吾，龙也。蓼人郑祥远亦龙也，骑白牛据吾池，自谓郑公池。吾屡与战，不胜。明日取决，可令吾儿挟弓矢射之。系鬣以青绡者，郑也；绛绡者，吾也。"明日，子遂射中青绡者。郑衂，怒投合肥西山而死，即龙穴山也。由是，九子俱化为龙。州西关外五里，有龙潭，相传张、郑二龙战于此，土人立龙王庙祀之。州东四十里双龙桥，亦传为龙战处。百社村在颍州东三十里，颍水之北，张家湖之东。颍上县西南四十里淮润乡，有龙池，相传为张路斯与其九子化龙处。又寿州霍丘县西南十二里丰河西岸，有龙翁钓台，高一丈，周二十步，其地与颍上连界。苏子瞻《焦氏台昭灵庙碑》云："公归自宣城，常钓于焦氏台之阴。一日，顾见钓处有宫室楼台，遂入居之。"疑即此处。志云："夫人石氏，关洲村人，墓在淮润乡。"苏碑云"葬关洲"，与志稍异。苏碑又云："庙有穴五，往往见变异,出云雨,或投器穴中,则见于池。而近岁有得蜕骨于池者,金声玉质,轻重不常,藏之庙。元祐六年秋,旱甚。郡守龙图阁学士、左朝奉郎苏战[轼],迎致其骨于西湖之行祠,祷之,其应如响。乃益治其庙,作碑而铭之。"

绍兴府诸暨县西五十里五泄山上第四潭侧,有晋刘龙子墓。相传龙子尝钓于潭,得骊珠,吞之,化龙飞去。后人为累石作冢。

台州府宁海县东南一百里龙母山,三国吴时,尚书屈晃[1]生子坦,坦偕其母自大固山徙隐于此。坦寻化为龙,母亦尸解,葬其处。其下有湫水潭,一名玉溪。按:今台州府治是坦故宅。

辰州府沅州白龙潭侧,有潜灵庙,祀汉田强。强初为五溪酋长,威信素著。王莽篡汉,欲招来之,锡以铜印,强义不屈。有子十人,皆雄勇自保,曰:"吾等汉臣,誓不事二姓!"乃以三子将五万人,下屯沅东,各筑一城,烽火相应以拒莽。旧传潭内白龙,即其第三子所化也。

梧州府郁林州兴业县大李村,元至正间,有姓李者,素好修炼。一日,与妻自外家酣饮,回至途中,忽谓妻曰:"我体痒甚,须过前溪一浴,汝姑待之。"少顷,风雨骤作,妻趋前视之,则遍体鳞出矣。嘱妻曰:"我岁一来归,当以米糕祀我。"语毕,款然变为龙腾空去。后果岁一还其里,里人祷之,雨泽沾足,禾稼丰稔,至今人呼其宅曰"李龙宅"。

附 录

《吴越春秋》[2]云:阖庐[3]长子终累娶齐女,病而思乡,曰:"必葬我虞山之巅,以望齐。"葬毕,化为白龙,冲天而去。虞山,在苏州府常熟县治西北,一名海虞,一名海隅,一名乌目。

宋郑獬,字毅夫,德安府安陆县人。仁宗朝状元及第,立朝正直敢言。未第时,梦浴池中,化为大龙,池边小儿数十拍手,呼为"白龙"。翁既觉,犹见其尾曳床间。今随州东一百二十里大洪山南,有白龙池,即其地也。卒十年,贫不克葬。滕元发[4]为郡守,一日，梦毅夫来，但见轿中一白龙，身首即毅夫也。因出俸，为之营窆。

吉安府城东南一百二十里文笔峰，宋文信公天祥居其下，别号文山，本此。相近有紫瑶山，山下有黄土潭，龙所穴也。文山父革斋[5]尝梦潭中龙绕其居，寻生文山，云雾暝室中，自后潭日浅塞。及文公毕命燕京之日，土人复梦有乘舆入潭中者，旦日风雨雷电毕至，潭涨如旧。一云吉州太和县赣江滨黄土潭，有神物栖其间。岁亢旱，邑民祷雨，泽焉。自公之生，潭沙清浅。公没之岁，潭近居民梦神物归，驺从甚盛，既而睹之，乃公也。既而闻公死，诸老惊相语云：公两任赣州提刑，去往辄江水泛溢。其勤王召募，江泛溢尤甚，师行而水同去。又公家居，暑日喜溪浴，与奕者周子善[6]于水面以意为枰，行奕决胜负。他人久浸，不自堪皆走。惟公愈久愈乐，忘日早暮，或取酒炙就饮啖。是应神物出世，没而为神，自其常也。潭是后又深黑不可测矣。

[1] 屈晃（？—251），祖籍汝南（今河南省汝南县），汉末避乱南下，三国吴时居章安（今属椒江区）。初为郡吏，后擢为尚书仆射。
[2] 《吴越春秋》，东汉赵晔撰，是一部记述春秋时期吴、越两国史事为主的史学著作。
[3] 阖庐，吴王阖闾（前514—前496），一作阖庐，姬姓，吴氏，名光，春秋末期吴国君主。
[4] 滕元发（1020—1090），原名甫，字达道，浙江东阳人。北宋科举考试，两中探花，三次担任开封府尹。镇守边关，威行西北，号称名帅。著有《达道文集》。
[5] 革斋，文革斋，江西吉州庐陵县淳化乡富天里人（今吉安县），南宋民族英雄文天祥之父。因屡试不中，甘愿教书为生。
[6] 周子善，文天祥少年时期的棋友。

龙寓物

凤阳府泗州天长县东三十里，有芦龙井。古志传云：异人汲井，尝用芦竹，因化为龙。

汝宁府城西南葛坡，汉时悬壶翁以竹杖与费长房[1]，长房掷杖于此，化龙而去。按：唐天宝年，置悬壶观于城北十五里，本费长房旧宅也。俗讹悬壶为悬瓠，故相传城曰"悬瓠城"，池曰"悬瓠池"。然字虽讹，而音义俱不差。陆机[2]诗疏云：壶，瓠也。孙愐[3]《唐韵》云：瓠音壶，又音护；瓠，瓤瓢也。可以证悬瓠之即悬壶矣。《水经注》云：汝水周城，形如悬瓠，故取名焉。终未切当。成都府双流县治北龙池，旧名葛陂道，亦传为长房掷杖化龙处，其实非也。

临江府城东北三十里青江镇，有化梭亭。晋陶侃[4]尝于钓矶山下水中钓得一织梭，还挂壁上。一日雷雨，梭化赤龙而去，后人作亭表之。一云侃钓梭处，在南康府都昌县治南。

温州府城北永宁江，一名蜃江。唐元和中，刺史韦宿于江浒，沙上获筝弦，引之蜿蜒舒展，投之江中，忽见白龙腾空而去。蜃江之名以此。

延平府城南剑津，晋雷焕子[5]佩剑过此，剑忽跃入水化为龙，逐视之，见二龙相随，故又名"龙津"。

哀牢夷者，其先有妇人名沙壹[6]，居于哀牢山。尝捕鱼水中，触沉木若有感，因怀妊十月，产子男十人。后沉木化为龙，出水上，沙壹忽闻龙语曰："若为我生子，今悉何在？"九子见龙，惊走，独小子不能去，背龙而坐，龙因舐之。夷语谓背为九，谓坐为隆，因名子曰"九隆"。及后长大，诸兄以九隆为父所舐而黠，遂共推以为王。后哀牢山下有一夫一妇，复生十女子，九隆兄弟皆娶以为妻，渐相滋长。哀牢山，在永昌府城东二十里，本名"安乐"，夷语讹为"哀牢"。

[1] 费长房，汝南（今河南上蔡西南）人，曾为市掾。传说从壶公入山学仙，未成辞归。能医重病，鞭笞百鬼，驱使社公，有缩地术。后因失其符，为众鬼所杀。
[2] 陆机（261—303），字士衡，吴郡吴县（今江苏苏州）人。出仕西晋，曾任平原内史、祭酒、著作郎等职，世称"陆平原"，文学家、书法家。
[3] 孙愐，唐朝音韵学家，曾任陈州司马、朝议郎。编《唐韵》五卷。
[4] 陶侃（259—334），字士行（一作士衡）。本为鄱阳郡枭阳县（今江西都昌）人，后徙居庐江寻阳（今江西九江西）。东晋时期名将。
[5] 雷焕子，即雷华，晋丰城令。
[6] 沙壹，传说中古代少数民族哀牢夷的祖先。

龙　　卵

莱州府胶州南九十里鹁鸪山中，有泉清泚可鉴，名为"团顶碗"。金正隆间，秋雨，碗侧有卵，大可盛粟三石，斓斑光彩。里人以葛藟绊缚舁归，举村来观。数少年攫去，煮食之。旬日后，飓风夜作，震动天宇，居民百余家被风掀举，跻于山巅，旋落团顶，少年食卵者扑死，余无所伤。败瓦朽木，至今犹存。

成化五年六月初五日，开封府河决，杏花营水及堤。明日，三司以牲醴致奠。既归，有一卵浮于河，大如人首，下锐正圆，质青白，微具五色，又多黧黑点。渔者得之，守河者以十匹布易焉。以手撼之，汩汩作水声，又甚重，气暖而泽润，不知何物。或以为龙卵，送开封府，皆惧，不敢收。守与判相却之间，坠于地中，惟水而已。占法云："江湖见龙卵，主大水。"

南昌府宁州武宁县北三十里伊山，昔有伊叟独居山中，织屦为业。偶石洞漱水，涌出一卵，大如碗，叟得而宝护之。岁久卵破，出一蛇。叟死，蛇成龙，回涌沙石，瘗之乃去。

福州府长乐县东十里大山之阳,有白龙潭,其阴有祥云。潭昔有二龙,自演江飞起,白者归山阳,潭故号"白龙"。黑者归山阴,潭故号"祥云"。尝有人于潭侧获卵,壳大如斗,五色玄黄。

肇庆府城东北五十里顶湖山,高千余仞,周数百里,山顶有湖,四时不竭。相传有樵者于山上拾得一大卵,下至山半,云雾四起,雷电迅发。还卵旧所,天乃霁。

德庆府东一百里有孝通庙,祀程溪龙母之神。《南越志》[1]秦时有蒲媪者,居悦城之南。一日,浣于江侧,得卵大如斗,怀归。数日出五物,如守宫,豢养渐长。放于江能入水取鱼,媪往观,辄荐鱼于媪侧而去。媪因治鱼,水滨挥刀,中一尾,遂去,数年乃还。媪曰:"龙子复来耶!"始皇帝闻之,召媪。行中流,五龙挟舟而还。后媪死,乡人葬之程浦水口左滢。一夕,风雨大雷电,五龙移之北岸,沙壅成墓。今在灵陵水口,其神灵莫测,代以为龙母,因立庙于墓右以祀之。凡遇水淹浸墓前,周围皆溷,而近墓数尺独清。唐太和中李景休、会昌中赵令则皆有碑文,宋大观中,诏以"孝通"为庙额。州西五里白石溪上,亦有龙母庙,其桥曰"化龙桥"。蒲媪,《晋康志》作温氏。媪,唐卢肇作《阅城君庙记》,亦云:姥温姓,阅城人也。又云:姥死,无姻戚,阅城人葬之水涯。龙乃寓形于人,衰[2]杖哀呼,谓人曰:"藏我母卑,他日潮水啮之,非葬所也。其将假尔牛马为役,以迁于塏爽。"一夕风雷大至,明日视之,则封若覆夏屋矣。在于山巅、里之中牛马皆怠不饮龁,齐衰者亦失所在。阅城人立姥及龙之像,以礼祠之。按:"阅城"乃"悦城"之讹。德庆州东八十里,有废悦城县,唐改"乐城"曰"悦城",属康州,即此。"温"字盖因"媪"字而误,从蒲为是。

[1]《南越志》,南朝宋沈怀远撰。怀远初为始兴王濬征北长流参军,因坐事徙广州,后官武康令。此书是他在广州时所撰。

[2]衰,同"缞",古代用粗麻布制成的丧服。

异　　蛇

顺天府城西三十里西山寺，有二青蛇，大者长五丈二三，小者长四丈五六。人至寺，僧乃呼蛇，以酒肉饲之，二蛇辄引喙出入无惮人。或绕蛇身旋转一过，谓之不绝人身，故号为"蛇菩萨"。

保定府满城县西南十里抱阳山圣教寺内，有显济庙。庙前潭中有二青蛇，能兴云雨，变化不测。祈赛与之酒，辄直立俯首饮之。

应天府江浦县西北二十五里龙洞山，洞内深窈，泉流不竭。有小蛇青质而赤章，世传为龙，旱祷多应。

杭州府临安县西五十里径山寺，地本龙湫。唐国一禅师[1]说法，感龙，避去。因建寺，至今奉事龙神甚严。山多两足小蛇，不伤人，背有金缕，自腰以下纯青，云龙神眷属也。

昌化县西北二十里千顷山中，有盘蛇石，石中有金色小蛇，或隐或现，人呼为"圣蛇"。

宁波府奉化县东三十里谢家洞，有大白蛇藏其中，隐见不常。

台州府天台县东北六十里华顶峰石罅，有木瓜花，时有蛇盘其上，至实落供大士，乃去，号为"护圣瓜"。

南昌府城东一百八十里吴城山，有顺济庙，即晋吴、许二真君诛大蛇处。庙中有宋真宗御制戒蛟石刻，熙宁中，遣太常苏希逸致祭，即有异蛇坠祝文上。翌旦行礼，蛇引首出望。礼毕，渐循几案，俄入帐中。及希逸还，蛇复尾舳舻送，至彭蠡而没。至今常有神蛇出现，世号"小龙"。凡蛇行必蜿蜒，此蛇独直行，所以为异。

荆州府归州东南有濯缨泉，泉内有神蛇，人秽其水，蛇辄见。

常德府城西三十里武山中，有斑蛇，四眼，大十围。

桃源县西二百里壶头山，有石室，汉马援所穿以避暑者。内有蛇如百斛船大，俗以为援之余灵。

保宁府巴州通江县北四十里南坝寺，唐建，有蛇洞。每岁端阳前后，有蛇自柱础间沿阶满室，大小、颜色非一种，然不为害。昔人传云：三万四千尾，不可数也，此即"巴蛇洞天"。

重庆府城西二十里蛰龙岩，有泉出石缝间，泻入岩下。有二小蛇磅礴泉中，见人不怖，祷雨辄应，俗以为龙。

眉州城西七十里大明寺，周回二十四升，惟东北隅一井最大，名"龙王井"。常有大蛇出没，其中遇雷雨辄变化飞去，旱祷有应。

漳州府平和县东北六十里三平山，唐义中禅师[2]自紫芝山移锡于此，大著灵异。今其寺中多金脊小蛇，常出现于柱椽、几案之间，远近祈祷。未赛者家中辄见此蛇，许以即赛，旋隐。寺西十余里有某寺，开山者，义之侣广通也，其中亦有此蛇。

梧州府城南隔江火山之麓，有三界庙，庙中小蛇数十，背绿腹赤，目有火光，常缘神身及蟠绕藤香上，人以手接而玩之，愈驯习。有祈愿越期未赛者，蛇辄至其家，人惊曰"神索愿"云。三界姓许，浔州府平南县人，弘治间采樵自给。登山得一衣，非布非褐，浑身上下皆无缝，衣之归，众见骇曰："必仙衣也。"已，能言人未来事，祷晴雨辄应，奉之者甚众。制府闻之，以为妖，惧其惑众，使人逮至覆之钟下，厚环以薪，举火煅之彻夜。次晨发之，无有也。三界夕已抵家，谓其人曰："我去也，无为若累。"遂不知所往。梧州人立庙祀之。

楚雄府城西卧龙冈上，有磐石高五尺余，广称之。其裂隙内有物如小蛇，隐见不测，人以为龙。

贵州安庄卫城南十里白崖山下，有深潭，神蛇宅之。见者必婴重疾。发涨，喷沫如云雾，笼冒数里。

[1] 国一禅师，当指唐法钦和尚。
[2] 义中禅师（781—872），俗姓杨，尊称"三平祖师公"，谥"广济大师"，祖籍陕西高陵，出生福唐（今福建福清）。14岁为僧，传说唐宝历元年（825年）在福建漳州三山（今紫芝山）半云峰下建"三平真院"，宣扬

佛法。精通岐黄之术，辨证施治，广受赞誉。

异　　鸟

徽州府城西北一百二十里黄山松谷庵有二鸟，客有至庵者，鸟辄先期鸣，阅数百年如故。松谷，张真人[1]尹甫别号也，故开国伯，宋末忤权奸，被谪隐此。元大德四年，尸解。

安庆府潜山县西二十里野人原真源宫后四里，有巨石名"金鸡石"，常有金色鸟栖其上。

济南府城南二十里函山，一名卧佛山。有鸟，名王母使者。见《酉阳杂俎》。

兖州府滕县东南五十里桃山，一名华采山，又名义珠山。山上有井，有鸟巢井中，金喙，黑色而团翅，见则大水。

西安府华州华阴县西有车箱谷，方而长，似车箱。祈雨者以石投之，有一鸟飞出，应时降澍。

巩昌府徽州两当县西南有盘石水，一名婆川，水中有鸟群飞。二月从北向南，八月从南向北，音如箫管，俗呼为"伎儿鸟"。春来则种禾，秋去则种麦，人以为农候云。

延安府甘泉县南五里岩谷上，有甘泉，泉侧有鸟，身、胸、顶白，足赤，尾如小山鹊，上黑下白，其声数种，乱人听闻。

湖州府长兴县西北四十七里顾渚山，有鸟如鸜[2]雏而小，苍黄色。每至正二月作声，云春起也；至三四月作声，云春去也。采茶人呼为"报春鸟"。

南康府城东五里彭蠡湖中，有乞食鸟，常逐客舟而鸣。舟人搏饭投之，竞接，高下不爽。

襄阳府均州南一百二十里武当山南岩之南薰亭，穷崖抄为之，有禽自呼"我师"，常栖止崖上。

常德府桃源县南二十里桃花源，十里间无杂禽，惟二鸟往来观中，未尝有增损。每有贵客来，鸟辄先号鸣庭间，人率以为占。

衡州府城西南隅花药山，相传为神仙修炼之所，常有五色禽栖牡丹树上。

永州府道州宁远县南六十里九疑山麓，有天湖，湖中有禽大如雁，锦羽，尾长六尺。

夔州府巫山县治西北神女庙中，有驯鸦。客舟将来，则迓数里外；船过，亦送数里。土人谓之"神鸦"。陆游《入蜀记》云："祠旧有鸦数百，送迎客舟，自唐幽州刺史李贻诗已云'群乌幸胙余'矣。近乾道元年，忽不至。今绝无一鸟，不知其故。"

嘉定州峨眉县西一百里大峨山顶，绝无鸟雀。盖山高飞不能上，独光相寺有佛现鸟。佛光现时，则鸣曰："佛现了！"其鸟类雀而稍大，只有三枚，别无种类。三鸟飞入佛殿中，尝就僧舍食，但不见有长育耳。

雅州荥经县[3]北一百一十里瓦屋山上，有念佛鸟。

惠州府博罗县西北三十里罗浮山，出五色雀，有贵人至则先翔舞。又冲虚观左药市，有鸟名"红翠"，鸣声如捣药，夜静月明，响彻山谷，谓之"捣药禽"。

琼州府出五色雀，群雀之中以两绛者为长，旱而见辄雨，潦而见则霁。

云南府城西太华山寺，夜间，每更林鸟叫号，互移栖所，山僧视为更候。

永昌卫鸾鸟山，有鸟形似雀，见人即以觜啄石，自图其形以示人。

[1] 张真人，即张尹甫（1244—1300），号松谷，浙江人。被革官职后学道，来黄山建松谷道场。元大德四年（1300年）卒于黄山。
[2] 鹘，同"鸧"。
[3] 荥经县，原抄作"荣经县"，均予径改。

衔叶鸟

河间府献县有房渊,方三百里,叶落其中,辄有群燕衔去。

大同府朔州南一百二十里燕京山上,有天池,方里仅余,澄渟镜净,潭而不流,无片草点秽,若风箨下沦,辄有翠色小鸟投渊衔出。

邛州大邑县牡丹坪上,有牡丹池,澄澈无尘,片叶纤芥或坠于中,则鸳鸯、野鹜之类,即衔出之。

大理府城西点苍山马龙峰之南有青碧溪,源出山下石间,涌沸为潭,深丈许,明莹不可藏针,每有坠叶到潭面,鸟辄衔去。

临安府宁州东南二十里登楼山巅,有池方百步,常有翠鸟翔集,每叶落水面,鸟即衔出。

武定府城西北八十里惠裒湖,方五里,茂林嘉木掩映,其旁水色青碧,深不可测,叶落水面,即有青鸟衔去。土人以为有神。

寻甸府城北五里龙洞中,泉水涌出灌溉合郡,洞口有一雀,俗呼为"龙雀"。每遇木叶落水,雀即衔出。

腾冲司城西北二十五里,上干峨山,下有池,名"青河",周五百余丈,花木围绕,叶落池内,则鸟雀衔出。

附　录

临洮府河州西北一百二十里积石关之西,有湫池。周围三十里,池岸万木森然,叶落水上,辄自堆岸。积忱求之,有五采精光照映,人叹其神,号曰"显神池"。

绍兴府余姚县西五十里姜山下,有小池曰"姜女池",又名"姜女泉"。其水青[清]冽,有木叶蔽之,去叶则水浊。姜女不知何时人。

宁波府城东五十里太白山顶,有龙池。云雾瀚勃,生于水面;丽日晴霄,澄澈如镜;或风振林木,叶落无坠池中者。城东六十里天童寺内,有万工池,木叶凋落,不入其中,即入焉,经宿辄不见。

异　　兽

《寰宇记》云:张掖南山,一名天山,一名雪山,出赤鹿,足短而形大如牛,肉千斤。按:张掖,即今甘州卫地。天山,即卫城西南一百里祁连山。

唐《十道记》云:盘古山有兽如车轮,而其声似鸡、犬,或六足,或八足,能负两三人。按:山在赣州府会昌县东南一百二十里。

《博物志》[1]云:云南郡出荼首,其音为蔡茂,是两头鹿名也。兽是鹿,两头,其腹中胎常以四月中取,可以治蛇虺毒。永昌亦有之。魏宏《南中志》[2]云:云南郡有熊仓山,上有神鹿,一身两头,主食毒草,名之食毒鹿。盛弘之《荆州记》云:武陵郡西有山,山有兽如鹿,前后有头,常以一头食,一头行。山中时有见之者。按:三书所载乃一物也。武陵郡,即今常德府。杜光庭《录异记》云:阳山有异兽,前后两头,常以一头食,一头望视。阳山在常德府城北三十里,与《荆州记》作"郡西"异。

肇庆府城西北十五里腾豻岭,产腾豻,猴类也。头正方,貌类人,发长尺余,常覆面,欲有所视,辄摇头以两手披之。一名腾豻。

梧州府城南隔江二里火山中产兽,名灵麞,有三足。郡中有灾福,或使车将至,则先鸣。

郁林州陆川县石袍山,有肉翅虎,下山食人讫,则飞还绝岩。按马观《瀛涯胜览》[3]云:哑鲁国产飞虎,如猫、犬长,毛灰色,内翅如蝙蝠,飞亦不远。此与石袍山所产同。

[1]《博物志》,西晋张华编撰。志怪小说集,分类记载异境奇物、古代琐闻杂事及神仙方术等。
[2]《南中志》,西晋魏宏撰,以地理建置、自然状况为中心,记述南中的地方史志。
[3]《瀛涯胜览》,明马欢著,记录郑和下西洋时,其亲身经历的二十国的航路、海潮、地理、国王、政治、风土、人文、语言、文字、气候、物产、工艺、交易、货币和野生动植物等状况。文中著者为马观,当有误。

异　　鱼

应天府六合县治南龙津桥下,有鯖鱼,长数丈。

常州府宜兴县东南三十六里颐山下,有泉幽深泓澄,人莫可测。中有四足鲇鱼,数岁辄一出,出必大水,祷之则复入,因名"潜虬泉"。

池州府青阳县南九华山上,有池塘数亩。池中鱼长者半寻,斑首赪尾,朱鬐丹腹。人欲观之,扣木鱼即跃,以可食之物散于池中,食讫而藏焉。

徽州府城南二里紫阳山,一名城阳山,有唐真人许宣平[1]丹池。池有翼鱼,四足而色苍,状如蝘蜓。

凤翔府陇州鱼龙川产五色鱼,按:唐岑参诗"鱼龙川北蟠溪雨",杜甫诗"水落鱼龙夜",皆指此地。然《水经注》云:汧水有二源,一水出小陇山,东北流,历涧,注以成渊,潭涨不测。出五色鱼,俗以为灵而莫敢采捕。因谓是水为"龙鱼水",自下亦通,谓之"龙鱼川"。据此,乃因鱼之灵异而谓之"龙鱼",其义似较长也。

南阳府邓州浙川县[2]北十五里丹水中,出丹鱼。抱朴子云:先夏至十日,夜伺之,鱼皆浮水,赤光如火,取其血涂足,可步行水上。《图经》又云:丰州丹水出丹鱼。隋唐所置南丰州,在今郧阳府郧县,则丹水即汉水也。

怀庆府修武县西北四十里天门山有三潭,方广逾二十亩,渊深不可测,水皆黛色,能兴云雨。盖蛟龙之所宅也。首二潭在山上,有水无鱼;第三潭有神鱼千百头,大者长丈余,小者尺许,皆黄金色。观者弗敢侮,或投之石砾,则风雷雨雹随作。

杭州府城内,吴山之北,有井周四丈,其水泓深莹洁,异于众泉。井中有五色大鱼数十,时出游泳,或隐或显。相传来自井底泉眼中者,人不敢取。城南十里凤凰山梵天寺,有灵鳗井,传云护塔神也。后钱氏迎河[阿]育王舍利归国,井中鳗遂不见。钱氏于寺廊南,凿石为井,而鳗常现。僧赞宁[3]有《鳗井记》刻石上,今不存。阿育王山,在宁波府城东五十里。

绍兴府治东南二里龟山磐石上,有石窍才数寸,时有鱼出游。人取置怀袖,了无惊猜。如鳗而有鳞,两耳甚大,尾有刀迹。俗传为唐寇黄巢所刺,故然。土人呼为"鳗井"。

宁波府城西南五十里石臼山下,溪潭深回,不知其底,有鱼如舟,见必阴雨。

奉化县西南灵济泉,旧名包家潭。昔有牧童浣衣于泉,得□鳗持归,脔而为九,良久失去。急往泉所视之,而鳗成九节,复游泉中。每旱致祷,得此鳗,则雨立至。宋宣和中,立碑纪其异。

台州府城西北六十里白鹄山中,有深湖,鱼大如二百斛舟,修可二丈,疑即龙云。

温州府乐清县东九十里雁荡山东北石门内,有巨潭,多鲤鱼。每天晴日初出时,群浮水上,可一二亩许。中有一巨鲤,其长如人,众鲤环绕,随而旋转,若相待然。渔者百计,终莫能得,或以为神鱼云。

南昌府宁州西一百八十里黄龙山顶湫池中,有黄鱼二,能致风雨。按:此山旧属武昌,今隶南昌。《吴志》:黄武八年,黄龙见于武昌是也。

广信府贵溪县西南八十里圣井山，井水黝黑，产异鱼，四足而鳞鬣。祷雨者，迎以归，雨随至，乃送鱼还。

南康府城西北三十里庐山顶，有大湖，出赪鲤，鬐皆伤剥。

赣州府信丰县西四十里廪山下，有湖，水中出五色鲤。

南安府城东北五十里谷山上，有池，产五色鱼。

荆州府夷陵州宜都神鱼谷，谷中石穴出清泉，有神鱼大者二尺，小者一尺。钓者先祷神，告以所须多寡，数满便止。

岳州府澧州慈利县西南一百八十里天门山顶，有灵泉，泉中鱼生绿毛。

长沙府湘阴县东六十里，有鲜鱼桥。相传晋时里人刘倩贽陶淡家，四月八日脍鱼于桥上，方斫鱼尾，或报曰："汝家举宅上升。"倩弃之而去。今每岁是日，见无尾鱼逆水上至桥而退。

湘乡县西一百八十里龙山巅有池，中多鲤鱼，常有烟雾，相传以为龙。

永州府祁阳县北三十里金冲顶上，有穴，旁一窍，每日午水溢窍中，出二鱼，绯红色，游泳至夜半，水涸鱼匿，日午又然。

成都府城北二里乘烟观内有古井，井中有鱼长六七寸，往往游于井上，水必腾涌。相传其中有龙。

威州治后即玉垒山湔水，自玉垒峡出而注为泉，有鱼长可径尺，人以为神鱼，无敢捕者。

保宁府剑州普安废县，有唐杜光庭浴丹池。池中有鱼，赤鬣色，如金飞跃其中，人或采取，必触风雷之变。

重庆府南川县东六十里九递山上，有水潴为池，池中有异鱼，人不敢取。

福州府永福县南方壶岩下，有流泉澄澈如镜，泉中有鱼红色，腹下有四足。

泉州府城东北八里清源山上下二洞之间，有清源泉，甘洁无比，深四五尺。中有灵物，身如鱼，耳如牛，现则大水。

延平府尤溪县西十里曲尺潭中，多产鲔鱼，而不可渔钓。

广州府东莞县东南，有双女湖。昔有双女陷湖，岁月绵远，每至晴霁，湖中有双鲤长丈余。

东莞县西南二百里有鳄湖。潮州府城东有鳄溪，一名恶溪。梧州府城东二十里有鳄池，一名思良江，亦名多贤水。旧俱产鳄鱼。鳄亦作鼍，四足、黄身、修尾，其形如鼉，似龙无角，似蛇有足，口森锯齿。其运尾犹象之运鼻，尾有三钩，极利，遇人、豕，以尾戟而食之。生卵甚多，或为鱼龟之属。

岭南海中多鲸鲵，大者长数十里，小者十里，渔人往往见之。又有鳍鱼，南越呼为"坏雷鱼"，其大盈丈，生子朝出食，暮宿母腹，入从脐中，出从口中。腹有两洞贮水，养子一洞，容二子，风惊浪涌，亦还不爽。又有锯鱼，南越谓之"狼藉鱼"，身长二丈，口长六尺，广三寸，左右生齿如锯。

韶州府城东南五十里有汤泉，能熟物。泉中时见赤鱼游泳，人不能获。

高州府电白县西北七十里湖山岭上，有龙潭，广五丈余，深莫能测。中有双巨鱼，人或见之。遇旱，居民以木石投之，立雨。

化州吴川县海中有鹿子鱼，身有鹿斑，赤黄色。每春夏间，跃出洲上，化而为鹿。曾有人拾得一鱼，头已化鹿，尾犹是鱼。

雷州府城东十里海中有羊肝鱼，形斑，头大，尾有星，老则化为蛇。

廉州府钦州灵山县西一里石六峰山顶，有塘，生锦鲤，人常见之，然不可取。石六峰亦名灵山，县因山名。

琼州府澄迈县南三十里林表村，有鲤鱼潭，潭水深碧，中有异鱼如鲤，身首稍圆，不下千百数。以饭投之，始则如掌大者群食；再投，则盈尺或二三尺者出食，人不敢取。水虽漫，鱼不离所；间有随水出者，人获而剖之，血流满地，烹之成水。

文昌县西五十里有鱼爷井，其泉与海通，有大鱼白头，俗呼

"鱼爷",即出。

儋州昌化县北十里峻灵山有石池,产紫鳞鱼,民莫敢犯。

桂林府城西三里隐山北牖洞中,潭水泼墨,巨鱼可三四尺,镂解铲甲,朱须赪尾。人或见者,敬之犹龙。

兴安县东十五里龙蟠山,潭中产鱼,修尾丹腹,四足而有角。人捕之,则有风雷之变。

阳朔县西十五里巽鱼塘中有鱼,绿鳞而红鬣。

梧州府城东有放生埇,池中有四足鲭鱼。死后,头骨、牙齿朽落,至五月后更生,骨尽乃止。

郁林州博白县南一百五十里大荒山上,有池,产婢妾鱼如指。两翼及脐下有三条似练带,长三四尺,摇动光彩,虽见而莫能取。

云南府昆阳州平定乡有石洞,泉洞凡三,出泉汇为一潭。中产巨鱼,青白二色,号"随龙鱼"。土人神之,不敢捕。

大理府赵州东北五里有普河鱼池,池多鱼,人不敢捕,谓是龙王兵。

邓川州东十里有星鲤泉,自东山麓石涯下涌为池,深不可测,泉内鱼额点点如星。土人以为异,莫敢捕。

浪穹县西有鱼子溯,亦名龙池,水色青碧,中多鱼。人不敢捕,以为龙在是也。

临安府城南回回村有龙井,每正月朔旦,水上辄游双鱼。

孟艮府由小孟贡江入,而江产魿鱼,食之日御百女,故夷性极淫,无论贵贱,有数妻不相妒忌。

平越府瓮安县北三里龙洞中,时有神鱼,不可以饵钓。

郑遂《洽闻记》[4]云:东海人鱼,大者长五六尺,状如人,眉目、口鼻、手爪、头,皆为美丽女子,无不具足。皮肉白如玉,鳞有细毛,五色轻软,长一二寸,发如马尾,长五六尺,阴形与丈夫女子无异。临海鳏寡多取得,养之于池沼,交合之际,与人无异,亦不伤人。聂田《徂异记》[5]云:待制查道奉使高丽,晚泊一山而止,望见沙中有一妇人,红裳双袒,髻鬟乱肘,微有红髭。查命水工以篙挑水中,勿令伤。妇人得水偃仰,复身望查拜手,感舞而没。水工曰:"某在海上,未省此何物?"查曰:"此人鱼也,能与人奸处,水类人性。"按:二书所载,正是一物。然云能与人交合,则理似不可信。又海中有鱼,其头耳目口鼻与人无异,惟无发,而身是鱼,渔人及贩夷人常见,其浮于水面,谓之"海和尚"。

按:鸟兽虫鱼之异,莫备于《山海经》。经所已载者,此卷概不录,不胜录也。

附 录

宋嘉祐末,有人携一巨鱼入都,能人言,号曰"海多",人争观之。亦尝召至禁中,后于李氏园作场,跃入池中,不复可获。是岁黄河大决,水入都城,坏民屋宇至数百家,而仁宗升遐。

万历年间,余乡人捕鱼于澎湖者,网获四鱼,状如人,手足俱备,头如鬼,而嘴长弯下,遍体黑色。骇而放之,走入水中。其一已离水,不能走,视其脐凸起大如碗,爪破水涌出,立死。

[1] 许宣平,新安歙县(现安徽境内)人,唐代著名道士。
[2] 南阳府邓州浙川县,当为南阳府邓州淅川县。
[3] 赞宁(919—1001),俗姓高,吴兴德清(今属浙江)人。北宋僧人,著有《大宋高僧传》等。
[4] 《洽闻记》,唐郑遂撰(一作唐郑常撰)。记古今神异诡谲事一百五十六条。
[5] 《徂异记》,宋聂田撰,记诡闻异见一百余事。

飞 鱼

顺天府霸州城南沙河,古五渠水也,俗谓之"长鸣沟",与塘河合至入海处,呼为"飞鱼口"。邢颙《三郡记》云:后魏延兴初,文安人孙硕捕鱼于五渠水，中有群鱼从西来，共以柴塞之。忽有人谓硕曰："须臾当得大鱼，恣可多求，但勿杀也。"硕与共食，惟觉出气少腥，而衣衫多褋[1]。及去，硕送之以鱼，固辞不受。去后，硕下网，果得大鱼，其状如鲤而大。硕以为异物，遂烹食之，俄然风雨昼昏，闻鸟飞声。比风息雨霁，有人乘船至者，前见群鱼无数飞入于海，硕遂不复得鱼，因呼入海之处为"飞鱼口"。

徽州府祁门县北一百二十里赤岭下有溪，溪中鱼能飞。昔人为梁取鱼，鱼不得下，飞越此岭，人乃于岭上张网待之。其飞不过者，皆化为石，雨过则赤，故名"赤岭"。

九江府城西二里有飞鱼径。晋义熙中，吴隶于湖中为鱼塞，有人语之曰："晚当有大鱼攻塞，幸勿害之。"隶曰："诺。"顷之，大鱼至，群鱼从之。同侣不知，杀之。其夕，风雨晦冥，鱼悉飞上木间，因呼为"飞鱼径"。

岳州府澧州安乡县西北二十里有大鲸湖，每遇风雨，常有大鲸，飞天而去。

衡州府城西有略塘，一名客寄塘，周回三十里。相传塘中有铜神，每闻钟声，水辄变绿，鱼为之飞。

《酉阳杂俎》云：朗州浪水有鱼，长一尺，能飞，飞即凌云，息归潭底。朗州，今常德府。浪水，在龙阳县西南九十里浪山之下。

南宁府横州北十里青江，出石鱼，天阴，有翼飞出。

附　录

北齐武平七年，相州鸐鹉泊，鱼尽飞去而水涸。鱼阴类，下人象也。水涸鱼飞，国亡人散之象。明年而齐亡。鸐鹉泊，在今大名府内黄县之洹水，旧县西南五里，一名鸐鹉陂，周回八十里，蒲鱼之利，土人所资。

《北史》隋炀帝大业三年，屯田主事常骏、虞部主事王君政等使赤土国[2]。还既入海，见绿鱼群飞水上，浮海十余日。至林邑东，并山而行，其海水色黄，气腥，舟行一日不绝，云是大鱼粪也。

[1] 襹，衣游缝。
[2] 赤土国，古国名，故地大多认为在今马来半岛。天气炎热，因其土地呈赤色而得名。

化龙鱼

平阳府蒲州河津县，后魏之龙门县也。县西北三十里有龙门山，河水出处，谓之"龙门口"。《尔雅》云：鳣，鲔也。出巩穴，三月则上渡龙门，得渡为龙，否则点额而返。

廉州府钦州南六十里龙门江，两崖夹峙，形势若门，而水深百寻，大鱼登此，即化成龙。不得过者，暴腮点额，血流入水，恒如丹池。

平乐府贺县东南八里龙门滩，亦名龙溪，水深百寻，大鱼跃出此门者，即化为龙。不过者，暴腮点额。

安南国嘉兴州蒙县艾山上，出仙艾。每春仲开花，雨后落水面，群鱼吞之，化为龙者十九。又龙门江旁，有穴多出鹦鹉鱼，色青绿，嘴曲而红似鹦鹉，相传往往化龙去。

分水鱼

应天府城东北四十里，有半汤湖，湖水半冷半热，皆有鱼，鱼交入辄死。

庐州府无为州巢县东北十五里半汤山，有二泉，一冷一热，合流名半汤池。其初冷热仍异，数里之外始相混。鱼自冷泉，触热则亟回。唐罗隐诗"饮水鱼心知冷暖，濯缨人足识炎凉"。

汉中府宁羌州沔县度水有二源，一曰"清漱"，一曰"浊漱"。清水出鳡鱼，浊水出鲋鱼，常以二月及八月取之，味极美。

大理府城东西洱河，一名洱海，水绕城西南，由石穴中出，东岸有分水崖，俨如斧划。渔人谓自岸下分水为两界，南河北海，咸淡不类，河鱼不入海，海鱼不入河，游至此则各返。

澄江府城南抚仙湖，江川县治南星云湖，两湖相通，交界处有界鱼石，鱼至此而止，不相往来。

朝庙鱼

嵩江府[1]东南海中有金山，三国吴孙皓尝病，有神降小黄门曰："金山咸塘风激重潮，海水为害，非人力所能防。吾乃汉之大将军霍光，可立庙塘侧，吾当统部属以镇之。"皓遂建庙于金山，宋赐额"显忠"。每岁神诞日，有鱼名"黑隘"，大者如山，群引海族来朝，亭午方退。

延平府大田县西三十里有鳖池，周围二十余里，大旱涝不溢涸。池东有祠，朔望，群鱼浮列朝向。

广州府城东海滨黄水湾，有海神庙。海鱼之尤大者，名"暨鱼"，数年必一至庙前，至则必有疾疫。

附　录

南康府城东五里鄱阳湖有鳡鱼，怪能鼓浪，乘风雨而飞。岁率以九月上旬入方塘湖，抵墓而返，谓之"朝墓"。来时风雨晦冥，水势骤涌。鱼栅拱把者，当之皆断折。

[1] 嵩江府，当为松江府。

大鱼骨

淮安府海州城北有鱼骨庙，宋宝祐中，黄公能咒刀厌虎者，因祀之，其中梁以鲸鱼骨为之，又名司徒庙。按康骈《剧谈录》云：李德裕有巨鱼胁骨一条，长二丈五尺，其上刻云："会昌二年，海州送到。"

扬州府通州海门县礼安乡，有鱼骨桥，旧县治在此。每岁闰，则海出大鱼，乘潮上，潮落则涸于沙。但所涸无方，亦不常得也。乡人取其二腮骨为桥，长丈有八尺余。至正中，随治坍入江，万历戊戌随沙涨起，吕四场人获之。色黝黑，有钉痕而不朽蠹，因以建桥于儒学前。

登州府宁海州石落村，有鲤堂。昔刘氏于海滨得百丈鱼，取其骨构此。

惠州府海中出鲸鱼，《寰宇记》：渔人尝于海屿得鲸头骨，如数百斛圌，项上一孔大于瓮。

琼州府海中，有番车鱼，约长数丈，每一跳跃，声震里许。今中州药肆悬大鱼骨如杵臼者，乃其脊骨也。见顾玠《海槎余录》[1]。

附　录

地史漕国[2]在葱岭之北，汉时罽宾国[3]也。葱岭山有顺天神祠，前有一鱼脊骨，有孔中通，马骑出入。按：罽宾国，即今撒马儿罕，在肃州西九千里。

封演《见闻记》[4]云：客海州，见人持一束［束］黑物，形如竹篾。问其人，乃海鱼腮中毛。问其所得，云数十年前，有大鱼死于岸山，收得此。惟堪用为屏风，贴前后，所用无数。今官造屏风，搜求得此，奇文异色，泽［泽］似水牛角，小头似猪鬃，大头正方，长四五寸，广可一寸，亦奇异也。

[1]《海槎余录》，明顾玠撰。记载儋州（古称儋耳，属中国海南省）山川要害、土俗民风、鸟兽虫鱼等，对黎族的经济生活、风俗习惯记述颇多。
[2]漕国，西域古国名。约在今中亚撒马尔罕西北。
[3]罽宾国，又作凛宾国、劫宾国、羯宾国，为汉朝时之西域国名。
[4]《见闻记》，当指《封氏闻见记》，唐封演撰，为研究唐代社会文学重要资料。

鸟不栖

嵩江府城南三十里朱泾镇法忍寺，有鲁班殿，俗传鲁班所造。齐柱累栿为脊，鸟雀不栖。

常州府江阴县东四十里伞墩，有吴王子墓，旧记吴王阖闾第八子葬此。池水四周皆砌，林木深茂，飞鸟不集，岸边有石兽，今呼为"伞湖"。

镇江府城内兴国寺，旧苦鸠、鸽污佛像。唐张僧繇[1]于东壁画一鹰，西壁画一鹞，自是鸠、鸽不复入。

镇江府城北大江中金山前有小山，名石排山，俗谓之"郭璞墓"。稍有树木，而鸟雀不栖。

平阳府霍州城东三十里霍山岳庙甚灵，鸟雀不栖其林。

台州府天台县西北二十五里桐柏山，有王子晋吹笙台，台前巨石名"仪凤石室"，今飞鸟皆不栖。

南康府城西北二十里庐山大林寺，有两宝树，昔西域僧自其土携种之，鸟雀不栖。一在溪头，一为两龙挟风雷拔去，今尚卧路侧。

黄州府蕲州西南凤凰山上有一石，百鸟无栖止者，俗谓之"凤凰台"。一云即真人罗致福飞升处。

福州府城东五里圣泉寺中，树不栖禽，梁不巢燕，池不生蛭，庭不生凡草。城西北一百八十里雪峰山象骨峰有水磨，唐乾符间，僧义存[2]自题云："庵前永日无狼子，磨下终年绝雀儿。"今信然。

福清县西南二十五里灵石山塔院中，有胡僧像，自西域来，有神术，至今鸟雀不栖。

泉州府城北五十里五峰院，内有瞻部灵源阁，相传柳公权书，鸟雀不敢栖止。

永春县西北云林岩，俗传屋不聚叶，树不栖鸟。

德化县东北一百四十里地名东西团，宋时蒋氏世居之，门外有巨木，大十五围，叶多棱刺，莫知其名，百鸟不敢栖止。

延平府沙县东五里有龙喷岩，屹立大溪之中。相传昔尝有龙蟠其上，至今凫鹭无敢集者。

汀州府上杭县昭阳门内有宫，祀何仙姑，鸟雀无敢巢者。

附　录

《酉阳杂俎》云：凤翔山人张盈善飞化甲子，言或有佛寺金刚鸟不集者，非其灵验也。盖由取土处及塑像时，偶与日辰王相相符也。

泉州府城内承天寺，原名南禅，宋景德四年，赐今名。时有僧祖珍居之，三门外七佛石塔，其所造也。塔间植榕树，砌石阑之，至今苍蝇止塔者，首悉下向榕树，栖鸟绝无矢污。榕根盘郁，无侵出阑外者。

---

[1] 张僧繇，吴（苏州）人。梁天监中为武陵王侍郎，直秘阁知画事，历右军将军、吴兴太守。擅画佛像、龙、鹰，多作卷轴画和壁画。

[2] 义存（822—908），即雪峰义存和尚，俗姓曾，被赐"真觉大师"称号，福建泉州南安县人。唐乾符二年（875年）在侯官（今闽侯县）建雪峰应天禅院，门下高僧辈出。著有《雪峰清规》、《雪峰语录》、《雪峰遗戒》传世。

蛙不聒

庐州府无为州治内有池，宋米芾为守时所凿，有芾书"墨池"二字。池中蛙声聒人，芾聚片瓦书"押"字，投之，遂不鸣。

南阳府邓州新野县东北有弹子池，相传汉光武尝弹蛙于此，至今池蛙不鸣。

湖州府安吉州治西半里常乐寺内，有青蛙池。昔肇法师居此，厌蛙声聒耳，咒而驱之，至今不生科斗。

宁波府治前青澜、平水二池，蛙皆不鸣。俗传宋时，明州守李夷庚以法禁之。

广信府城南有南池，故宋时取土筑城，为濠百亩，旁有池，可居，旧为里人屋。元初，达鲁花赤[1]灭，彻据有其地。每春夏之交，群蛙聒耳，寝食不安。三十八代天师张广微朝京回，日［因］以告。天师以片瓦朱书符篆，使人投池中，戒之曰："汝蛙毋作喧！"自是寂然。

饶州府乐平县永善乡披云阁下，有静蛙池。宋马廷鸾[2]读书阁上，苦蛙夜闹，戏以楮为三木，曰："再喧，罪汝！"自后池无蛙声，间产蛙，皆白颈。

黄州府黄陂县治东有双凤亭，即宋二程先生[3]读书处。前有聪明池，相传此处蛙蚁无声。按：天圣中，先生父珦[4]，初为黄陂尉，秩满不能归，遂家焉。明道九年壬申生伯淳，次年癸酉生正叔。今尉厅有思贤堂。

长沙府善化县西南岳麓书院前，有禁蛙池，夏无蛙声。相传宋张栻[5]读书于此，厌蛙声聒耳，掷砚禁之，蛙自是息。

湘阴县北八十里望京镇，元顺帝为太子时，出居靖江，迎归即位至此，问地何名，对曰："望京镇。"乃登高北望，时蛙声聒耳，帝敕土神禁止之，至今无蛙。

成都府新繁县学宫后有卫湖,蜀汉县令卫常所开也。宋治平间,苏实为繁令,有异政,尝厌卫湖蛙鸣,令人取一大者,以朱点之,戒曰:"毋再喧嚣!"已果不鸣。及湖中涸,群蛙结聚成团,启视之,则朱点者居中,群蛙若拥翼。苏令悉放于江,终其任,湖蛙无一鸣者。

漳州府学前丽藻池,与溪水通,秋冬不竭,夏月绝蛙声,俗呼"断蛙池"。

汀州府连城县南河源里,距县八十里。宋文天祥尝屯兵于此,夜闻蛙噪,叹呼境神,蛙鸣遂止,迄今无蛙。

附　录

嘉定州峨眉西一百里大峨山黑水寺,有八音池,盛夏有水,人鼓掌则蛙群鸣,其起止俱先一蛙鸣。

[1] 达鲁花赤,元职官名。元代汉人不能任正职,朝廷各部及各路、府州县均设达鲁花赤,由蒙古或色目人充任,以掌实权。
[2] 马廷鸾(1222—1289),字翔仲,号碧梧,宋饶州乐平(今江西乐平市)众埠乡楼前村人。官至宰相,著有《玩芳集》、《木心集》。
[3] 二程先生,指程朱理学的奠基者程颢(字伯淳)、程颐(字正叔)兄弟二人。
[4] 珦,即程珦(1006—1090),字伯温,洛阳(今属河南)人,程颢、程颐之父。仁宗天圣中,历黄陂、庐陵二县尉,润州观察支使。
[5] 张栻(1133—1180),字敬夫,号南轩,汉州绵竹人。著名理学家、教育家,湖湘学派集大成者,曾主管岳麓书院教事。官至右文殿修撰。谥号宣公,封华阳伯,配享孔庙。著有《南轩文集》。

蚊不至

苏州府阊门外沙盆潭,绝无一蚊,帐幕可已。暑月,人多避宿其间。

安庆府潜山县西二十里野人原真源宫,有九龙井,风自井出,四时皆北,不生蚊。

太湖县北二十五里,有西风洞,风从上出,六七月之间,环县数里无蚊。

杭州府临安县西五十里天目山之东北峰,曰"径山",夏月无蚊。见苏东坡《送渊师归径山》诗注。

金华府永康县南五里金胜山下,有赵炳祠。炳,后汉人,善方术,章安令恶其惑众,杀之。至今庙中无蚊蚋。

衢州府开化县[1]前池多蛙,谯楼多蚊。宋时,县令请道士王自然驱之,遂绝,至今犹然。自然弃家修炼于天童八仙山,在县北四十里。

温州府乐清县东九十里雁荡山,无蚊蚋。

荆州高斋无白鸟。白鸟,蚊也。见梁元帝《金楼子集》。

荆州江古[右]岸有李姥浦,浦中遍无蚊蚋之患。见《水经注》。

顺庆府广安州岳池县西六十里,有东观,旧名"集虚观"。相传吕洞宾尝过此留宿,多蚊,画一蝙蝠于楹间,其处至今无蚊。

泉州府城东南二十里市心保有宝泉庵,庵左畔无蚊蝇,传为罗隐所谶。

延平府城南十里,有石临水如虾蟆状。居迩此石者,夏月无蚊。今铁冶是也。

惠州府长乐县南四百里南岭下,宋文丞相尝屯兵于此,地多蚊蛙,军士不得寐,公祝之,遂绝。

兴宁县西南五里神光山,宋翰林学士罗孟郊[2]结屋山下读书。斋旁地多蚊,为文祷于神,蚊患遂息。

云南府城西宝珠寺,绝无蝇蚊。

永昌府腾越州西北二十五里上干峨山,有金塔坡。昔异人修炼于此,至今夏无蚊蚋,冬无霜雪。

附　录

永春县西南幢山，山势极峻，中有望仙崎，顶有一穴，苍蝇不到。

[1] 衡州府开化县，当为衢州府开化县。
[2] 罗孟郊（1092—1153），字耕甫，号休休，广东循州府兴宁县刁坊镇罗坝村人。宋宣和六年（1124年）考中一甲探花，就太学博士职。后累官至谏议大夫、翰林院学士，掌制诰。

蚁不生

应天府城东北十五里钟山东麓僧宝志塔[1]前，有古松偃干，我圣祖尝月夜挂衣其上，至今虫蚁不生。

嵩江府城西一百里有汉濮阳王墓，高大而不生虫蚁。相传筑墓时，以酒、醋酾土，涉梅蒸而坚，故名"大蒸"。又有小墓，曰"小蒸"，其地名小蒸镇。

徽州府绩溪县北四十里炼鼎山，一名锦谷山。其土骍刚，不生草木虫蚁。

黄州府麻城县东五十里赤岭山，一名大敕岭山。世传唐太宗曾避暑于此，至今无虫蚁。

成都府仁寿县治东艳阳洞，无虫蚁。

[1] 宝志塔，始建于梁天监年间，是为南北朝名僧宝志公（418—514）所建。原在钟山西南麓独龙阜（现明孝陵），现位于南京东郊灵谷寺无梁殿西侧。

异　米

保定府庆都县东二十里侯驼村产米，香滑异于常稻，相连数顷，人争致之。

西安府城西南二十里塔坡产稻，极美，土人谓之"塔坡米"。

汉中府城西南四十五里黄牛川有再熟之稻，土人重之。

瑞州府城北二十五里米山，四面流泉，土地膏沃，生禾香茂，为米精美。唐立米州，取此。

南岳衡山，最高处产香稻，炊饭香美，异于他稻。

夔州府城东十里有东瀼水，王象之《舆地纪胜》云：公孙述[1]于水滨垦稻田，田号"东屯"。东屯之田可得百许顷稻米，为蜀第一郡。给诸官俸廪以高下为差，帅漕月得九斗，故王龟龄[2]诗云："少陵别业古东屯，一饭遗忠圳亩存。我辈月叨官九斗，须知粒粒是君恩。"

四川建昌卫产异米，较常米长广三倍，色红而香。

琼州府城东北二百六十里，有废颜卢县，隋所置也，其地产三熟之稻。按：抱朴子云南海有九熟稻，一岁九登，然今不见此种。

南宁府横州西二里有香稻溪，其地产香稻，故名。

《隋书》云婆登国有月熟之稻，每月一熟。

[1] 公孙述（？—36），字子阳，扶风茂陵（今陕西兴平）人。东汉建武元年（25年），公孙述称帝于蜀，国号成家（一作大成或成），年号龙兴，在位十二年。

[2] 王龟龄，即王十朋（1112—1171），字龟龄，号梅溪，出生于乐清四都左原（今浙江省乐清市）梅溪村。绍兴二十七年（1157年）状元，先授承事郎，兼建王府小学教授。南宋著名的政治家和诗人。

仙　果

杭州府昌化县西北六十里大鹄山，神仙所栖，其花果人不可采。

张僧鉴《浔阳记》云：庐山顶上有杨梅、山桃，止得于上饱啖，不得持去。

赣州府龙南县南一百里归美山石城内，有甘橘、橙柚，就食者任意取足。若持归，便见大虓，或颠仆失径，家人啖之亦病。

南安府城东北七十里云山产异桃，欲食者当先祷之，乃敢食，然不敢持归。

荆州府夷陵州宜都县神鱼山上，有异果。欲得者先陈所须多寡，拜而请之，数满便止。

郴州桂东县东五十里万王城内多桃李，实时采食之，味甚甘，但不可取去，或摘而私藏，必迷归路。

福州府城南七十里方山，一名五虎山，有灵源岩，四周橘柚，其味特甘，可食而不可窃。唐天宝中，赐号"甘果山"。

兴化府城东北八十里碧溪上，有仙人岩，岩有野橘，其实无时得者，瑞之。宋庆历间陈方、黄中庸[1]，元祐间方亚夫[2]、薛蕃以九日游岩，人得一橘，并登第。后郑厚[3]、郑樵[4]继得之，厚试魁南省，樵以草泽召。厚诗"短帽依然九日风，岩头的的问仙翁。神仙料不私将橘，乞与陈黄方薛公"。

泉州府永春县东乐山东台，旧有橘一株，橘实随人取食，袖归即变蛇蝮，人号"东台仙橘"。

延平府城东北十里衍仙山，晋时南平人衍客炼丹于此，举家上升。山中产橘，可以就食，不堪携出，犯者即迷道不得归。

邵武府光泽县北三十里会仙岩口，有石穴，中深而方，清泉常满。宋嘉定间，有醉人亵慢其地，火从斗中烈焰四起。岸上有朱桃，熟时即坠，人莫能得。

广州府东莞县东南六十里庐山，亦名百花林，产杨梅、山桃，任人采食，若怀归则迷路。

潮州府程乡县西北一百二十里南田石洞，幽远深邃，人迹罕到，奇花异果多不知名。采于山者，间或遇之，甘美可食，怀归则往往迷道。

肇庆府阳春县南二十里鹅抱岭，相传此中有奇葩异果，无心而行，偶得之可食，不可怀归。有心往者，竟不知其处。

廉州府城北一百五十里五黄山上产异果，入山者食之，不得挟归，挟之即迷归路。

琼州府儋州昌化县西北二十里峻灵山上，有落膊冈，石形如人帽，侧有橘柚，人得就食之。若携去，则黑雾暴风骇人。池中有鱼亦然。

平乐府富川县西三十里丹霞观，世传张道陵于此上升。莫休符[5]《风土记》云："天师旧宅在贺州，道箓以为玄中大法师。今以宅为庙，庙中有美异果实，往来人食之无患。惟勿采取，取必致祸。"按：今富川、贺县，俱唐之贺州地。

浔州府贵县南七十里思岩山，多奇花异味，与常别取，而怀之辄迷不得出。

附　录

黄冈《武陵记》[6]云：天门山中有葱畦垄成，行人欲取者，先祷山神乃取，气味甚美，不然则不可得。按：天门山，即石门山，在岳州府澧州石门县，本汉武陵郡之零阳县也，故入《武陵记》。

辰州府卢溪县西三百五十里，有风、雷二洞，洞下有鱼，□□有葱韭，人或采取，即有木石下逐之。

汀州府连城县北六十里莲峰山峭壁间，有彭侯芋，叶大如盘，冬夏不枯。递年子枯崖下，人难取，取以火剂亦不能熟。旧传彭侯所种。彭侯名孙，字仲谋，宋邑人，以功封陇西郡开国侯，有祠。

[1] 黄中庸（1030—1110），字长行，号军城居士，出生福建莆田。北宋文学家，政治家。
[2] 方亚夫，兴化县人。宋大观元年（1109年）进士，平江府教授。
[3] 郑厚（1100—1161），字景韦，一字叙友，莆田广业里霞溪（即白沙广

[4] 郑樵（1104—1162），字渔仲，南宋兴化军莆田（福建莆田）人，世称夹漈先生。一生不应科举，由于举荐，一介草民被宋高宗召见。宋代史学家、目录学家，著述达八十余种，《通志》为其代表作。
[5] 莫休符，广东封开县人。唐代历官银青光禄大夫、检校左散骑常侍、融州刺史、御史大夫。所撰《桂林风土记》，是一部有关桂林历史地理和风俗人情最早的风物志。
[6] 《武陵记》，南齐武陵人黄闵撰，是一部专门记载武陵地区的历史专著。

异　花

顺天府蓟州玉田县东北三十里无终山燕昭王墓上，有长春树，其花如扶渠，四时异色。

东昌府濮州朝城县治西宁国寺前，有金连陂，即漯水之源也。种莲花皆黄色，故名。

莱州府胶州即墨县东南六十里，有劳山。国初张三丰尝游山下，居民苏现每礼敬之。邑中旧无耐冻花，三丰自海岛中携取一株植。现庭前虽隆冬严雪，叶色弥翠，正月即花，蕃艳可爱。今近三百年，柯干大小如初。

中岳嵩山法王寺前石池，丈许，产紫金莲，开中秋一月。相传神光祖师[1]说法时，从池涌出。土人往往移去即萎。

汝宁府确山县[2]西北四十里乐山，一名朗山。顶有皓月池，生四季莲花。

衢州府江山县南五十里江郎山巅，有池，产碧莲。

处州府缙云县东二十三里仙都山，一名缙云山，又名丹峰山，山巅一峰，大可百围，高三千丈。顶上有湖，生金莲，昔飘一瓣□。东阳刺史上其事，因改郡为"金华"。或云高止百余丈，志所载太侈也。此即世所讹传为黄帝上升之鼎湖者。黄帝鼎湖，在河南府陕州阌乡县南二十五里荆山下。阌乡县，即汉之湖县，刘宋之湖城县也。

吉安府城南十五里永和市青都观,有金钱花。苏子瞻自儋耳归来游,留书"青都观"三字,时与黄鲁直[3]戏掷金钱于池,池中开花如金钱,至今犹盛。

赣州府雩都县治西,有瑞莲池,产异莲,其叶曰"双卷剑脊",其华曰"双头义髻",三萼二十四叶,其实曰"覆钟金铤"。移之他处,辄类常种。俗传雩山倒影所致。雩山,在县北三十五里。

信丰县南一百二十里大龙山,有数十岩,产异花如白莲。

南安府治南三里驿使门内印山下,池中产鹤来巢莲,一茎五萼。城南章江之南有水南城,城之西管界,都有玉池坊,池产青莲,其蕊差小,不结房,色如碧玉,与凡莲迥异。

荆州府夷陵州长阳县侧,有异花,绝艳。欲得者,先乞之神,不得即取,取即随手零落。

王韶之《神境记》云:九疑山半,其路皆苍松翠竹,下夹清涧,涧中多黄色莲花,夏秋时香气盈谷。九疑山,在永州府道州宁远县南六十里。

成都府灌县西南五十里青城山老人村,有牡丹坪、牡丹亭,□十丈,花开盈一尺。范成大诗"十丈牡丹如锦盖,人间姚魏敢争春",即此。《方舆胜览》云:牡丹坪者,自青城之长平山,扪萝而上,历鸟道三十里许,有平阜数十亩,高树蔽天,春深先花后叶,状如芙蕖,香类牡丹,谯定天授、李诰太素二先生隐其中。按:青城山,又产纵栀花,六出,色红,青香如海棠,花六出独此。

重庆府永川县有莲池坝,二巨石崇耸欲合,平衍可半里许,巨窍中出水,汇而为小池。世传莲子从石窍中出而生莲,不由栽植。

合州铜梁县南五十三里巴岳山,产木莲花,高五六丈,叶如梗楠,花如菡萏,出山则不植。

嘉定州荣县东北四十里荣德山龙池,产千叶莲花。

邛州治西七里古石山出木莲,不异水之芬香。

雅州荥经县北一百一十里瓦屋山产婆罗花，有五色之异，烂熳如锦，移之他处，则槁[4]。

潮州府惠来县东三十里百花山中有林木，四时多产奇花，有同株而红紫异色者，亦名"百花林"。

琼州府儋州治东青水池，四季荷花不绝，腊月尤盛。

云南省城南滇池产衣钵莲，花盘千叶，蕊分三色。

安宁州治北曹溪寺，有昙花树一株。相传自西域移来，扶疏□尺，绿叶白花，槟榔他种，终不复活。

大理府城西北龙首关和山之麓，有树高七八丈，叶如桂，花白色，每朵十二瓣，以应月数，遇闰则多一瓣。相传仙人所种，更无别本，名曰"和山花"，因其地也。

楚雄府广通县响水坡产兰，茎叶皆香，不待花也。

[1] 神光祖师，即禅宗二祖慧可大师，俗姓姬，名神光，北齐时代人。
[2] 汝宁府礭山县，当为汝宁府确山县。
[3] 黄鲁直，即黄庭坚（1045—1105），字鲁直，号山谷道人，晚号涪翁，又称黄豫章，为洪州分宁人。举进士，调叶县尉。熙宁初，教授北京国子监。擅文章、诗词，尤工书法，"苏门四学士"之一。
[4] 槀，通"槁"。

占年花

扬州府高邮州兴化县治东木塔寺，有古黄梅一株，以东西盛衰，兆上下河丰歉。

荆州府枝江县东六十里莲花池，产白莲则兆丰年。

泉州府城初筑时，环郡皆植刺桐，号"桐城"。如叶先萌芽，花后发，则其年五谷丰登，否则反是，故谓之"瑞桐"。按：刺桐，俗名"火红刺"是也。其叶如绣球花而长，折之，有乳叶生干心，刺布干上，细花金色，圆而齐出。久而寿之，高可丈许，大可七八扶，心如桐木，亦可以琴，故名曰"桐"。今村落间常以环墙屋、园圃，取可御盗。花盛乃歉，盖旱花也，故名"火红"。今人以一种高树红花为刺桐，殆非。

延平府尤溪县北莲花峰顶，有天湖，湖中产并蒂莲则岁大稔。

汀州府宁化县北六十里瑞花岩，其地多产奇花。岁将丰稔，花特异常。

福宁州宁德县北七十里霍童山，产瑞莲，开时十里五里，或此或彼，无有定在，或出洞天山上，或出田中。花大如箕，奇艳异□，茎色紫，屈曲而上。或数年一出，出则田乡大稔。

梧州府郁林州北流县东北十五里勾漏洞对面高崖上，夏间望见荷叶田田，然峻绝不可到。土人云或见荷花，则岁必大熟。

附　录

潮州府程乡县东三十里明山中，有仙花嶂。或见有花开其上，形如莲，大约丈余。其色白则人安，色红则人灾，屡验。

占科花

眉州治西南三苏祠，本苏氏故宅。苏氏尝作二池以种莲，其西池岁产莲一茎两蒂。至今每大比岁，乡人观瑞莲有无，占士科第。

潼川州乐至县治东莲池，一名洗马池。莲开盛则科第多。

兴化府城北八十里仙寿山，宋方咏天禧间置义斋于山之虎蹲岗，四方贤士如陈秀[1]公升之、夏英[2]公竦、曾宣靖[3]公公亮，皆不远而至，与其子弟肄业斋中。一夕山神献花，斋几花凡七枝，是岁七人同荐。后陈、夏、曾三公俱至大官，咏以次子彭贵赠朝议郎。

邵武府邵武县儒学，庭有瑞榴一株。宋熙宁二年，树梢结双实差大，旁枝亦结双实，共一十有四。是岁及第登第果十四人，因作

"瑞榴轩"于明伦堂东。

潮州府城东韩山上,有韩文公祠。祠旁有木,虬干鳞文,叶长而旁棱。相传韩公守潮时所植,人无识其名,但曰"韩木"。旧株既老,类更滋蕃,遇春则花,或红或白,簇簇附枝,如桃状而小。郡人以其花之繁稀,卜科第盛衰。世又传是木去祠十数步,种之辄死。

[1] 陈秀,即陈升之(1011—1079),字旸叔,初名旭,北宋建州建阳(今福建省建阳市)人。历知封州、汉阳军、监察御史,官至同中书门下平章事、集贤殿大学士。
[2] 夏英,即夏竦(985—1051),字子乔,北宋江州德安(今属江西)人。知襄州、洪州,后任陕西经略、安抚、招讨等职。古文字学家、文学家,著有《文庄集》等。
[3] 曾宣靖,即曾公亮(999—1078),字明仲,号乐正,赐谥宣靖,泉州晋江(今福建泉州市)人。官至枢密使和同中书门下平章事,参与编撰《武经总要》。

洞　　花

顺天府涿州房山县西十五里孔水洞,深不可测。金太和中,有桃花瓣浮出,其大如当五钱。

安庆府潜山县,潜水出县西北,皖水出县北,二水莫究其源。山涧时有仙花嘉莲随急雨流出,瓣可及千余。

杭州府余杭县西南十八里大涤山龙蜕洞之西,有桃花泉自石罅横注入溪。昔人每见有桃花片流出,莫知从来。

金华府城东三里石崎岩,高十余丈,府瞰大溪,岩下有洞,洞中尝见梅花泛出溪浒,因名"梅花溪"。城北三十里金华山赤松宫东北两崖间,水石相搏时,引出桃花数片,谓之"小桃源"。

处州府龙泉县西四里凤凰山北有桃花洞,洞中小涧,时有桃花流出。

常德府桃源县南二十里桃源洞，晋太元渔人黄道真见桃花流水，舍舟入洞，得闻神仙秘诀，后人因目其处曰"闻山"。

建宁府嵩溪县南二十里湛卢山有剑池，相传为欧冶子[1]铸剑之所。宋元符间，县令周公才祷雨有应，因立祠为谢。开基之日，有石洞发于西南隅，泉随涌出桃花数片，因名"桃源洞"。

桂林府灵川县西南二十里华严洞，高广数仞，清泉环绕。昔有桃花片阔寸许，从洞中流出。石壁上有诗云："岩前流水无人渡，洞口桃花碧自开。东望蓬莱三万里，等闲归去等闲来。"

永宁州义宁县西南二十里岩洞，山高数十仞，洞容十余榻，泉绕洞前。旧传有桃花片大寸许，从洞中流出，有题诗石壁上云："跨鹤曾来不记年，洞中流水碧依然。紫箫吹彻无人问，万里西风月满天。"

附　录

成都府金堂县东七十里峡口西，一溪自洞中流出，水光澄碧，常有柳叶泛其中，不知从何而来，因名"柳溪"。

[1] 欧冶子，春秋战国时期越国人，是中国古代铸剑的鼻祖。

法　花

应天府城南一里聚宝山东巅，有雨花台。梁武帝时，云光法师讲经于此，感天，雨花满空，讲毕散去。城南三十五里花岩山，唐贞观间，僧法融[1]岩下修定。大雪时，忽有奇花二茎生于岩侧，又有白鸟献花之异，故名"献花岩"。师为南宗第一祖，故又名"祖堂山"。

苏州府城西北九里虎丘山，生公讲堂之左有白莲池。相传生公[2]说法时，池生白莲花。

徽州府祁门县西三十五里官道上，有东松庵。宋熙宁间，僧子珣居此诵《法华经》满二万遍，有莲花生其座下。

庐州府舒城县南三十里王姥山，昔有王姥修道于此，白鹿衔花以献。

开封府城内有遇仙楼。金时狂僧李菩萨，尝就杨广道、赵君瑞借宿。一日大寒，杨生与之酒，若愧无以报主人者。晨起，僧持酒碗出，闻其噀酒声，入曰："增明亭前花开矣。"已而牡丹开两朵，时正大四年十月也。赵秉文[3]尝作《满庭芳》词以纪之。

嘉兴府城南有陆贽[4]祖宅，祖名齐望，仕唐为秘书监。大历中，因女诵《法华经》，感天雨花，舍宅为寺，女为尼，名法兴，碑刻尚存。城西北二里楞严寺，宋熙宁间，沙门永智讲《楞严经》，感天雨花，故名。

湖州府城西北二十里石斗山，一名法华山，即卞山之别峰也。山下有法华寺，旧碑载樵者掘地得石函，藏一童子，舌不坏，上生莲花一枝，故以名寺。

承天府城东一百里花山，旧传灵济祖师过此，时百草皆花，故名。

长沙府益阳县西南一百二十里白鹿山，唐裴休讲道于此，白鹿衔花出听。

攸县东一百一十里献花岩，相传严起会群仙于此，岩中有白鹿衔花来献。

成都府城西南五百里百花潭，一名浣花溪。唐有任媪者，尝祷于神祠，梦神授以大珠，觉而有娠，生一女，奉释氏教甚谨。有僧过其家，疥癣盈体，衣服垢敝，求女代浣。女欣然濯之，顷刻，百花满潭。里人惊异，会雀盱〔崔盱〕节度西川，纳女为妾。盱〔盱〕入朝，杨子琳乘虚突入成都。任氏出家财募兵，得数千人，自帅以击之，子琳败走。朝廷加盱〔盱〕尚书，赐名宁，任氏封冀国夫人。今溪上有石，刻浣花夫人像。成都故事：每岁四月十九日,太守出笮桥门,至梵安寺谒夫人祠,就宴于寺之设厅。既宴,登舟观诸军骑射,倡乐导前,至百花潭观水嬉、竞渡,官舫、民舫乘流上下,或幕帘水滨,以供游赏,谓之"大游江"。相传此日为浣花夫人诞日,或云此日即夫人为僧浣衣之日也。

顺庆府蓬州青莲山,圭峰禅师讲经于此,地涌青莲,八龙听讲。今有八龙池存,师名宗密[5]。

福州府永福县西南六十里高盖山,昔徐真君于此遇二仙,指授修炼诀。后有赵真君远来访之,以所得之秘密,与之参契。徐喜酌酒饮草庐中,时霜月,草木凋空,徐以余沥一喷,顷刻林花遍开。今名所居曰"花林庄"。

兴化府仙游县西十二里宝幢山,隋大业中,润州僧卓庵者居此,精修梵行,有白龙衔白莲花自空中来献。唐垂拱二年,建龙华寺于此。龙井、龙池今存。

[1] 法融,即牛头法融(593—657),或称慧融,俗姓韦,隋唐润州延陵(今江苏丹阳县延陵镇)人,为佛教禅宗大师,牛头宗初祖,有"东夏之达摩"的称号。
[2] 生公,晋末高僧竺道生的尊称。
[3] 赵秉文(1159—1232),字周臣,号闲闲居士,晚年称闲闲老人,磁州滏阳(今河北磁县)人。世宗大定二十五年进士,累拜礼部尚书,历仕五朝。金代学者、书法家,工草书,著有《闲闲老人滏水文集》。
[4] 陆贽(754—805),字敬舆,谥号宣,吴郡嘉兴(今浙江嘉兴)人。官至宰相,著有《陆宣公翰苑集》。
[5] 宗密(780—841),俗名何炯,世称圭峰禅师,果州西充(今四川西充县)人。唐代僧人,华严宗五祖。曾第进士,遇道圆禅师,出家受教。文宗赐紫方袍,敕号大德。

香海棠

海棠蜀中最盛,他处海棠虽艳丽,然皆单叶,独蜀中所产重叶，丰腴如小莲花。成都府治西有海棠楼，保宁府治南，重庆府治南皆有海棠溪。长寿县北一百四十里，有海棠桥，顺庆府西充县城外有海棠川，叙州府长宁县治西有海棠洞，嘉定州治西北有海棠山，黎州司城南三十里有海棠池。世言海棠花不香，惟出嘉州者有香，其木合抱然。释惠洪[1]《冷斋夜话》载秦少游在横州，饮于州西海棠桥，桥南北多海棠有香者，醉而题词云云。彭乘《墨客挥犀》载李丹授昌州，以去家远，求改鄂州，刘渊才往谒李，曰："昌，佳郡也。奈何弃之？"李问其故，曰："海棠无香，昌州海棠独香，非佳郡乎？"叶奇《草木子》[2]载：昌州海棠有色有香，故号"海棠香国"。州治前有香霏阁，每花二十余叶，香气浓郁。然则海棠有香，不独嘉州矣。按：唐乾元中，置昌州，治昌元县。光启以后，徙治大足县，昌元即今荣昌。

[1] 惠洪（1070—1128），一名德洪，字觉范，自号寂音尊者，俗姓喻（一作姓彭），江西宜丰县桥西乡潜头竹山里人。北宋著名诗僧。
[2]《草木子》，元末明初叶子奇撰。古代文言笔记小说集，广博搜罗天文星躔、律历推步、时政得失、兵荒灾乱以及自然界的现象，动植物的形态，仔细探讨。文中题为"叶奇"撰。

异　竹

泽州阳城县东二十五里会海寺，旁有凤尾竹，清夜无风自响。

杭州府城东北六十里临平山南安隐讲寺，生曲竹。相传丘隐士羽化，弃杖于此，产竹皆曲。

绍兴府嵊县东七十二里桐柏山，一名丹池山。山东有毛竹洞，洞口有竹生毛，节覆一节。

处州府青田县西七十里占阳山，丛生小竹，巨叶，其实可为粮。

南康府城西北二十里匡庐山出𥯤竹，茎𥯤。

荆州府夷陵州宜都县飞鱼口，出红竹，大者不过寸许，鲜明可爱。

南岳下诸州出合欢竹，笋长独茎，及成竹，或两茎合，或三茎合，竹皮或斑点文。

衡山后生竹，最大名曰"南竹"。土人截取其筒，以为甑，节处可置盥盆，然在深山中人迹不到之处。

成都府出对青竹，竹黄而沟青，每节若间出。浙中亦有之，会稽颇多，彼人呼"黄金间碧玉"。

彭县北三十五里，大隋山生竹，若龙头状，俗呼"龙头竹"。

重庆府城西北一百三十里缙云山，有相思崖，生相思竹。俗传昔有童子在崖下吹竹，神女见而悦之，投以桃竹钗。至今崖畔生竹有钗形，山中有寺，亦名相思寺。

遵义府出通竹，空心无节直上。

嘉定州产月竹，每月生笋。

三棱竹，状若棕榈，叶、茎、柄三脊。蜀中人家竹林中，忽有此者，谓之吉兆。

永宁宣抚司西南境出濮竹，节相去一丈，围三尺余，大者一节受一斛，小者数升，可为椑榼。

延平府沙县西南三十里斑竹溪，有竹可烛，燃毕无灰。

建宁府崇安县南三十里武夷山城高岩寺后有竹，本出土尺许，分两岐直上。

广南多巨竹，剖其半，一俯一仰，可以代瓦。《虞衡志》[1]载：猺人以大竹为釜，物熟而竹不灼。

岭南出单竹，虚细长爽。土人取其嫩者，细破捶，漫之灰煮，织以为布，其精者如縠焉。连州抱腹山产白竹，出笋之后，灰煮水浸，织以为布，一匹只重数两。

韶州府仁化县东三十里潼阳溪多黄金竹，色如金。

惠州府傅［博］罗县西北三十里罗浮山第三十一岭，出龙钟竹，一名苤竹。围二十尺，有二十九节，节长二丈。唐永泰中，雨涨，有一竹叶若芭蕉叶大，随水流出。

平乐府平乐、恭城二县出筋竹，土人以作衫，充暑服。

云南有实心竹，文采斑驳，殊好，可为器物。

䈽竹大数围，节间相去局促，其中实满坚强，以为屋椽。断截便以为栋梁，不复加斤斧。由衙竹长三四丈，围八九寸，可作屋柱。《竹谱》注：䈽竹，安成以南有之；由衙竹，出交州及永昌郡。安成，今吉安府。

嵇含[2]《南方草木状》云：云母竹一节为船，出扶南。扶南，今真腊国。

占城国产观音竹，如藤长，大八尺许，色如黑铁，每寸约二三节。

[1]《虞衡志》，当为《桂海虞衡志》，宋范成大撰。是一部记述广南西路风土民俗的著作，分志岩洞、志金石、志香、志酒、志器、志禽、志兽、志虫鱼、志花、志果、志草木、杂志、志蛮等十三篇，每篇各有小序。

[2] 嵇含（262—306），字君道，晋朝上虞人。任过太守、将军、刺史。所著《南方草木状》是世界最早的区系植物志，介绍草木计四类80种，除药物外，还记载了雍菜、甘薯、荔枝等食物。

神　　竹

常州府宜兴县西南三里荆南山，一名君山，有汉东阳羡长袁玘[1]石冢、石坛。旁有竹枝，如马鬣拂拭坛冢。

台州府城西南四十里括苍山上，有仙馆，土人谓之"黄公客堂"。两边有石步廊，有四竿筋竹，风来自垂空，拂石皆净。相传云即王方平游处。

温州府城南四十里大罗山,一名泉山,出龙牙,长四五尺,稀节。人取之,必有大风雨雷电,人下山则止。

平阳县治东仙坛山有平石,方十余丈,名仙坛。旁有竹林,风来成韵,垂扫坛上,了无尘箨,号"扫坛竹"。

处州府景宁县东六十里卢栖溪,旁有岩生竹四竿,无风自动,拂除岩石。

袁州府萍乡县东一百二十里武功山巅有葛仙坛,即葛洪修炼处。坛生二竹,风动如扫,人谓之"扫坛竹"。

赣州府会昌县西百里仁峰上有石室,石台祀张、赖二神。旁有竹一竿,风来则偃而拂之,其台洁净无尘。

岳州府平江县东南二里昌江山,一名天岳,一名天柱,一名雷台,一名幕阜。上有列仙宝坛,其旁古竹二本,修翠猗然,随风扫拂。

澧州慈利县西南一百八十里石门山,一名天门,门之四方各有一竹,倒垂下拂,俗名"天帚"。

宝庆府邵阳县扶阳山,一名文竹山,有石床,高广一丈,四面绿竹扶疏,常随风委拂此床,神仙窟宅也。

武冈州南十里云山,有扫坛竹。

郴州桂东县东五十里有万王城。万王,未详何代人。世传王曾寓此,阶砌尚存,旁有修竹数竿,日夕自仆扫其地而自立。

保宁府广元县北十里玉女山上有石穴,谓之"玉女房"。穴前修竹下有石坛,风来动竹,扫坛如帚。相传玉女每遇明月,即出于坛上,闲步徘徊,复入此房。

苏子瞻过巫山,诗云:"次问扫坛竹,云此今尚尔。枝叶纷下垂,婆娑绿凤尾。风来自偃仰,若为神物使。"

福州府古田县东北竹洲上,有显应庙,神姓黄名师。宋景德间,人巫而得道,其坟在此洲。前有二竹,能自扫坟,人号"竹仙"。

福宁州宁德县北七十里霍童山，有仙坛，峭壁矗立，旁生竹一枝，每自摇动，拂净其坛。竹枯则复生，终无二枝。

肇庆府四会县西南十里广正山，一名真山。绝顶有三池，旁有巨石如坛，其侧有竹下垂，风至辄自扫坛石。

廉州府钦州灵山县东二十里罗阳山，巨石方丈，旁有修竹，风摇则扫其石上尘，谓之"神帚"。

平乐府城东北圣山，谭氏二仙女尸解于此。绝顶高平，俗呼"仙殿"。石前有梳妆台，左右列翠竹二枝，清风徐来，疏篁拂座，爽气潇然。

贺县桂岭，一名临贺山，中有二竹，大数十围。有磐石径四五丈，青滑如棋局，二竹屈垂拂扫，石上绝无尘秽。未至数十里，风吹竹，音如笙箫。

蒙化府城南一百里，有竹扫寺，山无院无僧，若匡庐之竹林寺。然山产竹，其梢自能拂石，洁净如扫。

[1] 袁玘，东汉会稽人，为阳羡长。生而神灵，能预知水旱，创长桥以济涉。

乐　　竹

古孤竹国，在永平府城西，本以孤生之竹可为管而名。

太平府城西北四十五里慈姥山，一名鼓吹山，产竹作管，有妙声。其竹圆致，异于他处，自伶伦采竹嶰谷，其后惟此篍见珍，故历代常给乐府。汉王褒[1]《洞箫赋》起句云："原夫箫干之所生兮，于江南之丘墟。"指此。

兖州府邹县东南二十五里邹峄山，有篠，形色不殊，质特坚润，宜为笙管，诸方莫及。潘岳《笙赋》云："邹鲁之珍，有汶阳之孤篠焉。"指此。

南浙沿海诸郡产芦竹,其肤似芦,可作篾。

河南府永宁县西南三十里金门山,产竹,可为笙管,故一名律管山。

温州府城南二十里吹台山,产笙箫竹。

黄州府蕲州东北安平乡百家治山,产竹,宜笛及簟。一云其竹名毛斑竹,初无斑,以灰汁洗之即斑,与舜妃庙之斑竹不同。

岳州府城西南洞庭湖之涯,有艑山,其状如舟,故名。《水经注》作"编山多篾竹"。

长沙府湘阴县置县治处,地名笙竹,世传舜采笙竹于此。

元刘美之《续竹谱》云:紫竹,其茎如染,出青城峨眉山,可作笙竽箫管。

福州府产豁竹,节长细可为笛。

韶州府乐昌县治南昌山产紫竹,可为管篴。

广西产湘竹,斑细而色淡,有晕,中一点紫,与芦叶上斑相似,作箫管最佳。

篁竹在在有之,生于高燥处,坚质促节,皮白如霜粉,大者宜行船,细者宜笛。

附 录

国史补载,李丹尝得烟竹,截而为笛,坚如铁石,为天下第一。月夜泛江吹之,俄有客呼船共载,请笛吹之,其声清壮,山色可裂。烟竹出处未详。

[1] 王褒(前90—前51),字子渊,蜀资中(今四川省资阳市雁江区墨池坝)人。西汉著名辞赋家,撰有《洞箫赋》等,与扬雄并称"渊云"。卷五"王褒宅"题王褒为当县人。

杖 竹

登州府城东海岛中,杭州府飞来峰,台州府天台县,温州府乐青［清］县雁荡山能仁寺，吉安府安福县武功山，岳州府城西南君山，俱出方竹，可为杖。闽中、西蜀并有之，蜀人以其竹节节有刺，呼为"刺竹"。

杭州府城西南十五里武林山，一名灵隐山。出木竹，中坚亦通，小脉节内若通草然，作杖可爱。

广信府贵溪县西二十里石堂溪出苔竹，苔痕点晕，状如琢玉，干直可为杖。

黄州府蕲州出竹，有带须者，俱可杖。

西蜀徼外蛮峒出筇竹，蛮人持至泸叙间卖之，一枝才四五钱，以坚润细瘦九节而直者为上，俗谓之"扶老竹"。筇亦作卭，《蜀志》云：汉张骞奉使寻河源，得高节中实竹，植于卭山，堪为杖。卭山，即今雅州荣经县东四十里卭崃山，本名"卭筰山"，故卭人、筰人界也。叙州府南溪县南五十里可卢山，多产卭竹，但不如蛮峒出者之佳。又惠州府博罗县罗浮山亦有卭竹，土人以为杖。

潼川州出桃竹，闽广亦有之。苏东坡《跋杜子美桃竹杖引后》云：桃竹叶如棕，身如竹，密节而实中，犀理瘦骨。盖天成拄杖也。按：桃竹，一名棕竹，其枝皮赤，编之滑劲，可以为席，《尚书·顾命篇》"篾席"，即此。又左思[1]赋《桃笙象簟》，柳宗元诗"桃笙葵扇安可常"，方言"簟"，宋、郑之间谓之"笙"，桃笙即桃竹枝为簟也。此竹又可作扇骨及小器物，芝蔴花者为上。广西亦有之。

嘉定州荣县东十五里荣黎山产竹，龙形，名"罗汉杖"。

建宁府出鹤膝竹，亦名"槌竹"，茎瘦节大；人面竹，两节突起如人面，亦名"佛眼竹"。俱可为杖。兴化府福宁州俱出人面竹，韶州府亦出鹤膝竹。

崇安县南三十里武夷山出毛竹，每竹生数节，每节旁出一干，干之巨细与根等，可为杖。

高州府出疏节竹，五六尺一节，僧道多以为杖。

广西出云竹,斑极大,色红而有晕,可为杖。

附 录

广西出花藤,身细而斑黑者,堪作拄杖,粗者俗。

[1] 左思(约250—305),字太冲,齐国临淄(今山东淄博)人。著有《吴都赋》等,其《三都赋》传诵一时,以致"洛阳纸贵"。

兵 竹

《书·禹贡》:扬州贡篠,荆州贡箘簵。其材皆中于矢之笴者也。孔注云:箘簵,美竹,出云梦之泽。然《吕氏春秋》已云:骆越之箘,则南越亦有之,不独荆州矣。

箭竹高者不过一丈,节间三尺坚劲中矢,江南诸山皆有之,而会稽所生,最精好。故《尔雅》云:"东南之美者,有会稽之竹箭。"

卫辉府淇县西北礼河社有淇园,旧产竹,可为箭。汉寇恂为河内太守,伐淇园之竹,为矢百余万。《诗·卫风》:"瞻彼淇澳,菉竹猗猗。"毛注云:"菉,王刍也。竹,编竹也。"自郦道元注水经时已云:逼望淇川无竹,惟王刍编草不异矣。物产之盛衰,殆犹陵谷之迁化耶。江汉间有篍竹,即《山海经》之篃竹也。一尺数节,叶大如履,可以作篷,亦中矢。

湘中出箟𥳑竹,大者中甑,小者节长四尺,中可贮箭,谓之"射筒"。

岭南出筋竹,长二丈许,围数寸,至坚利。土人以为矛,其笋未成竹时,堪为弩弦。又出沙麻竹,一作苏麻,亦作粗麻,土人以为弓,其弓似弩。

广州府增城县东南二十里猊山,产娑婆罗竹,围三四尺。性至坚,土人取引为弓。

岭南出箧簩竹，皮薄而空多，大者径不逾二寸，皮上有粗涩文，可以为错子。制成琴样以砺指甲，快利胜于铁，用久微滑，以酸浆渍之，信宿复涩。崔鹦诗"一自出轻芒，皑皑落微雪"是也。其竹一名涩勒，苏东坡诗"倦看涩勒暗蛮村"是也。按：箧簩，本作思牢，乃南番思牢国所产。李商隐《射鱼曲》云："思牢弩箭磨青石，绣额蛮渠三虎力。"是其竹亦可作箭也。后中国渐有其种，以其为竹之属，遂改为箧簩，字皆从竹云。

交广产棘竹，丛生，初有数十茎，大者二尺围，肉至厚几于实中，夷人破以为弓。枝节皆有刺，彼人种以为城，卒不可攻。或卒崩根出，大如十石物，纵横相承如繰车。一名笆竹，一名笏竹。笋味落人须发。又出石林竹，似桂竹，劲而利，削为刀，割象皮如芋，一作石麻。按：桂竹，通作筀竹，见郭璞[1]《山海经》注，亦作贵竹。今贵州所以名者，以其地产贵竹也。

韶州府出篥竹，可为弓弩。

郭璞注《山海经》云：交趾有篥竹，实中劲强，有毒，锐以刺虎，中之则死。按：此竹，今亦名篥竹。

广西府出鸡腿竹，每节上大下小如鸡腿状，土人以为枪干、交床。

[1] 郭璞（276—324），字景纯，河东郡闻喜县（今山西省闻喜县）人。两晋时期著名文学家、训诂学家、风水学者，曾注《尔雅》、《山海经》等。

小巧竹

莱州府平度州东北十三里两髻山云台观，有竹高二尺，丛伏如豹。

宁波府奉化县东二十里新岭山，其巅生竹，高仅四五寸，叶皆白色。

辰州府有一种小竹曰"龙孙",生山谷间,高不盈尺,细仅如针。凡所以为竹,无不具。前辈诗有云:"小竹如针能具体。"

南海有越王竹,根生石上,若细荻,高尺余。南人爱其青色,用为酒筹。俗传越王弃余算而生此竹。

桂林府全州治西覆釜山产扫阶竹,高仅尺许,叶密而小,干久不脱。

甘棠树

《诗·召南·蔽芾甘棠》三章序云:美召伯[1]也。朱注云:召伯循行南国,以布文王之政,或舍甘棠之下。其后人思其德,故爱其树而不忍伤也。按:召公当武王时,为方伯,故后人追称之为"召伯"。今河南府陕州治东召公祠前,有枯棠倚池头,尚余二干。又宝庆府城东三十里甘棠渡,有召伯祠,故碑犹存。故老相传,有棠树阴宽,可坐数十人,俗呼"棠树兜"。二棠未知孰为召伯所芘,要皆当时循行之所及也。《子贡传》谓召康公勤于劳民,燕人怀之,赋《甘棠》。申培说亦谓燕人追美召公之诗,其后李德裕、宋齐丘[2]著论,俱本其说,而曰:燕人之思召伯,甘棠勿翦,直是见召公。其后封燕,故耳燕诗别无入国风,而燕地亦无甘棠古迹可考,不如还诸南国之为得也。后世良吏所种植,皆得况甘棠云。

北京国子监彝伦堂前古松,乃元儒许衡[3]手植者。

凤阳府颍州有双柳亭,宋晏殊[4]为守日,手植双柳,后人为建亭。白乐天为苏州守时,恩信及民,皆敬而爱之。尝植桧数本于郡圃,后人曰之为"白公桧",以况甘棠。

常州府治有独孤桧三。唐德宗时,独孤及[5]徙为常州刺史,手植三桧,一在郡后圃,一在紫虚宫故址,一在忠佑庙,乃隋司徒陈果仁之庙也。

欧阳永叔知扬州时,手植柳一株于平山堂,前人谓之"欧公柳",公词所谓"手种堂前杨柳,别来几度春风"者。薛嗣昌作守,亦种柳一株,与欧公柳对,自榜曰"薛公柳",人莫不嗤之。既去,遂为人所伐。平山堂,在府城西北蜀冈上。

饶州府治内有庆朔堂,范希文[6]为守时建,取古诸侯藏朔之义。堂前有手植九松。公栽植花木未几,移润州,故尝作诗寄后守云:"庆朔堂前花自栽,便移官去未曾开。年年忆着成离恨,只托春风管勾来。"谤公者至,谓公有所溺官妓,诗嘱后守为致之。噫嘻!人小之诬蔑君子,何所不至哉!

饶州府城外鄱江之滨,多柳,宋知州史定之所植,以休息行人,今呼"史公柳"。柳林港之名,本此。

襄阳府城南岘山下有柏,柯干如铁石。相传为晋羊祜[7]镇襄阳时手植,有碑题曰"晋柏"。

荆州府归州巴东县西北十余里旧县城内,有古柏二株,相传为寇莱公[8]作令时手植者。按王辟之《渑水燕谈》[9]云:初寇莱公准知归州巴东县,手植双柏于县庭。至今民以比甘棠,谓之"莱公柏"。元祐九年,巴东大火,柏与公祠俱焚。明年,莆阳郑赣来为令,悼柏之焚,惜公手植,不忍剪伐,因种凌霄于下,使附干以上,以著公遗迹,且慰邦人之思。据此,则旧柏已焚,今之存者,当是后人所补植耳。

成都府城北万岁池,广袤数十里。宋王刚中为守时,浚其淤淀,溉田三乡。上植榆柳,表以石柱,郡人指为王使君甘棠。

新繁县卫公堂前巨楠,枝干奇怪,唐李德裕为令时手植,今犹存。

郫县尉廨,有宋司马池手植楠树。池,温公之父也,为郫尉之明年,生温公于官廨,字之曰"岷",以山称也。温公没后若干年,郫邑李丞作堂祀公,且以护树,张行成记之。

简州城西一百里灵泉废县界,有阳应院。唐永平[10]中,段文昌[11]来摄县尉，手植四松于此。至天福初，止存其一，县令张松复补植三株，有《栽松记》刻于石。

重庆府忠州治西五里龙昌寺，今为治平寺。寺旁有白乐天为刺史时手植柳，柳盛则寺兴，柳衰则寺败。僧护此柳，比之甘棠。按：州治西开元寺侧，有东涧，乐天所凿也。公有《东涧种柳》诗云："野性爱栽植，植柳水中垞。三年未离郡，可以见依依。"

雅州名山县西十五里蒙山，产茶。宋虞允文尝为名山监茶，今青溪桥头北厅犹在，有梅及槐柳，皆公手植。

宋熙宁中，程师孟[12]守福州，命郡人多植榕树，自为诗曰："三楼相望枕城隅，临去重栽木万株。试间[问]国人行住[往]处，不知还忆使君无？"至今目为榕城。

建宁府崇安县后堂，有宋赵抃为令时，手植梅数本。后人立石，刻"清献梅"三字，仍构亭其上。景定二年，丘应甲刻石颂云："召有棠，莱有柏，献之梅，刻以石。"又县门外有"清献松"，亦抃所植也。一云梅已枯，元至元间，县令杨靓补植之，命邑人彭萧岩赋诗，诗云："清献堂前树，无枝可着春。岂知三百载，复有种花人。"

宋陈尧佐[13]权知惠州，政尚清简，吏民化服。尝手植荔枝于州治，人比之甘棠，俗称"将军树"。故苏子瞻题诗有"丞相祠堂下，将军大树傍"之句。

永安县东南八十里南岭文信公[14]，景炎二年过此，手植桂树，犹存。

桂林府之全州，国朝洪武元年为全州府时，知府鄱阳章复与同知淮安李习协心民事，尝植松亘百余里，势若参天，大者至五十围，广荫道路，人谓之"引路松"。或谓是宋咸平初，转运使陈尧叟[15]所植云。按：全州府，至洪武九年改为州。

[1]召伯，即姬奭，又称召公（一作邵公）、召伯、召康公、召公奭，西周

宗室。辅佐周武王灭商后，受封于蓟（今北京），建立臣属西周的诸侯国燕国（北燕）。历仕文武成康四世，开创"成康之治"。

[2] 宋齐丘（887—959），本字超回，改字子嵩，谥缪丑，豫章（今南昌）人。历任吴国和南唐左右仆射平章事（宰相），晚年隐居九华山。

[3] 许衡（1209—1281），字仲平，号鲁斋，怀州河内（今河南沁阳）人。曾为京兆提学，授国子祭酒，拜中书左丞，改授集贤大学士兼国子祭酒，又领太史院事。著有《鲁斋遗书》等。

[4] 晏殊（991—1055），字同叔，谥元献，抚州临川（今属江西进贤县文港镇沙河）人。官至宰相等。著有《珠玉词》、《晏元献遗文》等。

[5] 独孤及（725—777），字至之，河南洛阳人。历华阴尉、左拾遗、太常博士、礼部员外郎，濠、舒二州刺史等。唐朝散文家，其弟子编有《毗陵集》二十卷。

[6] 范希文，即范仲淹，字希文。

[7] 羊祜（221—278），字叔子，泰山南城人。曾坐镇襄阳，都督荆州诸军事，西晋政治家和文学家。

[8] 寇莱公，即寇准。

[9] 《渑水燕谈》，即《渑水燕谈录》，宋王辟之撰。属于笔记文中的史料笔记，是作者追忆平生亲历、亲见、亲闻的宋哲宗绍圣年间（1094年）以前到北宋开国（960年）之间140余年的北宋杂事。

[10] 永平，当为"永贞"，唐无"永平"年号。

[11] 段文昌（773—835），字墨卿，一字景初，西河（今山西汾阳）人。唐朝宰相，诗人。

[12] 程师孟，字公辟，号正议，吴县人（今江苏省苏州市）。曾出任福州太守，调任广州知州。后任越州太守，升京东安抚使等。

[13] 陈尧佐（963—1044）字希元，号知余子，今四川阆中人。端拱元年（988年）进士，历官翰林学士、枢密副使、参知政事，官至宰相。

[14] 文信公，即文天祥，封"信国公"。

[15] 陈尧叟（961—1017），字唐夫，弟陈尧佐，四川阆中人。端拱二年状元，历官秘书丞、河南东道判官、工部员外郎。著有《请盟录》。

奇古树

北京报国寺有松七八株,高不过丈许。其顶甚平,而枝干旁出至十余丈者,数百茎,夭矫如游龙。寺僧恐其折,每一干以一木支之。按《酉阳杂俎》云:"欲松不长,以石抵其直下根,便不必千年方偃。"

元刘因[1]《矮松赋序略》云:保城西南隅,二松对植,卑枝四出,高不倍寻,周且百尺,轮囷偃亚,观者骇目。盖莫知其年,祀亦靡记。夫本源信造物奇诡之品也。保城,谓保定府城。

河间府宁津县北曹絮庄药王庙前,有大树。嘉靖七年,居民伐之,掘地得伏石,刻云:"迤南大麻子,树下斩廉纲。"纲,颇子也。则树自战国时已有矣。

真定府定州行唐县西五里柏山上,有古柏大数十围。树上铁环,相传窦建德[2]豙以系马者。

顺德府沙河县西南九十里峰峦寺内,有二大槐树夹一古碑,云唐初所建。

应天府城聚宝门外凤台园,中山王后裔所葺也。有括子松,高可三丈,径十之一。相传为宋仁宗手植,以赐陶道士者。城南三十里牛首山大雄殿前文杏树二株,惟在左者结实,大三人围,干仅四丈,其末已折去,唐时物也。城东南三十五里青龙山下祈泽寺前,文杏双树枝叶殊茂,中虚如百石之囷。寺昔已毁,南唐保大中重建。双树曾经雷火,岿然千载,盖神物也。城东北十五里钟山之最高峰有五愿树,柞木也。宋元嘉中,百姓祈祷,率有验。

句容县东南四十五里茅山玉晨观前,有古桧十四株,大逾合抱,纹皆左纽。传为许长史迈手植,近一株瘁仆。又三清殿前有左纽桧六,老君殿前有二,藏殿、茅君殿前各一。

溧阳县东南龙鸣山禅寂寺,有南唐韩熙载[3]读书堂遗址,所植桧犹存。

凤阳府亳州法相寺，矮桧高才数尺，偃亚蟠屈，枝叶繁茂，圆荫三丈，广袤五六丈。土人目其寺矬桔[桔]。

苏州府学文庙前文杏四株，并宋植；明伦堂前有并秀桧，东西各一株，宋范文正公手植。成化八年七月，烈风吹折右桧，教授林智别植补之。城西二十里天平山狮子岩下，有古松自地崛起，甚怪。正中一干耸拔如幢，延袤二亩，号"眠松"。张即之[4]书"卧云"二字，扁之，云范文正公读书处也。城西一百二十里西洞庭山法喜庵，庭下三松，梁天监中植。甪里村甪庵茶花一本，荫可亩余，四季鲜发，传云甪里先生[5]手植。

常熟县治西北虞山至道观中，有梁桧。天监中，天师张通裕[6]手植七星桧于庭，今存其三，余则后人补植。三株中又有雷震风擘者，尤为奇观。一云县西北四十五里河阳山上，有梁桧。

嵩江府城内北禅寺有吕公樟。宋时有回先生者过之，手植樟树一本于云堂后。数年，樟树枯瘁，回复造焉，取瓢内药一丸瘗根下，樟树复荣，叶叶俱有瓢痕，人始悟为吕仙也。

上海县西北十里沪渎江滨，有静安寺，原名重玄寺，吴赤乌中建。宋祥符初，改今额。殿庭左右有陈朝桧二株，唐陆龟蒙[7]、皮日休[8]有重玄寺双桧诗，即此。宋政和间，朱勔[9]勒图以进，遣中使来取。一夕，风雨雷震其一，乃止。右者尚存。嘉定九年，迁寺于芦浦，以避江涛冲啮。

常州府宜兴县治东南通真观，造于陈大[太]建三年，初名弘道，唐改兴道，宋赐今名。观中双柏，绍兴二十八年，大风拔去其一，其尚存者甚大。县治南三十八里玉女潭下，有琼树，乃古榉柳也，夭矫如虬龙甲鬣开奋。唐独孤及有"日日思琼树"之句，因名。

镇江府城西南三里黄鹄山胜果寺禅堂前，银杏一株。宋时植。丹阳县东北三十五里经山下，崇教寺前银杏一株，相传植于东晋，其大七人围之，形状奇怪而腹楛然，复有银杏生其中，亦合抱矣。

徽州府城西南四十里篁墩湖北黄牢山南，有梁程灵铣[10]墓，公自作寿茔[茔]，即以二本椎埋于其前，曰："吾子孙蕃盛，则此木当生。"俄而萌芽生二楮木，至今尚存，所谓千年木也。篁墩人结大石坛楮木下，号"相公坛"。其一以人手相连，抱之凡七人乃匝。其一不知何年为风所摆，其大又不啻七人围。今于干旁附出二枝，对耸如龙角形，正向西南。篁墩亦作黄墩。

休宁县西四十里白岳山有石楠，盘结掩映如车盖，临壑对天门而立，千年物也。

池州府青阳县西南四十里九华山麓海会寺，有唐人手植二松。

扬州府铁佛寺后有双桧，是宋元间物，上竦无枝，取其皮爇之，香如沉香。

淮安府海州海中，旧有大松，相传为三代时物。今只存一株，其质如雪松，针长二三分，苍翠欲滴。

广德州建平县治西故浮城中有古树，莫能名。斧之，则淋漓如血。

平阳府蒲州东南三十里首阳山有二贤祠，祠门外有古柏二。其一大二十围，高二丈许，形貌殊怪，其次围杀三之一，二根相距数尺，厥干上交，若兄弟之相倚。世传为二贤手植，未必然，亦千年物矣。祠右即二贤葬处，亦多古柏。

汾州府治西城隍庙有槐树，年久朽如剖舟。金皇统中，有异人投药其中，树复长茂，因号"仙槐"。

东岳泰山上有五大夫松，向二，今存其一。按《史记》，秦始皇登泰山封祀，风雨暴至，休于树下，遂封其树为"五大夫"。初不言何树，应劭[11]作《汉官仪》，始言为松。松在小天门，劭时犹存，故劭知之耳。五大夫，秦爵第九级，如曹参赐爵七大夫，迁为五大夫是也。唐人松诗有"不羡五株封"之句，误甚。中庙炳灵殿前柏树千株，大者十五六围。相传汉武帝东封时所植，赤眉贼砍一树，见血乃止。下庙正殿墀二松一柏，形咸奇怪。前一桧纹左纽如画。门左二柏，一菩蕾臃其下而锐上，一出地起，两岐咸秀色依依，亦传为汉武东封时植。延禧殿前旧有槐树，传为唐明皇所封者，已毁。泰山有三庙，上庙在山顶，中庙在山下，下庙在泰安。州治西下庙正殿曰"仁安"，东南殿曰"诚享"，西南殿曰"延禧"。

新泰县治仪门内有古槐一株，元时县省入莱芜，此槐遂枯。后县复，槐因复荣。邑人目之为灵槐。

兖州府曲阜县西南三里阙里孔庙中，有夫子手植桧，原三株，两株在赞德殿前，高六丈余，围一丈四尺，其文左者左绍，右者右纽；一株在杏坛东南隅，高五丈余，围一丈三尺，其枝盘屈如龙形，世谓之"再生桧"。晋永嘉三年枯死，隋义宁元年复生；唐乾封元年又枯死，宋康定元年复生。金贞裕[12]甲戌春正月，北寇犯阙里，焚祖庙，延及三桧，无复孑遗。元至正三年，复生东庑颓址壁隙间。时张须为三氏学授，乃取植之故所。渐矫如龙形，高一丈，围三尺。国朝弘治十五年，复毁于火，尚有遗干在大成门内。兖州府童旭置石栏以护之，今尚存，仅与檐齐，孑立无枝，外瘁中荣。按：阙里之名，以孔庙东南五百步有双石阙，即灵光之南阙；北百余步，即灵光殿基。又其东有两观，故谓之"阙里"也。县东二十里防山下颜子墓前，有石楠二株，大三四十围，相传为颜子手植。

邹县南门外孟子庙前，古柏千章，庭有元祐四槐，皆老龙状。县东南二十五里峄山有古桐一株，高不盈七尺，扣之已非木音。相传为虞夏时物。

鱼台县伏羲庙前双柏，乃数千年物。

东昌府高唐州恩县西北五十里，有古槐一章。相传昔有四女不嫁，同植此树，号"四女树"。

临清州丘县文庙内有古柏四十六株，相传唐宋间植。老干盘郁，黛色参天。

莱州府平度州昌邑县西北三十里瓦城社孙子庙内，有古槐二株。老干虬枝，盘绕如云状。

开封府禹州新郑县西南三十里陉山子产庙前，有枯柏一株，陈根之上多生稚叶，列秀青青，望之可爱。

密县东三里天仙洞有古庙，庭畔老桧竞直，约五六仞。殿后白松如傅粉而绿肤，高数十仞，本大四抱余丈许。上起三岐，本畔一窍，常流液，甘甚。周岁两脱肤，根盘踞，枝如拏，虬叶秀翠，硬如铁刺。世传汉有闺女仙化葬乌，此其冢上物也。或云黄帝葬三女于此。

郑州荥阳县东七里有古槐，形甚奇怪。世传汉高祖为王时，系马于此。金赵秉文诗"荥阳县东千古槐，人言曾见汉朝来。不知几觉南柯梦，直到如今唤不回"。

彰德府林县西南二十五里净居院佛殿前，有大槐，高百丈，围数十尺。亭亭直干，如松桧。

怀庆府济源县西八十里王屋山上古松数株，皆千年物，名"千古松"。

中岳嵩山嵩阳观，有古柏三株，大者围六人，次四人，次三人。高不阅数丈，或疑其为垒基壅足，旁枝尚荣，正干已秃，苍皮溜雨，似无树色。盖三代时所植，树下有石刻，云汉武帝封"大将军"。法王寺建于汉永平佛法初入中国之时，桧柏参天，多与寺俱起者。岳庙中有唐柏五株，状怪甚。其一大者四人围之，咸左旋其节。相传为珪禅师敕岳神徙之者，其手迹故存。少室山少林寺有六祖手植柏，庭前四株皆合抱参天，而三株为老藤所缠，或云乃后人所植者。旧有秦槐、宋文潞公[13]游寺诗，有"五品封槐今尚在"之句，不知何时为风所摧。寺东一槐亦可数百年，黠僧往往谬指为秦槐，以夸游人无辨者。有贝多树，汉世道士从外国将贝多子来于此种之，成四树，极高大，一年三花，而色香味异常。汉语翻为贝叶，李白诗"二室凌青天，三花含紫烟"，又送客诗"去时应过嵩少间，相思为折三花树"，指此。万历问［间］，天台王士性《嵩游记》云：初祖庵前三花树，盖凌霄藤附桧而生者，花正开，深红可爱。左一柏，高与花树并，云卢能钵盂中带至也。说与旧传异。

汝州治后圃有荼 三株，乃宋时物。金大定中，知州乌古伦取苏东坡"无风香自远"之句，作香远亭，为文记之。

西安府城南五十里终南山楼观宫门内，有老子手植桧。

盩厔县东南三十里老子祠前，有老子系牛柏。县东南三十五里有五柞宫，汉武帝所建也。宫门有柞树五，皆连三抱，上枝荫覆数亩。

鄠县南八里有净土树，俗传晋时，西域僧鸠摩罗什[14]憩此，覆其屦土中生兹树，三月开如桃花，八月结实，状如小栗，壳中皆黄土。

西岳华山下有西岳庙二，南庙外柏树二千余株，后周文帝所植；北庙前有唐柏五株，虬枝铁干，荣瘁半，其柯内寄生槐已合抱，尤异。自岳庙望华山，上有五将军树，其一植崖下者，与崖上等，可千余尺。

汉中府城内梵天寺，有柏杏亭，古柏一株。枝干分耸，中藏杏树，花开繁密，因取为名。

延安府安定县南六十里神木山中古树千株，樵采不敢犯，人以为神。

鄜州西北三里梅柯岭，有梅树。相传为杜子美寓鄜州时手植。中部县治北桥山上有轩辕柏，此即黄帝葬衣冠处。

杭州府西湖孤山上有柏堂，陈文帝天嘉二年建广化寺，植柏二。宋时犹存，其一号"陈朝柏"，僧志诠作堂其侧，苏子瞻作诗纪之，序云："柏二株，其一为人所薪，山下老人自为儿时，见其枯矣。然坚悍如金石，愈于未枯者。"里湖金沙滩孚应庙，一名天泽庙，有葛仙翁所植虬松。城西十五里下天竺光明忏堂后，有隋朝桧，高数十丈，大十围，尝为兵火所毁。大中祥符间复茂，号"重荣桧"。城西南十五里武林山，有宋朝银杏。灵隐寺外至天竺寺，植松九里，有六朝植者，有唐郡守袁仁敬植者，有南宋植者。

余杭县西南十八里大涤山洞霄宫，有唐朝杉二。相传唐昭宗景福二年，间丘先生自天台山以盂移植。围二丈，高三十余丈，叶虽凋减，而枝益坚。或图以为屏幛。又有唐朝栎。

临安县治南衣锦山有将军木，钱武肃王[15]微时，尝戏于此，又尝避难其下。后贵显，封为"将军木"，号之曰"衣锦将军"。

于潜县南十里牧岭，古松盘错奇怪。尝有兄弟阋墙，欲讼于有司，夜行憩其下。迟明辨色相视，乃伯仲也，遂各悔咎，息争而还，因名松为"木长官"。

台州府天台县西一百一十里，有怪松，翩跹如凤舞，首尾翼咸其〔具〕，不甚高，一翼覆溪水，离尺不沾，与涨涸俱上下。唐陆龟蒙有铭。

南昌府城内孚应庙，祀唐崔隐士，隐士手植槐树犹存。隐士佚其名，志称其不求闻达，惟以忠孝教人。既没，乡人相与立庙祀之。城西三十里西山上有櫔林，其间一株最大者，号"将军树"，千余年矣。

南康府城西北二十里庐山大林寺，有宝树二，一如盖，一如塔。承天白鹤观，为唐混成先生刘玄和故居，有唐杉，围二丈，在门内。开先寺道旁长松二百余株，南唐李后主所植。

建昌县治南有寿樟，宋黄鲁直作记。县治北冷水观中，有寿松，盘屈奇古，又名"挂剑松"，相传许真人逊尝挂剑于此。县治东七靖观有七井，第四井上有一老柏，乃许真人所植。

都昌县孝行乡，有丞相柏，宋江古心先生万里之居也。宋亡，先生一门赴水死。手植之柏犹存，青阴覆地，高干凌霄，人以为义气所培。

袁州府萍乡县治南宝积寺罗汉松，黄鲁直手植，名士多题咏。

瑞州府城西南四十五里集仙观，有许真人逊手植柏三株，名

"真君柏"。

建昌府城西五里红屏山，有数千人枫树，具人形眼鼻口臂，而无脚。入山者见而斫之，皆出血，俗名"枫子鬼人"。以篮冠其头，明日辄入篮。又有枫人生树下，似人形，长三四尺。夜雷雨，骤长与树齐，见人辄缩依旧。旱时以竹束其头，楔之即雨。古人取以为式盘，极神验，此或"枫天枣地"之说云。抚州府乐安县北八十里丰材山，亦有枫子鬼。

建昌府城西南十里麻姑山仙都观后，有七星杉，围二三丈，高切云汉，横列七株，故以"七星"名。山麓有古松二株，名"唐大夫松"。元时曾枯死，至本朝复茂。胡中丞柏泉，其母夫人梦麻姑山松处士托生，故以为名。及贵，虽在军旅中，得暇即面松默坐。事见本传。公，滁阳人，世庙末年为都御史，巡抚江西。祠在麻姑山麓，二松即在祠前。

吉安府安福县东三十里福圣院，唐仙女吴彩鸾来游，手植二树，曰"罗汉树"。每岁开花，东树结实。县西一百里有神枫，其状如神，岁旱以泥封之则雨。

南安府城西十里西华山石洞，左有松数千株，皆直干无旁枝。又有老树五干，自地摩空，亦无枝蔓。

南康县治东北祥符寺，有松高百余尺，凡四十九枝，偃亚如盖。画工图南康松以传者，此也。宋大中间，邑人钟福读书寺中，尝手植一小松，夜梦人告曰："松围三尺，子当策名。"寤而恶之。后三十年始登科，南归视松，一如所梦。

武昌府兴国州东罗寺前有古桧，大数十围。宋知军李寿明结亭其旁，扁曰"苍云"，取东坡诗"老桧郁郁似苍云"之句。州东六十里富池镇罗汉院，有古柏一株，大数十围，世传陈朝所植。

汉阳府城东北大别山太平兴国寺前，有古柏，俗传大禹治水时所植。府城西北六十里柏泉寺，有古井，俗传大禹植柏于大别，其根盘曲直至此井底，因名。今柏根尚存。

襄阳府南漳县双池寺，东有三股松，相传昔松显灵异，封护国将军，赐金牌，挂枝上，年久不朽。

　　荆州府归州天庆观前有柏，千年物也。

　　岳州府华阳县[16]八都宝慈观，有倒插柏。相传西晋张惊喜植，一云吕洞宾插下，出香泉，液流如乳。

　　澧州慈利县北七十里有倒插槐，相传伍子胥所插。

　　承天府沔阳州城北紫阳观，一名天庆观，有三色桧。宋徽宗时，尝图进大内，题金字于上。

　　黄州府麻城县西北十里有古松一株，不知年代，号"万年松"。

　　长沙府廨西陶侃庙，旧是贾谊宅，有大柑树。相传为谊所植。

　　善化县西南岳麓山下，有晋杉庵。世传陶侃手植，今存者七八株，其围三丈，中空洞如庵。

　　茶陵州西十里云阳山，有赤松坛。松高百丈，围数寻，可以服食。黄初平自号"赤松子"，以此。

　　南岳衡山祝融峰下南岳庙，古松满庭，湖南马氏所植也。安上峰峭壁上，有"舜樟"二字，大如斗，旧传为舜巡狩经行处。当时之木，犹有存者。

　　鄢县[17]北界常乐乡炎帝陵前，有古杉一株，今只存半，长一丈余，尚作凌空之势。

　　成都府城内江渎庙前，有树六株，自汉唐以来有之。树高五六十丈，围三四寻，直如矢。顶上才生枝叶，若棕榈状。皮如龙鳞，叶如凤尾，实如枣而大，每冬祭而采之。番中名为"古鲁麻枣"，盖凤尾蕉也。

　　新繁县隆道观玉帝殿，庭有古楠二本，分植左右。元祐八年，偶一夕风雨大作，偃其左偏者。邑宰命匠石取之，方执柯伐其枝，忽闻轧轧声，楠乃稍起立，匠石攀其上，似猿猱然，观者色骇。邑宰降阶，伏而谢罪，繁尉蒲咸临，记之甚详。

　　金堂县东三十里三学山寺，前后桧柏，皆隋时物。

郫县国宁观，有古楠四，皆千岁物也。枝扰云汉，声挟风雨，根入地不知几百尺，而阴之所庇车且百两正，昼日不穿漏。夏五六月，暑气不至，凛如九秋。成都固多奇木，然莫与四楠比者。有石刻立庑下，云是仙人蓬君手植。

灌县西南五十里青城山长生观，有巨楠高数十寻，围三十尺。世传蜀汉隐士范寂手植，寂得长生久视之术，先主累召不赴，封逍遥公。

绵州彰明县北二十里灵台山，一名天柱岩，有一桃树，高五尺，皮是桃，心内似柏。相传汉张道陵与其徒王良、赵升试法于此。

保宁府巴州通江县东三百里仙人礁，有山茶花，高数丈。相传是唐时树。

剑州西八十五里古延福寺内，有古木一株，名"千年木"。常有二白羊往来其处，即之则没。

重庆府忠州酆都县东二里平都山，林木幽深，夹径翠柏数十株，乃千年物。

夔州府城东八里旧州城内，白帝庙前松柏，皆千年物。

云阳县北十里栖霞观，旧名"升云宫"。巨柏参天，皆瞿法言、杨云外二仙人手植。

眉州城内纱线街三苏祠，即其故宅基也。门前榆树，相传为老泉手植，奇怪硙礧，人争取去为假山。

彭山县治东北二十五里象耳山，有千岁松柏。杨祐甫《彭山十事记》，此其一也。

嘉定州西南九十里，有唐罗目废县，县东南三十里阳山江溉有嘉树。两树对植，围各二三尺，上引横枝亘二丈，相援连理，荫庇百夫，其名曰"黄葛"，号"嘉树"。苏子由[18]诗"余生虽江阳，未省到嘉树"，即此。

峨眉县西一百里大峨山楠木坪，有大树孤挺而上十丈许，然后开枝。枝盘撑围绕，叶茂密芬菲，青青如圆盖，庇覆半亩，俗称为"木凉伞"。

福州府城东东山上有松垭，松极高大，宋初已有之。垭，坞同。松身有钱昱留题："景致逼神仙，心幽道亦玄。僧闲来出世，松老不知年。"城西洪塘南凤凰冈遍植荔枝，不下数百万株，大者十围，高二十丈，名曰"天柱"。皆五代时所植，至今蕃盛。城西百余里雪峰山麓月池旁，有古杉二株，一为真觉大师义存手植，直上参天；一为闽王审知手植，樛而逮地。

福清县西南三十里黄檗山寺门外，有唐时古松九株。今存其五，盘屈如龙。

泉州府治南天庆观西紫极宫，有古桧，围一丈六尺，高七尺，余枝如虬龙，香叶荫郁如幄，旁有石刻"晋朝桧"三字。卫署西榕树，大如一间屋，相传韩少卿[19]国华为郡，诞魏公日，树杪为吐烟霭。

南安县西南二里九日山，有无名木，宋时木也，而莫识其名。王龟龄诗："一木苍然老更奇，肯将名与世人知。我来不具知名眼，深愧平生未学诗。"又高士峰有晋朝松，偃蹇蟠屈，异于常木。或天阴雨晴时，有龙攫其上。

惠安县南二十里松洋洞石门，仅容一人侧身而入，中极宽广。洞门石罅有老藤，直垂三丈余，入洞则执以缒下。故老相传，云不枯亦不萌，盖千年物也。

漳州府平和县东北六十里三平山，有锡枝树。相传唐天宝初，义中禅师入此山，卓锡而立，化为樟树。今犹存。

延平府尤溪县西南一百七十里与泉州府之德化县分界处，曰"分枝岭"。岭上有大树，一枝南向，一枝北向。

建宁府崇安县南三十里武夷山溪口会真观前，古树大逾数围，千百年物也。七曲三仰峰之第三峰，有碧霄洞。洞崖有桃树，相传白玉蟾手植。

崇安县西一百里白塔山上,有巨木二十余株,其最者围四五丈,皆唐时物也。

广州府城内光孝寺,古法性寺也。梁天监元年,智药三藏自西竺国持菩提树一株,航海而来,植于戒坛之前。今存。

南雄府治东三里仁寿寺前,古榕一株,荫覆数亩。

惠州府博罗县西北三十里罗浮山七星坛,有古松七株,甚奇。

桂林府城榕树门,即古南门,相传为唐时筑。门上植榕一株,岁久根生,跨门内外,盘错至地,分而为两天生门状,车马往来径于其下。国初洪武八年,展南城,凡旧基率毁去,惟存此门。

梧州府郁林州兴业县南十里绿阴山,有木如榕,大蔽数十亩,不知何年物也。绿阴山,一名甑山。

云南府城西南二十里太华山,丛林香阁前,有老椿围二丈,苍干入云。盖千余年物。

大理府赵州赤水江岸有凤栖木二株,俗传凤昔栖其上。至今日晡时,鹰隼朝之以千数。

武定府城西五里狮子山上,有罗汉松一株,大数十围,霜条铁干,世所罕见。

附　录

九江府瑞昌县南四十里有梧桐岭,不树,而其子常落,人以为异。

[1] 刘因(1249—1293),字梦吉,号静修、樵庵,又号雷溪真隐。保定容城(今属河北)人,元代诗人。

[2] 窦建德(573—621),贝州漳南(今河北故城东北)人。举兵抗隋,建立夏国,称雄河北。后被李世民所俘,被唐高祖处死。

[3] 韩熙载(902—970),字叔言,青州人。后唐同光进士,五代十国南唐官吏,历秘书郎、迁吏部员外郎、史馆修撰,兼太常博士,拜中书舍人。

[4] 张即之(1186—1263),字温夫,号樗寮,历阳(今安徽和县)人。历

官监平江府粮科院、将作监薄、司农寺丞。特授太子太傅、直秘阁致仕。宋代书法家。
[5] 甪里先生，名周术，是汉代著名隐士，"商山四皓"之一。
[6] 张通裕，字弘真，张天师第十二代孙，南齐永明年间有活动事迹记载。
[7] 陆龟蒙（？—881），字鲁望，号天随子、江湖散人、甫里先生，江苏吴县人。曾任湖州、苏州刺史幕僚，后隐居松江甫里（今甪直镇），编著有《甫里先生文集》等。唐代农学家、文学家，与皮日休齐名，世称"皮陆"。
[8] 皮日休（约838—约883），字袭美，一字逸少，自号鹿门子，又号间气布衣、醉吟先生、醉士等。今湖北天门人。唐咸通八年（867年）进士及第，历任著作佐郎、太常博士、毗陵副使。后参加黄巢起义。
[9] 朱勔（1075—1126），苏州（今属江苏）人。北宋大臣，为"六贼"之一。
[10] 程灵铣，据载，歙州歙县黄墩湖近村有其人，卓越不羁，好勇善射。侯景之乱，随陈武帝平贼，军中谓之程虎。官至丹阳尹，与周文昱、侯安都并称三杰。
[11] 应劭（约153—196），字仲瑗，东汉汝南郡南顿县（今河南项城市南顿镇）人。著有《汉官仪》、《风俗通义》等。
[12] 贞裕，当为贞祐。
[13] 文潞公，即文彦博（1006—1097），字宽夫，号伊叟，汾州介休（今山西介休）人。天圣五年（1027年）进士及第，历仕仁、英、神、哲四帝，出将入相五十年，被世人称为"贤相"。著有《文潞公集》四十卷。
[14] 鸠摩罗什（344—413），一译"鸠摩罗什（耆）婆"，略称"罗什"，意译"童寿"。中国佛教四大译经家之一，与弟子译成《大品般若经》、《法华经》、《维摩诘经》、《阿弥陀经》、《金刚经》等经和《中论》等论。
[15] 钱武肃王，即钱镠。
[16] 岳州府华阳县，当为岳州府华容县。
[17] 鄩县，当为鄏县。
[18] 苏子由，即苏辙（1039—1112），字子由，自号颍滨遗老，眉州眉山（今属四川）人。
[19] 韩少卿，即韩国华（957—1011），字光弼，相州（今河南安阳）人。宋

太平兴国二年（977年）进士，景德四年（1007年）以太常少卿知泉州，大中祥符四年（1011年）离泉。子韩琦，出将入相，以历三朝，立二帝闻名，封爵"魏国公"。

合干树

苏州府常熟县西北四十里河阳山，一名凤凰山。□□□庭有八桧，一夕雷震西南一株，其断干附于他株而生。

杭州府西湖栖霞岭下岳飞墓前，双桧树连理，甚奇。

南昌府城西南翊圣观，有二松相去五尺，合为一干，名"义松"。黄鲁直作记。福宁州南峰庵二榕树亦然。

吉安府永新县西八十里溶湖村，有三株树，唐颜鲁公后裔居其地。古树三株鼎立直上，大余[1]仍合为一。其下可坐十数人，历七百余年，茂盛犹故。

宋吉水县人李筹与弟衡□□，二岁丧母。政和中，改葬母于杨山，负土成坟，庐于墓左。未几，庐所产瑞木，一木两干，高丈许，复合于一，至其末乃分两干五枝。

洪迈《夷坚志》云：信丰县水南有瑞荫亭，亭前两巨樟，相去百余步。其高拂云，枝干扶疏，类烟霄中物。绍熙癸丑秋，大水浸县鼓楼，二樟之间，为水淘洗，露出一连理枝，自东徂西长四十五丈，枝下去地丈许。

襄阳府光化县北东汉江上有古酇城，《雍州记》云：酇城南四里有五百村，榆树连理，异本合干，乡人以为社。其洲并树在此，村因以为名。《寰宇记》"五百"作"五陌"。

重庆府合州东五里学士山麓，宋时有张氏荔支，异本合干，唐文若[2]、曲端[3]尝赋之。

忠州东北十里有宋时所建连理亭，木株相去□□□□□连理树。

闽省布政司堂后榕樟二树，合为一，大可合抱。

福州府闽清县西柽峰，山上有柽树，根分而枝合，大数十围，荫蔽数亩。

兴化府城西北十五里福平山凤林寺前，有大木轮囷蔽亏，参汉连牛，东西望不相见，乃甘棠、赤榕、械朴三木合为一干者。盖其初，鸟食二树之实，遗矢一树中，若寄生然，久之合为一树矣。

唐林蕴[4]兄弟九人并仕州牧，□并葬是山之下凤林寺，乃蕴裔孙邺守鸣盛[5]所建云。

附　录

太原府代州五台县东北一百四十里五台山三珠泉侧，有七宝珠树，高二丈许。下为一干，岐分七条，上复拱合为一。然后枝叶衍纵，披覆四下。

吉安府泰和县南漳江石下陂上，有六树同本生，各四五围，离立，可置二席。邹东廓[6]名为"六合同春"。

[1] 大余，疑为"大干"。
[2] 唐文若（1106—1165），字立夫，眉州丹棱（今属四川眉山市丹棱县）人。高宗绍兴五年（1135年）进士，历宗正少卿、中书舍人等。著有《遁庵文集》。
[3] 曲端（1091—1131），字正甫，镇戎（今宁夏固原）人。南宋名将。
[4] 林蕴，字复梦，约唐宪宗元和初前后在世，福建莆田人。德宗贞元四年（788年）明经及第，授集贤殿书院校理，西川节度推官，官终邵州刺史。
[5] 鸣盛，即林鸣盛，福建莆田人。明万历二年（1574年）进士，授南陵县知县，任内兴办太学会馆和武科会馆。
[6] 邹东廓（1491—1562），名守益，字谦之，号东廓，江西安福人。明正德六年（1511年）中进士，授翰林院编修，翌年引疾归里讲学。

交代树

苏州府昆山县玉峰永怀寺,旧有阴阳柏二株。宋南渡时,高丽国所进,仅二尺许。高宗以赐王绹[1],绹种之此殿庭之左右。柏高与殿齐,每岁左花则右实,右花则左实。寺乃绹祖审琦香火院也。

南昌府都昌县[2]东北一百里黄金山上,有楠树,一年东荣西枯,一年西荣东枯,张华所谓交让之木也。

吉安府泰和县南古冈庵前,有罗汉树二株,萦缠纠结,屈曲交加,常年一树花而不实,一树实而不花。

安福县东三十里福圣院前罗汉柏二株,每岁西树着花,东树结实。一云唐天宝间,女仙吴采鸾栽双柏于福圣院之观音阁前。枝叶繁荫,交年而花实。县西一百里武功山图坪庵,一名小桃源,有二杏树逼檐对崎,各□丈余,东花西实,至明年花实易向矣。

武昌府谷城县[3]西南八十里薤山上,有孤竹三茎,三年生一笋,笋就竹枯,代谢不已。一作剪山。

[1] 王绹,宋朝政治人物,历官御史中丞、参知政事,曾弹劾李纲"经年不赴贬所"。
[2] 南昌府都昌县,当为南康府都昌县。
[3] 武昌府谷城县,当为襄阳府谷城县。

占年树

梧州府苍梧县南十五里,与封川县界,有两广树,南北□□验。其荣瘁以卜两省之丰凶。封川县,属肇庆府之德庆州。

澄江府江川县北二十里双龙乡,有古树,不知其名。春初叶萌,自南兆旱,自北兆雨。自西风雨,时禾稼登;四围并发,则饥谨旱涝。历验。

占科树

金华府城西南隅宝婺观下，有古桐一株，每与檐齐，则出大魁。宋绍熙癸丑陈亮及嘉定庚辰刘渭相继廷对，□□应其谶。

福州府长乐县学西偏，洪武初，有古柳一株，高二丈许，忽榕子寄生其巅，岁月既久，榕肤包柳，诸生皆喜，以为登第之兆。居三年，陈全廷试为榜眼。又三年，马铎[1]廷试为状元。其领乡荐中甲榜者，难一二计，因名曰"瑞榕"。

建宁府建阳县西七十里麻沙，有瑞樟书院[2]。唐时开国公刘翱卜筑于此，即五忠刘氏之祖也。手植樟木长茂，大数十围。后建书院，刘氏有科第、除拜者，其兆必先见于樟，或开花或结实，有凶事则枝干微枯。

[1] 马铎（1366—1423），字彦声，号梅岩，福建长乐人。原名马乐，后避讳永乐，受御赐"铎"，改名为马铎。明永乐十年（1412年）状元，授翰林院修撰。著《玉岩集》。
[2] 瑞樟书院，在今建阳市麻沙镇。宋绍兴间，由朱熹老师刘子翚之弟刘中将先祖刘翱卜居之地改建为书院。刘子翚、朱熹等曾在此讲学。嘉熙三年（1239年），宋廷颁赐"瑞樟书院"匾，因以为名。书院几度兴废，民国尚存，后废。

草木效顺

顺德府城西北七里石井冈上，有井大如车轮。相传为汉光武营军所凿，旁有荆棘生，皆蟠萦□人手结，云是光武系马处。

广平府青河县[1]西十里龙王堂右，有古槐一株，似龙形，枝干曲卷，下垂至地，若龙爪状，人谓之"龙爪树"。宋太祖微时避暑于下，解衣覆上，其性遂下，有利其材而欲伐之者，斧斤方加，疾作而止。

徐州丰县城中有厌气台，相传秦始皇东游，以厌王气，因筑此台。汉高帝避秦厌气，每出东北城，下伏道下匿。今其地棘针皆顺生。

大〔太〕原府代州城西四十里，旧有断影树。相传汉文帝迎立时，犹豫不决，逐日游思，卧于树下遂寝。日过，树影不移。今即其地，建白杨庙。

平阳府蒲州万泉县下主寺有龙柏。相传汉光武尝系马鞭于上，故树枝宛成龙形。

济南府滨州蒲台县北四十里有古蒲台，秦始皇东游时所筑，尝于台下萦蒲系马。至今蒲生纡曲，如系马之状。蒲，蒲柳也，状似水杨。一云青州府临缁县西南二十五里乌河中有台，秦始皇游此台，结蒲系马，今蒲生皆如结。河间府郡宅后瀛洲第一亭，亦相传为蒲萦台。《郡国志》载，始皇萦蒲系马处，在庆云县始皇台下。

兖州府曲阜县东南五十里尼山，叔梁纥[2]与颜氏祷于此，而生孔子。升之，谷草木之叶皆上起；降之，谷草木之叶皆下垂。

登州府宁海州东四十里系马山，相传秦始皇游此山，揽草系马。至今草皆垂屈，若人系结之状。

归德府鹿邑县东十里太清宫，有御爱桧。宋真宗将临幸，有桧南枝碍檐，将加斤斧，一夕大风雷，比晓，桧枝已转北矣。真宗甚爱之，故名。

平凉府镇原县有龙泉木，宋太祖微时，往凤翔谒节度使王彦超，仅得钱十千。遂过原州，卧于田间而树阴覆之不移，其树至今犹存。

宁波府城西南一百五十里四明山有双石如笋，□数丈。野花丛生其顶，春时烂若云锦。宋时每遇遏密之时，辄三年不荣。

宋岳飞率师过茶陵之赤塘，向有冬青树，大数尺，横生梗道，过者难之。飞将至之夕，树忽自植立。茶陵州，今属长沙府绍兴中之茶陵军也。

兴化府仙游县西二十里大旗山下右濑，有树一株，婆娑如榕。国有大故，树辄先瘁，人名"知国树"。

惠州府博罗县西北三十里罗浮山，有唐时御园柑。玄宗幸蜀，德宗幸梁时，皆不实。僖宗幸蜀，花落树枯。

廉州府钦州西南三百六十里分茅岭，马援既平交趾，立铜柱于此，以表汉界。山顶生茅，南北异向，至今犹然。

[1] 广平府青河县，当为广平府清河县。
[2] 叔梁纥（前622—前556），春秋时期宋国（今河南省商丘市夏邑县王公楼村）人。60岁时生孔子。曾官陬邑大夫，与鲁国名将狄虒弥、孟氏家臣秦堇父合称"鲁国三虎将"。

草木旌忠

保定府祁州束鹿县南红草坡，乃唐张兴[1]墓也。余卉皆绿，此墓草独红，相传为忠血所化，故然。兴，束鹿人，为饶阳裨将，不肯从史思明乱，且责之。思明怒，锯解之，兴骂不绝口，军中为之改容。

易州城西南二十七里，有长安城，俗名斗城。汉宣帝时，幽州刺史李宣尚范阳公主，忆长安，乃筑一城，像长安城。中有枣树，花而不实，皆向西南而引，俗谓之"思乡枣"。

大同府城西北六百四十里有王昭君墓，地皆白草，此墓草独青，谓之"青冢"。

兖州府东平州北二十里瓠山上，有汉东平王冢。王，宣帝第五子也，名宇。在国思归京师，葬后，冢上松柏皆西靡。

杭州府城西栖霞岭下岳飞墓上，古柏阴森，枝皆南向。

九江府瑞昌县西南亭子山，苏子瞻谪黄州经此，题诗石壁，以笔洒竹，竹生墨斑，邑人异之。

赣州府宁都县西北六十里有竹林，宋德祐乙亥[2]岁，文信公勤王使，赵时赏[3]一军取宁都。至此偶尔作书，有所征发，泚笔竹叶上，自后此林竹叶生有墨晕，人谓忠义所感。

寇莱公准赴贬雷州，道出公安，剪竹插于神祠之前，而祝之曰："准之心，若有负于朝廷，此竹必不生；若不负朝廷，此竹当再生。"其竹果生。一云：公贬死于雷州，诏返葬洛阳，道过公安，民皆迎祭，斩竹插地，以挂纸钱而焚之。寻复生笋成林，邦人神之，号曰"相公竹"。

长沙府湘阴县北四十里黄陵山上，有庙祀舜二妃，庙西有二妃墓。相传舜崩，二妃攀竹悲哀，泪滴竹上成斑。唐高骈[4]诗："舜帝南巡去不还，二妃幽怨水云间。当时珠泪知多少，直到如今竹尚斑。"湘南诸县皆有竹，亦相传为二妃遗迹。宋魏泰《临汉隐居诗话》云："竹有墨点，谓之斑竹，非也。湘中斑竹方生时，每点上苔钱，封之甚固。土人斫竹浸水中，用草穰洗去苔钱，则紫晕斓斑可爱，此真斑竹也。"按：今江浙皆有斑竹，直一泪痕耳。岭南出者，有叠晕最佳，其种未知传自湘中否？

[1] 张兴（？—756），河北束鹿县人，唐朝天宝年间饶阳郡副将军。
[2] 德祐乙亥，宋德祐元年（1275年）。
[3] 赵时赏，字宗白，和州（今安徽和县）人。南宋官吏，宗室。咸淳元年（1265年）进士，历官知旌德县，知邵武军，文天祥参议军事，江西招讨副使。兵败被执，不屈死。
[4] 高骈（821—887），字千里，祖籍渤海蓨县（今河北景县）。南平郡王高崇文之孙。历任天平、西川、荆南、镇海、淮南等五镇节度使，多次重创黄巢起义军。

木 书

南齐时，零陵安明寺有古木，伐以为薪，木理自然，有"法火德"三字。

宋乾德中，合州治北山出异木，生纹成"天下太平"字，因名"瑞应山"。

太平兴国六年正月，瑞安县民张度解木五片，皆有"天下太平"字。

庆历三年，澧州献瑞木，有文曰"太平之道"。

治平四年六月，汀州进桐木板二，有文曰"天下太平"。

熙宁十年八月，惠州柚木有文曰"王帝万年，天下太平"。

崇宁间，奉议郎许白治第于苏州，解木中有"天下太平"四字，笔势迈逸，许尝以其事闻。

政和三年十月，武义县木根有"万宋年岁"四字。

宣和二年四月，永州民刘思折薪，有"天下太平"字。

宣和五年春，顺昌县交溪廖懋以奉议大夫家居，役夫解柿木为薪，中有文曰"圣元天何"四字，字体制楷，墨色莹然。

宣和间，盛章守苏州，谯楼火，有得一木于煨烬之余。析而为薪，中有"大吉"二字，遂献诸朝。

南阳府邓州浙〔淅〕川县东南百里白崖山，有香岩寺。金人伐宋时，伐寺木造舟，木中有文成诗云："栽松种柏兴唐日，解板造舟破宋时。可惜香岩千载树，等闲零落岁寒枝。"

绍兴十四年四月，处州民毁欹屋析柱，木里有文曰"天下太平"。

淳熙十六年七月，晋陵县民析薪，中有字曰"绍兴五年"。

德祐二年正月，宝应县民析薪，中有"天太下赵"四字。献制置使李庭芝，赏钱五千。

元元贞元年,芜湖县进榆木,有文曰"天下太平"。

国朝洪武元年,临川县献瑞木,中折有文曰"天下平"。质白而文玄,当有文处,木理随画顺成。

附　录

元至元十六年,彰德路有黍自生成文,红楷黑字,其上节云"天下太平",下节云"天下刀兵"。

至正十二年,江淮芦荻多为旗、枪、人、马之状,节间析开,有红晕成"天下太平"四字,实兆我圣祖龙兴之祥。

叶　　符

荆州府夷陵州西九十里黄牛峡,有黄陵庙。庙后丛木似冬青而非,叶有黑文,类符篆,然叶各不同。

远安县南六十五里青溪,鬼谷先生[1]隐处也。溪旁竹叶上,多生符篆,文如籀,叶叶不同,俗名"鬼谷符",云佩之可以辟患。

叙州府南溪县西十五里平盖山,一名玛瑙山。汉真人刘景鹤炼丹之地。山上有木,叶纹如篆,谓之"符叶"。

泸州合江县南五里榕山,一名容子山。山上有天符叶树,其叶如荔支叶,而长有纹,宛如虫篆。此树原在合江县西五里安乐山,一夕大风雨,拔去移在容子山。或以为刘真人仙迹。真人名珍,字善庆,隋开皇间,升真于安乐山。

惠州府博罗县西北三十里罗浮山丫髻峰,有刘仙坛。石坛高百丈,乃真仙人刘高尚打坐处。其旁生竹叶符,镇压蛇虎。

附　录

西安府咸阳县北十五里周公墓上,有模木,其叶春青夏赤,秋白冬黑。

[1] 鬼谷先生,当指鬼谷子,春秋战国时期著名的谋略家。

枯　木

广平府广平县韩固村元君庙前，有大白杨树一株，高出二丈，枝叶残枯。嘉靖间，适无目之人纳凉树下，滴水入目，渐觉微明，因号曰"圣水树"。

济南府泰安州治西岳庙，旧有唐槐毁尽，只留北肤尺许。

兖州府曲阜县西北八里孔林，有楷木一株，相传子贡[1]手植。其树大十余围，高五十尺，已枯死而未仆，遗种延生甚蕃。

河南府陕州治东召公祠前，甘棠已枯，尚余二干。

西安府华州华阴县东五里西岳庙前，唐玄宗系马柏已枯，只存三尺余。

处州府城西南十五里石羊山，有岩穴深数丈。中有枯木，状如石羊，乃千年物也。色如黛赭。

赣州府会昌县东南一百二十里汉仙岩，有枯木一枝，大不盈握，横亘绝壁，山风狂吼，终古不坠，俗谓之"仙女桂降真"。

衡州府酃县[2]常乐乡炎帝陵前，有樟木横亘水中，枯空若洞，即所谓"空樟洞明"也。

嘉定州西一百里峨眉山通天堂之南，有老僧树，树两岐直立，枯而空中。一游僧来定焉，复荣，抱为一。僧定，故未出也。

黎州司城东十里兰若寺中，有龙池方广十数丈。池上有龙祠，水中有枯楂三株如龙形，触之则风雨暴至；岁旱取湫，祷雨立应。

福州府城西百余里雪峰山，有唐时枯木庵，一巨木外嵌内柎，真觉大师义存尝趺坐于此。至今枝干虽尽，而本根不朽，峨然若小台，色如黄金，皮作断纹，根犹植地。（林树梅[3]有诗）

附　录

赣州府龙南县南一百里归美山顶，有木枋数百片，高危非人力所及。

荆州府夷陵州宜都县江之左岸，有插灶崖，绝壁数百文［丈］，有一大烬插崖间，望之可长数尺。相传尧时，供水人泊船于此，此其爨余也。《水经注》云：有一大炉埵在崖间，谓之"埵灶"，即此。

建宁府崇安县南三十里武夷山，秦时遇王子骞修行成仙于此。遇，国名，今延平地，世称为魏王子骞讹也。始皇二年八月望日，骞设宴会乡人，峰顶召男女，二千余人如期而至，桥梁跨空，鱼贯以登。及罢散，风雨暴至。跨空桥板乱飞，横插岩穴间。至今间有坠下者，颇类沉香木，人患呕泄，磨服即愈，不知是何木也。

邵武府泰宁县东北三十里有筲箕石，石之南，有一石穴，人迹不可到。内有截木，望之若箱然。

韶州府仁化县北二十里廉石山石罅中，有枪竿。相传唐时，黄巢过此所投者，至今不朽。

南宁府隆安县南二十里盖桥山，中有岩穴，积木架桥。传云自上古，至今不朽。

横州西南十里有横槎浦，又四十里为横槎江。相传晋咸元中，隐壬［士］董京遇一仙人，秋夜横槎于浦。枝干扶疏，坚如铁石，其色类漆，黑光照人。州曰"横州"，盖以横槎而名。旧有横槎馆，宋秦少游谪横州时，尝寓焉。绍定间，郡守张垓建仙槎亭于城西北隅登高岭上，州人九日登高游此。

［1］子贡，即端木赐（前520—前456），字子贡，春秋末年卫国（今河南鹤壁市浚县）人。孔子的门生，孔门十哲之一。
［2］衡州府鄙县，当为衡州府酃县。
［3］林树梅，生于嘉庆年间，字瘦云，福建金门人。善画，工篆刻，学识渊博，诗文俱工，有《啸云文钞》、《啸云诗钞》行世。

木辟谷

真定府元氏县西北五十里封龙山之熊耳峰，有丹青树，得而服之成仙，其叶一青一黄。

甘州卫城西南八十里甘浚山，一名绀峻山。中有仙人树，行人饥者，食之即饱。不得持去，平时亦不得见。按《酉阳杂俎》载：仙树在神连山，其实如枣，行旅得之，止饥渴。一名四味木，以竹刀剖，其实则甘，铁刀剖则苦，木刀剖则酸，芦刀剖则卒[辛]。祁连山，在卫城西南一百里。

草辟谷

真定府获鹿县西八里抱犊山东南岭，有草名"玉照"，夏发枝，冬生花，高五六尺。味颇甘，取其叶末服之，二三日不饥。

绍兴府会稽县陶宴岭产玉芝花，生叶下，其根一岁生一白。取其白，以面里[裹]炊熟，吞之，日三枚可辟谷。

武昌府均州[1]东一百二十里石阶山，一名华岳地肺，一名肺山福地。其西北有大松树，树下生救穷草，冬夏不枯，月食三寸，绝谷不饥。

南岳衡山生赤芝，仙草状，如珊瑚，啖之不饥。

成都府崇庆州新津县南九里稠粳山，有草名"稠粳"，服之可以长生。

柳州府产苴草，高一二尺，状如茅。食之令人多寿，俗呼为"不死草"。夏月置盘筵中，蝇蚋不近，物亦不速腐。

按《南山经》：招摇之山临于西海之上，有草焉，其状如韭而青花，其名曰"祝馀"，食之不饥。仑者之山，有木焉，其状如谷而赤理，其汗如漆，其味如饴，食者不饥，可以释劳，其名曰"白荅"。《西山经》：崒山多丹木，圆叶而赤茎，黄华而赤实，其味如饴，食之不饥。草木之可以辟谷，古已有之。但《山海经》所载山名，今莫能详其处耳。葛洪《肘后方》云："白茅根洗净咀嚼，或石上晒焦，捣末水服，方寸已可辟谷不饥。"此则是处有之者也。

[1] 武昌府均州，当为襄阳府均州。

土可餐

池州府青阳县南九华山，有白墡窟，其土如面。歉岁，人多食之。唐至德间，新罗国僧金地藏渡海，居九华山，尝以岩间白土杂饭食之，即此。

镇江府金坛县，崇祯辛巳[1]年饥，山土化为面，煮之可食，人赖以济。

唐开元二十八年春二月，怀州武德、武陟、修武三县人无故食土，云味美异于他。先是米贵人饥，有老父紫衣白马，从十人，过武德之期城村，指渠水旁土，谓人曰："此土甚佳，可食，汝试尝之。"老父忽不见，人取其土拌面为饼，甚美。由是远近竞取之，渠东西五里，南北十余步土并尽。怀州，今怀庆府府城东南五十里，有武德废县城。

盛弘之《荆州记》[2]云："武当县有一溪岸，土色鲜黄，乃云可啖。"《水经注》云："堵水之旁有别溪，岸侧土色鲜黄，可啖。"一作蟹黄。按：堵水在今南阳府裕州，州即汉之堵阳县也。堵水流至郧阳府城西六十里入汉处，谓之"堵口"。武当县，即今襄阳府之均州郧阳南至均州界九十里，所谓土色鲜黄可啖者，盖在其接壤之间。

临安府城西南三里乐荣山，其土香美，作饼，炙熟可食，粳妇嗜之。

[1] 崇祯辛巳，明崇祯十四年（1641年）。
[2]《荆州记》，南朝宋盛弘之撰，荆州区域志，正文依巴东、南郡、江夏等郡分县记述境内名胜古迹、洞穴矿泉、地方特产、历史典故、神话传说、高山大川等。

石可餐

唐玄宗时，王倕奏武威郡番禾县嘉瑞乡天宝山周回六里，石化为面，在近村间及诸部落取食，益人。武威郡，今永昌凉州镇番庄浪诸卫地。

太［大］和四年，太原节度使柳公绰[1]奏云、蔚二州山谷间，石化为面，人取食之。云州，今大同府。

[1] 柳公绰（763—832），字宽，小字起之，唐代京兆华原（今陕西铜川市耀州区稠桑乡柳家塬）人。唐朝大臣、书法家，柳公权之兄，大和四年（830年）出任河东节度使，遭遇荒年。

木中有物

唐封令积任常州刺史，于江南溯流，将木至洛造庙。匠人截木于中，得一鲫鱼，长数寸，如刻安之。

唐时，怀州凝真观东廊柱已五十余年，道士往往间［闻］柱中有虾蟆声，不知的处。后因柱朽坏，易之，厨人砍以为薪，柱中得一虾蟆。其柱初无孔也。

武后如意中，济源路敬淳家水碾柱将坏，易之为薪。中有鲇鱼，长尺余，犹生。

成化丁未，琼州迁府治，采铁力木于永安，截一大者为柱，中特空窾，藏一活蟹。又雷破一大竹，节中有迹，蜿蜒如蛇状。

石中有物

苏州府城西二十里天平山之支垄,曰"金山",初名荼坞山。晋宋间,凿石得金,故易今名。

太平府城东北四十里有翰辟山,梁大同九年,鸿胪卿上表,传诏往姑孰翰辟山采石墨,琢石之次,获古钱四枚。

平阳府解州平陆县,古为河北县。天宝中,以三河道险束,漕运难[艰]难,乃傍北山凿石为月河,以避湍急,名曰"天宝河"。其河东西径直长五里余,涧四五丈,深三四丈,皆凿坚石。匠人于石中得古铁铲,长三尺余,上有"平陆"二字,皆篆文也。上异之,藏于内库,遂命改"河北县"为"平陆县",旌其事也。右[上]见唐郑綮[1]《开天传信记》。按:是时董其役者,陕郡太守李齐物也。三河,即砥柱山,在黄河中流。三穿既决,谓之"三门"。神门、鬼门、人门也。

辽东故东京城之东北隅,旧有台。金大定中,修城役夫毁台取土,及半得石函,启之,中有块石圆滑天成,摇撼作动物声。破之,二大蝎尾梢相钩不解,见风即死。今名其地为"蝎台"。

段成式《酉阳杂俎》云:常侍崔元亮在洛中,尝闲步沙岸,得一石子,大如鸡卵,黑润可爱,玩之。行一里,划然而破,有鸟大如巧妇,飞去。

唐宣宗葬贞陵,在西安府泾阳县西北七十里山陵。使夏杰孜开陵时,于坚石中得金钗半股,其长如掌,余尚衔石中。

宋杜绾[2]字季扬,衍之孙也。曾于兰州黄河水中获一圆青石,大如柿。用作镇纸,经宿连简册辄湿润。后以器贮之,凡移时有水浸润。一日忽堕地,破而为一四段,中有小鱼一枚,才寸许,跳踯顷刻即死。

湖州府城西苕溪,嘉靖初年,渔人网得一石,圆大如鹅卵,内铿然有声，击碎之，有铜牌一方，上刻"宣圣"二字。

严州府寿昌县西金鸡岩，昔有人闻石中有鸡声，剖石，得一物如鸡，有金色石窍尚存。

张鷟《朝野佥载》[3]云："渔人网得一石，甚鸣，击之，声闻数十里。道王为洪州刺史，破之，得剑一双。视其铭，一有许旌阳字，一有万仞字。"按《唐书》，道王元庆[4]未尝为洪州刺史，乃滕王元婴[5]也，佥载误。

浔阳役兵凿一石，石中又有小石，若碑板。视之，乃王逸少书"头眩方"。

九江府德安县西北一百二十里昆仑山元阳观，正德间，有道士于砻石中得琴、剑。琴能自鸣，为人谋献逆濠。

近世孙克弘[6]为汉阳太守，山民劚石之内坎，有白龟在焉。献而□□□。

成化丁未[7]，琼州迁府治，石匠于定安县治北建江之滨，度取一石为阶磜，中藏小窍，忽击裂而焰耀如电，匠皆晕仆。

南唐李后主有青石砚，墨池中有黄石如弹丸，水常满，终日用之不耗，每以自随。后归宋，陶谷见而异之，砚大不可持，乃取石弹丸去。后主拽其手，振臂就取，请以宝玩，为谢不许，后主曰："惟此砚能生水，他砚皆不可用。"陶试数十砚，水皆不生。后主索之良苦，陶不能柰[8]，曰："要，当碎之！"石破，中有小鱼跳地上，即死。自是砚无复润泽。

徐铉《稽神录》[9]云：右千牛兵曹王文秉，丹阳人，世善刻石。其祖尝为浙西廉使裴璩采碑，于积石之下得一自燉圆石，如球形，式如砻断之，乃重叠如谷相包。断之至尽，其大如拳。复破之，中有一蚕如蛴螬，蠕蠕能动，人不能识，因弃之。数年，浙西乱，王出奔至下蜀，与乡人夜会，语及"青蚨还钱"事，坐中或云："人欲求富，莫如得石中金蚕。畜之，则宝货自致。"问其状形，则石中蛴螬也。

[1] 郑綮（？—899），字蕴武，郑州荥阳人。累官庐州刺史，后拜相，以太子少保致仕。著《开天传信记》。
[2] 杜绾，字季扬，号云林居士，北宋山阴（今浙江绍兴）人。岩石学家。
[3] 《朝野佥载》，唐张鷟撰。唐代笔记小说集，记隋唐两代朝野遗闻，尤多武后朝事，对武则天时期的朝政颇多讥评。书中题"张鷟"撰。
[4] 元庆，即李元庆（？—664），唐高祖李渊十六子，被唐高祖封为汉王，后改封为陈王，唐太宗年间改封为道王，曾任豫州刺史。
[5] 元婴（？—684），祖籍陇西成纪（现甘肃秦安西北）。唐高祖李渊第二十二子，唐太宗李世民之弟。工书画，妙音律，喜蝴蝶。任洪州都督期间，建了闻名的"滕王阁"。
[6] 孙克弘（1532或1533—1611），一作克宏，字允执，号雪居，松江（今属上海市）人。以荫授应天治中，官至汉阳知府。明书画家、藏书家。
[7] 成化丁未，明成化二十三年（1487年）。
[8] 柰，通"奈"。
[9] 《稽神录》，徐铉撰。是一部宋代志怪小说集，大多写鬼神怪异和因果报应故事。

池　　盐

平阳府解州城东五里有盐池，东西长五十里，南北广六里，周一百一十四里。土人疏卤地为畦垄，而堑围之，引清水注入，久则色赤，待夏秋南风大起，则一夜结成。如南风不起，则盐失利。舜歌《南风》"阜财"，正为此州。西北三里有女盐池，东西二十五里。

安邑县有池生乳盐，唐大历中，赐名"宝应庆灵池"。按：夏县西南十五里，有涌金泉，西入安邑黑龙潭，水味甘列［冽］，盐池得此水始结盐。

登州府蓬莱县有咸泉池，其泉咸，百姓取之为盐。

西安府渭南县北七十里莲勺城南有盐池，纵广十余里，乡人名为"卤中"。《汉书》宣帝微时,常困于莲勺卤中,即此。莲音辇,勺音酌。

华州蒲城县西四十里有西卤池,阔五十尺,深二丈。东入沮水,亦名"卤渠"。又有东卤渠,在县南二十里,即卤中也。盖蒲城与渭南接壤处。唐至德后,盐不复生。

宁夏卫城北四百里有大盐池,周围八十里;城东南二百七十里。有小盐池,周围二十七里,皆出青盐,不假人力,自然凝结,四方,皎洁如石。

靖虏卫城西南一百三十里有祖厉城,城西有河水与祖厉水合,唐史云:有河池因雨生盐,即此处也。

甘州卫城西北四十里有合黎山,山北九里有盐池。由合黎山西北傍河,屈曲行一千五百里,至居延泽,泽旁有白盐池。

山丹卫有红盐池,产盐赤色。一云桃花盐,色如桃花,出琴湖池,随月盈缩。

镇番卫城东有新中沙池,西有鸳鸯池、小白池,南有三坝池,西北有小白池井,俱产盐。

靖州西北十里飞山上有洗马池,极深。昔有汲饮者,味咸,煎之得盐。郡闻而榷之,诸场以此不与献纳,相争而止。

成都府简州有阳明盐井,即牛鞞井也。牛鞞,汉县名。

绵州东一百二十里有盐泉废县,唐初所置,以地有盐井而名。

威州东南四十余里定廉山之阳,有盐溪,民资采漉之利。

重庆府大足县东有盐池,周广可百步,土人谓之"狗泊",以形似故。

泉州府同安县东仁德里十三都有洪前盐泉,其地在东山浮洋中,海潮所不到。风日晴明,辄有小泉自沙土中出,土人取而淋之,可煎成盐。同邑濒海,食盐皆晒海水而成,其值甚贱,不藉煎煮,乃又有此一种。可见天地生物之奇,无所不有也。

威远御夷州有莫家寨河,汲其水,浇炭,大土炼之,即成细盐。

哈密卫城北天山，一名雪山，山南二里有盐池。哈密卫，在肃州卫北一千五百二十里。

张勃《吴录》云：天竺有新淘水，味甘美，下有石盐，白如水晶。

金幼孜[1]《北征录》云：大甘泉有盐海子出盐，色白莹，洁如水晶。青水源有盐池，盐色或青或白。

南夷卜剌哇国有盐池，投树枝于中，捞起结成白盐。

顺德府钜鹿县北五里广河泽畔，有咸泉，可煮为盐。

巩昌府西和县东三十里有盐官城，盐井水与岸齐，味极甘美，食之破气。县东北八十里亦有盐井。

荆州府归州巴东县北八十里有旧盐井，元时置盐课司。

成都府仁寿县南二十里丽甘山下，有盐井，号"聂甘井"。

井研县南多盐井，新旧几八十余所。县北二里有井镬山，以其俯临井镬，故名。县南七里有盐井镇，邑名"井研"，因盐井也。

重庆府涪州彭水县东三百四十里伏牛山，左右有盐井。

忠州东南八十里涂山，一名方斗山，有盐泉井。井神为汉杨伯起，有庙碑。

夔州府城东江心八阵图下，有七泉井，水可煮盐。

大宁县北二十五里宝源山，有白鹿井，水出石穴。昔有袁氏遂[逐]白鹿至此，入洞乃知水咸，遂报官煮之。

云阳县北三十里，有马岭山，又十里有三牛山，皆近盐井。监汉扶嘉所谓"三牛对马岭，不出贵人出盐井"者也。其井水自凝，生伞子盐一二寸，中央突张如伞形，亦有方如石膏、博棋者。一云盐井或深百余尺，物役之，皆化为盐，惟人发不化。

开县东北五十里温汤井，有三水：杉木、柏木、龙马，开煎轮[输]课。

叙州府富顺县，晋名富义，后周改名富世，唐改名富顺监，元改为州，国朝因之名县。盖其地有盐井，出盐最多，商旅辐辏，百姓富饶，故历代皆以富为名也。

潼川州七县皆有盐井。

邛州蒲江县南八里金釜山下，有盐井。

镇雄军民府城北一百八十里，有咸泉二。

蜀中盐井古井百一，竹井十九。竹井者，其大仅可容竹大也，凿之甚艰，入之甚深，汲之甚苦。

云南府安宁州西北五里牙崿山，有水可煎盐。州西，古阿宁地，有盐课提举司，辖盐井四。井在司治东，自云："州东螳螂川，盐井杂出。"

天理府云龙州[2]有盐井五，曰"雏马"，曰"石缝"，曰"河边"，曰"石门"，曰"井山"。

楚雄府定远县东七十里七局村，有黑井，出釜盐。又有琅井，在宝泉乡。

镇沅府城西波弄山，上下有盐井六所。土人掘地为坑，纳薪其中，焚之，俟成灰，取井中之卤，浇灰上，明日皆化为盐。盐色黑白相杂，而味颇苦，俗呼"白鸡粪盐"。

鹤庆府剑川州西南一百五十里弥沙乡，有弥沙盐井。

元江府产盐，其井俱在山上。

姚安府城北一百二十里盐课提举司，旁有盐井九，曰白盐，曰观音，曰旧，曰桥，曰界，曰中，曰灰，曰尾，曰白石谷，曰阿拜小[3]。白盐井本作白羊井，蒙氏时，有女牧羊于此，有一羝舐土，驱之不去。因掘之，得卤泉。今井旁有神女庙。

丽江府兰州南二十里雪盘山，有盐井。

[1] 金幼孜（1367—1431），名善，以字行，号退庵，今江西省峡江县罗田镇徘山村人。建文二年（1400年）进士，曾任户科给事中、翰林检讨等。随朱棣北征时著《北征录》。

[2] 天理府云龙州，当为大理府云龙州。
[3] 此句似有误，《读史方舆纪要》卷一一六"白盐井"注云："府北百二十里，本大姚县地，有盐课提举司。旁有九井，曰观音，曰旧，曰界，曰中，曰灰，曰尾，曰白石谷，曰阿拜、曰小，皆产盐，为公私之利。"

海　　盐

山东、辽东、南直、浙江俱取海水煎而成盐。闽广俱取海水晒而成盐，味更甘美。高、雷、廉、琼，亦有煎成者。

土　　盐

河北、山西诸州平野及大谷、榆次高亢处，秋间皆生卤，望之如水，近之如积雪。土人谓之"鏾"，亦作硵。刮而熬之成盐，微有苍黄色。

济南府滨州产土盐，煎炼草土而成。

西安府临潼县南十五里有煎盐泽，泽多咸卤，周回二十里。苻秦时，于此煮盐。

巩昌府成县西北一百里仇池山，居人万数，煮土成盐。

《后汉书》冉駹夷地有咸土，煮以为盐，麋羊牛马食之，皆肥。今成都府之茂、威二州，即古冉駹夷国也。

石　　盐

汉中府凤县及巩昌府成县、阶州诸处，产崖盐，一名生盐。生于山崖之间，状如白矾。

肃州卫独登山岩石上出盐，味美于海盐。

《水经注》引王隐[1]《晋书·地道记》曰：入汤口四十三里，

有石煮以为盐，大者如升，小者如拳，煮之水竭盐成。盖蜀火井之伦，水火相得，乃佳矣。按：汤口，在夔州府云阳县南，乃汤溪水入江之处也。陈诚《西域记》[2]云：土鲁番崖儿城北有镂山，产石盐，殊坚白，可琢为器。器盛馔，可以不和盐。按：土鲁番，在火德州之西百里火州，即汉之高昌垒，唐之交河郡。而土鲁番即交河县也，东南至肃州一月程。

周达观《真腊风土记》[3]云：山间有一等石味，胜于盐，可琢以成器。

[1] 王隐，约公元317年前后在世，字处叔，陈郡陈人。曾被召为著作郎，撰《晋书》。
[2]《西域记》，即《使西域记》，一作《西域番国志》，明成祖时吏部员外郎陈诚撰，是中国明人出使西域各国的见闻录。
[3]《真腊风土记》，元代人周达观撰，是一部介绍柬埔寨古国真腊历史文化的古籍。

木　盐

蜀中产盐麸子，木状如椿，开花成穟[1]，结子核外，薄皮上有薄盐。土人采而食之，谓之"木盐"。又谓之"酸桶"，以其味咸而兼酸也。《中山经》云：豪山多构木，郭璞注云：蜀中有构木，七、八月中吐穗，穗成如有盐粉，著状可以酢羹，即此。史称琉球国人以木汁为酢，亦此类也。

《魏书》勿吉国，旧肃慎国[2]也。水气咸凝盐，生树上。

附　录

东海中有女国，食盐草叶，似邪蒿，而气香味咸。见《南史》。

[1] 穟，同"穗"。
[2] 肃慎国，肃慎亦称息慎、稷慎，其先为玄夷，夏、商时期生活在黑水

(在黑龙江)和松花江流域一带一个古老部族。古籍中把"肃慎"部落领地称为"肃慎国"。

外国异色盐

安息国出五色盐。

于阗国出红盐。

火州出赤盐,复有白盐,其形如玉。彼人取以为枕,贡之中国。

撒马儿罕,即罽宾国,出水精盐,亦出黑盐。

西域殢扫儿城,满山皆盐,如水精状。见元刘郁《西使记》[1]。

中天竺国新陶江水,即恒水也。下有真盐,白如水精。

南天竺国出黑盐,一云出黄盐。

朝鲜国出水精盐。

[1]《西使记》,元刘郁撰。内容实分两部分,前半部记述常德西使的行程,后半部记述被旭烈兀攻陷、征伐,或自行归降的几个中亚国家。

方舆互考　卷之三

画疆来历

　　三晋，赵、魏、韩也，赵籍[1]、魏斯[2]、韩虔[3]皆晋大夫，共分晋地，故号"三晋"。赵所分晋地，今顺德、广平、太原等处。先都中牟，后徙邯郸。邯，山名；郸，尽也。今广平府邯郸县西南八里，有赵王城故迹，世传赵敬侯[4]自中牟徙都邯郸时，居焉。魏所分晋地，今大名、汾州、开封、彰德等处，先都安邑。今平阳府解州之芮城县北五里，有魏城，周八里，毕万[5]所封也。后徙大梁，即今开封府城西故魏城，魏惠王[6]所筑也。韩所分晋地，今平阳、辽、泽、沁等处，先都平阳，后城郑，徙都之，即今郑州，属开封府。

　　三齐，见《史记·田儋[7]传》。田荣[8]自立为齐王，尽并三齐之地。盖先是项羽徙齐王田市[9]，更王胶东，治即墨，今莱州府胶州即墨县是也。立田都[10]为齐王，治临淄，今青州府临淄县，北有古齐城是也。立田安[11]为济北王，治博阳，今济南府之泰安州，右为奉高及博县地是也。

　　三吴，郦道元《水经注》云："永建中，阳羡周嘉上书，以县远，赴会至难，求得分置。遂以浙江西为吴，东为会。"分而为三，号"三吴"，即吴郡、吴兴、会稽也。《晋书》咸和三年，苏峻[12]反，吴兴太守虞潭[13]与庾冰[14]、三[王]舒[15]等起义兵于三吴。是时，冰为吴郡，舒为会稽。吴郡、吴兴、会稽为三吴，此其证也。杜佑《通典》、《元和郡国志》，以吴郡、丹阳、义兴为三吴，则在隋立苏州以后。今称三吴踵此，苏州府为东吴，镇江府为中吴，湖州府为西吴。

三秦，见《史记·项羽本纪》。封秦降将章邯为雍王，王咸阳以西，都废丘。今西安府兴平县东南十里，有章邯台，即邯所筑也。司马欣[16]为塞王，王咸阳以东，都栎阳。今临潼县北五十里，有栎阳城是也。董翳[17]为翟王，王上郡，都高奴。今延安府鄜州城东五里，有高奴城是也。

三楚，见《史记·货殖传》。淮北沛、陈、汝南、南郡为西楚，彭城以东东海、吴、广陵为东楚，衡山、九江、江南、豫章、长沙为南楚。然《项羽本纪》云："自立为西楚霸王，王九郡，都彭城。"孟康[18]注云："旧名江陵为南楚，吴为东楚，彭城为西楚"，又不知其何所本也。

三郢，楚文王自丹阳迁都于郢，今荆州府城北十里纪南城是也。至平王更城郢，今府城东北三里郢城是也，是为南郢。杜预[19]注《左传》，以为郢即纪南，似讹。楚子西曰："遂迁纪、郢。"当时亦指为二城矣。昭王迁郢，在今襄阳府宜城县，县西南有郢亭山，山上有城险固，又有郢乡、郢水，是为北郢。惠王迁鄢，亦在宜城。襄王迁陈，在今开封府陈州，是为西郢。至考烈王[20]迁寿春，亦命曰"郢"，在今凤阳府寿州。又按楚斗廉谓屈瑕[21]曰："君次于郊郢，以御四邑。"郊郢，在今承天府，后周及唐皆谓之郢州。

三越，吴越、闽越、南越也。吴越今杭州府，闽越今福州府，南越今广州府。按：越地不止杭州，即嘉兴亦是。《越地记》[22]语儿乡，故越界，本名就李，即檇李。吴疆越地，以为战地，至柴辟亭。《吴越春秋》勾践既臣于吴，夫差赐之，书增其封，东至勾甬，西至檇李，南至姑末，北至平原，且谓："越本兴国千里，吾虽封之，未尽其国，则是所封之地皆越故疆也。"檇李城，在嘉兴府城西南四十五里，檇李亭在府城西二十七里。檇音醉，通作醉李。语儿泾，一名语溪，在崇德县东南。语儿通作御儿，见《国语》[23]。柴辟亭，即府城南由拳故地县。勾甬，今宁波府。姑末，今衢州府。平原,《越绝书》作武原,今海盐县。唐僧处默[24]诗"到江吴地尽,隔岸越山多",宋陈师道[25]诗"声言随地改,吴越到江分",皆误。

两浙,浙东、浙西也。东汉顺帝永建四年,以会稽郡周回万一千里,山川险绝,因分浙江以东为会稽郡,以西为吴郡。此两浙分疆之始,然犹并属扬州。至刘宋孝武帝孝建元年,分扬州之浙东五郡为东扬州,浙江之西为扬州,遂有二扬州矣。

四川,成都府、龙安府为川西,叙州府、马湖府、邛州、雅州、嘉定州、眉州、泸州为川南,重庆府、夔州府为川东,保宁府、顺庆府、潼川府为川北。一云川,穿也,水穿地中,故曰"穿"。蜀江之水非一,而岷、泸、洛、渝,为四大川,故曰"四川"。一云岷江、沱江、黑水、白水四大川,谓之"四川"。黑水,即泸水;白水,即渝水,源出巴山,亦曰"巴水"。

三蜀,蜀都、广汉、犍为也。蜀都,今成都府。广汉,今潼川州,汉高帝时分置。犍为,今叙州、马湖二府,嘉定、眉二州,汉武帝时分置。

蜀有三都,成都、广都、新都也。广都今双流县,新都今新都、金堂二县。

三巴,中巴、巴西、巴东也。中巴,今重庆府;巴西,今顺庆府及成都府之绵州,保宁府之阆中县;巴东,今夔州府及荆州府之归州。按:两汉巴郡,东至鱼复,北接汉中,西连僰道,南极黔涪。献帝初平元年,益州牧刘璋始以垫江以上为巴郡,治安汉,以江州至临江为永宁郡,朐䏰至鱼复为固陵郡,巴遂分矣。建安六年,鱼复蹇胤、白璋争巴名,刘璋乃改永宁为巴郡,固陵为巴东,以治安汉者为巴西,于是有"三巴"之号。安汉,即今顺庆府之西充县及广安州岳池县地。江州,即今重庆府之巴县及江津县地。临江,即今忠州地。朐䏰,即今夔州府之云阳、万、梁山三县地。朐䏰音闰蠢,虫名也,其地多朐䏰虫,故以为名。今云阳县西六十里万户坝,有朐䏰城是也。夔在周初为鱼复国,至春秋时为夔子国,亦名归子国。郦道元注《水经》云:"秭归县,故归乡,《地理志》曰'归子国'也。《乐纬》曰'昔归典叶声律',宋忠曰'归即夔,归乡,盖夔乡矣。'"考古楚之嫡嗣,有熊挚者,以废疾不立,而居于夔,为楚附庸。后王命为夔子,始治巫山,后移归乡。《左传》僖二十六年,楚令尹子玉灭夔。服虔[26]以为在巫之阳,秭归归乡是矣。罗泌《路史·国名纪》云:"夔,熊姓子爵归是,楚灭之。"按:今归州城西三里有夔子城,地名夔沱,可为夔、归二字通用之证。本是一国境内,故通称巴东也。

五凉,晋时张轨[27]五世居姑臧,为前凉,吕光[28]继之为后凉,即今凉州卫。段业[29]居张掖,沮渠蒙逊[30]继之,为北凉,即今甘州卫。李暠[31]先居燉煌,后迁酒泉,为西凉。燉煌,即今肃州卫西五百余里瓜州城。酒泉,即今肃州卫。秃发乌孤[32]居乐都,其弟利鹿孤[33]徙西平,为南凉。皆今西宁卫地。

[1] 赵籍,即赵烈侯(?—前400),嬴姓,赵氏,名籍,战国时期晋国赵氏封君、赵国开国君主,前408—前400年在位。晋阳之战,韩、赵、魏三家灭智氏,权分晋国。但从晋国脱离出来,则始于赵烈侯。

[2] 魏斯,即魏文侯(前472—前396),姬姓,魏氏,名斯,一名都,安邑(今山西夏县)人,战国时期魏国开国君主。

[3] 韩虔,即韩景侯(?—前400),姬姓,韩氏,名虔,战国时期韩国国君,前408—前400年在位。

[4] 赵敬侯(约前410年—前375),是中国战国时期赵国的君主,原名赵章,赵烈侯之子。

[5] 毕万,姬姓,毕氏,名万。毕万是毕公高的后裔,侍奉晋献公(一说晋献侯)诡诸,为司徒。因功封于魏城,子孙以魏为氏,魏斯是其十一世孙。

[6] 魏惠王,姬姓,魏氏,名罃。东周时期魏国君主,魏文侯之孙,公元前369年即位,在位50年。

[7] 田儋(?—前208),秦末齐国北狄县人,故齐王田氏宗族。秦二世二年(前208年)十月,陈涉派周市攻至狄县,田儋和从弟田荣、田横击杀当地县令。田儋自立为齐王,占领整个齐地。

[8] 田荣(?—前205),秦末齐国狄县(今山东高青县东南)人,故齐王田氏宗族。公元前206年7月,田荣自立为齐王,起兵反抗项羽。

[9] 田市,田儋的儿子,被叔叔田荣立为齐王。项羽封齐王田市为胶东王,都即墨(今山东平度)。田市前往胶东就国,被田荣所杀。后田荣自立为齐王。

[10] 田都,秦末齐国人,是田儋、田荣兄弟的副将。后西楚霸王项羽分封十八诸侯,田都被封为齐王(临淄王)。

[11] 田安,秦汉时期齐国贵族,西楚王朝(前206—前202)的济北王。

[12] 苏峻(?—328),字子高,长广郡掖县(今属山东)人。晋朝将领、叛臣。

[13] 虞潭(约263—约341),一作谭,字思奥,谥号孝烈,会稽余姚(今浙江余姚)人。协助平定苏峻之乱等,任镇军将军、吴国内史、卫将军、右光禄大夫等职。

[14] 庾冰(296—344),字季坚,颍川鄢陵(今河南鄢陵)人。东晋大臣、将领。

[15] 王舒(?—333),字处明。东晋初年大臣,助力平叛东晋初年王峻之乱。

[16] 司马欣(?—前204),秦朝长史,陈胜起兵后辅佐章邯作战,而后投降楚军,获项羽封为塞王,都栎阳。后在成皋被汉军击败,自刭于汜水之上。

[17] 董翳(?—前204),秦朝都尉。陈胜起兵后辅佐章邯作战,而后投降楚军,获项羽封为翟王,都高奴(今陕西延安北)。后来在成皋被汉军击败,死于汜水之畔。

[18] 孟康,字公休,出生安平广宗(今邢台市广宗县)。黄初中为散骑侍郎,正始中出为弘农太守,领典农校尉。嘉平末徙渤海太守,入为中书令,转中书监,封广陵亭侯。三国时期魏国学者,著有《汉书音义》等。

[19] 杜预(222—285),字元凯,京兆杜陵(今陕西西安东南)人。西晋时期著名的政治家、军事家和学者,灭吴统一战争的统帅之一。历官曹魏

尚书郎、河南尹、度支尚书、镇南大将军、当阳县侯，官至司隶校尉。著有《春秋左氏经传集解》及《春秋释例》等。

[20] 考烈王，即楚考烈王（前290—前238），芈姓，熊氏，名完。战国时期楚国国君，楚顷襄王之子。楚考烈王继位后，以春申君黄歇为令尹，赐淮北地十二县，迁都寿春。

[21] 屈瑕（？—前699），楚武王之子，姓熊，名瑕，曾担任楚国最高官职"莫敖"，故史称"楚莫敖"。因被封于屈邑，其后代以封地为姓，遂称屈氏，为屈姓先祖。

[22] 《越地记》，当为《越绝书·越绝外传记地传》。

[23] 《国语》，记录了周朝王室和鲁国、齐国、晋国、郑国、楚国、吴国、越国等诸侯国的历史。上起周穆王十二年（前990年）西征犬戎（约前947年），下至智伯被灭（前453年），是中国最早的一部国别体著作。

[24] 处默，生于唐文宗时期前后，公元874年前后去世，婺州金华（今浙江金华）人。唐末诗僧。

[25] 陈师道（1053—1102），字履常，一字无己，号后山居士，彭城人。北宋官员、诗人。著有《后山先生集》、《后山词》。

[26] 服虔，字子慎，初名重，又名祇，后更名虔，河南荥阳东北人。官至尚书侍郎、高平令。中平末，迁九江太守。东汉经学家，著《春秋左氏传行谊》。

[27] 张轨（255—314），字士彦，安定乌氏人。晋朝时任凉州牧，是前凉政权实质上建立者。

[28] 吕光（337—399），字世明，氐族，略阳（今甘肃天水）人。原为前秦将领，十六国时期后凉建立者，386—399年在位。

[29] 段业（？—401），京兆（今陕西西安）人，十六国时期北凉建立者（一说北凉建立者为沮渠蒙逊）。段业初为后凉建康太守，397年，被推举建立北凉。399年，自称凉王。401年，沮渠蒙逊发动兵变将其杀害。

[30] 沮渠蒙逊（366—433），临松卢水（今甘肃张掖）人，匈奴族。十六国时期北凉的建立者，401—433年在位。义和三年（433年）去世，庙号太祖，谥号武宣王。

[31] 李暠（351—417），字玄盛，小字长生，陇西成纪（今甘肃秦安）人。十六国时期西凉政权建立者。

[32] 秃发乌孤（？—399），河西鲜卑人，谥武王，庙号烈祖。十六国时期南凉国建立者，397—399年在位。
[33] 利鹿孤，即秃发利鹿孤（？—402），河西鲜卑人。十六国时期南凉国君主，秃发乌孤之弟，399—402年在位。

分野源流

尧使禹治水土功成，定天下为九州：曰冀，曰兖，曰青，曰徐，曰荆，曰扬，曰豫，曰梁，曰雍。及舜即位，以冀、青地广，又分置三州，曰幽，曰并，曰营。《舜典》所谓"肇十有二州"也。《周礼·保章氏》："以星土辨九州之地，所封封域，皆有分星，以观妖祥。"然相传分野之法，实属十有二州。《汉书·天文志》云："角、亢、氐，沇州。房、心，豫州。尾、箕，幽州。斗、江、湖。牵牛、婺女，扬州。虚、危，青州。营室、东璧，并州。奎、娄、胃，徐州。昴、毕，冀州。觜觿、参，益州。东井、舆鬼，雍州。柳、七星、张，三河。翼、轸，荆州。"按：沇、兖通，江、湖亦扬州之境。益州即梁州，三河在冀豫之间，营无所属，意当与幽同星耳。战国时善星者，有甘德[1]、石申[2]，其分野之法：自斗十一度至婺女七度，曰星纪之次，属吴越；自婺女八度至危十六度，曰玄枵之次，一名天鼋，属齐；自危十七度至奎四度，曰豕韦之次，一名娵訾，属卫；自奎五度至胃六度，曰降娄之次，属鲁；自胃七度至毕十一度，曰大梁之次，属赵；自毕十二度至东井十五度，曰实沉之次，属魏；自东井十六度至柳八度，曰鹑首之次，属秦；自柳九度至张十七度，曰鹑火之次，属周；自张十八度至轸十一度，曰鹑尾之次，属楚；自轸十二度至氐四度，曰寿星之次，属韩、郑；自氐五度至尾九度，曰大火之次，属宋；自尾十度至斗十度百三十五分而终，曰析木之次，属燕。汉张衡[3]、蔡邕[4]以汉郡配十二分野，唐李淳风[5]以唐之州县配焉。僧一行[6]则谓："天下山河之象，存乎两戒。北戒，自三危、积石，负终南地络之阴，东至太华，逾河，并雷首、底柱、王屋、太行，北抵常山之右，乃东循塞垣，至濊貊、朝鲜，是谓北纪，所以限戎狄也。南戒，自岷山、嶓冢，负地络之阳，东及太华、连商山、熊耳、外方、桐柏，自上洛南逾江、汉，携武当、荆山，至于衡阳，乃东循岭徼，达东瓯、闽中，是谓南纪，所以限蛮夷也。故《星传》谓'北戒为胡门，南戒为越门。'河源自北纪之首，循雍州北徼，达华阴，而与地络相会并行，而东至太行之曲，分而东流，与泾、渭、济渎相为表里，谓之北河。江源自南纪之首，循梁州南徼，达华阳，而与地络相会并行，而东及荆山之阳，分而东流，与汉水、淮渎相为表里，谓之南河。"其分野所属，惟据山河以分之，法最详密，具载《唐书》。自唐以后言分野者，不闻别创异说。本朝《一统志》所载天文分野，北直隶之顺天、河间，俱属尾、箕，保定属尾、箕兼昴、毕，真定属昴、毕，顺德、广平俱属昴，大名属室、壁，永平、延庆、保安、万全俱属尾。南直隶之应天、凤阳、徽州、宁国、池州、太平、安庆、庐州、苏州、嵩江、常州、镇江、广德、滁、和，俱属斗。淮安、扬州，俱属斗、牛，徐属房、心。山西之太原、潞安、沁、辽，俱属参、井；平阳、泽，俱属觜、参。汾州属参，大同属昴、毕。山东之济南、登州、莱州俱属危，兖州属奎、娄，东昌属危、室，青州属虚、危，辽东属尾、箕。河南之开封、归德俱属角、亢，彰德、卫辉、怀庆俱属室、壁。河南属柳，汝宁属角、亢、氐，南阳、汝俱属张。陕西诸府卫俱属井、鬼，惟汉中属井、鬼、翼、轸。浙江之杭州、嘉兴、处州俱属斗，湖州属斗、牛，绍兴、宁波、金华、台州、严州、衢州俱属牛、女，温州属斗、牛、女。江西诸府俱属斗，惟九江属斗、牛。湖广之武昌、汉阳、黄州、郧阳、荆州、襄阳、承天、德安、常德、长沙、岳州、辰州、衡州、永州、郴及永顺、保靖二司，俱属翼、轸，宝庆、靖俱属轸，施州卫属翼。四川之成都、保宁、龙安、叙州、重庆、遵义、潼川、嘉定、邛、眉、雅、泸、镇雄、乌撒、乌蒙及永宁、酉阳、石砫、黎州、天全、六番、邑梅洞诸司，四川行都司所辖诸卫俱属井、鬼，顺庆属参、井，夔属翼、轸，马湖属鬼，东川属参，平茶洞属轸，松潘、叠溪俱属觜、参。福建惟建宁属女，余俱属牛、女。广东之广州、韶州、南雄、肇庆、高州、雷州、琼州、罗定俱属牛、女，惠州属女，潮州属牵牛，廉州属翼、轸。广西诸府俱属翼、轸，惟梧州属牛、女。云南诸府州俱属井、鬼。贵州之贵阳属参、井，普安属井、鬼，黎平属翼、轸，铜仁属星。

按：分野之说，幽渺难究，或地大而星少，或地小而星多，或地南而星北，或地东而星西，且郡邑代有改更，封疆渐多出入，欲以占验之成法，测灾祥之玄应，难矣！僧一行以山河定分野，而不拘郡邑，其法良善，然神而明之，盖亦作乎其人。

[1] 甘德，约生活于公元前4世纪中期，战国时楚国人。先秦著名天文学家。是世界上最古老星表的编制者和木卫二的最早发现者，著有《天文星占》、《岁星经》等。后人把他与石申所著天文学著作合称为《甘石星经》，是现存世界上最早的天文学著作。

[2] 石申，一名石申夫或石申甫，开封人。战国中期魏国天文学、占星学家，著有《天文》（西汉以后被尊为《石氏星经》）、《浑天图》等。

[3] 张衡（78—139），字平子，南阳西鄂（今河南南阳市石桥镇）人。东汉天文学家，北宋时被追封为"西鄂伯"。

[4] 蔡邕（133—192），字伯喈，陈留郡圉（今河南省开封市圉镇）人。东汉著名文学家、书法家，因官至左中郎将，后人称他为"蔡中郎"。

[5] 李淳风（602—670），岐州雍人（今陕西省宝鸡市凤翔县）。唐代杰出的天文学家、数学家，道家学者。

[6] 僧一行（683—727），本名张遂，邢州巨鹿人（今河北省巨鹿县），唐代杰出天文学家。在世界上首次推算出子午线纬度一度之长，编制了《大衍历》。

正都别都

周武王都镐京,为西都,即今西安府咸阳县东南二十五里之镐京城。成王使周公于涧水东,瀍水西,筑城为东都,谓之"新邑",是曰"王城",即今河南府治。七年置禹所铸九鼎于此,故曰"定鼎于郏鄏"。郏,山名,即河南府城北十里之北邙山,一名芒山,一名平逢山。鄏,地邑也,其城东南名曰"鼎门",盖九鼎所从入也。又谓是地为"鼎中",以其为天下之中,四方入贡道里均也。王居西都而朝诸侯于东都,又于瀍水东营成周为下都,迁殷顽民居焉。今河南府城东十三里洛水北洛阳故城,是成周,言周道至此始成也。后平王[1]东迁居王城,及王子朝[2]据王城,敬王[3]徙居成周,而成周又为东都矣。至考王[4]封其弟揭于王城,是为桓公[5],传威公[6]、惠公[7],世秉周政。威烈王[8]立惠公,封其少子班[9]于巩以奉王。班兄仍袭父爵,居王城,是为武公[10]。至赧王[11],徙依武公于王城为西周,而巩又为东周矣。班殁,亦谥惠,故称"东周惠公"云。皇甫谧以王城为东周,巩为西周,误也。按《史记·赵世家》:成侯八年,与韩分周,以为两实。显王二年,自是之后,东西周各为列国。显王[12]虽在东周,特建空名,史传所载致伯赐胙之类,周王也。征伐谋策称东、西周君者,皆谓二周也。《周本纪》云赧王时,东、西周分治,非也。邵子《经世书》纪赧王为西周君,与东周惠公并,而不纪西周公,盖仍旧误。赧王崩,秦昭王迁西周文公于惮狐聚。文公,武公之子也。又六年,秦庄襄王迁东周君杰于阳人聚,而周亡。惮狐聚,在洛阳南。阳人聚,在汝州西。

秦虽都关中,犹仿东周之制,建宫阙于洛阳。南北二宫相去七里,中央作大屋,复道左右十步一卫。《汉书》高帝五年五月,置酒南宫,问群臣所以得天下之故,即此。

西汉都长安，今西安府城西北三十里，有长安故城是也。东汉都洛阳，又于南阳郡置南都，即今南阳府。唐都长安为西京，以太原府为北京，河南府为东京。玄宗幸蜀还，肃宗至德二载，改成都府置尹，视二京，号为"南京"。杜甫在成都诗"王师未报收东郡，城阙秋生画角哀"，自注云：得称城阙是也。上元元年，罢之。宝应元年，建五都，以京兆府为上都，河南府为东都，凤翔府为西都，江陵府为南都，太原府为北都。江陵，今荆州。

后梁迁都洛阳，以开封府为东京。

后唐迁都洛阳，以太原府为西京。

后晋迁都汴，以太原府为北京，河南府为西京。汴，今开封府。

后汉都汴，以河南府为西京。

宋都汴为东京，以河南为西京，应天府为南京，大名府为北京。应天，今归德府，本后唐之归德军，大中祥符七年，升为南京，置行宫正殿。以归德为名，存其旧也。

元都大都，即今顺天府。复置开平府于上谷，号上都，岁一驻跸焉。今宣府卫城东北七百里，有上都城是也。其所称为南京者，在开元城西南。开元城，在今辽东三万卫西门外。

我朝太祖于丙申年改集庆路为应天府，即金陵也。洪武元年正月，即皇帝位于此。五月，巡幸汴梁，改为开封府。七月回京师，八月诏以开封府为北京，应天府为南京。三年四月，改濠州为中立府，取中天下而立之意，定为中都，筑新城在临濠旧城西二十里。七年四月，巡幸中都，改中立府为凤阳府，徙府治于新城。十二年设中都留守司。成祖改北平府为顺天府，建都于此，号为"北京"，而开封无复北京之称矣。

附　录

王士性[13]曰：自昔堪舆家皆云天下山川起昆仑，分三龙入中国，然不言三龙盛衰之故。盖龙神之行，以水为断。深山大谷，岂足迹能遍？惟问水则知山。昆仑据地之中，四旁山麓，各入大荒外。入中国者，一东南支也。其支又于塞外分三支：左支环庭阴山、贺兰，入山西，起太行数千里，出为医巫闾，度辽海而止，为北龙。中支循西番，入趋岷山，沿岷江左右，出江右者，包叙州而止；江左者，北去趋关中，脉系太〔大〕散关，左渭右汉。中出为终南、太华，下秦山，起嵩高，右转荆山抱淮水，左落平原千里，起泰山入海，为中龙。右支出吐蕃之西，下丽江，趋云南，绕沾益、贵竹、关岭，而东去沅陵。分其一，由武冈出湘江，西至武陵止。又分其一，由桂林海阳山过九疑、衡山，出湘江，东趋匡庐止。又分其一，过庾岭，度草坪，去黄山、天目、三吴止。过庾岭者，又分仙霞关，至闽止。分衢〔衡〕为大盘山，右下括苍，左去为天台、四明，度海止。总为南龙。宋儒乃谓：南龙与中龙同出岷山，沿江而分。盖宋画大渡河为守，而弃滇云，当时士夫游辙未至，故不知而臆度之也。今金沙江源出吐蕃犁牛河，入滇下川江，则已先于塞外隔断岷山矣，故南龙不起岷山也。古今王气，中龙最先发，最盛而长，北龙次之，南龙向未发。自宋南渡始发而久者，宜其少间歇。其新发者，其当垒涌，何疑！何以见其然也？洪荒方辟，伏羲都陈，少昊都曲阜，颛顼都牧野，周自后稷以来，起岐山、丰镐，生周公、孔子，秦又都关中，汉又都之，唐又都之，宋又都汴，故曰中龙先而久。黄帝始起涿鹿，尧都平阳，舜都蒲坂，禹都安邑，其后尽发于塞外，玁狁、冒顿、突厥、夷狄之王，最后辽、金至元，而亦入主中国，故曰北龙次之。吴越当泰伯时犹然，被发文身。楚入春秋，尚为夷服。孙吴、司马晋、六朝，稍稍王建康，仅偏安一隅，亦无百年之主。至宋高南渡立国百余年，我太祖方才混一，故曰南龙王方始也。或谓云贵、东西广皆南龙，而独盛于东南何？曰："云贵两广皆行龙之地，前不云乎南龙五支，一止于武陵、荆南，一止于匡庐，一止于天目、三吴，一止于越，一止于闽，咸遇江河湖海而止不前，则必于其处踊跃溃出而不肯遽收，宜今日东南之独盛也。然东南他日盛而久，其势未有不转。而云贵、百粤如树花先开必于木末，其髓盛而花不尽者，又转而老干内，时溢而成萼，薇、桂等花皆然。山川气宁与花木异？故中龙先陈先曲阜，其后转而关中；北龙先涿鹿先晋阳，后亦转而塞外。今南龙先吴、楚、闽、粤，安得他日不转而鬼方、百粤也？或谓齐鲁亦中龙之委也，乃周孔而后圣人、王者不生，意先辈秀灏所钟多矣，曰固然，亦黄河流断其地脉故也。河行周、秦、汉时，俱河间入海。河间者，禹九河之间也，故齐鲁为中龙。自隋炀帝幸江都，引河入汴，河径委淮，将齐鲁地脉流隔，尚得泰山塞护海东，王气不绝，故列侯将相英贤不乏，而圣王不兴，意以是乎？然则我朝王气何如？曰俱非前代之比。前代龙气王一支，惟我朝凤泗祖，既钟灵于中龙之汇，留都王业，又一统于南龙之委。今长安宫阙、陵寝又孕育于北龙之跬，兼三大龙而有之，安得不万斯年也。

[1] 平王，即周平王（约前781—前720），姓姬，名宜臼，东周第一位国君。

[2] 王子朝（？—前520），姓姬名朝，春秋时期周景王庶长子。悼王卒而敬王即位，是为东王。尹氏立子朝，是为西王。

[3] 敬王，即周敬王（？—前477），姓姬，名匄，东周君主，谥号敬王。是周景王的儿子，周悼王弟。

[4] 考王，即周考王（？—前426），姬姓，名嵬，全谥为周考哲王，周贞定王之子，周哀王与周思王之弟。在位15年。去世后，其子姬午接替即位，是为周威烈王。

[5] 桓公，西周桓公，姓姬，名揭，是战国时期小国西周的首任国君。西周桓公是周考王之弟，周考王将他封于河南（王城），以续周公之官职。

[6] 威公，即西周威公，姓姬，名灶，是战国时期小国西周的第二任国君，西周桓公之子。威公死后，子惠公继位。

[7] 惠公，即西周惠公，姬姓，名朝，是战国西周的第三任君主，为西周威公之子。王畿内又建立了以巩为都，在王城以东的东周。故在王城以西

的河南改号西周。
[8] 威烈王，即周威烈王（？—前402），姬姓，名午，周考王之子，在位24年（前425—前402年在位）。
[9] 班，即东周惠公，即姬班，或姬根，是春秋东周的君主之一，为东周国第一任君主。
[10] 武公，即西周武公，姬姓，名共之，谥武，是战国西周的第四任君主，为西周惠公长子。
[11] 赧王，即周赧王姬延（？—前256），亦称王赧，东周第26位君主，也是东周最后一位君主。
[12] 显王，即周显王（？—前321），姓姬，名扁，又称周显圣王或周显声王，东周君主。在位48年，为周烈王之弟。
[13] 王士性（1547—1598），字恒叔，号太初，临海城关人。明万历五年（1577）进士，历确山知县、礼科给事中等，不久致仕归里。人文地理学家，游迹几遍全国，对地方风物，广事搜访，悉心考证，详加记载。著《广游志》、《广志绎》及《玉岘集》等。

三辅四辅

汉都长安，以京兆、冯翊、扶风为三辅。京兆十二县，惟湖县为今河南府陕州之阌乡县，余皆今西安府所属地。冯翊二十四县，惟翟道县、鄘县，为今延安府鄜州之中部洛川二县，余皆今西安府所属地。扶风二十一县，惟郁夷、美阳、郿、雍、隃麋、杜阳、汧、虢八县，为今凤翔府所属地，余皆今西安府所属地。

东汉都洛阳，以河南、河内、河东为三辅。河南二十一城，今开封、河南二府及汝州所属地。河内十八城，今怀庆、卫辉、彰德三府所属地。河东二十一城，今平阳府及泽州所属地。

唐都长安，以同州、华州、岐州、蒲州为四辅。同州、华州，今俱属西安府。岐州，今凤翔府。蒲州，今属平阳府。

宋都汴，皇祐五年，以京东之曹州，京西之陈、许、郑、滑四州为辅郡。崇宁四年，于京畿四面置四辅郡，升许州为颖昌府[1]，为南辅，郑州为西辅，澶州为北辅。建拱州于襄邑县，为东辅。大观四年，罢之。政和四年，升澶州为开德府，复与拱州、颖昌府、郑州为四辅。宣和二年，罢之。曹州，今属兖州府。陈、许、郑三州，今俱属开封府。滑州，今大名府之滑县。襄邑，今归德府之睢州。澶州，今大名府之开州。

[1] 颖昌府，又作"颖昌府"。

天星名郡

庐州府城西有金斗城，东关外有金斗河，河干有金斗驿，河水即肥水也。城中又有金斗冈、金斗池，《星经》曰：斗六星，天庙也。其第五主庐，魏陈卓云：庐江入斗六度。曹明之《新城记》云：天文一星在南斗，曰"合肥"。对九江，星夹辅黄道，而合肥入斗度最多，故号"南斗"云。

西安府城北十三里有长安故城，长安上直北斗，故谓之"北斗城"。杜子美《元日寄韦氏妹》诗云"春城回北斗"。按：长安，本秦离宫，汉高帝自栎阳徙都于此。惠帝元年正月，城长安。三年九月城成，周六十五里十一门，形如北斗，或因上直北斗而为形，以象之欤。一云城南为南斗形，北为北斗形。

金华府，隋曰"婺州"，宋曰"宝婺"，与徽州府之婺源县并以分野，属女宿名。

处州府城东七里有少微山，上应少微星。少微四星，北一星名"处士星"，故郡名处州。治西有少微阁，米芾书额。一云隋开皇九年，处士星见于分野，因置处州。

天文轸旁有小星，曰"长沙"，长沙府应其地。

柳州府地当柳宿，故名。

物瑞筑城

顺德府城北十五里，有鹿城冈。顺德，古邢国地也。相传邢侯欲筑城时，立标已定，有鹿衔［衔］标于今处，遂移焉。

真定府井陉县西南三十里，有灵真城。相传韩信伐赵，随蛇迹开道而过，因筑此。后人名为"灵真城"云。

宁国府南陵县北十五里柏山下，有白龟穴二。晋桓彝为宣城内史，方筑城，时柏山有白龟履雪至宣城，彝乃肖龟形为之。后遇月夜，龟纹隐隐可辨。一云隋末，左难当[1]拒辅公祏[2]，尝筑城于此。时有白龟履雪之异，因名"白龟城"。

太原府青源县[3]东南二十三里，有鹅城。晋永嘉元年，洛阳步广里地陷，有二鹅：苍者飞去，白者止此。苍色，胡夷之象。刘曜谓为己瑞，筑此城以应之。

平阳府城西南二十五里平山之麓，有金龙池。晋永嘉中，平阳韩妪偶拾巨卵归，育之得婴儿，字曰"橛儿"。方四岁，刘渊[4]筑平阳城不就，募能城者，橛儿白妪曰："我能城，母其应募。"妪从之。橛儿因变为蛇，令妪举灰识后，曰："凭灰立城，可立就。"果然。渊怪，问之，蛇遽投入山穴间，露尾数寸。使者斩之，乃掘其穴，忽有泉涌出成池，因名"金龙池"。至今，近泉出蛇，悉皆无尾。

大同府城北郭外，有云中城。赵武侯[5]自五原河曲筑长城，东至阴山。又于河西造大城一，箱崩不就。乃改卜阴山河曲而祷焉，昼见群鹄游于云中，徘徊经日，见火光在其下，曰："此为我乎？"乃即于其处筑城，名为"云中城"。

朔州城东有马邑城，秦人筑城于武州塞内以备胡，将成而崩者数矣。有马驰走，周旋反复，父老异之，因依马迹以筑城，城乃不崩，遂名"马邑"。按：州城东，又有马邑新城，乃鲜卑猗卢[6]所都者。晋刘琨[7]表鲜卑猗卢封代公，徙马邑是也。

东昌府堂邑县西北有古堂邑故城，相传初筑城时，有白鹊驯集，因名"白雀城"。元置白雀观于此，今为真武庙基，掘有石碣，题"白雀观"三字。

嘉兴府城，唐乾宁三年，镇将曹信筑。元至元十三年，伯颜[8]率师临境，安抚使刘杰以城降，诏毁之。至正七年，城西有乌数千，营巢于此，围八尺，高五尺，昼夜不休，若有程督之者。已而大盗蜂起，复诏修筑。

湖州府乌程县旧治，春申君所置菰城，在今府城南二十里。秦汉间，徙治今子城。晋郭璞相其地不吉，欲移东迁，每立标辄为飞乌衔去。其女亦善地理，启璞勿迁，但因旧址损益之，可永无残破之患。璞从之，遂定于今处。郡人号其女为"迁城小娘子"，从璞庙祀焉。

温州府晋时为永嘉郡，立郡时，郭璞相地筑城。方始事，忽有白鹿衔花而至，因名"鹿城"。

处州府城南七里有旧州城，乃隋唐治也。唐末卢约[9]窃据是州，将徙治，访于三平和尚，云："黄牛卧处好安州。"因访近山，有黄牛呲寝，遂迁于小括山。元至元二十七年，乃徙枣山，即今治也。按：隋唐史书，括字从手。宋熙宁间，得古碣，括字从木，云松身柏叶，即椤木也。以山多此木，故名。

成都府南门城，旧名太城，亦名龟城，秦张仪所筑也。初筑时，城屡坏，不能立。忽有大龟周旋行走，巫言依龟行处筑之，城乃得立。所掘处成大池，龟乃复入于中。龟每出，则州境有贼，刺史或病。其地有龟化桥。相传龟壳长六尺，藏成都库中。唐元和初，节度使高崇文[10]命工截为腰带、胯具，盖千余年而毁云。按：张仪既筑太城，后一年又筑少城，在西南之间，今锦江楼是也。

廉州府城东十里有青牛城，刘宋泰始中，西江督护陈伯绍[11]启立为越州。当置州时，见三青牛，围之不获，即其处置城，故名。

梧州府藤县，古藤州也，州治东南藤江，一名镡江。唐武德初，有宣抚使者至此，舣舟游慈圣寺，以金杯挹井水，杯坠井中，汲水至干，不见杯，只得一龟长一尺二寸。宣抚解红勒帛系其腰，放之井中，祝曰："尔若有灵，当涨杯出水。"及归至寺门塘，见龟踊跃塘内。次日游乾亨寺，道中忽见前杯，自涧流出。又见前龟红帛仍系于腰，又拾龟而祝之曰："尔若有灵，同归供养。"是夜，风浪忽起，宣抚舟中有一宝剑，跃水而去。明日，集网穷搜不见，但得古藤一根而埋之。至西岸，又见龟迹环绕，乃奏改移燕州于此，仍依龟迹筑城，名其地曰"镡津"。今藤县河东五里广法寺前得隽坊，即当时置燕州故址。贞观后置镡津县，故址在今县治北。又县治东绣江上有流杯亭，正因涧水流出金杯之事。元余观[12]诗有"曲水分山阴"之句，乃不知来历而误用古事者也。

南宁府，宋邕州也。皇祐间平侬智高[13]，更筑其城，善于崩坏。有刘郡守者，失其名，梦神人告以龙蛇迹纡斜处筑之，离旧城三百五十步，绩用告成。今府治西乌龙庙，乃祀其神也。

附　录

苏州府嘉定县南二十四里南翔讲寺，梁天监中，里人掘地，得石径丈，常有二鹤飞集其上，僧曰："得齐[14]者。"因即其地作精舍，每鹤至，必有檀施。

徽州府绩溪县南一里梓山下，即良安乡。旧有双白石，初乡人将创梓山庙，未得地，石忽化为双白鸟飞绕，遂定鸟栖处为基。邑人行立种植，皆不敢背庙。

安庆府潜山县西二十里野人原，有真源宫。唐明皇开元九年，命建九天司命真君祠，于舒州潜山卜地。顷见二白鹿出冈，顷遂即其地辟基。宋太平兴国七年，赐号"灵观"，后改今名。

处州府城西五十里三峰山之阳，有通济堰。前临天溪，后迄山麓，延袤三十里。初萧梁时，詹、梁二司马筑堰，久不就，遇一老人曰："过溪当见异物。"司马如其言，果见白蛇横亘中流，循其波痕以筑，乃就。

漳州府城东四十里柳营江虎渡桥，宋嘉定七年造。初欲为桥，有虎负子渡江，息于中流。探之，有石如阜，循其脉，沉石绝江，隐然鱼梁，因垒址为桥，名"虎渡"。

汀州府归化县治东兴善里，有鹤迁琳宫。相传初建三清坛于罗坑，尝修醮，焚楮币，有鹤自空而下，衔余烬过青山而止。人以为异，遂即其地建宫，名曰"鹤迁"。

[1] 左难当（596—644），一名匡政，泾县（今安徽黄山市黄山区）人。唐高祖武德三年（620），授猷州刺史。后任宣州大都督，追赠左武卫大将军、戴国公。

[2] 公辅祐（？—624），齐州临济（山东章丘西北）人，隋末唐初江南地区农民起义军领袖。

[3] 太原府青源县，当为太原府清源县。

[4] 刘渊（249或253—310），字元海，新兴（今山西忻州北）人，匈奴族。十六国时期前赵国的开国君王，304—310年在位。八王之乱，刘渊自立，称汉王，建立汉国（匈奴汉国，后改为赵，泛称前赵，亦作汉赵）。308年称帝，310年病卒。

[5] 赵武侯，亦称赵武公。中国战国时期赵国君主，赵烈侯之弟。

[6] 猗卢，即拓跋猗卢（？—316），十六国时期鲜卑拓跋部首领。

[7] 刘琨（271—318），字越石，中山魏昌（今河北无极县）人。西晋政治家、文学家、音乐家和军事家，曾任西晋司空、并州刺史。

[8] 伯颜（1236—1295），蒙古八邻部人，元朝大将。

[9] 卢约（？—907），遂昌东乡人。唐广明元年（880）响应黄巢起义，在遂昌聚众反抗官府。中和元年（881年）十一月，卢约率部攻克处州城，自领刺史。

[10] 高崇文（746—809），字崇文，幽州（今北京一带）人，祖籍渤海蓚县（今河北景县）。唐代名将。

[11] 陈伯绍，五代河南颍川（今漯河市）人。初任广州刺史的佐将，后任西

江督护、越州刺史。多有惠政，去世后，民众在越州建立陈公祠堂，以示纪念。
[12] 元余观，当为宋秦观，"流水分山阴"诗句出自其《流杯桥》一诗。
[13] 侬智高（1025—1055），北宋广西广源州（今靖西、田东一带）的少数民族首领，侬智高起事的发动者。皇祐四年（1052年），侬智高举兵反宋，破邕州，改国号为大南国，数败朝廷征剿之兵。次年，侬智高败于狄青，后流亡大理。
[14] 齐，通"斋"。

御笔破山

汉中府宁羌州略阳县冉家山，有冉闵[1]故城基。山势起伏，群峰环拱。闵废赵主，僭称帝，国号魏。晋穆帝使人图其山水，观之，以笔破其山脊，山遂断，而闵为燕所灭。其山下有沟，曰"冉家沟"，水流八渡曰"冉家滩"。按史，冉闵，本魏州内黄人，自幼事后赵，及篡位，仍都邺。"不宜有城在略阳"，语出《略阳志》，不知何据。

饶州府浮梁县东五里有宋尚书朱貔孙祖冢。貔孙，理宗朝为师保，同时一门贵显甚多。上尝命貔孙图祖冢进览，上以朱笔点其前峰，曰："卿为联[朕]师，乃此峰之钟秀也，当封为王师峰。"是时，其山即崩一块，俨如点朱，至今人犹以"王师峰"呼之。

宋王冀公钦若[2]，临江人，真宗时为相。尝代上郊祀回，上问："卿家何积累，乃有今日？"对曰："术者言臣祖坟佳。"上令图以进，诀曰："通济桥下水朝流，世代出公侯。睦宦桥下水来冲，分土作三公。"上举笔，引水出坟前，曰："何不从此去？"明年水决，遂罢相。通济桥，在今新淦县东三里。

我朝太祖甚眷注学士刘三吾[3]，尝命图其所居山水进览，上以笔抹其突兀数处，云："安用许多？"无何，一夕为雷所击，突处悉平。刘，长沙府茶陵州人。

顺庆府广安州，宋开宝初置广安军。先是秀屏山有石土地像，太祖以笔点此山，立军治，其像因自坠。今州治，即石神庙也。

宋建隆三年，王全斌[4]平蜀，以图来上议者，欲因兵威复越巂，艺祖[5]以玉斧画大渡河，曰："外此，吾不有也。"昔时河道平广，可通漕船，自玉斧画后，河之中流忽陷下五六十丈，水至此澎湃如瀑，从空而落。春撞号怒，波涛汹涌，船筏不通，名为"噎口"。殆天设险以限夷狄也。旧有寨，将欲载杉木板，由阳山入嘉定贸易，以数片试之，板至噎口，为水所舂，须臾片片，自沫水浮出。蛮人闻之，益不敢窥伺矣。大渡河，在黎州司城南九十里，东注嘉定州，入于岷江。

[1] 冉闵（？—352），亦作染闵，字永曾，小字棘奴，魏郡内黄（今河南内黄西北）人。十六国时期冉魏政权建立者，350—352年在位。
[2] 钦若，即王钦若（962—1025），字定国，谥"文穆"，临江军新喻（今江西省新余市东门王家）人。北宋初期著名的政治家，宋真宗时期的宰相，主和派的代表。因编纂《册府元龟》而知名。
[3] 刘三吾（1313—1400），初名昆，后改如步，以字行，自号坦坦翁，湖南茶陵人。仕元为广西静江路副提举。入明后，于洪武十八年（1385年）以茹瑺荐授左赞善，累迁翰林学士。刊定三科取士法，为御制《大诰》、《洪范注》作序。
[4] 王全斌（908—976），并州太原人。五代、宋初将领，历仕数朝，曾率兵攻灭后蜀。
[5] 艺祖，有文德之祖。后用以为开国帝王的通称。

神锋剿水

《晏子春秋》云：齐景公渡河，鼋衔左骖没之，众皆惊惕。古冶子[1]于是拔剑从之，邪行五里，逆行三里，至于底柱之下，乃鼋也。左手持鼋，右手挟左骖，仰天大呼，水为逆流三百步。按：底柱山，在河南府陕州北四十里黄河中。

温州府城内广惠坊有平水王庙，神姓周，讳凯，字公武，晋时人，善治水。永康中，三江逆流，飓风挟怒潮为孽，邑将陆沉。神援弓发矢，大呼冲潮而入，水忽裂开，电光中见神乘白龙东去，但闻海门有声如雷，而神莫知所在矣。俄而水势平，江祸乃绝。邑长思其功，号其里曰"平水"，建祠祀之。入国初，诏称横山周公之神，命守土臣岁修祀事。

吉安府吉水县北四十里有玄潭，一作悬潭。古来船过者，凿山为路，避之。后有方士悬身持刃入水，与蛟龙斗三日夜始出，乃冶铁为柱以镇焉。

襄阳府城北有斩蛟渚，先时有蛟在沔水中，汉邓遐为守，拔剑入水。蛟绕其足，遐挥剑断之，流血丹水，其患遂息。按《水经注》云：张华亦亡剑于是水。

岳州府华容县杨子洲上有伙飞庙，此洲之间，常苦蛟患。昔荆伙飞将大船渡江，蛟夹船，飞入水斩蛟而去。

成都府灌县西北二十六里灌江口，有赤城王庙。隋炀帝时，青城山人赵昱，字仲明，为嘉州守，时年二十六。犍为江中有老蛟为害，截没舟航七百艘。昱大怒，率甲士千人及州属男子一万人夹江岸，鼓噪声振天地。昱持刀入水，久之，江水尽赤，石崖半崩，吼声如雷。昱左手执蛟首，右手执刀，奋波而出。州人顶戴，事为神明。隋末大乱，潜隐去，不知所终。后嘉陵水溢，蜀人见昱，青雾中骑白马，从数猎者，见于波面，扬鞭而去，人争呼之，水势遂息。唐太宗赐封"神勇大将军"，庙食灌江口。玄宗幸蜀，加封"赤城王"。灌江，即潊江口也，一名味江。

嘉定州城东乌尤山，即离堆也。先是沫水触山胁湓崖，流急破舟，历代患之。秦李冰为蜀守，发卒凿平湓崖，水神赑怒。冰乃操刀入水与神斗，水道遂通，至今蒙福。

兴化府城东五里有孚应庙，唐神龙中，郡人有吴兴[2]者，埭海为四陂,延寿溪以灌溉。时有蛟为孽,陂数溃,兴毅然持刀而往,与众约曰:"溪流清则蛟毙,赤则吾死矣。"乃投水与蛟斗三日,刃出于吴刃洋,血溅于赤桥,兴与蛟俱毙。乡人乃立祠祀之。

[1] 古冶子,春秋时人,善游泳,以勇力事齐景公。著名的"二桃杀三士"中的一士为古冶子。
[2] 吴兴(646—709),唐代治水英雄,莆田北洋平原的开拓者。南宋时被封为"义勇侯"。

重崖蔽日

河南府陕州灵宝县南十里,即秦函谷关。路在谷中,劣通人行,东西四十里,绝崖壁立,岩上柏林阴荫,谷中常不见日。

平凉府城西六十里金佛峡,当河西孔道,长二十里。峭壁对峙,不见天日。

夔州府东至荆州府之归州,有三峡:瞿塘峡、巫峡、归峡,连亘七百里,略无断处。重岩叠嶂,隐蔽天光,非亭午夜分,不见日月。夷陵州之西陵峡,长二十里,亦然。

韶州府乐昌县西六十里监濠山,广圆五百里。崖岭峻峭,霾天晦景,谓之"泷中"。三泷:新泷、垂泷、腰泷也。

桂林府金州[1]灌阳县北五里峡山,夹江峙岸,幽耸蔽日,形似三峡,故名。

[1] 桂林府金州,当为桂林府全州。

一水分风

绍兴府城东南有樵风泾。汉郑弘[1]微时,采薪得一遗矢。顷之，有人从弘觅，与之。问弘所欲，弘曰："苦若耶溪载薪不易，愿朝南风，暮北风，乃便。"后果然，因号"樵风泾"。

南康府城东南五里宫亭湖，即彭蠡泽也，一名扬澜湖。中有神能分风，上下旅途经过，无不祈祷。宫亭，相传因庐山三宫得名。按《尔雅》，大山曰宫。郭注云：宫谓围绕之。宫亭之名，似未必专由三宫而起，《南康志》诸书多作邠亭。

岳州府城西南十五里洞庭湖中，湘妃神能分风送客。

兴化府城东南六十里大蚶山之南，有罗隐庙，南唐封光济王。海商祈风，分帆南北。

[1] 郑弘（？—86），字巨君，山阴（今绍兴）人。举孝廉，曾为师同郡河东太守焦贶向汉明帝辩罪，名声大振。政有仁惠，累迁尚书令，元和中（85年）拜太尉。

洞穴遥通

顺天府涿州房山县西十五里大房山东北，有孔水洞，今讹为云山洞。悬崖千尺，石窦如门，深不可测，时有白龙出焉。有人乘槎穷源，五六日无所抵，惟见仙鼠昼飞，赪鳞游泳而已。《水经注》上谷郡大防岭下石穴，即此。涿州，秦为上谷郡地。

应天府句容县东南四十五里茅山上，有句曲洞天，西通峨眉山。又为洞庭北门，其间有小径杂路，抄会非一处。又有蓬壶洞，门不二尺，匍匐，愈入则愈无际。曾有道士穷探三□里，溺急不可忍，遂以小遗取谴，病痹半载。一云茅山内有灵□洞室，七涂九原，交通四方。外有五穴，东西北各一，南二，所谓"金陵地肺"。县南七十里青龙山上，有青龙洞，《真诰》云与茅山华阳洞相通。

苏州府城西南一百二十里西洞庭山，一名林屋山，一名包山。其洞有三门，曰雨洞、丙洞、旸谷洞。丙洞、旸谷俱不能容人，惟雨洞伛偻可入。吴大帝使人入穴，行三十里而返，云闻有浪声，有大蝙蝠如鸟，拂杀火穴中，高处照不见巅。一云此穴有二道，北通琅琊东武县，西通长沙巴陵湖。穴中之石多有道人马迹。云东武即今诸城县，巴陵湖即洞庭湖也。一云此洞穴有四支，一通洞庭湖西岸，一通蜀道青衣浦北岸，一通罗浮两山间大溪，一通枯桑岛大庤。一云太湖中别有夫椒山，下有大洞天宫，潜通五岳。又城西南二十五里尧峰，上有白龙洞，俗云通洞庭。

吴江县治东仙里桥下，有仙人洞，深黝莫测。内通太湖，约七十里，出林屋洞。宋陈昉为仙，从此去。

嵩江府城西北二十三里横云山顶，有白龙洞，潜通淀湖，深不可测。淀湖，在府城西七十二里。又城西北六十里淀山下，有龙洞通太湖。

常州府城东南六十里马迹山，有青龙、黄龙二洞，潜通茅山华阳洞。

无锡县西七里慧山，古名华山，有洞阳观。观下有洞，□潜通包山。其观以梁天监年置，隋大业年废。

江阴县东南四十里白龙山上，有白龙洞。旧有一童子行入此洞，秉烛三条，并然三指，因通于常熟县界。后因丐者寝其中，遂生石，闸断之。今仅可入丈余耳。

宜兴县东南五十五里张公洞，相传昔有毛苌者，不知何代人，尝游此洞。入穿洞底，东至太湖中洞庭山，由石穴而出。今山上有毛公洞及毛公坛是也。苌自言洞中东行，闻顶上有风波声及舟人言语。一云洞庭山毛公洞，乃梁武帝时，渔人毛公胣也，尝误坠洞中，旁有升降至一龙宫，下有青泥至膝。胣在洞数日，食青泥若粳米，旬余得归路出，后人因名其洞为"毛公洞"云。一云毛公即汉刘根[1]，既成仙，身生绿毛，人或见之，故名。县西南五十里善卷大水，中洞愈入愈深，不可穷，土人云通太湖。

扬州府城东蕃釐观，又名唐昌观，即古土地庙也。观后有玉勾井。昔有道士持画轴谒守帅，画中字皆云章鸟篆，不可识。既去，使人尾其后，至后土祠井中而没。乃使狱囚縋下视之，见一洞署曰"玉勾洞天"。复入，则水漫莫睹矣。

徽州府休宁县西四十里白岳山之西，有罗汉洞，深三十余里。束炬东出，可抵县之蓝渡溪。

婺源县北一百二十里灵岩三洞，时有破帆烂桨流出，洞中相传云与江海通。

池州府青阳县南七十里小鱼龙洞，由深谷而入，至大洞，有七窍流水相通，编筏秉烛可入。中有绿鱼，白鸟翔泳，洲渚岩壁嶙峋，备诸人物殊状。洞尽处已入石埭界，说者又谓通贵池之古仙洞。

太平府城北二十五里牛渚山下，有矶曰"牛渚矶"。昔有人潜行其中，云此处通洞庭，旁达无底，见金牛异状而出。

广德州城东北七十里大洞中，有大小雪洞，愈入愈不可穷。相传云与太湖相通。

徐州城北五里九嶷山，一名九里山。东西绵亘凡九里，有穴潜通琅琊王屋，俗呼"黄池穴"。

兖州府邹县东南二十五里峄山有穴，谓之"峄孔"，可以逃难。旧传遥与洞庭通。

河南府巩县西北三十六里岑原丘，有下穴曰"巩穴"，潜通淮浦，北达于河。直穴有渚，谓之"鲔渚"。

中岳嵩山之北有大穴，莫测其深。晋初有人误坠穴中，循穴而行十余日，忽旷然明朗，见草屋中有二人对奕，局下有一杯一饮。坠者告以饥渴，奕者曰："可饮此。"坠者饮之，气力十倍。奕者曰："从此西行有天井，其中有蛟龙，但投身入井，自当出。若饥，取井中物食之。"坠者如言，可半年许，乃出于蜀。归洛下问张华，华曰："此仙馆所饮者，玉浆；所食者，龙穴石髓也。"一云有人误坠穴，行数里，有宫殿、人物，非凡处。又见有大羊，髯有珠，其人取食之。出问张华，华曰："此地仙九馆，大羊者名痴龙。"

陕州阌乡县轩辕铸鼎址前，一穴如井，名"九龙窟"。相传云通太行，贯河而去。人听之，风声訇訇然，莫敢入。

西岳华山玉女峰冈半有壑，唐玄宗祷雨抛简处。传云下通黄河。

汉中府城固县北二十里斗山，乃仙人唐公房举宅上升处。有五穴，通昆仑、陇山、武当、青城、长安诸处。一云有洞通成都严真观井。唐末王仁裕为节度判官，尝以片板题诗于斗山观。后入蜀游严真观，见斗山诗牌在，诘之，不知所从来，人皆异之。

巩昌府成县西北一百里仇池山，有地穴通小有洞，杜甫诗"万古仇池穴，潜通小有天"。赵德麟[2]云："仇池，小有洞天之附庸也。"小有洞天，在怀庆府济源县西八十里王屋山。

杭州府城西二十里飞来峰之麓，有龙泓洞，一名通天洞。世传其底可通浙东，有采石乳者入洞，尝闻波浪声、橹声聒耳。

临安县西南十二里垂雷山，高九十里，周十四里。晋许长史迈以为近延陵之茅山，是洞庭西门，潜通五岳。陈安世、茅季伟常所游处，于是置精舍茅岭之洞室。

余杭县西南十八里大涤山，有洞与华阳林屋暗道相通。吴越时，玄同先生间丘方[3]往游，见龙鳞异境，自华阳而归。

湖州府城西北十八里弁山，一名下山。山阴有黄龙洞，窈深叵测，以泥封，听之有声如吼。相传有神龙居焉，亦林屋之别门也，旧名金井洞。五代梁贞明初，有黄龙见于洞口，更今名。宋黄鲁直书"黄龙洞"三字，有苏子瞻诗刻。

长兴县西南六十里青山，有石窦通太湖洞庭。冬月常暖，色如青黛。

武康县东北三十里计筹山，有白石洞天。唐韩湘隐此，其洞与阳羡诸山通。

金华府城北二十里金华山冰壶洞，通四明、天台、洞庭诸山。

兰溪县东二十里洞岩山有洞，高五尺，通金华洞。一云洞岩山有玉京洞，其洞十数重，深数十里。须秉炬而入，必以物记其处，洞门多相似，不记则迷路。行二三日，可抵钱塘江。按：台州府天台县北六里赤城山，亦有玉京洞。

台州府黄岩县南十里委羽山东北有洞，尝有道士秉烛而入。行两日，不可穷，闻橹声乃返。

南昌府城西南四十里有生米潭，昔有人投生米于潭中捕鱼。不觉行至一石门，见白髯翁曰："此非尔所宜来渔！"人骇而登岸，云入水已三日矣。故老谓此即西山天宝洞南门也。城西过江四十里齐源岭侧，有秦人洞。尝有乡人秉炬入洞，行五里许，豁然开明，一水横绝不可渡，遥望桑麻芃芃，若有居室。城东一百八十里吴城山庙殿之左，有穴如井，鄱阳湖中或损米舟，则见于穴中，谓之"神仓"云。

奉新县南三十里有李八百洞，其深莫测。相传云：与瑞州府治后圃之李八百洞相通。按：瑞州府治后圃洞，今已闭塞不可入。一名迷仙洞。李八百，古仙人，动则行八百里，或隐山林，或居廛市，蜀人历代见之。本蜀人也。

广信府贵溪县东五里腥臊岩，许旌阳斩蛟于此岩下，又以板塞岩曰［口］寻蛟，潜通洪州横泉井。每天景澄霁，见水底板木尚在。后恶其名，改为"馨香岩"。横泉井，一名蛟井，在南昌府城内上监院。

贵溪县南八十里鬼谷山，有鬼谷洞，望之黝黑。秉炬而入，中可容十许人，内小石洞逼隘。昔官醮，投之金简。一幼童倒身入，渐见人物、室庐，一如人世。久之，出扶风间，寻归路，则去故乡数百年矣。

九江府城西北东佳山，一名紫岩，下有石洞，深不可测。祷雨者必秉炬以入，或火灭，则昏不知所出。进四十里许，有大湖，善泅者泅过其湖，见小山小田。或系桃符，用狗首触龙，闻土雷之声即得雨。

德化县赤山下，有石穴。尝有人取钟乳者，经宿不知所穷，水恒流出深处，浮乃得过。行数里，辄见顶有光明，闻有声若霹雳，惶惧遽出。

德安县西七十里有玉华洞，洞中泉涌有声如雷。瑞昌县东二十五里，有青虚玉华洞，千形万状，不可殚纪。二洞相通。

建昌府城东十五里高志潭，其深莫测。宋元丰间，有没而捕鱼者，信宿乃出，云潭中近驿路，有石岩约广四五丈，穴复高燥，时阴晦，直入岩底，遂迷所出。明日霁，岩穴映光，寻得故道而出。

吉安府泰和县西北五十里青水岩，广可容数百人，深不可极。下有石穴，可容百余人，有泉自岩注入石穴中。好事者赍糇粮而入，行约十余里，闻撒网，乃惧而返。

袁州府分宜县西十五里洪阳洞，世传葛洪及娄阳二仙所居。昔有人入至七十二间，闻昌山渡篙声而返。今游者可至第十二间，余则隘而不可行矣。昌山，在县西二十里。

武昌府蒲圻县南十五里荆泉洞，自门入行可百步，别有门甚狭。尝有好事者裹粮而进，信步趋出，则在崇阳县之葛藤坪，相距百余里矣。

承天府京山县东南四十里仙女山，有洞。宋建炎中，有人持炬入游，数日而出，乃在随州。后有继者，辄遇雷而不可入。

荆州府夷陵州长阳县南三十里方山，上有风穴，口大数尺。昔人有冬月过此者，置笠穴口，风吸之。经日还步长阳溪，得其笠，乃知其潜通也。县北陆行三十里，有石穴。昔有马从穴出，因复还入，潜行乃出汉中。汉中人失马，亦尝出此穴，数千里相通，因名"马穿穴"。

襄阳府光化县东五里马窟山，有石穴。汉时有数百匹马出其中，因名"马穴"。三国时，吴陆逊攻襄阳，于此穴得马数十匹，送建业。蜀使至，有家在滇池者，识其马毛色，云其父所乘马也，对之流涕。

宜都县西有九经洞，深奥不穷，经其九曲，故名。尝有僧秉烛穷之，烛尽而出，莫知所止。

岳州府城西南十五里洞庭湖中君山，有石穴潜通吴太湖中之包山，郭璞谓之"巴陵地道"。

澧州慈利县茆冈塞之南，有宾郎洞。一穴而入，后有大门。过此则为猺界，乃群蛮往来之径也。

宝庆府城步县北有三十六峰洞，腹皆相通。

南岳衡山紫盖峰下有朱陵洞，道书第三洞天也。仙岩峰南有大洞，相传为朱陵洞之东门，紫盖乡有白云峰，为朱陵洞之东便门。府城东北三里石鼓山合江亭右有朱陵后洞，为朱陵洞之西门。相传有仙从此入南岳，朝往暮归。今塞其洞门矣。

桂阳州城西二十里白竹冈，有狮子岩，下通九疑山。九疑山，在永州府道州宁远县南六十里。

永州府城北十里湘水有大濩穴，不知所通，江涨，水皆奔入穴中，声如雷。宋开宝中，有昆仑沉水视之，多古木板纵横其间，而蚌大如车轮。

辰州府城西北五十里小有山，一名乌速山，在西溪口。自西溪西北行十余里，有洞与大酉山相通。大酉山，在城西北四十里。唐仙人瞿柏庭，辰溪人，幼时戏跃入井，忽自大酉山华妙洞中出，已去县四十余里。

长沙府浏阳县东五十里古风岩，深数十里，与毛公岩、白石岩相通。

城［成］都府城北二十里玉局观，相传仅［汉］永寿初，老聃、张老陵[4]至此。局脚玉林［床］自地而出，老聃升座与道陵说《南北斗经》。既去，而座隐地中，因成洞穴。唐末高骈帅蜀时，取罪人，以绳绊其腰，令探浅深，绳两月方绝，出青城山洞天观门矣。青城山，在灌县西南五十里，山有洞穴，分三孔，西北通昆仑。见《玄中记》[5]。

郫县治仪门，下穿洞直通犀浦，极深。敞高可八尺许，每夜月中天，洞内曙光如昼，古谓之"明月洞"。犀浦，在县东二十里，周垂拱二年置县，宋熙宁间省入。

崇庆州新津县南十五里本竹治山，高一千三百丈。北有龙穴地道，北通峨眉山，西通鹄鸟山。

重庆府城西八十里有长安洞，秉烛深入，可里许，见双石墩，犹龙过此，则皆渟泓积水。相传崇因寺前居民屋内有洞，与此通，故崇因寺亦谓之"长安寺"也。

夔州府开县南五里温汤井后，有灵洞。洞之极处曲角有一穴，高四五丈，广三四穴，去下丈余，跻攀莫及。相传云昔有游人扳缘而入，累月之后，出于巫山洞中。

嘉定州峨眉县西一百里大峨山，有鬼谷洞，深暗莫测，与龙门洞相通。龙门山，在县西十里。

潼川州城西南二里牛头山有洞，人传八百里，与眉州通。曾有避罪者匿其中，后于青神中岩见之。

泸州合江县西五里安乐山，有八洞。通州治南五里之使君岩，一名南岩。

福州府城东三十里鼓山上有海音洞，洞口可布四席，其中深不可测。相传有羽流居此。时闻海涛之音，以为通于海云。城东五十里芙蓉山中有芙蓉洞，洞口可丈许，萦纡十余里。游人篝灯束炬以往，岩石互锁，乍隘乍廓，绀乳时滴，阴气逼人，火色青闪。至开山堂，可坐百人，过此益凛凛然，莫穷其源。

福清县西北十五里七仙岩，旧传有仙七人隐于此。其洞犹存，洞口虽狭，内通长乐县界。

漳州府漳平县东秋竹坂之阳，有蝙蝠洞，洞穴深邃。相传有窍通尤溪县，或秉炬深入，不能穷其底。

延平府将乐县南二十五里天阶山下宝华洞，中有石井，俗云南通沙县界。

汀州府清流县北五十里玉华西洞之西,有三穴。昔有道士秉炬行一日余,出洞口,乃宁化县境之石燕洞也。

惠州府博罗县西北三十里罗浮山,洞穴潜通勾曲。又白鹤观东北有蛇穴,相传云通眉州。

龙川县北龙穴山,相传舜时,有五色龙乘云出入此穴。其穴潜通于洞庭。

桂林府城外石山暗洞,然炬可游。巳而入,申而出,自曾公岩出于栖霞洞,入若深夜,出乃白昼,恍如隔世。栖霞洞,在城东隔江三里七星山。昔有人裹粮入洞,深涉而行,还计其所行,已及东河之下,如闻掉楫之声在其上。或云通九疑山。

柳州府宾州西十五里白村岩,暗通思恩府之武缘县。以火烛之,乃可行。武缘,原属南宁府,万历七年,始割属思恩。

浔州府城南六十里白石山,两峰并立,下有岩洞,与勾漏洞相通,世传葛洪往来其间。勾漏山,在梧州府郁林州北流县东北十五里,有三洞:曰白沙,曰玉虚,曰玉田。又蓝峒山有石脚岩,亦通勾漏洞。蓝峒山与白石山相近。

云南府城北螺山,下有潮音洞。好事者尝然炬行两日,阻水而还。

[1] 刘根,字君安,长安人。汉孝帝时举孝廉,任郎中。后辞官进山学道,民间有其帮助治瘟疫、役鬼等故事。
[2] 赵德麟,即赵令畤(1061或1064—1134),初字景贶,苏轼为之改字德麟,自号聊复翁。太祖次子燕王德昭(赵德昭)玄孙。绍兴初,袭封安定郡王,迁宁远军承宣使。著有《侯鲭录》。
[3] 玄同先生闾丘方,即闾丘方远(?—902),字大方,号"玄同先生",舒州宿松(今属安徽)人。唐末道士,节录有《太平经钞》。文中题吴越时人。
[4] 张老陵,当为张道陵。

[5]《玄中记》,西晋郭璞撰。地理博物类志怪小说,是产生时期较早的志怪小说代表作。广罗天下奇闻异事,书中内容所载多为后代志怪小说所借鉴。

井泉互注

应天府城西南隅三井冈有三井,汲其一则二井俱沸。三井冈,一名花盝,旧属瓦官寺,今为骁骑仓所有。

凤阳府寿州南六十里瓦埠东九井冈,有九井相连,汲一井则八井皆动。相传为老子弟子张傅所凿,其地有张傅村。

平阳府蒲州有舜泉坊,二井相通。宋祥符中,真宗祠汾阴,临观,赐名"广孝泉"。蒲,濒河地,卤水咸,此独甘美。

兖州府单县有吕井二,一在城南,一在城北隅。二井相去二里许,泉穴相通,北井沉物其中,南井浮出。相传金大定间,吕仙翁来游,单父所浚。

开封府许州有七星井,五井在州东北二里,二井在正北二里,汲一井则余井皆动。

归德府鹿邑县濑乡老子祠北二里,有李母祠。门内东院有九井,汲一则余皆动。

南阳府邓州城西南紫金山下,有九井,汲一则余俱震。

台州府仙居县东南二十五里有九井,一名蔡经井。旧志每汲其一,八皆波动。兵火后,仅存其五。

黄州府蕲州黄梅县西十六里,有九井寺。唐开成中,僧宗义凿九井为阴窦,使相通,东岩水注之,汲一井而余井演漾。今为静因寺。

德安府随州北一百八十里厉山,即烈山。山东有石穴,相传神农生此,至今民不敢触穴口。山北厉乡有神农宅,宅有九井。旧传神农既育,九井自穿,汲一井则八井皆动。井已湮塞,遗迹尚存。

永州府道州宁远县南六十里九疑山，有九井。昔何侯炼丹于此，汲一井则余井皆动。

成都府城内旧天庆观有三台井，每汲一井则二井皆动。

泉州府西南三十里罗裳山下，有龙湫六井，各相去半里许。有在高原者，有在平田者，泉脉贯通，汲一井则五井皆动。岁旱井鸣有声，不三日即大雨。往往有龙出没，井旁树木时有龙爪痕。

建宁府崇安县南三十里武夷山，有九井岩。岩巅有泉如井者九，清澈映星汉，汲其一则八井俱动。盖脉相通也。

溪山应梦

镇江府丹阳县朱方门外经山之东，有梦溪。宋沈括尝梦至一小山，花如覆锦，乔木蓊郁，溪水绕其下，梦中乐之。后守宣城，有道人曰无外者，为括言京口山川之胜，且云郡人以地求售。括以钱三十万得之。元祐初，道京口，过所买之地，即梦中所游处，叹曰："吾缘在是矣！"遂筑室居焉，因以梦名其溪。括著《梦溪笔谈》，本此。

庐州府城东八十里浮槎山，梁武帝第五女祝发处。尝夜梦至一山为尼，诘朝奏帝，乃取名山图，展得此山，恍如梦境。以天监三年敕本山，创道林寺成，遂入山祝发，号总持大师。有梁女墓在殿东百余步，塔下海榴一株，相传公主手植。后为福严寺。

安庆府潜山县西北二十里潜山上真源宫，有应梦井。唐玄宗梦入潜岳，见紫翠间有井，少憩亭上，因锡井名曰"应梦"。

滁州城南十里琅琊山中，有宝应寺。唐大历中，李幼卿以右庶历子刺是州，为僧法琛建寺山中。列图将进，其夜天子梦游一山，寺形胜、制度隐然心目，及览图如有冥契，乃赐额"宝应"。

湖州府安吉州西三里上方山之麓，有真赏亭，宋邑令安鼎尝梦游此。后登上方，与昔所梦无异，遂建亭，名"真赏"。

衢州府治南有证梦亭，南唐豆卢署[1]尝梦一老人谓之曰："二十年后为此郡守，可于此建亭。"后果守衢州，乃立亭于梦中所建处。

宁波府奉化县西北六十里雪窦山，宋理宗[2]尝梦游一山，命图天下名山以进。阅得雪窦如梦境，乃御书"应梦名山"四大字，刻石山门。

欧阳永叔云："丁元珍[3]尝夜梦与予同至一庙，出门见马耳缺。后元珍除峡州，予亦除夷陵令。一日，同谒黄牛庙，入门惘然如所梦，门外石马果缺一耳。"元珍名宝臣，与永叔同年。黄牛庙，在荆州府夷陵州西九十里黄牛山上。

[1] 豆卢署，本名辅真。唐贞元六年（790年），举进士下第，谒郡守郑武瞻，夜梦老者言四举成名，"四者为署"，遂改名。后果四举才中，大和九年（835年）调任衢州刺史。文中误为"南唐豆卢署"。
[2] 宋理宗，当为宋仁宗。宋仁宗梦雪窦山后，赏赐僧众并免除山民徭役，禁止采樵，保护美景。淳祐五年（1245年），南宋理宗追书"应梦名山"四字，纪念先帝梦游之事。
[3] 丁元珍，即丁宝臣，字元珍，曾任峡州军事判官，是欧阳修的诗友。

陵谷预铭

顺德府平狮县[1]东南五里柴口村，有卫灵公冢。《庄子·则阳篇》云：公死卜葬于故墓，不吉，卜葬于沙丘而吉。掘数仞，得石椁，洗而视之，有铭焉，曰："不凭其子，灵公夺我里。"夫灵公之为灵也久矣。今县有沙丘台。

正德十六年，武宗崩，大学士毛澄[2]迎世宗驾。至真定府藁城县某桥，忽然桥崩，有碑出焉，文曰："桥崩天子过，碑出状元来。"毛乃弘治癸丑状元也。

真定府晋州武强县西北皇甫村,有隋皇甫兴墓。兴为河阴太守,卒于开皇中,葬于咸通三年。铭阴云:"吾葬后一千三百年,被王洛州发之。"嘉靖七年,果被王姓小名洛州者发其墓,无所见,止得铭石,弃诸野。知县张相闻而异之,使人收其石至县,文字楷书,晓然可读。及后知县马光始返葬故处而封之,寻被水冲出,深州民移置逯村庙前。今尚在云。

唐延陵包赪因选溯舟于隋河,以迫选限,率同舟僮仆辈七八人次为之挽。至苻离县之西,有古树,树下有穴,根盘于上,若废井然。一仆忽误坠其中,久而方出,乃提一片石,广四寸,有小篆,其文曰:"旁有水,上有道,八百年中逢栲栳。"盖古冢铭石也。众咸异之而莫知所谓,寻问坠者,名栲栳,时元和三年九月二十一日也。苻离废县,在今凤阳府宿州北二十五里。

苏州府城西四十五里有陆绩[3]墓。元至元甲午,姑苏朱泽民母,吉安人,将就馆。大母施夫人病革,大父应得卜窆阳抱山之原,欲穿圹以为藏。施夫人夜梦衣冠伟丈夫来告云:"勿夺吾宅,吾且为夫人孙。"明日,役者凿地,深五尺许,得一石碑,刻曰:"郁林太守陆君绩之墓。"别有石刻在旁曰:"此石烂,人来换。"石果断矣。应得命,亟掩之而更卜兆。施夫人复梦伟衣冠者曰:"感夫人盛德,吾真得为夫人孙矣。"是夜,泽民生,后官至征东行省儒学提举。按《吴地记》云:陆绩墓,在阊门外泰伯庙西,然今泰伯庙乃在阊门内,盖吴越王钱镠徙之也。

宁国府南陵县有大农陂,宋绍兴初,主簿臧君督役得一棺,石刻云:"若逢臧主簿,移我上高原。"因改葬之。

淮安府城西南隅紫霄宫前,有唐程知节[4]墓。绍兴十四年,韩蕲王[5]筑城,掘地深丈许,见一棺。视其铭,则知节墓,末云:"遇韩则破。"

高流之为徐州刺史时,河决水绝城,破一古墓得铭,曰:"死后三百年,背底生流泉。赖有高流之,迁吾上高原。"流之为造棺梆，改葬焉。《一统志》载此事，未详何代。

唐卫大经[6]，解州人，生而敏悟好学，不喜见俗人，常闭户绝人事，尤邃于易，人谓之"易圣"。知天文、历象，穷冥索玄，豫筮死日，凿墓自为志，如言终。开元中，天水姜师度奉诏凿无咸河以溉盐田，剗室庐，坏丘墓甚多。至卫墓前，发其地，得一石刻，铭曰："姜师度更移向南三五步。"师度叹异，即命工人迁其河，远墓数十步。

宣德七年，都御史徐有贞[7]治水张秋，同郡王□□为东平州判官，徐命浚河壅处，掘数尺许，见棺，有石板大书，其上云："前卦吉，后卦凶，五百年后水来冲，幸遇王州判，移我在河东。"河东，即漏泽园也。遂葬之。张秋，在兖州府东平州东河县[8]南。

宋时，雍丘菜园人浚井得石刻，铭云："汉代功臣铭，隐在秦城井。得到靖康春，方显千岁景。金贼乱天下，诸贼皆来并。瓮下有甘泉，能疗千年病。"雍丘，今开封府之杞县。

晋洛都有三市：一曰金市，在城西南；二曰马市，在城东；三曰羊市，在城南。南市至隋为丰都市，初筑，外垣掘得古冢，藏无砖甓，棺木陈朽，触之便散，尸著平上帻，得铭云："筮言居朝，龟言居市，四百年间于斯见矣。"校其年月，当魏黄初二年所葬也。

洛阳西市，隋时谓之"利人市"，市西北隅有海池。唐长安中，僧法成所穿，分永安渠以注之，以为放生之所。穿池得古石铭云："百年为市，而后为池。"自置立市至穿池，时正一百年。

景泰间，洛阳两农人讼一石于府，一云己耕而得之，一云出己土中。知府令舁石来视，则有刻曰："大明景泰己亥[9]，知府虞廷玺为我复兴此窝。"其年正乙亥，知府南郑虞廷玺也。虞意其为康节窝，遂为建祠。今省志不载此石刻十七字，恐涉术数而讳之也。

魏高堂隆[10]刻邺宫屋村，云后若干年，当有天子居此。及晋惠帝止邺宫，治屋者土剥更泥，始见刻，计年正符。

苏子由谪汝州，因游天庆观，见殿上壁画甚精，问之，乃吴道子笔也。而殿稍不完，因施己俸新之。工人于殿脊火珠中，见有书字，盖记建殿年月，后有书曰某年月日，有姓苏人重修。核其年月，正合。

汉滕公夏侯婴[11]卒，送葬至东都门外，驷马不行，踣地悲鸣。即掘马蹄下，得石椁。其铭曰："佳城郁郁三千年，见白日吁嗟，滕公居此室。"乃葬之，谓之"马冢"，在西安府城东八里饮马桥南四里临霸水。

秦樗里子病且死，遗命葬于渭南章台之东，曰："百岁后，当有天子之宫夹我墓。"汉兴，长乐宫在其东，未央宫在其西，武库直其墓。墓在今西安府城西北三十里长安故城内。樗里子，名疾，秦惠王异母弟也。

凉州卫城东北二里有姑臧废县故址，汉置姑臧县为武威郡治，其城本匈奴所筑也。南北七里，东西二里，有龙形，故名"卧龙城"。汉末博士燉煌侯瑾谓其门人曰："后城西泉水当竭，有双阙起其上，与东门相望，有霸者出焉。"至魏嘉平中，郡官果起学馆，筑双阙于泉上，与东门正相望。至晋五朝乱华时，张轨五世居此为前凉，吕光继之为后凉。

杭州府城西行春桥水竹坞，宋时为左军校场，有马三宝墓，不知何代人坟。绍兴末，欲去之以广教场。方举锸，有黑蜂数百出墓中，不可近。至元十五年六月，军厮名狗儿者掘发之，得铁券，一题曰："雁门马氏葬横冲桥，至元十五六，狗儿坏我屋。"始知行春桥，乃横冲桥之讹也。

三国吴宝鼎中，分会稽立东阳郡，治长山县，即今金华府金华县也。城东南有穀水，东迳独松山故冢下。晋义熙中，冢犹存，后为水毁。其砖文云："筮言吉，龟言凶，百年堕水中，一作三百年。"

《水经注》云："浙江有琵琶圻，圻有古冢堕水。甓有隐起字云：筮吉龟凶，八百年落江中。谢灵运取甓诣京，咸传观焉。"按：

琵琶圻，在今绍兴府上虞县西南四十五里浦阳江。

宋嘉泰壬戌[12]，会稽樵人得晋王献之保母墓铭于山阴黄閎冈下，铭乃砖刻，记其葬时在兴宁乙丑[13]，末云后八百余载知献之保母宫于兹土者，尚焉。兴宁乙丑至嘉泰壬戌，盖八百三十八载也。韩侂胄以千缗市此铭。或云乃山阴僧伪作，未知是否。

绍兴庚寅[14]，天台水灾，虽城中，亦被害及十分之七。水退，而司官各访旧地。忽主簿厅基冲出一朱棺，正当厅治，主簿朱公令移往山东掩瘗。役夫开掘其地，得一碣，上有字云："乾卦吉，坤卦凶，五百年逢朱簿，移我葬山东。"

南昌府城西有龙沙，沙甚洁白，峻而陀，有龙形，连亘五里。南昌人九月九日登高，集此。昔有人于此得故冢，刻砖题云："西去江七里半，筮言其吉，卜言其凶。"后冢果没于水。

汉建安中，孙权经浔阳，自标井地，令人掘之，□得故井，有石铭云："汉六年颍阴侯所开，卜云三百年当塞。塞后不满百年，当为应运者所开。"权见铭，欣然以为己瑞井，名"浪井"。在今九江府城内庾楼侧。

宋建炎二年，杨渊守吉州，修城。役夫得髑髅，弃水中，俄得一钟，有铭云："唐兴元年，吾子没，瘗庐陵西垒后。当火德五九之际，世哀［衰］道败，浙梁相继丧乱。章贡康昌之日，吾子复出，是邦东平，鸠工复使吾子同河伯，听命水官。"郡守命录其词，录毕而钟自碎。盖昔人父葬其子而为之铭者，钟或作镜。一云东平吕源子厚守吉州，令修城，掘土得一旧棺。既舁置江中，始得石志于旁，其略云葬得十六甲子，东平公守此郡，吾儿当出而从河伯之游矣一事。而传州守之名不同，未知孰是。

襄阳府城西四里檀溪寺，晋释道安[15]所造金像，至周武帝灭佛法，毁之，于腋下倒垂衣内得铭云："晋太元十九年，岁次甲午，比丘道安于襄阳西郭造丈八金像。此像更三周甲午，百八十年当灭。"计勘年月，兴废悉符同焉。

荆州府归州东二十里有铁棺峡，唐左卫将军王果谪雅州刺史，至此泊船，仰见岩腹中有一铁棺，临空半出。乃缘崖而观之，得铭曰："五百年后水漂我，将及长江垂欲堕。欲堕不堕，遇王果。"果叹曰："吾当葬此，今罪谪雅州，固其命也。"乃收窆而去。一云果所望见铁棺在平羌江，江在雅州城北。

　　保宁府苍溪县有古冢，俗呼为"金主簿墓"。相传苍溪主簿治道伐石，得一古冢，遗骸尚存，有石刻铭云："岁月不须论，车尘拥石门。若逢金主簿，移我向高原。"乃改葬于此。

　　嘉定州谯楼之右有明月楼，下瞰明月湖，郭璞谶云："郁姑郁姑，将州对洛都。但看千载后，变成明月湖。"后隋郁姑将军始开此湖。洛都，山名，在州西五里。

　　闽自无诸[16]开建，以都冶，曰"冶城"，在今福州府治东北。依山置垒，据将军山、瓯冶池为形胜。晋太康三年，置晋安郡，太守严高[17]图形势以咨郭璞，复筑子城。唐中和间，观察使郑镒始修，广其东南隅。先是开城南河，有人得石，记云："五百年城移东南，本地合出连帅。"自太康至是，适五百年，而闽人陈岩[18]果为连帅[19]。文德元年，陈岩恢其形势，甃之砖石。王氏国闽，复外筑罗城四十里。梁开平三年，复筑南北夹城，谓之"南月城"、"北月城"。后人于城南钓龙台得石，刻郭璞谶云："石开崒兀创危亭，八百年前兆此名。天降元精如汉佐，岳陶灵气似周臣。中坻不见容舠路，古渡应无病涉人。好是褰裳待今日，嚳浦坊中人挺生。"又得一谶云："南台沙合，河口路通；先出状元，后出相公。"嚳浦坊地，旧名河东也。

　　闽县治东南有万岁寺，嘉靖甲午[20]某月日，寺灾并塔悉毁。先是相传宦闽中者，上官之日，必从城西门入，入南门必火。鄞人屠侨[21]来闽，为左方伯[22]，不之信，入南门。居一月，雷震万岁寺，塔火。侨以为由己致，诣寺拜火。天方雨，侨急以雨衣藉地拜，只行三拜，仓卒错乱故也。塔顶坠地，有款识曰："诸天及人，无由见鼎。地摇三日,天雨四花。土田三变,今古同时。屠人握闽,雨衣三拜。梁天监四年书。"

泉州府惠安县治,在螺山之阳,县堂左库乃三国吴将张梱葬处。宋太平兴国六年,令崔某移古县于今县,开基得铜牌,志云:"太平兴国间,古县移惠安。若逢崔知县,送我上青山。"牌阴云:"开我基者,立惠安;葬我身者,祀青山。"崔令遂送铜牌青山,立庙祀之。建炎南渡,与虏战于采石,人见大旗上题张将军姓字,虞允文[23]录功。上闻,制入祀典,进封为侯。景炎元年,加封灵安王。岁十月二十三日,神诞日也,令来致祭,至今为常。令不亲祭,即有虎患。庙中铜牌,洪武初尚存。岛夷入寇,以为金也,载归,船寻没海。青山,在县南五十里。

兴化府城北三十里囊山寺,本唐之延福院涅槃道场也。涅槃塔,本在院堂东,乃涅槃所自择。宋祥符初,有厉伯韶[24]者,来看塔,云:"合徙之院堂西。"一夕院堂有声如雷,黎明,塔中现十六字,云:"我看山皮,厉看山骨。百年之后,徙我西出。"其徒大异之,遂徙于院堂西。按:院创于乾符四年,至光启二年,王审知奏改"延福"为"慈寿"。宋绍兴中,复改院为寺,而赐塔额曰"慧薰"。涅槃,黄姓名文炬,字子薰,唐封妙应禅师,宋崇宁初加封圆智大师云。

唐中和间,建州刺史熊博寓治建阳,尝乘舟江上,见山崖崩啮处有棺将坠。使人往视之,则有铭焉,其辞曰:"筮卦吉,龟卦凶,三百年后洪水冲。欲陷不陷被藤缚,欲落不落被沙阁,五百年后遇熊博。"博感叹,为移葬他里。一作建安津吏熊博。按:博,本郡人,中和四年,观察使陈岩表为刺史,或其初尝为津吏耶。

福宁州治东城隍庙前,有方井。宋嘉祐初,尹李廷龙所凿,久而湮塞。本朝洪武中,知尹昌隆[25]重浚得石刻,云:"要重开,须龙来。"

宋魏瓘知广州,于城一角忽颓一古砖,有四大字云"委于鬼工"。瑾悟云此"魏"字也，遂大筑新之。罢还未几，侬寇[26]攻广州，外城一击而圮，独子城坚，民赖以生。贼平论功，迁工部侍郎、集贤院学士，复知广州，兼广东经略安抚使。

柳子厚《龙城录》[27]云："柳州罗池北龙城，胜地也。役者得白石，上微辨，刻画云：'龙城柳，神所守。驱厉鬼，山（出）左（匕）首。福四（土）氓，制九丑。'予得之，不详其理，特欲隐予于斯欤？"子厚竟卒于柳，后人即其地建柳侯祠。宋张邦基《墨庄漫录》[28]云："《龙城录》非子厚所作，乃王铚[29]性之伪为之。"未知是否。

平乐府治后囿有亭，名天绘。宋建炎中，郡守李丕嫌其与金年号"天会"同音，欲更之。乞名于徐师川，久而未得。有范某者，为易名"清晖"，已揭榜。而师川来谒李，视积壤中有片石，斑斑如有文字，取而涤之，乃此亭旧记。其略云：予择胜得此亭，名以"天绘"，取其景物自然也。后某年月日，当有俗子易名"清晖"者，可为一笑。考命名之日，与此不差。师川名俯，黄鲁直之甥也。鲁直谪宜州，师川来访。舅氏鲁直卒，师川寓昭州者久之。按：平乐府城北山寺中，又有天绘阁。邹浩谪昭州，居此三年，有诗云："江山天绘出，留与主宾同。"

[1] 顺德府平狮县，当为顺德府平乡县。
[2] 毛澄（1461—1523），字宪清，号白斋，晚更号三江，谥文简，南直隶昆山人。明弘治六年（1498年）进士第一，曾任修撰、礼部尚书等。
[3] 陆绩（188—219），字公纪，吴郡吴县（今苏州）人。博学多识，通晓天文、历算。曾出任郁林太守，著有《浑天仪说》、《浑天图》等。
[4] 程知节，即程咬金（589—665），原名咬金，后更名知节，字义贞，济州东阿（今山东东平西南）人。唐朝开国大将。
[5] 韩蕲王，即韩世忠（1089—1151），字良臣，延安（今陕西省绥德县）人。两宋之际的名将。
[6] 卫大经，唐时隐士，笃学善《易经》。

[7] 徐有贞（1407—1472），初名珵，字元玉，号天全，吴县（今江苏苏州）人。明宣德八年（1433年）进士，授翰林编修，曾被封武功伯兼华盖殿大学士。
[8] 兖州府东平州东河县，当为兖州府东平州东阿县。
[9] 景泰己亥，应为"景泰乙亥"之误，指明景泰六年（1455年）。
[10] 高堂隆（？—237），字升平，泰山平阳（今山东新泰）人。三国曹魏名臣、天文学家。
[11] 夏侯婴（？—前172），即汝阴文侯，又称滕公，沛（今江苏沛县）人。西汉开国功臣之一。
[12] 嘉泰壬戌，即南宋嘉泰二年（1202年）。
[13] 兴宁乙丑，即东晋兴宁三年（365年）。
[14] 绍兴庚寅，此处当有误，绍兴无庚寅年。
[15] 道安（312—385），出生于常山扶柳县（今河北省冀州境），东晋僧人。
[16] 无诸（生于战国晚期，卒于汉初），姓驺氏，为越王勾践的十三世孙，汉闽越王。越国解体后，无诸移居闽地，占有福建及周边地区，自称闽越越王。
[17] 严高，西晋琅琊郡（郡治在今山东省诸城县）人。首任晋安郡太守，筑"子城"，建"绍因寺"，开凿东湖、西湖。
[18] 陈岩（849—892），字梦臣，唐汀州黄连镇（今建宁县）人。历任镇将、福建观察使，后加授工部尚书、兵部尚书、右仆射和司徒等衔。
[19] 连帅，泛称地方高级长官。唐代多指观察使、按察使。
[20] 嘉靖甲午，明嘉靖十三年（1534年）。
[21] 屠侨（1480—1555），字安卿，号东洲，浙江鄞县人。任南京刑部尚书、刑部尚书。明世宗时，改为都察院左都御史，后加太子少保。
[22] 方伯，后泛指地方长官。明清布政使均称"方伯"。
[23] 虞允文（1110—1174），字彬父，一作彬甫，南宋隆州仁寿（今属四川省眉山市仁寿县藕塘乡）人。绍兴间进士，南宋大臣，抗金名将，曾以参谋军事督战采石（今安徽当涂境内），大破金军。
[24] 厉伯韶，宋国师。
[25] 尹昌隆（1369—1417），字彦谦，号讷庵，江西泰和人。明洪武三十年（1397年）进士，授编修。后被贬福宁知县。

[26] 侬寇,指侬智高。
[27] 《龙城录》,又名《河东先生龙城录》,唐代传奇小说。主要记述隋唐时期帝王官吏、文人士子、市井人物的轶闻奇事。旧题柳宗元撰,但历来学者对此存疑。
[28] 《墨庄漫录》,北宋张邦基撰。是书多记杂事,兼及考证,尤留意于诗文词的评论及记载,较多地保存了一些重要的文学史资料。
[29] 王铚,字性之,自号汝阴老民,世称雪溪先生。曾罢为右承事郎,宋高宗绍兴九年(1139年)为湖南安抚司参议官。著有《王公四六话》、《雪溪集》等。

绝迹灵区

应天府溧水县西七十里丹阳湖滨,有梅姑庙。梅氏妇生有道术,殁而为神。每晦朔,水面雾中辄见形,湖边人不敢渔猎。

安庆府潜山县西北二十里天柱山中峰之顶,其平如盘,盘上有异物十数,朱发人面,长喙而肉翅,如画雷公之状。晴天仰卧,顶盘如人晒腹。樵者遇之,雷雹随至,故其顶莫得而登云。

徽州府城西北二十里灵山上,有灵坛。人射猎有犯之者,终无所获。

广德州东南五十里石妇山巅,有石高二丈,窈长如妇人,藤萝为衣而不蒙面。志云:旧传谢氏女介洁有守,登山化而为石。至今樵者不敢近。

兖州府滕县东南五十里桃山,一名华采山,又名义珠山。山上有井不可窥,窥者不盈岁辄死。

河南府永宁县西北三十五里嶕峣山下,有龙井,三井相连。今木覆其上。相传动则有风、雨、雹继出。

西安府耀州富平县北通乡关,入谷二十余里,有东女学、西女学二洞。东洞有人触犯,立致雷雹损伤苗稼;西洞有神雕一窠,常护洞门,有侵犯者,神雕击之。

凉州卫城北，有青岩。岩下吐湫甚广，人触之，风雷立至。

西宁卫城西龙支谷中，有唐述窟，高四十丈。其窟有物若今书卷，谓之"精岩"。时见神人往返，盖古仙所居耳。羌胡惧而莫近，夷语以鬼为唐述。

绍兴府余姚县南二十里大小雷山，相传曾有猎者触之，辄发震雷。

饶州府西城北一百四十里石步山，有石室如堂殿，其中恒烟霭，人不……

抚州府城南二十五里井山上，有仙坛，乃唐黄华姑[1]修炼处。环坛五七里间，莫敢樵采。人或不洁，必遭蛇、虎怪异之难。

南康府城西北二十里庐山三叠泉，源出九叠云屏之后，乃山之穷绝处也。游者欲穷其源，往往触风雨云雾，不得见而返。

建昌府广昌县南五里刘季尖，俗传汉高祖曾登之。其下有汉王岩，莹然如扫。樵夫、野叟咸神之，不敢入。

吉安府泰和县西三十里武功山峰顶，有崖，岭岈洞嵌，可容数百人。或窥触之，则震雷随至，故名"雷崖"。

成都府仁寿县南有仙井，阴气袭人，入者辄死；投以火，则烟火上冲，溅泥漂石，佛吼如雷。今玉女祠是其处。

大理府宾川州西四十里鸡足山石钟寺下二里许，有大龙潭。昔有道人见潭畔有异草，前往取之，忽水涌高数尺，道人几不免。盖潭中有异物，潜伏不可犯也。

鹤庆府剑川州治南，金山、银渡两山并峙，一赤如金，一白如银。相传不敢耕其地，犯之凶疫。

丽江府城西南十里有龙潭，阔数十亩，深不可测。四畔草结如箪，履一处，诸处皆动。人或近之，风雨辄起。

永昌府腾越州西北二十五里上干峨山，有澄镜池，周遭五百余步，花木环绕，近之则雷雨交至。

附　录

成都府大东门宝光寺，旧有天涯石，高六七尺。相传人坐其上，或踵履之，则脚肿不能行。按：骆宾王尝以使事入蜀，《畴昔篇》曾及之，其云"地角天涯渺难测"者。成都有此二石也：地角石，旧有庙在罗城内西北角，高三尺余。王均之乱，为守城者所坏，不复存，而天涯石，今亦已市入人家园矣。既与人狎处，不知尚能祟人否也。

[1] 黄华姑，抚州临川人，唐女道士。少好道，天然绝粒，十二岁度为天宝观女道士。年八十，发白面红处子状，时人谓之华姑。精洁修持，屡彰灵异，为世人所敬重。

禁声异境

常州府宜兴县东南五十五里张公洞内，有泉下滴，人默承之，出洞衣洁如故。稍有言，其滴处遂成污痕，归必浣涤。

戴延之[1]《西征记》云：崤山上不得鸣鼓角，鸣则风雨忽至。崤山一名钦䂮山，在河南府永宁县北六十里，自东崤至西崤三十里。

西安府乾州武功县南九十里太白山，军行过其下，不得鸣鼓角，鸣则疾风暴雨立至。

凤翔府陇州西北无龙洞，人过之莫敢语，语者便闻风雷之声。

中岳嵩顶之东有龙潭，九潭相接，其深莫测。人游龙潭者，毋语笑以黩神龙，龙怒则有雷恐。

台州府天台县西北二十五里桐柏山上印石之南有三井，一湮二存，名"海眼"。凡人临井上，不敢高声语笑。宋夏竦铭云："箫鼓一鸣，雷雨大作。"

荆州府归州巴东县西北十余里瀼西有龙昌洞，洞内十里可以浮舟。但禁人笑语，恐潜龙起，则多覆舟。

重庆府长寿县东一里有不语滩，客航过者，皆相戒不言，言则水势贲涌。

夔州府城东十七里白盐山，崖壁高峻，色若白盐，故名。其下为广溪峡。《水经注》云：刺史二千石过，皆不得鸣角伐鼓。商旅上下，恐触石有声，乃以布裹篙足。

马湖府城西三百八十里雷番山中，有毒草。经过牲畜，必笼其口。行人亦须缄默，若或发声，虽冬月，必起雷霆。

嘉定州峨眉县西一百里峨眉山上，有雷洞坪，深崖万仞，下视黑不见底。坪下洞壑为蛟龙、蛇虺所栖，相传闻人声则雷雨作。左右各有铁牌，高二尺，刻"禁语"二字，不知何时所立。

大理府城西点苍山顶高河泉中，产菜，茎红叶青，味甚辛辣。五六月采之，若高声则云雾骤起，风雨卒至。盖高河乃龙湫也。

武定府城北七十里夹甸西山中，有武陵洞。洞内石人、石兽，以火烛之，不敢语，语则雷雨辄至。

北胜州南百里大坡难岭，高二万丈。其岭有龙湫，喧嚣近之，则风雹倏来。

镇远府城西牙溪，一名雪溪。中有鬼物，舟过此者，寂然不敢哗。

[1] 戴延之，名祚，字延之，江东（今安徽芜湖以下长江下游南岸地区）人。东晋小说家，著有《从刘武王西征记》、《洛阳记》。

仙都现隐

徽州府城西北一百二十里黄山中峰，有浮丘公仙坛，彩霞灵禽栖止其上，是浮丘公与容成子游处。昔有人到坛所，忽见楼台焕然，楼前有莲池，左右有盐、积米。遂归，引村人上取，了不知其处所。

婺源县北一百二十里灵岩,旧有张公洞。徐铉《稽神录》云:咸通末,洞灵观郑道士以绳缒洞井中,约百余丈,乃至底。旁视有光,路尽阻水,隔岸有屋宇、花木、树石,宛然仙境。有道人使一童子刺船而至,问郑欲渡否?答云欲归,因复缒而出。明日,井中出一石笋,塞其口,无复入者。按:今有三洞,在洞灵观东北者曰庆云洞,西曰莲花洞,南曰含虚洞。

济南府长山县西南三十里长白山,古肃然山也。《酉阳杂俎》云:燕世桑门曰惠霄者,自广固至岘南,听有钟声。稍前忽见一寺,门宇炳焕,遂求中食。见一沙弥,摘一桃与霄,须臾又与一桃,语霄曰:"至此已淹留,可去矣。"霄出,回顾失寺。至广固见弟子,言失和尚已二年,始知二桃者为兆二年云。按:广固城,在青州府城西北八里尧山之阳,晋永嘉末,前赵所筑,有大涧甚广,因之为固,故名。岘南,即临朐县东南一百五里大岘山也。

衢州府城南蜘蛛洞,昔有彭大佛者,弃妻子,栖身林泉寺,倾资以赡其徒。忽于小径中闻乐声,迹其路六七里,有宫室。仙人、采女坐堂上,酒殽盛设,遂请大佛供应。大佛以未著七条衣,仓皇辞避。堂上传声:"送大佛从后门出。"既出,失其所在。

江山县东南六十里济井潭,形方而深,外限横石。旧传有樵者,溺已三日,忽从水中出。自言入见大官,府有白须者居之,命一鬼吏送还。

台州府宁海县西九十里鹿头峰,昔有人登其巅,西望林壑中隐隐数家,中有花如桃李。及即之,已迷其处。

温州府城东南隅积谷山下有飞霞洞,晋邑人刘根隐此。旧传有孺子卖饧,遇一道人,引之入洞,见台阁森严,二人对奕。归语其母,母随往视,则岩壁已合矣。

处州府龙泉县西南八十里台湖山,五代梁时,邑人丘鼓采樵入山,忽遇澄湖楠林,杳非人境。见二叟对奕。及还家,已别期年,其山中日才暮云。

九江府城南五十里天池峰之南,有竹林寺,仙境也。有名无寺,惟钟声灯影可凭,有时见之。今镌"竹林寺"三字于石壁,非篆非隶,周颠仙笔也。

广信府弋阳县东二十里弋溪岭上,有多蜜岩。〈刘〉宋元嘉中,有人见其岩内有三铁镬,可容百斛,中生莲花。他日往寻,不知所在。

临江府峡江县南三十里黄金山,在黄金江上。昔有人欲穷黄金水源,缓步涯涘,忽入一岩洞,门扉犹暗。既行数步,天日朗然,若非人世。旁穿一石匮,得黄金如珠者数升,乃持归。及再往,则迷路矣。

赣州府宁都县东四十里武都山,刘宋大明中,有人至其巅,见一池广可百丈,水色如丹,旁有颗粒如珠。再往,竟失其所。

常德府城西三十里鹿山,刘宋元嘉初,武陵蛮人射鹿,逐入石穴中,见一石梯。因登而上,豁然开朗,桑果蔼然,行人翱翔,不似人境,乃批树识其处。后再往,不知所在。

桃源县南二十里桃源山下,有桃源洞,梁伍安贫[1]《武陵记》云:晋太元中,武陵渔人黄道真泛舟自沅沂[溯]流而入。道真既出,白太守刘歆,遣人俱往,则已迷路,与陶靖节记略同。今桃源洞西五里乌头村有溪,相传即道真钓鱼处。桃源山下,有黄闻潭,因闻黄道真所说而名也。

晋刘驎之尝采药至衡山,深入忘返。见有一涧水,水南有二石囷,一囷开一囷闭。水深广,不得过,欲还,失道。遇伐弓人,问径,仅得还家。或说囷中皆仙灵方药诸杂物,驎之欲更寻索,终不复知处。驎之,字子骥,南阳人。

成都府彰县[2]北五十里白鹿山,〈刘〉宋元嘉九年,有樵人于山左见群鹿,引方将射之,有一麞所趣险绝。入石穴,行数十步,豁然平傅[博],邑屋连接,阡陌周通。问是何所?有人答曰:"小成都。"后更往寻之,不知所在。

汉州绵竹县东四十里庚除山,有石洞三。宋初有霁云子者,入洞中,见楼台金碧。门者呵止之,曰:"子凡骨,可急去,不然及祸。"霁云子乃出。后再寻,遂迷故道。

重庆府涪州彭水县西隔江四里摩围山,昔有樵者攀缘入洞,见二老围棋其中。回复寻之,了不可得。

福州府城东十里东山有榴花洞,唐时樵者蓝超,逐一鹿入石门内,有鸡犬人烟,见一翁谓曰:"吾避秦人也,留卿可乎?"超曰:"归别妻子,乃来。"与榴花一枝而出。后再访之,遂迷所在。

闽清县南一里钟南山,尝有二人裹粮深入山中,憩草屋下。忽一人自外至,袖中出芋数枚,拨落叶煨之以相啖。迟明,遂失其处。但见木叶盈尺,题诗其上,曰:"偶与云水会,不与云水通。云散水流后,杳然天地空。"

建宁府城西玄妙观前有溪潭,昔有渔人彭姓者,因捕鱼入潭中,见石室,金字扁曰"玉青洞"。升其庭,有青衣者出,曰:"此司命真君之府也,何得阑入?"送之出门,其室遂隐。

宋治平间,崇安大旱。有江公者,灌田于武夷山均峰下,遇三女仙惠以小葫芦水,令洒旱田,是夕大雨。江公往均峰寻三仙致谢,至山中得一小径深入,忽有洞府,扁曰"云虚之洞"。仙童引见,三仙待以胡麻饭。既而辞归,桃花夹径,渡一小涧,出则三姑石下,至家三载矣。三女仙,俱会稽上虞人,姓孔、庄、叶,不知名讳,唐天宝间来武夷学道成仙。

汀州府武平县东三十五里梁野山,峰势险峻,顶有金莲池。昔土人采苧,尝扣萝而入,见佛像、经幢、钟磬如新造设。再往,则迷路矣。

平越府黄平州西北有琴板寺,在万山巅。昔一老人露居野宿,数日始陟其处。寺右小石池,池侧小井上有索,不知遗自何年。老人掷之于井,绠直不可汲。入寺,若有火烟气而不见人。少顷,阴风怒号,难以复留。老人归,语所知有诣游者,但遥见一茅茨在云中耳。

[1] 伍安贫,南朝梁武陵人。博雅嗜学,屡聘不出。尝撰《武陵图志》,今传本作《武陵记》。
[2] 成都府彰县,当为成都府彭县。

洞府闭开

庐州府无为州巢县西南九十里翠微山,有金庭洞,长二十五步,阔丈二尺,高丈五尺,东户阔丈五尺,壁上有大人手迹。仙人王乔于此得道,闭穴而去,故名"王乔山"。晋初,会稽道人游先生以杖拨开洞门,亦得仙去。先生居此时,有紫云覆其上,故又名"紫微山"。

成都府新都县西南十五里繁阳山,中有麻姑洞,即阳平治之别名也。元和间,韦皋[1]莅蜀,洞忽自开,寻又闭塞。光化二年五月四日,复开。相传洞开则年丰物贱。

顺庆府蓬州营山县东南七十里大蓬山,有朝阳洞,空阔可容数百人。封塞已久,万历间重开。

邛州大邑县西北三十里鸣鹤山,有二十四洞,应二十四气。洞口约阔三尺,深不可测。每遇一气则一洞窍开,余皆不见。

广州府境大溪山,旧有一洞。其处所人不常识,每岁五月五日,洞开则见之。土人预备墨纸、刷帚入其中,以手摸石壁,觉有罅隙若镌刻者,以墨刷之,纸覆其上。印摹而出,洞亦随闭。持所印纸视之,或咒语,或药方,所得皆不同。亦有不成字者,无所得者。咒术、药方应用,无不效验。出庞元英《谈薮》[2]。

[1] 韦皋(746—805),字城武,唐朝京兆万年(陕西西安)人。任剑南西

川节度使,在蜀地21年,共击破吐蕃军队48万。治蜀有方,且辅佐太子登位,后封南康郡王。
[2]《谈薮》,旧本题宋庞元英撰。所载均为逸闻趣事,多述南宋宁、理宗两朝事。而庞元英为北宋元丰中人,相距百载,可见伪作。

树下龙书

唐柳毅[1]下第,归至泾阳道,遇牧羊妇曰:"妾洞庭龙君小女,嫁泾川次子。夫婿为婢仆所惑,毁黜至此,欲以尺书寄托侍者。洞庭之阴有井,井傍有大橘树,乡人谓之'社橘'。君当解去镪带,束以他物,然后举树三发,当有应者。"毅至,如其言,向树三击,果有武夫引之而前,得见龙王。今苏州府城西百余里太湖中,东洞庭山丰圻南,有大石若屏,名"石壁",即毅扣橘树处,地名社下,即社橘之社也。

《史记》:秦始皇三十六年秋,使者从关东夜过华阴平舒道,有人持璧遮使者曰:"为吾遗镐池君。"因言曰:"今年祖龙[2]死。"忽不见,置其璧去。使者奉璧,具以闻,始皇使御府视璧,乃二十八年行渡江所沉璧也。一云使者郑容至平舒,见华山上一人,素车白马,下谓容曰:"吾华山君使,愿托书致镐池君[3]所。子之咸阳,过镐池,见大梓树下有丈石,取以款树,当有应者。"容如其言,果有人从树出,受书,容见宫阙若王者之居焉。顷闻语声,言祖龙死云。镐池,在今西安府城北,一名镐陂。平舒城,在今华阴县西南。

瑞州府治西北五里,有幸龙王潭。幸南容,高安人,唐贞元中举进士,累迁国子祭酒。在汴都时,尝寄书于乡人,曰:"城北数里有潭,旁有古木,即吾家也。扣之必应。"持书者如其言,果有二童子出,俄一丈夫继之,宛如汴都所见。邑人以其神异,呼为"龙王"。殁后,立庙祀之。庙在府城西六十里,墓在庙西十里。

按：南容与柳子厚同年，子厚送之归，序略云：登太常之籍，应邯郸之召，文章之灵，虽枚生长卿，无以过之。

广州府青远县[4]东三十五里观亭山，一名观峡，其下有神庙。晋时邑人有至洛者，将还，忽有一人寄书云："吾家在观亭前，石门悬藤即其处也，但扣藤，自当有人来取。"还者如其言，果有二人出水，取书拜曰："阿伯令君前，辞不获免。"遂入水中，宫室壮丽，饮食言语无异常人。礼毕送出，衣不沾湿。

[1] 柳毅，出自唐传奇，成语"柳毅传书"的主人公，中国古代戏曲中的人物。宋代苏州有"柳毅井"、"柳毅桥"的附会。
[2] 祖龙，指秦始皇。
[3] 镐池君，水神名。一说指周武王。
[4] 广州府青远县，当为广州府清远县。

石中福地

凤阳府临淮县青流门外有水帘洞，昔有成都戍卒来觅水帘先生，郡人莫晓。一日，至水帘洞，石忽裂开，有人引之入。他日复出，言其中洞府豁然。

安庆府潜山县西北二十里天柱山莲花峰下，有莲子洞。宋时有承局[1]发蜀中，一道士记之致书。敲石少顷，洞门自开，一童子引之入，与麦三升为酬。承局嫌薄，投之水，已视之，皆金也。

太原府交城县西北一百一十里大小阿苏山，石崖临水，中有洞穴。世传张果老乘白驴至此，以铁楇指石为穴，并其所乘驴入焉。穴深数十步，内不可测。

汾州府城西三十里石室山，国朝永乐初，有仙姑任氏栖遁修真，家人求之弗得。后有人见之，遂逃入石室中，有声殷殷如雷，其壁旋合，手迹仍存。

杭州府城南十六里水乐洞后，旧有石佛接待庵。相传有圣僧顶笠挑包，隐形于石。咸淳初，建庵覆之。今废。

台州府天台县西北三十五里桐柏山下，有明岩，岩面隐隐有唐帽乘马痕。俗传唐贞观中，丰干和尚谓太守闾丘胤[2]曰："寒山[3]、拾得[4]即文珠、普贤后身也。"胤谒之于国清寺，二人笑曰："丰干饶舌耶！"即出门。去追，及至此，因拍手笑入岩，岩随门，闾丘亦蜕于此。一云寒山、拾得隐身岩，在天台县西北七十里寒石山旁。

天台县北五十里石桥山方广寺，五百应真示现处隐于石中，樵人、牧子时闻钟磬梵呗之声。

温州府城东南积谷山麓，有谢客岩。宋时有一童子藏岩下，莫识其姓名，每以楮钱买油，人视之金也。一日事觉，鬻油者索之，不能得。适复来，执之而走，追之，钻入岩隙。众以闻郡守，令起岩视之，见其向立灯前，而油已将尽，诸刹僧争迎之。守曰："僧等俯伏，吾当视香烟绕其身者，许之。"时绕嵩台普觉寺僧，遂令迎焉。后多奇迹。有题者曰："此僧曾从黑劫修，石中经历几千秋。早知色相留尘世，却悔当年出买油。"

抚州府治谯楼前有羊角石，石笋出土中如羊角，故名。相传昔有人自西蜀青城山来，寻羊角石，郡人指示之，其人扣石云："青城有书。"石忽开，书入复合，其人亦不知所往。宋绍兴中，守王秬覆以小亭。久之，守林其［某］掘地而观之，未数尺，大风起穴中，惧而止。

袁州府城南文明乡有仰山庙，甚灵，相传其神乃二龙也。昔有徐璠者，家于城东十里浦村，自扬州回船至大孤山，见二生，一称萧大分，一称萧陆[5]。言家在仰山石桥，求与同载，璠许之。先过浦村，将别，二生言："他日见访，扣石桥大声呼'叔李'。"自后，璠每经过，辄如诚相见。欢宴之次，大分问何所欲？璠言所需田土。信宿间，大水猝至，摧木荡竹。俄而平高就下，出田五顷，今浦村西徐田是也。璠往谢之，忘扣石桥，径窥其穴，乃见二生为龙。自后不复见形，而桥亦断。

武昌府城西南黄鹤矶石照亭，右有巨石，世传以为仙人洞也。一守关老卒，每晨兴即拜洞下。一夕月如画，见三道士自洞中出，吟啸久之，将复入洞，卒即从之，道士曰："汝何人耶？"卒具言其所以，且乞富贵。道士曰："此洞间石，速抱一块去。"卒持而出，石合，无从而入。明日视石，黄金也。凿而货之，衣食顿富。为队长所察，执之以为盗也。卒以实告官，就其家取石，至郡则金化矣，非金非玉非石非铅，藏于军资库。苏子瞻有诗记之，今鄂人谓之"吕公洞"，乃流俗附会耳。

顺庆府蓬州治北十里有石门，州志载：晋鲜于氏之子游学锦官，偶老翁丐通一家信。道次石门，取出置石上，忽有人引生前行，见一王侯曰："荷君寄音。"乃以药数粒授生，后生寿至百岁。

眉州东北十里中岩山之半，有三石突出，其形类笋，谓之"石笋"。宋时有异僧入牛头寺，主僧厚礼之，临别赠以一钥曰："后欲访我，当至中岩，见石笋扣之。"每年寺佛头失珠，主僧寻至石笋下，扣以钥，峰裂为三，乃见异僧，曰："盗取佛珠，江滨我得之久矣。"主僧喜，持珠而还。异僧，即诺讵那尊[6]者。

韶州府城南六十里曹溪，南华寺六祖惠能[7]传衣钵处。祖初至曹溪，住九月余，日为恶党寻逐，乃遁于前山，被其纵火焚草木，祖隐身挨入石中得免。其石今有趺［跌］坐膝痕及衣布之纹，因名"避难石"。

惠州府博罗县西北三十里罗浮山明福观东，有石洞，即邝仙骑牛入石处。

琼州府临高县西十里毗耶山，有毗耶神坛。相传汉建武二年，南村民王氏者二人：长曰祈，次曰律，与乡人王居杰猎于此山。倦憩石上，祈为石所吞唊，居杰三引刀不解。祈曰："我为毗耶大神，隐此石，以后可以纯白三牲，三载一祀我。"言讫，浸入石中不见。

律与居杰归而谋之邑人，如期致祭。后人因之，甚灵应。

梧州府城东三里金石山，三国吴时，有道士牵牛渡江，语舟人曰："船内牛粪，留以为酬。"舟人视之，皆金也。须臾，道士与牛并隐石下。

云南府宾川州北五十里鸡足山，有华首门踞山半，"石规十丈如半月"，而檐外飞。相传云迦叶[8]入此安禅。

[1] 承局，宋代的低级军职，属殿前司。也是对差役的尊称。
[2] 闾丘胤，唐朝大臣、诗人，诗礼寒山子，曾任台州刺史。
[3] 寒山，唐代长安（今陕西西安）人。出身于官宦人家，多次投考不第，被迫出家。三十岁后隐居浙东天台山，享年一百多岁。
[4] 拾得（783—891），别名石德，出生于河北任县杨留垒。出家于天台山国清寺，唐代僧人。
[5] 萧陆，仰山古庙所祀二神为萧大分、萧隆（七郎）。文中萧陆，当为萧隆之误。
[6] 诺讵那尊者，当为十六罗汉之一的诺讵那尊者。
[7] 惠能，即慧能（638—713），俗姓卢，传说初生时有"二异僧"立名"惠能"，别号曹溪大师，谥大鉴禅师。禅宗六祖，弘扬"直指人心，见性成佛"的顿教法门，有《六祖坛经》传世。
[8] 迦叶，指摩诃迦叶，佛陀十大弟子之一，佛教尊为头陀第一。

植杖成树

成都府双流县北天师观坛下，有伏鬼井。其井先有妖怪，张道陵运石以镇之，妖乃绝。邑人为立祠，植杖井旁。今为乔木，号"戒鬼木"。

黎州司城东北五里旧州治小厅东，有藜厅。世传唐僧玄奘游西域，经行，植藜杖于地，云他日州治在此，后果如其言。其杖成株，高五丈，围九尺。天圣间回禄，人取其枝以接他树，亦高大矣。按：古称藜杖，藜即苜蓿也。养之历霜雪，经一二岁，木本修直，生鬼面，可杖，取其轻而坚也。今藜厅之树甚高大，而土人常取其枝以接果，乃梨耳！岂好事者欲神高僧之迹，遂傅会梨以为藜耶？

福州府永福县西南六十里高盖山下，有牛杖树。昔有牧儿徐氏，饭牛山椒，遇二人奕，遗徐一棋子。徐归，遂精手谈，往往与二人遇，得修炼诀。一日将仙去，埋棋子田中，俟涌土成墩，植牛杖其侧，旋生枝叶。今老树尚存。尝有耕者发墩，致风雷之变。其地有七仙亭，相传徐君丹成，与兄弟姊妹七人饵之，同时上升云。

飞履化禽

南阳府裕州叶县，唐开元中，析置仙州及仙凫县，本汉叶令王乔事也。乔为令，每朔望诣阙，章帝怪之，密令太史伺望。言有双凫从东南来，举罗得双舄，则所赐尚书官属履也。

常德府署后堂有白鹤池，唐李翱史刺时，见卖墨道士以芒鞋一双投于池中，化为白鹤飞去，因名。上有亭曰"白鹤轩"。

邓德明《南康记》[1]云：昔有卢耽仕州为治中，少栖仙术，善解云飞，每夕辄凌虚归家，晓则还州。尝于元会至朝，不及朝列，化为白鹄至阁前。回翔欲下，威仪以石掷之，得一只履。耽惊还就列，内外左右莫不骇异。时步骘为广州，意甚恶之，便以状列闻，遂至诛灭。右［上］出《水经注》所述，其云为州治中，盖广州也。

惠州府博罗县西北三十里罗浮山冲虚观中，有遗履轩。晋葛洪修道罗浮山中，其妻父鲍靓常夜访洪，达旦乃去。人讶其数数往来而不见车马，密伺之，但双燕飞至，网之，则双履也。

[1]《南康记》，南朝刘宋时期南康郡赣（今赣州市）人邓德明撰。全书以

《尚书·禹贡》为据,参考后世有关山经水志方面的著作,综合介绍了家乡的山川胜迹、自然景物,仙异神怪,社会人事,以至民间奇闻。系赣南最早的山水人文志。

龙像能真

苏州府昆山县北三里马鞍山下慧聚寺,梁武帝造,时敕张僧繇画龙于四柱。后龙数出湖上,僧繇又画锁以縶之。唐会昌中,寺废,以柱留郡中。至大中间,寺复兴,以柱还寺。宋淳熙中,寺火,柱乃毁。

绍兴府城东南十二里会稽山上,有禹庙。梁时修庙,取鄞县大梅山顶梅木为梁,张僧繇画龙于上。夜或风雨,飞入镜湖,与龙斗。后人见梁上水淋漓而萍藻满焉,始骇异之,以铁索锁于柱。今所存,乃他木,犹绊以铁索,存故事耳。

九江府瑞昌县南半里升龙观,四楹雕龙为饰。忽日一柱龙文不见,而杨林湖上有龙戏水。次日,但见柱上鳞角粘带水草。

福州府古田县西北二里拍石岩前极乐寺殿上,有雕龙。一夕风雨,化为真龙飞去。宋邑人章孝参诗云:"禅关未晚门先闭,似恐雕龙去复归。"孝参,淳祐间进士。

水神畏画

登州府宁海州文登县东北海中,有秦始皇石桥,伏琛《齐记》曰:始皇造桥,欲渡海观日出处,海神为之驱石竖柱。始皇感其意通,敬于神,求与相见。神曰:"我丑,莫图我形,当与帝会。"始皇从石桥入海四十里,与神相见。帝左右有巧者,潜以足画神形,神怒曰:"帝负约,可速去。"始皇转马,马之前脚犹立,后脚随崩,仅得登岸。今验成山东入海道,可广二十步,时有竖石往往相望似桥状。文登县南六十里有海神庙。

西安府城西北三十里有长安故城,城西有西渭桥,桥对便门,亦名便桥,又名石柱桥,唐时亦名咸阳桥。旧有忖留神像。此神尝与鲁班语,班令神出,忖留曰:"我貌狞丑,卿善图物容。"班于是拱手与言曰:"出头见我。"忖留乃出首,班于是以脚画地,忖留觉之,便还没水。故置其像于水,惟背以上立水上。

建宁府浦城县西南七十里有巴兽潭,左右皆石壁。北有石板,长二丈,高八尺。旧传有恶兽潜于潭中,豕身人首,状貌丑恶,好出水边为害。唐会昌中,道人张衡往写之,兽入潭中不出。或谓此兽畏画,乃去纸笔,兽果出。衡以指摹状石板,入石三分。故老云本朝嘉靖间,犹有见之者。

山间木客[1]

赣州府兴国县南九十六里上洛山,有木客乃鬼类,形颇似人,自言秦时造阿房宫采木者,食木实,得不死。能砍杉枋与人交易,信直不欺,时就民间饮酒。一云饶州府城西北一百一十五里鄱阳山中,亦有此。

平乐府城东紫山中,多木客,行、坐、衣服不异于人,时出市贸易作器,人亦莫别。

附 录

徽州府城西北一百二十里黄山石门峰,唐大历中,有毛人至山下,为人所杀。明日,其妻至,知夫死,哭之而去。旧传有樵翁入轩辕峰下石室,遇道士送归至洞口,复迷入香林原不得出,遂成毛人云。

河南府嵩县东北四十里陆浑山,一名方山。时有野人居之,长生不死。春秋时,陆浑戎[2]之遗类也。

建昌府城西南十五里麻姑山,有秦人峰。相传秦人避难于此,尝有樵者见之，面目黧黑，疾走如飞。

永州府城西一百里承平洞，林岭深邃，相传中有野人。宋咸平间，有一雌者突入田中，擒一少年，负去置洞岩中，与之卧起。既而逃归。

[1] 木客，伐木工。
[2] 陆浑戎，陆浑戎是允姓戎的一支，最早活动于今陕西、甘肃、四川三省交界的若水流域。后东迁嵩县。

水里金牛

常州府城西北三十五里奔牛台，一名金牛台。相传汉时有金牛出山东石池，到曲阿，人以栅断其道，牛因骤奔，故名。一云万策胡[湖]中有铜牛，人逐之上东山，入土，掘之，走至此栅，今栅口及堰皆以"奔牛"为名。一云汉时有金牛出茅山，奔至此。

宜兴县南三十五里张公洞后，有金牛潭。其水泓澄不竭，传有金牛入此，又名伏牛潭。吴赤乌年，建洞灵观于此。宋乾道六年，改额"天申万寿宫"。

太平府城北二十五里有牛渚山，城西北十里有金牛渚。昔有金牛起于此山，入于此渚，坎穴犹存。

庐州府庐江县西北三十里有金牛岭，昔有金牛裂土而出，奔沉大江，其下有金牛渚。刘义庆《幽明录》[1]云："淮南牛渚，津水极深，无可算计。人见一金牛，形甚丑壮，以为金锁绊。"盖指此。

杭州府城西有湖，周绕三十里。汉时金牛见湖中，人谓明圣之瑞，旧称"明圣湖"，今但谓之"西湖"云。

吉安府吉水县北四十里有石牛潭，每江水暴涨，见石牛浮水上。又有牛眠石，方广丈余。或传秋高夜静，有金牛来往，蹄涔尚存。

赣州府城北二十里储潭山，晋咸和初，有渔者钓潭中，得金锁。引之，可数百尺，忽一物随锁而来，似牛，眼红角白。见人惊骇，曳锁急走，渔人以刀断锁，得数尺。

福州府城西十里金崎江，俗名金锁江。昔有渔父垂钓得金锁，引锁尽，见一金牛，急挽至岸。俄而锁绝，犹得数尺。晋康帝诏，于此立金崎庙。

广州府增城县南三十五里有牛潭，一名金锁潭。竺法真《登罗山疏》云：增城县南有别情洲，洲有牛潭，渔人蹑得金锁，大如指长，数千寻，牵之不已。俄有在水中引者，力不得禁，以刀欲断，惟得数尺，遂致大富。后义兴周灵甫亦见此牛，寝伏石上，旁有金锁。掩之，得二丈许，亦以财雄。

青遂县[2]东三十里峡山下有犀牛潭，相传秦时昆仑国贡水犀牛，以金锁系项，至此忽断入潭。晋咸康间，渔者周仲采于潭，得金锁，索长尺余。或云晋有罗公者，钓得金索，曳之有犀牛出。掣断其索，得一尺许。

廉州府城东十里登高山之阳铜船湖中，有一牛。渔人以鸡酒为祭，便大得鱼。若不设祭，止得牛粪而已。

附 录

丽江府城西南有龙潭，昔有耕者为暴风卷入潭内。至今，时见此人及牛犁回旋水中。

[1]《幽明录》，亦作《幽冥录》、《幽冥记》，为南朝宋宗室刘义庆集门客所撰，是民间传说中神奇怪异的志怪小说集。
[2] 青遂县，当为广州府清远县。

山神托胎

广信府玉山县北一百二十里怀玉山，一名玉斗山。南唐时，浦城杨文逸为玉山令，尝梦一羽衣来谒，自称怀玉山人。未几，其孙亿[1]生，仕宋，官学士，修《太宗实录》，称良史，立朝有风节，学者宗之。一云亿初生时，母章氏梦羽衣人，自言武夷君托化。既生，乃一鹤雏，骇而弃之江。其叔父曰："吾闻间世之人，其生必异。"急追视之，则鹤蜕为婴儿，遂收养之，体犹有紫毳尺余，即月乃落。

南康府南康县[2]治北一里九日岭，县之主山也。建阳陈俨妻梦一伟人来谒，自称九日山神。已而生子，因合九日二字，名旭[3]。旭登第后，宰南康，因筑旭岭书台。后避神宗庙，避改升之，仕至宰相，封秀公。今山椒有旭亭。一云升之将生，母荆国夫人尝闻排榻有声者，累日索之，无所见。既产升之，其声遂辍，得大蛇蜕于蓐下，鳞甲首尾俱备，惟腹下脱一鳞。升之既长，腹亦有一鳞可磨指甲。

雅州城东五里周公山，本名蔡山，诸葛武侯尝于此梦见周公，改今名。五代王承肇，雅州人，母崔氏梦山神牵五色兽逼其衣，遂生承肇。有异僧见而抚之曰："老僧所居周公山，佳气减半，乃孕灵此子耶。"后节制洺州，以功名显。

宋赵葵[4]，衡山县人，父方尝梦南岳神降其家，乃生葵。后拜相，屡立奇功，谥忠靖。

宋神宗[5]未生时，武夷山道士吴怀玉有道术，指武夷君像曰："岁在戊子，降为人主。"又指魏王[6]像曰："三十有八载，当继世御极，抚平四海。"后其语皆验。杨大年家集云：真宗、神宗、哲宗皆自武夷山十三仙[7]中来。

肇庆府阳春县东南十五里有射木山，宋时内黄李氏无子，一夕梦春州射木山神，托生为嗣，遂生子，名符[8]。后登第，为谏议大夫。坐事贬知春州，其母泣曰："儿必不归矣。"及到任，谒神庙，视其门庑，若常所见。未几，卒。自符生，庙食久废。及卒，而庙复灵。按史，太平兴国七年，宰相卢多逊[9]流崖州，李符求见赵普[10],言"朱崖虽在海外,而水土无他恶;春州虽内地,而至者必死。望追改前命,以外彰宽宥,乃置于必死之地。"普领之。后月余,符坐事贬宣州行军司马,上怒未已,令再贬岭外。普具述其事,即以符知春州。到州月余,死。夫普与多逊争权宠相倾,而符希普意,必欲死多逊于春州,盖小人之尤者也。乃传为射木山神托生,然则神亦有正有邪耶。

[1] 亿,即杨亿(974—1020),字大年,建州浦城(今属福建浦城县)人,卒谥文,人称杨文公。官至工部侍郎,北宋文学家,"西昆体"诗歌主要作家,与王钦若主修《册府元龟》,曾参预修《太宗实录》。
[2] 南康府南康县,当为南安府南康县。
[3] 旭,即陈升之(1011—1079),字旸叔,初名旭,建州建阳(今福建省建阳市)人。北宋大臣,历知封州、汉阳军、监察御史,宋神宗熙宁元年(1068)任知枢密院事,后拜同中书门下平章事、集贤殿大学士。
[4] 赵葵(1186—1266),字南仲,号信庵,一号庸斋,谥忠靖,衡山(今属湖南)人。南宋儒将,历经五朝,历任华文殿直学士、淮东安抚制置使、湖南安抚使、资政殿学士、福建安抚使、枢密使兼参知政事、丞相兼枢密使等。
[5] 宋神宗,即赵顼(1048—1085),北宋第六位皇帝,1067年至1085年在位。1048年为戊子年。
[6] 魏王,即赵廷美(947—984),本名光美,字文化,后改名廷美。宋太祖赵匡胤之弟,终年38岁。
[7] 武夷山十三仙,当指魏王子骞、张湛、孙绰、赵元奇、彭令昭、刘景、顾思远、白石生、马鸣生和胡氏、李氏、鱼道超、鱼道远四位女仙。
[8] 符,即李符,字德昌,大名内黄人。北宋官员,曾知广州兼转运使。在任有善政,民为立生祠。后因用刑不当,贬知春州(今广东阳春)。
[9] 卢多逊(934—985),怀州河内(今河南沁阳)人。后周显德初年进士,官至北宋宰相。后因罪流放至崖州,在流所去世。
[10] 赵普,字则平,北宋宰相,宋太祖、太宗时期的重要谋士与治国能臣。

人杰钟秀

杭州府新城县南五里百丈山下，有鼍江。旧传尝有二气亘于江上，昼夜不减。及杜建徽[1]、罗隐生，而二气不复见，说者以为文武秀气云。建徽，吴越钱氏大将也。

抚州府崇仁县南六十里巴山，一名临川山。县南一百里宝盖山，一名华盖山。宋末望气者，言二山间当产异人。已而吴澄[2]生于山麓之咸口里。

汉扬子云[3]以父寓巫山时生，人谓其钟十二峰之秀。

宋苏老泉[4]、东坡、颖滨[5]，父子兄弟济美眉山，草木皆枯。

福宁州宁德县西一百二十里石堂山，宋陈普[6]家此，精通律吕、天文、地理、算数之学，称为石堂先生。尝自造铜壶滴漏，应时弁〔升〕降无少差爽。铸成时，里中草木焦枯者年余。后移入布政司谯楼，至今存。

[1] 杜建徽（864—950），字延光，五代新城（今富阳）人。钱镠为吴越王后，拜其为左丞相。年逾八十，尚能骑射。
[2] 吴澄（1249—1333），字幼清，号草庐，抚州崇仁（江西崇仁咸口）人。死后追封临川郡公，谥文正。著《吴文正集》100卷等。
[3] 扬子云，即扬雄（前53—18），字子云，西汉蜀郡成都（今四川成都郫县友爱镇）人。西汉著名的辞赋家。
[4] 苏老泉，即苏洵（1009—1066），字明允，自号老泉，眉州眉山（今属四川眉山）人。北宋文学家，与其子苏轼、苏辙并以文学著称于世，世称"三苏"，均被列入"唐宋八大家"。
[5] 颖滨，即苏辙（1039—1112），字子由，自号颖滨遗老。苏东坡的弟弟。
[6] 陈普（1244—1315），字尚德，号惧斋，世称石堂先生，生于宁德二十都石堂（今属蕉城区虎贝）。南宋著名理学家，其铸刻漏壶为世界最早钟表之雏形。

贵征冥告

我太祖高皇帝微时，常往来淮泗间，入一山深处，一人冠服特异，揖上而言曰："今天下乱，汝何为在此？"因解一物授上佩之，乃赤瑶光玦也。上叩其姓字，曰："我，此山之神也。"忽不见。上遽出，遂决意集兵定乱，卒有天下。及即位，遣行人致祭焉，未详何山。

刘宋景平中，顾琛为朝请，假还东，日晚至东山。于时商旅数十船悉泊岸，侧有一人玄衣介帻，执鞭屏诸船，云："顾吴郡部位，寻至，应泊此岸。"于是诸船各东西。俄有一假船至泊向处，人问："顾吴郡早晚至？"船人答无顾吴郡，又问何船，曰："顾朝请耳，莫不惊怪。"琛知为善征，因誓之曰："若得郡，当于此立庙。"后果为吴郡，立庙方山，名曰"马庙"。方山，在应天府城东南四十五里。

三山矶在太平府繁昌县东北四十里，宋陈尧佐尝泊舟矶下，有老叟曰："来日午大风，宜避。"至期，行舟皆覆，尧佐独免。又见前叟曰："某，江之游奕将也，以公他日贤相，故来告耳。"

春秋时，晋智伯率韩、魏攻赵襄子，惧保晋阳，原过从后。至于王泽，有三神与过竹二节，令遗无恤。襄子斋三日，剖竹，有朱书曰："余霍太山阳侯，天使也。余将使汝反，灭智氏。"卒如其言。遂祠三神，使过主之。俗谓其处为观阜，一作观堆。堆高二里，周回十里，在平阳府霍州东南三十里霍山下。

隋末丧乱，唐高祖起义师趣霍邑，隋武牙郎将宋老生[1]屯兵据险，高祖不得进。忽有白衣老父诣军门，曰："霍山神遣语大唐皇帝，若向霍邑，当东南傍山取路，我当助破之。"遣人往省，果有微道，高祖笑曰："此神不欺，赵襄子[2]岂当负我乎？"于是进师，去城十余里，老生战败，弃马步走，堕身隍中，刘弘基[3]斩之。遂克霍邑，因置祠焉。霍邑，即今霍州。

太原府太原县有赵襄子祠，唐潞王从珂[4]与石敬塘[5]同入庙，神像忽然起立。

晋时刘渊族子曜[6]尝隐菅涔山，夜中忽见二童子入跪曰："菅涔王使小臣奉谒赵皇帝，献剑一口。"置前再拜而去。以烛视之，剑长二尺，光泽非常，赤玉为室，背上有铭曰："神剑御除众毒。"曜遂眼之，剑随时变为五色。后果僭号。菅涔山在汾州府城北，神助曜剑，此亦乱世之神也，毒莫甚于曜，顾欲使之除众毒耶？

宋王钦若淳化二年赴举，途次圃田，忽失所在。同行武覃怀者边仆寻觅，惊悖曰［回］报，曰："自此数里有一神祠，某方入，门卒呵曰：'令公适与王相欢饮，不宜溷扰。'"及王登庸，出俸修祠，自为文记之。圃田泽，在开封府中牟县西北七里，东西方广五十里，南北二十六里。

王猛[7]少贫鬻畚［畚］，洛阳有一人贵买而无直，令猛随至家取之。猛从，行不觉入深山，见一老父踞胡床而坐，须发悉白，侍从十许人。有一人引猛云："大司马可进。"猛进拜，父云："王公何缘拜也？"十倍偿畚直，遣人送之。既出，反顾，乃嵩山也。后为秦苻坚所亲信，任兼将相。

西岳庙，在西安府华州华阴县东五里。唐李靖贫贱时，过庙诉神，请告以仕官所至，辞色抗厉，观者异之。伫立良久乃去，出庙门百许步，闻后有大声曰："李仆射，好去。"顾不见人，后出将入相，封卫国公。

嘉兴府海盐县西北有鹿苑寺，宋鲁宗道[8]初宰此邑，梦胡僧来迎参政。及入寺，瞻罗汉像如梦中所见。后果参大政。

宋谢深甫[9]，台州人，家贫，草履赴省。至曹娥江，渡子必得若干乃载。深甫与之钱少，渡子不肯曰："不怕汝，作漕运，黥我！"深甫乃从他处渡至嵊县，宿古庙中。祝遇之厚，又饮以酒。深甫怪之，祝曰："夜梦神告，明日当有宰相来宿。"深甫焚香祝曰："若成名，当为县官使庙貌一新。"果登第，遂注嵊县主簿修庙焉。后为浙漕，至曹娥江，召渡子谓曰："今竟何如？"渡子伏地请罪，深甫笑曰："吾岂果黥汝乎？"厚赐之，使去，曰："台州秀才往来，勿取渡钱也。"宁宗朝，深甫拜相。

南昌府宁州城东旌阳山上，有旌阳观，旧名得月观。唐大中岁，襄阳李质未第来游，投宿观中，梦神告以当为地主。已而登第，后二十年，果为江西观察使。

武昌府蒲圻县定相寺，乃唐窦参[10]故宅也。参未第时，肄业于此，山神告以他日当富贵。果如其言，因舍宅为寺。一云参为蒲圻令，有神祠，欲毁之，梦神曰："吾害公未得者，以公他日位宰相。幸其相存，可以预知休咎。"既觉，入神祠祭酹，以兄事之。后有迁命，神必先告。神欲相见，必先具盛馔于虚室内，围以縑慎[縑幕]，左右闻二人笑语之声。

宋寇莱公准调巴东时，舟经查波滩，闻水中人语。出视之，见一裸体者为之挽舟，公叱之，曰："我，黄魔神也，公异日当大用，故为公挽舟耳，但裸体不敢相见。"公以锦袄投之，神即披袄，冉冉而去。查波滩，在荆州府夷陵州西九十里。黄魔神庙，在归州西三里叱滩上。按庙记，唐李吉甫自忠州除替，峡涨汹怒，忽有神人涌出水上，为之扶舟。李问是何神，曰："我，黄魔神也。"《寰宇记》：咸通中，萧邺自右史窜黔南，溯三峡秭归，梦神人曰："我，黄魔神也，居紫极宫西北隅，将佑助公出境。"自唐至宋，黄魔神之灵凡三见云。

文潞公彦博[博]少时从父赴任蜀州，过江渎庙，祠官接之甚勤[勤]，且言："夜梦神令洒扫，明日有宰相来。君异日必为宰相。"后果验。

彭县濛阳镇北四十里葛仙山上，有崇真观。葛仙名瓆，得道于此。唐韦皋尝梦神人谓曰："异日富贵，无忘葛瓆。"后尹成都，再梦，乃复新观宇。皋自为记。

后秦姚苌[11]初为苻秦左卫将军,随杨安[12]伐蜀,昼寝水旁,上有神光焕然,左右异之。游至梓潼岭,见一神人谓之曰:"君蚤还秦,秦无主,其在君乎?"苌请其姓氏,曰:"张恶子也。"言讫不见。后苌果据秦称帝,即其地立张相公庙,祠之。右[上]出《十六国春秋》。《郡国志》则云:济顺王本张亚子,战死而庙存。昔亚子西至长安,见姚苌谓曰:"却后九年,君当入蜀。若至梓潼七曲山,幸当见寻。"至建元十二年,苌随杨安南伐,将至七曲迷道,游骑贾君蒙忽见一鹿驰去,遂至庙门。鹿自死,追骑共剥之。有顷,苌至悟曰:"此是张君为我设主客之礼。"烹食而去。徐铉《续搜神记》[13]云:有神姓张名亚,道术显著,庙在梓潼。玄宗幸蜀著灵,追封左丞相。《唐昼[书]》广明二年,僖宗幸蜀,神又见于利州桔柏津,封为济顺王。亲幸其庙,解剑以赠神。按:梓潼岭即七曲山,在今保宁府剑州梓潼县北十五里,其神即今世所奉梓潼帝君也,或又作张蚕子。蚕,大目蛇也。相传邛池张翁老无子,其妇产一蛇,逾年顶生角,腹生足,能变化,见羊、豕、犬、马辄食之。邑令系张翁夫妇于狱,欲杀之,蛇乃吸云雾,化风雷,扬海水为雨,灌注城邑,周四十里皆陷。载父母而出,遂为陷河之神云。据世人所传梓潼帝君,自著《化书》,则托生为蛇,乃七十三化之一耳。事涉怪诞,无足深办。雅州名山县东名山上,有梓潼观。开禧丁卯,邑人荀沫[14]于观后凿一洞,刻神之父母像,并凿石龙蟠其中,请神作托[记],亲书于石。今为石龙书院。

建宁府建阳县西北一百里集公山,宋江侧尝结屋聚徒于此。忽有梧叶堕梁下,书"集公山"三字,侧笑曰:"此何义?"俄复堕一叶,书云"集诸贤于此",故名。又堕数叶,皆书姓氏、官衔,后侧与群弟子果相继登科,如叶祖洽[15]、游酢[16]、施述其尤显者。其地又有龟山宋范元凯、江灏读书于此,遇山神告之曰:"江君当有官职,泽流后裔;范君名虽成,未免于难。"后元凯登科,竟殒于兵。灏历守三郡,享有寿考,子孙登科,世禄悉如神言。

邵武府城西五十里地名大乾，有广佑庙。隋末温陵太守欧阳祐，洛阳人也，官满西归，至此闻隋鼎既迁，耻事二姓，遂拉夫人崔氏溺死于此。乡人葬而立庙祀之，祈梦极灵。宋李纲尝宿庙中，梦神揖上坐，纲固辞，神曰："他日仗公主盟。"及拜相，值神加封，果署名额次。按《指月录》[17]载，普闻禅师，乃唐僖宗第三子，生不茹荤，居龙湖山十余年，因建崇刹。见广佑庙牲飨不绝，仗策至庙，与神约曰："能持不杀戒，乃可作邻，不然何山不可居乎？"是夕，父老梦神见告："永断血食，愿为护法。"亦一异也。大乾，一名西乾，与龙湖山相连。

惠州府博罗县东盘陀湾有姚娘庙，汉河平间，居民姚氏女贞淑殁，祠于此。宋陈尧佐以潮倅权惠守，携潮士许申[18]偕行，舣舟岸。次夜闻马骑，数辈严呼云："今夕丞相与漕使会宿于此，少有疏虞，不宥！"来旦访其地，有姚娘庙，乃知为神之号令也。后尧佐拜相，申任本路转运使，一如其言。

附　录

太原府忻州有晋文公祠，宋刘季孙[19]景文为忻州守，间一日必谒祠，至则与神偶语，久之乃出。文公亦时时来谒景文，景文闭间若与客语者，则神之至也。一日于广坐中谓一掾曰："天帝当来召君，吾亦当继往。"坐客皆相视失色。已而掾与刘相继而亡，死一日复甦，起作三诗，乃复就瞑。

[1] 宋老生（？—617），隋朝将领，官至虎牙郎将，文中为"武牙郎将"。
[2] 赵襄子（？—前425），嬴姓，赵氏，名毋恤（又作无恤），卒谥襄，故史称赵襄子。战国时期赵国的创始人。
[3] 刘弘基（582—650），雍州池阳（今陕西泾阳）人，唐初名将。
[4] 从珂，即李从珂（885—936），本姓王，小字二十三，为后唐明宗李嗣源义子。五代时期后唐皇帝，934—936年在位，死后无谥号及庙号，史家称之为末帝或废帝。长兴四年（933年），曾被封潞王。
[5] 石敬瑭（892—942），五代十国时期后晋开国皇帝。唐末帝李从珂继位

后，任石敬瑭为河东节度使，但双方互相猜忌。清泰三年（936年），石敬瑭起兵造反。

[6] 曜，即刘曜（？—329年），字永明，匈奴人，新兴（今山西忻州市）人。于靳准之乱中登上帝位，迁都长安，319年四月改国号为大赵，为前赵昭文帝，318—329年在位。

[7] 王猛（325—375），字景略，东晋北海郡剧县（今山东潍坊寿光东南）人，后移家魏郡。十六国时期著名的政治家、军事家，在前秦官至丞相、大将军，辅佐苻坚扫平群雄，统一北方。

[8] 鲁宗道（966—1029），字贯之，亳州人。举进士后，为濠州定远尉，继任海盐县令，后改任歙州军事判官，迁秘书丞。宋真宗天禧元年（1017年）为右正言谏章。

[9] 谢深甫（1139—1204），字子肃，台州临海（今属浙江）人。南宋乾道二年（1166年）进士，历官知青田县、大理丞、提举常平，官至宰相。

[10] 窦参（733—792），字时中，平陵（今陕西咸阳市秦都区西北）人。以门荫累官御史中丞，唐德宗时以为宰相。

[11] 姚苌（330—394），字景茂，羌族，南安赤亭（今甘肃陇西西）人。十六国时期后秦政权的开国君主，为后秦武昭帝，384—393年在位。

[12] 杨安，氐族，略阳清水（今甘肃清水）人，十六国时期前秦将领。官至右大将军、益州牧等。

[13] 《续搜神记》，又名《搜神后记》，为《搜神记》续书，题东晋陶潜（365—427）撰。所记有437年、439年事，故疑为伪托，或经后人增益。体例与《搜神记》大致相似，内容略为妖异变怪之谈，而多言神仙，多记有关当地风土的民间故事。

[14] 苟沫，明代曹学佺《蜀中广纪》卷十四《上川南道雅州名山县》作"苟洙"。

[15] 叶祖洽（1046—1117），字敦礼，福建邵武（今福建邵武）人。嘉祐八年（1063年），乡试第一，宋神宗熙宁三年（1070年）状元，官至吏部侍郎。

[16] 游酢，字定夫，被学者尊称为廌山先生，谥文肃，建州建阳人。宋元丰五年（1082年）登进士，初任萧山县尉，改任博士，后任太常博士、监察御史、和州州官等。著有《中庸义》、《易说》等。

[17]《指月录》，又称《水月斋指月录》，三十二卷，明瞿汝稷所编集的禅门高僧列传，所载至六祖下十六世。

[18]许申，又名许维之，号化州，海阳县人（今潮州市），祖籍福建。北宋大中祥符三年（1010年）殿试榜首，授将仕郎秘书省校书，历任鄞县知县，韶州等地知州，江南东路转运使兼管江西、湖南诸路等。后任广南东路转运使，官终刑部郎中。

[19]刘季孙（1033—1092），字景文，祥符（今河南开封）人。以左班殿直监饶州酒务，摄州学事，以左藏库副使为两浙兵马都监。曾知隰州，仕至文思副使。北宋诗人，苏轼称其为"慷慨奇士"。

血食自知

汉末蒋子文[1]，广陵人，尝自谓骨青，死当为神。为秣陵尉，逐贼至于钟山下，贼击伤额死。及吴先主之初，其吏见子文于道，乘白马，执白羽扇，侍从如平生。子文曰："我当为土地神，为吾立祠，不尔，使虫入耳为灾。"吴主以为妖言，后果有虫入人耳，医不能治。又曰："不祠我，当有大火。"是岁数有大火，吴主患之，乃封为都中侯，加印绶，立庙堂，改钟山为蒋山，以表其灵。一云孙权祖讳钟，避其讳而改之。

常州府宜兴县治西南有袁府君庙，祀东汉阳羡长袁玘，古名"果利庙"，土人谓之"西庙"。又有庙在铜棺山。玘常自言："死当为神。"后著异，邑人至今祀之。

温州府城东南八十里沙村乡，有太尉郑侯庙。神讳生，字公全，宋乾道间人，夙负灵异，好侠使气，能出神示幻。尝语所亲曰："吾当由刀刀解，血食入[人]世。"后附海贾舟，中流遇盗斗死，现形归家，倏而弗见，后数显灵异。宝祐五年，见梦于永嘉郡守，立庙于其乡。元文宗大德间，敕封忠烈将军。

福州府侯官县文儒坊内，有闽山广利威显侯庙。其神姓卓，名益之，生而正直，精爽过人，尝自谓："死当为神。"人初未之信，及卒，果著灵赫。里人遂即其居立庙祀之，号"应公大夫"。某朝敕封广利威显侯。

古田县西里许有灵应庙，宋景德中，县令李堪[2]爱北台山之胜，尝曰："我死，当栖神是山。"一日，寺僧忽闻侯车马声，趋迎无有。次早侯卒，僧神其事，乃私祀之。嘉定七年，县令傅康请部使者立庙山下，赐额"灵应"。

延平府顺昌县治南鲲潭，唐邵武人阎汝明，尝奉命出使过此，乐其胜，概曰："吾殁后，当庙食于此。"后舟再至，溺死。其尸过数滩，凡三返，逾月不朽。人异之，葬之溪南之山。后唐天成中，立庙祀之。

建宁府城北五里黄畬山上，有唐谢夷甫墓及祠。夷甫，越州人，开元中擢第，累迁扬州采访使、天兴令兼安抚招讨处置等。使与李辅国有隙，被谮。肃宗时，坐流建州，有德于民。既疾，召家人曰："城北隅黄畬山水奇秀，死则葬予。予以公正得罪，异日血食兹土矣。"迨代宗即位，见梦于朝，诉其忠烈，诏致祭官，为立庙，赐额"灵通"。后加封英武，国初更定神号，载之祀兴［典］，曰"唐京畿令谢公"。

嵩溪县东五里，有陆宏墓。宏，绩之长子也，仕吴，为会稽南部都尉。巡历邑境，览山川之胜，慨然曰："吾殁，当血食此土。"后卒，柩经于此，溪忽自涸，舟不能进。邑人异之，遂即其地营葬而祀焉。

福宁州福安县城南廉村有灵佑庙，其神姓薛名芳杜，唐太子补阙令之[3]之孙也。为人清简寡欲，英明有断，尝自谓："吾生有青骨，死当为神。"年六十七，无疾而卒。颇著灵异，乡人立庙祀之，祈祷辄应。

唐祈［柳］子厚为柳州刺史，尝与部将欧阳翼辈饮酒驿亭，曰："明岁吾将死，死而为神，后三年当庙祀我。"及期卒，降于州之后堂，翼等见而拜之。其夕见梦于翼曰："馆我于罗池。"遂立庙。过客李仪醉酒，慢侮堂上，得疾，扶出庙门即不起。罗池，在柳州府城东，今名罗池庙是也。

[1] 蒋子文，即蒋歆，字子文，三国时广陵（今扬州）人。汉末曾任秣陵尉。
[2] 李堪，宋景德间古田县（时属福建路）令，死后祀于灵应庙。淳祐元年（1241年），封道爱侯。
[3] 令之，即薛令之（683—756），字君珍，号明月先生，长溪西乡石矶津（今福安市溪潭乡廉村）人。福建（时称建安郡）首位进士，官至太子侍讲。

灵宇夜移

我朝太祖生于凤阳府泗州盱眙县灵迹乡之土地庙，夜半庙有光煜然，明日庙已移东路。至今所生地，方圆丈许不生草。或云是二郎神庙。

常州府城东二十七里宝云寺，隋名摄山寺。旧有断刻，谓寺在横山，一夕大雷雨摄至此，因名。此地距横山八里。

温州府泰顺县六都，有马鹀岩祠。洪武初，里人夜闻有造作声，次早忽见一祠，乃四溪王九公之庙也。其地抵此相去五十里，又名"飞来宫"。

饶州府城内玄妙观，晋咸宁二年建，旧址在澹津湖水北，层楼回阁，树樾森秀。唐大中二年，忽一夕地震如雷，殿堂四十余间尽移湖水之南，布列不殊旧制。郡守上闻，易名"神运阁"。后改名"开元观"，元元贞二年，改今名。

袁州府城南六十里仰山獭径潭之侧，旧有仰山神祠。唐会昌三年，一夕大风，拔庙前杉树，移植于文明乡嘉猷堵田村，去旧庙三十里，乃复建今庙。一云唐广德末，神感梦于太守阎公瑜，曰：

"祠在仰山，既险且阻，将徙近尔郊。"诘旦视之，拔其殿宇，去旧祠一舍地。

萍乡县北七十里楚山下，有楚昭王庙。始建山巅，山甚陡峻，一夕风雨，徙山下平地。

常德府城北三十里梁山，旧名阳山。唐时，以汉陵乡侯梁松尝监马援军至此，立庙祀之，改今名。庙碑载西晋时，僧妙音驻锡于此，陵乡侯形见而请曰："某奉上帝敕主斯土，而庙容不称，愿徙峰巅。"妙音曰："须受吾戒。"神俯而听戒，终因忽不见。一夕大风雷雨，庙腾峰顶。明旦视之，椽瓦如故。

泉州府南安县西，有飞阳庙，相传旧在江南。晋太康中，夜有雷电起于庙庭，明日已移于江北，因名。唐末封显应侯。宋天禧三年，加封孚济灵应王。嘉祐中，郡守蔡襄祷雨有应，遂重新之。

惠安县西南二十八里，有凤山通灵庙。旧传三国吴时，有黄将军名兴者，与其妻曹氏俱葬此山，频著灵异，居民因立庙祀之。一夕雷雨大作，庙忽移于江滨。

汀州府长汀县富文坊，有洲湖润德大王庙。相传神汉末人，以忠义死，显其灵异。郡人为立小庙，一日山水骤涨，庙随流而下，止于南山之麓。后枕石屏，前瞰麻潭，乡人遂即其地建新庙焉。

广州府青远县东三十里峡山，一名中宿峡。梁时，峡有二神人，化为方士，往舒州延祚寺，夜叩真俊禅师曰："峡据青远上游，欲建一道场，以标胜概，师许之乎？"俊诺。中夜，风雨大作，迟明启户，佛殿宝像已神运至此山矣。师乃安坐说偈，曰："此殿飞来，何不回去？"忽闻空中语曰："动不如静。"后赐额"飞来寺"，即今广庆寺也。

雷州府治西南八里英榜山，有雷庙，庙本在西南山冈，梁开平中，一夕飓风暴作，宇内失二梁所在。举郡骇异寻访，乃迁于英榜山之石神庙。人知神之意，即地建庙，与石神相并焉。

附　录

保定府祁州东南六里，有安国城旧址，即汉之安国县也。故老相传，古时疾风吹来土城一座，止于此，遂名"安国城"。

吉安府城南龙兴坡，有隋仁寿时舍利塔。唐天祐十四年，一夕风霆大作，塔忽左旋，因呼神运塔。今塔废，迁儒学于此。

饶州府浮梁县上北乡曲溪，有嘉靖丙辰科会元金达曾祖墓。初葬时高一穴，后雷雨送下一穴，葬十二年而生达。

鬼工阴作

真定府定州行唐县城内北门东侧祠后，有神女庙，庙前有碑，其文曰："王山将军，故燕蓟之神童，后为城神。圣女者，此土华族石神夫人之元女也。初，赵武灵王营斯邑城，弥载不立。圣女发叹，应与人俱。遂偕神童潜刊贞石，百堵皆兴，不日而就。"故此神之灵应至今。

扬州府高邮州城南十五里星汪桥，俗名三仙湾桥。近岁有仙人每年除夜作稻草箍，缠桥桩上，箍之高下，其年水如之，历验不差。有人相约除夜候之，竟无所见，比晓草箍已在桩上矣。其箍相接处无痕迹，人虽极力效之，终莫能成。

苏州府昆山县北三里马鞍山下，有慧聚寺。梁天监中，沙门慧向所建。初欲建时，坐于山胁石室间，一夕冥寐，有山神前现曰："愿助千工。"是夕云驱电掣，风挠雷动，骈阗鞭扑之声，惊悸数里。诘旦，灵基倏成，横袤十有七丈，高耸二丈，混然削成，非人力所致。事闻，武帝为造寺锡名"慧聚"，封山神为"大圣山王"。

嵩江府城西北七十里淀山寺旁，有三姑祠。相传为秦人邢氏之女，孟曰降圣，仲曰月华，季曰云鹤。能役鬼工，以治湖泖，故祠之。

池州府铜陵县东六十里城山上，有城八所，相去二三里，不相联属,名曰"胡城"。相传有神号"胡王",一夕垒土筑就。其址犹存。

广德州东二十里浴兵池,亦名东亭湖。相传为祠山庙神张王[1]役阴兵凿。祠山,亦名横山,在州西五里。古碑云:神,西汉时人,姓张名渤。颜鲁公碑谓即张安,世未知孰是。夫人李氏,亦有庙,在州东二里,名昭妃庙。神最神,岁杀牛祀之,为坎于庭,以所祭牛及器皿数百纳于中。明日发视之,一空,竟不知所在。

太原府代州崞县西南二十里崞山上,有神庙。相传汉世建邑之寺,有神兵出入山麓,以助版筑。至今祠之。

郭缘之《述征记》云:方与县鬼桥,忽一夜闻唤呼声,车行雷骇,晓而石桥自成。按:方舆[与]县,即今兖州府之鱼台县也。

鱼台县东八十里湖陵城河,一名界河。世传汉高帝与项羽战此,各筑城,以沙河为界,汉南楚北。楚人夜筑,阴藉鬼力。汉成台于河之东浒,令作鸡鸣,以破楚人鬼输之术,故曰"鸡鸣台"。今沙河镇是。

中岳嵩山顶上松干如插笔,其间数株上巨下细,柯似枯槎,皮或剥落有半荣者。相传岳神为珪禅师,夜移,天将晓,其鬼兵惧,遽倒植之而去。

延安府鄜州洛川县东南六十里,有杨班祠。姚苌时,立节将军杨班居黄梁北谷,即此地。其谷西有小谷,由来无水。夜中忽有人语,就班借牛车十具,云欲移徙,寻则声绝。班备牛车十具,置门前,至明,车湿牛汗。乃寻车辙至干谷,忽有水,方二百余步。其水极深,不可测,冬亦湛然。

湖州府治南雪溪上有骆驼桥,唐初建,一名迎春桥,以其直迎春门也。旧传桥梁或摧圮将坠,则夜闻若有千余人工作,呼声及旦,桥梁焕然一新,皆商舶上桅樯木也。居处近桥者,一无所闻。

南昌府城西四十里西山有游帷观,乃许旌阳故宅。唐则天后时,胡惠超[2]重修。惠超有道术,能役鬼神,以夜兴工,至晓则止。今正殿雄严，非人力所能致。

广信府城西三十五里球山，一名妇石山。其西有仙桥一所，以木为之，自毁自换，人莫能测。

南康府城西北二十里庐山东林寺内，有神运殿。地本龙潭，僧慧远[3]将建寺，鬼神塞之，且夜为之运材垒墙，故以"神运"名。

抚州府乐安县南八十里，有神运城。相传唐罗仆射领兵逐寇，夜有神助筑城，遗迹尚存。

吉安府永丰县南二十里圣岭上，有土城。相传五代时，尝夜有神人震动山上。及旦视之，忽有土城，周数里。宋绍兴中，乡人修其城以避寇。

赣州府城东五里马祖岩，道一禅师栖此。将安焉，一夕山鬼为之筑墙，师曰："学道不至，乃为邪鬼所测，此非吾居也。"因去之龚公山，山在府城北一百二十里，今宝华寺是也。

武昌府武昌县治东有鸡鸣关，即孙吴东宫门。俗云吴王夜役鬼工，为城未合，鸡鸣而宠[4]。

承天府荆门州当阳县南三十里王泉山，有天台智者道场，相传为汉寿亭侯遣鬼工所造。

唐神龙中，南克[5]碧落观，见黄云赤雾，蓊翳三日。但闻斧斤之声，暨雾散云敛，有化宫出焉。南克，今为顺庆府附郭县。

兴化府城西南二十五里大兰山下，有木兰陂。宋治平初，长乐钱氏女始议堰陂于将军岩前，据溪上流，陂成辄坏。既而同邑林进士从世复来，相溪下流，改筑于上杭温泉山口。将成，潮势冲激，亦坏。熙宁八年，侯官李长者宏实应诏募而来，始相地于今址。有冯仙智日者，贳酒于宏家，三年不责酬。将行，曰："当与子遇木兰山前。"宏先期而俟。智日至，插竹为表，夜役鬼物。旦起视之，竹表遽多。先是或问僧涅槃："木兰陂何时筑成？"答曰："逢筑则筑。"至是，宏乃喜曰："逢筑之谶，谓我矣。"逢者，冯乎？筑者，竹乎？而陂遂成。

仙游县东城山，一名铁山，有鸡鸣城，一名鸡子城。相传越王无诸所筑。旧经云：其城灵异，不假版筑而成。

泉州府南安县西南雄山，有飞瓦岩。相传昔有僧结庵于此。因山伐木，结构将成，积瓦山下，无以为计。一夕风雷，诘旦，瓦尽飞上，不烦运致。

漳州府平和县东北六十里三平山，唐天宝初，义中禅师自紫芝山移锡于此。山有鬼穴，鬼与师斗不胜，乃伏乞为架院，愿慈悲闭目七日，许之。五日师忽开目，而院已成，惟山门未就。众鬼逸去，惟有大魅犹留随侍，身毛氉［毪］毱，因名"毛毡毱侍者"。后人续架山门，未几，辄圮如旧。院中宝盖，乃鬼自府城南南山寺运至者，原缺一叶，至今随补随坏。

肇庆府德庆州南三十里黄昭村，有古郡。相传者［昔］有神到此，一夕作城，天曙即去，不知所在。明日，人观之，但见规模、制度及炉灶之类。至今尚存，因名其地为"古郡"。

大理蒙劝晟[6]时，罗逻倚以神力运岩石，补点苍山。今有如象如牛堆垛而起者，皆是也。山在府城西，有十九峰。

大理府城东北罗筌寺，唐杨都师所创也。寺前有田四十亩，以神力栽插，日未昃而毕工。

赵州南四十里白崖川西山，有毕钵罗窟，一名宾波罗窟。岩壁耸拔千余丈，上有独木桥十余所，木大如指，长三尺或五六尺，巉险不堪着足，樵子僄疾者，履之而过亦不损折。其木非常见之材，每月十五夜换桥一次，不知其因。十六日，但见桥制更新，无复旧木，因谓之"仙桥"。昔寺僧畜大［犬］，仙桥遂断。后屏犬，桥复完。毕钵罗树，名即菩提树也。

[1] 张王，原名张渤，即张王老爷，又称张大帝、祠山大帝、广德祠山神等，西汉乌程人，是负责江南水利的官员。

[2] 胡惠超（？—703），唐高宗、武后时人，洪州西山道士，隐居豫章

西山。
[3] 慧远（334—416），俗姓贾，雁门郡楼烦县人（今山西宁武附近）。东晋高僧，居庐山，为净土宗之始祖。
[4] 鸡鸣而宠，据宋佚名纂修《寿昌乘》，为"鸡鸣而罢"。
[5] 南克，当为顺庆府南充县。
[6] 蒙劝晟，当为蒙劝龙晟，南诏幽王（798—816）。年少即位，荒淫无道，致使南诏政权开始衰弱。

孝娥庙貌

池州府城东北四十里，有孝娥庙。吴大帝时，娥父为铁官，冶遇秽铁不滚。娥忧父刑，遂投炉中，铁乃镕溢，滚注入于江。所蹑履浮炉上，时人号曰"圣姑"。

绍兴府城东七十二里，有曹娥庙。娥，上虞人，父盱善巫祝，端午日迎神，溯涛而上，溺死，不得其尸。娥年十四，乃投瓜于江曰："父在此，瓜当沉。"旬有七日，瓜沉。娥遂投江而死，抱父尸出。乡人为立庙。汉上虞长度尚[1]立碑，尚弟子邯郸淳撰文。

饶州府乐平县东三十里，有饶娥庙。娥父勣渔于江，风作舟覆，沉其尸。娥年十四，哭水上三日，不食死。乡人为立庙，柳子厚作碑记。

抚州府金溪县东二里，有二孝女庙。唐时，县有银场，更葛祐兴其事，银耗竭，产不能偿。二女不忍其父荼毒，赴炉而死。父得释，银场遂罢，后人祀之。

岳州府巴陵县南津港滨，有灵妃庙。秦武陵令罗君用督运官铁，溺死。其女与弟寻父尸不获，俱投水死。邦人立祠祀之。宋元丰间，赠女曰"孝烈灵妃"，其弟曰"孝感侯"。

惠州府博罗县西五十里，有昌福夫人祠。梁时，富民陈志年八十，独有一女。志卒，女哀毁过甚，亦卒。乡人塑一像于龙华寺南,汉封昌福夫人。其神颇灵,祷雨有应。

附 录

郦道元《水经注》云:"汉符县长赵祉遣吏先尼和,以永建元年十一月诣巴郡,没死成湍滩。子贤永[求]丧不得。女络,年二十五,有二子,五岁以还。至二年二月十五日,尚不得丧。络乃乘小舟至父没处,哀哭自沉。见梦于贤,曰:'二十一日与父俱出。'至日,父子果浮出江上。郡、县上言,为之立碑。"王象之《舆地碑目》云:孝女碑,在犍为县青溪口扬洪山下,东汉永建初,孝女叔先雄,以父尼和坠湍水,尸丧不归,于溺处自投水死。后五日,与父尸相持,浮江上。郡表言,为雄立碑。宋元祐中,重立。按:二书一事,而姓名异。符县,今泸州之合江县。犍为县,今属嘉定州,县南十里有青水溪,流至孝女渡入江。《后汉书》载孝女叔先雄,姓名与《碑目》同。托弟梦事,与《水经注》同。

[1] 度尚(117—166),字博平,山阳郡湖陆(今山东金乡西)人。东汉时期名将,曾出任上虞县长。为政严峻,深受敬仰。

贞妇血痕

绍兴府嵊县北三十里青枫岭,有王贞妇祠。宋末,元兵入台州,临海县民妇王氏有美色,兵杀其夫,执妇见帅。帅欲纳之,挈至青枫岭。守者少懈,妇啮指出血,题诗石上,投崖而死。后其血渍入石间,阴雨即坟起,如始书时。

吉安府永新县旧学文庙仪门后,有八砖影。当德祐末,元兵破城,谭烈妇赵氏抱婴儿随舅姑匿礼殿中,叛卒执其舅姑,杀之。欲污赵氏,痛骂不从,母子俱遇害,血渍礼殿砖间,宛然一妇人抱子状也。或磨以沙石不灭,又煅以炽炭,其状益显。后人为亭以表之。

延平府境有小常村，宋时叛卒杨勍寇剑州，过此，掠一妇，欲污之，妇誓死不屈，遇害。贼退，瘗其尸，旧迹宛然不灭，每雨则干，晴则湿，削去即复见。覆以他土，其迹愈明。

惠州府博罗县治东螺湖侧，有姚烈女墓。弘治间，剧寇李志祥为乱，士女逃避。姚度不免，乃缘崖石蹑巅而上。旋为贼所及，挟刀欲污之，姚属[厉]声骂不屈，即投崖石下死。乡人具棺殓，葬之。迄今血莹莹光渍石间，尚未灭云。

附　录

周敬王时杀大夫苌弘于蜀，血碧色入地，化为碧玉。数里内，土皆青色，故蜀有青泥坊。杜子美草堂诗"煮饭青泥坊里芹"[1]。

延平府顺昌县治东，有愍节庙，祀宋范旺。旺，顺昌人，少有志操，为县巡检司军校。绍兴初，盗俞胜等作乱，土军陈望等应之，旺叱之曰："吾父母妻子并受国恩，今不能讨贼，反助为虐，是无天地也。"凶党怒，剔其目而杀之，并杀其妻子。贼既平，旺死迹在地，隐隐不没。邑人异而祠之城隍庙。诏赠承信郎，更立祠，号"忠节"，后改"愍节"。

陶宗仪《南村辍耕录》[2]载：郑性之[3]丞相府清风堂石阶上，有卧尸迹，天阴时尤显。谓其当宋季以暮年登科，未几拜相，时侵渔百姓，至夺其屋庐，以广第宅，有被逼抑者，遂自杀于此。按：性之，侯官人，尝游朱文公之门，历官有贤闻，岂至有逼人自杀之事？《辍耕录》所载，或出于传闻之误，未可尽信也。

---

[1] 清代仇兆鳌注《杜诗详注》卷六《崔氏东山草堂》题"煮饭青泥坊底芹"。

[2] 《南村辍耕录》，亦名《辍耕录》，元末明初陶宗仪著。有关元朝史事的笔记，记载了元代社会的掌故、典章、文物及天文历算、地理气象、社会风俗、小说诗词等。

[3] 郑性之（1172—1255），字信之，初名自诚，号毅斋，因避宋理宗作藩

王时贵诚名讳，遂改名。长乐福湖（今长乐市古槐镇北湖村）人，曾任知枢密院事，兼参知政事。

神女余香

常州府江阴县东十八里甄山，俗呼"石牌山"。梁武帝时，有道士在山修养，尝有鹿来饮水，产一女子，道士养之，长大姿色绝伦。有救［敕］取女，女入湖浴毕，入山旋失所在。其山与湖水皆香，因改名山曰"真山"，湖曰"香水湖"。一云武帝令女为道士，号曰"鹿娘"。后死入棺，武帝致祭，开棺视之，但闻异香，不见骸骨。

潞安府平顺县有翠微洞，乐氏二仙女采真处。乐氏，陵川人，继母严酷，冬使其采茹。二女泣血，浸土化为苦苗，其叶有赤斑，若血痕然，得一筐以归。后移居壶关之紫团乡。一日，黄云下降，小者先升，须臾长亦升去。金缕绛衣，凤冠绣履，仙乐异香，经宿不散。土人立庙祀之。嘉靖间，析壶关之东潞城之东南，陵川之北，置平顺县。

西安府泾阳县北一百二十里甘泉山，有汉钩弋夫人[1]冢。夫人从武帝，至甘泉卒，香闻十余里。既葬，帝疑其非常人，发冢视棺，惟双履存。帝思之，起通灵台于甘泉宫内，有一青鸟集台上往来，至宣帝时乃止。甘泉宫，亦名云阳宫，在甘泉山上。夫人，东武垣人也。东武垣城，在今河间府城东北三十里河间县西南，楼上有夫人神，即钩弋遗像也。

吉安府城西南六十里廖仙岭，一名曲山。唐会昌中，有廖仙姑栖真于山岩之下，至今常闻异香，产嘉药。

龙安府城西北九十里仙女铺，宋宝祐间，有人于小溪山下，见二女子冉冉升云而去，异香经日不散。

兴化府城西南二十里濑溪，会仙游、永春、德化之水三百六十有六,东趋于海。宋治平元年,长乐钱女曰"四娘"者,提金如斗来筑陂。于将军滩前开渠,循鼓角山南行。陂甫成,钱女引掉[棹]落之,忽溪流横溢,陂辄坏。钱女痛愤,赴水死。其尸流至维新陂下二里许,香气远闻。乡人殡而祀之,号"香山宫"。今陂中夜间往往有光起,荧荧如灯,俗谓"钱女神"也。

广州府城外仙湖之西,旧有灵应祠。故老相传,神广之金氏女也。少为巫,姿容极美,时称为"金花小娘[2]"。后没于仙湖之水,数日尸不坏,且有异香。里人异之,刻像立祠,祈嗣往往有应,称为"金花普主"。嘉靖初,提学魏校[3]毁其祠,焚其像,然广人笃信之。子今立金花会。

附 录

建昌府新城县东五十里飞猿港岸旁,有穴,世传仙人换骨处。其内棺器尚存。春月神仙来游,人或见之,时有异香。

[1] 钩弋夫人,即汉武帝刘彻宠妃赵氏(? —约前88),河间(今属河北)人。传说赵氏天生握拳不能伸展,汉武帝过河间,召见她,并将其手展开。展开后,掌中握有一玉钩,因此被称为拳夫人,又称钩弋夫人,后被封为婕妤。
[2] 金花小娘,当为金花娘娘(1388—?),又称金花夫人、金花圣母。她是粤、桂、甘、鄂、浙等地汉族民间信奉的生育女神,类似于送子娘娘。
[3] 魏校(1483—1543),本姓李,字子才,号庄渠先生,昆山(今江苏昆山)人。明朝著名的经学家,曾任南京刑部郎中、广东提学副使,后补江西兵备道副使,累迁国子祭酒、太常卿。

丽人剩媚

应天府治东北台城内,有景阳井。隋灭陈时,后主与张丽华、孔贵嫔俱入此。隋军出之,井栏有石脉,以帛拭之,作胭脂痕,名"胭脂井[井]",俗云丽华拭泪染成。其井今在灵妃巷,有刻文曰

"辱井"，在斯可不戒乎？丽华墓，在府城西南赏心亭下天井中，时有白□如匹练，掬之似水银，不久流散。

苏州府城西北七里虎丘寺前路旁，有真娘墓。真娘，吴妓之善歌舞者，死葬于此，吴中少年从其志也。墓多花草蔽其上。

安庆府潜山县北五里有乔公亭，汉末乔玄居此。玄二女，国色。孙策克皖城，纳大乔，周瑜纳小乔。后人于其居作亭，曰"秀英"。今为双溪院址，旁有乔井。相传汲其井，恒有胭脂色。

汝宁府光州固始县南二百八十里横溪山，夹水横流。相传为唐武后梳洗崖，相对有照镜崖，内有胭脂石粉、石油、石火石。

西安府兴平县西二十五里马嵬坡，杨贵妃葬处也。坡上土幼如粉，女人面有黑点者，以水和土洗之，即除。土人谓之"贵妃粉"，相传云坠粉所化也。

楚中有宫人草，状如金蕊而甚氛氲，花色红翠。俗传楚灵王[1]时，宫人数千，多愁旷，有囚死于宫中者，葬之。后墓土悉生此草。

福州府城东北五十里北岭之阿，有胭脂团。相传旧有忠懿王[2]郡主梳妆楼，乃晨日盥洗脂粉注积之所，因名。地周匝约二百余步，坦夷不毛，四时膏润，红光照人。

广州府城西十七里三角市，有花田，平日弥望，皆种素馨花。伪汉时，美人葬此，至今花香甚于他处。一云肇庆府阳江县有刘二女冢，女名素馨，死葬于此。其冢生那悉名[3]花，因名"素馨"。

梧州府郁林州博白县三四十里绿罗山下，有绿珠[4]村，村中有绿珠井。昔梁氏之女有容色，石崇[5]为交趾采访使，过此，以真珠三斛买之。相传饮其井水者，生女必多美丽。闾里以为无益，遂以巨石填之。其后产虽端好，而七窍四体多不完具。

[1] 楚灵王（？—前529），芈姓，熊氏，初名围，即王位后改名虔。公元前541年，自立为楚国国君，是春秋时代有名的穷奢极欲、昏暴之君，被

楚国人民推翻统治后，吊死郊外。
[2] 忠懿王，即吴越忠懿王钱俶（929—988），初名弘俶，小字虎子，改字文德，是五代十国时期吴越的最后一位国王，948—978年在位。
[3] 那悉名，指素馨。素馨本名耶悉茗，佛书作"鬘华"。常绿灌木，初秋开花，花白色，香气清洌，可供观赏。性畏寒，原产印度，后移植于我国南方地区。
[4] 绿珠（？—300），姓梁，今广西博白县双凤镇绿罗村人。生双角山下，西晋石崇宠妾，是中国古代著名美女。
[5] 石崇（249—300），字季伦，小名齐奴，渤海南皮（今河北南皮东北）人。

方舆互考　卷之四

盘古墓

　　河间府青县南十五里有盘古沟，相传盘古墓在水中，有石棺铁锁系之，隐见不常。沟北岸有盘古庙。扬州府城西亦有盘古冢，冢上有庙。

伏羲陵

　　伏羲陵，一在巩昌府秦州北四十里成纪废县，即伏羲所生之地；一在兖州府邹县西南五十里凫山，上接鱼台县界；一在开封府陈州城北三里。陈，伏羲所都也。

仓颉墓

　　仓颉墓，一在大名府南乐县西三十五里；一在开封府城东北二十里，坟高六尺，学书者皆往，上姓名投刺，祀之不绝；一在青州府寿光县西，《水经注》谓孔子问经石室处。《集古录》[1]云：仓颉石室记二十八字，在北海仓颉墓中，土人呼为"藏书室"，周时无人识之。至秦，李斯始识八字，曰"上天作命，皇辟迭王"。汉叔孙通[2]识十三［二］字。岂孔子至齐，亦尝访焉，故有问经之目耶？一在西安府白水县东八十里利阳亭南，墓高六丈，道旁有碑，乃卫顗[3]金针八分书。一在凤翔府岐山县西南五里。仓颉，或云仓帝，名颉，姓侯刚氏，号"史皇"，亦曰"皇颉"。或云黄帝之史官也。

[1]《集古录》,当为《通志》,文有误。
[2]叔孙通(?—约前194),别名叔孙何,封稷嗣君,薛县人(今山东省滕州市官桥镇)。先后侍秦、楚、汉,制定了汉朝的宫廷礼仪,司马迁尊其为汉家儒宗。
[3]卫觊,约汉末魏初间在世,字伯儒,谥敬,河东安邑人。汉末为司空掾,累迁尚书。拜魏国侍中,与王粲并典制度。明帝即位,进封闵乡侯,受诏典著作。为《魏官仪》,擅古文、鸟篆、隶草。

女娲陵

女娲,伏羲氏妹也。其陵一在河南府陕州阌乡县黄河滨西,距潼关卫城三里。唐文武皇帝[1]江都之役,夜经其处,风雨中,有女人鳞身驺唱,而前馈生鱼一筐,帝后果靖中华。或云至德之际,神尝降之。天宝十一载六月,因大雨晦冥,失其所在。至乾元二年六月,濒河人闻有风雷声,晓见其墓涌出,下有巨石,上有双柳,各长丈余。刺史王奇光奏闻,肃宗命祝史[2]祠焉,时号"风陵堆",盖女娲亦风姓也。一在兖州府济宁州东南三十九里。一在平阳府赵城县东南八里,高二丈,松柏成林,前有庙。

[1]文武皇帝,当指唐太宗,谥号唐文武大圣大广孝皇帝。
[2]祝史,司祭祀之官。

轩辕陵

顺天府蓟州平谷县东北十里鱼子山上,有大冢。相传为轩辕黄帝陵,其上有轩辕台,下有轩辕庙。兖州府曲阜县东北二里,地名穷桑,有轩辕寿陵,本名寿丘。宋时以石砌之,其石栏极工巧。陵前有祠,中有石像,又有石碑,四极高阔,皆宋时物也。金始改寿丘为寿陵。延安府鄜州中部县西北桥山,相传为黄帝葬衣冠之所,古柏凌霄，乃轩辕时物。延庆州城西南乔山，平阳府曲沃县北四十五里乔山；庆阳府合水县东五十里子午山，旧名翟道山，一名鸡山，一名桥山，俱传为黄帝葬衣冠处。

蚩尤冢

蚩尤冢，一在兖州府东平州寿张县东北阚乡城中，高七尺，民常以十月祠之。有赤气如一匹绛，名为"蚩尤旗"。又济宁州巨野县东北九里有肩髀冢，高三丈。相传蚩尤为黄帝所杀，身体异处，故别葬焉。按《述异记》云：蚩尤氏兄弟七十二人，铜头铁额，食铁石，能作云雾，轩辕诛之于涿鹿之野。涿鹿，今在冀州，有蚩尤神，俗云人身牛蹄，四目六手。今冀州人掘地得髑髅如铜铁者，即蚩尤之骨也，有蚩尤齿，长二寸，坚不可碎。秦汉间，说蚩尤氏耳鬓如剑戟，头有角，与轩辕斗，以角抵人，人不能向。今冀州有乐名蚩尤戏，其民两两三三，头戴牛角而相抵。汉造角抵戏，盖其遗制也。又云太原村落间祭蚩尤神，不用牛头。汉武时，太原有蚩尤神昼见，龟足蛇首，好疫，其俗逐［遂］为立祠。一书所载而蚩尤形状不一，如此岂神怪之物变幻固不测耶？

颛顼[1]陵

颛顼陵，一在大名府滑县东北七十里，一在东昌府城西北二十里，按《海外北经》云：务隅之山，帝颛顼葬于阳，九嫔葬于阴。郭璞注云：冢今在濮阳，故帝丘也。《皇览·墓冢记》[2]云：颛顼陵在东郡濮阳县顿丘城门外广阳里中。《路史》云：颛顼葬，东郡顿丘广阳里务颛之阳。《十道志》[3]云：鲋鰅，即广阳山之别名也。《九域志》亦作鲋鰅。鲋鰅山，在今开州顿丘城西北三十里，正与滑县接界。而滑县，即汉之濮阳县。则滑县之陵，确为颛顼葬处无疑矣。滑县、开州、东昌,秦时俱为东郡地,皆古颛顼之墟。故东昌又相传有颛顼陵,其实非也。《海内东经》又云:汉水出鲋鱼之山,帝颛顼葬于阳,九嫔葬于阴。郦道元注《水经》"沔水"引用其语,而易鲋鱼为鲋嵎。盖务隅、务颙、鲋鰅、鲋鱼、鲋嵎,总是一山,因音讹而有数名耳。谓汉水出于是山,乃《海内东经》之谬。昔人谓《山海经》有后人伪作参入,良然。道元意主于援古书以证水源,而不暇辨是山之原不在此地,亦尽信书之过也。保定府安州高阳县北一里,亦有颛顼陵,俗称颛顼衣冠葬此。颜真卿《吴地记》[4]谓乌程有颛顼陵,大非。

[1] 颛顼(前2514—前2437),姬姓,本名乾荒,号高阳氏。中国上古部落联盟首领,"五帝"之一,又称黑帝或玄帝。在天神传说中是主管北方的天帝。
[2] 《皇览·墓冢记》,《墓冢记》为《皇览》中的一部分。《皇览》为三国魏文帝时刘劭、王象、桓范、韦诞、缪袭等奉敕所撰,分门别类,共四十余部,约八百余万字。因供皇帝阅读,故称《皇览》,是中国类书的始祖。
[3] 《十道志》,全称为《十道四蕃志》,唐代武周时梁载言撰。记述唐代地理位置,王化所辖州府和各种物产,名胜古迹和各民族风俗习惯等,是唐代全国地理总志。
[4] 《吴地记》,旧题唐陆广微撰。后因散佚,宋人补录一卷。记吴、长洲、嘉兴、昆山、常熟、华亭、海盐七县之事,其中以吴县、长洲县为丰,是我国早期著名地方志书。文中误为颜真卿撰。

商喾[1]陵

帝喾陵,一在大名府青丰县[2]西三十里秋山之阴。秋山,在废顿丘县城西北,《帝王世纪》[3]所谓葬顿丘,宜阳是也。《山海经》、《九域志》皆作狄山,或云在滑县东北七十里,盖二县之界也。一在归德府城南，即帝喾所都之地；一在西安府同州郃县阳［郃阳县］东四十里；一在滁州来安县东南三百步广阳里，因其地亦有顿丘城而误也。喾，亦作俈。

［1］商喾，即帝喾，姓姬，名俊，号高辛氏，河南商丘人。他是传说中的古代帝王名，即五帝之一的高辛氏，为三皇五帝中的第三位帝王，是华夏民族的共同人文始祖，商族的第一位先公。
［2］大名府青丰县，当为大名府清丰县。下同。
［3］《帝王世纪》，晋皇甫谧撰。专述帝王世系、年代及事迹的一部史书，所叙上起三皇，下迄汉魏。内容多采自经传图纬及诸子杂书，载录了许多《史记》及两《汉书》阙而不备的史事。

帝尧城

帝尧陵，在兖州府东平州东北三十里。按《帝王世纪》云：尧葬济阴成阳西北四十里，是为谷。郭延之[1]《述征记》云：成阳城东南九里有尧陵。《水经注》云："成阳城西二里，有尧陵。"欧阳修《集古录》云：尧陵，在雷泽县西三里。据此四说，其地当在东昌府濮州。周武王封母弟季载于成，其后迁于成之阳，故曰成阳。成、郕通，后讹为城阳。今濮州东南一百里有雷泽城，旧名城阳，乃汉之成阳县，隋之雷泽县也，今为雷泽镇。然《东昌府志》不载尧陵，其故未详。又按《海外南经》云：尧葬狄山之阳。《大荒南经》云：尧葬岳山，注云即秋山也。墨子云：尧北教八狄，道死南己之市，而葬蛩山之阴。《论衡》云：尧葬冀州，或云葬崇山。《九州要记》云：尧葬于冤，今曹州有冤句城，故汉县也。《城冢记》云：陶唐氏陵，在临汾城东七十里，俗谓之"神林"。又曰：神临陵高一百五十尺，广二百余步。说各不同。《路史》谓之仪墓如汉世，郡国皆立祖宗园庙是也。

[1]郭延之,当指郭缘生。

帝舜陵

帝舜陵,一在平阳府解州安邑县。孟子曰:"舜卒于鸣条。"今安邑县北二十里有鸣条冈,又有鸣条陌。一在永州府道州宁远县南六十里九疑山女英峰下,名"永陵"。《海内南经》云:苍梧之山,帝舜葬于阳。郭璞注云:即九疑山也。《大荒南经》云:帝舜葬岳山。《风土记》云:上虞有舜冢。说各不同,要之,当以在安邑者为是。其余则殊方异域追思圣德,各为位坟土,以致其哀敬耳。

舜妃墓

舜妃墓,在长沙府湘阴县北四十里黄陵山。桂林府临桂县北界半云山有双女冢,高十丈,周回二里余,亦传为二妃葬处。岳州府城西南十五里洞庭湖中,君山上又有湘妃墓。或云湘君神,乃舜第三妃登北氏所生二女,名宵明、烛光,非尧二女娥皇、女英也。舜子有封巴陵者。黄陵之墓,疑为登北氏随子之国,而死葬于此。登北一作癸北。又西安府商州城东有尧女墓,俗谓之"九子墓",乃女英葬处。女英生九子,长曰义均,封于商。盖亦随子之国,而死葬于此也。娥皇一名盲,汉志陈仓有舜妻盲冢。《竹书纪年》云:三十年,舜葬后盲于渭。是先舜而死矣。女英,一名䔄,一名匽,见《路史》。河南府陕州卢氏县南山有尧女冢,唐时为盗所发,此则娥皇、女英之兄弟也。

丹朱[1]墓

丹朱墓,一在保定府庆都县城东百步许,一在顺德府唐山县东一里。二地皆尧始封之地，故相传尧子丹朱葬此。一在真定府冀州南宫县西北五里，俗名"侯冢"。一在平阳府城西北二十里之王曲林，有前后二冢，冢上有祠。平阳，丹朱旧封也。一在南阳府邓州内乡县之废淅川县西北七里。此地有丹水，传为丹朱所居。一在彰德府城东四十里永和镇之西南二里，其南八里有帝子夜游台，周二百步，乃丹朱嫚游之地。《路史》丹朱卒葬羛阳。注云羛、鄡同。羛阳乡，在内黄北二十里羛阳聚。按：彰德，古为相州，商亶甲居相，即此。而大名府之内黄县，亦即亶甲居相之地，则永和镇与羛阳聚，其壤盖相接也。羛阳聚，《郡国志》作茀阳聚。茀与戏通。《左传》昭九年，晋笋盈如齐逆女，卒于戏阳。注云魏郡内黄北有戏阳城，即此。羛本古义字，有谊、夷、义三音。今作地名，音义则鄡、茀、戏三字，皆当同此音矣。《海内南经》云苍梧之山，帝丹朱葬于阴，不可信。

[1] 丹朱，中国上古部落联盟首领尧的长子，出生时全身红彤彤，因取名"朱"。始封于丹渊（丹水），故称之为丹朱。相传，因为丹朱不肖，尧把部落联盟首领之位禅让给了舜。

皋陶[1]墓

皋陶墓，在平阳府洪洞县南十三里皋陶村。而庐州府六安州城东十里，又有皋陶冢，民传为公琴，楚人谓冢为琴也。禹封皋陶之后于英、六[2]，故皋陶冢在此。《路史》注云：在六安北十五里安丰芍陂中，一名安丰塘，在古安丰城东一百步，属凤阳府寿州，亦古六地也。

[1] 皋陶，偃姓，又作咎陶、咎繇，亦作"皋陶"、"皋繇"。传说为黄帝的长子少昊（玄嚣）的后裔，东夷部落的首领。皋陶是舜帝和夏朝初期的

一位贤臣,曾经被舜任命为掌管刑法的"理官",以正直闻名天下。
[2]英、六,英,即英山(今湖北英山县)。六即六安(今安徽六安市)。

巢父[1]墓

巢父墓,一在河南府登封县东南四十里,相近有巢父洞;一在东昌府城东南,地名壤陵。巢父,襄陵人,以树为巢,寝处其上,故号"巢父"。

[1]巢父,传说中的高士。因筑巢而居,人称巢父。尧以天下让之,不受,隐居一生。

许由[1]墓

许由墓,一在河南府登封县箕山上,一在平阳府解州平陆县东北九十里箕山上,一在真定府定州行唐县西北五十里箕山上。据皇甫谧《高士传》[2]:许由,阳武槐里人。则墓当以在登封者为是。

[1]许由,是尧舜时代的贤人,道家前身。传说帝尧见到许由,便想传位于许由。许由认为这是对他的一种羞辱,便到颍水河洗他的耳朵。
[2]《高士传》,魏晋皇甫谧撰。采尧、舜、夏、商、周、秦、汉、魏八代之士,立91传,其中《长沮桀溺》、《鲁二征士》一传记2人,《四皓》一传记4人,共记96人。

关龙逢[1]墓

关龙逢墓,一在平阳府解州安邑县东北二里;一在河南府陕州灵宝县西南七里龟头原左胁,高三丈。龙逢,或云安邑人,或云陕州人。一云在灵宝者,豢龙氏墓,非龙逢墓也。大名府开州长垣县东南二十里,有龙城,相传龙逢居此,亦有墓。

[1] 关龙逢,夏代末年大臣。夏桀王荒淫无道,不理朝政,他常引黄图直谏,立而不去。夏桀烧去黄图,以"妖言犯上"为罪,将他囚禁杀死。

成汤[1]陵

成汤陵,一在平阳府蒲州荣〔荣〕河县北十里。后魏太和中,汾阴人张恩破陵求货。其陵下先有石弩,以铜为锁。盗开埏门,矢发,中三人,皆毙。恩更为他计,卒取得墓中物。其物多是钟磬及诸乐器,再得其铭。恩恐人知,投之汾水。后事泄,为主司所理,乃于水次得其铭。铭曰:"吾死后二千年,终困于恩。"由是执事不复深其罪。元癸未岁,沦于河,以石柩迁于陵旁。今其地为百祥村。一在归德府城北,杜预所谓梁国蒙县北,有薄伐城,城中有成汤冢是也。然今归德府志不载。一在河南府偃师县,一在兖州府曹州曹县。《路史》云:汉哀帝建平元年,大司空史却〔御〕长卿按:录水灾,因行汤冢,于汉隶扶风地,有汤池征陌。考《秦本纪》:宁公二年,遣兵伐荡社,三年与亳战,亳王奔戎,遂灭荡社。索隐云:西戎之君号曰"亳王",盖成汤之胤,其邑曰"荡社"。徐广云:一作汤杜,言汤邑在杜县之界,故曰"汤杜"也。皇甫谧云:亳王号"汤",西夷之国也。则葬于征者,非成汤之墓明矣。征,即今西安府同州澄城县,汉之征县也。

[1] 成汤,即商汤(前1670—约前1587),子姓,名履,又名天乙(殷墟甲骨文称成、唐、大乙,宗周甲骨与西周金文称成唐),河南商丘人,商朝开国君主。

伊尹[1]墓

伊尹墓,一在归德府城东南四十里谷熟镇,一在河南府偃师县西。按范成大《揽辔录》[2]云:过雍丘县二十里,过空桑,世传伊尹生于此。一里过伊尹墓,道左有砖堠石,刻云:汤相伊尹之墓。据此,则在开封府杞县矣。宋雍丘,今杞县也。

[1] 伊尹(前1679—前1549),名伊,一说名挚,小名阿衡。夏朝末年空桑(在今河南杞县,一说在河南嵩县,一说陕西合阳)人,以伊为氏。商朝初年著名丞相、政治家。
[2]《揽辔录》,南宋范成大记述宋乾道六年(1170年),以起居郎假资政殿大学士官衔,充祈国信使,出使金国的日记。

微子[1]墓

微子墓,一在归德府城西南十二里,其墓土皆青,唐贾至作碑。一在徐州沛县东南三里微山上。一在兖州府东平州寿张县西北三十里,有故微乡,春秋鲁邑也。

[1] 微子,子姓,名启,世称微子、微子启,周代宋国(今河南商丘)始祖。

比干[1]墓

比干墓,一在卫辉府城北十里靳胫河边。墓前有石题曰"殷太师比干之墓",乃孔圣手书。汉唐以来,碑刻甚多,墓周回数里,生异木,樛曲不可入。一在河南府偃师县西北。唐开元中,土人耕地，得铜盘，铭曰："左林右泉，后冈前道，万世之藏兹焉。"是宝篆文，甚奇古，得铭之地后五步，乃比干墓也。凤翔府境，亦有比干墓。张邦基《墨庄漫录》云：政和间，朝廷求三代鼎彝器。程唐为陕西提点茶马，李朝孺为陕西转运，遣人于凤翔破比干墓。得铜盘，径二尺余，中有款识一十六字。又得玉片四十三枚，其高三尺许，上圆而锐，下阔而方，厚半指，玉色明莹。以盘献之于朝，玉留秦州军资库。道君皇帝曰："前代忠贤之墓，安得发掘？"乃罢朝孺，退出其盘。

[1] 比干（前1125—前1063），子姓，沫邑（今河南淇县）人。20岁就以太师高位辅佐商王帝乙，又受托孤，重辅帝辛（商纣王）。纣王暴虐，比干强谏，三日不去，被杀剖心。

箕子[1]墓

平壤城，在鸭绿江之东，一名王险城，汉时为乐浪郡，即箕子故国也。由平壤东行一日，至肃宁城，城西有箕子墓。杜预谓：梁国蒙县北，有薄伐城，城中有成汤冢，其西有箕子冢。伏滔《北征记》谓：望蒙亳间，成汤、伊尹、箕子之冢，皆为丘墟。蒙县，即今归德府商丘县地。然箕子墓故迹，已不可寻矣。箕子既封朝鲜，则肃宁城西之墓，似当为真。"箕子名胥余"，出司马彪《庄子注》。

[1] 箕子，名胥余，纣王的叔父，官太师，封于箕（今山西太谷一带）。因其道之不得行，其志之不得遂，"违衰殷之运，走之朝鲜"，建立东方君子国。殷商末年，与微子、比干齐名。

伯夷、叔齐[1]墓

首阳山，一在平阳府蒲州南四十五里，一在河南府偃师县西北二十五里，俱有伯夷、叔齐墓，当以在蒲州者为是。蒲州之首阳山，即《禹贡》雷首山也。山有二贤祠，祠右即二贤葬处。上多古柏，坟前为屋，中竖黄鲁直碑及刻"首阳山古贤人墓"七字。又永平府城西北十五里双子山，有孤竹长君之冢，二十里马鞍山有孤竹少君之墓，二十五里团子山有孤竹次君之冢。相传长君、少君为伯夷、叔齐，次君为中子。真定府栾城县南三里有孤竹君墓冢，址不存而有墓，志可验。按：伯夷，姓墨名允，字公信；叔齐名智，字公达。夷、齐，谥也，见《论语》疏引春秋《少阳篇》但不知《少阳篇》，何人所著。

[1] 伯夷、叔齐，商末孤竹君之二子。相传其父遗命要立次子叔齐为继承人。孤竹君死后，叔齐让位给伯夷，伯夷不受，叔齐也不愿登位，先后都逃到周国。周武王伐纣，二人叩马谏阻。武王灭商后，他们耻食周粟，采薇而食，饿死于首阳山。

泰伯[1]墓

《吴越春秋》云：泰伯葬梅里平墟。《括池[地]志》[2]云：泰伯冢，在吴县北五十里梅里村鸿山上，去泰伯所居城十里。《城冢记》云：泰伯冢，在吴县北梅里聚，去城十里。今按梅里平墟，在常州府无锡县东南四十里，其地有泰伯域。而《一统志》载：泰伯墓，一在苏州府常熟县，盖即汉吴县地；一在无锡县北三十九里，则去梅里远矣。

[1] 泰伯，一作吴太伯，姬姓，周部落首领古公亶父长子，周代诸侯国吴国第一代君主。古公亶父欲传位季历及其子姬昌（即周文王），太伯乃与仲雍让位三弟季历而出逃至荆蛮，建立国家号勾吴。
[2] 《括地志》，正文 550 卷，序略 5 卷，唐魏王李泰主编。全书按贞观十道排比 358 州，再以州为单位，分述辖境各县的沿革、地望、得名、山

川、城池、古迹、神话传说、重大历史事件等，是中国唐朝时的一部大型地理著作。

太公望[1]墓

太公望墓，一在西安府咸阳县东北十五里；一在卫辉府城西北，晋卢无忌碑尚存；一在青州府临淄县南十里。按郑康成[2]云：太公受封于齐，留为太师。五世之后，乃归葬于齐，则临淄不宜有太公墓。或云齐人思太公之德，葬其衣冠耳。《续述征记》云：太公冢，在尧山北五里，平地为坂，高十丈。曾有发之者，冢深数十仞，得一铜椁，金玉甚多。尚父五世葬周，斯实田和冢也，知迁齐君于海上而别为诸侯，亦称太公也。此说亦近理。尧山，在青州府城西北八里。

[1] 太公望，即姜尚（前1156—前1017），名望，吕氏，字子牙，或单呼牙。也称吕尚，因是齐国始祖而称"太公望"，俗称姜太公。
[2] 郑康成，即郑玄（127—200），字康成，北海高密（今山东高密）人。遍注儒家经典，著有《天文七政论》等，共百万余言，世称"郑学"，为汉代经学的集大成者。

尹吉甫[1]墓

尹吉甫墓，一在郧阳府房县，有碑剥落；一在河间府沧州南皮县西三十里；一在汾州府平遥县东门外一百步。世传吉甫，房陵人，即今房县也，县南门外一里有吉甫故宅。而四川《泸州志》载：吉甫为江阳人，吉甫子伯奇，被后母谮，抚琴作《履霜操》以自悲。今泸州城北二里，有抚琴台，山石生成，周围七尺。

[1] 尹吉甫（前852—前775），兮氏，名甲，字伯吉父（一作甫），周房陵

(今湖北省十堰市房县青峰镇）人。周宣王大臣，官至内史。据说是《诗经》的主要采集者，被尊为中华诗祖。被周幽王错杀，后以金头厚葬，在房县东部修12座墓葬，以防盗墓。

管仲墓

管仲墓，在青州府临淄县南十里菟头山，一名鼎足山，其坟名"管仲坡"，或云即牛山之阿也。凤阳府颍州颍上县北关，亦有管仲墓。仲，颍上人，或云在颍上者，乃其父管严之墓。

鲍叔牙墓

鲍叔牙墓，一在济南府城东三十里鲍山下，其地有城，乃叔牙食邑也；一在兖州府滕县北十五里；一在河间府河间县界之齐桓公城。

宁戚[1]墓

宁戚墓，一在莱州府平度州西六十里，因山为坟，俗呼"鸣角阜"。一在凤阳府宿州西一百九十里。

［1］宁戚，即宁戚，姬姓，宁氏，名戚，春秋莱棠邑（今青岛平度）人，卫国（今河南境内）人。春秋卫惠公（前686—前669年在位）时人，齐桓公主要辅佐者之一。

赵盾[1]墓

赵盾墓，一在平阳府太平县南二十一里，一在怀庆府温县西八里方陵村。

[1] 赵盾（前655—前601），嬴姓赵氏，名盾，谥号"宣"，时人尊称赵孟或宣孟。春秋中前期晋国卿大夫。

鉏麑[1]墓

鉏麑墓，一在怀庆府温县西，地名岳村。一在西安府咸阳县境。

[1] 鉏麑，春秋晋国的著名大力士，晋灵公姬夷皋派他刺杀佐政大夫赵盾。因被赵盾的勤勉与正直感动，认为"贼民之主，不忠；弃君之命，不信"，两难之下，选择碰死槐树下。

程婴、公孙杵臼[1]墓

程婴墓，在太原府忻州城南九原冈上，有碑残缺。公孙杵臼墓，在忻州西北七里之逯村，碑尚存。平阳府太平县南二十一里，有程婴、公孙杵臼墓，在赵盾墓旁；广平府邯郸县西十五里，又有程婴、公孙杵臼墓。《图经》云：赵氏数百家，每有祭祀，别设客位，以祀程婴、公孙杵臼二人，历代相传，号曰"祀客"。

[1] 程婴、公孙杵臼，春秋时晋国义士。晋景公三年（前597年），大夫屠岸贾杀赵，灭其族，赵盾、赵朔父子的友人程婴与朔客公孙杵臼合谋，藏匿赵氏孤儿赵武，故意告发杵臼及冒充孩儿，致被杀。后景公立赵氏后，诛屠岸贾，婴则自杀以报杵臼。

狐突[1]墓

狐突墓，一在广平府曲周县，一在太原府交城县北五十里狐突山，狐偃墓亦在焉。

[1] 狐突（？—前637），亦名伯行、伯氏、狐子，原姓姬。狐突为春秋时晋国大夫，曾教子"忠臣不事二主"，被历代统治者推崇，且被神化。

季札[1]墓

镇江府丹阳南有延陵镇，镇西北九里延陵季子庙中，有孔子所题碑曰："於乎！有吴延陵君子之墓。"墓相传在镇西。常州府江阴县西三十里申浦，亦有季子墓。按《皇览·城冢记》云：延陵季子冢在毗陵县暨阳乡。山谦之《丹阳志》云：季子墓，在晋陵县北七十里。《杜氏通典》注云：季子墓，在晋陵申浦。今常州府治，即东晋之晋陵县。今江阴县，本汉毗陵县之暨阳乡，晋太康年置暨阳县于此。然则季子之墓，当以在申浦者为是矣。

[1] 季札（前576—前484），姬姓，名札，又称公子札、延陵季子、延州来季子、季子，春秋时吴王寿梦第四子，封于延陵（今常州一带）。后又封州来，传为避王位，"弃其室而耕"常州武进焦溪的舜过山下。

徐君墓

徐君墓，在凤阳府泗州东北一百二十里安河西岸，有土类台，曰"挂剑台"，即吴季札吊徐君处。台南三十里有徐城，即古徐国也。兖州府东平州东阿县南安平镇，旧名张秋河，东岸亦有徐君墓，城南隅亦有挂剑台。以《括地志》考之，在泗州者为是。然在张秋者，台左右旧有挂剑草，赤［亦］奇迹也。其形一正一斜，若负剑然，可疗心疾。今台旁已无此草，而邻近民庄或有之。又开封府许州襄城县北十七里，亦有徐君墓。

晏婴[1]墓

晏婴墓,在保定府蠡县城东滑村,有庙存。又城北有四陵相近,远观者惟见其三,俗呼为"影三郎陵",亦或指为晏婴墓。

[1] 晏婴(前578—前500),字仲,谥平,又称晏子,夷维(今山东高密)人。春秋时期齐国上大夫,历齐灵公、庄公、景公三朝。

卫灵公[1]墓

卫灵公墓,一在大名府开州长垣县东十里,呼曰"墙里村"。《史记》:公卒葬于蒲,即此。一在顺德府平乡县东南五里柴口村,尝地裂,得石券者三:一正北,一东北,其二[三]稍东。有石门题曰"卫灵公墓",其中绿水浸溢,寒气逼人,不敢深入。按《庄子·则阳篇》云:卫灵公死,卜葬于故墓,不吉,卜葬于沙丘而吉。今平乡县东北二十里有沙丘台,是其一证。一在东昌府濮州观城县东南四十二里。

[1] 卫灵公(前540—前493),姬姓,名元。是春秋时期卫国第二十八代国君,前534—前493年在位。

蘧伯玉[1]墓

蘧伯玉墓,一在卫辉府城西,一在天[大]名府开州长垣县南十五里。

[1] 蘧伯玉,即蘧瑗,字伯玉,谥成子,春秋时期卫国大夫。封"先贤",

奉祀于孔庙东庑第一位。

程本[1]墓

程本墓，一在顺德府内丘县西南程冈上，一在平阳府曲沃县之龙头城。程本，即子华子也，赵简子[2]聘之不就，隐而著书。尝与孔子相遇于道，倾盖而语，孔子以束帛赠之。兖州府沂州剡城县北十里有倾盖亭。

[1] 程本，即子华子，春秋时晋国人。博学善辩论，聚徒著书，自号程子，名闻诸侯。至齐，馆于晏婴，更称子华子。与孔子遇于郯，被称为天下贤士。著有《子华子》。
[2] 赵简子（？—前476），原名赵鞅，又名志父，亦称赵孟。

庄子墓

庄子墓，一在大名府开州东明县东北五里漆园村。一在凤阳府临淮县开元寺，后唐刺史梁延嗣增筑为台，刻庄子像于其上，名"逍遥台"，取《南华》首篇名也，寺西偏有梦蝶巷。

闵子骞[1]墓

闵子骞墓，一在济南府城东五里，旧有祠，宋苏辙撰碑，苏轼书。一在东昌府濮州范县南四十里。一在大名府青丰县西南二十里。《家语》[2]：子骞从孔子游于卫，卫人得其衣冠而葬之。一在徐州萧县东南八十里骞山下，即闵子村也。山上有闵子晒书台，其地与凤阳府之宿州界，故《宿州志》亦载闵子墓。

[1] 闵子骞（前536—前487），名损，字子骞，春秋末期鲁国人。孔子高徒，七十二贤之一。
[2]《家语》，即《孔子家语》，又名《孔氏家语》，简称《家语》。原书27卷，久佚，今本为三国魏王肃伪作，10卷44篇。是一部记录孔子及孔门弟子思想言行的著作。

冉伯牛[1]墓

冉伯牛墓，一在兖州府东平州西十五里。伯牛，郓人，即今东平州也，旧有碑刻，本朝于墓前建祠塑像。一在滕县[2]治南三里。一在汶上县西门外感化桥侧。汶上，春秋时为鲁中都地。相传鲁定公时，孔子为中都宰，及召为司空，以伯牛摄宰，一如夫子之政。卒，因葬焉。一在广平府永年县西北四十里。一在河南府孟津县西三里柏崖城南。

[1] 冉伯牛，即冉耕（前544—？），字伯牛，春秋末年鲁国人。孔子弟子，为孔门四科"德行"代表人物之一。
[2] 滕县，当为滕县。

子路墓

子路墓，一在大名府青丰县西南，一在开州北十里，一在长垣县北三里。子路，泗水人，尝为蒲宰，有德于蒲。后死孔悝[1]之难，蒲人葬之。三墓未知孰是。今长垣县治西南三十五里长垣故城，即古蒲邑也。

[1] 孔悝，姞姓，孔氏，卫国大夫。

澹台子羽[1]墓

澹台子羽墓，一在兖川府邹县[2]西北三十里，一在开封府陈留县北六十里，一在南昌府城东和门内东湖上总持寺后永和门，东门也，以有澹台墓，故又名"澹台门"。《史记》载仲尼没，灭明南游至江，居于楚友教士大夫。唐陆广微《吴地记》云：澹台湖，在吴县东南十里，灭明宅陷为湖，湖侧有坟。一云在吴县西南八十里。又传张士诚筑城于虎丘，土中得石刻曰："澹台灭明之墓。"开封府通许县东里氏乡有子羽冢，乃郑行人子羽公孙婵［挥］，俗以为澹台子羽，误也。

[1] 澹台子羽，即澹台灭明，字子羽，鲁国武城（今山东平邑县）人。孔子弟子，教育家，孔门七十二贤之一。
[2] 兖川府邹县，当为兖州府邹县。

高柴[1]墓

高柴墓，一在兖州府峄县东六十里故兰陵城北，一在开封府太康县西。

[1] 高柴（前521—前393），字子羔，史料有记载他是卫人、齐人，孔子七十二弟子之一。后来子路、子羔在卫国孔悝手下为家臣。卫国内乱，子羔逃出，子路回城，殉难。

公冶长[1]墓

公冶长墓，一在青州府诸城县西四十里，《汉书》云：在姑幕城东南五里，即此。姑幕城，在今莒州境，盖与诸城接壤。一在淮安府山阳县境。长，齐人。

[1] 公冶长（前519—前470），公冶氏，名长，字子长、子芝。春秋时鲁国人，今山东诸城贾悦镇近贤村人，文中题为齐人。孔门弟子，七十二贤之一。

左丘明墓

左丘明墓，一在济南府肥城县西商［南］二十五里，一在兖州府峄县东北七十里。曹州定陶县西南陶丘之巅，有鲁太史墓，乃丘明王父也，有宋盛琳所撰碑刻。

佛肸[1]墓

肸佛墓，一在开封府中牟县南，一在县北，各去县城里许。

[1] 佛肸，春秋末年晋国卿赵鞅（即赵简子）的家臣，曾为中牟县宰。

盗跖[1]墓

盗跖墓，一在济南府章丘县南三十八里东陵山下，《淮南子》曰"柳下跖死于东陵"，即此。一在徐州萧县西南七十里。

[1] 盗跖，即盗跖，原名展雄，姬姓，展氏，名跖，一作蹠，又名柳下跖、柳展雄。在先秦古籍中被称为"盗跖"和"桀跖"，传说是春秋时期率领盗匪数千人的大盗。

楚平王[1]墓

楚王墓，一在南阳府裕州舞阳县北灰河保，伍子胥掘平王墓，抛尸于水，即此地。一在开封府许州襄城县南汝河堰下。一在荆州府治东一百一十里廖台湖旁，或云在荆州州北五十里斑竹冈。又襄阳府宜城县南四十五里有破河脑，相传子胥出奔曰："吾必覆楚！"及平王卒，国人葬之于石子湖中，作虚冢于江南岸。后子胥以吴兵入楚，遂破河掣水，取平王尸，鞭之，因名。此俗传之谬，安有楚人逆料子胥之必能破楚，而预先葬平王于水中哉？承天府治南汉江滨，有鞭尸滩，俗亦传为子胥鞭平王尸处。

[1] 楚平王（？—前516），芈姓，熊氏，名弃疾，继位后改名居，又称陈公、蔡公。春秋时期楚国国君，公元前528年—前516年在位。

楚昭王[1]墓

楚昭王墓，在襄阳府城南习家池北。南齐建元中，盗发冢，得古书行简。后沈约觅数篇示刘绘[2]，绘曰："《周礼》逸编也。"一在荆州府城东七里龙山乡，高四丈余。王粲[3]《登楼赋》所谓"西接昭丘"是也。墓前后陪葬十冢，皆成行列，其旁即樊姬冢，俗谓之"谏猎墓"。一在枝江县西北，与当阳县境相接。《水经注》云：沮水南径楚昭王墓，封［对］麦城是也。

[1] 楚昭王（约前523—前489），芈姓，熊氏，名壬，又名轸（珍）。楚平王之子，春秋时期楚国国君，公元前516年至公元前489年在位。
[2] 刘绘，字士章，彭城人。齐高帝以为录事典笔翰，为大司马从事中郎。中兴二年（502年）卒，年四十五。撰《能书人名》，善隶书。

[3] 王粲（177—217），字仲宣，山阳郡高平县（今山东微山两城镇）人。东汉末年文学家，"建安七子"之一。

陶朱公墓

陶朱公墓，在兖州府曹州定陶县东北。而凤阳府寿州蒙城西六十里，又有范蠡冢。《九域志》云：越范蠡既平吴，浮海去，卒于山桑。蒙城，本汉之山桑县，蒙城县北三十七里，有山桑城。王隐《晋书·地道记》云："陶朱冢，在华容县。"非也，晋华容，即今荆州府之监利县。

彭祖墓

彭祖墓，一在徐州城东北。徐，为古彭城。彭祖者，彭姓之祖也。《世本》云尧封彭祖于彭城，即陆终氏第三子篯铿，号为大彭氏。《水经注》云：封[彭]城，殷大夫老彭之国也，城东北隅有彭祖楼，西北隅有彭祖井，即祖旧宅。宋陈靖尝作《彭祖观井图》并序。一在池州府石埭县西十五里通政桥西，与唐张果墓相对。一在开封府鄢陵县北二十里彭祖冈，一在湖州府安吉州孝丰县西南六十里广苕山下，一在眉州彭山县东十里彭亡山下。相传彭祖周末浮游四方，晚入蜀，居象耳山下，死而葬此。象耳山，在彭山县东北二十五里，山下有彭祖宅址。按《世本》：所谓篯铿，盖姓篯名铿也。《神仙传》[1]亦云彭祖讳铿，惟虞翻云名翦，翦、篯同音。《神仙传》又云：彭祖，帝颛顼之玄孙，至殷末，年（七）七百六十七岁而不衰老，遂往流沙之西。是本[未]尝寿终于中国也，而又安得有墓耶？要之，事涉荒远，莫得而详矣。

[1]《神仙传》，东晋葛洪所著的一部古代志怪小说集。

扁鹊墓

扁鹊墓，一在河间府任丘县北三十里药王祖业庄之北三里，墓前有庙。一在东昌府濮州朝城县西，与宁国寺相近。一在彰德府汤阴县东南十五里伏道村。相传扁鹊善医，为同辈所嫉，刺杀于此。祠堂、碑刻列于墓左，坟上土可疗疾，祷而求之，或得一小丸如丹剂，服之旋瘥。日掘千窟，越宿俱平壤矣。墓旁出艾极佳。

鳖灵墓

鳖灵墓，一在成都府郫县南一里，与杜宇[1]墓相对；一在保宁府城东北十里仙穴山上。鳖灵，荆人也，凿巫峡通水，蜀得陆处，蜀帝杜宇让以位，是为开明帝。鳖灵，一作鳖令。汉志牂牁郡有鳖县。

[1] 杜宇，传说中的古蜀国国王，周代末年，七国称王，杜宇始称帝于蜀，号曰望帝。晚年时，洪水为患，使相鳖灵治水，水患遂平。后让位于鳖灵，号曰开明。

段干木[1]墓

段干木墓，一在平阳府解州芮城县古魏城东十五里。坟高三丈，有祠存，即其卧退秦兵之地。一在汾州府孝义县东北十五里。一在济南府滨州西北十里；一在开封府城西北二十里。平阳府蒲州南三十里麻谷山下，地名虞源，相传为段干木隐处。《路史》云：段干，李姓邑也，初邑段，后邑干，因邑而氏。以为姓段名干木者，非。

[1] 段干木（约前475—前396），复姓段干，名木，魏国安邑（今运城市安邑镇）人，一说今山西芮城人，春秋末战国初晋籍魏人。后辅佐魏文侯。

聂政墓

聂政墓，一在大名府滑县南四十里，一在东昌府聊城县东北，一在怀庆府济源县南轵城里，俗呼为"刺客墓"。政，轵人。

孟尝君墓

孟尝君墓，一在兖州府滕县南四十里古薛城向门东，向门者，出北边门也。一在保定府蠡县孟尝村，有社，相传田文养客之处；有洰河，相传即田文疏通渍米水也。一在真定府元氏县西十五里苏阳村东北山眷上，或云在灵寿县。要之，当以在滕县者为是。《史记》：田文卒，谥为孟尝君。《索隐》曰：孟尝袭父封薛，而号曰"孟尝君"，此云谥，非也。孟字尝，邑名尝邑，在薛旁。

孙膑墓

孙膑墓，一在顺天府涿州房山县西南上药村，墓碑尚存。一在河间府景州吴桥县西南，墓前有庙。膑，齐人。吴桥，旧齐地也。

庞涓墓

庞涓墓，一在辽州榆社县[1]西北九十里马陵开，一在济南府淄川县西南五里。世传涓为孙膑所杀，得其首葬之于此，今名其地为"将军头"。

[1] 辽州榆杜县，当为辽州榆社县。

淳于髡[1]墓

淳于髡墓，一在东昌府茌平县[2]城西二里。一在青州府益都县窝驼村，正德间，冢内忽作牛鸣，旬日乃止。一在登州府黄县东二十里蔚防山下，髡，黄县人也。一在襄阳府宜城县善谑驿旁，《战国策》载：髡为齐使，献鹄于楚，挚空笼而说楚王。故后人以善谑名驿，其以为髡墓在此，盖出于附会。宋刘贡父知襄州时，题淳于髡墓诗云："微言动相国，大笑绝冠缨。流糇有余智，滑稽全姓名。师儒空稷下，衡盖尽南荆。赘婿不为辱，旅坟知客卿。"贡父，性滑稽，每以谐诨招尤，此诗寓意自解耳，非不知其非真墓也。宁国府泾县南兴毅院，相传为髡故宅，亦未必然。

[1] 淳于髡，主要活动在齐威王和齐宣王之际，以博学多才，善于辩论著称。
[2] 东昌府茌平县，当为东昌府茌平县。

燕昭王[1]墓

燕昭王墓，一在顺天府蓟州玉田县东北三十里无终山上，一在府城西青河岸侧燕丹村，一在保定府易州东七里陵山。

[1] 燕昭王，即燕昭襄王（前335—前279），本名姬职，战国时燕国第三十九任君主，史称燕昭王，简称昭王或襄王。任命乐毅大破齐国，使燕国强盛一时。

乐毅墓

乐毅墓，一在顺天府良乡县南三里。一在广平府邯郸县东南二十里乐家堡，墓旁有池。相传毅自燕奔赵时，磨剑于此。

赵武灵王[1]墓

赵武灵王墓，一在大同府蔚州灵丘县东南三十里，县以武灵王墓名也。一在河间府沧州东南四十里沧州故城之东南隅，唐贞元十二年，增筑外城，有古墓高二丈，莫知为谁掘，得铭云："六国赵武灵王墓"，因致祠焉。一在真定府平山县北二十里西林山下。

[1] 赵武灵王，即赵雍（约前340—前295），嬴姓，赵氏，名雍。战国中后期赵国君主，胡服骑射，灭中山国，扩大赵国版图，修筑赵长城。

廉颇、蔺相如、李牧[1]墓

真定府城北十里许，有牧庄三冢，相去百步，相传赵廉颇、蔺相如、李牧葬此。然廉颇墓，一在灵寿县；一在赵州城东二十里郭里村；一在广平府青河县西三十里近鲧堤侧；一在保定府城西北十里廉梁村，墓南有庙；一在凤阳府寿州东北五里泚陵山下牛蘢原。泚陵山，即八公山也。《冢墓记》云：颇葬牛蘢，掘泉三丈，有一人衣服非常，呵曰："我，泚陵山神也，葬地当吾直道，更宜移之。不尔，害汝！"掌事者惧而移之，目其处为三锹坑。按《史记》，谓颇死于寿春近是：一在济南府武定州厌次城东南二十里，一在彰德府磁州赵八庄，一在汤阴县台城镇故城旁。蔺相如墓，一在定州曲阳县北二十里相如村前；一在广平府邯郸县西南三十五里，入彰德府磁州界，地名羌村；一在汤阴县台城镇故城旁；一在济南府武定州阳信县东南二十五里。李牧墓，一在灵寿县，一在太原府代州东北界，一在平阳府太平县。皆未知其孰是。

[1] 李牧（？—前229），嬴姓，李氏，名牧，柏仁（今邢台隆尧）人。战国时期的赵国军事家，与白起、王翦、廉颇并称"战国四大名将"。

苏秦墓

苏秦墓，一在青州府城东二十五里，秦自燕奔齐，齐大夫与秦争宠，刺杀之，葬此。一在河南府新安县城西，有古碑。唐张巡诗："沙埋古篆折碑文，六国存亡事系君。今日凄凉无处说，乱山秋尽有寒云。"秦，洛阳人。

左伯桃、羊角哀[1]墓

左伯桃、羊角哀墓，一在应天府溧水县南仪凤乡孔家镇，一在承天府荆门州西南九十里羊角村。按：东昌府濮州范县义东保，有羊角城，相传为羊角哀故里。然传记载二人俱燕人。

[1] 左伯桃、羊角哀，左伯桃应楚王招贤，路遇羊角哀，结为异姓兄弟，同赴楚都。时值严冬，途遇大风雪，冻饿将死，左伯桃舍命助羊角哀成名。羊角哀奏请楚王，为左伯桃建墓立祠。

宋玉墓

宋玉墓，一在襄阳府宜城县南三十里宋玉宅后，一在徐州萧县西南三十里，一在南阳府唐县治东。

甘罗墓

甘罗墓，一在凤阳府颍州颍上县东五十里罗秦乡，县有甘成驿、甘罗乡,皆罗故迹。一在河间府景州故城县治双丰楼后,一在兖州府东平州南三十五里安山上,一在河南府新安县甘罗庙前。又淮安府城西北四十里青河界,县有甘罗城,相传为罗葬处。按《史记》:罗,甘茂之孙,楚之下蔡人。下蔡废县,在寿州北三十里。颍上县与寿州接壤,萧梁尝于此置下蔡郡,盖古下蔡地也。罗墓当以在颍上者为是。若吉安府泰和县西三十里有甘罗墓,俗呼"罗墓"。梧州府藤县亦有甘罗墓,此皆后人之同姓名者耳。

樊于期[1]墓

樊于期墓,一在保定府蠡县南庄村,一在开封府城南十三里。相传荆轲函于期首入秦,后魏人葬之于此。易州城西七里樊馆山,即于期自刎处。

[1] 樊于期(?—前227),今河北蠡县人,战国末年秦将领,因伐赵兵败,畏罪逃往燕国,被太子丹收留。后为刺杀秦王嬴政自刎,献上头颅。

扶苏墓

扶苏墓,一在延安府绥德州城中,一在平凉府城东南四十里;一在庆阳府宁州城西十五里,有碑。绥德州城南三里,有呜咽泉,相传因扶苏死此,故名。太原府代州城东北三十里夏屋山,一名下壶山,山侧有杀子谷,谷中有恨斯泉,亦传为扶苏死处。按《史记》:胡亥诈为始皇书,赐扶苏于上郡。今绥德,正秦上郡地,城北有上郡城故址。则扶苏死此无疑,而其墓亦当以在绥德者为是矣。

蒙恬墓

蒙恬墓，一在西安府咸阳县境，一在平凉府城东南十五里，一在延安府绥德州城西，一在太原府代州东北二里。按《史记》：胡亥初使使赐扶苏、蒙恬死，恬不肯死，而复请使者以属吏系于阳周，后复赐死，乃吞药自杀。陈遗馀［馀遗］章邯书曰："蒙恬为秦将，北逐戎人，开榆中地数千里，竟斩阳周。"绥德，秦时属上郡地，号阳周，恬死于此，则其墓亦当以在绥德者为是。庆阳府宁州真宁县北三十五里，有阳周城，乃汉更置之阳周县，而非秦之阳周。旧传为蒙恬死处，误也。

朱买臣墓

朱买臣墓，一在凤阳府虹县东北四十里朱山北麓，相传朱山为朱买臣故里，有灵佑祠。宋时，县令舒焕具灵应之迹，会民列状请封号，赐曰"灵佑之神"。一在嘉兴府城东六里东塔花讲寺，相传买臣故宅，亦在此，或云墓在城东福城寺之雷音阁后。一在严州府城西四十里幽径山下；一在归德府夏邑县北，其地名买臣村，有古碑。《隋唐嘉话》[1]云：东封之岁，洛阳平乡路北市东南陷，得汉丞相朱买臣墓。又苏州府城西南六十里穹窿山旁，有朱氏墓，亦传为买臣墓。山东有磐石，高广丈许，传为买臣读书台；山南有朱买臣庙，世传买臣负薪往来木渎，常藏书于此，呼为"藏书庙"。严州府城西三十五里，有朱太守庙。相传买臣避吴王濞之乱，尝寓此筑室，请书涤砚于池，后人因名其池为"朱池"，名其里与桥皆曰"招贤"云。嘉兴府城北十八里有羞墓，即买臣妻葬所。妻嫌买臣贫，改嫁杉青堰吏后，见买臣富贵，投河而死，葬于此。杉青堰，在府城东北四里，府城西四里有死亭湾，即其投河死处也。苏州府阊门外七里，亦有死亭湾。史载朱买臣，会稽人，秦置会稽郡治吴，汉初因之，今以诸故迹证之，其为吴人无疑。而指为江北人者，非也。按：萧梁时，亦有朱买臣，姓名皆相同。

[1]《隋唐嘉话》，唐刘𫗧撰。唐代笔记小说集，记载南北朝至唐开元年间历史人物的言行事迹，以唐太宗和武后两朝为多。

郅都[1]墓

郅都墓，一在太原府代州东北界，路旁古柏数十株，号"郅都君柏"。一在平阳府洪洞县东二十里。

[1]郅都，西汉时期河东郡杨县（今山西省洪洞县东南）人。主要活动于汉景帝时期，是西汉最早以严刑峻法镇压不法豪强，维护封建秩序的酷吏。

苏武墓

苏武墓，一在西安府乾州东北四十里，今名守节里。一在武功县北十里之苏村，县北二十里，有节义台，即子卿故园。后徙于杜陵，故亦称杜陵人。

汲黯[1]墓

汲黯墓，一在大名府开州西南六十里，一在开封府陈州东北三十里，一在归德府鹿邑县境。按：汉言，元光中，河水泛溢，上命淮阳太守汲黯疏决十道。鹿邑县有引水故渎，渎上有汲长孺祠，或后人以他墓附会之耳。

[1] 汲黯（？—前112），字长孺，濮阳（今河南濮阳）人。西汉名臣。

金日䃅[1]墓

金日䃅墓，在西安府渭南县北五十里废下邽城东南三百步，墓高三丈。下邽城东南二十里金氏陂，即武帝赐日䃅田处。登州府宁海州文登县北四十里，亦有金日䃅墓，不可晓。

[1] 金日䃅（前134—前86），字翁叔，是驻牧武威的匈奴休屠王太子。西汉少数民族政治家，辅佐汉昭帝。

张骞墓

张骞墓，在汉中府城固县西二十三里，其地有胡城。相传骞使西域还，与胡妻居此。骞，城固人。卫辉府城东北五十里博望冈上石坟，俗传为张骞墓，非也。

东方朔墓

东方朔墓，一在济南府陵县东北二十里厌次城北二百步，唐颜真卿碑刻存其地，今谓之"颜神店"。一在西安府华州西南三十里。朔，平原人，今平原县治内有朔画像碑，晋夏侯湛赞，颜真卿书。

霍去病墓

霍去病墓，一在西安府兴平县东北十九里，近武帝茂陵，其墓像祁连山。一在南阳府邓州冠军城东北隅。冠军，汉县，去病之封邑也。

霍光墓

霍光墓，一在西安府兴平县东北十五里。光葬，诏赐黄肠，即柏心也。其后耕者时时得柏木，如椠形，谓之"柏椠"。一在保定府蠡县地三里，墓前有庙。一在青州府城东三十里之霍陵社，又名霍林。光，平阳人，即去病之异母弟也。

公孙弘[1]墓

公孙弘墓，一在西安府兴平县东北十八里；一在济南府淄川县南十五里，地名公孙庄；一在莱州府平度州潍县西二十里，高二丈三尺，墓后有泉，号曰"补生泉"。弘，薛人。

[1] 公孙弘（前200—前121），名弘，字季，一字次卿，齐地菑川（今山东寿光南纪台乡）人。西汉名臣。

韦贤[1]墓

韦贤墓，一在兖州府峄县东南二十里，一在开封府尉氏县东北五十里。贤，鲁国邹人，玄成之父也。父子俱汉丞相。

[1] 韦贤（约前148—前67），字长孺，鲁国邹（今邹城东南）人。西汉大臣。

张禹[1]墓

张禹墓，一在怀庆府城东南六十里安昌城之东南；一在兖州府邹县西三十五里，古碑断裂不全。按《禹本传》：禹年老自治冢茔，起祠室，好平陵肥牛亭部处地，又近延陵，奏请求之。上以赐禹，诏令平陵徙亭他所。平陵，昭帝陵；延陵，成帝陵也。禹墓在二陵之间，当在西安府咸阳县之北，何缘复葬河内与邹耶？禹，河内轵人，封安昌侯，当奏请茔地时，曲阳侯王根尝争之。或其后复有沮之者，归葬安昌未可知。若邹，则去河内远矣，其墓难以意解也。

[1] 张禹（？—前5），字子文，河内郡轵县人。西汉大臣。

扬雄墓

扬雄墓，在成都府郫县南二十里，今有子云亭，即其葬所。亭北半里有拜台，相传为拜子云墓而筑。雄，郫人。《长安记》引扬家谍曰："子云以天凤五年卒，诏陪葬安陵坂土［上］，弟子侯芭负土作坟，号曰'玄冢'。"安陵，汉惠帝陵也。则雄墓又在西安府咸阳县东三十五里矣。天凤，王莽年号也。按《汉书》，亦言雄以天凤五年卒，侯芭为起坟，丧之三年而不言，陪葬安陵。

邓禹[1]墓

邓禹墓，一在开封府太康县西二十里，一在长沙府湘乡县西一百里。禹，南阳新野人，封高密侯。故里、封国皆与长沙无涉，湘乡之墓，恐非。

[1] 邓禹（2—58），字仲华，南阳新野人。协助刘秀建立东汉，云台二十八将第一位。

桓荣[1]墓

桓荣，赐葬首山之阳，在开封府许州襄城县南五里。而和州含山县南二十里，又有桓荣墓。按：荣，沛郡龙亢人。汉龙亢县故城，在凤阳府怀远县西北八十五里。若含山县南四十五里之龙亢城，乃东晋侨置之县，非汉世之龙亢也。因荣为龙亢人，而指近龙亢之墓，以为荣墓，后人之误也。

[1] 桓荣，字春卿，沛郡龙亢（今安徽怀远县龙亢镇）人。东汉初年大臣。

班超墓

班超墓，一在西安府华州华阴县西二十五里，一在济南府城西南三里。

鲁恭[1]墓

鲁恭墓，一在凤翔府扶风县北四十里鲁马村，一在开封府中牟县北门外。恭，平陵人。

[1] 鲁恭（32—113），字仲康，陕西省扶风平陵（今兴平县东北）人。东汉章帝建初年间，任中牟县令，注重以道德风尚感化人，不依靠刑罚命令惩治人，有"鲁恭三异"（蝗不入境，化及禽兽，竖子有仁心）的传说。

李固[1]墓

李固墓，一在汉中府城固县西三十里长柳村，一在彰德府磁州城东诸瞿村。固，城固人。

[1] 李固（94—147），字子坚，汉城固（今属陕西）人。东汉名臣。

范式[1]墓

范式墓，一在兖州府济宁州钜野县南五十里金乡山之东南；一在嘉祥县南三十里大鼎山前，谚云"大鼎山前十八冢，末末东头范巨卿"。墓今湮没，有魏时碑刻，移置济宁州学内。县南十里范山，相传式家其下。

[1] 范式，字巨卿，东汉山阳郡金乡（今山东省济宁市金乡县鸡黍镇）人。东汉名士，曾游太学为诸生，后任郡功曹、荆州刺史、庐江太守等职。

栾巴墓

栾巴墓，一在大名府内黄县西四十里伏恩村，墓濒河，已为卫流冲决。一在河南府陕州灵宝县东南下硙里。《后汉书》云巴，魏郡内黄人。《神仙传》云巴，蜀郡人。按：巴初为宦者，后阳气通畅，求退，拜郎中，累迁官，皆有绩。子贺，官至云中守。宦者生子，非有道术而能然耶？世所传朝会噀酒，灭成都市之火。风雾晦暝，一日往返成都，洵神异不测矣。后竟以上书极谏，理陈、窦之冤，收付廷尉自杀，岂仙家所谓尸解者耶？

郭巨[1]墓

汉孝子郭巨，河内隆虑人，即今之林县也。其墓一在怀庆府城北二里沁河北岸，一在汾州府孝义县北青义村。或云巨，太原人，流寓于此，卒葬焉。一云巨与其母俱葬济南府肥城县西北六十里巫山，一名孝堂山，上有石室，即其葬处。

[1] 郭巨，东汉隆虑（今河南安阳林州市）人，一说河内温县（今河南温县西南）人。以孝闻名于世，有"埋儿孝亲"的故事。

董永墓

董永墓，一在扬州府泰州如皋县丁溪场，其父墓亦在焉。一在德安府孝感县东北十里广阳乡，亦在其父墓侧。一在镇江府丹阳县延陵镇南之董陵，一在河间府河问县[1]境，一在青州府博兴县境，一在绍兴府城东十五里董家堰之西。按：永，或云汉景帝时人，或云汉末人。或云永，千乘人，即今济南府之滨州，奉其父避兵居安陆。父死，贷钱于当家裴氏，以营葬为奴偿债。感天帝，令织女配之，织绢偿钱，偿毕辞永，腾空而逝。刘宋因永故，分安陆置孝昌县，后周改孝感。今有董永湖，距县五里，湖中有升夫台，传为织女升天处。或云永，海陵人，即今泰州也。州东北百二十里西溪镇广福院内有天女缫丝井，即永故居。或云汝宁府城内有董永故居，孝子蔡顺亦尝居此，故城西有二孝庄。或云永，河东汾阴人，即今平阳府蒲州之万泉县。未知孰是。绍兴董家堰，姓董者皆永之后，其地有织女铺、织女潭，俗传织女偿钱既毕，浴于潭而上升。盖永后人有徙居于此者，附会其说也。又应天府溧水县西，有董永读书台。

[1] 河间府河问县，当为河间府河间县。

董黯[1]墓

汉孝子董黯墓，一在德安府孝感县北一百三十里，地名董城，相传黯家于此。后魏大统年,改为董城郡,以此。一在宁波府慈溪县。

[1] 董黯,后汉时句章县石台乡(今浙江省余姚市大隐镇)人。幼年丧父,家境贫寒而事母至孝。

丁兰[1]墓

汉孝子丁兰,河内人。其墓一在西安府兴平县北五里孝子村,有庙;一在怀庆府城北二里沁河之北。丁兰木母墓,在汝宁府光州固始县北六十里丁村。丁兰台,在开封府陈州西华县东平乡。刻木谷,在襄阳府南漳县南十五里。刻木山,在岳州府澧州北七十五里。俱传为丁兰刻木像奉母处,未知是否?杭州府艮山门外三十六里,地名丁槁,传为丁兰故居;又云府城东北五里桐扣山东,有丁兰母墓,恐俱非。梧州府岑溪县东二十里丁兰山下,有丁兰村,传为丁兰故居。又云县东凤山有丁兰墓,其实乃汉孝子丁密,非丁兰也。山与村本名丁郎,后讹为丁兰耳。

[1] 丁兰,河南陈州人,后寓居丰县东十里(今丰县凤城镇丁兰集)。早丧父,事母至孝。及母丧,刻木孝母,事母如存。

马融[1]墓

马融墓,一在西安府兴平县西南三十里,俗呼"马莲冢";一在成都府汉州什邡县西二十里。融,茂陵人。今兴平县北有茂陵城。

[1] 马融(79—166),字季长,扶风茂陵(今陕西兴平东北)人。历任校书

郎、郡功曹、议郎、大将军从事中郎及武都、南郡太守等职。

蔡邕墓

蔡邕墓，一在开封府城东北四十五里，一在常州府武进县尚宜乡互村，大冢巍然。绍兴府上虞县西十二里蔡墓山，相传蔡邕葬此。邕，尝亡命会稽，武进、上虞之墓，皆后人所附会也。又重庆府治东九里明月沱边，有高冢，横刻"伯皆［喈］墓"三六［大］字。按史，邕曾迁巴郡太守，不拜，则此墓亦出于附会矣。

刘表墓

刘表墓，一在平凉府镇原县西，一在襄阳府城东。

陶谦[1]墓

陶谦墓，一在徐州城西四十里陶山上，一在应天府溧阳县西南陶芥，一在太平府城东北六十里横山之麓小朝山下。

[1] 陶谦（132—194），字恭祖，丹阳郡丹阳县（今安徽当涂东北）人。初为诸生，在州郡任职，被举茂才，历任舒、卢二县令、幽州刺史、议郎、扬武校尉、徐州刺史等，后获拜安东将军、徐州牧，封溧阳侯。

华佗墓

华佗墓，一在徐州城南山川坛侧，有碑题曰"后汉名医华佗之墓"。一在开封府陈州项城县[1]。

[1] 开封府陈州顷城县,当为开封府陈州项城县。

关云长墓

关云长墓,在承天府荆门州当阳县西五里。而成都府城南万里桥之南,亦有关云长墓,盖昭烈招其魂葬此。一云云长墓在蜀荷圣寺,孟蜀末有僧曰"仁显",作《华阳记》。又云:云长墓,在草场庙。

张飞墓

张飞墓,一在保宁府巴州旧刺史厅东二十步,高一丈九尺;一在成都府城南万里桥之南。飞尝守阆州,即今保宁也。

赵云墓

赵云墓,一在南阳府城西南三十里,有石碑。一在邛州大邑县静惠山,一名东山。山上土城,相传是云祈筑,云防羌于此。

曹植墓

曹植墓,一在兖州府东平州东阿县西北十三里鱼山之西,本传:植改封东阿王,登鱼山临东阿,喟然有终焉之心,遂营为墓。一在开封府通许县七里冈。成化九年大水,墓崩一穴,居民入视,隧表碣曰"曹子建墓"。按:植曾徙封雍丘王。雍丘,即今杞县,距通许四十里而近。岂其先亦曾为墓于此,后不果葬,而葬东阿耶?

颜良墓

颜良墓,一在真定府冀州新河县南二十里,一在大名府滑县鱼池店南。

孙钟[1]墓

孙钟墓,一在杭州府富阳县南十五里阳平山上,一在镇江府丹阳县西十里三仙庙下。钟,坚之祖也。

[1] 孙钟,东汉末年吴郡富春县(今浙江杭州富阳)人,孙坚的父亲。与母亲一起居住,至孝笃信,种瓜为业。

孙坚、孙策墓

孙坚墓,一在镇江府丹阳县西十五里,一在苏州府城盘门外三里。宋张邦基《墨庄漫录》云:重和戊戌[1]岁,平江府盘门外太和宫,相近耕夫数人穴一冢。初入,隧道甚深,其中极宽,如厦屋然。复有数门,肩镢不可开。耕者得古器物及雁足镫之类,以为铜也,欲货之。熟视之,乃金,因分争至官。时应安道为都守,尽令追索原物到官,乃遣郡官数人,往闭其穴,观者如堵。其中四壁皆绘画嫔御之属,丹青如新,画手殊奇妙,有一秘色香炉,其中灰炭尚存焉。诸卒争取,破之。冢之顶皆画天文玄象,此特。初入之室,未见棺柩,意其在重室内也。又得数器而出,乃掩之。后考《图经》,云吴孙破虏坚之墓也。国朝卢熊《孙王墓辨》云:古汉豫州刺史孙坚、妻吴夫人及其子会稽太守策三墓,并在盘门外三里,即今齐升院东南面。势据古蛇门,正与府治相向。《祥符图经》云孙坚墩方,俗称为孙王墓。按《吴书》,坚死于初平二年,年三十七;策死于建安五年,年二十六;吴氏死于建安七年,合葬坚墓。黄龙元年,权追尊坚为武烈皇帝,庙曰"始祖",墓曰"高陵",吴氏为武烈皇后,策为长沙桓王。太元元年八月朔,风拔高陵松柏,石碑蹉动。《晋阳秋》云惠帝元康中,吴令河东谢询表为孙氏二君置守墓五人,修护、扫除,有诏从之。其文张俊所作,今载《文选》。陆广微亦云,盘门东北二里有吴武烈皇帝,及长沙桓王等三墓。前志云宋政和六年,村民发墓,其砖侧皆有"万岁永藏"四篆字。得金玉奇器甚多,有东、西银杯,初若㮒花,良久化为腐土。并金搔头十数枝,金握臂二,悉皆如新。一瓦熏炉,与近世陆墓所制略似,而箱底灰炭犹存。碑石断缺,仅余"中平年"三字。州将遽命掩之,所得古物尽归朱勔家。洪伯刍《香谱》亦略载此事,即杨友夔所赋《孙豫州墓》者也是。洪氏《三庚志》云盘门外大冢,绍熙二年,秋雨陨圮。牧童入其门,得铜器数种,持卖于市。乡人往视,记[圮]处盖其隧道,有石刻隶书云:"大吴长沙桓王之墓,赤乌三年",凡十二字。知府沈揆[2]亟命掩塞,仍立石表其所,滕宬为记。袁席之谓:"策死,距赤乌三年已四十载,岂非权称制之后,复改葬乎?"所得之器,滕藏一小镜,其背有铭十四字,一铜小麟镇纸,无款识,以遗席之。嘉熙中,墓旁土中又得唐孙德琳墓志,云开元十六年,窆于十四代祖吴武烈皇帝陵东南平地。又按《丹阳图经》载,高陵在县西练塘乡吴陵港,熊以传记证之。当是坚葬曲阿,后迁于吴,史不及详载耳。滕宬所记,谓绍熙中,提举常平张体仁尝命其属表之,题曰"先贤墓"。徐谊[3]属宬考订,止从俗称"孙王墓"。宬盖据陈寿说破虏葬曲阿,及言策之薨,其将周瑜、鲁肃皆赴丧,独指此为伯符之墓,亦未尝及谢询所表,不审三墓同域。故论说纷纭,自相牴牾,在政和知为豫州之墓,在绍熙知为长沙之墓,皆不能质诸传记,以求其说,地亦尝为官窑,故旧志不复详究矣。因备载始末,传诸好事,按熊此辨,可谓极详明矣。今《一统志》载"孙策墓，在镇江府城南"，疑是赤乌以前所葬旧迹。而徽州府休宁县十六都审口孙王山，俗亦指为孙策墓在焉，其为误传无疑也。

[1] 重和戊戌，宋重和元年（1118年）。
[2] 沈揆，字虞卿，嘉兴（今属浙江）人。宋高宗绍兴三十年（1160年）进士，曾知台州，任秘书少监、秘阁修撰、江东转运副使等，官终礼部侍郎。
[3] 徐谊（1144—1208），字子宜，一字宏父，平阳万全沙冈人。历宋高宗、孝宗、光宗、宁宗四朝。乾道八年（1172年）进士，曾任枢密院编修官，知徽州，提举浙西常平茶盐，为吏部员外郎，兼知临安府等，卒于隆兴知府任上。

周瑜墓

周瑜墓，一在庐州府庐江县东十里，一在安庆府宿嵩县北三十里，一在苏州府吴江县东二里，一在临江府峡江县。本为新淦县之峡江镇，国朝嘉靖五年，设峡江县于此，即吴之巴丘县也。瑜，舒人，即今庐江。尝进浔阳破刘勋，讨江夏，定豫章、庐陵，遂留镇巴丘，巴丘故城南有周瑜埭。唐陆广微《吴地记》又载：瑜墓，在吴县东二里。

太史慈墓

太史慈墓，一在湖州府城西北十九里法华山东石坞，一在南昌府奉新县。洪迈《容斋续笔》[1]云孙权代策，乃以太史慈为建昌都尉，遂委以南方之事，督治海昏。至卒时，才四十二，葬新吴，今洪州奉新县也。按志，云太史城在城西二十里，太史慈筑，周回三里，基𧘱[址]尚存。后人每得青石箭镞。

[1]《容斋续笔》,南宋洪迈撰,文中误为"洪遇"。学术笔记,每卷自12则至18则,共249则,为《容斋随笔》的续篇,多处谈及赋学问题。

甘宁墓

甘宁墓,一在应天府城北三十五里直渎山;一在武昌府兴国州东六十里军山之阳富池口,有庙曰"昭勇"。保宁府巴州通江县西百里露浴溪上,亦有甘宁墓。宁,吴将,何缘葬蜀地?此必同姓名者。

陆凯[1]墓

吴左丞相陆凯墓,在苏州府长洲县西凤凰山,或云在嵩江府城西北三十二里。

[1] 陆凯(198—269),字敬风,吴郡吴县(今江苏苏州)人。三国时吴国后期重臣,宝鼎元年(266年)迁左丞相,以正直及屡次劝谏孙皓而闻名。

项羽墓

项羽墓,一在衮[兖]州府东平州东阿县东南十二里谷城西北,俗呼为"霸冢"。或云在徐州谷阳城西南。按《史记》:鲁为楚守,不下,汉王示以羽首,鲁乃降,遂以鲁公礼葬羽于谷城。则墓非在徐州也明矣。

虞姬墓

虞姬墓,一在凤阳府定远县南六十里,高六丈,俗呼嗟"虞墩"。一在宿州灵壁县东五十三里，微辨丘垄，相传定远葬其首，灵壁葬其身云。

杜预墓

杜预墓，一在开封府尉氏县西南五十里，一在河南府偃师县西北二十五里首阳山南。

张华[1]墓

张华墓，一在顺天府东南六十里芦沟河北岸，地石［名］张华村，有华故宅。一在河南府城北北邙山。华，固安县人。

[1] 张华（232—300），字茂先，范阳方城（今河北固安）人。西晋时期政治家、文学家、藏书家。

刘伶[1]墓

刘伶墓，一在保定府安肃县张华村，状若青丘；一在大名府南乐县武强镇；一在安庆府潜山县皖水之北皖城之东，见吴郡钱希言[2]《西浮籍》。一在兖州府峄县东北二十里地名刘曜村，伶，沛人，去峄未百里，此其置锸处也。一在汝宁府光州城北，墓旁有刘伶井。一在卫辉府境。一在嘉兴府城东二十七里，俗呼"金伶墓"，盖吴越王名镠，与刘同音，避讳，故改刘为金也。史称伶虽陶兀昏放，而机应不差，未尝厝意文翰，惟著《酒德颂》一篇。夫机应不差，是未尝醉也；厝意文翰者，文未必佳，如《酒德颂》即一篇，亦安病其少乎？伶不肯媚世求用，以寿终，贤矣。故慕之者，多附会其墓云。

[1] 刘伶（约221—300），字伯伦，魏晋时期沛国（今安徽淮北市濉溪县）人。平生嗜酒，"竹林七贤"之一。
[2] 钱希言，字简栖，吴县（一作常熟）人。明代文学家、小说家。

阮籍墓

阮籍墓，一在开封府尉氏县东四十里，一在河南府新安县。籍，尉氏人。

毕卓[1]墓

毕卓墓，一在太平府城南十里龙山，一在开封府治北，一在凤阳府颍州西二百里。故铜阳城东偏城中，有卓故居。卓，铜阳人。

[1] 毕卓（322—?），字茂世，新蔡铜阳（今安徽临泉铜城）人。东晋官员，历仕吏部郎、温峤平南长史。晋元帝太兴末年为吏部郎，因饮酒而废职。

王祥[1]墓

王祥墓，一在应天府城聚宝门外何城寺内，有古碑断绝不全，见《集古录》。一在淮安府邳州睢宁县，一在兖州府沂州北二十五里，一在河南府城西。祥，琅琊人，即沂州也。

[1] 王祥（180—268），字休徵，琅玡临沂（今山东临沂）人。三国曹魏及西晋时大臣，书圣王羲之的族曾祖父。

梁山伯、祝英台墓

梁山伯、祝英台墓，在宁波府城西。梁与祝，少同学，梁不知祝乃女子。后梁为鄞令，卒葬此。祝氏吊墓，下墓裂而殒，遂同葬，谢安奏封义妇冢。真定府元氏县南左村西北塔旁，有吴冢，山水涨溢冲激，略不骞移，相传为梁山伯墓。常州府宜兴县西南五十里祝陵，相传为祝英台葬处。皆非也，梁，会稽人；祝，上虞人。

石勒墓

石勒墓，一在顺德府邢台县西南十五里，伪号"高平陵"。一在辽州榆社县北二十五里赵王村，旧有祠，在墓南半里。一在泽州陵川县，其上有塔。一云在县西南四十里之天河坟，高四丈。或云在邢台者，乃勒母王氏之墓。

陶母[1]墓

陶侃[2]母湛氏墓，一在开封府城东南之西社，一在饶州府城南四十里。一在九江府城西十六里近鹤问湖，即异人指牛眠处。或云在白鹤乡大禾垄，后改隶南康，则去鹤问湖又远矣。一在抚州府城南五十里抱冈山村，相传葬毕，感仙人来吊。礼毕，化双鹤而去。一在临江府城东北三十里青江镇，近已圮于江心。一在新淦府治训慈坊，当阛阓之间，其地纵广可二寻有半，昔有南唐徐锴碑记，今亦圮矣。一在南康府都昌县西南十里石壁精舍之侧，唐舒元舆[3]过之，为词，书坟版。按：都昌，晋时属浔阳郡。侃本传，疾笃上表，有云："臣父母旧葬，今在浔阳。"则都昌之墓近是。侃，本鄱阳人，后徙浔阳。

[1] 陶母，即湛氏（243—318），三国时代出生于新干南市村（今金川镇），是中国古代一位有名的贤母，晋代著名大将军陶侃的母亲。她与孟母、欧母、岳母齐名，是著名的"四大贤母"之一。

[2] 陶侃(259—334),字士行(一作士衡),本为鄱阳郡枭阳县(今江西都昌)人,后徙居庐江寻阳(今江西九江西)。东晋时期名将、军事家。
[3] 舒元舆(791—835),字升远,浙江婺州东阳人,一说江州(今九江市)人。唐元和八年(813年)进士,曾任刑、兵两部侍郎。著有《舒元舆集》。

温峤[1]墓

温峤墓,一在应天府城西北二十里幕阜山之阳,一在南昌府城南宣妙寺前。峤初葬豫章,朝廷思峤功,将为造大墓于元、明二帝陵之北,陶侃表停移葬。及峤后妻何氏卒,子放之载丧还都,诏葬建平陵北。建平,元帝陵也。

[1] 温峤(288—329),字泰真,一作太真,太原祁县(今山西祁县)人。东晋名将。

郭璞[1]墓

郭璞墓,一在应天府太平门外玄武湖中大墩上。一在镇江府城西北大江中白云岛上,一名云根岛,俗名石簰山,在金山之前。

[1] 郭璞(276—324),字景纯,河东郡闻喜县(今山西省闻喜县)人。两晋时期著名文学家、训诂学家。

谢安墓

谢安墓,一在应天府城南梅冈永宁寺内,一在湖州府长兴县南六十里三鸦村。安石初葬建康后,为陈始兴王叔陵发墓去柩,以葬其母。其裔孙夷吾为长城令,迁葬于此,亦名九鸦冈。安石之子孙遂居焉。有谢氏《兰玉集》行于世。绍兴府上虞县西南四十五里东山，亦有谢安墓。

郗愔[1]墓

郗愔墓，一在镇江府城东，一在绍兴府城西南二十五里。

[1] 郗愔（313—384），字方回，高平金乡（今山东省金乡县）人。王羲之妻弟，在东晋官至平北将军，徐、兖二州刺史。

习凿齿[1]墓

习凿齿墓，一在怀庆府修武县西南太平乡习村，一在袁州府分宜县北八十里。凿齿，襄阳人。

[1] 习凿齿（317—383，一说328—413），字彦威，襄阳（今湖北襄阳）人。著有《汉晋春秋》、《襄阳耆旧记》等。

葛玄墓

葛玄墓，在应天府句容县西南一里，有碑碣。松径迤逦，玄宅亦在其处。而广信府弋阳县西二里葛溪旁，及铅山县北十里鹅湖山上，俱有玄墓。玄字孝先，句容人，洪之从祖也，世称为葛仙公。志载其以吴赤乌七年甲子八月十五日平旦，于铅山县西葛仙山上升，安得有墓？盖后人崇重之，于仙公生长寄寓处，争为立墓，以表其灵迹耳。

葛洪墓

葛洪墓,一在杭州府城西葛岭宝云寺,一在惠州府博罗县西北三十里罗浮山冲虚观侧。按:洪本传,卒于罗浮,墓当在此。葛岭为洪旧隐处,后人因而附会之耳。本传称洪卒,颜色如生,体亦柔软,举尸入棺,轻如空衣,世以为尸解得仙。故罗浮之墓,至今谓之衣冠冢云。苏子瞻与王定国书,云葛稚川求为勾漏令,而竟化于廉州,其说不知何所本。勾漏山,在梧州府郁林州北流县东北十五里。北流,本汉合浦郡地,至隋始设北流县,宋置廉州,治合浦县,而北流则属容州。子瞻盖误以葛洪为化于勾漏山,又误以勾漏山为属合浦县,故云化于廉州也。

陶靖节墓

陶靖节墓,一在瑞州府新昌县东二十五里延禧观后,一在九江府城西南九十里面阳山北麓。靖节家宜丰,徙居柴桑,暮年复归宜丰。今新昌即晋宜丰,面阳山即晋柴桑境也。

谢灵运墓

谢灵运墓,一在绍兴府城南三十五里,一在瑞州府城南二里。瑞州附郭高安县,即宋之康乐县也,灵运封此。

昭明太子墓

昭明太子墓,一在应天府城东北四十五里贾山前,名西宁陵。一在池州府城西七十里秀山上,太子生悦此山,常游于此。既薨,其神附于秀山之民，曰："吾昔爱此，今帝锡我矣！"民因请太子衣冠葬此，立祠山阿，祈祷辄应。一在安庆府宿嵩县北七十里，墓上有石台，高百余丈，号"分经台"。

僧宝志墓

僧宝志，原葬钟山之东，今南京孝陵，即其地也。梁武帝天监十三年，以钱二十万易定林前前冈独龙阜，以葬志公，永定公主以汤沐之资，造浮图五级于其上。十四年，即塔前建开善寺，旁有八八功德水，泉脉甘美。国初，诚意伯刘基奏改葬之，乃见二大缶对合，启之，端坐于内，发被体，爪绕腰矣。既迁葬灵谷，而水亦随往。圣祖异焉，敕建灵谷寺，赐之庄田甚广，迎其像以归，建塔居之。命太常岁祭，行摺笏之礼焉。宋陈达叟《采异记》云：江南保大中秋八月，伏龟山圮，得一石函，长二尺，阔八寸，中有铁铭文，云梁天监十四年秋八月葬宝公，于是铭背有引曰：宝公尝为此偈，大书于木版之上，以帛幂之。人或欲读者，必施数钱，方得一读。读毕，即幂之。当时名臣自陆倕、王筠、姚察而下，皆莫知其指，或问其意，答云："事在五百年后，非今也。"至卒日，乃书其偈，同葬之，以志其事。铭曰"莫问江南事，江南自有凭。乘鸡登宝位，跨犬出金陵。子建司南位，安仁秉夜灯。东邻家道阙，随虎遇明征。"其字皆小篆，体势完具，无缺落处。当日，二徐、韩张之徒亦不能解。至李氏国亡，好事者稍稍寻见其意，盖应在江浙也。后主丁酉生，又以辛酉年即位，是乘鸡登宝位之应。至甲戌年国破，是跨犬出金陵之应；时曹侯翰，按：甲于城南，是子建司南位之应。潘太师美统兵于城北，是安仁秉夜灯之应。后二句亦未见其指。至戊寅年淮海王钱氏举国入觐，方验其东邻之句。俗谚云"家道阙"者，是无钱也。所云"随虎"者，盖戊寅年矣，又淮海王小字虎子。据此，则宝志又葬于伏龟山，但不知伏龟山在何处？

应天府治西北七里鸡笼山巅鸡鸣寺内，贮金棺、银椁，大数寸，相传为圣祖所赐宝志者。志，既迁葬灵谷，金棺、银椁不随之入塔，而留寺中，亦不可晓。

顾野王[1]墓

顾野王墓，一在苏州府城西南二十里横山东，平陆地，遗言不起坟。绍兴间，碑石尚存。横山，即踞湖山也。一在府城西四十里楞伽山下。楞伽山，一名上方山。

[1] 顾野王（519—581），字希冯，原名体伦，吴郡吴县（今江苏苏州）人，居亭林（今属上海金山），人称顾亭林。南朝梁、陈间官员、文字训诂学家、史学家。历梁武帝大同四年太学博士、陈国子博士、光禄大夫等。著有《玉篇》。

隋炀帝陵

隋炀帝陵，在扬州府城北十五里雷塘。大业十三年，宇文化及弑帝，萧后令宫人撤床箦为棺，葬于西院后。右御卫将军陈棱守江都，求得帝柩，略备仪制，改葬城西北四里吴公台下，时唐武德元年也。及高祖平河南，乃改葬雷塘。西安府乾州武功县西南二十里西原上，亦有隋炀帝陵，相传为唐高祖葬之于此，恐非。

魏征墓

魏征陪葬昭陵墓，在西安府乾州醴泉县西北六十里九嵕山。而真定府晋州城南五里，太原府代州崞县东南四十里西云村，开封府洧川县西三里，俱有魏征墓。征，晋州人。或云晋州墓，乃后魏收葬处。

房玄龄墓

房玄龄陪葬昭陵，而开封府许州襄城县西北房村，又有房玄龄墓。玄龄，临淄人。

杜如晦墓

杜如晦陪葬昭陵，而保定府蠡县大宋村青凉寺旁，又有杜如晦墓。如晦，杜陵人。

尉迟敬德墓

尉迟敬德陪葬昭陵，而其墓又一在咸阳县境，一在真定府冀州城西。尉迟堰，一在扬州府江都县永贞乡，一在承天府荆门州南五十里。敬德，朔州人。

李靖墓

李靖陪葬昭陵，而开封府城西南又有李靖墓，亦有祠。靖，三原人。

孔颖达墓

孔颖达陪葬昭陵，而真定府深州衡水县西北七里孔贤庄，又有孔颖达墓。颖达，衡水人。

程知节[1]墓

程知节陪葬昭陵，而河间府沧州将相乡程家林，又有程知节墓，高一丈，周回二十丈。相传知节从太宗征辽东，道卒葬此。程敏政[2]辩之，云乃唐横海军节度使程日华[3]及其从子怀信之墓。考《唐书》，太宗征辽时，知节为泸州都督，实不在行，且知节卒于高宗显庆二年，上距太宗征辽时将十五年也。知节，东阿人。

[1] 程知节，即程咬金。
[2] 程敏政（1446—1499），字克勤，中年后号篁墩，又号篁墩居士、篁墩老人、留暖道人，南直隶徽州府人。后居歙县篁墩（今屯溪篁墩），时人称为程篁墩。
[3] 程日华（？—788），原名程华，河北定州安喜人。唐朝藩镇割据时期为横海节度使，割据自雄。

李勣[1]墓

李勣墓，一在淮安府邳州睢宁县黄山社，土人呼为"英公墓"。一在兖州府滕县东南赵家庄。一在归德府睢州考城县东南二十里。一在衡州府衡山县沙泉里。按《唐书》，英公已陪葬昭陵，后为其子敬业起义兵，武后发掘之，子孙移葬于昌虑之石楼，则在滕县者近是。今县东南五十九里，有昌虑城，旧名滥城，春秋昭三十一年邾黑肱以滥来奔，即此。汉昌虑县、后汉昌虑郡皆设于此，隋开皇六年始置滕县。又考衢州府开化县北一里，有两墓，高一仞，有半砖上刻"唐贞观二十二年戊申"字，相传李勣兄弟所葬。后削籍为徐，世称徐氏拜坛云。勣，曹州离狐人，即今曹县。

[1] 李勣,即英国贞武公李勣(594—669),原名徐世勣,字懋功,唐高祖李渊赐其姓李。后避唐太宗李世民讳,改名为李勣,曹州离狐(今山东菏泽东明县东南)人。唐初名将,凌烟阁二十四功臣之一。

单雄信墓

单雄信墓,一在大名府东明县东南五十里霸王冈,一在太原府榆次县东八里原戈村,一在西安府耀州同官县北故县村之开福寺。雄信,曹州济阴人,亦即今曹县。初从李密,后归王世充。唐高祖平东都,将杀之,李勣素与雄信善,请纳官爵以赎之。不许,乃号恸,割股肉啖之,曰:"生死永诀,此肉同归于土。"

袁天纲墓

袁天纲墓,一在顺天府涿州东北浮落冈,一在河南府新安县西。一在郧阳府房县东北一百里,高冢尚存,林木森蔚。天纲,成都人。顺庆府城西金泉山下,有袁天纲宅,盖其寓处。

李淳风墓

李淳风墓,一在太原府徐沟县,先葬县北,后移葬白圭南。一在河南府新安县西,一在成都府简州西南五十里乾封镇,一在保宁府城西南四十里。淳风,岐山人,生于乾封镇,故宅尚存。

骆宾王墓

骆宾王墓,一在金华府义乌县东三十里上枫塘,一在扬州府通州城东黄泥口。正德九年,通州曹某凿池得古冢,题石曰"骆宾王之墓"。启其木，衣冠如新，少顷即灭，乃封之。取其铭以归，后亦弃去。按：宾王从徐敬业讨武氏，兵败亡命，不知所在。本邑义乌之墓，或子孙葬其衣冠，在通州者近是。然世传宾王祝发为僧，而复有衣冠，可异也。

狄仁杰墓

狄仁杰墓，一在河南府城东，一在西安府乾州。仁杰，太原人。

颜真卿墓

颜真卿墓，一在河南府偃师县西寺庄保，一在兖州府曲阜县。相传先瘗偃师，而后迁葬曲阜。应天府句容县东颜村，亦有颜真卿碑，阴刻米芾书，云公之使贼也，谓饯者曰："吾昔江南遇道士，授以刀圭碧霞，服之可不死，且云七十后有大厄，当会我于罗浮。此行几是。"后公葬偃师，有贾人至南海见道士，亦托书至偃师颜家，及造访，则茔也。守冢苍头识公手书，大惊，家人卜日开圹，棺已空矣。据此，则曲阜、句容之墓，当是子孙葬其衣冠耳。杭州府海宁县东十五里原吉乡，有颜真卿墓，乃俗传之误也。

许远[1]墓

许远墓，一在杭州府海宁县东北五十里杨园村，一在河南府偃师县西寺庄保。远，杭之新城县人。

[1] 许远（709—757），字令威，杭州盐官（今浙江海宁）人，一说新城（今浙江杭州富阳市新登镇）人。唐开元末年进士，历仕侍御史、睢阳

太守。安禄山反，与张巡协力守城。外援不至，城陷被俘，不屈死。

李白墓

李白墓，在太平府城东三十里青山之北。先殡城南十里龙山之东，元和十二年，范传正为宣歙观察使，谕当涂令诸葛纵改葬于青山，在旧瘗之东六里。今采石江之南岸田畈间，有墓高可三尺许，累壁围之，前有小祠堂，中绘李白像。世传为李白墓，非也。又府城北二十五里采石山，捉有［有捉］月亭。世传白过采石，酒狂欲从水中捉月，因溺死，大谬。

杜甫墓

衡州府耒阳县北二里，有杜甫墓，墓前有杜陵书院。史称甫客耒阳县，令尝馈牛炙白酒，大醉，一夕卒。刘氏小说云，子美宿江上酒家，是夕江水暴发，为奔涛所漂，莫可踪迹。玄宗思及子美，诏求之。聂令乃累土江上，曰："甫以牛炙白酒，醉胀而卒，葬此矣。"今耒江中有靴洲，俗传子美溺死次日，聂令使人求之不得，但得一靴，因葬洲上，即小说所云也。宋《类苑》云：甫终耒阳，藁葬之。元和中，其孙嗣业始改葬巩县。元微之为志。然考大历四年春晚，子美以臧玠之乱，自潭入衡，值江涨，泊舟方田驿，耒阳聂令书致酒肉，子美谢以诗十三韵，有云："礼过宰肥羊，愁当置青醥。"结句云："问罪消息真，开颜憩亭沼。"使果以醉饱死，岂更能为是长篇，又复游憩山亭哉？是夏畏热，复自衡回潭，次年秋下洞庭，欲道襄阳归秦，尚有别湖南幕府亲友及过洞庭湖诗，其非卒于耒阳明矣。且玄宗崩于宝应元年，子美卒于大历五年，后玄宗已十年，岂有诏求之事？史及小说皆诬也。考元稹为子美作墓志云："子美扁舟荆楚间，竟以寓卒，旅殡岳阳。后四十年，其孙嗣业启柩襄祔事于偃师,途次荆楚,拜余为志。"则子美盖壮归,未至襄阳,而卒于岳阳也,其墓在偃师无疑矣。大历四年,子美回潭,《舟中书怀》诗有"瘗夭追潘岳"之句,盖在耒阳时丧子,遂瘗焉,而后人误以为子美之墓也。潘岳《西征赋》"夭赤子于新安,坎路侧而瘗之","瘗夭追潘岳"句,本此。元稹铭云:"合窆我、杜子美于首阳之山。"山在偃师县西北二十五里。《类苑》云改葬巩县,亦误。

段秀实[1]墓

段秀实墓,一在西安府临潼县西十五里,一在凤翔府汧阳县西北四十里万善乡黑草川西。秀实,汧阳人。

[1] 段秀实(719—783),字成公。陇州汧阳(今陕西千阳)人。唐代中叶名将,曾任安西府别将、陇州大堆府果毅、绥德府折冲都尉、检校礼部尚书、司农卿等。

李晟[1]墓

李晟墓,一在西安府高陵县南十里,一在临洮府城西五里,地名西平庄。晟,洮州临潭人,唐封西平忠武王。临潭,在洮州卫城西南七十里。

[1] 李晟(727—793),字良器,洮州临潭(今属甘肃)人。唐朝宰相。

浑瑊[1]墓

浑瑊墓,一在西安府临潼县西南十五里。一在延安府宜川县西南五十里,县东一百里,有唐咸宁县故址。瑊封咸宁郡王,即此。瑊,本铁勒九姓之浑部。

[1] 浑瑊(736—800),本名进,皋兰州(今宁夏青铜峡南)人,铁勒族浑部匈奴族。唐朝名将,曾任左金吾卫大将军。

陆贽墓

陆贽墓,在苏州齐门外六里官河之西,地名陆墓,水名陆塘。一云公卒于忠州,葬州南二里隔江屏风山玉虚观南三十步。或云公初藁葬忠州后,归葬吴中,忠州特虚冢耳。忠州,今属重庆府。

贾岛墓

贾岛墓,在潼川州安岳县南三里安泉山,地名田家嘴,安岳即唐普州地,岛迁普州司户参军,卒葬此。上谷史圭[1]表曰:"於戏!有唐诗流贾君之墓。"苏绛撰志,冯贤书碑,以会昌四年立。顺天府涿州房山县南十里,亦有贾岛墓。又太平府城西二里有贾岛墓,墓碣刻云有"唐水部员外郎贾君墓",郑谷吊贾水部诗"幽魂应自慰,李白墓相连"。岛,范阳人。房山,古范阳地也,县西有贾岛峪,峪内有石庵,世传岛居此。又河间府景州西南五十里有贾岛村,旧传祝发于云盖寺,故基犹存。真定府定州曲阳县北六十里香岩阁山,绝壁千寻,奇峰万状,贾岛尝隐于此,有贾岛洞。

[1] 上谷史圭,据宋王象之《舆地碑记目》卷四中《普州碑记·贾浪仙墓表》,文为"上谷侯圭"。

裴休[1]墓

裴休墓,一在怀庆府济源县东北裴村,一在长沙府宁乡县西一百四十里大沩山之青龙岩。休,济源人,尝为荆南节度使,镇长沙。

[1] 裴休(791—864),字公美,河内济源(今河南济源)人,祖籍河东闻喜(今山西运城闻喜)。唐朝名相,官至吏部尚书。善文章,工书。

令狐楚[1]墓

令狐楚并其子绹墓,俱在西安府耀州城西北五里。怀庆府济源县西北刘绍谷,亦有令狐楚墓。楚,华原人。

[1] 令狐楚(766或768—837),字壳士,宜州华原(今陕西铜川市耀州区)人。唐代文学家。

唐明宗陵

唐明宗陵,在河南府城东北,而东昌府青平县[1]内,亦有唐明宗陵。按:青平县旧割博平之灵明[明灵]寨,明宗尝驻兵于此,后人因其高阜,遂名为陵.其实非葬处也。

[1] 东昌府青平县,当为东昌府清平县。

卢光稠[1]墓

卢光稠墓,一在吉安府泰和县西十里,一在赣州府城东三里林寺前，俗呼"卢王墓"。光稠，上犹人。

[1] 卢光稠（840—911），讳定国，字茂唏，一字茂熙，出生于虔州（今赣州）虔化县清音里（今宁都县麻田）。唐朝末年赣南农民起义的领袖，世称卢王。

胡曾[1]墓

胡曾墓，一在河间府沧州忠孝乡，高丈余，周回十余丈。一在宝庆府城西四十里秋田村。曾，邵阳永成乡人，尝为汉南从事，有咏史诗百首传于世。

[1] 胡曾（约840—?），号秋田，唐邵州邵阳人。尝为汉南节度从事，高骈镇蜀，辟为书记。唐代诗人，以咏史诗著称。

罗隐墓

罗隐墓，一在杭州府城东南四十里定山乡，一在宁国府泾县东七十里盘岭，一在抚州府乐安县地名罗家潭。昔有渔者，入潭见石，上有大字不能辨，后水落石出，视之，乃"罗隐坟"三字。隐，余杭人。

宋齐丘墓

宋齐丘墓，一在池州府青阳县东南七里，一在徽州府休宁县十二都仰田。齐丘，万载人。

沈彬[1]墓

沈彬墓，在瑞州府城西北五十里。彬，字子文，高安人，能诗。遭世乱，隐云阳山，杨吴辟之，授校书郎。及南唐篡吴，遂不仕进。李景［璟］优擢吏部尚书，不受。尝手植一树，命诸子曰："吾死，葬此。"及彬卒，发之，乃一虚冢，其间一古灯台上有漆文曰："佳城今已开，虽开不葬埋。漆灯犹未灭，留待沈彬来。"一云灵座前有青石莲花台三，树上有青石莲花灯碗三枝，皆覆之。后列数树如前者，其镌镂之工妙绝于世。灵席中又得青石铭记一片，朱字篆若方填，云："开成二年开，虽开不葬埋。漆灯犹未点，留待沈彬来。"镇江府丹阳县东北三十七里沈山下，亦有沈彬墓。相传掘地得铜牌篆，云："漆灯犹未爇，留待沈彬来。"沈山下广教寺，传为彬旧宅址云。按彬有《渡湘江》诗："数家渔网疏烟外，一岸残杨细雨中。"人争传诵之。

[1] 沈彬（853—957），字子文，筠州高安人。唐五代诗人，曾任秘书郎，以吏部侍郎致仕。

徐铉[1]墓

徐铉墓，一在南昌府城西三十五里鸾冈之旁，铉父延休、弟锴同葬此。一在袁州府万载县东北五十里青泉山。

[1] 徐铉（916—991），字鼎臣，广陵（今江苏扬州）人。历官五代吴校书郎，南唐知制诰、翰林学士、吏部尚书。后随李煜归宋，官至散骑常侍。与弟徐锴号称"二徐"，又与韩熙载齐名，江东谓之"韩徐"。

王旦[1]墓

王旦墓,在开封府城东,欧阳修撰神道碑。东昌府莘县东北二里,亦有王旦墓,恐是文正公父祐当时所筑。

[1] 王旦(957—1017),字子明,谥文正,大名莘县(今属山东)人。太平兴国五年(980年)进士,以著作郎预编《文苑英华》。宋真宗咸平年间,累官同知枢密院事、参知政事。景德三年拜相。

范仲淹墓

范仲淹墓,一在河南府城东南三十五里万安山下,俗称黄花山。皇祐四年知河南府,兼西京留守事,王举正立神道碑。一在苏州府城西二十里天平山。

孙复[1]墓

孙复墓,一在济南府泰安州东三里。一在兖州府东平州东北三十里芦泉乡,欧阳永叔作志铭。复,字明复,平阳人,隐居梁父,学者称为泰山先生。

[1] 孙复(992—1057),字明复,号富春,人称"泰山先生",晋州平阳(今山西临汾市)人。

赵抃[1]墓

赵抃墓,一在衢州府城东北四十五里,一在衡州府衡山县六都。

[1] 赵抃（1008—1084），字阅道，号知非，衢州西安（今浙江衢州信安街道）人。北宋景祐元年（1034年）进士，官至龙图阁直学士，以太子少保致仕。

赵鼎[1]墓

赵鼎墓，一在衢州府常山县北二十五里石门山下，一在琼州府儋州昌化县，地名赵村。按：鼎，闻喜人，宋南渡后，河东为金人所有，乃寓居衢州。两相高宗，为中兴名相。后为秦桧所恶，贬吉阳军，遗命乞归葬。丧过袁州，通判汪应辰[2]为文祭之，有曰："事已定乎盖棺？恩特容于归骨。"常山之墓，翁仲、石兽见存，无可疑矣。然胡铨[3]哭鼎诗有"一堆孤骨寄琼岛，千古高名屹泰山"之句。本朝唐侍郎胄[4]《外纪》序，言琼士王国昌曾于昌化赵村遇鼎后裔，指其祖墓所在。岂初殁时权厝昌化，及得旨归葬常山，而前冢仍封之而不废耶？姑两存之。

[1] 赵鼎（1085—1147），字元镇，自号得全居士，南宋解州闻喜东北（今属山西闻喜礼元镇阜底村）人。崇宁五年（1106年）进士，累官河南洛阳令，任过高宗时的宰相。罢相，出知泉州，寻谪居兴化军，曾移漳州、潮州安置。
[2] 汪应辰（1118—1176），初名洋，字圣锡，信州玉山（今江西省玉山县）人。任通判建州（今福建建瓯）、静江府、广州等。
[3] 胡铨（1102—1180），字邦衡，号澹庵，吉州庐陵芗城（今江西省吉安市青原区值夏镇）人。
[4] 唐侍郎胄，即唐胄（1471—1539），字平侯，号西洲，明代琼山府城东厢攀丹村（今海南省海口市琼山区国兴街道攀丹村）人。弘治十五年（1502年）会试夺魁，中进士，曾任南京户部右侍郎等。撰《琼台志》，

创建养优书院。

胡安国[1]墓

胡安国墓，一在承天府荆门州当阳县北十五里，其父渊墓亦在县之漳滨乡。长沙府湘潭县西南一百一十里隐山，亦有胡安国墓。安国，闽之崇安人，其父渊寓迹荆湖间。安国既仕，为蔡京所恶，退居当阳之漳滨。后官至宝文阁直学士卒。三子寅、宁、宏，皆以德学著称，宏徙居衡山。

[1] 胡安国（1074—1138），又名胡迪，字康候，号青山，谥号文定，学者称武夷先生，后世称胡文定公，建宁崇安（今福建省武夷山市）人。北宋学者，开创"湖湘学派"。

张孝祥[1]墓

张孝祥墓，一在应天府城青果寺，一在江浦县黄悦岭东毛谷山中。孝祥，字安国，简州人，绍兴二十四年状元。后徙居历阳，号于湖居士。

[1] 张孝祥（1132—1170），字安国，别号于湖居士，历阳乌江（今安徽和县乌江镇）人。生于明州鄞县（今浙江宁波），少时举家迁居芜湖。

陆秀夫墓

陆秀夫墓，在潮州府饶平县东南海中南澳山上。嘉靖末，郡守叶元玉得陆秀夫遗谱于其裔孙陆夫［大］策处。兵燹之余，仅存二叶，有云墓在澳山青径口。又云公四子有曰繇者，好渔猎被逐，遂家于海岛。及崖山之变，陆公尽驱妻子赴海，而此支幸存，其后子孙散处郡境。大策尝访其族人于海边沙冈，耆老引大策入左畔，有麻园，指其地曰：此学士馆遗址也，其莲花石磉约丈许，天井阶闼次第如故云。按：陆公虽有子居澳山，然死于崖山，去此甚远，不知何由葬此？且其墓碑石无存者，《潮州府志》载此，亦以传疑也。淮安府盐城县，亦有公墓。公，盐城人，盖其家招魂而葬之。

张世杰墓

张世杰墓，在广州府香山县西南一百五十里黄杨山之阳，地名赤坎村。一云肇庆府阳江县西南寿文都平章山下，有海陵港，即世杰覆舟处。相传军士得其尸，葬平章山上，至今墓存。一云诸将得公尸于海陵港，焚之而函其骨，至赤坎村葬焉。世杰焚尸时，胆大如斗，良久不化，诸军号恸，须臾云中现金甲神人，呼云："金天上我，关系不小。后身出，必驱除恢复矣[1]！"元蒋子正《山房随笔》[2]载其事。

[1]《山房随笔》该句原文为"今天亡我，关系不轻。后身当出，恢复矣"。
[2]《山房随笔》，宋末元初蒋正子著，文中题蒋子正。宋元文学史料集，多记宋末元初诗坛轶事与诗歌掌故。

范增墓

范增墓，一在徐州城南戏马台下。天历初，有贾胡识墓中宝气，发其墓。深四十尺，得宝剑一口，盗寻被获。虞集、朱本初有诗咏之。一在庐州府无为州巢县治后。增，巢人。县治后有亚父井，县东八十里有亚父山。杭州府城东北三十里皋亭山下之亚父冢，非增也。

纪信[1]墓

纪信墓，一在开封府郑州荥阳县[2]西孝义保，唐卢藏用[3]撰碑铭。宋景德四年，真宗西幸，次舍所经，因御制赞。一在西安府咸阳县东三十五里汉长陵东，长陵，高帝陵也，信盖以功臣陪葬云。一在巩昌府秦州北门，信，成纪人，即今秦州。或云安汉人，即今顺庆府之西充县也，县之高阳里扶龙村有纪信宅故迹。临洮府兰县城中有纪信庙，相传信为此土城隍神，元耿仲明有记。

[1] 纪信（？—前204），《汉书·高帝本纪》作纪成，赵人。参与鸿门宴，随刘邦起兵抗秦。荥阳城危时，假冒刘邦，助其脱险，后被项羽用火刑处决。郑州人民奉其为城隍。
[2] 荥阳县，原抄作"荥阳县"，均予径改。
[3] 卢藏用（约664—约713），字子潜，幽州范阳（今河北涿州市）人。唐代诗人，曾为礼部侍郎，兼昭文馆学士。编辑《陈伯玉文集》，是陈子昂诗文变革的积极支持者。能属文，工草隶、大小篆、八分。

张良墓

张良墓，一在徐州沛县东南微山社，与兖州府滕县接界，墓北二十里即留城也，高祖封良于此。一在西安府咸阳县东北三十五里高祖陵东，亦陪葬也。兖州府东平州寿张县南五十里敬圣寺北，有三冢鼎峙，世传子房葬此。其二冢，盖衣冠也。一在平阳府襄陵县东三十五里龟山之麓，昔人尝掘得石志云"汉留侯张良墓"。大名府滑县东五十里有张平冢，或以为良之父云。

陈平墓

陈平墓,一在保定府完县陈侯村,即平封曲逆侯地。一在开封府丘县[1]北三里黑山之阳。一在归德府水城县[2]西北三十里太丘故城北,其冢甚高。一在西安府鄠县十里方胜村。

[1] 开封府丘县,当为开封府封丘县。
[2] 归德府水城县,当为归德府永城县。

周勃墓

周勃墓,一在徐州萧县东北二十里,或云在丰县东北十里。在西安府咸阳县东北四十里,县东南三十里,有周氏□。勃以安刘功,赐此陵,因以氏称焉。

樊哙墓

樊哙墓,一在徐州城北九十五里,一在南阳府裕州舞阳县北五十里樊村,土人谓之"樊哙陵"。嘉靖间,居民郭询曾发哙陵,取其藏器,被法诛。一在西安府城南二十里樊川,哙食邑于此。一在黄州府城西北,有碑云"汉舞阳侯樊哙之墓",今断裂矣。

张耳[1]墓

张耳墓,一在真定府冀州南门外。一在开封府城东北七里,张仪墓在其北,冢形似砚,俗因名仪墓为"北研台",耳墓为"南研台"。一在彰德府城东白璧里,有祠。一在西安府城阳县境。

[1] 张耳（前264—前202），谥景王，习称赵景王，大梁（今河南开封西北）人。参加秦末农民起义军，被项羽封为常山王。后归汉，加封赵王，西汉开国功臣。

娄敬[1]墓

娄敬墓，一在大名府开州东南六十里录士望社内，一在莱州府城西北三十里房沟社，一在胶州城西三十五里，一在西安府咸阳县东北三十里，一在鄠县北三里娄村。

[1] 娄敬，因刘邦赐姓，改名刘敬，西汉初齐国卢人。拜为郎中，号奉春君。后封二千户，为建信侯。极富远见，力陈西汉建都关中，劝阻刘邦击匈奴，主张与匈奴和亲，并移民关中。

李左车[1]墓

李左车墓，一在河间府沧州庆云县东北五十里，一在真定府□□□阳县南牧山之阳。一在行唐县西北二十里史家庄，其地有广武君宅。一在赵州城西八里宋村西林寺内。一在开封府通许县治南二十里，墓前有石，方二尺，字文漫灭，其首可辨者"某君李左车墓"，至末云："斜临洧水，北眺夷山。"一在西安府咸阳县境。

[1] 李左车，西汉柏人（邢台隆尧）人。秦汉之际谋士，辅佐赵王歇，被封广武君。出谋划策，助韩信收复燕、齐之地。著兵书《广武君略》。

吴芮[1]墓

吴芮墓，一在徽州府婺源县三六都游汀乡。一在饶州府乐平县东吴石山，山上有石像肖芮[1]，故名。一在长沙府城西北北津城之北，魏黄初末，为吴人所发。

[1] 吴芮（前241—前201），谥文王。是秦汉交替时期的百越领袖，第一个响应秦末农民起义的秦吏，被项羽封为衡阳王。汉朝建立，改封为长沙王。

梅鋗[1]墓

梅鋗墓，一在徽州府祁门县南二里，一在饶州府余干县梅港。鋗，鄱阳令，吴芮之将也。后从芮仕汉，有功封列侯。

[1] 梅鋗（前228—前196），馀汗人（今江西省余干县梅港乡人）。秦末将领，长沙王吴芮部将。

英布墓

英布墓，一在凤阳府寿州故安丰县东八十五里，旧有碑云"汉九江王英布墓"。一在庐州府六安州学东冈之旁。又英山县东五十里英山尖下，有英布故宅，旧传石壁上有《布葬记》。一在饶州府城西北一百五十里，坟高三丈八尺，其甓文皆作虎像。按《汉书》：布败走江南五番阳，番阳人杀布兹乡，则此墓近是。

夏黄公[1]墓

四皓墓，在西安府商州西四里，墓上多楝子树。宁波府慈溪县西南三十里，又有夏黄公墓。夏黄公，鄞人，姓崔名广，字少通，即四皓之一也。或云名廓，齐人，隐居夏里，号夏里黄公。或云姓夏。又考东园公，姓圈名庚，字宣明，襄城人，始居园中，因号园公。或云姓唐名秉，或云姓园名秉，字宣朝，襄邑人。襄邑，今睢州也。或云姓辕名秉，或云姓韦。甪里先生，姓周名术，字元道。或云名述，吴泰伯之徒，汉时，京师号为霸上先生。绮里季，姓吴名实，字子景。或云姓朱名晖，字文李。按皇甫谧《高士传》：四皓皆河内轵人，而今苏州府治西百余里西洞庭山之徐胜坞，有黄公泉。相传夏黄公尝隐此，井旁百余家，名夏村，人多姓夏，云其后也。法华寺东，地名东园，传为东园公隐处。山西南有甪里村，亦名甪头村，则甪里先生隐处也。甪，又音角，或作禄。里又有绮里季故居，岂四皓皆吴人？抑初隐商山，而其后相率迁隐于吴耶？总之，世远难详矣。晋有圈称[2]著《陈留风俗传》，即东园公之后。考《元和姓纂》[3]，亦有夏里、绮里、禄里三姓。

[1] 夏黄公，又称黄石公，原来姓崔名广，字少通，鄞县（今浙江宁波）人。一说本是齐国人，因隐居夏里修道而得名。秦汉之际一位著名隐士，与隐士绮里季、东园公、甪里先生并称为"商山四皓"。张良"三次进履"，得其所送兵书《太公兵法》。
[2] 圈称，字幼举，东汉末年陈留郡（郡治在今河南开封市东南）人。撰《陈留风俗传》。
[3] 《元和姓纂》，唐林宝撰。中国唐代谱牒姓氏之学的专著，详载唐代族姓世系的人物，于古姓氏亦颇多征引，保存了一些佚书的片段。原书体例以皇族李氏为首，然后按四声韵部分系姓氏。

羹颉侯[1]墓

羹颉侯墓，在庐州府舒城县西北三十里，其地有羹颉侯城。县北四十五里有舒王墩，亦传为羹颉侯墓。又滁州全椒县城南，亦有羹颉侯墓。侯名信，汉高帝兄子也，帝微时，过丘嫂。当食，嫂为沥釜，以示羹尽，帝去之。及为天子，封信为羹颉侯，以龙舒县为其食邑。龙舒，即今舒城也。县西南三十五里七门岭，石洞如门者七，三堰之源出焉。信为民浚亩浍，以广溉浸。后扬州刺史刘馥[2]复修其故道，以利民。宋嘉祐间，立庙祀信，而以馥配焉。刘攽[3]贡父为庙记。庙在七门岭上，国朝移在县城东飞霞亭右，俗谓之"舒明王庙"。按：羹颉侯作颉羹侯者，非别，有颉羹山在万全都司怀来卫东南十五里。

[1] 羹颉侯，即刘信，刘邦所封，是戏谑、嘲讽性封号，领舒、龙舒两县。颜师古注："颉，音戛，言其母戛羹釜也。"
[2] 刘馥（？—208），字元颖，沛国相县（今安徽濉溪县西北）人。东汉末年名守，曾任扬州刺史。
[3] 刘攽（1023—1089），字贡夫，一作贡父、赣父，号公非，临江新喻（今江西新余）人，一说江西樟树人。庆历进士，历任曹州、兖州、亳州、蔡州知州，官至中书舍人。北宋史学家，助司马光纂修《资治通鉴》，撰《东汉刊误》等。

丁公[1]墓

丁公墓，一在徐州丰县东北六里，一在济南府长山县北十五里丁家埠。丁公，季布母弟也，汉高帝以其为项羽臣，不忠，斩之。

[1] 丁公，名固，秦朝末年薛县人。西汉大将季布的同母异父的弟弟，司马贞认为他是季布的舅舅，西楚霸王项羽的武将。由于丁公带兵返回，刘邦得以在彭城之败中逃脱。项羽败，丁公见刘邦，刘邦以其不忠项羽，杀之。

冯唐[1]墓

冯唐墓，一在真定府赵州南二十里沙河店。一在顺德府内丘县冯公村大觉寺之左，有古塔，是其处。一在西安府咸阳县东北八里。

[1] 冯唐，西汉赵国中丘（今邢台内邱）人，后徙居代郡（今张家口蔚县）。汉文帝时，先后任过中郎署长、车骑都尉。景帝时任楚相。

青山冢

东昌府濮州观城县南八里，有青山冢。其地旧有龙潭，汉文帝后窦氏父微时，尝钓鱼坠此渊死。景帝命填其渊为坟，号"窦氏青山"。真定府冀州东北九十里武邑县界，有观津故城，城东南三里有冢，高三十余丈，周回千步，亦传为窦氏青山。

严助[1]墓

严助墓，一在苏州府吴江县澜溪之旁，今为严墓村。一在嘉兴府治北里许，天宁寺毗卢阁后。寺，即助故宅也，其墓俗名"后严墩"。助父忌墓，在府治西北二十七里新城镇。俗谓忌为前严，故谓助为后严。

[1] 严助（？—前122），本名庄助，西汉中期会稽郡吴县（今江苏省苏州市）人。严忌之子，也有人说他是严忌的族子。西汉著名辞赋家，任过汉武帝中大夫、会稽太守等。

字　　山

应天府句容县东南四十五里茅山，形如己字，一名己山。其东名勾曲，形如勾字三曲也。

扬州府高邮州西南六十里神居山，一名土山，以其形类土字也。

兖州府邹县东南二十五里峄山，山亘横亘层立，如罢字。

河南府宜阳县九里公山，形如公字。

西安府富平县东南二十五里有八公塠，其塠两畔各有小谷，象公字，中心有堆，故名。

商州东南九十里商山，形如商字。

台州府黄岩县南七十里金山，上锐下阔，宛若金字。

处州府遂昌县东有平昌山，前后两山形如昌字，故以名山，而县名亦因之。

抚州府城北五十里金峰，形如金字。

吉安府吉水县东北仁山，形似仁字。

龙泉县治西金山，形如金字。

武昌府城东南四十里八分山，有水分流如八字，旁有八分湖。《建康录》云："武昌有山无林，政可图始，不可居终，山分八字，数不及九。"即此也。

武昌县西三里樊山与郎山相接，而中断江上，望之如八字。

荆州府归州巴东县治南巴山，一名金山。一峰分三冈脉而下，形如金字。

成州府绵州彰明县[1]北三十里大匡山，高耸亭亭，形如匡字。

保宁府巴州通江县东南隅有公山，隔江形如公字。

龙安府江油县西三十里大匡山，亦以形似匡字而名。

夔州府巫山县东三十里巫山，中峰屏立，两翼如刀戟，宛然巫字。

开县北三里盛山，形如盛字，古诗"拄笏看山寻盛字"。

雅州治，旧在城西雅安山上，宋人［大］中祥符间，国子博士何昌言为守，以地多岚瘴，徙于山麓。山形如月，象心字，州治左点，所治右点，文庙居中，故又名"月心山"。

泸州合江县南十里丁山，形如丁字倒峙。

福州府城北一百六十里丁山，路通古田、罗源二县，山形横去，一麓冲出，如丁字，故名。

泉州府南安县东北十五里朋山，两山并立如朋字，故名。

安溪县南三公山，中峰差低如公字，故名。

延平府尤溪县南青印溪滨，有文山，隔溪为公山，邑人郑氏居此。宋韦斋先生朱松为尤溪尉，任满假馆于郑。建炎庚戌九月十五日，考亭夫子生焉。先是二山草木繁密，及考亭既生，野烧同时尽焚，山形毕露，俨若"文公"二字。

建宁府崇安县南三十里武夷山九曲，有天心峰。三峰屈曲毗连，如写一心字，故名。

邵武府城西八十里金山，状如金字。

福宁州治东北，有金字山。

韶州府乐昌县东南三里昌山，有二石山相连，上小下大，形如昌字，故名。

肇庆府阳春县西北二十五里朋峰山，两山并峙，形如朋字，故名。

临安府宁州东南二十里登楼山，形如文字，一名文峰。

[1] 成州府绵州彰明县，当为成都府绵州彰明县。

寿　　山

福州府城西南，有地名甜淡坑，相传民居于此，则多寿。

兴化府城东北隅乌石山，居其下者多寿，人谓之"寿乡"。

泉州府南安县西北三十里翁山，一名驼背山，状若老翁、寿人然。居其下者，多寿考。

漳州府治北隆寿山，宋时在城内，今负城址。旧志云：居其下者多寿考，故名。

延平府沙县西南七十里庄山，峻岭也。其上忽平旷为村落，居多寿人。

琼州府定安县南四百里黎母山，即五指山，黎人居焉。内为生黎，外为熟黎。范成大《桂海虞衡志》云：黎母之巅，虽生黎亦不能至。相传其上有人寿考，逸乐不与世接，虎豹守险，无路可攀，但觉水泉香美绝异耳。

灯　　山

顺天府昌平州密云县东北八里冶山，有石洞，深不可测。传昔冶仙居之，时放仙灯，远近咸见。

扬州府高邮州新开湖中洲上，有耿七公[1]庙，甚灵，人恒见湖中危竿悬灯千百于波涛汹涌之中。

广德州东北七十里金牛岭，阴晦之夜，每现神灯。

青州府诸城县东南四十五里卢山上，有圣灯岩。

西安府商州镇安县南一百五十里云盖寺侧，有圣灯崖。每遇良夜，辄有一灯自崖畔出。俄散作七八，既而复合为一。县西南三十五里，又有圣灯龛。

彰德府林县西南三十余里𪃿峪山下支提寺，有砖塔，嵌张商英圣灯石刻。旧传圣灯在西北峰绝顶，诚悫拜祷则见。

怀庆府济源县西八十里王屋山，游者夜或见远火如流星，下上明灭，杳无定迹，谓之"天灯"。

河南府永宁县西四十五里天坛山，一名坛屋山。绝顶有石坛，夜有仙灯。

九江府城西南六十里庐山天池峰顶，常现神灯。又文殊台下有圣灯崖，每漏下月明，常有火光自空来，一化为百，如乱萤落台前，谓之"佛灯"。

抚州府崇仁县南一百里华盖山，相传有吉人至，则夜有金灯见。初见数十，稍至千至万，小如珠，大如星，遍照岩壑，光彩动摇。

吉安府吉水县东中华山上，有玉真观，时见神灯点点，浮空而下。

赣州府石城县北六十里楼盖山，有岩洞。相传杨真人炼丹之所，又云许褒、许国读书处。上有石几、石牖，午夜常见灯光。

杭州府临安县西五十里径山，时见圣灯闪烁合离，如曳萤爝，上下众峰之间。相传为龙神所化，或云有人掩得之，乃木叶耳。

襄阳府均州南一百二十里太和山紫盖峰，夜间常见仙灯往来。传有神丹瘗此。

衢州府衡山县[2]西三十里衡山云密峰，夜遇阴晦，有光跳跃，俗呼"仙灯"，又谓之"圣灯岩"。金简峰亦有圣灯岩，旧传此山有珊瑚芝，阴晦之夜，有灯光摇动，如人秉烛之状。一云衡山上圣灯现光处，其下必有丹砂及一切宝藏。

成都府双流县东南四十里圣灯山，一名普贤山。世传尝有圣灯见。

灌县西南五十里青城山，夜有灯出，以千百数，谓之"圣灯"。县西南七十里高台山，夜间常有灯火飞行，或谓草木之精所为。

重庆府合州铜梁县西一百里灯山，夜有光荧，俗谓之"圣灯"。夏数见。

顺庆府蓬州营山县东七十里大蓬山，有仙阁岩，夜出圣灯。初不过三四点，渐至数十点，高下相应，离合不常。志云：圣灯现处有五：北山、凤凰山、连翘山、大蓬山、小蓬山，其在大蓬者尤灵异。

叙州府城东七星山，七峰圆秀，中一峰突出，为菩萨顶。故老常见圣灯。

富顺县西南五里圣灯山，夜常有灯出，烟雾中初为一炬，忽三忽五，俗谓之"圣灯"。见则封域宁谧，年岁丰稔。

嘉定州峨眉县西一百里峨眉山顶，夜常有神灯现，游人多见之。

眉州彭山县东五里金华山，夜多神灯。县西北三十里北平山上，有天柱峰，夜见五色神灯，莫知其数。

雅州荥经县东北二十里瓦屋山，峰顶常现辟支、普贤相，夜有神灯现。

天全六番招讨司治南一里，有白崖，白石矗立，旧有圣灯现于此。司治东南八十里玄岯，每有圣灯夜现。

泉州府南安县西南二里九日山，有檀樾林。相传昔殿宇甫成，夜有神人拥徒历观，俄隐于林间。每遇阴雨，其中有灯自明。

漳州府漳浦县东海滨有灯火山，海舟夜行，或见山有焰光。

建宁府崇安县南三十里武夷山九曲溪南，有齐云峰，高出霄汉，静夜时见天灯。

邵武府光泽县东五里乌君山双石笋峰巅，朗夜每每生光，人谓"天灯"。

福宁州宁德县北一百里支提山，有金灯峰，夜深常有佛灯起林间。初如升斗，渐高渐大，至如车轮，照耀山谷、寺宇，不异白日。或倏起倏灭，或至一二时始灭。又辟支岩亦有佛灯夜现。

桂林府兴安县西三里点灯山，夜间常现灯火之光，故名。

太平府城东四里白云山上，有白云洞，夜静有光，如灯出入洞门，土人谓之"佛灯"。

左州城南天灯山，以常现仙灯，故名。

大理府赵州云南县北八里，有般若寺，段诏时建，常有宝灯飞入双塔，夏夜放光，人多见之。县西北宝华寺亦有飞灯。

［1］耿七公，名裕德，山东兖州东平县梁山泊人氏。生于宋大中祥符壬子年（1012年）三月三日，排行老七，故号七公。深受打渔人敬重，成为渔神。

[2] 衢州府衡山县，当为衡州府衡山县。

移　　山

庐州府城东八十里浮槎山，相传自海上浮来，有梵僧过而指曰："此耆闍一峰也。"亦名浮闍山。

淮安府海州城北海中郁洲山，亦作鬱洲，又名苍梧山。相传昔从苍梧飞来，故今山上犹有南方草木。山产樱桃，甚大，俗传为仙人所种。

济南府城南五里历山上，有旧铁锁，大如人臂，绕其峰四匝。俗传此本海中山，山神好移，故海神系之。一日，忽挽锁断，飞来于此。

西安府华州城西三十里赤水南岸，有火山。晋元帝永昌中，昼忽风昏，有声隐隐如雷，山渐移东数百步，拥赤水，压张村民三十余家。山高二百余丈，水深三十丈，坡上草木宛然。

巩昌府秦州青水县，元时为成纪县。延祐二年五月，疾风雷雹，北山南移至夕川河。明日再移，平地突如土阜，高者二三丈。

绍兴府城东南二里宝林山，一名飞来山，《吴越春秋》谓范蠡筑城既成，琅琊东武海中，一夕自至，百姓怪之，号曰"怪山"，远望似龟，又名"龟山"。一云越王勾践所起台也，东为司马门，因以灼龟，故名。

绍兴府城西北三十五里独妇山，相传自蜀飞来，带儿妇二十余人。善织美锦，自言家在西蜀，故一名蜀阜山。

宁波府慈溪县西三十五里夜飞山，相传此山自蜀中飞来，蜀客识之。

台州府城西二十五里青潭山，旧有陂广十余里。宋庆元二年六月，大水推一山，纳陂中，山之大小正与陂等，树木宛然。《宋史·五行志》又载，是时，黄岩县有山自移五十余里，其声如雷，草木、冢墓皆不动，而故址溃为渊潭。其山何名何处，未详也。

温州府城北罗浮山，在永宁江北面，相传秦时自海上浮来。

辰州府卢溪县西三十里移山，本在熊溪之北，夕中风雨，旦而山移水南，故名。《水经注》云"熊溪南带移山"是也。

福州府城西有湖，曰西湖。相传湖上旧有山，越王无诸时，一夕飞往临海郡。

福州府城北十五里升山，旧名飞来山。相传越王勾践时，一夕自会稽飞来，今绍兴府城西南鉴湖，即此山故址。唐天宝间，临海任敦于此升举，因改今名。

福宁州城南五十里罗浮山，旧传浮海而至。

惠州府博罗县西北五十里罗浮山，罗，罗山也，脉自大庾而来；浮，浮山也，乃蓬莱之一岛。尧时浮海而至，与罗山合体，故名。一云罗山，从会稽来，今山上犹有东方草木。

广西府师宗州东一百四十里马者笼山，高峻插天。弘治十年，去此二十余里阿定乡，有一山，高可五丈，根蟠二十余丈，一夕移于马者笼山边。有三大树，随山而徙，皆不摇动。土人但闻风雷震撼之声，视旧处，已为平地。

丽江军民府巨津州白石山，约长四百余丈，距金沙江计二里许。成化庚子五月，内山忽裂，中分其半，走移于金沙江中，与西岸云山相倚。山上木石依然不动，江水壅塞，逆流淹没田苗，荡析民居。

附　录

苏州府城西南一百三十里西洞庭山之北贡湖中，有大贡山、小贡山。正统十四年正月六日，二山斗，开阖数次，又共沉于水，起复斗，逾时乃止。

伪汉时，广州百宝水有稻田，自海中浮来，止鱼藻门外，民聚观之。

琼州府澄迈县西隅都，正德十五年八月，民曾孜石窟田一丘连苗移叠上丘，约高数尺。

涌　　山

大名府魏县西四十里，唐建中初，土忽涌，高四五尺，广数亩。明年，田悦反僭称魏王，因其涌土，设坛以祭。

徐州汉元帝时，地忽涌，长五六里，高二丈，未详其处。

汝州鲁山县西六十里小山间，有祠曰"女灵观"，其像乃女子。祠堂后平地怪石围数亩，上擢三峰，皆十余丈，森然肖太华也。老人云大中初，斯地忽暴风骤雨，襄丘陵震屋瓦，一夕而止，遂有兹山。其神见形于樵苏者，曰："吾商于之女也，帝命有此百里之境，可告乡里，为吾立祠于山前。山亦吾所持来者，无旷时祭，当福汝。"乡人遂建祠，官书祀典。

西安府临潼县东南三十五里庆山，唐武后垂拱二年九月，忽大风雨震电，涌出此山。初高六尺余，渐高至二十余丈。武后以为祥，因名曰"庆山"，而设县焉。

临洮府城东五里地名毛家坡，有山长一百余丈。万历二十七年八月，忽崩裂一半，长一里。其下冲成一池，山南平地涌出大、小山五座，约高二十余丈。

台州府仙居县东南五里安洲山，旧名管山，亦名九旬山。唐武德初，僧灌顶讲经于此，时山在水中，波澜四绝，渔者甚众，灌顶止之不得。忽一夕风雨大作，旦已成洲，故更今名。

九江府城南三十五里匡庐山东林寺，有神运殿。宋张天觉[1]记略云：初远师将适罗浮，宿庐山之逆旅，感山神见梦。徘徊登览，溪流涌衍，无可托足。一夕雷雨晦冥，水暴至，向之中流，化为平陵，且有花木罗列其上，因以名之。

福州府长乐县东南昆由里，成化十六年，平地突起小阜，高三四尺，人畜践之辄陷。乡人聚观，以为异。明年复于其左涌起一山，广袤五丈余。是年大疫，旁近居民，病死甚众，向聚观者悉罹其祸。一云山旁一池，忽生大蚬，其味甚美，民争取食。不数日，死者千余人。

兴化府城东七十余里大海中，有演屿。宋少帝舟泊大峡江浒，为元兵所逼，忽有白马神为演一屿，以蔽帝舟，遂免。石刻"演屿圣迹"四字。

广州府新会县西北六十里仙涌山，其地名罗坑，本无山，一夕风雷震吼，涌出数峰，因名。

高州府城南有大湖，唐天宝中，一夕大雷雨，湖心涌出一洲，土人呼为"小瀛洲"。

[1] 张天觉，当指张商英（1043—1121），字天觉，号无尽居士，北宋蜀州（四川崇庆）新津人。英宗治平二年（1065年）进士，曾拜尚书右仆射。任江西运使时，礼谒东林寺常总禅师，得到印可。有文集100卷。

浮　　山

凤阳府泗洲盱眙县西一百四十里浮山，一名临淮山。山下有穴，去水一丈。淮水泛滥，其穴即高；水减，其穴还低。

苏州府葑门内醒心亭，熙宁中，曹偀履中所葺。有土墩对峙，水中虽巨浸弗没，号曰"浮墩"。今放生池，即其地也。

平阳府浮山县东六十里，有浮山。相传尧洪水时，此山随水消长。

兖州府东平州东阿县东南三十三里，有浮山。相传尧洪水时，此山浮于水上，有人缆船于岩石间。《水经注》谓之"大槛山"。

湖州府城南七里玉湖中，有浮玉山，巨石如积，坡陀磊块，不以水盈缩为高卑，故名。

建宁府城东三里响山前溪中小屿，名浮石洞。遇水泛，则与之俱浮，未尝没。

汀州府城东寅湖中一小山，虽水溢不没。

刘欣期《交州记》[1]云：海中有浮石山，高数十丈，去永平营百余里，浮在水上。昔李逊征朱崖[2]，欲审其实否，牵长索于山底洞过。永平营，未详其处。今广州府香山县北七十里海中，有浮虚山，与波上下，疑即此也。

肇庆府城东北十里有石峒，天开洞穴，空阔幽邃，南北二门，上虚通天，与七星岩相去不远。水泛浸时，岩之没者数丈，惟峒屹立水中如故，世传峒能浮云。

[1]《交州记》，晋刘欣期撰。魏晋南北朝时的笔记小说。
[2] 朱崖，即珠崖，今海南省海口市。

通　　山

苏州府太仓州东北穿山下，有洞穴，高十余丈，前后通彻。昔有海行者，举帆径其中。

青州府城南五里云门山，一名云峰山。其上名大云顶，中有通穴如门，可容百余人，远望如悬镜。

广信府城西二十里石桥山，其上平坦如桥，可步山半。岩洞远望如半月形，亦名月岩。嵌空穿透中，有老木扶疏，又如月之影也。穿岩胁，登石磴，傍山缭西而北转，有大山，前后有口，由山后口别过一大山，其底洞透，可以俯首而过。又沙溪门外四十五里黄云岩，窈窕邃深，前后通达。

南安府上犹县北二十五里犹石嶂，有月岩，穴圆如月，径数十尺，表里不隔。

荆州府归州巴东县东北三十五里石门滩北岸，有山，上合下开，洞达东西，缘江步路所由。

常德府桃源县西南一百二十里穿石山下，有大窦，东西洞达，行人往来，止息其中。相传马援征五溪蛮时，穿以避暑。春夏水溢，江水自中流过。

衡州府城东三十里石窟山，昔人掘山作穴，高十丈，长一里。溪水过其下。

桂阳府西北六十里石门山，有岩穴如门，岿水自蓝山穿石门西注，舟筏皆经其下。岿水亦名舜水。

永州府道州西四十里有月岩，形如圆廪，可容数万斛。东西两门高三十丈，望之如城阙，当中而虚，其顶自东望之，如月上弦；自西望之，如月下弦；就中望之，如月之望。故名月岩。以其东西可穿相通，亦名穿岩。

保宁府广元县北八十里有乾龙洞，自洞北循溪南行，见□巇横阂溪流，其下一洞如堂皇。穿山而过，稍见天，又穿一石，□是者三，乃出谷。水落时，蹑石可游。

邵武府泰宁县西六十里穿瓮岭，相传廖半仙穿岭如瓮，通水灌田。人不可入，世久亦不崩。

廉州府钦州灵山县西二里，有穿镜岩。翠屏耸立，峰半一窍相通，望若城门，天日临之，晃如穿境。

桂林府城东三里漓山，一名雉山。山麓有水月洞，其半枕江，刊刻大洞门，透彻山背，顶高数十丈。其形正圆，望之端整如大月轮，江别派流，贯洞中。漓山之东为斗鸡山，一名穿山，山半一穴，南北横贯，或题曰"空明"，宋胡槻名曰"月岩"。

灵川县西北三十里灵岩山下，有岩南北相通若堂殿。水灌其中，色如蓝，以小舟击汰而入，仰视，岩腹与水面正平，相去丈余，遇声发则山水皆应，大声叱咤则砰隐砉裂可骇。按：《通志》以唐龙朔二年置灵川县，盖县之龙岩村有山，高数十丈，居平地中。是年，山忽晦冥者七昼夜，大雷雨，龙升而霁，山腹遂空，高三十丈许，长倍之。石间鳞甲至今隐现若存。其下为深渊莫测，故水从西江来者，皆汇之。

永宁州西三十里，有穿岩。穿成复道，如覆厦屋，坦长二十余丈，人马通行之地，忘其为奇也。

凿　　山

宋崇宁间，望气者言，阜城县有天子气甚明，徽宗弗信。既而方士之幸者颇言之，有诏断支垄以泄其气。居一年，犹云气故在，特稍晦，将为偏闰之象，而不克有终。至靖康，张邦昌[1]僭立，逾月而释位。刘豫[2]既僭，遂改元阜昌，且祈于金酋，调丁缮治。其故尝夷铲者，力役弥年，民不堪命，亦不免于废也。二逆皆阜城人，卒如所占云。阜城县，今属河间府。

应天府城东南四十五里方山，形如方印，一名天印山。秦始皇东巡时，凿金陵山，疏淮水，以泄王气。此其所断处也。其水萦纡京邑之内，至于石头入江，以秦开，故名秦淮。或云淮流屈曲不类人工，源发于句容县北六十里华山。

应天府城北三十五里直渎山，吴将甘宁墓所在，俗云有王气，孙皓恶而凿之。

句容县东二十五里破冈渎，吴赤乌八年，发兵三万，凿句容中道，至云阳县西城，以通吴会船舰，号"破冈渎"。延陵、江宁各十四埭，至隋废。

凤阳府怀远县东南有断梅谷，周世宗以荆、涂二山有王气，断之。时有梅族居此，因名。

常州府无锡县西七里慧山，古名华山，上有始皇坞。昔始皇东巡会稽，望气者，以金陵、太湖之间有天子气，故掘而厌之。

镇江府城东五里京岘山，秦始皇时，术者言此地有天子气。乃遣赭衣徒三千，凿山为长坑，以泄其气，改谷阳县为丹徒县。一云京岘山前龙目湖，乃梁武帝望京岘山盘纡似龙，因掘二湖为龙目。

丹阳县本秦云阳县，始皇使赭衣徒凿云阳北冈，截其道以压王气，截直道使曲，因改名曲阿。

宁国府太平县西七十里有左难当墓，唐神龙初，墓有赤气冲天。州县以闻，敕下凿山脉，流血数里，溪水尽赤，因名"赤溪"。

平阳府蒲州临晋县东南六十里王官谷之天柱峰，北有芦苇泉，今名芦子泉。旧传唐武后因术士言虞乡县有王气，遂断县南龟背冈，至见芦根而止。鲜血渗出，因化为泉。唐虞乡即今临晋，与解州接壤，俱古解梁地。

拓跋魏太平真君九年，内学者奏言，上党有天子气，在壶关大王山。于是太武南巡，亲幸上党，掘大王山，累石为三封，又斩其北凤凰山南足，以断之。后上党人居晋阳者，号"上党坊"。高欢[3]居之，及欢受尔朱兆[4]委统并肆六镇，行舍大王山六旬而去。大王山，在壶关县东南二十五里。凤凰山，在潞城县西北五里。

西安府城南有杜固，今谓之"杜坡"。唐杜正伦与城南诸杜素远，求通谱，不许，衔之。世传杜固有王气，诸杜居之，衣冠世美。及正伦执政，建言凿杜固，通水以利人。既凿，川流如血，阅十日乃止。自是南杜稍不显。居杜固者谓之"南杜"，以北有杜曲故也。所凿之处，崖堑尚存，俗曰"马塍崖"，或曰"凤凰嘴"，不知何谓也。

汉中府兴安州北五里，有牛山。唐黄巢之乱，有太白山人谒金州刺史崔尧封，云掘破牛山，贼自败。崔遂发卒掘之，得一石桶，置剑其上，桶中有黄腰兽，因扑剑而死。巢至秋，果败。按：金州之名，国初以至万历，尚不改。癸未岁大水陷城，参议刘致中[5]疏请移治于故城之南原三里许，改名兴安云。

杭州府城头虎头岩，山形突出若虎头。然吴越纳土后，望气者云杭州有王气，宋太祖命凿之，今断落。一云高宗尝梦虎惊，因凿焉。

于潜县西五十里天目山西尖之西南，有秦皇断陇。盖秦皇所凿，后人因以名之，至今宛有刀凿痕。

嘉兴府治南有由拳城，本秦长水县。始皇东游，过长水，望气者言此地有天子气，因发囚十万余人掘污其地，表以恶名曰"囚倦"，言诸囚倦怠亡去也。后转语曰"由拳"。

湖州府城西九里仁王山，旧名凤凰山。世传昔人以山有王气，遂凿其头，通舟为小河。

金华府永康县东北三十里石翁山，萧梁时，以此山有王气，诏令凿之。忽有双白鹤飞鸣，化为真人，乘霞而去。今此地名鹤鸣畈。

绍兴府嵊县治西剡山，秦始皇东游时，使人凿此以泄王气。

饶州府城东六十三里有螺蛳洲，鄱江之上流也。吴太平□□大饥，猛兽害人，孙亮使赵达占之，曰："天地川泽如人四体，患疢灸之，其疾即愈。今鄱阳水口暴起一洲，形如鳖食，此郡风气宜祝以大牢，掘其背以厌之。"今掘处犹可验。

武昌府崇阳县西三十里石城湾，相传先世有邑簿，凿山引水溉田，闻有哭声。

襄阳府谷城县西北四里开林山，《水经注》谓之"阙林山"，有二碑，其一文曰："君国者不跻高堙下，先时或断山冈，以为平路云。"

长沙府湘潭攸二县界，有秦所置阴山县，《水经注》云："本阳山县也，县东北犹有阳山故城，即长沙孝王子宗之邑也。言其势王，故堙山埋谷，改曰阴山县。"志云：古成城，在湘潭县南二十里，垣壁尚存。相传王莽屯兵于此，疑即阴山城也。

衡州府衡阳县界有破冈，宋大明中，望气者云湘东有天子气，遣谒者巡视，斩冈石以厌之，故名。

成都府华阳县南六十里铁炉山，五代时，有日者[6]占此山当出异人，乃掘罗氏之墓，见松根缠棺，状若双龙。取刀断之，血流不止。

重庆府,古江州也。蜀汉先主时,都护李严[7]大城江州,周回十六里。欲凿城后山,自汶江通水入巴江,使城为洲。求以五郡置巴州,会丞相亮北征召严,汉中穿山不逮。今治西十里佛图关,左右顾巴、岷二江,是严欲凿处,斧迹犹存。

保宁府城东三里蟠龙山,唐贞观中,候者言西南千里外有王气。太宗令人入蜀视之,次阆中,果见此山,气色苍蔚,遂凿破山之半,水流如血,因呼为"锯山"。咸亨初,曾徙阆中县治于此,即今之锯山关也。

龙安府城东南一百五十里牛心山,梁李龙迁葬此。武后革命,凿断山脉,水赤如血。玄宗幸蜀,有老人苏垣奏龙州牛心山,国之祖墓,今日蒙尘之祸,乃则天掘凿所致也。玄宗命刺史修填如旧。未几,禄山遂灭,乃升州为都督府,赐名应灵郡。

福州府城东五里金鸡山,秦始皇时,望气云此山有金鸡之祥。遂劚断山脊,以厌王气。旧断处为人行路,号曰"鸡公巷"。

连江县东南二十里荻芦山,本名九龙山。始皇时,以东南有王气,自江而南,凡山形秀拔者,皆凿之。至此山,凿得芦根长数丈,朝劚暮合,终不殊势,役者苦之。夜梦有人告曰:"锹锸至夕,勿收。"乃如其言,血流而绝,因改今名。其下有港,曰"荻芦港"。

永福县南越王山,一名越峰,又曰"月峰"。相传越王无诸尝游此山,有越峰寺。旧志云宋邑宰黄子理不乐兹土形胜,乃穿重光寺后,九座堂前凿开龙头,又大为社稷坛于越峰寺越山堂前,谓掘断拜龙山,使邑人不得至,中书堂因是稀阔。今考子理作宰,时当元丰。永福科第自元丰后始盛,终宋之世。则凿龙断拜,适所以利兹邑也。地脉人事,自有定数,此可破世俗之见矣。

泉州府德化县东北隅龙浔山巅,有石笋成列。宋宣和间,县令刘正欲凿之筑亭,或告以不可,正曰:"此睡龙也,凿之则醒。"逾年,邑中荐举者三人。

建宁府浦城县西二十五里油果山,唐末占星者云:"山有异气。"凿之,经宿复合。已而用方士术,以油果祀,遂不复合,故名。

福宁府福安县西南十六里缪家埔山,唐时缪氏有子聪慧能文。开元间,以神童召试,赋新月诗云:"初出如弓未上弦,分明挂在碧霄边。时人莫道娥眉小,十五团圆照满天。"人怪其志高迈,窃掘其山,有淡血流出,遂不显。今或呼为"峨眉山"。

广州府番禺县,因城内二山而名。番山在南,禺山在北,相联属如长城。南汉刘鋹[8]凿平之。按《路史》,黄帝之后禺号,处南海,生傜梁,傜梁生番禺,是始为舟。然则番、禺二人[山],实先因人而名也。如淳[9]曰:"番音潘,禺音愚。"

广州府城北十里马鞍山,秦时占气者言南海有天子气。始皇发民掘破此山,地中出血,凿处形似马鞍,故名。亦名马鞍冈。

《水经注》云:含洭县故城,"耆旧传曰:往昔县长临县,辄迁擢超级,太史经观言势使然。掘断连冈,流血成川,城因倾陁,遂即倾败。"含洭县,即今连州之阳山县也。

《桂林风土记》云:"府北郭松径尽处有安南都护普赞冢。"普赞,灵川人,其宅今为圣寿寺。有庙在寺之北,不毁,后殡于此。时有识地势者,言葬所有天子气。由是掘断,至夜又有阴兵填平如旧。既而再掘,复平不已。有效役者,宿其所,夜皆鬼兵,相语曰:"能以青布运土投河,则我等无能为也。"及明,主吏闻宿者言,遂用青布辇运土投河,竟免阴兵填筑。今坟所掘处,犹存有石人、石柱,松楸百余株。或云瞀家洲因运此土,流下成洲。按《桂林风土记》,唐昭宗光化二年,融州刺史权知春州莫休符撰。普赞冢,在半云山,乃临桂、灵川二县接界处。

梧州府城西北三十里鹤飞冈,相传南汉太守刘曜尝凿断之,俄有双鹤飞逝于上。又城北六十里有通星山,亦传曜所凿,以观星象者。

平乐府永安州北三十里通天岭，相传昔立山县人，夜卧山巅，至夜半，岭忽高及天。其人顿觉，以手摩之，归白县令，往验果然。因发民丁，周围凿窟数十穴，实薪烧之，如龙吟者，数日乃绝，遂不复高。其穴犹存。按：立山废县，在府城南二百一十二里，本唐所置县，宋因之。本朝洪武中，省入平乐县。弘治五年，置永安州。

楚雄府定远县东六十里诸葛山，一名独立山。世传武侯过此，今掘断左右冈以厌胜，故又名破军山。

永昌府城内太保山，诸葛武侯南征时，使掘山脉，以防蛮叛。深可三丈余，铁物间之。又城南七里九隆山，武侯亦凿断山脉，以泄其气。

金时，望气者言鞑靼国土山，有王气。因凿掘运载，其土抵燕都，积为山。修缮极其精巧，今万岁山是也。

[1] 张邦昌（1081—1127），字子能，永静军东光张家湾人（今河北省阜城县大龙湾）。进士出身，宋徽钦宗朝时，曾任太宰兼门下侍郎、河北路割地使等。靖康二年（1127年），金兵陷汴京，掳走徽钦二帝，立其为大楚皇帝，史称"靖康之变"。

[2] 刘豫（1073—1143或1146），字彦游，永静军阜城（今属河北）人。元符时进士及第。北宋末南宋初，任河北西路提点刑狱，知济南府等。金兵围城，杀勇将而降。建炎四年（1130年），受金册封为"大齐皇帝"，是金国扶植的傀儡政权。

[3] 高欢（496—547），鲜卑名贺六浑，祖籍渤海调蓨（今河北景县南）。北朝东魏权臣，专擅朝政16年。其子高洋取代建立北齐，追高欢为献武皇帝。

[4] 尔朱兆，字万仁，契胡族，北秀容（今山西朔州）人。南北朝时期北魏将领，官至柱国大将军、并州刺史等职，封爵颍川郡王。后与高欢决裂，终被高欢所败，自缢而死。

[5] 刘致中，明代河南延津人，起家进士，出为陇台金宪。寻擢少参，驻魏

兴（金州，即今陕西安康）。明万历年间，为远水害，筑新城于赵台山下，积劳成疾，后客死南阳。

［6］日者，古时占候卜筮的人。

［7］李严（？—234），后改名李平，字正方，南阳（今河南南阳）人。三国时期蜀汉重臣，与诸葛亮同为刘备临终前的托孤之臣。

［8］刘龑（888—942），今简化为"刘䶮"，原名"刘岩"。后梁贞明三年（917年），以广州为兴王府，即皇帝位，国号大越，建立了割据岭南的封建政权。后改国号为汉，史称南汉，是五代时期南汉帝国的建立者。

［9］如淳，冯翊（今陕西大荔）人，曾任曹魏陈郡丞，注释《汉书》。

幻　　山

大名府浚县西北三十五里善化山，出云为楼观、亭台及舟车、旗鼓、人物之状，变态百出，故名。

徽州府休宁县西四十里白岳山，其东石壁如五彩楼台，在空中势欲飞动，又如神仙五六人，凭栏观望。久视之，乃知其幻云。

兖州府东平州东阿县桃城铺旁，有一丘，高可数仞。每阴雨后，烟雾中，隐隐有市井车马之形。

宁波府象山县东南大海中，有大韭山。遍地皆云岚，天霁则蜃气焕发，楼台殿阁、龙凤之形，变态万状。

处州府庆元县西北有象山，又北为巾子山，又西十里有薰山。宋大观初，象山、巾子山佳气浮空，若架彩桥，遥接薰山，有宝车仙仗往来其上。是年，邑人刘知新[1]廷试第一。

泉州府同安县东南海中浯洲屿之南，有一小岛，天将风雨则顷刻变幻，或如车，或如盖，或如宫室，如城郭。

漳州府漳浦县东南海中，有将军屿、鱼肠屿、竹屿、石城屿、菜屿、大桑、小桑、大礵、小礵诸处。嘉靖九年正月，海中山峰并列，忽没不见。顷之，三山并为一峰，屹立腾空，作楼台巍焕之状。如是者凡三日，盖蜃气所结云。

诏安县东海中，有甘山，海水皆咸，山中一井独甘，故名。其山远视若一小髻，天将飓风骤雨，其状变幻，若屏、若屋、若狮象。

[1] 刘知新（约1080—1142），字元鼎，庆元县松源镇五都反墺村人，宋徽宗大观元年（1107年）状元，知绵州。

光　　山

顺天府昌平州密云县东北一百里雾灵山，每拥祥光如雾，以六月六日现。

徽州府城东三十五里紫金山，旧名金紫山，暮夜常见光相，取佛语更今名。

绩溪县东北三十里石金山，相传为甘露大士道场，常显光相。

宁国府泾县东五十里朱砂山，石窍中红色，发现其大如月。

太原府代州五台县东北一百四十里五台山中，圆光不次呈现。东台有那罗延洞，五色光采，常从内出。

台州府城西六十里灯坛山上，有石坛，每阴雨，有光现如灯，故名。

黄岩县南二十二里鸡笼山，每星月晦冥，有光烛天。一日精彩昼现，或视之，金玉弥山谷，往取即灭。

金华府兰溪县东北二十里金台山，夜每有光。

南昌府城西北十里铜山，即吴王铸钱之所。山有夜光，远望如火，盖铜之精也。

广信府玉山县北一百二十里怀玉山，亦名玉斗山，山有异光夜灼。本名辉山，旧有辉山驿，今改怀玉。

瑞州府上高县南二十五里灵峰山，风雨晦冥之夜，山放赤光，大如斗，传云金鸡神也。即其顶立庙祀之。

建昌府广昌县西南四十里金华山，夜有神光如金华色。

吉安府安福县西南二十里浮冈山上，石壁恒有光明，五色迭相照擢，望之如龙虎。有洞虚观，为南岳魏夫人修真处。夫人讳华存，字贤安，少知吐纳炼液之法，年二十四始归太保掾刘幼彦，生瑕及璞。瑕为安成太守，夫人因得修真于浮冈山，咸和间用藏景之法而逝。瑕二女亦学炼丹，今丹霞观中，丹石犹存，风月之夕，光彩绚烂，所谓思、卫二真人也。

安福县西一百里武功山上，有石塔。时或见火焰，若金灯然。

赣州府雩都县西北八十里夜光山，相传时有夜光，若燎原之火，从峡溯流十里，至于蛟窟而没。或云明珠吐辉。

信丰县南一百二十里大龙山上，有龙井，夜则红光烛天。

定南县北四十里神仙岭，时见火光烁耀。

武昌府咸宁县南一里金灯山，亦名金山。上有善晖禅师塔，每月夜有光如灯，至天晓始灭。

兴国州南七十里鸡笼山，昔有金鸡隐伏山巅，遇夜阴晦，其光恒出没于湖山之间。

辰州府城西五里光明山，一名龙门山。有丹砂井，夜半光明烛天。

南岳衡山之祥光峰，古曰"鹤鸣峰"。常有丹光现，如飞烛。

成都府威州保县北玉山，一名笔架山，又名九子山。夜静，恒有霞光冉冉横山前，东北半壁天皆丹色，照林木如昼，至旦方灭。

顺庆府城南三十五里青居山上，有金塿，高与山等，亭亭如浮图，常有光焰。

重庆府城南五十里沱江山下，有七里店。其处夜常有光十余枚，如流星环石，或聚或散，石亦有光。或见而密识其处，迟明寻之，便不得。

夔州府梁山县南五里多喜山，相传陈抟尝修道于此。时有丹光夜现，是境之人必多喜事，故名。

黎州安抚司城东南二十里宝盖山，山溪中常有光彩现。城东南一百里和尚山，晴日常有五色光现，奇观万状。

延平府将乐县南五十里东宝山，朝暮常有光焰如宝气。

建宁府城南三里梅仙山，汉梅福炼丹于此。山巅丹井坛灶，遗迹俱存。每秋阴，红光时现。

建阳县西北百余里白塔山，夜常有火明其上，故又名天灯山。

崇安县东八十里有峰名双峰，两山朋立，时见夜光。

嵩溪县东二十里中峰山，唐景福中，有高僧曰"行儒者"，创庵其上。山有伏虎坛及塔，时见祥光。

汀州府宁化县东三十里金船岭，相传山有金船，其光夜现，乡人求之弗得。

邵武府泰宁县西南金铙山，一名大历山，一名大弋山。相传越王无诸游猎，尝遗金铙于此，夜常有光。

雷州府遂溪县东北一百五十里调楼山绝顶，有五色光现，若楼台，故名。

柳州府宾州上林县西十里大明山上，有深潭，相传吐光时照数里。又县东七里岭上，亦有夜光与大明山交映，名"争光岭"。

梧州府城南隔江二里有火山，山下水深无极，山上有火，每三五夜一见，如野烧。或言其下水中有宝珠，光烛于上；或言南越王尉陀[1]藏神剑于此，故腾焰如火。

大理府城北白云峰下芒涌溪深处，为放光谷，四围皆有佛光，或圆或长，五色互异。云是药师道场，又名悉达场。

宾川州西北八十里鸡足山上，有石崖，高十余丈，岩整天凿，其状若门，名曰"迦叶门"。时时有佛光现，建寺曰"放光寺"。

元江府城西宝山恒起光怪，相传昔蛮首藏宝山麓。《汉书》：九真郡居风县有山出金牛，往往夜见光耀十里。即今安南国北江府武宁县金牛山是也。

亦力把力国，在肃州之西三千七百里，即古龟兹地。有具茨山,夜则火光如昼。龟兹,即具茨音略转耳。盖因山以名其国也。

[1] 尉陀(?—前137),真定(今石家庄市东古城)人。前218年,奉秦始皇令征岭南,任为南海郡(治所在今广州市)龙川(今广东龙川县)令。秦亡后,击并桂林郡、象郡,自立为南越王。后臣服汉室,被封南越王。

厦门文献丛刊

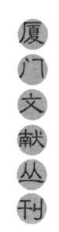

方舆互考

（下册）

[明]卢若腾 撰

陈红秋 校注

厦门市图书馆 编

厦门大学出版社

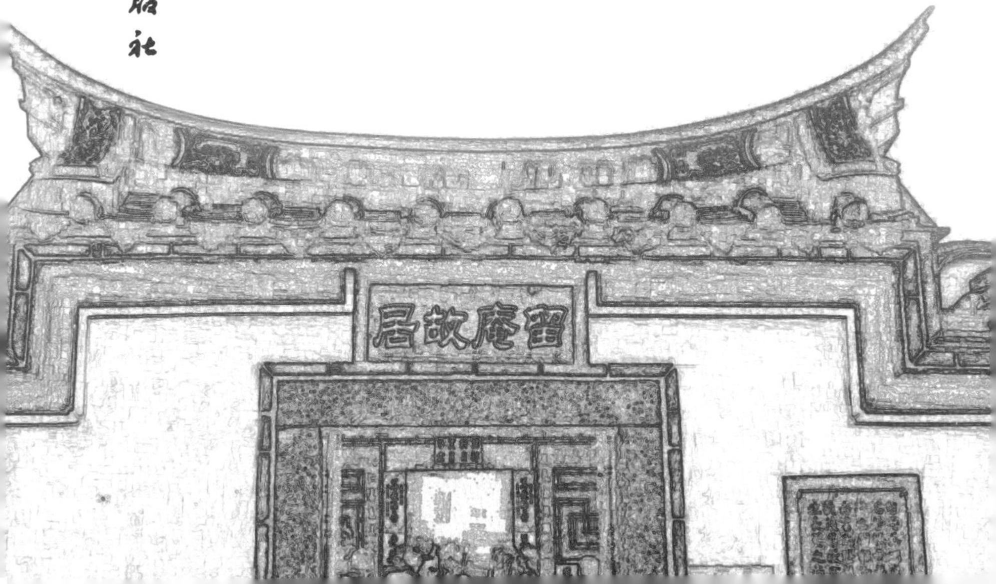

多面山

汉中府城西南二十里汉山,四方八面。

严州府淳安县东北三十八里蔗山,山分八面,水流十派。

金华府东阳县东五十余里崀山,六面。

绍兴府萧山县南六十里峡山,八面皆向江。

温州府平阳县西南八十里玉苍山,亦名八面山。

赣州府上远县[1]西南十五里欣山,十二面。

信丰县西一百二十里犹山,九十九面。

石城县北一百里牙梳山,三十六面。

重庆府城南一百二十里瀛山,崖壁峭拔,四十八面。宋刘望之诗:"山盘四十八面险,云暗三百六旬秋。"

夔州府新宁县东二十里八面山,山形八方。

泸州城西南四十里方山,八面。

兴化府城南二十里壶公山,八面。城东南三十里五侯山,正视之,为峰者五,故名"五侯"。自郡城视之,则峰三,乃呼"笔架";侧而视之,则峰二,又呼"双髻"。

泉州府同安县西六十里文圃山,四望圆秀,名"十八面山"。

漳州府城西南十里,圆山十二面。

建宁府建阳县东南二十里庵山,十二面,形势各殊,高耸千仞。

崇安县南三十里武夷山,宋刘斧记云:"东望如楼台,南视如城壁,西顾如庾廪,北观如车盖。"

汀州府武平县东三十五里梁山,一名梁野山,高五千余仞,十二面。

邵武府泰宁县西南七十里金铙山,亦名大历山,亦名大弋山。周四百余里,八十四面。

云南府昆阳州西十里珊蒙果山，顶秀三峰，奇分八面。

［1］赣州府上远县，当为赣州府安远县。

广顶山

太原府代州五台县东北一百四十里五台山，中台高四十里，顶平广周六里；东台高三十八里，顶平广周三里；西台高三十五里，顶平广周二里；南台高三十七里，顶平广周二里；北台高三十八里，顶平广周三里。按：今北台即古中台，中台即古南台，大黄尖即北台，栲栳山是西台，漫天石是东台。惟北台、中台，古今有异；东、西二台，古今无异。

青州府莒州沂水县西北一百九十里大弁山，顶平八九十里，俗讹作"大平山"。

河南府陕州阌乡县西北，有皇天原。其上平博方里余，三面壁立，高千许仞。汉世祭天于其上，故名之为"皇天原"。武帝思戾太子，筑思子台于其上。

巩昌府成县西北一百里仇池山，四面斗绝，上有平地，方二十余里，羊肠盘道三十六回。

宁波府奉化县北二十里汉城山，其顶平旷，可容数千人，无荆棘、丛木，居然堡垒之形。

南昌府奉新县西北五十里药王山，盘险而升至顶处，平阔二十里。

黄州府黄安县北一百里天台山，其顶广夷，可容千家，以牛耳崖为北门，梯之乃远。元末有黄杨者据之，因立寨曰"黄杨寨"。

福宁州治后龙首山，其顶平夷千丈。唐季巢寇南侵，屯兵于此，号"黄巢坪"。

临安府蒙自县东九十里羡裒山，绝顶平广千顷。

武定府禄劝州废石旧县西北三十里匿歪山，其巅凹而坦，可容数万家。

闻声山

真定府阜平县东南四十里水帘洞，成化五年九月，洞中有金鼓声，震动二十余里，至次年二月乃止。

庐州府舒城县南二十五里响山，过其下者，辄闻山中有声如钟鼓。

六安州西南二百四十里帽顶山下，有仙人洞。世传陈希夷初修真于此，闻洞有儿啼、鸡喔声，心厌之，乃移去华山。今庵基、石臼俱存。

宁国府泾县南四十里浮龟山，每风雨之夕，谷中隐隐有钟鼓声。

徽州府黟县南十六里墨岭，有灵鼓潜发，令长候鸣以卜吉凶。

徐州萧县东南三里泉水山之阴，有雪洞，深丈余。相传有人夜入山，闻洞中讲诵之声。晓往探之，但见行坐踪迹。

济南府长清县东南八十里鸡鸣山上，有一台危耸，夜常闻有鸡声，故名。

开封府郑州荥阳县治西灵源山，产灵芝、石髓，往往闻长啸声。

怀庆府济源县西八十里王屋山，每岁诸元会日，五更之初，辄闻仙钟自远洞中发声，悠扬清婉可听。

河南府登封县北十里嵩山上，有玉女台。汉武帝见三仙玉女，因名。五代秦再思《洛中纪异》[1]云：嵩山之上，有玉女捣帛石，莹彻光洁，人莫能测。山下之人，立秋前一日中夜，常闻杵声响焉。

永宁县西四十五里天坛山，一名坛屋山，中岩有仙猫洞。相传燕真人丹成，鸡犬俱升仙，猫独不去。人就洞呼"仙哥"，则或有应者。

西安府富平县北通关乡，入谷二十余里，有东女学、西女学二洞。东洞崖壁悬绝，洞门在崖面，攀跻不及，往往夜闻读书之声。

汉中府城南一百九十里仙台山，亦名玉女山。道家以为仙人玉女所居，山下时闻钟磬之声。

刘敬叔《异苑》云：凉州西有沙山，俗云昔有覆师于此者，积尸数万，从是有大风吹沙覆其上，遂成山阜，因名沙山。时闻有鼓角声。按：即沙州城南七里之鸣沙山也，一名沙南山。

严州府遂安县西六十里龙耳山，山神号"太姥夫人"。若地方寇发，则神鼓先鸣以示兆。

衢州府龙游县南三里鸡鸣山，每五鼓闻山中鸡鸣声，风雨不渝。

台州府城东一百五十里海中，有崛门山。山腹有一孔，上达于顶，有声则风起水涌，且有兵。吴将亡，孔内有声，远闻十里。

天台县北五十里石桥山方广寺，闻出林钟磬、梵呗声。

黄岩县西南二十里鸣山，每祈祷，辄闻飘风骤雨声。

温州府乐清县东九十里雁荡山西谷，有童子诵经岩，状如童子，常闻诵经之声。又东外谷山腰石洞，天阴则闻有鸡犬声。

平阳县西南一百里南雁荡山，五代时，僧顾齐杖锡寻访，至明王峰顶，闻雁声，而平原曲径，自然天成，喜曰："此山水尽处，龙雁所居，而又屡闻钟梵声，岂非西域书所谓'雁荡龙湫'者耶？"因结茅其间。

南昌府靖安县西北四十里葛仙山巅，有金钟，每遇风雨晦冥则有声。

宁州城西五里鸡鸣峰，青岚峭绝，上无人迹，时闻咿喔之声。

九江府德安县西北四十五里石鼓山，每天阴辄闻鼓声。或曰有龙潜，或曰悬泉泻激。

吉安府龙泉县东南十五里葛仙岩，旧传仙翁炼丹之地。山空月霁，时闻捣药声。

永新县东南二十里义山下梅田洞，有前后二洞。近时或过前洞，闻讽咏声，在洞中而不可见，聚听者至百十人。既而有一人忽自石空中投坠，问之，则某某也，恍惚言曰："我适遇一女子，引至殿上谒紫衣者，为左右摈叱而下。"众舁之以归，病卧数日死。

武昌府蒲圻县东北七里行将山，有洞，外宽。相传黄巢乱时，数十人入洞，石坠塞门不出，阴晦或闻钲鼓声。

通城县西南二十五里鸡笼山，夜静常闻鼓声。

岳州府澧州慈利县南二十里雷公洞，每天阴晦，则其中隐隐有声如雷。一云雷公洞在安乡县南。

南岳衡山石廪峰下，有石室，中常闻讽诵声。

长沙府安化县东南六十里雷鸣洞，时隐隐闻雷声。

茶陵州南三十里有秦人三洞，上洞有石门，不可入，但时闻有钟磬声。

重庆府南川县东南一百里有柜崖，石壁上有洞，门中有一柜，往来人闻斧斤声，有飞屑随掷下。疑洞中有神物也。

夔州府梁山县东五十里峡石市之北，有书院，峡每风雨晦冥，如闻读书声。

泸州合江县北神臂山下，有读书岩，人过之，往往闻书声。唐神童先汪七岁至其地曰："吾读书故处也。"遂寝处其中，为九经注。

东川军民府[2]治西五十里纳雄山，夜静时辄闻人声，以为神也。岁五谷熟，必于此告成焉。

福州府城北十五里升山，陈天嘉中，岩石间闻钟鼓声，因建灵岩寺。

闽清县西接永福县界，有大帽山。旧传其巅有鼓声，或月一二鸣，或经年一鸣。

兴化府仙游县东北四十里棋盘漈，有石修广数尺，四面如削成，旁复有石，其状如人。或以采药至，往往闻敲棋声。又湖光台下有药炉、丹鼎、棋枰。乡人旱祷于溪南，闻隐隐有棋声，即雨。

泉州府惠安县东南四十七里嘶山，相传五季时，其山忽嘶声闻十余里。

漳州府长泰县东北五十里鼓鸣山，风雨晦冥，常闻鼓声。

延平府尤溪县东北八十里彭坑岩，有巨石叠其巅。或云有物凭之，夜发火光，间出虚响，如鼓角声。

福宁州宁德县西五十里罗汉洞，秋夜常闻钟声。又县北九十里支提山化成林，夜静往往闻钟鼓梵呗声。

广州府城北十里马鞍山，汉伏波将军马援尝驻兵山冈，每风雨晦冥，听之若有军声殷然。

广州府城东北二十里菖蒲涧，一名甘溪涧。旁有滴水岩，岩上悬钟，人迹不至，时铿铿有声。

东莞县东南六十里庐山上，有湖。每甲戌［戍］日，辄闻鼓角声。

惠州府龙川县东北一百里霍山仙游峰后，有捣药石，常闻杵声而不可见。

潮州府揭阳县有苏姑山，尝有逸人陟其巅，风露凄凄，冷气袭人之时，闻隐隐有吟咏声。或以为姑仙现神云。

肇庆府四会县西南十里广止山，一名真山，时闻钟磬之声。

琼州府万州陵水县东五十里声山，入山者，闻有声如人言。

临安府纳楼茶甸长官司[3]东北五十里，有仙人洞，樵者经之，恒闻其中有声如羾鸡犬。

永昌府永平县东北五里关索寨下，有洞，首尾相通。樵牧过之，常闻洞中有戈戟声。

贵阳府城东四里铜鼓山，高百余仞，山半空洞，常有铜鼓之声。

平越府黄平州北二十里有径亨洞，间有闻洞内杵声者，或时见米糠浮水而出。

石阡府城西有两山，高下相并，曰"崖门"。崖门西上有洞，春夏人过其下，闻其中有锣鼓声。又张家塞高山上，有一洞亦然。

永宁州西北八十里红崖山畔，有洞，深广数十丈。居民时闻洞中有铜鼓声。

威青卫[4]城南二十里，有铜鼓山，山半有洞，每阴雨则其中锵然有声。

附　录

宋敏求《春明退朝录》[5]云：欧阳少师言为河北都转运使，冬月按部至沧、景间，于野亭。夜半闻车旗兵马之声，几达旦不绝。问宿彼处人，云："此海神移徙，五七年间一有之。"少师，即文忠公也。

凤阳府泗州天长县北一里，有大湖。昔有二驴斗其中，须臾云雾四合，平地波涛因忽不见。至今阴晦，辄闻水上有鸡犬、机织之声。

平阳府汾西县东十五里有轰轰洞，洞中有穴，望前嘘而出声，望后吸而入声。其声如雷，故名。

延平府顺昌县南，与沙县接界处，有李将军潭，昔李将军提兵陷于此。至今遇风雨晦冥，辄闻金鼓之声。

高州府化州衙署庭左有石，微露出地上，谓之"龙首"。州治后有石潜江中，谓之"龙尾"。每夜静，龙首多鸣吼，声类鹅，而洪大特甚。隋开皇间，置石龙县，以此。景泰八年，石龙鸣三日夜，其夜州同知生子一清[6]，后为名宰相。

琼州府文昌县何恭都，唐时有邓姓者为文昌尹，携家眷三十六口至此，宿于路。当夜风雨交作，举家不见。其后此地常闻锣鼓声。

梧州府容县东十里江上，有巨石如砥。昔渔人系舟夜泊其浒，闻石上朗诵书声,因名"读书台"。

浔州府平南县西宝积寺,地下隐隐有鼓声,则贤令至。

伊州铁勒国路多沙碛,沙内闻叫唤声,不见人。或闻歌笑声,盖鬼物也。伊州,即今哈密卫,在肃州卫西北一千五百一十里。

[1]《洛中纪异》,即《洛中纪异录》,宋秦再思撰。记五代及宋初识应杂事。
[2]东川军民府,当为东川府。
[3]临安府纳楼茶甸长官司,当为临安纳楼茶甸长官司。
[4]威青卫,当为威清卫。
[5]《春明退朝录》,宋朝宋敏求撰。书中多记唐宋典章故实,如官诰礼仪,仕宦进拟,差除制度等掌故,民情风俗,官场应酬,书画题记,诗话词评等时有著录。
[6]一清,即杨一清(1454—1530),字应宁,号邃安,昆明安宁人。十八岁中进士,历明成化、弘治、正德、嘉靖四朝,官至首辅(宰相)。

藏书山

苏州府城西一百三十里洞庭西山,有林屋洞。吴王阖闾使灵威丈人[1]入洞,行十七日不穷,得素书三卷,持回。王以示群臣,莫识。便[使]人问孔子,孔子曰:"昔禹治水于牧德之山,遇神人,授以灵宝五符。后藏于洞庭之包山,君王所得,毋乃是乎?"

河南府登封县北十里嵩山下,有石室,名谟觞,内有仙书无数。昔仙人方回读书于内,玉女进以饮食。山东有蝌蚪岩,汉张芝获蝌蚪古文于此,因名。

陕州卢氏县西南五十里熊耳山,相传有金匮石室,为夏禹藏书之所。

绍兴府城东南十五里宛委山,相传禹治水毕,藏金简玉牒于此。金简玉牒,乃禹所得之衡山岣嵝峰者。按《吴越春秋》云:禹伤父功不成,乃按《黄帝中经》,见圣人所记曰:在于九疑山。东南天柱，号曰宛委山，赤帝左［在］阙。其岩之巅，承以文玉，覆以磐石。其书金简，青玉为字，编以白银，皆琢其文。禹乃东巡，登衡山，血白马以祭之，仰天而啸，忽然而卧，梦见赤绣文衣男子，称玄夷苍水使者，顾谓禹曰："欲得我山神书者，请斋于黄帝之宫，岳岩之下。"禹退，斋三月，以季之日登宛委山，发石得金简玉字之书，言治水之要。遂周行天下，使益疏记之，为《山海经》。据此，则又别有宛委矣。

余姚县治北秘图山上，有石柜，旧经云禹藏秘图之所。

温州府城北一百五十里大、小若山，旁有石柜山，山上一方石，传是黄帝缄玉版金券之秘者。

武功山跨吉安、袁州二郡，山上有葛仙坛，坛北雷崖凡数十洞，即葛仙翁藏书处。

赣州府兴国县北一百七十里覆笥山顶，有小石笥，藏玉牒，记名山福地及得道人姓名，云是王孝子所留书。有涓子者，至山发石笥，得书十二卷，故名其山曰"覆笥"。

荆州府夷陵州有黄金藏，旧有宝轴秘函藏岩窦中。宋绍兴间，陈膺访故老，谓其书皆金版，出遗书之一，得之以归，乃古《易传》。但曰易无周字，经与今之卦爻辞略同，传与今之象象绝异。

长阳县西三十里下鱼山，有藏书洞。宋郭雍，河内人，流寓本县，藏书于此。乾道间，赐号"冲晦处士"。

辰州府城西北五十里小酉山，一名鸟速山。石穴中旧有藏书千卷。相传秦人隐此，或云即穆又［天］子藏书处。

辰溪县龟山下，有藏书室，一名钟鼓洞。石穴深广如室。相传秦人畏坑焚之祸，携上古典籍入山。正统中，有樵者见石函中书，走报县官。既至，取其书，皆随风灰灭矣。

南岳衡山云居峰寺中，有唐太宗御书梵字经五千卷。

长沙府茶陵川［州］三十都有裹书石，石高数仞，若笋。上有石函，相传函中有书藏焉。

重庆府长寿县古书山,有大历初石刻,云昔人砌山路,见石穴中藏蝌蚪书数轴,"古书"之名起于此。

泸州合江县东五里安乐山,有石柜,为古人藏经之所。又有经书峡,世传蜀有《黄泽书》,在扬子云之前藏于名山。其峡峭削,人迹不到。

肇庆府阳春县北八十里硐石山,宋咸平初,赐御书藏石室。

柳州府融县东五里灵岩上,有白石巍然如列仙。宋太宗颁御书百二十轴,藏于洞中,改石[名]"真仙岩"。

庆远府城南六里南山中,有龙隐洞,藏宋真宗手迹六十轴。

[1] 灵威丈人,传说中仙人名,通称龙威丈人,隐居太湖包山。

占年山

凤阳府宿州北三十里打鼓山,旧传山中有声如鼓鸣,岁则大熟。

庐州府六安州英山县东五十里英山巅,有一井深绝,云气所萃。望之罕见,见之,其年必丰。

西安府耀州东十里鉴山,每遇年丰则光照人。试之多验,州名"耀"者,本此。

绍兴府城东南十五里射的山,远望山壁,有白点若射侯,里人常以山色明暗占米贵贱。谚云:"射的白,斛米百;射的玄,斛米千。"宁国府南陵县西南三十里射的山亦然。

广信府永丰县西北二十五里永丰山,生石乳,赤则岁歉,白则年丰。

抚州府崇仁县西南一百二十里金鸡岩,相传浮丘公养鸡之所。鸡皆金色,现则岁稔。

吉安府泰和县东三十里江滨,有减饭岭,形如侧月,每江水泛则山圮一层。俗传此山日减,则民食日足。

衡州府衡山县西北三十里石廪峰,形如仓廪,有二户一开一阖。《湘中记》云:"开则岁俭,闭则岁丰。"

郴州东南六十里五盖山有五峰,望之如盖。乡人每岁以雪占年,谚云:"五盖雪,普米贱如土;雪若不均,米贵如银。"

平茶洞长官司城西二十里白岁山,高耸插天,土人言此山白则有年,积雪为白也。

仙游县东北四十里鸡髻岩、云顶岩,岩顶正旦有紫雾,见者丰年兆也。

汀州府宁化县北瑞花岩,多生奇花异草,则岁大丰。

上杭、永定二县界有铜鼓山,相传闻铜鼓声,则岁大稔。

福宁州宁德县东北二十里隐仙岭,有石室号"鬼洞",年丰则鬼啸。

南宁府隆安县东四十里逍遥山,闻有五音鼓乐之声,则年丰,否则灾旱。

临安府蒙自县东北三十里耳罗山,每有风雨雷霆自山峰中起,年必大丰。

附　录

建昌府广昌县西北七里,有米洲潭。故老相传,岁熟则洲草茂,凶则洲草枯。

郧阳府竹山县东二里,有地二顷,不生草木,惟长茅茨。清明日祭而燎之,草尽则其年丰,俗号"鬼田"。

占雨山

大名府浚县东二里大伾山东岸,有龙洞,大、小穴三。天欲雨,穴中云气蒸蒸出焉。

应天府城东八十五里云穴山,有洞,天欲雨则出云。

苏州府昆山县北三里马鞍山南，有石穴，高丈余，容十数人，恒津液。天将雨，辄有云群行从南来，映山亦出云应之，与同北，北就虞山，即大雨矣。

徽州府黟县东北十五里三姑山，一名吉阳山，有三峰，天将雨，先有鼓角之声。一云山上有磨石，赤三年则野火自焚；非期妄焚，天即雨。

庐州府六安州霍山县西三十里乌梅尖下，有雷公洞，壁上有雷公斧迹，洞口起雾，即殷殷而雨。

扬州府通州东南二十里军山，有白云洞。云兴则雨，云散则晴。

徐州萧县东南十二里明山，有穴甚深，将雨则吐云。

平阳府浮山县东南四十里鸣山，天欲雨，飒然有声。

汝州西南六十里崆峒山巅，洞穴如盎，将有大风雨，则白犬自穴出，农人常以为候，亦名其山曰"玉犬峰"。

西安府乾州武功县南九十里太白山，山半横云如瀑布，则注雨。

杭州府城西四十里独山，每出云，晴则雨，雨则晴，独异于众峰，故名。又名金鳌山。

富阳县北六里樟岩山西北一穴，雾起氤氲即雨。

于潜县北四十五里天目山，有龙穴。其大逾寸，穴外回环之状，径三寸许，若有物盘旋而成。欲雨，则先有云自穴出。

严州府寿昌县南十里天井山，天欲雨则有声如钟鼓。县东北二十里燕山，每遇亢旱，有烟雾直上，群燕翔集即雨。

衢州府尝山县[1]北二十五里石门山，其巅有窍，每旦云出其中，东驰则雨，西则晴。

开化县西一百里古田山，每旦云一缕浮空而出，所向之方即雨。

宁波府慈溪县雨微山，本名雨征山。山上有云气即雨，邑人以此为验。宋人避庙讳，改"征"为"微"。

象山县东八里鼓吹山，天欲阴雨，有声轰轰如鼓次［吹］。

南康府城西北二十里庐山康王谷之巅，有钊城，相传周康王钊尝游名山至此。天每欲雨，辄闻山上鼓角萧［箫］筎之声，声渐至城，而风雨晦合，村人以为常候。

抚州府崇仁县南一百里宝盖山，一名华盖山，有雷洞。天将雨，则云气如炉烟直上，须臾雷声殷殷而出。

九江府城南六十里庐山，天将雨，则有白云或冠峰岩，或亘中岭，俗谓之"山带"。不出三日必雨。

袁州府萍乡县东六十里玉女峰，天将雨则有五色云气，俗谓之"玉女披衣"。

武昌府兴国州通山县西二十里白羊山，东晋永昌中，有三人乘白羊入此，山故名。至今每有白羊见于山上，则云雨兴。

黄州府蕲州东北一百五十里鼓角山，天欲雨，先闻鼓角声，亦名"鼓吹山"。

襄阳府宜城县西三十里石梁山，起白云则雨，黄云则风，黑云则蛮多病。

谷城县西南六十里薤山，一名剪山。诸山云起，此山无云，终不雨，土人以为验。

德安府孝感县东北八十里雨山，两山相峙，中有洞。云出大峰则雨，小峰则风，土人以为占候。

衡州府衡山县治后，吐雾峰与巾紫峰相连，云气升腾，虽晴亦雨，雾开即晴，邑人以为候。

辰州府沅州黔阳县东南一百六十里罗公山，有鸲鹆鸣即雨至。

郴州兴宁县东南六十里浦溪山，一名瑶冈岭。其顶常有云气覆之，三朝无云必雨，冬雪透顶则晴。

重庆府南川县东六十里九递山，绝壁如银。邑人视其昏明以候，晴雨不爽。

叙州府长宁县治西笔架山，观其显晦，可验阴晴。

福州府福清县西南二十五里灵石山上，有报雨峰，久旱欲雨，其峰必震撼有声。

泉州府城西南六十里灵源山，南一支为乞雨山，山顶有七星墩，乡人于此祷雨，掘得炭者即雨，不者雨未期也。

永春县东白马山，旧传有仙人乘白马升岩，旱见则雨，人号"白马仙"。

建宁府崇安县南三十里武夷山六曲，有三层峰，每旱暵欲雨则先出阴霾，欲霁则开豁，远近视之以为候。

福宁州城南四十里红山，一名小葛洪山，上有大、小风门，天欲雨则吐雾。

福安县东南一百一十里白气岩，常有白气冒其顶，邑人望之以卜阴晴。

宁德县西五十里石室洞，岁旱，或闻洞中有音乐声，必雨，岁乃丰稔。

肇庆府城东三十里高峡，一名高要峡。旧传山有灵羊，每出鸣，风雨随至，又名灵羊峡。

肇庆府城南隔江十里铜鼓山，久晴山色冥迷则雨，久雨山色鲜露则晴。

四会县西六十里石洞山，有泉自窦中出，旱则流水声闻数里，雨便寂然。

阳春县西南一百三十里丫髻山，一名白水山。上有天池，飞泉一道，晴响则雨，雨响则晴。

梧州府郁林州北流县东北十五里勾漏山，有玉虚洞，每云从洞出则雨，风从洞入则霁。

[1] 衢州府尝山县，当为衢州府常山县。

占灾祥山

宁夏中卫城西南警山，遇警急，此山辄鸣。

台州府城东盖竹山腹有一孔，上达于顶，有声则风起水涌，且有兵。

赣州府龙南县西南八十里松林岩，有峰卓立，半壁悬开一窍，时平则闻鼓乐声，将乱则闻钲角声。

常德府龙阳县南六十里金牛山，金牛见则太平。

延平府城南九峰山，若发火即府官受厄，一怪事也。

惠州府和平县北九十里羊角山，时有金鼓声，金则兵起，鼓则兵息。正德初征池大鬓，嘉靖初征曾蛇子，屡有验。

浔州府贵县北七十里路旁，有登仙崖，时有声，闻宴鼓声，则岁穰人安；闻战鼓声，则民疫兵起。县西北七十里马岭山，一名龙马山，又名马度山。俗传闻马嘶及奔踶声，则人多疫疠。

南宁府上思州板门村，距州治五十里，有汪盟潭。时或变故，则鼓乐鸣于岩间。

占科山

池州府城西魁山，相传山有宝光，夜见，乡必有登第者，故名。

杭州府余杭县有金鹅山，鸣则出贵人。

南安府上犹县东巽山，邑人有登科者，山下石嶂必生光彩。

永州府道州宁远县丹桂乡，有龙岩。相传若闻岩有龙吟之声，则其乡有登贤书者。

保宁府巴州学南金榜山上，有奇石名印斗，又名书案，山腰光射，文庙辄有科第。

福州府长乐县西北首石山，一名四水石山。山巅有石岿然，高二十余丈，广数十步，中有泉穴，四边窥之，皆见水。其山有时而鸣，古谶云："首石山鸣出大魁，十洋成市状元来。"本朝永乐十年，是山适鸣，会三宝太监郑和下海通西洋，驻军十洋街，是科邑人马铎应之。戊戌又鸣，邑人李骐[1]应之。

惠州府城南十五里，有笔架山，三峰森竦，其东北一峰特立而秀，俗谓之大、小尖峰。大尖峰耸挂榜山外，面郡庠；小尖峰耸天马山外，面归邑庠。岁大比，清夜有珠如斗，下上峰间莹然光彩，谓之"骊光"。视其多寡，以占举子之名数。

博罗县北二十里黄甲峰，大比则有骊光，人以之占科第。

河源县东南桂山、梧桐山，当科举年，先于五六七月间，有光见于二山，望之如骊珠，然大者如镜，小者如弹丸。

大理府城西点苍山玉局峰，一名占文峰。每岁以十二月十六日为星回节，各寺皆燃炬，惟此峰有神火，与凡炬散列山谷，滨海渔家得见其全。乡试年，炬有多寡，中式如其数。若见火、炬参之，明春中式亦然。

附　录

郴州桂阳县东二十里君子岭，县官入任时，岭明丽则为显达之占。

琼州府乐会县西北二十五里有万泉河，中有印山，中流屹立，若浮印然，周遭有沙护之，谚云："印沙长官任久，印沙短官难留。"似亦可验。

[1] 李骐（1378—1425），本名李马，字德良，一作彦良，福建长乐沙京人。永乐年间状元，为明代科举福建省"三元及第"唯一的人。明成祖认为状元以畜名不吉，遂御笔书"其"字于"马"字的右边，改名为李骐。

应星山

徐整《长历》云："北斗当昆仑上。"

《尔雅》云："北戴斗极为崆峒。"按：蓟州、汝州、平凉、肃州，皆有崆峒山，未知所谓"北戴斗极"者，何指？

中岳嵩山，上应柳宿之精。

东岳泰山，上应奎娄之精。

西岳太华山，上应井鬼之精。

南岳衡山，上应斗衡之精。山之轸宿峰，上当轸宿。

北岳恒山，上应毕昴之精。

凤阳府宿州西北九十里相山，上应房心之宿。山南，旧有《唐永徽碑记铭》曰："巍巍相山，盘纡穹崇。上应房心，与天灵冲。兴雷播雨，稼穑以丰。"唐元和置州，命名或本此。今州治东北马神庙祀典载"祀天驷，房星也"。

归德府城西南三里，有商丘，周二百步，世称阏台，以其为高，辛氏之子阏伯所居也。上应柳星之精。

河南府城西南三十里伊阙山，一名龙门山，上应天阙，故杜子美《龙门寺》诗云"天阙象纬逼"。

陕州卢氏县西南五十里熊耳山，为地门。其精上为毕附耳星。

南阳府唐县东南一百六十里桐柏山，为地穴。其精上为维星。

西安府商州东一百八十里武关山，上为天高星。

凤翔府岐山县东北十里岐山，为地乳，上为天糜星。

巩昌府秦州西南六十里嶓冢山，上为狼星。

临洮府渭源县西二十里鸟鼠山，即《禹贡》"鸟鼠同穴"，俗呼"青雀山"，上为掩毕星。

沙州城东南二十里三危山，上为天苑星。

严州府遂安县东南二里婺山，以上应婺女星，故名。

台州府天台县西一百一十里天台山，高一万八千丈，周回八百里，山有八重，四面如一，当斗牛之分，上应台星。县东北六十里华顶峰，上直华盖星，故名。

金华府城北二十里金华山，金星与婺女争华也。

处州林城东少微山，上应少微星。

南安府城东北四里天柱峰，相传上应紫微星，寇至不能为患。

襄阳府南漳县西北八十里荆山，上应轩辕星。

成都府彭县北六十里漓沉山，上应房宿。金城山，上应角宿。漓沉，一作丽元。

崇庆州新津县南二里平冈治，上应参宿。县南八里稠粳山，上应危宿。

汉州绵竹县西北三十里鹿堂山，上应元宿。县东四十里庚除山，上应尾宿。

德阳县北三十里秦中治，即浮中山，上应箕宿。县东一十里□上治，上应女宿。

绵州彰明县西北二十里云台山，上应胃宿。

茂州西北岷山，一名鸿冢，一名沃焦，在陇山南首，故称陇蜀山。直上六十里，郭璞赞曰："岷山之精，上络东井。始出一勺，终至森溟。作纪南夏，天清地静。"

眉州彭山县治北平盖山，上应娄宿。县西北三十里北平山，上应室宿。

邛州大邑县西北三十里鹤鸣山，上应氐宿。

琼州府定安县南四百里五指山，一名黎婺山。盖以婺女星常降于此，方言讹为"黎母山"。

无寺山

天下名山，惟青城山、句曲山、太华山，无僧寺。世传阴山多浮屠，阳山多仙迹云。青城山，在成都府灌县西南五十里，高三千六百丈，周回五千里，乃十大洞天中之第五洞天也，名宝仙九室之天。句曲山，在应天府句容县东南四十五里，山有三峰，三茅君各占一峰，谓之三茅峰。乃十大洞天中之第八洞天也，名金坛华阳之天，又名地肺山，乃七十二福地中之第一福地。太华山，在西安府华州华阴县南十里，高五千仞，广千里，乃三十六小洞天中之第四洞天也，名太极总仙之天。

四削山

太原府城东北六十里方山，其形如削，四面而正方。

岢岚州兴县东北五十里石鼓山，一峰孤耸百余丈，四面陡削，不可攀缘，惟向北一小径，盘旋可达顶。

济南府长清县东南九十里方山，四面如削，即《水经》之玉符山也。

河南府渑池县东北十八里天坛山，高百丈，四绝如坛。

西岳太华山，石壁直上，如削成而四方。

金华府永康县东四十里方岩山，高二百丈，周六里，四面如削，驾飞桥、石梯乃可上。

处州府宣平县南六十里赤石楼岩，一名东岩，四面斗绝，惟有一径，扪萝可上。

岳州府平江县北六十里永宁山，四壁如削，倚以云梯，续以飞栈，而后可跻。

永州府城南二十五里澹山岩上，有澹山寺。楼殿隐石隙中，风雨不能及，四壁削成万仞。

延平府永安县北十里百大岩，高约百丈，周围三里，四面削壁，中有一径陡绝。

汀州府归化县东八十里黄杨岩，一名万寿岩，又名鳞峰岩，四壁如仞，周回可十里，角出群山之上。

武定府废石旧县西北三十里法块山，四面削立如城，惟东南一径，仅容匹骑。州北二百里幸丘山，四面陡绝，绝顶有三峰，可容数万家。昔为罗婆塞，天生之城，牢不可破。

纯石山

大名府浚县东北六里紫金山，山无余土，翠石棱棱可爱。

苏州府城西一百二十里东洞庭山，纯石巉岩，木惟松柏。

常州府宜兴县东南二十里穿石山，一名蛟山。有水洞，又名洞山。其山纯石，中空如盖，水常不涸，口甚低隘。或以小舫入游，稍进渐高广，入深则山巅有窍，日光漏下。

庐州府六安州霍山县威远门外五里潜台山，一山纯石，其状如台，峙立水中。台中有寺，有观澜亭。

大同府蔚州广灵县东北三里老山，其山皆石，百草环生，若点翠然，亦名翠山。

济南府城北标山，童无树木，东西并峙，皆青石叠矗，旁无他山，惟此若标可望，故名。

兖州府宁阳县西三十里青石山，其山都是一大石耳！发地杰立，高四十余丈，周回三里。

邹县南二十里峄山，郭景纯谓其纯石积构，连续如绎丝然，故名绎。峄、绎，通。

温州府乐清县西二十五里白石山，高一千丈，周二百三十里。唐天宝初，改名五色山。山纯石，无土木。

处州府缙云县东二十三里仙都山，一名缙云山，又名丹峰□，纯石无土。其巅夜半，见日初出。

饶州府城南百余里巍石山，一名狮子山，高十丈，自顶至趾皆石，巉岩峭壁，下临溪流。宋岳飞尝统兵过此题诗。

广信府贵溪县西南五里五面山，亦名五面石，削成五面，纯石体也。

长沙府浏阳县北五十里弄光岩，峰峦皆石，浑然天成。一石上悬若华盖，名曰"仙人座"。

兴化府仙游县东北四十里石所山，通山皆石。县西七里九龙潭山纯石，树生坳罅，中皆作虬蟠蜿偃状。

建宁府城北四十五里白石岩，山石洁白，不附撮土。

嵩溪县南吴家山，亦名东山。自趾至顶皆石，少树木。旧产银矿。

福宁州东十里后崎山，全体皆石，巨细磊砢，争奇竞秀。

肇庆府阳春县北三十里云霖岩，其山皆石，高五十余丈，周三十余里，穴广五十丈，高一丈，石泉中出，涓涓不绝。

桂林府城东二里七星山，纯石，峦凡七而岩窍其腹，亦名七旦岩。城西南十里中隐山，一作钟隐山。有三重，下者最为广平，上渐嶄削戴履，纯石无复埃壒。

柳州府城西南石鱼山，山小而高，形如立鱼，全石无大草木。

南宁府城东六十里都石山，其山纯石，不产竹木。

云南府城北螺山，童然皆石，作深碧色，盘旋如螺髻。

丽江府西北二十余里玉龙山，一名雪山，山纯石，而石色纯白，望之若雪，故名。

附　录

澄江府江川县北二十里双龙乡，有覆盆山。其山无石，皆螺壳积成，亦一异也。

一线天

应天府城北铁石山后，有石壁立数仞，直裂见天，光如一线，名曰"云窍"。

常州府宜兴县西南三里荆南山，一名君山。山阳有君阳洞，两壁如门，窥天一线。

徽州府城西北一百二十里黄山，有三天门。其最上者，绝壁相夹立，仅容一身，风来肃肃如箭，过者有寒色。此处号"一线天"者三，行两壁间，从罅处漏光，若一片冰裂。

安庆府桐城县东九十里浮度山龙湫洞，从两峡数折而入。其上石罅宛转漏天。

杭州府治南瑞石山上，有朝天路，两崖崒削壁起，中微露天光一线。

杭州府城南十里凤凰山第二峰白塔之西，有小径，青石崔巍，夹道峭壁。中有石衢，人可往来。

于潜县北四十五里天目山，有石巷，与张公舍相去二百余步，四围耸拔。石罅一径，深三十余丈，藤木交荫，森然可畏。

严州府桐庐县西北五十里龙门洞，石峡十余曲，左右石崖高者二三十丈，卑者十许丈，仰视天色，如一匹长青素。

金华府城北二十里金华山双龙洞中，有天池深广，四畔峻壁，扉启处天光下灼。盖洞天漏明，而人莫知其处，名"一线天"。既隔天池，不得复深入。

衢州府城南八十五里浮盖山上，有仙洞。洞内石壁双峙，上通一罅，径仅容身，可数十步，始得广处。

台州府城南三十里盖竹山第二洞，崖谷峭立万仞，游者侧身鱼贯，仰窥天光，仅见一线。

温州府乐清县东九十里雁荡山东谷灵峰洞，两大石相倚如合掌，入天数十丈。从合掌根入，两旁植石阑直上天，步乃至掌中，望见山罂中，青天如悬一片冰。又净名寺后山上，有石皆九转，一转皆六七级，两旁夹大石壁，如行巷中，仰头见青天，如曲池中绿水，止而不波。西谷冷风洞，东、西石壁夹合成洞，顶露天光一线，名"一线天"。

广信府贵溪县西南八十里尘湖山，从山趾陡陟，有大石中判，离立洞隙作门焉，曰"龙□"。行数十步，北过涧，两崖壁立，从崖隙仰见青天，如横石梁。

建昌府城南五里有峡，名"一线天"。

南丰县西南九十里壶公岩，相传昔有悬壶先生得道于此。唐建妙仙观，宋改紫霄观，有上、中、下三岩。其山皆苍石，青崖如削如铸，小溪贯注其中，溯游二三里许，两岸皆峭壁，岩窦刻峭，上头仅露青天一线，下皆澄潭百丈。

赣州府会昌县东南一百二十里汉仙岩，有一线天。

福州府城西南隅乌石山东峰，直西上有秀峦崒嶪，两崖壁夹耸，内微露一线天。城西北通谷山，一名桃源洞，有一线天。

福清县南四十里福庐山，相国叶向高手辟也。有两大石若高墉合掌而露天光，类武夷之一线天。人行峡中，良久始尽。

永福县东六十里龙都峰第三石室，有两石壁立，相去二尺，高可二十余丈。入其中二十步，视天若一线。

泉州府城东北泉山碧霄岩，怪石委萃，重复相依。中广不逾席，北来南去可百余武，仰视碧天如线。

延平府永安县东北贡川，上有桃源洞，山峡陡绝，仅容趾，名"一线天"。

建宁府崇安县南三十里武夷山九曲，有两石相倚，长数十丈，中一罅，窥见天光，仅容一线，谓之"一线天"。又铁板嶂下，人行两崖间，见天光，隐隐一线。

福宁州东百余里太姥山国兴寺东，有一线天，两石对立，约百余丈，中劈小径，仅容一人，天光漏入，长可半里。

成都府彭县北五十里五龙山麓，有洞，初入握火烛之行，少顷跂足而望，悬崖中有斧凿痕如井，数十百丈牖，一线之明，而烟焰袅然上冲，谓之"天生眼"。从此深入，至第七洞而止。

嘉定州峨眉县西十里龙门山，两崖峭峙，其形如削，仰视青天，仅露一线。

夔州府城东瞿唐峡，两壁对耸，上入霄汉，其平如削，仰视青天，如匹练然。

梧州府郁林州东南二十里水月岩，有洞三，曰阴洞、天马洞、钧天洞。初入洞，两山欲合未合之间，上露一道天光，晻晻如昧爽。

北流县东北十五里勾漏山宝圭洞中，有暗溪穿贯而入。结小桴，坐其上，命篙师撑之，历瓮门三四重，间关委曲行约里许，矫首见一大星。炯然细观，乃石穿一孔，透天光若星也。溪不可穷，游者自返。

浔州府城南六十里白石山，东有石巷，梯磴而登，约一里许，窥天如一线。

大理府城西点苍山，皆遵洱河而上，有石关门。其山两壁墙立，深十余里，名"一线天"。

方舆互考 卷之五

伏羲画卦处

八卦坛，在开封府陈州城北一里。陈，伏羲所都也，伏羲自□□得龟，因画八卦于此。城北白龟池遗址，尚存八卦台，在汝宁□上蔡县东三十八里之蔡冈。其台四周皆产蓍草，近台一水曰"蔡沟"，旧有元龟，缟身素甲，浮游其中。画卦台，在巩昌府秦州西北三十里。相传伏羲画八卦于此，至今雪后犹见卦痕。兖州府邹县西南五十里凫山，世亦传为伏羲画卦处。土人呼为八卦□。又真定府定州新乐县西十五里有伏羲台，碑字剥落，不可读。西南三十五里，亦有伏羲台。

轩辕丘

轩辕丘，一在开封府禹州新郑县境，古有熊氏之国也。黄帝生此，因名。一在巩昌府秦州上邽废县城东，世亦传黄帝生此。一在处州府青田县西七十里石门山，谢灵运题，盖假轩辕以神其境耳。

姚　墟

姚墟，一在东昌府濮州东南九十里，相传舜生于此。一在汉中府兴安州南三里西城山，亦名妫墟。《地理志》汉中郡西城县，应劭曰："《世本》妫墟，在西北，舜之居。"

舜　井

舜井，一在平阳府蒲州东南二里舜祠后，井有二，宋真宗名为"广孝泉"，王钦若撰碑。一在绛州垣曲县北五十里，井旁建庙。一在太原府代州东南十五里舜山上，其寺曰"舜子寺"。一在河南府偃师县西北二十五里首阳山下，有舜庙，乐史谓此即历山。一在济南府城南门内舜祠下。一在城南五里历山下，有大穴，俗谓之"舜井"云。一在兖州府泗水县东南姚墟，亦名陶墟。一在襄阳府均州土阪窑子铺。相传舜避尧子于南河之南，即此地。有舜庙，庙右田中，石板盖井，谓即舜所浚者，犯则雷鸣。修真观有石孔，俗传即舜旁出处。一在苏州府常熟县西北七里破山上。一在常州府城东北四十五里高山上。一在江阴县东七十里，其地有东、西二舜城。一在池州府城内麻皮巷，今呼"大井"，范仲淹、张栻俱有题咏。一在东流县东三十里历山之隅。一在德安府随州治东南舜井巷。已上诸井，多是后人所傅会者。

舜陶处

陶墟，在兖州府泗水县东南。陶丘，在曹州东北，即左城。一云在定陶县西南七里，有亭曰"陶丘亭"，俱相传为舜陶处。《水经注》云：陶城，在蒲坂城北。城，即舜所都也。舜之陶也，斯或一焉。蒲坂，在平阳府蒲州东五里。

舜渔处

雷泽，一在平阳府蒲州东南三十里首阳山下，舜渔于雷泽，即此。一在兖州府曹州东北六十里，泽中有雷神，龙身人颊，鼓其腹则鸣；一在苏州府城西南太湖中，大、小二雷山间。二处俱传舜尝渔此，非也。东昌府濮州东南一百里，有雷泽城，今为雷泽镇。又墨子谓舜渔于濩泽，则在泽州阳城县西北十里。县西三十里有濩泽城，汉县也。

鲧堤

鲧堤，一在广平府青河县，自顺德府广宗县界来，鲧治水时所筑。一在彰德府城东，鲧筑以捍孟门者，今谓之"三刃城"。

禹穴

禹穴，在龙安府石泉县治北石纽山下，山有二石结纽，故名。山下有石纽村，相传禹以六月六日生于此。每岁是日，土人竞持牛、酒祭其庙。石穴杳深，人迹不到。崖上有"禹穴"二大字，其穴字与李阳冰所书合州治北芝林岩上"龙门凤穴"穴字同，或云李白书。石泉县，国初隶成都府，嘉靖四十五年改隶龙安。或云禹穴在绍兴府城东南十五里宛委山阳明洞外飞来石下，禹得黄帝水经于此，治水毕，复藏书于此。或云在府城东南二十里龙瑞宫，侧有大石中断成罅。或云禹葬处谓之穴，即禹陵也，在府城东南十二里会稽山禹庙侧，窆穴尚存。其石高丈许，状如秤锤，高与首齐，扶之或摇曳之不起，上有古隶不可读。或云禹陵在陇后，戾三峰而带湖，有穹碑刻"大禹陵"者是。此窆石，特以藏金简玉字书者。贺季真谓黄帝藏书于宛委，禹得之，而复藏之，名"禹穴"云。按司马子长[1]自叙所云：上会稽，总吴越也；探禹穴，则言巴蜀也。后人不解，遂谓禹穴在会稽，误矣。又平阳府蒲州河津县西北三十里龙门沙洲之上，有禹穴，高不逾尺，河水涨溢，虽千寻之涛，不能侵一坏。记称禹治水，得黄帝水经于穴中，按而行之，盖亦有神助焉。汉中府兴安州洵阳县东二百三十里，有禹庙，穴旁镌"禹穴"二字。有古碑，已剥落矣。皆非真禹穴也。

[1] 司马子长，即司马迁，字子长。

许由洗耳、巢父饮牛处

皇甫谧《高士传》云：许由字武仲，阳城槐里人。汉去古未远，所传近真。汉阳城县，即今河南府之登封县也，县东南三十里箕山，即许由隐处。尧召由为九州长，由不欲闻，洗耳于颍水之滨。巢父嫌其污牛口，牵牛去上流而饮之。按：颍水三，源出登封县东南二十五里阳乾山者，为左源；出登封县北十里少室山者，为中源；出少室南溪者，为右源。洗耳、饮牛处，当在登封界内。若开封府禹州城东十五里颍水上有许由、巢父二台，汝州城西郭门外有洗耳河、巢父井。平阳府解州平陆县东北九十里箕山下，有青涧水，亦名洗耳水。真定府定州行唐县西北箕山上，有洗耳溪、巢父答问碑。庐州府无为州巢县东门外，有洗耳池，亦名饮牛港。和州西二十里有许由宅，宅旁有洗耳池；承天府荆门州当阳县南十里许由山下，有洗耳溪。永州府道州南有巢父水，宁远县南有许由水。杭州府昌化县西北十里箕山下，有洗耳滩；新城县西北六十里千顷山下，有洗耳滩、饮牛滩。皆后人高许由、巢父之风，而随处附会之也。

成汤放桀处

庐州府无为州巢县，古巢伯国也。县治后卧牛山之背，有梁王城，汤放桀于南巢，即此地。济南府章丘县西南六十里亭山，亦相传为桀死处。盖古有巢氏治琅琊之石娄山，疑齐地亦有南巢。故

《尸子》云汤放桀于历城。又考《尚书》：汤伐桀，夏师败绩，遂伐三㺠，俘厥宝玉。注云：三㺠，古国名，桀走保之。今定陶是也。定陶县属今兖州府之曹州县，西南十里有三㺠亭，地与历城近。则放于历城之说，似非无据。九江府城东四十二里，有巢湖城。或云楚有二巢，对巢县而言，此为南巢，遂亦传为放桀处，盖出附会。

成汤祷雨处

桑林，在泽州阳城县西南七十里析城山，山顶有汤王池，四岸生龙须绿草，无林木，相传为成汤祷雨处。又州西北四十里有成汤池，亦传成汤祷雨于此，凿池者二。元至正间，重修汤庙，工徒渴饮池水，水暴涌作雷鸣声，众因建亭其上，名曰"显化池"。江休复云：洛阳北有山泉，即汤所祷桑林之地；有庙，即太乙之祠，俗号为"圣王庙"。

空　　桑

空桑城，在开封府陈留县南三十里，其地有伊尹村。《世纪》云："伊尹生于空桑。"郡志伊尹母既孕，梦神告曰："臼若出水，即东走。"明日，臼果出水，东走数里，顾其邑人，大浸，遂化为空桑。空桑涧，在河南府嵩县南十五里。相传有莘氏女采桑伊川，得子于空桑中，是为伊尹。范成大《揽辔录》云："过雍丘县二十里，过空桑，世传伊尹生于此。"则空桑又在今杞县矣。

武王放牛处

《书》称武王归马于华山之阳，放牛于桃林之野。今河南府陕州阌乡县东南二十五里夸父山北，有林曰"桃林"，郭缘之《述征记》谓之"桃原",潘岳《西征赋》谓之"桃园"。又灵宝县有桃林塞,皆传为武王放牛处。《左传》:晋侯使詹嘉处瑕守桃林之塞,杜预注桃林塞,潼关是也。按:塞,以扼塞为义,自潼关东一百里至灵宝县,其中行路皆扼束河山,皆谓之"桃林塞"。或以不得称野为疑。然孔颖达注,亦引杜预语,且曰:华山之旁,尤乏水草,非长养牛马之地。欲使自生自死,以示战时牛马不复服乘耳。孔之说《书》如此,深切事理,谓桃林塞即桃林野,无不可也。辛氏《三秦记》[1]:桃林塞,在长安东四百里,则正在阌乡,又不独潼关至灵宝谓之桃林塞矣。阌,音闻,古字也,建安中改作闻。潼水,在关西一里,故关曰"潼关"。

[1]《三秦记》,汉辛氏撰,存一卷,记秦汉时三秦地理、沿革、民情、都邑、宫室、山川,为我国早期地方志书代表作。

太公钓处

磻溪,在凤翔府宝鸡县东南八十里,即太公钓处。旁有石室,盖太公所居。相传钓得一鱼,腹有璜玉文曰:"周受命吕佐。"今石上隐隐见两膝痕,其地有八鱼原,相传太公钓时,有八鱼追钓至此。岐山县南三里潢河,俗亦传为太公钓处。《水经注》云:汲县城北三十里,有太公泉,泉上有太公庙。庙侧高林秀木,翘楚竞茂,相传云太公之故居也。晋太康中,范阳卢无忌为汲令,立碑于其上。《续博物志》[1]云:汲县有石夹水,为磻溪,乃太公钓处。又顺天府霸州大城县北子牙村,有钓台。河间府沧州南皮县苇岸,有姜太公钓台。真定府赵州宁晋县东南十里,有鱼台。青州府诸城县纪里河西崖,有台方三里,俱相传太公尝钓于此。

[1]《续博物志》,旧本题晋李石撰。古代文言笔记小说集,记有宋代故实。

葵　丘

葵丘，一在归德府睢州考城县东一里，一在青州府临淄县西二十里，俱传为齐桓公会诸侯处。按：《传》称"齐侯不务德而勤远略"，则其会处在考城，而不在临淄明矣。《左传》："管至父戍葵丘。"即临淄之葵丘也。《路史》云："外黄东有葵丘，大夫邑，食者氏焉。"《英贤传》有葵丘欣。外黄，今开封府杞县是也。一云葵丘即邺西台，邺有三台，魏武帝造，乃铜雀台、金虎台、冰井台也。见《水经注》。

管鲍分金处

济南府城东三十里鲍山，世传鲍叔牙、管仲分金于此。苏州府城西南三十五里，有分金墩，亦传为鲍管分金处，恐非。

介子推隐处

汾州府介休县东南二十里介山，一名横岭，地名绵上，晋介子推隐此。文公求之不获，以绵上为之田。今介山上有子推冢并祠。又有忌坂，在县西南二十里，即子推自焚处，后人因为之忌，故名。平阳府霍州灵石县东北二十里静岩山下，有五龙泉，相传其地即文公封子推绵上田处。沁州沁源县北八十里有绵上废县，其绵山上有子推庙，后为大觉寺地。此皆地理与介休毗连者。若蒲州万泉县南里许之介山，传为子推隐处，则非也。承天府荆门州南三十里，有介子推宅及庙。《说苑》[1]介子推行年十五而相荆，仲尼使人往视之，此宅当是其相荆时所居。

[1]《说苑》,又名《新苑》,刘向编。古代杂史小说集,按各类记述春秋战国至汉代的遗闻轶事,每类之前列总说,事后加按语,记述诸子言行为主,不少篇章中有关于治国安民、家国兴亡的哲理格言。

程婴、公孙杵臼藏孤处

顺德府城北二十里赵孤庄,太原府盂县北五十里藏山,忻州城西北三十五里程侯山,平阳府赵城县西北二十五里公孙杵臼窑,俱相传为程婴、公孙杵臼藏孤处。

老子生处

流星园,在凤阳府亳州东一百二十里。老子生时,有星突流于园。后人建天静宫,以尊奉之。旧有圣母殿,遗址尚存。太青宫,在归德府鹿邑县东皋乡,亦传为老子降生之地。其侧有九龙井,又有东、西炼丹二井。按《史记》:老子,楚苦县厉乡曲仁里人。苦县城,在鹿邑县东七十里,后魏更名谷阳。唐乾封元年,更名真源;载初元年,改曰仙源;神龙元年,复曰真源。厉乡,即涡水濑乡也。老子父名乾,字元果,年七十二,无妻,与邻人益寿氏老女野合,怀胎八十年乃生老子,见《前凉录·索绥传》。益寿氏女,名婴敷,见李延寿《南北史》序传。

老子传经处

河南府陕州灵宝县有老子宅,相传老子著《道德经》于此。县南有望气台,相传关令尹喜,望见紫气丈余,飞入关,曰:"必有异人过此。"翌日,老子果驾青牛至。尹喜迎之,得授《道德经》五千言。后人即其地筑台。西安府盩厔县东南三十里,有老子说经台，相传尹喜尝居此，后人筑台以存其迹。凤翔府城南有授经台。苏子瞻有诗，自注云："乃南山一峰耳，非复有筑处。"世言老子驾青牛出关，故盩厔县老子祠前，有老子系牛柏。而扬雄《蜀本纪》云：老子为关令尹喜著《道德经》，临别曰："子行道千日后，于成都青羊肆寻吾。"赵抃《成都古今集记》云：老子乘青羊降其地，故今成都府城西南十里有青羊观，观中有古铜羊，筑宫穴地得之。眉州青神县东门外有青羊桥，相传老子骑青羊过此而入成都。

漆　　园

漆园，一在归德府城南二十五里小蒙城内，即庄周本邑也。周为漆园吏，即此。一在凤阳府定远县东三十里故县村西一百步，四周约方三百尺。其地有梦蝶巷，又有漆园观，在县东北一百三十步漆园城。一在大名府开州东明县东北五里，其地有漆园村。一在兖州府曹州曹县西北五十里。按：归德府，春秋时为亳地。而凤阳府之亳州，本春秋谯邑，秦汉为谯县，魏晋为谯郡，至宇文周始谓之"亳州"，唐初亦为谯州，旋改亳州。归德府之商丘县，本春秋宋蒙县，汉、晋、后魏皆沿其名。有小蒙城，在县南二十里。大蒙城，在县北四十里。蒙泽，在县北三十五里。而凤阳府寿州之蒙城县，本春秋六蓼国，至东魏始立蒙郡。今县城北八十里，有南蒙城、北蒙城，相去四十步，皆当时所筑也。北齐废蒙郡，置蒙县，唐天宝元年，乃名蒙城县。然则老子之生于亳，庄子之生于蒙，俱当以在归德者为是矣。

庄子钓处

东昌府濮州东南九十里濮水上，有庄周钓台，今名蒲汀。大名府开州濮水，世亦传庄周尝钓此。周，字子休，出《列子》。

孔子畏匡处

大名府开州长垣县东北十五里,有匡城,古卫邑也。孔子过此,尝为匡人所围。归德府睢州城西三十里,亦有匡城。相传孔子游此城,匡人误围之,孔子由城东南角穿穴而出,其迹犹存。

子路问津处

南阳府裕州叶县西三十里黄城山,一名长城山,一名苦菜山,乃长沮、桀溺[1]耦耕处。下有东流水,即子路问津处。平阳府蒲州大河西岸有蒲津关,亦传为子路问津处。

[1] 长沮、桀溺,指两个在水洼里劳动的高大魁梧的人。长、桀,都形容高大,桀通"杰"。沮,低湿的洼地。溺,指浸在水洼中。

子路宿石门处

兖州府曲阜县西八里鲁城之次南第二门,曰"石门"。沂州费县西南九十里有石门城。俱相传为子路宿石门处。

子游弦歌处

兖州府沂州费县西北七十里,有武城城,子游弦歌之旧邑也。《路史》谓之南武城。东昌府高唐州武城县四十里御河北岸,有弦歌台,高九尺,其实非子游为宰处。汉置东武城县,属清河郡。以定襄郡有武城县,故加东也。晋曰"武城",后因之。

蘧伯玉故里

大名府开州长垣县南有蘧伯玉乡，一名新乡，有蘧亭，伯玉祠、冢，今名瓦棚村。卫辉府城西北三十里，有君子村，相传蘧伯玉居此，孔子尝主焉。

伍子胥遇浣纱女处

扬州府仪真县西四十里鸡留山之南，有浣纱女庙。相传女姓冯，子胥亡楚至白沙湖，见女浣纱，嘱曰："追兵至，勿言。"女遂投水以绝口。子胥既得志，欲报之，而不知其处，乃留鸡于山，后人立庙祠之。荆州府夷陵州城西浣纱河，有子胥庙，亦传为子胥遇浣纱女处。然夷陵乃楚之西境，其西北乃适秦入蜀之路，与吴风马牛不相及，子胥何为至此？盖俗传之误也。又应天府溧阳县北凤凰桥，有贞义女庙。子胥奔吴日，见女子击溧濑水上，子胥乞食，女与之饭。子胥曰："掩尔壶浆，勿令之露。"既行，回顾，女已沉水中。后子胥欲报之，不知其家，投金濑水而去，因名"投金濑"，在溧阳县西北四十里。贞义女，黄山里史氏女也。庙有李白碑记。

卞和泣玉处

襄阳府南漳县西北八十里荆山上，有抱玉岩，旁有石室。相传昔卞和居此。凤阳府怀远县治西南荆山下，有卞氏采玉坑。苏子瞻诗注谓：采玉坑，石色如玉，不受镌琢。取至山下，辄变色不复温莹。玉坑东南七十步有玉池，深一丈。山东有卞和洞，一名抱璞岩，可容十数人。按：《韩非子》所载卞和献玉事，在楚武王、文王之世，则得玉荆山，应在楚地凤阳古涂山氏国。至考烈王徙都寿春，始为楚有。《新序》[1]谓：卞和抱玉而泣，在共王时。《杂记》又谓在怀王时，皆在考烈王之前。又承天府荆门州西北九十里望乡村，有抱玉岩，亦传为卞和采璞处，其地有潜玉亭址。潞安府屯留县西十里卞和庄，有卞和墓。

[1]《新序》，汉刘向撰，是以讽谏为政治目的的历史故事类编。

五丁开道处

汉中府城西南二十里牛头山，旁有石牛十二头，或云五头。相传即秦惠王所造，以绐蜀王者。每旦置金尾下，言能粪金以遗蜀王。蜀王负力而贪，乃令五丁力士开道引之，秦遂使张仪、司马错进兵灭蜀。褒城县东北十里为褒谷，长四百七十里，北口曰"斜"，南口曰"褒"。谷口有石如门，广二步，深八步，高一丈。相传蜀五丁所凿，其道曰"金牛道"。汉永平中，司隶校尉杨厥又凿而广之。县西一百八十里，有唐开元中所置金牛县故迹。宁羌州北三十里有五丁峡，亦名金牛峡。保宁府剑州北二十五里大剑山，一名梁山，有小石门穿山通道，六丈有余。俱相传为五丁所开。石牛道自汉中而褒城，而宁羌，而剑州，正入成都之路。大抵道通而兵随进，石牛究未尝至蜀也。

白起坑赵卒处

泽州高平县西北二十里长平关，秦白起坑赵卒四十万于此。后人收其头颅，葬之城西五里，名头颅山，亦名白起台。坑卒处，旧名杀谷，唐玄宗幸潞州，过此致祭，改名省冤谷。彰德府磁州武安县南三里有长平坂，广袤八十里，亦传为白起坑赵卒处，因起封武安君而附会之，其实非也。按：西安府泾阳县西南五十里，亦有长平坂，乃秦故狱处。

博浪沙

博浪沙，一在开封府城北三十里，其地有博浪城，亦名博浪亭，即张良令力士击秦始皇处。一在阳武县东南三里。阳武县，在开封府城西北九十里。

田横故垒

田横岛，在莱州府胶州即墨县东北一百里，四面环海，去岸二十五里，可居千余家。上有义士冢，横众五百余人俱死于此。田横山，在登州府城西北三里，石壁高峻，故寨遗址尚存。韩信破齐，横与其众五百人栖此，后乃入岛中。田横固在淮安府海州东北八十余里小鬲山，孤峰秀特，三面壁立，俯临海溪，惟东隅可通人行，累石为城。田横保此为固，故名。一作田横国。

戚夫人里

汉中府西乡县北五里蒿平山下洋川，一名青凉川，戚夫人所生处也。汉高帝得而宠之，夫人思慕本乡，追求洋川之旧。高帝为驿致长安，蠲复其乡。兖州府曹州定陶县南，有戚姬村，亦传为戚夫人故里。

琴高乘鲤处

琴高，或云赵人，今河间府河间县境有琴高冢。或云楚人，或云为周灵王太子师，善鼓琴，故称琴高。或云为宋康王舍人，行彭涓[1]之术，客游砀郡二百余人［年］。后入砀水中取龙子，与弟子期曰："皆洁斋，待于水旁，设屋祠。"果乘赤鲤鱼出，入坐祠中。砀中有千万人观之，留月余入水。砀郡，今徐州砀山县是也。泗水中有香城，即高入水处。顺天府涿州涿水，一名挟活水，一名圣水，相传即琴高乘鲤处。苏州府子城西北有乘鱼桥、交让渎、法海寺，西有琴高宅。相传寺乃济阳丁法海[2]所建。法海与琴高友善，高世不仕，共营东皋之田。时岁大稔，二人共行田畔，忽见一大鲤鱼，长可丈余，一角两足，双翼舞于高田。法海试上鱼背，凝然不动，请高登鱼背，乃举翼飞腾，冲天而去。一云琴高，汉处士也。宁国府泾县东二十里有琴高山，山上有隐雨岩，相传为高控鲤上升处。岩下有洞，洞旁有钓台，台下水即琴溪也。每岁上巳前后数日，出小鱼，相传为处士药渣所化，亦号琴鱼。抚州府崇仁县西十五里有鲤石，世传琴高于此得道，所乘之鲤，化而为石。《罗浮图志》云：葛玄号葛仙公，从左慈[3]受丹液仙经。有仙人琴高闻仙公得道，自东海跨双鲤来访。仙公与之酣饮，既醉，高卧白云间。酒醒，双鲤化为石矣。仙公乃以双鹤赠之，跨还。石至今存。

[1] 彭涓，彭祖和涓子的并称。二人均为传说中的长寿者。
[2] 丁法海，盖丁令威后裔。
[3] 左慈（156？—289？），字元放，庐江（今安徽庐江西南）人，东汉末年方士。

李陵望乡处

大同府城西北五百里，有李陵台，高二丈余，陵尝望乡于此。哈密卫东南境有望乡岭，岭上石龛有李陵题字。哈密，在玉门关北八百里。

昭君村

昭君村,在荆州府归州东北四十里,王昭君生此,至今村中人生女必灸其面。州东十里有香溪,兴山县有珍珠潭,俱相传为昭君涤妆处。承天府荆门州城外,亦有昭君村,杜子美诗"千山万壑赴荆门,生长明妃尚有村"。河南府浃州[1],亦有昭君村。

[1] 河南府浃州,当为河南府陕州。

杜康造酒处

杜康宅,在常州府江阴县治东南,承天寺即其地。杜康台,在襄阳府宜城县东,俱传为康造酒处。又济南府城内舜祠东庑下,有杜康泉,世传康汲此酿酒。大名府南乐县之武强镇,有杜康墓。淮安府城东北七里,有杜康桥。汝州伊阳县,有杜康河。康,字仲宁,出魏武[1]《短歌行》注。

[1] 魏武,即曹操。

汉光武渡冰处

真定府深州东北四十里,有危渡。汉光武南奔至滹沱河,无舟,王霸[1]诡云:"冰坚可渡。"俄而冰果合,渡数骑而冰解,后因号为"危渡口",其地名凌消村。一云渡处在晋州城东十八里之冻河头。一云渡处在保定府祁州深泽县东南,亦名危渡口。今流绝,有故道存。河北有水冻村,以光武到此冰合,故名。又有息马村及屯留,相传光武屯兵息马处也,今讹为洗马村。

附 录

大名府滑县有灵昌津,旧名延津。后赵石勒伐刘曜,至河滨,冰偶结得济,济讫随泮,勒因号曰"灵昌"。

前燕慕容皝[2]弟仁[3],据辽东叛。旧海水无冰,仁叛后,三冻皆成。皝率军从昌黎践冰而进,擒仁杀之。

后燕慕容垂[4]使太子宝[5]伐拓跋珪,临河造船。将济,魏邀执燕使者。使隔河言垂已死,宝烧船夜遁,时河冰未合,宝以魏兵必不能渡,不设斥候。天暴风,冰合,魏兵济河,晨夜兼行,及之,于参合陂覆其军。

南燕慕容德[6]自邺率众南徙滑台,以避拓跋珪。至黎阳津,遇风船没。魏追将至,其夕流澌冻合,于夜中济讫,旦而冰泮。燕民神之,因改号"天桥津"。

拓跋珪祖代王什翼犍[7],都盛乐,征刘卫辰[8]。时西至黄河,冰尚未成,犍以苇絙约澌,俄然冰合,犹未能固,乃散苇于上,冰草相结如浮桥。众军利涉,出其不意,卫辰惊叹西走。卫辰,赫连勃勃[9]之父也。

唐王方翼[10]平西域,七月次叶河无舟,而冰一夕合。

后唐明宗尝从庄宗南伐,失利,欲北渡河,河冰初解,又无舟楫。是夜大寒,冰复合,得渡。渡毕而冰解。

周太祖[11]乾祐中北征,至澶州驿,河冰已解,浮桥难立。其夜风烈凝冻,比旦,步骑践冰而渡,谓之"凌桥"。

宋靖康之变,康王[12]奔相州召兵。兵发将渡河,冰未冻,王祷天地河神,行至子河渡,而冻已合,遂济。

[1] 王霸(?—59),字元伯,颍川颍阳(今河南许昌西)人。东汉将领,云台二十八将之一。
[2] 慕容皝(297—348),字元真,小字万年,昌黎棘城(今辽宁义县)人,鲜卑族。333年,慕容皝以平东将军继其父慕容廆之位,统领辽东。337

[3] 仁，即慕容仁（？—336），小字千年，昌黎棘城（今辽宁义县）人，鲜卑族。前燕建立者慕容皝同母弟。屡立战功，深得人心，遭到慕容皝妒忌，因此反叛。后兵败被擒，赐死。
[4] 慕容垂（326—396），字道明（一字叔仁），昌黎棘城人，鲜卑族。慕容皝第五子，建立后燕，后称帝，死后谥号"成武"，史称后燕成武帝。
[5] 宝，即慕容宝（355—398），字道佑，小字库勾。后燕武成帝慕容垂第四子，十六国时期后燕第二位皇帝。
[6] 慕容德（336—405），后改名慕容备德，字玄明，昌黎棘城（今辽宁义县）人，鲜卑族。前燕文明帝慕容皝幼子，五胡十六国时期南燕开国皇帝。
[7] 什翼犍，即拓跋什翼犍（320—377），鲜卑族，平文帝拓跋郁律次子，烈帝拓跋翳槐的弟弟，十六国时期代国君主。
[8] 刘卫辰（？—391），胡夏武烈帝赫连勃勃的父亲，十六国时期匈奴支系铁弗部首领。
[9] 赫连勃勃（381—425），原名刘勃勃，或字敖云，匈奴铁弗部人。十六国时期胡夏国（413年，改姓赫连，又称赫连夏）建立者。
[10] 王方翼（625—687），字仲翔，并州祁（今祁县）人。唐朝名将。
[11] 周太祖，即郭威（904—954），邢州尧山（今河北省邢台市隆尧县西）人。后周开国皇帝。
[12] 康王，即后来的宋高宗赵构。

吕母[1]起兵处

新莽时，琅琊郡海曲县有吕母者，子为县吏，犯小罪，令论杀之。母破家结客得数百人，入海招亡命得数千，遂破县，执令杀之。以其首祭子冢，其后号曰"赤眉"。莽末兵乱之兴，由此始也。今兖州府东平州西南有吕母宅，宅东三里即济水，水侧有碑。淮安府海州城北三十里巨平山之南岭上，有吕母固，高二里，即吕母入海时，所保以为固者。按：汉海曲县，即今青州府莒州之日照县也，与海州之赣榆县接界。

[1]吕母（？—18），琅琊郡海曲县（今山东省日照市）人。新莽时期最早反抗王莽统治的农民起义领袖之一，也是中国历史上第一个农民起义的女领袖。

姜诗孝泉

成都府汉州德阳县西北四十里孝泉镇，有孝泉，即姜诗孝感涌泉跃鲤处。荆州府夷陵州西山甘泉寺侧，有孝妇泉，泉上立祠，祀姜诗妻庞氏。欧阳永叔不以为然，故其诗曰："丛祠已废姜祠在，事迹难寻楚语讹。"按：《后汉书》广汉姜诗，永平三年察孝廉，除江阳令，卒于官。《水经注》谓诗，姓江，又谓诗取水溺死。俱误，本传其子因远汲溺死，乃诗之子，非诗也。

蔡伦造纸处

衡州府耒阳县治西南一里蔡伦宅内有池，名蔡子池。池南石臼，即伦舂纸臼也，唐别驾李慗以臼入贡。今宅与池皆废。岳州府平江县亦有蔡伦舂纸臼。襄阳府枣阳县北半里，亦有蔡伦宅，宅旁有蔡子池，见盛弘之《荆州记》[1]。故王介甫诗云："波工龟手诧今样，鱼网肯数荆州池。"长沙府攸县东三里蔡公潭，亦传为蔡伦造纸处。伦，字仲敬，桂阳人。汉和帝时，官常侍，封龙亭侯。其墓在平阳府安邑县张董里，盖侨居于此，卒葬焉。古者编竹简而书太重，后用缣帛书，谓之纸太贵。至伦始用树肤、麻头、敝布、鱼网为纸，至今便之。

[1]《荆州记》，南朝宋盛弘之撰。区域志，正文依巴东、南郡、江夏、襄

阳、南阳、顺阳、宜都、武陵、长沙、衡阳、桂阳、豫章、始安、始兴等郡，各郡分县记述境内名胜古迹、洞穴矿泉、地方特产、历史典故、神话传说、高山大川等。

马融读书处

西安府盩厔县东南芒谷中，有马融读书石室。县东北二十七里，有马融读书台。凤翔宝鸡县西南五十里玉女洞南，有马融读书石室。开封府许州临颖县东南四十里，有尚书台，以马融尝读书其上得名。魏文帝受禅于此，后唐高宗阅武于此，又名阅台。融，茂陵人。

马融授经处

绛帐村，在凤翔府扶风县东南二十里。绛帐台遗址在荆州府城西鼓角楼。俱相传为马融授经处。融尝为南郡守。南郡，即今荆州。

郑玄设教处

不其山，在莱州府胶州即墨县东南四十里。郑玄尝设教此山，下产碧草，大如薤叶，长尺余，坚韧异常，号"康成书带草"。黉山，一名黉堂岭，在济南府章丘县东二十五里，接淄川邹平界。郑玄注书于此，上有古井，生草如薤，人谓之"郑玄书带草"。或云即淄川县东十里梓潼山也，因玄教授生徒于此，故名黉山。又登州府宁海州文登县西三十里长学山，亦玄开馆授徒处，今有书院遗迹。玄，高密人。按不其山，亦作不期，又名训虎山，因汉县令童恢咒虎伏罪之事而名之也。

孙钟种瓜处

杭州府富阳县南十五里阳平山，孙钟种瓜其上，卒葬焉。常有紫气蔓延数十里，识者知其后之将兴也。应天府溧水县西二十里上方寺中，有井，相传为孙钟种瓜井。镇江府丹阳县西十里三仙庙，下有瓜丘、灌井，相传孙钟种瓜于此。有三士诣门求瓜，钟设瓜待之，士因指以葬地，言讫化为三鹤飞去。钟卒葬其地，后人因立庙，以祀三仙。淮安府盐城县治东北半里，有孙钟井，一名瓜井，亦相传为钟种瓜处。按：钟孙坚，熹平间，为盐渎丞，母卒，葬于此，故有孙夫人庙。后人因讹传为钟尝居此。南昌府城西北一百六十里吴城山，岳州府治北四里西瓜山，长沙府醴陵县东北孙钟山，一名瓜畬，俱传为孙钟种瓜处，不知何据。

八阵图

诸葛武侯八阵图，蜀中凡三，在夔州府城东南者，六十有四，方阵法也。三蜀雪消之际，大树、巨石随波塞川，而下水与岸齐，雷奔山裂。及水已平，万物皆失故态。惟阵图小石之堆，行列依然。在成都府新都县北三十里弥牟镇者，一百二十有八，当头阵法也。其地象城门四起，中列土垒，约高三尺，耕者或划平之。经旬余，复隆起。盖其精诚之所贯也。在棋盘市者，二百五十有六，下营法也。汉中府沔县有沔阳城，溯汉上十五里定军山下，亦有八阵图。背山向水，累土为阵，水至，坏其行列；水去，辄复故。其旁有督军坛，武侯尝督军于此，每阴雨则闻击鼓声。按：夔城东南阵图六十有四之说，见诸《荆州图副》云：永安宫南一里渚下平碛上，周回四百一十八丈，中有诸葛孔明八阵图。聚细石为之，各高五尺，广十围，历然棋布，纵横相当。中间相去九尺，正中开南北巷，悉方广五尺，凡六十四聚。苏子瞻云：鱼复平沙之上，垒石为八行，相去二丈。吾尝过之，自山上俯视，百余丈，凡八行，为六十四蔟，蔟上图不见凸凹处，如日中盖影耳。就视，皆卵石漫漫，不可辨。《水经注》则云：八阵图，东跨故垒，皆累细石为之。自垒西去，聚石八行，行间相去二丈。万历间，天台王士性《入蜀记》云：八阵碛，在鱼复上，左右八碛，其一尚在。明灭间，谓六十四蔟者，非其说不同，何也？盖总数之，止八行，而细数之，则有六十四蔟。从高俯视之，则见，而平视之，则又不见。图之所以为神耳。

孔明渡泸处

泸水即金沙江，在今滇蜀之交。一在武定府元江驿，一在姚安府之左郡。考沈黎古志：孔明南征，由今黎州路。黎州四百余里至两林蛮，即今［今］邛部长官司。自两林南瑟琶部，三程至嶲州，即今四川行都司。十程至泸水，又四程至弄栋，即今姚州。则孔明所渡，当在左郡，今泸州。近城有渡泸亭，盖以州城东之泸江为孔明渡泸处，非也。一云泸水即孙水也，源出泸山，下流径泸州，至武定府治东北黎溪，与金沙江合。今由会川卫过金沙江，谓之"渡泸"云。

王祥卧冰处

安庆府望江县西南二里，有王祥卧冰池，径圆可六七步，虽极冻，其中如有人卧形。祥，琅琊人。溪［汉］末遭乱，携母及弟览，避世庐江，三十年不应州郡之命。冬月，恒卧冰得鱼，以养母。今望江县，即汉庐江郡地也。兖州府沂州城北二十五里，有王祥河，一名孝河，亦相传为祥卧冰跃鲤处。沂州，即汉琅琊郡也。

河南府城西南三十里，有孝水，即谷水，世传王祥剖冰于此。潘岳《西征赋》所云澡孝水而濯缨，美嘉〔嘉美〕名之在兹也。常州府城东南五里有王祥庙，庙侧止水一泓，名"卧冰池"。相传祥尝居此，追慕祥德，故以名池。湖州府安吉州东三十里梅溪乡，有王祥宅，相传祥尝寓此，其旁亦有卧冰池。抚州府城东孝义寺，俗传为王祥故宅，亦有卧冰池。岂其避地，或偶经此，而后人遂附会之耶？按祥而后人，得卧冰者二人。西河王延，字元寿，性至孝，九岁丧母，几至灭性。后母卜氏遇之，无道，尝盛冬思生鱼，敕延求之。不获，杖之流血。延寻汾河，扣凌而哭，忽有一鱼跃出冰上，长五尺，取以馈母，积日食之不尽，于是心悟，抚如己子。延年六十，始仕于刘渊，仕至金紫光禄大夫。及靳准作乱，弗从，见杀，又以节义称焉。宋政和中，济南府禹城县孝义村崔志有女，甚孝。母卧病久，冬忽思食生鱼，不可得。女曰："闻昔者王祥卧冰得鱼，想不难也。"兄弟皆曰："女子何妄论古今！"女曰："不然，父母有儿女者，本欲养生送死，兄谓女不能耶？！"乃同乳媪焚香誓天，即往河中卧冰。凡十日，果得鱼三尾，鳞鬣稍异。归以馈母，食之病顿愈。人或问："方卧冰时如何？"曰："殊不觉寒也。"事闻，诏旌表之，村名"孝义"以此。

殷羡[1]投书处

投书渚，在南昌府章江门外十里大江西岸，有磐石，名为石头津渡之处，即殷羡投书处也，一名沉书浦，俗呼为"板桥浦"。应天府城西二里石头山北，亦有投书渚，俗传为殷羡投书处，其实非也。

[1] 殷羡，字洪乔，陈郡长平（今河南西华）人，东晋官员。离开建康（今南京），赴任豫章（今南昌）太守前夕，多人托他带信。行至石头津，

启信开视，发现多为嘱托人情之事。一怒之下，将上百封信"悉掷水中"，留下"殷羡投书"故事。

佛图澄洗肠处

洗肠泉，在西安府同州澄城县西三里。洗肠原，在顺德府内丘县西十三里。洗肠池，在成都府彭县西北五十里白鹿山。俱相传为佛图澄洗肠处。澄，本西域僧，晋永嘉间入中国。左乳旁有一孔，通彻腹内，常塞以絮。至夜欲诵经，则拔絮，一室洞明。或过水边，引肠洗之，复纳入。白鹿山上有大乘金觉禅寺，乃澄所建。

附　录

应天府句容县东南四十五里茅山上，有洗心池，乃魏元君[1]破肚浣肠处。元君，即南岳夫人，授道茅君者。

凤阳府泗州盱眙县东三里，有八仙台。上有八仙坐石，下有神仙洗肠池。

常州府宜兴县西南十五里阳羡山，即君山之北麓。唐开元间，椆锡禅师筑庵居此。一日，忽膝间有婴儿声，乃下山娶妇生二子，复归庵。临真珠泉，剖腹出肠洗之，后人名其处为"洗肠池"。

台州府天台县北六里赤城山，有晋义熙中异僧昙猷[2]尊者洗肠池。故老言尊者，本应真化现，一日还石桥，将渡，有罗汉拒之，曰："尔托神母胎时，曾过韭畦，犹带荤气，故不容入。"尊者因临池吐出肠胃洗之。今绕池青韭丛生，远处皆无，是其验也。

成都府汉州什邡县治，乃唐紫极观，地□观前，旧有水西南流，名"老君洗肠池"。

兴化府城南罗汉峰下有佛肠坑，俗传广化寺开山僧，吐出肠胃于此洗焉。

南雄府保昌县，唐时有小释迦，黎氏子也，九岁入山精修，五载得悟。一日归省其母，啖之肉，出至小溪，以刃刳肠涤洗，赐号

"澄虚大师"。

[1] 魏元君（251—334），俗名魏华存，字贤安，任城（今山东济宁市）人。曾到南岳衡山集贤峰下紫虚阁修道，人称"魏夫人"、"南岳夫人"，是湖南最早的道教传播者，宋仁宗赐紫虚元君称号。
[2] 县猷，又名法猷、白道猷，敦煌（今属甘肃）人。少年修头陀苦行，学习禅定。后来游历江东，和县兰先后于兴宁（363—365）、太元间，移居天台赤城山。

温峤㸐[然]犀处

然犀浦，在太平府城西北二十五里牛渚山下，即牛渚矶也。去采石仅一里，乃古津渡，与和州横江渡相对。然犀亭，在和州当利口北岸，俱相传为温峤然犀照水怪处。

支遁[1]放鹤处

晋高僧支遁放鹤亭，在苏州府城西南二十五里支硎山天峰禅院门外，俗呼"南峰"。盖道林别庵也。绍兴府新昌县东三十五里沃州山，有放鹤峰，亦传为支遁放鹤处。

附 录

徐州城东南二里云龙山，有宋山人张天骥[2]放鹤亭。

杭州府城西西湖孤山上，有宋处士林逋[3]放鹤亭。

福州府城内乌石山东峰，有放鹤亭，相传为崔干所创。熙宁初，郡守程师孟[4]改名"冲天"。

[1] 支遁（314—366），字道林，世称支公，也称林公，别称支硎。本姓关，陈留（今河南开封市）人，或说河东林虑（今河南林县）人，东晋高僧。

[2] 张天骥，自号云龙山人，又称张山人。北宋隐士，好道家修身养性之术，隐居徐州云龙山西麓黄茅冈，养两只鹤，以训鹤为事。是苏轼的好友。
[3] 林逋（967—1028），字君复，又称和靖先生，浙江大里黄贤村人（一说杭州钱塘），北宋著名词人。性孤高自好，喜恬淡，隐居杭州西湖，结庐孤山。
[4] 程师孟，字公辟，号正议，吴县人（今江苏省苏州市）。宋景祐元年（1034年）进士，熙宁元年（1068年），以光禄卿出任福州太守。

慧远掷笔处

掷笔峰，在九江府城西南六十里庐山上大林峰之北。掷笔台，在泽州城东三十里硖石山。俱相传为慧远禅师掷笔处。师注《涅槃经》成，掷其笔曰："若疏义契理，笔当驻空！"已而果然。

江淹梦笔处

梦笔山，在建宁府浦城县西五里，相传江淹黜为吴兴令，梦神人授笔于此。今浦城，故吴兴也。梦笔桥，在绍兴府山阴县治东北，旧传江淹居此。一云在萧山县城内江寺前，自桥至寺三十步。宋叶青臣记初齐建元中，左卫江公淹舍所居宅为大福田，斯桥之兴与寺偕始云云。梦笔驿，在应天府东八里东冶亭。江淹尝宿此，梦一丈夫自称郭璞，曰："吾有笔在公处，可见还。"淹探怀中，五色笔授之。自是作诗，绝无佳句，人谓"江淹才尽"。世又传淹为宣城守，罢归，泊禅灵寺渚，梦一叟自称张景阳，谓曰："前有匹锦相寄，可见还。"淹探怀中，得数尺与之。此人大恚曰："那得割截都尽！"顾见丘迟，谓曰："余此数尺无用，即以遗君。"淹自是文思遂蹇。还笔、还锦二事相类，而传为淹一人之梦，或出于好事者之附会耳。淹，字文通，考城人。

杨贵妃生处

杨妃井，在梧州府容县西云陵里杨山下，旧传杨贵妃生处。妃父亡，母叶氏怀孕十三月而生妃，有异质，后军都督部署杨康以财帛求之为女。三岁听康亲女读书，即能成诵。时有长史杨元炎摄行帅，闻之，遂倍金帛从康求之，携归。后选入寿王宫，玄宗召为贵妃。杨妃池在成都府灌县东二十里，旧传妃父元炎为蜀司户，妃生于蜀，幼时尝坠此池，又呼为"落妃池"。二说不同，或因元炎尝宦蜀，而并附会之耳。

晒经石

晒经石，一在黎州安抚司城南十五里梵音水前，一在越嶲卫城东三百里高岭山晒经关，俱相传为唐僧玄奘晒经处。又大理府城北兰峰下有无为寺，其上有晒经坡，广三百步，不生草木，亦传为玄奘晒经处。

东　　坡

东坡，一在重庆府忠州郡圃，唐刺史白居易种花于此。有诗云："何处殷勤重回首，东坡桃李种新成。"又诗云："最忆东坡红烂熳，野桃山杏水林檎〔檎〕。"一在黄州府治东百余步，宋元丰三年，苏子瞻谪黄，故人马正卿为守，以故营地数十亩与之，是为东坡。其堂以雪中落成，名曰"雪堂"。按：在今黄冈县学旁，又有西坡，乃黄州卫治也。

苏堤

苏堤，一在徐州城东南，一在杭州府城西西湖，一在惠州府城西丰湖，俱苏子瞻筑。

蚩尤城

蚩尤城，一在平阳府安邑县南十八里，一在延庆州西南。又宣府赤城堡，亦传为蚩尤所居。保安州城西南九十里涿鹿山，即黄帝破蚩尤处。涿鹿山，一名独鹿山，涿水出焉。

高阳城

高阳城，一在保定府安州高阳县东二十五里龙化村，相传颛顼所筑。高阳者，高水之阳，颛顼所兴之地也。河间府任丘县废莫州东北三十里，亦有颛顼所筑城。又大名府开州城东二十五里，有颛顼城，一名东郭城；开州城西六十里废临河县东北，亦有颛顼城。皆颛顼所筑也。一在庐州府舒城县西南二十里，相传高阳氏封其子于蓼、舒之间，即皋陶廷坚也。一在开封府杞县西二十九里，世传古高阳氏封此，汉郦食其自称高阳酒徒，即此地。一在青州府临淄县西南二十五里时水之北，北魏所建。一在莱州府胶州高密县西北三十四里，一名胶阳亭，盖汉高阳县旧理也。成帝时，封淮阳宪王孙并为侯，国在此。一在西安府同州朝邑县西南三十二里渭水之北，沙苑之南，即汉怀德县故城也。一在荆州府归州兴山县西三里，楚自以为高阳之裔，故有此城。

尧　　城

尧城，一在保定府完县南，其地有尧始亭、唐头坂，俱以尧城而名。一在真定府定州东北十五里。又赵州宁晋县北乡，唐宋皆谓之克[尧]城，县南十五里有尧台，相传为尧禅舜处。一在池州府建德县南四里，旧传帝尧南巡至此。梁武帝于此立太原府，至隋废，今名尧城街，又有尧城溪。尧故城，在顺德府唐山县，尧始封于此，俗讹为"尧姑城"。平阳府蒲州东南三十里雷首山，解州平陆县，皆有故尧城。彰德府安阳县永和镇之南，亦有故尧城，隋开皇中，置尧城县。东昌府濮州东北五里，有尧城，乃尧之游都也。《竹书纪年》以为尧末年德衰，为舜所囚，在此诬甚。

唐　　城

唐城，在真定府定州城北十里，尧自唐侯而升为天子，此即其故都也。又赵州宁晋县北乡，金、元皆谓之唐城。平阳府翼城县东二十五里，亦有唐城，乃尧裔子所封之地。太原府太原县北二里，有故唐城，相传为尧所筑，即唐叔虞[1]子燮父[2]之所徙也。青源县[3]东南四十里，又有陶唐城，相传陶唐氏自巨鹿徙居于此，俗谓之"姚城"。

[1] 叔虞，即唐叔虞，亦称太叔，姬姓，名虞，字子于。周朝诸侯国晋国始祖。
[2] 燮父，即晋侯燮，姬姓，晋氏，名燮（亦作燮父），西周诸侯国晋国第二任国君。继位后，将国号"唐"改为"晋"。
[3] 青源县，当为太原府清源县。

丹朱城

丹朱城，在潞安府长子县治西，丹朱所筑也。县治北神农庙前，有熨斗台，亦传为丹朱所筑。保定府唐县有鸿郎城，相传丹朱居此。完县东南有子城，相传丹朱所筑。平阳府浮山县南十里故郭城，南、北、西三面险绝，惟东面平夷，一名丹朱邑，有丹朱饮马泉。郧阳府房县，相传丹朱封此。又东昌府濮州西北十五里有偃朱城，《竹书》谓舜既囚尧，偃塞丹朱于此，使不得见，诬甚。或云是丹朱偃息之所。

豢龙城

豢龙城，一在开封府许州临颍县西四十里，一在汝州宝丰县东南五十里。按：平阳府解州闻喜县东北四十里董泽，一名豢龙池，相传即舜封董氏豢龙之所。又《路史》云：高阳氏之后董父好龙，舜封之于鬷川，使豢龙，为豢龙氏。今兖州府曹州定陶县东北二十里三鬷亭，即其地。豢龙氏之封邑，不宜如此之多，或者支庶分居，而皆以初赐之氏名其地也。又考大名府滑县东南五十里废韦城内，有豢龙井，古豕韦氏[1]之邑也，亦高阳氏之后，彭姓。至夏孔甲[2]，以陶唐氏之后刘累[3]能扰龙，封之，使代豕韦之后，赐氏曰"御龙"，则此井当为累之封地。累因醢其一龙，甲使求之，累惧而迁于鲁县，即今汝州鲁山县，与宝丰县近，则宝丰之豢龙，疑亦累所居也。

[1] 豕韦氏，古部落名。
[2] 夏孔甲，姒孔甲，姒姓，名孔甲。夏朝第十四任君主（一说第十六任）。
[3] 刘累，远古部落联盟陶唐氏首领尧的后裔，刘氏始祖。

亳　　城

　　亳城，一在平阳府绛州垣曲县西北十五里，县西有亳原，汤尝誓众于此，其地周一百余步，至今民不敢耕。一在归德府城东南四十五里，帝喾都此。汤受命自商丘迁此，故《史记》曰："从先王居。"今为谷熟镇。一在睢州考城县东北五十五里，县南二里有葛冈，相传为葛伯所筑，则孟子所谓"汤居亳，与葛为邻"者，宜在此。一在大名府内黄县西南二十五里，商河亶甲自嚣迁都于相，即内黄也。城东有商中宗陵，高丈五尺有奇，环匝数十丈。按：三亳，商丘为南亳，偃师为西亳，考城为北亳。又长安杜南有亳亭，亦古国名。盖成汤之胤，秦宁公三年，与亳战，亳王出奔戎是也。今凤阳府之亳州，则古谯邑。至后周始，更为亳州，而后遂因之也。

葛　　城

　　葛城，一在归德府宁陵县北十五里葛乡，去亳城百里，汤始征葛即此。一在开封府许州郾城县。一在平阳府绛州垣曲县西南五里，俗名葛伯寨。又怀庆府修武县，亦有葛伯城及葛伯墓。按：葛国，在宁陵者，黄帝后姬姓之国；在修武者，少昊后嬴姓之国也。保定府安州有废葛城县，乃汉高阳县之葛乡城，金于此置葛城县。《后魏志》："临滁郡，治葛城。"则今全椒县之葛城驿也。

羑里城

　　羑里城，一在彰德府汤阴县北九里。因羑水所迳而名，一名牖城，又名防城，其地有羑河美市。一在巩昌府阶州文县西北二里天牢山上。俱相传为文王演易处。

微子城

微子城,一在东昌府城东北十八里,相传商封微子于此,后迁宋。一在潞安府潞城县东北十五里,纣都朝歌,潞在畿内,微子食采于此。

蜚廉城

蜚廉城,一在平阳府蒲州河津县,一在绛州,纣臣蜚廉所居也。蜚廉,颛顼氏之裔,五世生造父,赵之祖;七世生非子,秦之祖。蜚廉墓,在霍州东南三十里霍山。

营丘城

周成王封师尚父于营丘,都之为齐国。晏子云:"先君太公筑营之丘。"郭景纯[1]云:"齐之营丘,淄水迳其南及东。"《水经注》云:"营丘者,山名也。《诗》所谓'子之营[2]兮,遭我乎峱之间兮'。"今临淄城中有丘,在小城内,周回三百步,高九丈,北降丈五,淄水出其前,故有营丘之名。据诸说,今之临淄县,即古营丘矣。昌乐县东南五十里营丘社,又别有营丘城,则隋时所置营丘县也。临淄县,在青州府城西三十里;昌乐县在府城东七十里。盖二县,古皆为营丘地云。

[1] 郭景纯,即郭璞,东晋学者。
[2] 营,《诗经》作"还"。

谯　　城

谯城，一在凤阳府亳州东，本春秋谯邑，汉谯县，魏谯国，晋谯郡。曹操云："乃于谯东五十里筑精舍。"晋祖逊屯淮阴，进据太丘城，遂克谯城而居之，即楚平王所筑之谯陵城也。一在河南府陕州东北。在亳者，为炎帝后姜姓之封邑；在陕者，为召公子谯侯之旧国。谯，通作焦。《春秋》：襄十五年，楚伐陈，取焦夷地。此亳之焦也。《传》云："虞虢焦滑，皆姬姓也，晋是以大。"此陕之焦也。陕之焦城，北临焦水，故名。滁州有南谯城二，一在全椒县北二里，梁置南谯州于此；一在州西南八十里，北齐徙州治于此。北谯城，一在全椒县西北二十里，梁置北谯州于此。皆非古之谯也。

燕　　城

古燕国，在保定府易州东南，广袤六十里，召公之后都于此。旧燕城，在顺天府治西南五六里，辽、金别都之城也。元迁都稍东，于是旧城东半遂入于朝市间，而西半犹存，号为萧太后城。唐时，此为范阳藩镇，安史反，后改名卢龙，而所治幽州蓟县不改。今移蓟以名州，去此二百里；移卢龙以名卫，去此三百里。其实唐之卢龙与蓟皆在此也。蓟丘，在旧燕城西北隅，即古蓟门。旧有楼馆并废，但门存二土阜，旁多林木，蓊郁苍翠，为京师八景之一，曰"蓟门烟树"。

朝鲜城

朝鲜国，北邻女直，西北至鸭绿江，今平壤城，即其地也。永平府境内，亦有朝鲜城，相传箕子初受封于此。

辽阳城

辽东定远中卫，本汉襄平、辽阳二县地，故今亦称辽阳。而辽州城北三里辽阳山上，亦有古辽阳城，乃颛顼氏之子祝融所建也。

棘津城

《列子》云：吕望卖食于棘津。司马相如赋：太公困于棘津。棘津城，一在河间府景州东光县北二十里卫河西岸。一在真定府冀州枣强县东北十二里，今名"李仓口津"，上有卖浆台。相传太公未遇时，卖浆于此。青州府诸城县纪里河西崖有台，方三里，相传为太公钓处，亦名之为"棘津"。按《博物志》[1]：曲海城有东吕乡东吕里，太公望所出也。曲海城，在莒州东一百六十里，与诸城之棘津近。又卫辉府城南七里，亦有棘津，一名石济津，一名南津，相传太公尝隐此。

[1]《博物志》，西晋张华编撰。是古代神话志怪小说集，分类记载异境奇物、古代琐闻杂事及神仙方术等。

虞　　城

平阳府解州平陆县，春秋虞国地也。县东北六十里有虞山，一名吴山，一名吴坂。自上及下，七山相重，有故虞城在其内。晋假道于虞，以伐虢，即此城也。又汾州府孝义县东北十里，有虞城。城北十里有瓜城，即虢城也。晋灭虞、虢，迁其人于此，乃筑二城以居之。

虢　　城

周封虢仲为东虢，今河南府陕州灵宝县治南，有虢州城。开封府郑州荥阳县有虢公亭，怀庆府温县西南有虢公台，温县东济水之南有虢公冢，皆其地也。虢叔为西虢，今凤翔府宝鸡县东六十里有虢国城是也。其别为卢氏，今陕州卢氏县有虢山是也。东迁之际，移都上阳，为南虢，今陕州硖石镇西三十六里上阳城是也。平阳府解州平陆县西六十里，地名闲田，有居之者谓之"北虢"。平陆县东北六十里有虞城，县东三十里有傅岩，故孔安国注《尚书》云：傅说[1]隐于虞、虢之间。宝鸡县虢国城东南十里有桃、虢二城，秦武公[2]灭虢为县，谓之"小虢"，俗呼"桃虢川"，二城相去十里。《左传》："制，岩邑也，虢叔死焉。"制，即今之郑州汜水县。此虢叔乃虢仲[3]之后，字曰叔，非西虢之虢叔也，春秋前为郑桓公[4]所灭。隐三年，周桓王[5]所将畀政之虢公忌父[6]，乃西虢公虢叔之后。虢通作郭。

[1] 傅说，古虞国（今山西平陆）人。殷商时期著名贤臣，先秦史传为商王武丁（约前1250—前1192年在位）丞相，为"三公"之一。

[2] 秦武公（？—前678），嬴姓，赵氏，名不详，春秋时期秦国国君，前697—前678年在位。

[3] 虢仲，又名姬仲，周文王的弟弟，助周灭商，建封西虢国。

[4] 郑桓公（？—前771），姬姓，名友（受封前称王子友），周朝诸侯国郑国第一任君主，前806—前771年在位。

[5] 周桓王，即姬林（？—前697），姬姓。东周第二任君主，前719—前697年在位。

[6] 虢公忌父，东周初期西虢国国君。

下蔡城

汉下蔡县，在今凤阳府寿州北三十里之下蔡乡。春秋哀二年，蔡迁于州来，言以州来地立蔡国也，即此。周武王封叔度[1]者，为上蔡，今汝宁府上蔡县西南十里古蔡城是也。成王[2]封度子平侯者，为新蔡，今新蔡县是也。州来为下蔡，楚公族贵人多居之。宋玉《好色赋》云："惑阳城迷下蔡。"即此。《水经注》云：淮水东岸又有城，即下蔡新城，与故城相对，翼带淮濆。是下蔡城有二也。

[1] 叔度，本名姬度，周公旦（姬旦，周文王第四子）的曾孙。
[2] 成王，周成王即姬诵（前1055—前1021），姬姓，名诵，西周第二位君主，谥号成王。开创成康之治。

谷　　城

谷城，一在平阳府隰州东四十五里，世传神农尝五谷于此，其地今名合桑林，东五里有尝谷台故址。一在兖州府东平州东阿县南十二里，春秋时，管仲采邑也，谷城山。在此即圯上老人与张良期会处。阳谷县治东北正街中，有谷山，《春秋》谓之"小谷"。齐桓公以鲁庄公三十三年城之。县东北三十里有古城，不知所本，或谓即谷之旧城也。河南府城西北五十里谷山上有城，古周邑也，因名"谷城山"。襄阳府谷城县西北五里谷山上，有谷城旧迹，即春秋谷伯绥国。

魏　　城

魏城，一在平阳府解州平陆县北古里，即古魏国。晋献公灭之，以封大夫毕万曾孙绛。一在开封府城西，魏惠王所筑也。魏先都安邑，后徙大梁。

阖闾城

阖闾城，即今苏州府城，吴王阖闾自梅里徙都于此。一在嵩江府城东六十五里，夹江又有二城相对，皆阖闾所筑以备越者。一在常州府无锡县西四十五里，伍员伐楚军还，筑大、小二城，后因名。府城西南六十里黄上渎，乃其取土处也。今有阖闾小城，在县西北，近太湖，与武进县界，故址略存，其地名城里村。

方　　城

方城，一在郧阳府竹山县东四十里方城山之南，四面险固，周十余里。《左传》楚使卢戢黎[1]侵庸方城，注云在上庸县。今竹山县，即秦上庸县，春秋庸地也。南阳府裕州东北四十里，亦有方城山，相传即古方城地。《水经注》引盛弘之《荆州记》云："叶东界有故城，始鳖县，东至灊水，达沘阳界。南北联，联数百尺，号为方城，一谓之长城。云郦县有故城，一面未详里数，号为长城，即此城之西隅也。其间相去六里若南北，虽无基筑，皆连山相接，而汉水流其南，故屈完答齐桓公云：'楚国方城以为城，汉水以为池。'"《郡国志》云：叶县有长城曰方城，指此城也。鳖，汉县，隋曰"鳖城县"，今汝州鲁山县东南有鳖城是也。沘阳，今泌阳县也。郦，东汉县，今邓州内乡县，有南郦、北郦二城是也。一云《左传》方城以为城，古本作"万城以为城"，古字萬亦作万，盖楚境萬里，故云萬城也。又承天府荆门州当阳县东南一百六十里，有方城，唐郭子仪筑，宋荆南制置使赵葵守此，避父讳改曰"万"，城址尚存。

[1]卢戢黎,楚大夫。

钟离城

钟离城,一在凤阳府临淮县东四里,四面城壕,见在临淮。《春秋》:钟离子,嬴姓之国也。成公五年,叔孙侨如[1]会吴于钟离。昭公四年,楚箴尹宜咎城钟离,至二十四年,吴人灭之。秦汉之钟离县治此。一在兖州府沂州西南一百二十里,与襄贲城相对。

[1]叔孙侨如,姬姓,叔孙氏,名侨如,谥宣,史称叔孙宣伯。春秋战国时期叔孙氏宗主。

白公城

白公城,一在庐州府城东北七十里梁县乡,古慎地也。《左传》哀公十六年,吴代伐慎,白公败之于此。其地又有白公池。一在汝宁府光州息县东北,旧有白公庙,谓之"白亭"。一在岳州府澧州慈利县东五里鲤鱼溪下,四面有门。俱相传为楚白公胜筑。一在宝庆府邵阳县境,楚大夫白善筑。一在汉中府洋县,秦白起守汉中时,筑此城,以控制蛮獠。

王官城

王官城,一在西安府同州澄城县西北,秦县名也。《左传》穆公伐晋,取王官,即此。一在平阳府曲沃县西南二里。《左传》晋人谋去故绛,徙居新田,即此。

丹阳城

荆州府归州东七里，有丹阳城，北枕大江，土人称为"屈沱"。楚王城丹阳者，丹山之阳也。楚熊绎[1]始都之，后徙于枝江，故枝江亦称丹阳。晋王濬[2]破丹阳，遂克西陵，此归州之丹阳也。西魏于谨伐江陵，曰："为萧氏计，席卷渡江，直据丹阳，上策也。"此枝江之丹阳也。汉置丹阳郡，治宛陵，今宁国府治是也。晋置丹阳郡，治秣陵，今应天府东南四里，有太原［康］中所筑丹阳郡城是也。汉之丹阳县，即今太平府之当涂县。太平府城东南七十里有丹阳湖，芜湖县有丹阳乡，尚存郡县之旧名矣。句容县西南三十里有绛岩山，本名赤山，芜湖县东北五里有赭山，俱相传云丹阳义取诸此。今镇江府之丹阳县，乃唐天宝初所置，历宋元至今，因之。按诸史，郡县俱作丹阳，惟《晋书》郡作丹阳，县作丹杨县，下注云：丹杨山多赤柳，在西也。曹能始[3]《镇江名胜志》云：天宝元年，以县境有杨树生丹，因改丹杨县。其说必别有所本，《一统志》既定为丹阳，不必复改正，然亦不可不知其命名之始末也。

[1] 熊绎，芈姓，熊氏，名绎。西周诸侯国楚国始封君，前1042—前1006年在位。
[2] 王濬（206—286），字士治，小字阿童，弘农郡湖县（今河南灵宝西）人。初为河东从事，后拜龙骧将军，发兵成都，连克西陵、夏口、武昌，直抵南京，孙皓出降，吴并入晋。升为镇军大将军，加散骑常侍。
[3] 曹能始，即曹学佺（1574—1646），字能始，一字尊生，号雁泽，又号石仓居士、西峰居士，福建福州府侯官县洪塘乡人。明代官员、学者、藏书家，闽中十子之首。万历二十三年（1595年）进士，曾任四川右参政、按察使、广西参议等。

郧　　城

郧城，一在荆州府城南二百里，楚昭王时，郧公筑。一在嵩滋县[1]东五十里，亦名楚城。或云在县南二百里，今谓之古墙。按春秋，郧子国为楚所灭，封斗辛为郧公，即今德安府地。

[1] 嵩滋县，当为荆州府松滋县。

马邑城

马邑城，一在大同府朔州，灭东秦时所筑。一在泽州沁水县东二十里，白起与赵括战时，牧马于此。其地峻险，南临小涧，北距大川。

甘罗城

甘罗城，一在淮安府城西北四十里，秦甘罗建。雨后常于土中得小钱，状如钟，上有篆文不可识，人号"甘罗钱"。一在宁国府南陵县北七里，一名甘公城，甏壁甚坚，缭以漳水，中可容数千人，四旁门址略有存者。淮安府城西北六十五里金牛冈上，亦时出甘罗钱。世传甘罗十二为秦相，大误。按《史记》云：罗事相吕不韦，因说赵有功，始封为上卿，不曾为丞相也。相秦者，是罗祖，名茂。

沙丘城

沙丘城，一在河间府阜城县界，一名定阳城，或误作宅阳城。

一在莱州府城东北二十里。俱相传为秦始皇崩处。

三　　户

《史记》：范增说项梁，引楚南公之言曰："楚虽三户，亡秦必楚。"其后项羽使蒲将军日夜引兵度三户，军漳南，与秦战，再破之。孟康曰：三户，津峡名也，在邺西三十里。正义曰：南公辩阴阳，识废兴之数，知秦亡必于三户，是南公之善谶。按：邺，即今彰德府临漳县。《水经注》："浊漳水，又东迳三户峡，为三户津"，即此。《左传》：哀四年，晋人执戎蛮子赤与其五大夫，以畀楚师于三户。杜预注云：今丹水县北三户亭。按：今南阳府邓州内乡县西南有三户城，即其地也。《水经注》：丹水又迳丹水县故城西南，县有密阳乡，古商密之地，楚申息之师所戍也，春秋之三户矣。即此。范蠡，三户人，卒后，祀之甚严。

霸王城

霸王城，一在凤阳府泗州盱眙县东北三十里，项氏立楚后屯兵处。一在宿州灵壁县西南七十里。一在县西北七十里。一在县西北七十五里。

东　　城

《史记·项羽本纪》：至阴陵迷失道，复引兵而东，至东城。今和州北界有晋时乌江废县，本秦之乌江亭，汉之东城县地也。州北八十里有阴陵山，即滁州全椒县东南二十五里之九斗山也。羽败走，与追兵九斗于此，今山上有刺枪坑及磨砺刀镞迹。全椒县西南二十里有迷沟，即羽为田父所绐[1]，迷入大泽处。凤阳府定远县东南五十里有废东城,即汉县治址也。羽欲东渡乌江,则所谓东城者,当在彼而不在此。《述异记》云:阴陵故城九曲泽,泽中有项王村,即项籍迷失道处。项王失路于泽中,周回九曲,后人因以为泽名。今定远县西北六十里镆铘山南,有阴陵故城址,周二里,即《述异记》所载者。又庐州府城东北十里有左路城,世传羽失道,田父绐之,曰:"左!"在此地。其实皆非也。

[1]绐,欺骗。

平　　城

平城,一在太原府代州西北,汉县,属雁门郡。一在大同府城西北五百里,金立平城寨,元置为县,本朝省。一在辽州境,隋置属并州,金废为镇。后复置,改曰"仪城"。

厌次城

厌次城,一在济南府陵县东北二十里,汉县也。《史记》:高帝元年,封元顷为侯国,在此。一在武定州阳信县东十里,即马岭城也,后魏移厌次于此。一在县东南二十里,即富平城也。盖自汉以后,厌次县治屡易其处,故一城二名。厌次者,相传秦始皇东游厌气,至碣石,次舍于此。

云中城

云中城,一在太原府代州崞县西南七十里之永兴都,今名"芦板寨城"。一在忻州西北五十里云中山下,州北七十里有云中水。一在平阳府蒲州河津县,汾水之曲,疏属山南,即隋王通故里。通自云登云中之城,望龙门之阙是也。一在大同府城北郭外,后魏建此为西京,唐为云中郡。

巨鹿城

巨鹿泽名,一名大陆,一名大麓,一名广阿,在今顺德府巨鹿县西北五里。若《史记》项羽之战,巨鹿大破秦军;又张耳与赵王歇[1],走入巨鹿城,王离[2]围之,则入今平乡县界矣。

[1] 赵王歇,指赵歇(?—前204),嬴姓赵氏。秦末人,战国时赵贵族。曾被立为赵王、代王。
[2] 王离,秦朝著名将领。秦末农民起义爆发后,与章邯一起统率秦兵与起义军作战。巨鹿之战,兵败被俘。

广武城

广武城,一在太原府代州西十五里,汉县也。高帝械娄敬于广武,魏文帝移雁门郡南度句注,治广武城,即此。隋避杨广讳,改雁门,故一名雁门城。崞县又有广武故城,则唐所析五台、崞二县而置武延县者,后改唐林,朱唐改白鹿石,晋改广武,非汉之广武也。一在大同府朔州马邑县南八十里,《汉书》:韩王信与匈奴屯广武以南,汉兵大破之,即此。汉为县,属太原郡。一在济南府武定州海丰县北八十里,李左车筑。一在开封府郑州河阴县十里广武山、三皇山,二山相连,上有二城,东曰"东广武",西曰"西广武",相去二百余步。晋阮籍登广武而叹曰:"时无英雄,使竖子成名!"一在西安府富平县。一在临洮府兰州西二百二十里,汉魏都尉治此,前凉置广武郡,隋罢郡置广武县。

古　　冶

　　《史记》：汉五年，复立无诸为闽越王，王闽中故地，都东治。治字，盖冶字之讹。《前汉书》作都冶，颜师古注云：地名，即侯官县是也。又《地理志》：会稽郡冶县，师古注云：本闽越地。又严助谕告淮南王曰："闽王以八月举兵于冶南。"苏林注云：山名也，今名东冶，属会稽。按：冶山，在今福州府城东北隅，乃古冶铸之地，闽越王都于其前麓，谓之"冶城"。而是山若屏扆，宫殿负之，故曰"屏山"。山上有泉池，故曰□□。以闽越王都此，故曰"越王山"。其东南麓，旧为左衙、宣毅、广节诸营，故以将军名其阜，即曰"将军山"。山北麓有瓯冶池，即欧冶子铸剑处。《后汉书》：会稽郡章安，故治闽越地，光武更名治字，亦冶字之讹。《宋书》：汉武帝世，闽越及[反]，灭之，徙其民于江淮间，虚其地。后为遁逃山谷者颇出，立为冶县，属会稽。司马彪[1]云：章安是故冶，然则临海亦冶地也。盖东汉初，分冶县为会稽东、南二部都尉，东部曰临海，南部曰建安。建安都尉仍治东冶，非今之建安县也。闽中之名冶县者，非独取义冶山。盖闽中产铁，今嵩溪县有湛卢山，亦相传为欧冶子铸剑处，垆[2]迹尚存。张勃所谓湛山之垆铸剑，为湛垆是也。浙中之名冶县，则《吴越春秋》所谓"赤堇之山破而出锡，若耶之溪涸即出铜"是也。

[1] 司马彪（？—306），字绍统，河内温县（今河南温县）人。西晋宗室、史学家，著有《续汉书》。
[2] 垆，通"炉"。

东瓯城

　　东瓯王都城，在温州府境，即汉立东海王摇所居，世俗号为

"东瓯王"云。建宁府城东南十里,亦有东瓯城古迹。按《史记》:吴王濞反,东瓯从吴,已而受汉购,杀濞。濞世子驹亡闽越,怨东瓯杀其父,劝闽越围东瓯。司马贞[1]注引姚氏云:"瓯,水名。"《永嘉记》:水出宁山,行三十余里,去郡城五里入江。昔有东瓯王都城,有亭,积石为道,今犹在也。以是证之,东瓯城之在永嘉无疑矣。《建宁志》乃谓闽越围东瓯,即府城东南之东瓯城,不知其何所本也。郭璞注《山海经》:闽越,即西瓯,今建安郡是也。建安既是西瓯,何因复有东瓯山,此亦俗讹之,难究诘者矣。考东瓯故地,今福州府属沿海一带皆是。如长乐县西隅马头江,即吴王濞造战舰处,古谓之吴舰[航]头,故名县曰"吴航"。濞反,独东瓯从之,故听濞于此造舟也。《新唐书·柳冕[2]传》:奏闽中本南朝畜牧地,可息羊马,置牧区于东越,名万安监。今福清县乃嗣圣中所置万安县,故冕亦以万安名监,而地称东越。则贞元中尚尔也。又按《史记》、《汉书》,俱载南越王赵佗以兵威边,财物赂遗闽越、西瓯骆,役属焉。司马贞注《史记》:交趾、九真二郡,即瓯骆也。颜师古注《汉书》:西瓯即骆越,言西者以别于东也。罗泌《路史》谓:西瓯在郁林,乃骆越之别种。据此三说,则西瓯种类流布极广,谓建安为西瓯者,独就闽中言之耳。

[1] 司马贞,字子正,唐河内(今沁阳)人。开元中官至朝散大夫、弘文馆学士。著有《史记索隐》。
[2] 柳冕(730—804),字敬叔,蒲州河东(今山西永济)人。历官唐代婺州刺史、御史中丞、福建观察史等。

长安城

长安城,一在西安府城西北三十里,本秦离宫。汉高帝自栎阳徙都于此。惠帝城长安,周围六十五里,南为南斗形,北为北斗形,其土本皆黑壤。今城赤如火,坚如金,相传当时凿龙首山土以筑城云。一在凤翔府西北九里,汉惠帝所筑,在天兴县,金改天兴为凤翔县。一在保定府易州西南,汉幽州刺史李宣尚范阳公主,主怀长安,乃筑此城。象之,故名。

任嚣[1]城

任嚣城,一在广州府治东。其城甚小,宋时为盐仓,即旧番禺县治也,后并入东城。一在韶州府城南二里,嚣筑之,以图进取者。

[1] 任嚣(？—前206),秦朝将领。统一岭南,首任南海郡尉。以番禺(今广州)为郡治,在今仓边路附近修筑番禺城,史称"任嚣城"(广州之始)。

赵佗[1]城

赵佗城,一在广州府治东,佗僭称南武帝时所居。一在青远县[2]东北五十里帽山,基址尚存,俗名"万人城"。一在韶州府乐昌县西南二里,佗未代任嚣时,此居其地,今名城头。一在仁化县北一百三十里,今名城口村。一在英德县北四十里浈山,亦名"万人城"。已上皆佗所筑。

[1] 赵佗(约前240—前137),嬴姓,赵氏,名佗,秦朝恒山郡真定县(今河北正定县)人。是南越国第一代王和皇帝,前203年至前137年在位,号称"南越武王"或"南越武帝"。
[2] 青远县,当为广州府清远县。

夜郎城

《水经注》云："郁水，即夜郎豚水也。汉武帝时，有竹王兴于豚水，有一女子浣于水滨，有三节大竹，流入女子足间，推之不去。闻有声，持归，破之得一男儿。遂雄夷濮，氏竹为姓。所捐破竹，于野成林，今竹王祠是也。王尝从人止大石上，命作羹。从者白无水。王以剑击石出水，今竹王水是也。后唐蒙开牂牁[1]，斩竹王首，夷獠咸以竹王非血气所生，求为立祠。帝封三子为侯，及死，配父庙。今竹王三郎祠，其神也。"按：祠在今遵义府桐梓县，甚灵，又有竹王洞。桐梓驿西二十里，有夜郎城，碑尚在，字已漫灭，编户有夜郎里。遵义本秦且兰、夜郎二县地，先是楚顷襄王[2]遣将庄豪[3]，从沅水至且兰，灭夜郎，则桐梓之夜郎城，为古夜郎国都无疑。若叙州府之高县、兴文县，及嘉定州，楚施州卫，黔石阡府、普安州，粤西柳州府之怀远县，皆以夜郎称，则其所辖之地也。嘉定州城北有竹公溪，施州卫城东南二百余里东门山下有竹王祠，石阡府之葛彰葛商长官司治西六十里，有夜郎县城古迹。夜郎之境，北接僰国，南通瓯骆。《史记》、《前汉书》俱云西南夷君长以十数，夜郎最大，又夜郎侯问唐蒙："汉孰与我大？"以此耳。按：顷襄王遣庄豪灭夜郎，此《后汉书》所载。《史记》及《前汉书》皆云楚威王[4]使将军庄蹻将兵循江上，略巴蜀、黔中以西。至以其众留王滇池，则三史所载俱同。然则庄豪、庄蹻断为一人，威王、顷襄王乃传闻之异词耳，《后汉书》载夜郎王被杀，在武帝时，《水经注》与之同。而《前汉书》则云成帝河平中，牂牁太守陈立斩夜郎王兴于兴国且同亭。

[1] 牂牁，古地名，西南地区古夜郎国、夜郎郡的前身之名。
[2] 楚顷襄王，本名熊横，芈姓熊氏，公元前298—前263年在位。

［3］庄豪，即庄蹻（？—前256），一作庄峤、企足。战国时期反楚起事领袖和楚国将军。后在滇地称王，成立滇国政权。
［4］楚威王，即熊商（？—前329），芈姓，熊氏，名商。战国时期楚国国君。

昌邑城

昌邑城，一在南昌府城西北六十里，今为巡简司。一在南康府建昌县北六十里昌邑乡，俱相传汉废昌邑王贺为海昏侯，就国于此。今奉新、建昌二县，俱汉海昏地也。建昌之昌邑城内有坟二百余，志谓三，卒亦葬焉。城东十二里江边，名"慨口"，出豫章大江之口也。昌邑王每乘流东望，辄愤慨而还，故名。又兖州府金乡县北四十里有昌邑故城，中周十余里，外周三十余里。汉景帝时，七国反，遣周亚夫击之。亚夫客都尉，言"莫若引兵壁昌邑"。即此城也。金乡，本汉之梁县。景帝中元六年，分梁为山阳国。武帝天汉四年，更为昌邑国，以封其弟五子髆为昌邑王，即贺之父也。

二疏城

二疏城，一在兖州府峄县东四十里，城方五六里，内有散金台，相传即二疏宅。史称疏广[1]、疏受[2]，东海兰陵人。峄，即汉兰陵县地也。一在沂州西南一百二十里，相传二疏归老于此。受，广兄子也。

［1］疏广（？—前45），字仲翁，祖籍东海兰陵（今山东省临沂市兰陵县）人。西汉名臣，曾为博士郎、太中太夫、太子太傅。
［2］疏受（？—前48），字公子，是疏广兄弟的长子，被封为太子家令。

舂陵城

舂陵城，一在永州府道州宁远县北五十里，一在襄阳府枣阳县南三十里。汉元朔五年，以零陵泠道舂陵乡封长沙定王[1]，子买为舂陵侯。至其孙仁，以其地卑湿，求徙南阳。元帝乃徙之蔡阳白水乡，为舂陵侯。望气者苏伯阿，见舂陵城，喑曰："气佳哉，郁郁葱葱。"光武诞生于此，及即位，改曰章汉泠道县[2]，即今宁远县。县东北七十五里有舂陵山，舂陵水出焉。蔡阳县属南阳郡，即今枣阳县也。白水河，在枣阳县南四十里，源出大阜山，西流入光武旧宅。王莽时，造钱文曰"泉货"，后人折其字，以为白水真人之谶云。

[1] 长沙定王，即刘发（？—前129），西汉景帝第六子。前155年，以皇子的身份受封长沙王。前142年，加封武陵、零陵、桂阳为长沙国属地。刘发在位27年去世，谥号定王。
[2] 章汉泠道县，当为泠道县。

公孙述[1]城

公孙述城，一在邛州城西。述初为导江卒正，治临邛，即此。一在成都府崇庆州新津县西三十里，述所筑也。

[1] 公孙述（？—36），字子阳，扶风茂陵（今陕西兴平）人。新莽末年、东汉初年割据势力，称帝于蜀，国号成家（一作大成或成），在位12年。

铜阳城

铜阳故城，在汝宁府新蔡县界，汉之铜阳县也，属汝南郡。汉明帝永平元年，封阴太后母弟兴之子庆为铜阳侯，就国于此。凤阳府颍州西二百里，有铜阳村，即其接壤处，铜阳侯故第，今邮亭是。又开封府陈州沈丘县西北三十五里，有铜阳城故址。许州临颍县西南，亦有铜阳城，城内有龙泉奇。相传昔时掘地得鳝，四足似龙，因建寺镇之。四周皆水，南面一桥，由此渡。铜音纣，水名。

定远城

定远城，一在汉中府西乡县治南，汉班超封此。一在临洮府兰州金县，唐郭元振[1]筑。

[1] 郭元振（656—713），名震，字元振，以字行，魏州贵乡（今河北省邯郸市大名县）人，唐朝宰相。

刘备城

刘备城，一在岳州府城西北九十里大荆湖尾，有慈音寺。相传是先主中军寨，俗谓之金门刘备城，先主与吴争荆州时所筑也。一在荆州府归州，先主伐吴，连营七百里时所筑。又常德府沅江县西三里有刘公城，先主尝徇武陵、长沙、零陵、桂阳四郡，因立城于此。

诸葛城

诸葛城，一在兖州府沂州北三十里古中丘城也，春秋隐城中丘，即此。后因孔明来居此，因名。一在荆州府嵩滋县东五十里高山上。一在宝庆府城步县东八十里，亦名南城。一在辰州府沅州黔阳县城南四十里卧龙岩侧，岩内有洞，广数十步，深五里。一在黔阳县城东九十里安江寨。一在大理府赵州南九十里迷渡市，即当时所置建宁县故址。一在宾川州西二里虎踞山。一在武定府城西二里。俱孔明经过驻节处。一在凤阳府寿州东一里，魏甘露二年，诸葛诞[1]与文钦[2]据城反处。一在广德州建平县西二十里，可容数千人。旁有驴城、马城，有井数十，昔人屯兵处也。

[1] 诸葛诞（？—258），字公休，琅邪阳都（今山东沂南）人。三国后期曹魏的重要将领，甘露二年（257年）起兵，次年遭镇压，被大将军司马胡奋所斩，夷三族。
[2] 文钦（？—257），字仲若，谯郡（今安徽亳州）人。三国时期魏国将领，官至前将军、扬州刺史。曾起兵勤王，讨伐专权的司马师，兵败后投奔吴国。诸葛诞反司马氏，随从吴军支援，因意见不合，被诞所杀。

武侯城

武侯城，一在重庆府涪州铁柜山上，相传武侯屯兵于此。一在雅州名山县东北三十四里，周七十二丈。一在黎州城东北五里圣钟山下。一在四川行都司城南二十里。一在姚安府大姚县左邨江马鞍山麓。俱武侯征蛮时筑。又越嶲卫治北有旧城，亦武侯所筑，以憩军者。亦名奴诺城，以奴诺川为名也。

曹操城

曹操城，一在河南府邓州西南五里，操攻张绣[1]时所筑。一在汉中府城北十七里，操自长安领军临汉中筑城，留夏侯渊等守之，即此。又彰德府有讲武城二，一在漳河之上，一在釜阳县[2]，皆操所筑也。

[1] 张绣（？—207年），武威祖厉（今甘肃靖远）人。东汉末年割据宛城（今河南南阳）的军阀，汉末群雄之一。后降曹操，参加官渡之战，官至破羌将军，封宣威侯。

[2] 釜阳县，当为彰德府安阳县。

吕蒙城

吕蒙城，一在庐州府桐城县[1]东南，一在武昌府嘉鱼县石头口。一在荆州府公安县北二十五里，杜甫诗"野旷吕蒙城"，指此。一在永州府城北二里。俱蒙所筑。

[1] 庐州府桐城县，当为安庆府桐城县。

康乐城

康乐城，一在袁州府万载县东二十里，即谢灵运袭封康乐公处。一在瑞州府城西一百九十里，宋武帝降灵运为康乐侯，居此。书台、石砚犹存。

东阿故城

兖州府东平州东阿县有东阿故城三：一在县西南二十里，即汉所置东阿县治也；一在县南十二里之南谷镇，宋开宝年所徙治也；一在县北十里之新桥镇，绍兴年所徙治也。今治，乃洪武八年徙。

鱼复城

鱼复城，一在承天府沔阳州江北废沔阳县东五十里。一在夔州府城东北十里赤甲山上，公孙述即汉鱼复县基筑之。鱼复之义，谓江水迅急，鱼至此不得上而复还也。

龙亢城

龙亢城，一在凤阳府怀远县西北八十五里，汉为县，属沛郡。一在归德府境，亦汉所置县，或其地有迁移也。一在和州含山县南四十里，东晋侨置此县，周大象初并入历阳，唐分置含山县，此地属焉。

乐乡城

乐乡城，一在荆州府嵩滋县东七十里，吴陆抗与晋羊祜对垒之处。《晋史》建元二年，庾翼[1]议从夏口移镇乐乡是矣。一在归州巴东县东三里，后周置县，隋开皇岁始改乐乡为巴东。一在承天府荆门州北八十里，晋安帝时置。

[1] 庾翼，字稚恭，颍川人。官征西将军，也称庾征西，曾任荆州刺史，谥曰肃。晋代书家，少时与王羲之齐名。

彭泽治

九江府湖口县东三十里有彭泽乡，即晋彭泽县治。其地有玩月台，乃陶靖节宰彭泽时所筑以玩月者。南康府都昌县西四十五里，有彭泽故城，相传靖节实理此，未知孰是。池州府东流县治后有菊，相传靖节种菊于此，故县号"菊江驿"，名"黄花东流"。古亦属彭泽地，至南唐始分设东流云。

豫让[1]桥

豫让桥，一在顺德府城内。一在太原府太原县西南晋水北渠上，一名赤桥，乐史《太平寰宇记》谓即县东一里汾水上汾桥也。桥长七十五步，广六丈四尺。一在平阳府赵城县南十里，亦名国士桥。俱相传为豫让伏桥下谋杀赵襄子处。

[1] 豫让，姬姓，毕氏，春秋战国时期晋国人。是晋卿智瑶（智伯）家臣，曾用漆涂身，吞炭使哑，伏于桥下谋刺赵襄子。后被捕，临死时，求得赵襄子衣服，拔剑击斩其衣，以示为主复仇，然后伏剑自杀。

圯　　桥

圯桥，在淮安府邳州治东南隅，其地今有授书坊。邳州，秦之下邳也。《元和志》下邳县有沂水，号"长利池"，池上有桥，即黄石公授张良素书之所。又归德府永城县有鄫城桥，亦名圯桥，俗传为张良进履处，非也。按《史记》，良少时于下邳圯上遇老人云云。圯，音怡，又音寺。楚人谓桥为圯，"圯桥"二字复用，后人之误也。

汉光武扳倒井

汉光武扳倒井，一在保定府祁州束鹿县[1]南，相传光武徇师河北，历此。三军渴甚，遇井，苦无汲具，令用手扳之，忽倾倒，水溢。今砖甃倾斜，势同隧道，亦名倾井。一在广平府邯郸县城西二十里，相传光武为王郎所迫，士、马皆渴，因无汲具，辄扳倒以饮。万历间，县令南海卢云龙亲履其地，命居民以绳测之，东西相去二寸许，始信以为然。一在南阳府裕州，亦传为光武师过扳饮处，有光武祠像。一在襄阳府宜城县朱家港，相传光武上蔡阳经此，人、马俱渴，扳井泉饮之。

附　录

河间府沧州盐山县韩村东三十里，汉武帝台下有扳倒井。俗传浚井之后，有妇人汲水，遇男子索水饮马，不与，遂扳井口倒侧。今虽湮没，其迹犹存。

汝宁府信阳州南有扳倒井，井水欹流，若扳倒然。

[1] 保定府祁州东鹿县，当为保定府祁州束鹿县。

柳毅井

柳毅井，一在岳州府城西十五里洞庭湖中君山上崇胜寺内，一在苏州府城西百余里东洞庭山郁家湖口，井甚浅，而水旱不盈不涸，大风挠之不浊，俗云通三湘。按：唐李朝威[1]作《柳毅传》，谓毅仪凤中应举下第，将还湖滨，于泾阳道中遇龙女牧羊，以书寄连洞庭君，则柳毅井自应在洞庭湖。苏有洞庭山，故俗传相混耳。然苏人所传柳毅遗迹，不独一井，城内有柳毅桥，云即毅故宅所在。乡人以毅为水仙神，立祠二处祀之：一在子城东南古苍龙堂，今为土社祠；一在城西雁汤村。又扬州府城东天宁寺，世传柳毅舍宅所建，故寺有柳长者像。总之，事涉神怪，非正史所载，难寻确据，并存之可也。凤阳府泗州盱眙县西南八十里牧羊山，俗传为毅遇龙女处，盖讹矣。

[1] 李朝威（约766—820），陇西人。唐代著名传奇作家，作品仅存《柳毅传》和《柳参军传》两篇。

潜灊涔

《前汉书·地理志》：庐江郡有灊县，《后汉书》作潜县。潜、灊二字，盖同音通用。《左传》：昭公二十七年，吴使公子掩馀、公子烛庸帅师围潜。杜预注云："潜，楚邑，在庐江六县西南。"按：今庐州府六安州之霍山县，即汉灊县地，春秋楚之潜邑也。又庐江县南二里有灊城，盖亦灊县相近之地。《水经》：沘水，出庐江灊县西南霍山东北。注云："灊者，山水名也。"《开山图》灊山围绕大山为霍山，郭景纯曰："灊水出焉，县即其称矣。"《春秋》：昭公二十七年，吴因楚丧，围灊是也。此从《前汉书》。今安庆府之潜山县、潜山、潜水，皆从《左氏传》及《后汉书》。杭州府之于潜县，汉属丹阳郡，《前汉书·地理志》本作于朁，《后汉书·郡国志》始加水作潜，已后诸史皆同。惟《隋书·地理志》作于灊，盖因潜、灊通用，而再更之也。《书·禹贡》：沱、潜既道。《史记·夏本纪》作沱、涔已道，《前汉书·地理志》作沱、灊既道，则涔字亦与潜、灊二字通用矣。宋儒王炎注沱、潜云：《隋志》南郡松滋县有涔，涔即古潜字，今松滋分为潜江县矣。按《尔雅》，水自江出为沱，自汉出为潜。潜江县之潜江与汉水近，此自汉出者也。若《隋志》松滋县之涔水，乃在今岳州府澧州治北七十里，澧与松滋接壤，故并得有涔水焉。其地去汉水远甚，初非自汉出者，安得因《史记》涔、潜通用，而妄指涔水、潜江为一水耶？宋乾德二年，升安远镇为潜江县，分自江陵，非今自松滋也。晦叔于地理，盖未之详考焉耳。且涔水非独楚有之，《水经》：涔水，出汉中南郑县东南旱山，北至沔阳县，南入于沔。注云：即黄水也。此皆水名，偶同而不得混指为沱、潜之潜者也。

互 乡

互乡在开封府陈州商水县。《论语》:"互乡难与言。"即此。徐州沛县有合乡城,俗相传云即古互乡地。

启母石

凤阳府怀远县东南八里涂山巅,有禹庙。从庙西循石坡下,巨石危立如人,遥望之,俨然一妪也,呼为"启母石"。居人每刲羊、豕以祭,至以粉黛为饰。河南府登封县东十里少室山下,启母庙前,亦有启母石。相传为涂山后所化,后乃裂而生启。唐弘文馆学士崔融[1]为之铭,其石正方三十尺,而厚称之。

[1] 崔融(653—706),字安成,唐代齐州全节(今济南市章丘市)人。初应八科制举,皆及第,曾任宫门丞、崇文馆学士、著作佐郎、凤阁舍人兼修国史等。

桐 宫

平阳府曲沃县西南有桐乡城,解州闻喜县本汉左邑之桐乡也,县西南八里有桐乡故城,俱相传为伊尹放太甲[1]处,未知孰是?凤阳府亳州所传为桐宫旧迹者,非。

[1] 太甲,商朝的第四位君主。太甲继位,有暴虐乱政行为,四朝辅政元老伊尹将其放逐到桐宫,自己摄政当国,直至其悔过自责,才迎回亳都,还政太甲。

细腰宫

细腰宫,一在岳州府华容县治北,即章华台侧土城故址,是相传楚灵王贮美人于此。一在夔州府巫山县治西北,一名楚王宫,有池曰"楚王池",相传楚襄王[1]曾于池上纳凉。一在淮安府桃源县北二十里灵城西,相传楚庄王[2]所建,故址傍灵湖。

[1] 楚襄王,即楚顷襄王熊横。
[2] 楚庄王(?—前591),又称荆庄王(出土战国楚简作臧王),芈姓,熊氏,名侣(一作吕、旅)。春秋时期楚国国君,春秋五霸之一,前613—前591年在位。

范蠡宅

范蠡宅,一在应天府城南六里长□桥西南古越城中。城,蠡所筑也。一在苏州府城西太湖中杜圻洲上,一在东洞庭山翠峰寺,一在南阳府城南。《水经注》云:宛城南有范蠡祠。蠡,宛人,祠即其故宅也。

澹台子羽故居

澹台山,在兖州府济宁州嘉祥县,世传子羽居此。河间府景州故城县三十里,有澹村,相传为澹台子羽故居。此地本属武城县,后移县治于卫河东岸,今村为故城县青河南乡之地。苏州府城南十八里澹台湖,相传子羽南游至江,家于此,后陷为湖。

扁鹊故居

河间府任丘县郑城东北药王庄，即扁鹊故宅，今为庙。鹊，长桑君之弟子也。正殿祀长桑君，扁鹊庙在西，下有井及大树数株。真定府冀州南宫县西三里，有扁鹊村。赵简子疾，五日不知，人使扁鹊治之，病愈，赐田四万亩于此。顺德府唐山县西南六十里，有蓬鹊山，相传扁鹊尝封于此，其下有鹊王庙。汉中府城固县西南四十里有扁鹊城，相传为扁鹊所居。

孟母宅

孟母宅，在兖州府邹县。又太原府榆次县治西北隅，有汉榆次县故城，城之西南隅为孟母宅。母，并州人，姓仉。〈仉〉，音掌。其地有三徙乡。

蔺相如宅

蔺相如宅，一在真定府城内，与廉颇、李牧宅并称三将宅。一在府城西北新市城西。一在广平府邯郸县西南二十里，其地有河曰"蔺家河"，县南有回车巷，乃相如避廉颇处。一在太原府榆次县东南二十里，地名蔺交。又彰德府城西五十里黄口村，有蔺相如庙，乃相如之家庙也。子孙散处其旁，岁时祀之。

屈原宅

屈原宅，在荆州府归州城北百里，地名乐平里，方广七顷，垒石为屋基。宅东北六十里有原姊女媭庙，捣衣石尚存。宅东南数十里有玉米田，相传原耕此，产白米似玉，故名。一云原宅在州西十里江之左。一云原，兴山县人，今县有铺曰"屈家铺"，即其里也。岳州府城南太平寺，旧传为屈原宅。常德府东门外有屈原巷，皆原被放逐时所寓。

宋玉宅

宋玉宅，一在承天府钟祥县学内，有宋玉池，即今泮池。一在襄阳府宜城县南三十里，一在荆州府城东南渚宫内。一在府城西，今承天寺，是其故址。后周庾信[1]自建康遁归江陵，居此，故其《哀江南赋》云："诛茅宋玉之宅，穿径临江之府。"杜子美《送李功曹归荆南》诗云："曾闻宋玉宅，每欲到荆州。"李商隐诗"宋玉平生恨有余，远循三楚吊三闾。可怜留着临江宅，异代仍教庾信居"是也。一在归州治东五里，杜子美在夔州《咏怀古迹》诗云："摇落深知宋玉悲，江山故宅空文藻。"又《移居入宅》诗云："宋玉归州宅，云通白帝城。"归与夔为邻，故子美诗两及之也。今有旗亭题"宋玉东家"。宋玉城，在岳州府澧州南六十里众乐乡，旧有宋玉庙。凤阳府颍州太和县北七十里，亦有宋玉城，周四里，乃后魏遣将宋玉、刘昹攻寿阳时所筑，非楚之宋玉也。

[1] 庾信（513—581），字子山，小字兰成，南阳新野（今属河南）人。南北朝时期诗人、文学家。曾辅佐梁元帝，后仕西魏，官至车骑大将军、开府仪同三司。北周代魏后，更迁为骠骑大将军、开府仪同三司。

春申君宅

春申君宅，一在汝宁府光州，即今州治。楚赐春申君淮北十二县，居此州东三里河北岸，有春申君丹炉。一在承天府荆门州东二百里春申站。一在常德府治北开元寺，今入藩邸。一在夔州府达州太平县东北八十里万顷池，即其地也。旁有平田可百顷，多花果园林之胜，宋张表臣《珊瑚钩诗话》[1]：东坡读《隋书·地理志》云："黄州永安郡，州东有永安城，《图经》谓春申君故城，盖非是。春申之居，乃在吴国，今无锡惠山有春申君庙，庶几是乎！予谓楚都申郢，故黄歇封于春申，如齐之孟尝、魏之信陵、赵之平原，各在其地。黄之永安为春申故城，盖始封也。谓之'春'者，蕲春寿春是也；谓之'申'者，申光之间是也，其必兼二城而封焉，犹田文之食常薛耳。后楚并吴，秦侵申郢，楚迁寿春，黄歇始请吴之故宫都焉。然行相事，未尝去国。所以有庙者，后人作之也。"按《史记》，黄歇[2]，楚人，而不言其出何郡邑。今常德开元寺有春申君宅，其西又有春申君墓，此地当是黄歇故里。唐杜牧春申君墓诗："烈士思酬国士恩，春申谁与快冤魂？三千宾客总珠履，欲使何人杀李园？"诗意诚佳，然歇客朱英尝说歇云："楚王卒，李园必杀君以灭口。君置臣郎中，臣为君杀李园。"歇不用其言，英乃亡去。后十七日，楚王卒，歇果为园所杀。然则歇负客耳，不可谓客皆负歇也。吴中春申君故迹不止惠山之庙，无锡县西二十里有黄城，《郡国志》云：楚考烈王封黄歇为相，更以江东故吴邑封之是也。县西十里有龙山，山下有龙尾道，《越绝书》云：春申君初封吴时所筑。江阴县西申浦，一名申港，春申君所开，故名。

---

[1]《珊瑚钩诗话》，北宋张表臣撰。诗文评类，书名取杜甫"文采珊瑚钩"句，有自炫文采之义。其书虽以诗话为名，然多及他文，多记杂闻、琐事，不尽论诗之语。

[2] 黄歇（前314—前238），楚国江夏人，原籍楚国属国黄国（今河南省潢川县）。战国时期楚国大臣，"战国四公子"之一。楚考烈王元年（前262年），以黄歇为相，封为春申君。

莫愁故居

莫愁湖，在应天府三山门外石头城西，广可二顷，中植芰荷。莫愁村，在承天府城北汉江之西村，多桃花，花落时溪水皆香。俱相传古名妓卢莫愁家此。按：莫愁，石城女子，善歌舞，楚王尝召入宫。今承天府城西北有石城，晋羊祜所建，郑谷[1]诗："石城昔为莫愁乡，莫愁魂散石头空。江人依旧掉［棹］舴艋，江岸还飞双鸳鸯。"王璜诗"村近莫愁连竹坞，人歌楚些下蘋洲"，即此。后人误以石城为石头城，故并其湖而妄名之。古乐府有莫愁乐、石城乐，唐人皆谓之西曲。莫愁如吴人，则其曲不当列西曲矣。梁武帝作《河中之水歌》，曰："河中之水向东流，洛阳女儿名莫愁。莫愁十三能织绮，十四采桑南陌头。十五嫁为卢家妇，十六生儿字阿侯。卢家兰室桂为梁，中有郁金苏合香。"是又别有一莫愁也。

[1] 郑谷（约851—约910），字守愚，江西宜春市袁州区人，唐朝末期著名诗人。僖宗时进士，官都官郎中，人称郑都官。又以《鹧鸪诗》得名，人称郑鹧鸪。

梅鋗故居

梅鋗城，在徽州府祁门县西十五里。项羽立诸将为侯王，封鋗十万户，即此地。梅鋗宅，在饶州府浮梁县，地名源水，吴芮故宅亦在其处。韶州府英德县芉岭之麓，亦有梅鋗宅。鋗，长沙安化人，初为吴芮将。

董仲舒故居

董仲舒下帷读书处，在河间府景州西南六十里广川镇。其别墅名董家里，一名董学村，入故城县界。真定府冀州枣强县东三十里广川城，亦传为董子里。扬州府东门外有董仲舒宅，其井曰"董井"，乃仲舒为江都相时所居，即今盐运司。济南府德州学内有董子读书台，正统间，知州常景修学于东庑阶下，得石碑刻，乃知之。景州治东有台，高三丈，上有阁二层，旧为官僚游憩之所。元天历初，县尹吕思诚[1]移董子祠于此，因名"广川台"。其实非古迹也。

[1] 吕思诚（1293—1357），字仲实，平定人。元朝名臣，泰定元年（1324年）中进士第，曾任景州蓚县尹。历任侍御史、集贤院侍讲学士兼国子祭酒、翰林国史院检阅官及编修等职，曾参与编修过辽史、金史、宋史三史。

王褒宅

王褒宅，一在成都府资阳县治，官廨中"八卦井"三字，褒所书也。一在县西驷马里，后改为灵仙观。旧《图经》云：资阳南五里书台上，礼碑二十余片，刻圣主贤臣颂，山是子渊读书处，有洗砚池一勺。褒，当县人，仕汉为谏议大夫，其墓在县东二十里。

梅福宅

梅福宅，一在南昌府城东北三里，一名梅君堂，西接开元观。一在临江府新淦县南六十里玉笥山。一在承天府城南，即福炼丹处，内有炼丹井。或云即元祐宫井是。又东南十里有梅台，相传为福所筑。

严君平宅

　　成都府城西南隅,有西汉严君平宅,即其卖卜处也。在雁桥东,今为严真观,卜肆之井故迹犹存。唐郑世翼[1]诗"旧井故人世,寒泉久不通",宋吕公弼[2]诗"鸟啄虚檐坏,狐穿古井摧"。龟城水中出金雁,故名其桥曰"雁桥"。宋宋京诗:"金雁桥边台观存,神仙遗事渺难论。安得先生为我卜,俗骨庶可窥天阊。"汉州绵北县治北半里有雁江,其跨江之桥亦名"雁桥",桥东亦有严君平卖卜处,土台高数丈。宋郭印[3]《卜台记》云:故老相传州治形势南高而北下,多火灾。真君凿井廛间,上宪七星,杓指南方,以厌胜之。越千百年,卜台既已隳落,而升之应辅星者,亦多堙塞矣。县治北三十里紫岩山,一名绵竹山,又名武都山,山下亦有严真观。相传为君平父子晞所创,又有君平池,相传君平拔宅上并[升],基陷而成池。崇宁县西南十里有君平墓,或冲举之后,乡人葬其衣冠耳。君平,名遵。

[1] 郑世翼,唐太宗贞观年间去世,(一作郑翼),荥阳人。历万年丞、扬州录事参军。集多遗失,今存诗五首。
[2] 吕公弼(1007—1073),字宝臣,寿州(今安徽凤台)人。北宋大臣,宋明道二年(1033年)赐进士出身,同判太府寺将作监,迁直史馆,为河北转运使,权知开封府。后加事中,官至枢密使、西太一宫使,卒赠太尉。
[3] 郭印,约1126年前后在世,号亦乐居士,成都人。政和中进士,累任县令,晚始退居。性嗜水竹,好为诗,著有《云溪集》。

张衡宅

　　张衡宅,一在南阳府城北五十里。故西鄂城东,即东汉张平子故居也，城之西南四里有平子墓及读书台。一在武昌府兴国州西南一百里张衡山，平子隐居于通山县西南之翠屏山，有宅在此。开凿之迹俨然，后人因以其姓名名山焉。怀庆府济源县东沁口之北有张衡宅，乃隋御史大夫张衡[1]，非汉张平子也。隋史大业三年，炀帝幸榆林郡还，上太行，开直道九十里，抵张衡宅。留宴三日，赐宅傍田三十顷。

[1] 张衡（？—612），字建平，河内郡（今河南省沁阳市）人。隋朝大臣，协助杨广夺取皇位，官至御史大夫。后以诽谤朝政罪被杀。

蔡经宅

蔡经宅，一在苏州府胥门内朱明寺，西汉王方平尝过此，授经尸解之术。经，余杭人，生于后汉时，有道术，炼大丹，服菖蒲，得仙。今蔡仙乡即其隐处。一在台州府仙居县东南二十里，相传经修道于此，人为建宅，曰"隐真宫"。建昌府城西南十里麻姑山上，有麻姑仙坛，亦相传为蔡经旧宅。宋周益公[1]游记云麻姑山仙观，相传即蔡经宅，方士谓之"丹霞小有天"。

[1] 周益公，当指周必大（1126—1204），字子充，一字洪道，自号平园老叟，吉州庐陵（今江西省吉安县永和镇周家村）人。绍兴二十一年（1151年）进士，官至左丞相，封益国公。

诸葛故居

诸葛草庐，在南阳府城西南七里卧龙冈上，旧为祠，以奉蒸尝。有道士居住，夜闻兵声，惧而移之，遂寝草庐。前有诸葛井，青石为床。有汲绠，渠百十道，数之，竟不能定。诸葛宅，在襄阳府城北二十里隆中山下，内有避暑台、三顾堂。考唐人《商芸小说》云：孔明躬耕南阳，乃襄阳之南阳墟，非今之南阳郡也。万历间，天台王士性《游梁记》亦云：南阳卧龙冈，仅仅与人首齐，非幽岑邃谷。而宛繄世祖龙兴，复中州战争之场，不知孔明曷从琅琊避乱至此，或云南阳乃襄阳墟名，非此也。合二说证之，诸葛草庐当以在襄阳城北者为是。其在南阳城西南者，后人因其冈名"卧龙"，遂附会为孔明隐处耳。衡州府城东北石鼓山，亦有孔明宅。唐元和中，邑人李宽构室读书其上，是为石鼓书院之始。孔明南征时，曾经衡州，有石碑在耒阳县。

王粲宅

襄阳府城西北八里万山下，有王粲宅，宅内有井。唐杜甫诗："吾家碑不昧，王氏井依然。"上元二年，山南东道节度使来瑱[1]，移其石井栏，置于襄州刺史官舍。城南十里习家池上，亦有王粲井，宋孙信臣诗："王粲初开井，山翁旧醉池。"汝宁府城内闾巷口，有王粲宅，世传王粲尝寓居于此，宅西有古井，云粲所凿。

[1] 来瑱（？—762），邠州（今陕西彬县）永寿人。唐朝名臣，以忠义闻名，绰号"来嚼铁"。曾任山南东道节度使，后封颍国公等。

孟宗[1]宅

孟宗宅，一在武昌府城南，旧为灵竹寺，即宗泣笋之所。一在安庆府望江县北一里，山阜穹之若台，曰"孟宗台"，有竹一亩，亦传为泣笋处。宗，字恭武，江夏人，尝为望江雷池监渔官。按：古来以泣笋称者三人。武昌孟宗宅旁有丁固宅，今为净修寺。固亦三国时人，亦为母思笋泣竹者。又蜀孟昶时，潼川州蓬溪县人程崇雅事亲孝。方冬，母病思笋，泣竹林中，为生数笋，昶旌表其门。今县西有孝义台，乃为崇立者。

[1] 孟宗（218—271），因避孙皓字讳，改名孟仁，字恭武，三国时荆州江夏郡鄳县（今湖北省孝昌县周巷镇）人。曾官居吴国司空。素仁孝，二十四孝之一的"哭竹生笋"指的就是孟仁为其母求笋的故事。

丁令威宅

辽东都司城内谯楼上石柱，即华表柱也。世传晋丁令威家此，后仙去，化鹤归止柱上。苏州府城西北三十里阳山，一名秦余杭山，上有法海寺，乃丁令威宅。丹井尚存，甘美不竭。南昌府武宁县东十里，亦有丁令威故居。世传晋建武初，令威飞升，即其地为精灵观，鹤时往还。其南有鹳雀桥，北有礼斗坛。

陆机宅

陆机宅，一在应天府城南六里长干桥西南，其读书台旧址犹存。机《怀旧居赋》"望东城之纡徐，邈吾庐之延伫"，即此。一在嵩江府城中至南门外。一在府城北二十九里干山南圆智寺，右瞰泖湖，谓之"陆机草堂"。一在干山东北佘山，机舍宅为寺。唐乾元中建大明寺，宋大中祥符初改额"普照"，今有陆将军祠。机，华亭人。

王羲之宅

王羲之故宅，在兖州府沂州城内，旧有晒书堂、泽笔池遗迹，后人即其地建佛寺。绍兴府治东北六里戢山南戒珠寺，羲之旧宅也，有洗砚池，至今水常黑色。嵊县东七十二里丹池山金庭观，南齐道士褚伯玉[1]所建，其址即王羲之宅，有书楼、墨池遗迹。常州府无锡县开利寺，亦传为羲之宅，内有观鹅亭、洗砚池。抚州府学，乃羲之为临川内史时故宅，墨池犹存。南康府城西北二十里庐山紫霄峰下归宗寺，亦传为羲之宅。盖羲之尝寓此寺，后有墨池洼水径丈，其左有鹅池，皆好事者为之点缀也。

[1] 褚伯玉（394—479），字元璩，东晋太元十八年出生于钱塘（今杭州）。在西白山上精研道学，开辟溪涧，广种树木，广收门徒，传法授艺。齐高帝征召不就，是具有魏晋风度的一位隐士。

陶侃故宅

陶侃故宅，在饶州府城中延宾坊。归德府虞城县东北十里待宾寺，亦传为侃故宅，其地名待宾乡。武昌府武昌县西有陶侃宅，乃侃镇武昌时所居。按《氏族大全》，侃本鄱阳人，即饶州也。

谢安宅

谢安宅，一在应天府聚宝门外乌衣巷骠骑航侧。一在扬州府大东门外，安镇广陵时旧居也，今盐运司是。

陶靖节故居

瑞州府新昌县东二十五里，有靖节先生读书堂，堂前有洗墨池。《图经》载：陶潜家宜丰，亲老家贫，起为州祭酒，徙家柴桑。暮年复归故里宜丰，即今新昌也。县东二十里义钧乡，有渊明里，其居人多陶姓。靖节始终为宜丰人无疑矣。《靖节集》中，有《酬丁柴桑》、《和刘柴桑》、《酬刘柴桑》诗，皆居柴桑时作也。晋柴桑县，在今九江府城西南九十里之楚城乡，城址尚存，其地有柴桑山，晋时因山名县。唐武德初年，改柴桑县为楚城县，后遂因之以名乡。面阳山、马头山、桃花尖、鹿子坂诸处，皆其地也。面阳山北麓有渊明故宅，亦曰"柴桑里"矣。集中有《移居》诗曰："昔欲居南村，非为卜其宅。闻多素心人，乐与数晨夕。"南村在今南康府城西三十五里之栗里，原有五柳馆，即靖节故宅。有醉石在濯缨池下谷中，高三四尺，亦谓之"砥柱石"。靖节每醉，辄坐卧其上。集中有《还旧居》诗曰："畴昔家上京，六载去还归。今日始复来，恻怆多所悲。"上京，山名，在南康府城西七里，一名玉京。栗里、上京皆靖节徙家之处，不独柴桑矣。吉安府安福县南四十里书冈上，有平石名"渊明读书台"，相传靖节解组后，尝栖此山。按：靖节先生，名字纪载不一。唐太宗《晋书》潜，字元亮。沈约《宋书》潜，字渊明，或云渊明，字元亮。李延寿《南史》潜，字渊明，或云字深明，名元亮。考晋义熙中，先生作《孟嘉传》，又《祭程氏妹文》，俱称渊明。至宋元嘉中，对江州刺史檀道济，乃称"潜也，何敢望贤，志不及也"。是盖在晋名渊明，在宋改名潜，而其字元亮，未尝易，诸史胥失之。

庾信宅

庾信宅，一在荆州府城西，原是宋玉之宅。而晋罗含[1]亦尝居之。信《哀江南赋》云"诛茅宋玉之宅"，杜子美诗"庾信罗含俱有宅"是也。今承天寺，即其故址。一在枝江县东北六十里岑头洲上，亦名庾台，或云是庾亮[2]讲经处。岑头洲，即百里洲之西首也。

[1] 罗含（292—372），字君章，号富和，东晋衡阳郡耒阳县（今衡阳市耒

阳市）人。历任郡主簿、州主簿、征西参军、州别驾、尚书郎、郡太守、郎中令、长沙相等职，加封中散大夫。

［2］庾亮（289—340），字元规，颍川鄢陵（今河南鄢陵北）人。陶侃逝后，代其为征西将军，兼领江、荆、豫三州刺史、都督七州诸军事。

顾野王宅

顾野王宅，一在苏州府吴江县北门外三里，地名顾墟，宋知县石处道有顾公祠碑。一在嵩江府城东南三十五里宝云寺南寺，以晋天福五年建。元初重修，寺僧二人同梦金紫伟丈夫告以古碑所在，晨于水次得月石，已残缺，有十四字曰："寺南高基，顾野王曾于此修《舆地志》。"乃即寺东偏立祠奉之。其北有湖，名顾亭湖。湖内有林，名顾亭林。一在建宁府城东，今报恩光孝观即其地也。或云建安县学宫即野王宅基，学旧在府城外，洪武中始迁于县治东南。又崇安县亦有野王宅。野王，字希冯，华亭人，年十二随其父烜之建安，撰《建安地记》二篇，仕梁为临贺王记室。陈天嘉中，补撰史学士，后迁黄门侍郎光禄卿。宋季建宁犹有坊。

王通故里

王通故里，在平阳府太平县东南三十里万王村。龙门沟上有洞，深二丈余，乃通读书处。今有文中子祠，蒲州河津县"汾水之曲，疏属山南"，有云中城，亦传为通故里。通尝自云登云中之城，望龙门之阙。龙门山，在县西北三十里。

袁天纲宅

袁天纲宅，一在顺庆府城西金泉山下，一在和州城西三十里，地名南羲。天纲，成都人。二处之宅，盖其寓处耳。嘉定州犍为县东南四十里，有唐大佛寺，寺中"菊坡"二大字，乃天纲笔。

张九龄宅

张九龄宅，一在南雄府始兴县北界桂山下，宅旁陵谷深邃，桂树森列。一在韶州府城东六十里平圃驿畔。在始兴者，为故居；在曲江者，为别业。

杜甫故居

杜甫故居，一在巩昌府成县西北一百里仇池山下飞龙峡之东。天宝间，甫避难居此，其诗云"徘徊虎穴上，面势龙泓头"是也。又成县东南东柯谷，甫侄佐尝居此。其居后为寺，山下有大树，人呼为"子美树"云。一在泰州东南九十里麦积山瑞应寺上。一在荆州府公安县中堤口，甫有《移居公安山馆》诗，乃古邮也。一在归州巴东县西北十余里瀼溪上，其下有万户沱，甫诗"瀼东瀼西一万家，江南江北春多花"是也。一在成都府城西南五里浣花溪上，节度使裴冕[1]为甫筑草堂于此。一在夔州府城内，甫自建草阁于此。一在夔州府城东北，地名东屯。一在延安府鄜州城南六十里，甫避禄山乱时，寓鄜经年，孺弱至饿死。一在襄阳府城南习家池上，今名杜甫里。甫尝登兖州城岳云楼赋诗，后楼毁，呼其地为"杜甫台"。甫尝居梓州牛头山，其诗云："五载客蜀郡，一年居梓州。"梓州，即今潼川州。万历初，参知梁尚贤、宪使王元德分镇剑南，捐金度木，命州守张辉南建草堂于牛头山巅，而督学使者陈文烛为之记。安岳县城南楼，甫尝数授其上，即所谓"南楼弦诵声"者。甫又尝寓居顺庆府广安州邻水县之善庆里，昔建有书院，岩上大镌"少陵"二字。按：子美寓夔，三徙居皆名"高斋"，其诗曰"次水门"者,白帝城之高斋也;曰"依药饵"者,瀼西之高斋也;曰"见一川"者,东屯之高斋也,故其诗又曰"高斋非一处"。

[1] 裴冕,字章甫,河东(今山西永济蒲州)人。唐天宝初,以门荫再迁渭南县尉,后曾充剑南西川节度使,官至宰相。

高力士[1]宅

高力士宅,一在高州府茂名县治西。力士,当县人,冯盎[2]之孙。故有宅,尝手植椰子二株,高百尺,宋时尚存。一在肇庆府德庆州泷水县之镇南乡。

[1] 高力士(684—762),本名冯元一,祖籍潘州(今高州)。唐代著名宦官之一。
[2] 冯盎(571—646),字明达,唐高州(今广东省高州、电白一带)人。隋末唐初地方大臣,曾任隋朝汉阴(今甘肃省礼县,位天水市西南)太守,迁左武卫大将军。降唐后,被任为高州总管,封越国公。

平泉庄

平泉庄,一在河南府城南,唐相李德裕旧园池地。一在真定府赵州赞皇县,其庄离城三十里,乃德裕游息之所。元末兵毁,今为玉泉寺基。德裕,赞皇人,其作《平泉庄记》云:"鬻平泉者,非吾子孙。以一石一树与人者,亦非佳子弟也。"盖京师及本邑皆有之。

罗隐宅

罗隐宅,一在宁国府南宁县[1]南七十里石女山,傍有井及祠堂,号"罗家庙"。一在杭州府新城县东五里鸡鸣山下。一在金华府东阳县南五里,宋元祐间,僧创庵于此,名"栖贤庵"。

[1] 宁国府南宁县,文中似有误,宁国府在安徽,南宁县在云南。

范文正公宅

范文正公宅,一在苏州府城东北,公故里也。一在庆阳府治东北,今为府库,公为安抚使时所居。

六一堂

六一堂,一在荆州府夷陵州治外,欧阳永叔贬夷陵时作此,有碑记,今移州学。一在城[成]都府绵州治,永叔父观尝为郡推,生永叔于此,后人因以名堂。一在吉安府便厅之东,宋嘉泰中,郡人胡铨绘永叔像及刻遗墨于其中,杨万里为之记,即墨妙亭也。

安乐窝

安乐窝,一在卫辉府辉县西北七里苏门山下百门泉上,一在河南府城西南,俱邵康节[1]寓处。一在顺天府涿州西北五里邵村,乃康节生处。康节,幼随父占卜,隐苏门,后乃迁洛。涿之安乐窝,盖后人仿为之也。

[1] 邵康节,即邵雍(1011—1077),字尧夫,自号安乐先生,谥康节,生于范阳(今河北涿州大邵村)。曾随父卜居共城苏门山,两度被举,均称疾不赴。著有《皇极经世》、《渔樵问对》等。

朱文公宅

朱文公宅，一在建宁府崇安县东北八十里。文公父松[1]卒时，以后事属刘子羽，子羽为筑室于其田里之旁居之。文公扁其厅事曰"紫阳书堂"，以新安有紫阳山，示不忘故土也。寝堂曰"韦斋"，皆以父之意命之。一在建阳县考亭书院之右，文公晚年移居此。按：南唐侍御史黄子棱，建亭为望先之所，名曰"望考亭"，今考亭即其地也。

[1] 松，即朱松（1097—1143），字乔年，号韦斋，朱熹之父，宋绍圣四年生于徽州婺源（江西婺源）。宋重和元年登进士，为福建政和县尉，侨寓建阳崇安，后徙考亭。历任著作郎、吏部郎等职，世称吏部郎府君，赠通议大夫，封粤国公，谥献靖。

仲宣[1]楼

仲宣楼，一在襄阳府城东，相传汉末王粲依刘表，作《登楼赋》，即此地。盖表为荆州刺史时，治在襄阳也。一在荆州府城东南隅，后梁高季兴[2]建楼以望沙津，谓之"望沙楼"。宋陈尧咨为守，更名"仲宣楼"云。一在承天府荆门州当阳县，即城南楼也。当阳，原属荆州，嘉靖十年，始改属承天。按：仲宣赋云："夹青漳之通浦，倚曲沮之长洲。"当阳正在沮漳之间，则仲宣楼当以此为是。后因县尹黄恕改为谯楼，遂使故迹湮没。

[1] 仲宣，王粲的字。
[2] 高季兴（858—929），原名高季昌，字贻孙，陕州硖石（今河南三门峡东南）人。五代十国时期南平（又称荆南）开国君主，曾为朱温的亲随牙将，朱温后篡唐建梁。

庾亮南楼

南楼,一在武昌府城南黄鹄山顶,亦名"白云楼"。一在武昌县,即今谯楼。一在荆州府学前,唐长史张九龄尝登楼赋诗,宋张栻重建,易名"曲江楼"。三楼俱传为晋庾亮秋夜所登之南楼,实惟在武昌县者为是。又荆州府治东南二里明月楼,俗亦讹传为庾楼。见钱希言《楚小志》。

文选楼

文选楼,一在池州府城西,梁昭明太子建。一在扬州府城内太平桥北,旌忠寺乃其遗址,旧名文选巷,或作文楼巷。一在襄阳府城东南隅,相传昭明太子以晋安王徙镇襄阳,集名士刘孝威[1]、庾肩吾[2]辈十余人,号"高斋学士",订文选于此。今有台址存。一云扬州城内文选巷,乃隋唐间江都曹宪[3]所居。宪学问该博,仕隋为秘书学士。贞观中,召不至,即其家拜朝散大夫,居家以《昭明文选》教授生徒,年百余岁乃卒,巷因而名。

[1] 刘孝威(?—548),字孝威,彭城(今江苏徐州)人。南朝梁诗人、骈文家。
[2] 庾肩吾,字子慎,原籍南阳新野(今属河南)人。南朝梁代文学家、书法理论家。
[3] 曹宪(541—645),扬州江都县人。南朝及隋唐学者,精通《昭明文选》及诸家文字之书。

李白酒楼

李白酒楼,一在应天府三山门外白鹭洲上普惠寺。一在济南府济阳县城隅，白尝登临于此。一在兖州府济宁州南城，上有白所书"壮观"二字。白客任城令，贺季知章觞之于此。后人因建楼焉，并塑二公像。咸通间，沈光有记。一在河南府城外，白集有寄谯郡元参军诗云："忆昔洛阳董糟丘，为余天津桥南造酒楼。"

仓颉造书台

仓颉造书台，一在大名府南乐县西三十五里。一在西安府城西南二十里三会寺中，俗呼"迦叶说法台"。

涂山氏台

平阳府解州安邑县城南门，有涂山氏台基，相传禹娶涂山氏女，思恋本国，因筑台以望之。又夏县西北十五里，有故夏城，禹建都时所筑。今谓之"禹王城"。城内有青台，高百尺，亦谓之"涂山氏台"。

沙丘台

沙丘台，一在顺德府平乡县东北二十里，纣筑此，多取鸟兽置其中。一在卫辉府淇县北苑城，俗名"妲己台"。按《史记》，秦始皇崩于沙上平台，乃在平乡者。

灵　台

灵台，一在西安府鄠县东，周文王作邑于丰时所筑，以观氛祲，察灾祥，《诗》所谓"经始灵台"是也。一在平凉府泾州[1]，文王征密须，尝经其境。后人神明其地，筑台以识之，遂名至今。

[1]平凉府经州,当为平凉府泾州。

测景台

测景台,一在河南府登封县东南二十八里郜城,元许有壬[1]记云:郜城山,俗名"邓家山",嵩之正脉也。四外冈峦盘向中,发一土形小巅,逶迤下为夷阜,即古阳城地。传曰:周公营东都,求土中,具测景台,立土圭以测日景。表石高八尺,状若柱,古制向[尚]存。台后为周公庙,庙后有台曰"观星",甚危敞,台之背有量天尺,其制:划石像成溜槽,凡三十六方,深青色,每阔三尺六寸。旧有挈壶走水漏刻,以符日景云云。一在汝宁府城北三里天中山,亦名天台山。山高丈余,上上[土]下石,以在天地之中,测日景、分数莫正于此。按:土圭之制,长尺有五寸,古者立八尺之表,以测日景。冬至日在牵牛,日中之景长一丈三尺;夏至日在东井,景长一尺五寸。春分日在娄,秋分日在角,景长七尺三寸六分。夏至日景与土圭等,此为地中。郑司农众云:凡日景于地,千里而差一寸。当知阳城盖就此地,自为中耳。宋沙门慧严与何承天论华梵中边之义,引周公测景之法,谓此土夏至之日,犹有余阴,天竺则无,乃知相传洛阳为天下之中,非通四海而言也。刘定之云:天有南北极,如瓜果有前后蒂尖;天分十二宫,如瓜果分十二瓣。其近极处度狭,而当天腰处度阔,如瓜果之瓣,其近蒂尖者狭,而当腰者宽也。天之顶心当嵩高山下阳城,而地之顶心为昆仑。参差不相对者,天地间,东南暑热,西北寒凉。地在寒凉方者,坚凝高峙,而在暑热方者,融液坍塌。东南多水,西北多山,合东南多水、西北多山处均平论,则地仍以嵩高山下阳城为中,但取最高顶心处,则昆仑为中也。

[1]许有壬(1286—1364),字可用,彰德汤阴(今属河南汤阴)人。延祐

二年（1315年）进士及第，授同知辽州事。官中书左司员外郎，任集贤大学士。不久改枢密副使，又拜中书左丞。著有《至正集》等。

章华台

章华台，一在荆州府城东南十五里沙市镇，亦名豫章台，因西北有豫章冈而名，相传为楚灵王所筑。章台寺内有浇花井，传为灵王所凿。一在监利县东北三里，亦名三休台。《贾子》[1]曰：翟王[2]使使之楚，楚王夸之，飨于章华之台，三休乃至。三休名义取此。一在岳州府华容县治北离湖侧。俱相传为楚灵王筑。一在淮安府桃源县北十八里台址，传为楚灵王游畋所筑。一在开封府陈州商水县西北三里，楚襄王为秦将白起所迫，北保于陈，筑此。按杜预注《左传》：章华台，在华容城内。考监利县，初置于孙吴时，其故城在今监利县东六十里。未几旋省，再置于晋太康四年，其故城在今县东五里，皆汉华容县地也。监利之章华台正与杜注合，盖县名虽异，而地则同。若今之华容县，乃隋开皇中所置者，本孙吴屠陵县地，晋为南安县，非汉之华容县矣。因杜注指章华台在华容，而以后置之县当之，世俗泥名失实，多此类也。

[1]《贾子》，一般指《贾谊新书》，贾谊文著汇集，由西汉后期刘向整理编辑而成，最初称《贾子新书》。
[2] 翟王，西楚霸王分封诸王，董翳为翟王。汉王四年成皋之战，死于汜水之畔。

丛　台

丛台，一在顺德府邯郸县东，赵武灵王所筑也。刘劭[1]《赵都赋》曰："结云阁于南宇，立丛台于少阳。"今遗址尚在。一在开封府陈州商水县北二十里，昔楚王游观，弋钓之暇，复税驾于此，往往有嘉禾丛生，因以为名。

[1] 刘劭，字孔才，广平邯郸（今河北邯郸）人，生于汉灵帝建宁年间（168—172），卒于魏齐王正始年间（240—249）。初为广平吏，历官太子舍人、秘书郎等。魏朝之后，曾担任尚书郎、散骑侍郎、陈留太守等。编类书《皇览》，撰《赵都赋》等。

黄金台

黄金台，一在顺天府东南十六里，土人呼"贤士台"，亦曰"招贤台"。又有小金台，相去一里。一在保定府定兴县西北，其台有二，世俗相传以大台为乐毅台，小台为郭隗[1]台。又疑在陈村者亦是。一在易州东南三十里，地名金台坡。土台高十余丈，东西八十许步，南北如之。又三十里有西金台，俗呼为"东金台"。其近州治有小金台，亦相传为郭隗台也。按：燕昭王于易州筑台，置金其上，以招贤士。后人慕其好贤之名，仿筑非一。在京师者，为八景之一，曰"金台夕照"。

[1] 郭隗，中国战国时期燕国人，燕昭王客卿。他让燕昭王"筑台而师之"，为燕国召来许多奇人异士，终于使得燕国富强。

望海台

望海台，一在青州府寿光县东北四十里，俗名"黑冢"。一在登州府宁海州文登县东北一百二十里。一在莱州府城内。皆秦始皇所筑。一在永平府卢龙县，汉武帝筑。又济南府滨州城东北有秦台，高八尺，周回二百步，相传始皇筑以望海者。

戏马台

戏马台，一在扬州府江都县，其下有路号"玉钩斜"。一在徐州城南，项羽尝戏马于此。高数十仞，广袤数百步，四周皆土阜，间亦有石。宋人于其上建台头寺，有塔存焉。一在淮安府邳州宿迁县泗水西二里，亦传为项羽戏马处。《史记》羽本下相人，避仇吴中。宿迁，即秦下相县也。一在济南府新城县治东，相传齐桓公歇马于此，一云景公[1]所居，旧有二公庙，今废为钟楼。又后赵石虎[2]于邺城中造梁马台，一名阅马台，一名笑马台，一名戏马台，在今彰德府临漳县西二十里。

[1] 景公，即齐景公（前550—前490），姜姓，吕氏，名杵臼。春秋时期齐国君主。
[2] 石虎，即后赵武帝石虎（295—349），字季龙，羯族，上党武乡（今山西榆社北）人。十六国时期后赵君主，334—349年在位。

梁孝王[1]平台

梁孝王平台，一在开封府城东南梁国内，本古师旷[2]吹台，汉梁孝王武增筑之，易今名。刘宋谢惠连[3]于此赋雪。故又名雪台。亦名繁台，取惠连赋中"缤纷繁鹜"之义。一在归德府城东北二十五里，旧传亦孝王所筑。

[1] 梁孝王，即西汉梁孝王刘武（？—前144），汉文帝刘恒嫡次子，西汉诸侯王。七国之乱时，曾率兵抵御吴王刘濞，保卫了国都长安。
[2] 师旷（前572—532），字子野，又称晋野。春秋时期晋国羊舌食邑（今山西省洪洞县曲亭镇师村）人。生而无目，故自称盲臣、瞑臣，为晋大夫。博学多才，是春秋时著名乐师。

[3] 谢惠连（407—433），祖籍陈郡阳夏（今河南太康）人。十岁能文，受谢灵运赏识，为其四友之一。

司马相如琴台

司马相如琴台，一在成都府城西南五里金花寺北，其地即相如宅。魏伐蜀于此，下营掘堑，得大甕二十余口，盖所以响琴也。梁萧藻[1]镇蜀，建楼台以备游观。隋蜀王秀[2]更增五台，并旧台为六焉。一在邛州城南二里文君井侧。又顺德府蓬州[3]西南六十里，亦有相如琴台，高六尺，周四十四步，□志：蓬州有相如县，以南有相如故宅而名。其地有相如坪，相如盖尝寓此。

[1] 萧藻（483—549），字靖艺。南朝梁天监元年，封西昌县侯。曾出为持节，都督益、宁二州诸军事，冠军将军、益州刺史。
[2] 秀，即杨秀（573—618），隋朝宗室。581年，隋朝建国，立为越王，徙封蜀王，任柱国、益州刺史、益州总管，进位上柱国、西南道行台尚书令。后任内史令、右领军大将军。再出镇蜀地，元岩为益州长史，益州大治。后奢靡骄纵。
[3] 顺德府蓬州，当为顺庆府蓬州。

闽中越王台

闽中越王台，一在延平府城北百丈山上，相传汉时越王置。一在邵武府城西，一在建宁县北三十里百丈岭。俱相传为越王无诸游猎之所。福州府城南六里南台山，俯瞰大江，汉时余善[1]于此钓得白龙，以为瑞，遂于所坐处筑为坛，名"钓龙台"，后人呼为"越王台"。兴化府城东北八十里越王峰巅，累石十余层，础石俨然，亦名"越王台"。

[1] 余善（？—前110），姓驺氏，闽越王无诸之后，闽越王郢的弟弟，西汉时期诸侯王。

严子陵[1]钓台

严子陵钓台，一在严州府桐庐县西三十里富春山。左右二台，各高数百丈，子陵终隐于此，后人名其钓处为"严陵濑"。一在兖州府东平州东阿县安平镇城东南二十五里钓台山之麓，有钓矶，相传为子陵钓处，石上有双跌痕，离此不远有子陵台。一在青州府诸城县柳林河上，建武五年，光武令以物色访子陵，齐国上言有一男子披羊裘钓泽中，即此。《绍兴府志》载：子陵为余姚人，故里在县东北陈山下，一名客星山。然《南阳府志》载：南召县西十五里空山上，有石洞，世传子陵曾居此，亦名"子陵洞"。裕州方城八景，其八曰"堵阳钓矶"，在堵阳坡之西渚，俗传为子陵钓处。刘禹锡诗："一片临流气势雄，垂杨相荫水溶溶。子陵已矣无人钓，分付苍苔碧藓封。"汝州伊阳县有严陵渠，其地有严陵庄，亦相传为子陵钓处。按《汉书·任延[2]传》云：更始元年，以延为大司马属，拜会稽都尉。时天下新定，道路未通，避乱江南者，皆未还中土，会稽颇称多士，延到，皆聘请高行如董子仪、严子陵等，敬待以师友之礼。以此证之，子陵非会稽人明矣。又考承天府京山县南六十里，有子陵洞；荆门州北三十五里石板铺，有子陵宅。州北六十里有严山。俱相传为子陵隐处。宁国府城西南四里有严公台，相传子陵尝垂钓其上，梅圣俞诗"上通桓彝宅，下经严子台"。子陵遗迹往往而见，岂当时避乱倏彼倏此，抑亦有出于后人之附会者耶！

[1] 严子陵，名严光，字子陵，浙江余姚人。东汉著名隐士。
[2] 任延，字长孙，东汉南阳宛县（今河南南阳）人。曾任会稽都尉，征为

九真太守，后任武威太守、颍川太守。

射戟台

射戟台，一在徐州沛县南门内之西，上有刘先主庙。一在兖州府济宁州南门，有古碑。俱传为吕布射中戟支，解纪灵[1]之兵，救刘先主处。

[1] 纪灵，东汉末年人物，袁术部下。

孙登[1]啸台

孙登啸台，在卫辉府辉县西北七里苏门山。晋孙登隐此，阮籍访之，不答一语。籍退，闻山巅有声若鸾凤，乃登啸也。嘉定州荣县东南四里真如院，有龙洞。岩穴深峭，巨柏老苍，洞右有石角立，旧经以为孙登啸台，陆游诗"啸台载酒云生屦，仙穴寻梅雨垫巾"，指此。

[1] 孙登，字公和，号苏门先生，妙真道大宗师，汲郡共（今河南辉县市东五里固围村东二里）人。魏晋时期隐士，长年隐居苏门山。博才多识，会弹一弦琴，尤善长啸。阮籍、嵇康都曾求教于他。

刘伶台

刘伶台，一在淮安府城东北七里临淮水，唐许浑[1]诗"刘伶台下稻花晚，韩信庙前枫叶秋"。一在兖州府峄县东北二十里刘曜村，台下有刘伶河，其水混白类酒，俗传为伶酾酒处。伶，沛国人。

[1] 许浑，字用晦（一作仲晦），润州（今江苏镇江）人。晚唐最具影响力的诗人之一。

昭明太子读书台

昭明太子读书台，一在应天府治东北十五里钟山定林寺后北高峰上，即太子岩也。一在句容县西南三十里绛岩山麓禅寺前，有太子像。一在苏州府常熟县西北虞山上昭真宫内，一在扬州府仪真县西三十五里横山下。一在嘉兴府桐乡县北三十里青镇，与湖州之乌镇隔一水，统师事沈约，约葬先人于乌镇，统就之，筑台于此。又太平府城东南有昭明太子书堂。镇江府城西南招隐山，相传为昭明太子读书处，石几尚存。南康府城西北二十里匡庐山之开先寺，相传为昭明太子读书台，非也，乃南唐李后主从父景徙豫章时，筑堂读书于此。及即位金陵，乃改书堂为开先寺耳。

顾野王读书台

顾野王读书台，一在嵩江府城东南二十五里顾亭林，一在嘉兴府之双溪桥，一在杭州府海宁县东北六十里峡石山，一石［名］紫薇山。

子云亭

成都府少城西南隅有扬雄宅，一名草玄堂，中有墨池及载酒亭。郫县有雄读书堂，宋赵抃为记。县南三十里有子云亭，雄墓亦在此。嘉定州西一里，有扬雄山，石洞深邃，雄尝居之，旧有子云亭。犍为县南三十里有子云城，雄尝避乱于此。后人增筑为城，今水月寺是其故址。绵州西七里凤岭下之仙云观，即子云别墅。

华阳亭

华阳亭，一在河间府阜城县，一在真定府冀州，俱相传为稽康夜遇异人，传广陵散处。一云在阜平县。又和州含山县北十八里华阳山下，有华阳亭，亭因山而名也。

孟　亭

孟亭，一在承天府城西北，一在襄阳府治南。按《唐书》，孟浩然卒后，王维过郢州，画浩然像于刺史亭，因曰"浩然亭"。咸通中，刺史郑诚谓贤者名不可斥，更署曰"孟亭"。王象之《舆地碑目》云：宋嘉定庚午，江陵李耆寿于郢州白雪楼仓，得断石一块，上有六十五字，乃效欧阳率更体，文理断续不可读。其间有"孟先生"三字，终于"波撼岳阳城"五字，则知其为孟亭石无疑。唐宋郢州，即今承天府。《唐书》碑目可为孟亭在承天之确证。襄阳所以有孟亭者，浩然，襄阳人。王维至襄阳哭浩然，诗云："故人不可见，汉水日东流。借问襄阳老，江山空蔡洲。"后人构亭以志之，而亦托为虽［维］祈命也。又按承天府白雪楼，原在城西北孟亭之侧，今已移入郡治，与通判厅之阳春亭相望。

方舆互考　卷之六

铁　冢

汉广川王齐[1]发魏哀王[2]冢，冢以铁灌其上，穿凿三月乃开。有黄气如雾，触人鼻目，皆辛苦不可入，以兵守之，七日乃歇。广川废县故址，在河间府景州西南。

徽州府休宁县南三十里五城村，有五城斜隅相对，旁有二大坟。昔人发之，坟面封铁厚二尺，才破，雷雨晦冥，乃惧而止。

扬州府高邮州兴化县南陵镇亭法华废寺之西，有铁棺，垛非石非铁，长九尺，高二尺，前阔后狭。相传宋建炎间，镇抚使薛庆[3]据州，尝遣人掘动。中有物相触作铿然声，以铁锤击数百不损，鼓鞴镕之不液，乃止。

济南府章丘县西南四十里危山顶，有汉齐惠王子孝王[4]墓，土人呼为"铁墓"。景帝三年，王与吴楚反，自杀，葬于此。

东昌府茌平县南十里，有兴隆冈。冈下坡陀相属，内有铁墓，不知所自，或以为金翰林学士马定国[5]墓。今属兴隆寺。

开封府陈州城北柳湖旁，有陈胡公[6]墓。湖水啮其址，有铁锢之，因谓之"铁墓"。

广州府城东北二十里有刘王墓，疑即伪懿陵。漫山皆荔子树，龟趺石兽，历历具存。昔有发其墓者，其中皆以铁锢之。

附　录

林希逸曰：近囊山寺前耕者，得一穴，其间金银之气、彝鼎之属甚多，人皆窃去。最后乡人相率就观，取锄、斧击其屏壁，铿然有声，但坚不可破，恐是铜铁所锢。意有国者之坟也，然籍记不闻，或有之不传矣。夫吾闽自无诸以来始见于汉，前此尚草昧也，乃知庄周所云容成、大庭之类，不可谓无尔。

[1] 汉广川王齐，当为汉广川王去疾，即刘齐之子刘去，西汉诸侯王，酷虐淫暴，在位时大开贵族官僚盗墓之风。后被劾举治罪，废黜徙上庸，途中自杀，国除。
[2] 魏哀王，即魏襄王，魏惠王之子。
[3] 薛庆，起群盗，据高邮，被宋朝张浚招收麾下，迁拱卫大夫、福州观察使、承州天长军镇抚使。
[4] 孝王，即刘将闾（？—前154），西汉齐孝王，汉朝宗室，其父为齐悼惠王刘肥。
[5] 马定国，1138年前后在世，字子卿，茌平人。金朝官吏，曾授监察御史，仕至翰林学士。
[6] 陈胡公，亦称胡公满、虞胡公，妫姓，有虞氏，名满，字少汤，舜帝之后，陶正遏父之子。周朝诸侯国陈国第一任君主。

女　冢

河间府沧州盐山县韩村东三十里，有七女陵。俗传昔有人生七女，死后，七女抱土成坟，故名。

大名府滑县东北七十里颛顼陵北，有五女墓，高五十尺，其地入开州界。汉太仓令淳于意[1]无子，有女五人，意卒，缇萦与其妹葬之。俗谓之颛顼妃，非也。一云在浚县东二里大伾山北麓，今失其处矣。

凤阳府虹县有五女冢，不知何时人。相传五女家贫，无资以葬亲，相与负土成坟。乡人嘉其孝，刻石为像，置于坟侧。

东昌府城西有五女冢，相传昔郡人无子，惟女五人，誓不适人，孝养父母。后卒，同穴而葬。

莱州府平度州潍县西三十里节女山，有五女冢。昔齐湣王[2]伐楚，苏浑死焉，有五女终身不嫁，招父魂，葬于此山。

汝宁府光州光山县治东，有孝女墓。世传唐氏女负土葬父，故名。

汉中府城固县西北，有七女冢。昔有人无男生七女，父亡，女负土各为一冢，罗列如七星，各高七丈。其取土之处，今成一池，号为"七女池"，池属洋县。

湖州府长兴县西八十里，有九女冢。相传昔有人生九女，叹曰："生女不生男，死谁我瘗？"后九女哀念厚葬，故名。尝有秉烛入其冢者，第见一石室，石壁间隐若有碑刻、图画之文。

[1] 淳于意（约前215—约前140），西汉初齐临淄（今山东淄博东北）人。曾任齐太仓令，中医名家，撰有中国医学史上第一部医案《诊籍》。因故获罪当刑，其女缇萦上书文帝，愿以身代，得免。
[2] 齐湣王，即齐闵王（前323—前284），又称齐愍王，妫姓，田氏，名地（一作遂）。战国时期齐国（田齐）第六任国君，前301—前284年在位。曾破秦、燕诸国，制楚，灭宋，与秦昭襄王并称为东、西二帝。

燕　　冢

应天府城东二里，有燕雀湖。梁昭明太子所玩璃琉碗、紫玉杯，薧置梓宫。后改葬，为阉者匿去。过大航门，有燕雀数万击阉。武帝使人搜得，以赐太孙。封坟之际，复有燕雀数万衔土助封。

苏州府城西南七十里玄墓山，相传为宋青州刺史郁泰玄葬处。葬日，燕数千衔土，今冢犹高大异他坟，村乡岁时祭焉。

兖州府曹州定陶县，有汉定陶恭王[1]陵，哀帝父也，哀帝母丁太后亦葬陵园内。王莽秉政，贬号"丁姬"，发其冢，有群燕数千衔土投于窀中。后人谓之"丁昭仪墓"，又谓之"长隧陵"。

东昌府博平县东三十里，有燕子冢。汉吴王濞构国反，将军窦婴等破之，齐王将闾不同谋而被杀。既葬，有燕子衔泥置冢上，后人因名。

西安府城东五里有汉太傅萧望之[2]墓，唐开成元年闰五月，燕集冢上。

蓝田县北蓝田川，有汉临江闵王荣冢。王坐侵庙壖地为宫，景帝征之。将行，祖于江陵北门，车轴折，父老泣曰："吾王不反矣！"荣至，中尉郅都急切责王，王年少，恐而自杀。葬于是川，有燕数万，衔土置冢上，百姓矜之，为立坟焉。

附　录

徽州府休宁县西四十里白岳山玄武观，玄君塑像，道流称百鸟衔泥以成。

建昌府南丰县东南八十里，有僧坐化山顶。众鸟衔土蔽身，已半，牧童戏为剔之，僧乃去。入闽界，壁入峰，趺坐而化，人名其处为"禅山"。

[1] 恭王，即刘康（？—前23），汉元帝刘奭之子，汉成帝刘骜异母弟，母傅昭仪，其子为汉哀帝刘欣。封定陶王，死后谥号恭（或作共）。
[2] 萧望之（约前114—前47），字长倩，东海兰陵（今山东省兰陵县兰陵镇）人。历任大鸿胪、太傅等官。主治《齐诗》，兼学诸经，是汉代《鲁论语》的知名传人。

自成冢

河间府城北有欻起冢，阔百步，高丈余，长六里。晋永嘉四年十月，昼昏十日方解，冢忽然俱成，左右方一里，民家牛咸疲汗，车皆有土，而无辙迹。

凤阳府泗州城北十三里，旧有杨家墩，墩下有窝。我朝熙祖[1]葬于此，葬后土自壅为坟。半岁，仁祖[2]后陈氏遂孕太祖[3]。及太祖将葬仁祖于山谷,舁至中途,索断,风雨大作,走树下避之,土亦旋自壅为坟,人言葬九龙头上云。今凤阳府城西南十二里太平乡,皇陵是也。

常州府宜兴县西南三里荆南山,一名君山,汉阳羡长袁玘葬此。玘造县治南长桥,多惠政,生有神异,自言死当为神。一夕痛饮卒,风雨晦冥,失其棺。邑人夜闻此山有数千人声,旦亟往视,棺在焉。走白县,吏民群至,棺已瘗藏,惟见石冢、石坛,旁有竹枝如马鬣,拂拂坛冢。或传玘之亡,天降铜棺以葬,故俗称"铜棺山",其说殊诞。按:宜兴县与应天府之溧阳县接界处,有铜官山。旧常产铜,设官或铸铜之官,尝居荆南山下,因亦名"铜官山"。后遂讹为铜棺,而附会叶令王乔降棺之事,以神袁玘耳。

南阳府裕州叶县东南三十里,有王乔墓。乔有神术,为叶令后,天降玉棺于堂前,吏人推排,终不摇动,乔曰:"天帝独召我耶!"乃沐浴、服饰,寝其中,盖便立覆。宿夕葬于城东,自成坟。其夕,县中牛皆流汗喘乏,而人无知者。百姓乃为立庙,号"叶君祠"。

南昌府丰城县东八十里,地名超山。晋范登云尸解日,舁棺至此,忽雷雨暴作,舁者恐,弃棺而归。明日往视之,即为白石所掩而墓成,今其处名"白石墓"。

荆州府公安县西鹿湖山,一名金峰山,其下有丧停港。晋刘毅[4]从官谢纯[5]为南平相卒,回停丧于此。一夕风雨,其棺自葬。

顺庆府蓬州营山县东北七十里小蓬山下,有仙女坟。元时,普安里民家女及笄,一日父母他出,有道士叩门求火,女不启户,道士大书"闭门不纳"四字而去。女手擦之不去,舌舐之乃灭,因感而娠。父母疑而责之,不自白,遂投江死。其尸逆流,亲戚相与捞葬之,忽自腹中裂出肉印。方惊骇间,水暴涨,涌沙成一大坟于江水中,左右夹流若神力焉。今名"仙女坟"。

兴化府城西南二十里林葬山,唐林攒[6]葬父母处。攒躬开坎室，自埏砖甓，兄弟手攻肩负，以凿以筑。葬毕，忽崛起，露马鬣祭台。后有甘露降树，白乌翔集之异。

泉州府惠安县南三十里陈平山，相传唐有陈平者，精地理术，乘牛过此，瞑目而化。从者至，见其土自涌埋，尚留一掌示人。后人因名其山曰"陈平"，墓曰"牛客"云。

建宁府崇安县东南七十里有慈惠庙，神李姓兄弟三人：孟曰材，仲曰楫，季曰槐。唐末屡立战功，迁指挥使。黄巢入寇，兄弟共率所部兵击贼，败之。后追贼至建阳，众寡不敌，为贼所擒，不屈而死。越七日，容色不变，人以为异，相与具棺衾以葬。宋绍兴十四年，墓圮于水，其柩溯流而上，至竹湖山下，砂石随水涌而埋之，乡人因立祠祀焉。

广州府香山县东一百一十里海滨山上，有燕子石，以形似名。旧志：赣［赣］商死于山上，一宿蚁衔泥成坟，号"贡章墓"。

梧州府容县南二百里白花村，沿涧而入层崖，溅瀑飞下数十丈。瀑之左群峰盘竦，稍夷处俨成一月堂，土人谓之"龙母坟"。初猺人妇入山中，久不返，众往觅之，则为龙所据，阴云罩幂。既归，所居常有寒气，人莫敢近，妇不自觉也。娠岁余，产一龙，胞中无血，止下水数升。顷之，云雾交集，腾举而去。妇亦无恙。后数岁，妇以病死。方殡，忽有龙自空中下，盘旋蜿蜒数四，遂拥其尸以去。众随之至其地，石忽自裂，龙置尸，陷而入焉，石复合。后龙常至其家，飞绕屋前，久之乃去。

附　录

汉王尊[7]墓，在保定府安州高阳县治东北。尊，高阳人，为东郡太守。原葬武垣城东北隅，其柩一夜忽归高阳。高阳人至今祀之，呼为"东郡河翁神"。武垣城，在河间府城西南三十八里，秦故县也。

潞安府壶关县东南七十里安公山，相传昔有比丘安公来隐于此。未几，卒，山顶忽有石棺自出，时人收而瘞之。

台州府城西北三十里，有宋宰相吕颐浩墓。《赤城志》：颐浩薨，时陈公辅为营其枢。至海上，一富家得之，发其盖，有朱书"吕颐浩"三字，即主者姓名，可怪也。

［1］熙祖，即明熙祖朱初一，元朝末年句容（今江苏句容）人，朱元璋的祖父。1368年，朱元璋在南京建立明朝，他被尊为皇帝，庙号熙祖，谥号裕皇帝。
［2］仁祖，即明仁祖朱世珍（1283—1344），原名朱五四，句容（今江苏句容）人，朱元璋的父亲。1368年，朱元璋在南京建立明朝，他被尊为皇帝，庙号仁祖，谥号淳皇帝。
［3］太祖，即明太祖朱元璋。
［4］刘毅（？—412），字希乐，小字盘龙，沛国沛县（今江苏沛县）人。东晋末年北府兵将领，在晋官至卫将军、荆州刺史，封南平郡开国公。
［5］谢纯，字景懋，陈郡阳夏人。东晋末官吏，初为刘毅豫州别驾。毅镇江陵，以为卫军长史、南平相。
［6］林攒，福建莆田人。唐贞元（785—805）初，仕为福唐尉。母病，弃官还。母亡，自埏甓做冢，庐其右，有白鸟来，甘露降。诏作二阙于母墓前，又表其闾，蠲徭役，时号"阙下林家"。
［7］王尊，字子赣，涿郡高阳（今河北高阳县）人。西汉末年著名大臣，曾任东郡太守。

余威冢

顺天府通州漷县西南二十五里，有得仁务陵。三冢相望，土台隆起，古洞深邃。人以烛行里许，见火荧然，杂物俱备。掷以砖石，金镞四发，乃惧而止。

保定府博野县堤头村，有大王墓。世传秦始皇修堤，命大王、中王、小王监工。大王卒葬此，邑人误入其内，出而丧目。

安州高阳县城北，有汉南阳太守高阳侯蔡仲冢。相传仲晓厌胜之术，其冢至今不穴狐狸。

河间府任丘县西北，有汉中郎将任丘墓，高三丈许。昔县丞冯瓘欲取土筑堤，梦金甲神人恕［怒］斥而止。

广平府广平县平固店南王村北，有土冢，方圆一亩，高丈余。夜若巍岩，行人所惧，号"冢革塔"。前通大小七径，名曰"七岔股"。

邯郸县石子冈，有赵简子冢，形如研子，世谓之"研子冢"。后赵石虎令人发之，初得炭，深丈余。次得木板，厚一尺，积板厚八尺，乃及泉，其水清泠异常。作绞车，以牛皮囊汲之，月余而水不尽，乃止。筑城围之，气成楼阁。岁三月二十四日，邑人空巷，上简子冢，以为故事。

大名府青丰县西三十里秋山之阴，有帝譽陵。夏中衰时，有人发其冢，室中无有，惟一剑在北寝上，作龙鸣数声，人不敢近。

应天府城南十五里石子冈，有汉南海太守鲍靓[1]墓。尝有盗发之，无尸，惟大刀一柄。盗欲取，有声如雷，惊惧，乃去。靓，葛洪妻父也。

句容县东南四十五里雷平山西南，有梁陶弘景[2]墓。宋熙宁中，盗发之，红光属天。

苏州府城东匠门外，有干将墓。干将，吴人，吴王阖庐使铸阴阳剑二，匿其一，王杀之。宋时有人耕其墓，旁忽青蛇上其足，其人遽以刀断之，上半跃入草中，不可寻。视其余，乃剑也。入墓欲持归，则不见矣。方子通诗载其事。按：匠门，本名将门，阖闾使干将于此置冶铸剑，故名，后讹为匠云。城西北七里虎丘山寺法堂基，即吴王阖闾葬处。葬十余年，越人发之，但如空冢。秦始皇将发其冢，有白虎踞其上，始皇拔剑刺虎，虎隐入山，故名"虎丘"。城西北三十里阳山下一古坟，不知何代，耕夫云：近之，辄有蜂螫人。

长洲县白茅市，有晋废帝奕[3]陵。尝有盗发之，棺内大吼如雷，野雉悉雏，飞焰赫然，盗多被烧死。

昆山县东南十八里洪庄村，有天女墩。墩之上、下皆茅苇，惟中间一路若经人行，虽植草不生。相传有帝女葬焉，未详何代。其旁有金龙舟，每风雨夕，即闻金鼓声。村民夜过其处，见所谓龙舟者，攫取之，仅得一人像可尺许。及归，即大病。又尝有人欲发此，为毒蜂、飞火所逐而止。

宋钱文炳，苏州节度使钱元璙之犹子也。开宝五年，妻死，择葬地于报恩寺侧。发之，乃古墓也。骸长逾丈，胫三尺，旁有剑环，佳玉所成。炳将取之，忽一黑蜂状如球丸，螫炳右眉间，闷绝，舁还乃卒。其子知玄见一丈夫，语之曰："我帝尧之臣繇余氏也，佐禹理水，以功封吴，葬此。而父发吾石，又欲夺吾玉，是以击死。"钱希白纪其事，罗泌《路史》详载之。报恩寺，在吴江县东北二十五里。

常熟县西北二十里破山，有宋陆绹墓。绹为江淮荆浙发运使，卧病真州，仪仗无故摇动。寻卒，归葬山下。人每夕闻诃导，声从墓门出，红烛夹道。由是樵苏无敢窥，积五十余年乃已。

常州府城东北三十五里横山，有宋州守李余庆墓。余庆以国子博士知常州，强于政事，果于去恶，凶人、恶吏畏之如神。末年得疾，甚困。有州医博士多过恶，常惧为余庆所发，因其困，进利药以毒之。洞泄不已，势已危。余庆察其奸，使人扶舁坐厅事，召医博士，杖杀之。然后归卧，未及席而死，葬于横山。人至今畏之，过墓者皆下马，有病疟者，取墓土著床席间，辄瘥。

江阴县长信乡，有萧天子墓，梁敬帝方智[4]之墓也。俗传尝有发者，得大花砖数十。有巨蜂群出，螫人，乃不敢竟。常熟县宝严寺东丁家湾之西，亦有萧天子墓，不知何帝？上有古木，樵牧不敢近。

镇江府城东，有鲁肃墓。相传有王伯阳者，平其冢以葬妻，忽见一人乘舆导从而至，曰："我鲁子敬也，葬此二百余年，何辄见坏?"目左右，以刀环筑之数十，伯阳遂死。一云王伯阳亡，其子营墓，得三添［二漆］棺，移置南冈，夜梦鲁肃瞋云："当杀汝父!"寻复梦见伯阳云："鲁肃与我争墓。"后于坐褥上，见数升血，疑鲁肃杀之故也。城西北大江中石排山，有郭璞墓，盛夏有大蛇，莫知其数，盘结于木阴间。

徽州府城北七里云岚山，有唐越国公汪华[5]墓。黄巢破歙，欲发之。方穿穴，蛇虺出，乃止。

太平府城东南横山下，八墓形甚高大。乾符中，有盗发之，得一穴。续绢为绳，凡七十匹，缒一人以观之，为黑蜂所螫。蜂既甚多，缒者惊惧而去，竟无所得。相传云是陶广州墓，莫知其名及年代矣。

淮安府邳州宿迁县北七十里龙泉社，有梁王墓，未详何代。每有窥发之者，辄得暴疾，至今人不敢近。

广德州建平县北十里，有茅王墓。广袤数里，履之则逄然有声，中空故也。其中多蛇，人不敢窥。去墓里许，即茅王庙，不知其为何神。

徐州砀山县东南七十里，有梁孝王墓。斩山作椁，穿石为藏。凡到藏者必洁斋而进，不斋则有兽噬其足。

太原府代州城西十里马站都，有李克用[6]墓，土人呼为"李王陵"。金时，盗发之，郡守梦克用告曰："墓中有酒，盗饮之，唇皆黑，可验此捕之。"明日获盗，寺僧居其半。

莱州府胶州即墨县东北，有华盖刘仙人墓。杜诗"常谒华盖君"，即此。其冢年久不培而固，牛羊、狐兔不敢穴其中。

王子乔[7]墓，在京陵，即今汾州府平遥县地。战国时，人有盗发之者，惟见一剑停穴中。欲进取之，径飞上天。《水经注》又谓梁国蒙县有王子冢，冢侧有碑云：永和元年冬十二月，当腊之时夜，上有哭声，其音甚哀。附居者王伯怪之，明则登而察焉。时天鸿雪，下无人径，有大马［鸟］迹在祭祀处，左右咸以为神。其后有人着大冠、绛单衣，杖竹立冢前，呼采薪孺子伊永昌曰："我，王子乔也，勿得取吾坟上树。"忽然不见。时令泰山万熙，乃造灵庙，以休厥神云云。蒙县，今归德府商丘县地。

彰德府林县西二十里黄华谷中，有佛母冢，汉仙人王津之母也。至今牛、马不敢近。

汉明帝显节陵，在河南府城东南，俗称"铙钹冢"，今坍其东南隅。盗每欲发之，辄被覆压，终莫敢入。

宋太祖永昌陵，在巩县西南。靖康后，金人发掘宋诸陵殆尽，独索昌陵不得。金人登邻山高望，宋诸陵俨然七堆，下即其地而求，只见六堆。累岁求发掘，竟不可得。又昌陵林木间，至寒食，必挂白银纸。金人闻而疑之，累岁先寒食屯军于陵左右，密伺之，至寒食，挂白如旧焉。

登封县东南三十里箕山，一名崿岭，上有许由冢。岁饥，诸恶少发之三日，石椁发辄合。

汝宁府城西北百余里古平舆县界，有仙女墓，即董永之子仲，为母追葬衣冠之所。传云永初居玄山，仲既长，追思其母，因筑葬焉。或云仲藏神符、灵药及阴阳秘诀于此。唐末秦宗权[8]据淮西，尝命将卒百余人往发掘，即时注雨，六旬不止，竟难施工。是岁淮西妨农，因致大饥。

新蔡县铜阳侯国故城东北，有楚武王[9]冢，民谓之楚王岑。传言秦项、赤眉之时，欲发之，辄颓坏压，不得发。见《后汉书》注。

唐高宗乾陵，在西安府乾州西北五里。唐末温韬[10]为义胜军节度使，尽发唐诸陵，取金宝，惟乾陵风雨不可发。

杭州府昌化县金山乡之首源，有朱梁太保饶京墓。林木翁郁，皆高百尺合抱。有犯者，辄为异物所怖而止。

嘉兴府海盐县西南十八里丰山上石室东南，有九母冢。内多蜂虿、蛇虺，不可近。

《水经注》云：越王允常[11]冢，在会稽木客村，勾践移都琅琊，欲徙允常冢，葬于琅琊。冢中生风，沙石飞射，人不得近，勾践乃止。段成式[12]云："按《汉旧仪》，将作营陵地，内方石，外沙演，户交横莫邪，设伏弩、伏火、弓矢与沙，盖古制有其机也。"

晋郄愔葬妇于会稽某山，使郡吏治墓，多平夷古坟。后坏一冢，构制甚伟，冢发闻鼓角声，乃止。

温州府城南五里覆釜山，有林灵素[13]墓。宋徽宗所赐七宝数珠与印、剑等物，同瘗墓中。至靖康元年，钦宗遣使取数珠，将发墓，而黑风雷雨，百怪杂出。使者惊谢，天始霁，则数珠在树矣。

临江府城西萧滩上，有萧墓。相传梁武帝尝过此，一女死，铸金为婿而合葬焉。每遇风雨晦冥，如有影响。有牛衣儿避雨墓下，见金蚕烂然飞出，因拾数十纳怀中，忽闻雷声，蚕已失矣。

吉安府泰和县西十里，有卢光稠墓。昔有盗发之，土石坚甚强，穴之飞出黑蜂无数。光稠仕朱梁，为百胜军防御兼五岭开通使。

赣州府雩都县东南七十里，有柴侯墓。汉灵帝时刘叔乔也，避地雩都山中，预为枢槥，自书曰："汉柴侯。"人始知之，为葬村侧。晋末，盗发其冢，忽大风雨，棺及松柏悉飞渡水，移上山峰。棺化为石，今名"柴侯峡山"。

南安府东北三十五里青龙冈，有陈氏墓。汉陈蕃[14]被诛，徙家日南，又追至此，夷灭之。蕃友人为收葬之。昔值军乱，有欲发掘此墓者，雷雨晦冥，终莫敢犯。

承天府京山县南六十里五泉旷野中，有萧天子墓，高丈余。宋建炎中，盗欲发之，忽有大蜂如鸟，纷然四出，及大蛇横墓前，乃惧而止。

沔阳州景陵县西十里，有金鸡冢，高十余丈。相传尝有金鸡斗其上。黄巢残破郢、复二郡，欲发之，蛇蝎、蜂虿群起伤人，不可近乃止。

汉昭烈帝[15]陵，在成都府城西南八里。唐时，有盗发之，见两人张灯对奕，侍卫十余，盗惊怖拜谢。一人顾曰："尔饮乎？"乃各饮，以一杯兼与玉带数条，命速出。盗至外，口已漆矣，带乃巨蛇也，视其穴已如旧。

福州府城北七十里九峰山，后唐长兴三年，闽王审知自凤池山改葬于此。本朝磕源林谨夫记：宣德五年，种屯军三十人盗发闽王冢。冢门坚甚，窍上隅入之，一人腰缠先绳，忽中绝，呼不应，众愕然，连梯燃燧而下，见先绳者死矣。圹广如屋，前祀王绘像，几列五供，悉用金玉珍宝器。后寝红棺二，王夫人也。既盗出，先绳而死者见梦其妻云："蛇实杀我，诸偷所得，物当半分尔。"妻以告诸偷，诸偷不应。讼于百户杰，杰受偷赂，不问。讼于怀安尉，尉玉得其金镯、玉带，亦罢。遂讼于宪司副使李素鲁、佥事邹穆，捕治之。尉心念匿帝王物当死，即欲自缢，或甚之自首以免，遂上镯若带。而诸生王琨者，自言王后，当领所盗物。诸公疑之，琨出其家谱，乃圹中物皆备载，于是诸公按谱征物。举王绘像悬堂中，则见方面大耳，巨目弓鼻，紫面修髯，俨然可畏。四围朽尽，独中心如故，咸嗟叹之。内一水碗，其底寸许如橄榄，莹如金色，不识是何宝也。召回回，辩之曰："此玻璃碗。"诸公乃归琨像及圹中物十之一，而委库役郑浩为王治冢。浩为余言，圹中棺，推之可动，而盖已被发。坟前石人、石兽，制极工巧云。琨后仕至嵩阳知县，嵩阳丞有刘鉴者，实王女之所自出，借王像留之不返，琨复讼于宪司，并勾出玉带一条，花大如掌，宣德八年进御府。

永福县东四十里大、小妃山，相传闽越王葬二妃于此，并铸铁掩盖。一在可坑道旁，坏土岿然，耕者欲发之，风雨骤作。一在洋浦山麓，乡民有取石其上者，遇大蛇相向，遂不敢前。

邵武府泰宁县西五里，有越王冢，高逾十丈。人或触之，风雨立至。

南雄府始兴县南十里，有鼻天子墓，代莫可考。相传昔有人掘之，见铜人数十拥笏列侍，器饰皆金银。俄闻墓内击鼓大呼，惧弗敢取而返。间日重往，掩封如故。按《路史》，以鼻天子墓为象冢。然今有鼻墟在永州府零陵县境，鼻亭、象祠故址在道州城北六十里。旧传象封于有庳，即此地，则去始兴尚远，《路史》所云亦未知果确否也。

澄江府江川县北三十里山麓，有丁连然君墓。先时覆以巨石，有耕者憩之，石忽动，惊异，剔石得碣，面勒"丁连然君之神道"。按史，宋太宗时，有交趾王丁连然来朝，疑即其人。且古之交趾，亦今之郡地。

铜仁府城西八十里人同村，有李留坡墓。铜仁副长官李盘者，本朝宣德间，协征镇筸苗，被执。贼问曰："铜仁耶？思南耶？"盖贼德铜仁，欲生之耳。公竟不答，遂遇害。草殡于树石之间，久而树长，夹石。夷人夜遇树下，辄闻空中有甲兵声，以为神，而祀之于树下，名其地为"留石坡"焉。

[1] 鲍靓，汉司徒鲍宣之后，兼学道教和儒典，明天文、《河图》、《洛书》。迁南阳中部都尉，为广东南海太守。
[2] 陶弘景（456—536），字通明，南朝梁时丹阳秣陵（今江苏南京）人，自号华阳隐居，人称"山中宰相"。著有《本草经注》等。
[3] 奕，指司马奕（342—386），字延龄。东晋第七位皇帝，在位七年，为桓温所废，是东晋唯一一位在位期间被废黜的皇帝，史称废帝，又称海西公。
[4] 方智，即梁敬帝萧方智（543—558），字慧相，小字法真，南朝梁皇帝。禅位于陈霸先，后被其派人杀害，时年十六岁。
[5] 汪华（587—649），原名汪世华（归唐后避李世民名讳，改名汪华），出生于歙州歙县登源里（今属安徽绩溪）。隋末起兵，统领了歙州、宣州、杭州、饶州、睦州、婺州等六州，建吴国，称吴王。后归唐，被授予越国公等。
[6] 李克用（856—908），别号"李鸦儿"，神武川新城人，沙陀族人。唐末

将领，先后镇压庞勋起义军、黄巢起义军，被封晋王。其子李存勖建后唐，追尊为后唐太祖。
[7] 王子乔（约前565—前549），本名姬晋，字子乔，世称王子晋或王子乔。传说中的神仙。
[8] 秦宗权（？—889），蔡州上蔡（今属河南）人，一作许州（今河南许昌）人。唐末以残暴著名的军阀。
[9] 楚武王，即熊通（？—前690），芈姓，熊氏，名通。春秋时期楚国国君，前740—前689年在位，共在位51年。
[10] 温韬，原名李彦韬，五代时梁国人，祖籍京北华原（今陕西耀县）。曾任耀州、崇州、裕州等地节度使，镇辖关中地区。盗掘唐诸陵，后被后唐明宗赐死。
[11] 允常（？—前497），春秋时期越国君主，勾践的父亲。
[12] 段成式（803—863），字柯古，晚唐邹平人。唐代著名志怪小说家，代表作《酉阳杂俎》。
[13] 林灵素（1075—1119），原名灵噩，字通叟，温州（今属浙江）人。北宋末著名道士，少时曾为苏东坡书童。宋徽宗赐号通真达灵先生，加号元妙先生、金门羽客。著有《释经诋诬道教议》、《归正议》。
[14] 陈蕃（？—168），字仲举，汝南平舆（今河南平舆北）人。东汉时期名臣。被举为孝廉，曾任乐安太守、尚书令等。灵帝时，为太傅，录尚书事，与大将军窦武谋划翦除宦官，事败而死。
[15] 汉昭烈帝，即刘备。

发冢如生

汉景帝孙广川王去发魏子[1]且渠冢，见石床上两尸，一男一女，皆年二十余，东首裸卧无衣衾，肌肤颜色如生，鬓发、齿爪亦如生人。王畏之，不敢近，还拥闭如旧焉。事载《西京杂记》[2]。按：河间府景州西南有广川废县故址，王所发冢必在其境，今莫考其处矣。又《搜神记》记载：汉冯贵人[3]死逾岁，盗发其冢，贵人颜色如故，群盗共奸之，妒争事觉。

汉薄太后[4]陵，在西安府城东三十五里，晋时有人发之，见太后面色如生。

晋卞壶[5]墓，在应天府治西北，晋安帝时，盗尝开其墓，见壶面如生，爪甲环手背。帝赐钱十万，封之。

郗愔墓，在镇江府城东，陈永定中，有人发愔墓，见愔尸如生。内有郑康成所书箴《左氏膏肓》，愔手注其后。云得之广固邓伯道，邓云：石勒军发康成冢所得者。

颜真卿为李希烈[6]缢杀于蔡州，缢者收瘗之。贼平，其家迁还，启殡，颜色如生，握拳不开，爪透手背。

《平凉府志》：刘表墓，在镇原县西。《述征记》云：表子琮以珍香数十石置棺内。晋永嘉中，郡人卫熙发其墓，见表貌如生，香闻数十里，惧不敢犯。《水经注》云：襄阳城东门外二百步刘表墓，太康中为人所发，见表夫妻，其尸俨然，颜色不异，犹如平生。香气远闻三四里，经月不歇。按：表为荆州牧，卒于大乱之秋，其墓正当在襄阳，何由远葬安定？今平凉，汉之安定郡也。

张骏墓，在凉州，晋隆安五年，为州人胡据所发，见骏貌如生。得真珠帘箔、云母屏风、琉璃榼、白玉尊，受三升、赤玉箫、紫玉笛、珊瑚鞭、玛瑙钟、黄金勒，珍宝无计。时吕纂据凉州，诛据党五十余家，遣使祭修骏墓。

宋刘安世葬开封府祥符县，葬后二年，金人发其冢，貌如生，相惊语曰："异人也！"为之盖棺，乃去。

岳鹏举之死于狱也，实请具浴，拉胁而殂。狱卒隗顺[7]负其尸出，逾城至九曲丛祠中。故至今九曲五显庙尚灵，在旧大理寺墙下。顺葬之北山之滽，身素有一玉环，顺亦殉之腰下，树双橘于上，识焉。死以嘱其子曰："异时朝廷求而不获，必悬官赏，汝告曰棺上有一铅筒，有棘寺勒字，吾埋殡之符也。"后果购其瘗处，不得，以一班职为赏。其子始上告官，一如所言，而尸色如生，尚可更殓礼服也。

宁波府城东五十里阳堂山下，有鲍郎墓。东汉鄞人鲍益为县吏，既死，葬三十年，其妻忽梦夫语曰："吾已更生。"妻不信，再梦如初。乃发棺，其尸俨然，但无气息。冢内灯然不灭，膏亦不销。郡人聚观，咸神怪之，立祠以祀。

汉长沙王吴墓，在长沙府西北北津城之北。魏黄初末，吴人发芮冢取木，于县立孙坚庙，见芮尸容貌如生，衣服不朽。后预发者见吴纲，曰："君可类长沙王芮，但微短耳！"纲瞿然曰："是先祖也。"纲，芮之十世孙。

蜀开明妃墓，在成都府治西北武担山，梁武陵王萧纪[8]尝掘之，得玉石棺，中美女容貌如生，体如冰，乃掩之而寺其上。武担山，一名武都山，在今藩司门右，川西守道设焉，只一杯［抔］土耳。

国朝甘陵龙伯廷魁，中成化丙戌进士，授宁波府慈溪县知县。莅任岁余，一日谒郡守，拜不能兴，扶出气绝。归葬十二年，以茔墓弗利，启迁。揭棺俨然如生，肤发温荣，衣裳鲜韧。妻子以手拭开两目，瞳睛炯炯，因藏于家。时一启视，四五载依然，乃复葬焉。

附录

隆庆、万历间，陕西镇边城掘得小儿骨千百，各长二尺，不知殡于何代。甘肃尤多，皆在城南面之半。其中或皮帽皮靴，或小纱帽纱衣，外加氅衣者，皆可辨色。衣带皆丝，制作甚工。棺或木或石，上各有题识，第不能辨。一棺题宁夏王妃者，则中国书也。又一僧盘坐，手携一束，上楷书回文，初甚全，见风即化，有指爪，皮着肉如干兔。有一官帽而红袍者，不辨为何如人，不知何缘，葬之城半。

[1] 魏子，当为"魏王子"，据《太平御览》卷五五九《礼仪部第三八冢墓三》原文所题。

[2]《西京杂记》,汉代刘歆著,东晋葛洪辑抄。古代历史笔记小说集。
[3]冯贵人,汉桓帝刘志的妃子。
[4]薄太后,当指薄姬(?—前155),吴郡吴县(今江苏苏州)人。汉高祖刘邦的嫔妃,汉文帝刘恒的生母。
[5]卞壸(281—328),字望之,济阴冤句(今山东菏泽卞庄)人。累事晋怀帝、明帝、成帝三朝,两度为尚书令。
[6]李希烈,唐燕州辽西人。德宗时为淮西节度使,加封为南平郡王,兼汉南、汉北兵马招讨使。后自称天下都元帅、建兴王,784年攻下汴州,旋称楚帝。后被刘洽所败,被部将陈仙奇毒死。
[7]隗顺,南宋首都临安的狱卒,因掩藏民族英雄岳飞的遗骨而闻名于世。
[8]萧纪,即南梁武陵王萧纪(508—553),字世询,又字大智。曾任彭城太守、扬州刺史、益州刺史等职。梁武帝死后,552年在成都即帝位。后被梁元帝的部将樊猛所俘,被杀。

发冢更活

汉哀帝建平四年四月,山阳方与女子先未生二月,儿啼腹中。及生,不举,葬之陌上。三日人过,闻啼声,母掘收养。

献帝建安四年二月,武陵充县女子李娥,年六十余,病死,埋于城外,已十四日。娥比舍有蔡仲,闻娥富,谓殡当有金宝,盗发冢,剖棺,斧数下,娥于棺中言曰:"蔡仲,汝护我头!"惊遽便出。娥儿闻,来迎归。娥言为司命误召,至即遣归,遇其外兄刘伯文,寄书一封与其儿佗。佗识其纸,乃是父亡时送箱中文书也。

汉末关中乱,有发前汉宫人冢者,犹活。魏郭后召置左右,问当时宫内事,了了有次第。后爱养之,十余年后崩,哭泣哀过,遂死。一云魏时人发周灵王,得殉葬女子,不死,数日而有气,数日而能言,状如二十许女子云。

魏时有人发冢,得霍光女婿范明友[1]家奴,说汉朝废立事,与史书相符。此奴常游走民间,无止住处,后遂不知所在。

魏明帝太和三年，太原人发冢破棺，棺中有一生妇人，问其本事，不知也。

吴孙休永安四年，安吴民陈焦死，埋之。七日复生，穿冢而出。

吴丹阳丞于莹墓，在嘉兴府海盐县南四十里夹山之南。莹，晋常侍宝之父也。先有所宠侍婢，宝母甚妒忌，及父亡，母乃生推婢于墓中。宝兄弟年小，不之审也。后十余年母丧，开墓合葬，而婢伏棺如生。载还，经日乃苏，言其父常取饮食与之，恩情如生。在家中，吉凶辄语之，考校悉验。地中亦不觉为恶，既而嫁之生子。又宝兄尝病气绝，积日不冷，后遂寤，云见天地间鬼神事如梦觉，不自知死。宝以此撰集古今神祇灵异，人物变化，名为《搜神记》，凡二十卷。

晋元康中，梁国女子许嫁，已受礼聘，而其夫戍长安，经年不归。女家更以适人，女不乐行，其父母逼强，不得已而去，寻得病亡。后其夫还，问女所在，其家其[具]说之。夫径至女墓，不胜哀情，便发冢开棺，女遂活，因与俱归。后婿诣官争之，所在不能决。秘书郎王导议以为宜还前夫，朝廷从之。又杜锡家葬，而婢误不得出。后十余年开冢袝葬，而婢尚生。其始如瞑，有顷渐觉。问之，自谓当一再宿耳。初婢之埋，年十五六，及开冢更生，犹十五六也。嫁之，有子。

义熙中，东阳人莫氏女不养，埋之，数日于土中啼，取养遂活。

前赵[2]刘渊时，陇西张嵩事母至孝。母死既葬，庐于墓侧，哀感幽显。岁余而墓地自裂，棺亦自破，母遂苏活。刘曜时，上洛男子张卢死，既葬二十七日，有盗发其冢者，卢遂苏。

刘宋王玄谟[3]从弟玄象为下邳太守，好发冢，地无完椁。人间垣内有小冢，坟上殆平，每朝日初升，见一女子立冢上，近视则亡。或以告玄象，便命发之。有一棺尚存，有金蚕、铜人以百数。

见一女子年可二十，姿质若生，卧而言曰："我东海王家女，应生资财相奉，幸勿见害。"女臂有玉钏，破冢者斩臂取之，于是女复死。玄谟时为徐州刺史，以事上闻，玄象坐免郡。

拓跋魏明帝时，洛阳菩提寺沙门达多发周时古冢，取砖，得一殉葬女子。以进冯太后与帝，在华林堂，以为妖异，黄门侍郎徐纥引范明友家奴事解之。一云元魏时，菩提寺僧多发冢取砖，得一人，自言姓崔名涵，字子洪，在地下十二年。如醉人，时复游行，不甚辨了，畏日及水火、兵刃，常走，疲极则止。洛阳奉洛里多卖送死之具，涵言："作柏棺，莫作桑櫶。吾地下见发鬼兵，一鬼称是柏棺，主者曰：'虽是柏棺，乃桑櫶也。'"

梁承圣初，司徒主簿柳苌卒，子褒葬之九江。三年后大雨，冢崩，褒移葬。启棺，见父目忽开，谓褒曰："九江神知我横死，遣地神以乳饲我，故得更生。"褒迎归，三十年乃卒。

陈至德三年八月，建康人家婢死，埋之九日而更生，有牧牛人闻而出之。

唐光启元年，隰州温泉民家有死者，既葬且半月，行人闻声呼地下。其家发之，则复生，岁余乃死。

附　录

晋咸宁二年，琅琊人颜畿病死，棺敛已久，家人咸梦畿谓己曰："我当复生，可急开棺。"遂出之，渐能饮食、屈伸、视瞻，不能行语，二年复死。

唐武德四年，太原尼志觉死，十日而苏。

贞元十七年十一月，翰林待诏戴少平，死十有六日而苏。是岁宣州南陵县丞李嶷死，已殡三十日而苏。

宋淳熙十三年，行都有人死十有四日复生。

[1] 范明友，霍光女婿，西汉大将。汉昭帝、宣帝时期北方重要的将领之一，对匈奴、乌桓、羌的战争中取得一定战绩。

[2]前赵（304—329），亦称汉赵，西晋十六国之一，是西晋晚期少数民族第二个建立的政权。
[3]王玄谟（388—468），字彦德，太原祁县（今山西祁县）人。南朝宋将领，先后任从事史、武宁太守、汝阴太守、彭城太守，一度担任顾命大臣，官至车骑将军、南豫州刺史，封曲江县侯。

禽　　冢

苏州府城西北五里半塘寿圣寺，晋生公讲《法华经》处也。时有驯雉听经，雉死葬之。俄有青莲生于雉口，遂建雉儿塔。旧在千佛阁下，后移半偈庵。

镇江府城东北江中焦山下水次，有瘗鹤铭。其序略云：鹤之寿，不知其几也。壬辰岁得于华亭，甲午岁化于朱方云云。华阳真逸撰上，皇山樵人逸少书。梁陶弘景，晚号华阳真逸，丹徒县本春秋之朱方。《左传》：襄二十八年，齐庆封奔吴。吴句馀予之朱方是也。

太原府城西二里汾水滨，有雁丘。金忻州人元好问赴府试，行道中，见一捕雁者，云捕得二雁，内一死，一脱网去，空中上下盘旋，哀鸣良久，投地亦死。好问闻之，遂以金赎得二雁，瘗于汾水滨，垒土为丘。好问有《雁丘词》，见本集。

本朝永乐间，闽人叶宜知卫辉府，适有蝗灾，宜祷诸城隍，忽群乌飞食，蝗尽乌死。宜令尽收死乌，葬之，号曰"乌冢"。

西安府华州华阴县，有凤居山。唐开元间，凤逐二龙至此，龙坠地化青泉二道，凤愤而死。僧以石函其骨，瘗之山巅，累石为塔，覆之。景泰间，乡民取砖石筑城，函遂露。启函，凤胫骨长二尺，股骨长一尺五寸，色如玉云。

杭州府临安县西五十里径山，有灵鸡冢。唐开山法钦和尚每说法，有一鸡伫立不动，倾耳而听。及死，瘗之，冢高三尺。

湖州府长兴县东蒋湾，有孝鹅冢。唐天宝末，邑人沈氏畜一母鹅，将死，其雏悲鸣不食。母死，啄败荐覆之，又衔刍草列前，若祭奠状，向天悲叫而死。沈氏异之，函二鹅，葬此，后人因呼为"孝鹅冢"。

成都府金堂县东三十里三学山，有鹦鹉舍利塔。唐节度使韦皋作记。

庆远府城南龙塘旁，有瘗鹤台。

兽　冢

嵩江府城南二里，有黄耳冢，晋陆机所畜快犬。尝自洛中为机系书驰回吴，得家书还驰向洛。后犬死，还葬其家村南二百步，俗呼"黄泥荡"。《刘贡父诗话》[1]谓：黄耳或者为奴名，不然，当为神犬也。

嵩江府城西北二十五里佘山宋聪道人，太平兴国二年，结庐东峰，有二虎为之卫，名曰"大青"、"小青"。天禧元年，道人趺坐而逝，二虎亦死，瘗于塔旁。逾年生银杏树二，僧寮因辟亭其间，以"虎树"名。

唐郑綮《开天传信记》：开元中，上将登封泰山，益州进白骡至，洁朗丰润，权宜[奇]伟异。上遂亲乘之，柔习安便，不知登降之倦。告成礼毕，复乘而下。才下山坳，休息未久，而有司言：白骡无疾而殪。上叹异之，谥曰"白骡将军"，命有司具槥椟，累石为墓，在封坛北一里余，于今存焉。按：封禅坛，在济南府泰安州南二里。

武定州阳信县东南，有狼丘冢。相传唐薛仁贵征东时，憩此。野火将然，有一狼以身取水，展火草，至而息。既觉，则狼已死，因瘗之。

兖州府济宁州巨野县东南三十里，有麟冢。鲁哀公十四年，西狩获麟，孔子伤之，即此处。

五代杨光远叛于青州，时有孙中舍者居围城中，食尽，作简并一布囊，系犬背上，夜使由水窦出，至州西庄中族人处索米，负之以还。数月城开，阖门不馁。后数年犬毙，葬于庄南。至其孙彭年，语龙图赵师民，刻石表其墓，曰"灵犬志"。

宋太宗葬永熙陵，在河南府巩县西南，陵侧有桃花犬冢。淳化中，合州所贡罗江犬也。甚小，而性慧，常驯扰于御榻之侧。太宗不豫，犬不食。及崩，犬号呼涕泗，以至疲瘵。真宗即位，使之奉陵，旋毙，诏以敝盖葬之陵侧。李至作《桃花犬歌》，以寄史官钱若水，末句云："白麟赤凤且莫喜，愿君书此惩浮俗。"又御厩一马号"碧御霞[2]"，马口角有文，如碧霞交于双勒间。从征太原，上下坂冈，其平如砥。下则伸前而屈后，登高则反之，太宗甚爱焉。后闻晏驾，悲领骨立。真宗遣从皇舆于熙陵，数日遂毙。诏以敝帏葬于桃花犬之旁。

处州府龙泉县大沙渡东北三里，有白马墓。我朝开国勋臣胡深[3]征陈友定，遇害。所乘桃花马驰归门外，悲嘶殒绝。夫人义之，因葬焉。

荆州府石首县白杨铺北，有麒麟冢。相传昔有麒麟产此，人以为怪，扑而埋之。后冢自涌起，今存。

宋淳化中，古集州山民魏皋家牛生麒麟，鹿首牛尾，鱼鬣而龙鳞。四趾始生，身五色。民以为妖而毙之，乃瘗于城北十五步，杨义仲为之铭。古集州，唐置，在今保宁府巴州境。

泉州府同安县东四十里香山之东，有虎墓。宋邑人宋宣文行为州里所推，天圣八年登第，以便亲签判本州，治平中除太常少卿，熙宁中挂冠归。及卒，朝廷遣人礼葬，尝赐虎一只，亦墓葬焉。

附　录

嘉兴府崇德县之崇德乡，有白马冈。宋高宗为康王时，南渡，金兵蹑之急。忽见一白马跃来，出而遁。宵行七百里，至此天曙，喜曰："金人不吾及矣！"视之，乃泥马也，因葬于此。

岳州府城内，有巴蛇冢。相传昔羿屠巴蛇于洞庭，积其骨为丘陵，故吴以其地为巴丘邸阁。晋太康元年，置巴陵县，府城西南青草湖，一名巴丘湖。

[1]《刘贡父诗话》，即《中山诗话》，北宋刘贡父撰。一卷六十六条，"亦沿欧阳修、司马光以诗话记事、闲谈之习"，《四库全书》收于集部诗文评类。

[2] 碧御霞，北宋释文莹《玉壶野史》（又名《玉壶清话》）卷八原文题"碧云霞"。

[3] 胡深（1315—1367），字仲渊，处州龙泉人，元末明初军事将领。

虚粮冢

真定府元氏县南三里有韩台，在泜水之阳，累累相属。相传韩信出井陉，攻赵时虚粮冢也。近有人台下凿发，得冢甓，盖赵氏公族大臣诸窀穸，淮阴侯建幕于其上耳。

无极县西二十五里有虚粮冢，阜数十，高丈余，周围广数十步。农夫耕其旁，多得武械。盖宋檀道济[1]唱筹量沙之故地也。一云兖州府东平州东阿县南七里碻磝山，为檀道济与后魏交兵之地，今城南三土堆，即道济唱筹量沙之所。

济南府长山县南三十里米山，以齐桓公尝积土为虚粮于上，故名。

沁州沁水县东一百四十里空仓岭，乃秦白起诡粮以绐赵括处。

南阳府裕州叶县南有昆阳城址，汉光武破王寻处也。城外多土丘，高圆累累，土人谓之"虚粮冢"。

汉魏主曹操既死，欲欺后世，爰作疑冢七十有二。后人识者不信，作诗云："人言疑冢我不疑，昂有一法君未知。掘尽疑坟七十二，中有一冢葬君尸。"此诗足当斧钺，然操葬处，实不在此七十二冢之中，或云操冢正在古寺中。一云操有冢在开封府仪封县东北黄陵冈，又汉阳府汉川县西北周陂乡有同冢。相传曹操赤壁兵败，诈传己死，乃作虚冢七十二，其形皆同，故名"同冢"。此出于后人附会，不足信也。

前燕慕容自蓟城徙都邺，梦石虎啮其臂。寤而痛恶之，命发其棺，求尸不获。购以百金，莫知之也。邺女子李菟言告："虎葬于东苑观下。"于是掘焉，下度三泉，得其棺部。剖棺出尸，僵不腐。俊躏而骂之曰："死胡，安敢梦生天子也？"使御史中尉杨约数其残酷之罪，而鞭之，投于漳水。尸倚桥柱〔柱〕不流。先是麻襦道人谓虎曰："陛下当终一柱殿下。"虎不解其意，至是，人乃服其前知。及秦灭燕，王猛为之诛李菟，收而葬之。东苑观，一作东明观。

东魏高澄[2]虚葬其父欢于漳水之西，乃潜凿鼓山石穴，纳其柩而塞之，杀群匠。及齐亡，一匠之子发石取金而逃。鼓山，在彰德府磁州武安县南二十里。

秦始皇陵，在西安府临潼县东八里骊山下。内城周五里，外城周十二里，其址具存。项羽、黄巢，皆尝发此。老人云始皇葬山之中，此特虚冢耳。

襄阳府宜城县南四十五里，有破河脑。相传楚平王杀伍奢，奢子员出奔曰："必覆！"楚王卒，国人葬之于石子湖中，作虚冢于江南岸。后员以吴兵入楚，遂破河掣水，取平王尸，鞭之。南阳府裕州舞阳县北灰河保，有楚王墓，亦相传为伍员掘平王墓鞭尸处。

承天府沔阳州景陵县东北七十里诸流村，地名长河，有八十冢。乃疑冢也，不知何代所作。

延平府将乐县南五里葛坡，古冢累累相望，故志指为葛王冢。相传西晋末，有葛将军失其名，因世乱拥众自据，僭称王号。既殁，多设疑冢。后人发之，圹中多金砖。

广州府城内赵佗墓,自鸡笼山以北至天井,连冈接岭,莫知真伪。天井,即越井冈也。相传佗葬时,輀车四出,不使人知其墓。吴孙权遣交州从事吴琦凿山破石,竟不可得。城北郭外有刘王疑冢,南汉刘隐[3]僭据广州,传四世,皆昏虐。虞人发掘,故多立疑冢也。

宋端宗葬广州府新会县南八十里崖山,或云葬于海滨乱山,民为之讳其处,世莫得闻。或云香山县南四十里寿星塘山之西,有陵迹五处,乃马南宝所筑,疑陵也,昔名其地为坟头冈。南宝,香山县南二百里井澳之湖居里人,宅在沙涌。景炎二年十月,端宗过此,南宝献粟千石,召拜,权工部侍郎。以其家为行宫,竭力保卫。及端宗崩于碙洲,复殡于此。宋亡,南宝悲愤不食。闻人言帝昺尚在占城,因起兵往迎。与元兵战,败被执,不屈死之。按:疑冢,实始于孔林,即孔夫子墓也,在兖州府曲阜县西北八里。

[1] 檀道济(?—436),祖籍高平金乡(今属山东金乡县卜集乡檀庄),出生于京口(今江苏镇江),南朝宋将领。东晋末,从刘裕攻后秦,屡立战功。官至征南大将军。
[2] 高澄(521—549),字子惠,小字阿惠,祖籍渤海蓨县(今河北景县),生于怀朔(今内蒙古固阳县)。高欢长子,东魏权臣。北齐时追谥为文襄皇帝,庙号世宗。
[3] 刘隐(873—911),原籍河南上蔡。唐朝末年和五代初年官员,割据军阀,南汉政权的奠基者,南汉追尊襄皇帝。

空　　乐

顺天府涿州房山县西十五里大房山东北,有孔水洞,今讹为云水洞。石窟阔二丈许,深不可测。尝有人秉火浮舟探之,隐隐闻作乐声,惧而返。樵牧于此者,每闻丝竹之音。

庐州府城内后土庙侧,有筝笛浦。渔人尝夜闻筝笛声,及香气氤氲。相传曹操尝载妓乐，覆舟于此。城东北七十里梁县乡有仙女冢，相传风清月白之夜，辄闻乐音。

庐江县东三十里梅山侧，有庐江王坟。风雨晦冥，即闻奏金石声。

徽州府城西北一百二十里黄山中峰，有浮丘公仙坛，山下人往往聞［闻］峰上有仙乐之声。

婺源县北一百二十里灵岩三洞，时闻仙乐。

广德州建平县寿昌院，六朝陈氏外戚高封周故宅也。中有八角井、九曲池。土人谓井有藏金，相与取之，水辄沸涌不得下，隐隐闻有笙箫之声，乃止。

太原府代州城南二十五里凤凰山剑佩峰，静夜或闻音乐杂作，琴、筑、筝、笛，历历可辨。

河南府偃师县南四十里缑氏山，周灵王太子晋控鹤上升处，俗谓之"抚父堆"。堆上有子晋祠，世有箫管之声。

登封县西七十里倚箔山，有洞若三间屋大。洞中潭水深不可测，时有箫声闻于邑中，移时乃止，俗以为龙吟云。

西安府泾阳县北冶谷之东南岸曰"清凉原"，折而西乃唐李靖故居，其地时闻仙乐。

杭州府于潜县南六十五里盛村，有仙洞。洞门石光莹如镜，中可容数人。风月澄清之夕，闻有乐声。县西南三十五里浪山之后，有何侯潭，旧志何侯自歘泛舟至此，溺死。每阴翳，闻丝竹声起潭中。县北四十五里天目山西峰绝顶，人迹罕到。隐者尝于风清月白之夜，闻云外笙箫声。每阴霾欲舒，久晴欲雨，至夜先闻空中丝竹具举。越旦，或在峰尖，或响岩谷，乡民、樵者听以为候。

昌化县东南十五里，有柯相公潭。相传柯相公为钱氏行者，舟溺于此。过［遇］澄霁则所覆之舟可见，遇阴晦时，或闻水上乐声。县西北七十里羊头潭中，多灵物，每阴晦，辄闻钟鼓之声。

衢州府城南蜘蛛洞，每阴雨，闻钟鼓声。

绍兴府城西南七十里刻石山，有洞，曰"风洞"。遇阴雨，辄闻鼓乐声。

诸暨县北五十里杭乌山，叠嶂七十二。一峰特高，每风雨晦冥，辄闻乐声，名"鼓吹峰"。

新昌县东南五十里天姥山，春月，樵者闻箫鼓声。一云登此山者，或闻天姥歌谣之声。

宁波府定海县东六海中翁洲上，有鼓吹山。每风雨晦冥，隐隐有鼓吹声。

台州府城西南四十里括苍山，每春月，常闻鼓吹之声。

处州府青田县西三十五里大驿洞，岩石峭峻，静夜尝有鼓吹之声。

南昌府进贤县南二十里麻山，有麻姑观，观东有圣井。每风月澄明之夕，常闻钟磬、步虚之声。

广信府城西二十五里月岩之北，有大山。前后有口，耕者或闻穴中笙箫、轮毂音。

贵溪县西南八十里，有仙乐岩。昔人尝浮舟游此，闻乐声要妙，出自岩中。此仙岩二十四之一也。

九江府城南二十五里匡庐山披霞亭之上，有小岩穴。相传为竹林隐寺后门，游人时闻天乐，而寺隐不见，故谓之"隐寺"。真竹林寺，在山南。

晋张僧鉴《浔阳记》[1]云：庐山西南有康王谷，又壮岭有刘成谷，天欲雨，辄闻鼓角、箫管之声。

抚州府城南二十五里井山，唐黄华姑修炼处。时闻仙乐之音。

建昌府城西南十里麻姑山顶，有古坛，即麻姑得道处。时闻步虚、钟磬之音。

临江府峡江县南四十里玉笥山，每天朗气清，有声出空中，如众乐并作然，或闻或不闻。及夜深阒寂，又闻如车马、金革之来，若神物有所劾治者。

赣州府城北六十里黄唐山，有石室，每丙日，闻箚鼓、笙箫之音。

雩都县东南六十里有梓潭，相传汉吴芮时，潭边有大树，其本长丈余，垂荫垂亩，芮命都尉萧武伐为龙舟。既成，挽之不动。占云：须童男童女数千人为歌乐，引之乃行。如其言，舟忽飞入潭中，挽者胥溺。至今夜宿潭边者，犹时闻歌唱声。

建宁府建阳县西八十里望日岩旁，有罗公井。尝有苍虬吐气，箫鼓之声相闻。

会昌县东南一百八十五里君山，每风雨之后，景气明净，颇闻鼓吹之声，皆山都木客为舞唱之节。

龙南县南一百里归美山，一名神阙山。大风雨后，天澄气静，闻弦管声。

南安府南康县南五里南台山，月夜风籁，过客时闻钟磬声。

黄州府蕲州北十里赤东湖畔，有鼓吹庙。地中尝闻音乐，故名。

荆州府归州巴东县南四百里，有通幽井。饮此可疗病，其下常有鼓乐声。

衡州府衡山县西三十里岳庙东招仙观，有投龙潭。国家斋醮毕，投金龙于此。石罅微开，闻天乐之声。若游人诚心洁志而窥之，微茫见金床、玉几。至道间，有孕妇触之，石崖微合，一无所睹。

南岳衡山顶会仙桥，夜深籁寂时，时闻丝竹声。

永州府道州宁远县南六十里九疑山，有舜庙。每太守至，官遣户曹致敬，则如有弦歌之声。

常德府桃源县境有琵琶洞，昔人游洞中，隐隐闻琵琶之声，故名。

长沙府茶陵州西十五里，有秦人三洞，上、中、下洞凡三。深窅难入，时闻钟磬之声铿然。

郴州桂东县南七十里青石峒，有石桥，长百余丈，非人力所能创，名曰"仙女桥"。清夜时闻奏乐声。

成都府华阳县东南五里祇园寺殿，壁有琴声，拊掌则闻。

保宁府广元县北一百七十里，有七盘岭，废武连县设焉。其地有群仙洞，相传曾有数人芸苗，闻洞中乐声嘹亮，密觇于洞口，见列坐如天人状，奏乐者无数。欲进前观之，即不见。自后，人数闻之。

叙州府南溪县治西北，有弹琴台。唐杨发弹琴于此，瘗琴其下。父老言每夜静，人或时闻琴音。发亦家于此，今南溪书院是也。

夔州府巫山县东三十里神女庙，正对巫山。每八月十五夜，月明时，有丝竹之音往来峰顶上，猿皆鸣，达旦方止。

潼川州中江县东宁国寺，有响壁一堵。若人虔诚举手而拍，则有丝竹之声肆达于外。

福州府闽清县南，接永福县界龙都峰顶，有白岩，云气缭绕，时闻仙乐之声。

罗源县西隅四明山，一名毒火山，相传为赤松子[2]炼丹之地。旧尝有人闻丝竹之音。

永福县东南八十里六洞仙山，极高而秀，旧有神仙居之。风雨晦冥不可测，时有音乐出岩洞外。

兴化府仙游县南四十里洪山，旧有紫气盘绕，其上又时闻丝竹之声。

泉州府永春县东北三十里乐山，有东、西、南、北、中五台。而乐山居其中，时有音乐出闻于外。

漳州府城东箸山，阴晦时，闻箫吹之声。

龙岩县北五十里天宫山，每阴晦，则闻箫鼓之声。

延平府尤汉［溪］县东南三十里九仙山，时有仙人往来，仿佛闻奏乐音。

建宁府城东三里响山前，有浮石洞，一名逃奴洞。相传梅福炼丹响山，其徒陈先生者，每窃食。福怒，拔剑逐之，逃入此洞。风月之夕，渔舟泊其滨者，时闻水中笛声。

崇安县南三十里武夷山八曲间，有毛竹洞，白花、丘公诸岩，樵人时闻仙乐音。九曲间有铁笛亭，相传为李仙吹铁笛处，今石壁时隐隐有笛声。

政和县南三十里虾蟆峰，宋淳熙初，有仙乐奏其上。

汀州府城西六十里玉女山，旧传王氏女修真之所，月明籁寂，隐隐有音乐作于山中。

福宁州城西北四十里池家岭上，有仙人洞，相传清夜或闻丝竹之音。

宁德县北七十里霍童山，古神仙霍童所居，《列仙传》作霍桐。每风清月白，居人往往闻空中有乐声。县西北十里罗汉洞，清秋之夜，常有钟声远扬。

福安县东五里龙首峰后，有王母洞，时闻鼓乐之音。

惠州府博罗县西北三十里罗浮山上界三峰下，有夜乐洞，又飞云塔侧有夜乐池，俱夜间时闻仙乐。

龙川县东北百里霍山，有仙乐峰，月夜常闻箫鼓声。

南雄府始兴县南二十里机山东，有两岩回向，名"玲珑岩"。鸱尾有字数十行，过者时闻金石丝竹之音。

肇庆府四会县东四十里扶卢山，昔六祖姓卢，尝隐此山。上有六祖庵，故名。每甲戌日，闻鼓角、笙箫之声。

浔州府平南县东十五里有潭，名县郭潭，湾俗传蛟龙居焉。风清月白时，闻有钟鼓声。

南宁府隆安县[3]东四十里逍遥山，过者或闻鼓乐声。

大理府城西十里点苍山之第十峰，曰"应乐峰"。夜闻天乐，故名。帝释寺在此。

楚雄府广通县北七十里龙街山，洞中常有乐声。

丽江府兰州西北二十里老君山顶，有深渊五所，夜恒有箫鼓声。

石阡府城南琵琶山，月夜每闻琵琶声。相传昔有异人隐此。

安南国乂安府奇罗县东海滨，有天琴山。相传昔陈氏主游此，夜闻天乐声，故名。

［１］《浔阳记》，东晋张僧鉴撰，是九江最早的一部方志。
［２］赤松子，古代神话传说中的上古仙人。
［３］南宁府降安县，当为南宁府隆安县。

幻　　影

顺天府治南披云楼上，有远树影，虽风晴雨晦，登者皆见之。

真定府无极县城西北，有扈台高出陵阜，遥望青云，层见迭出，即之渺然。

永平府抚宁县牛头营西南为连峰山，一名莲蓬山。渝水迳其西入海，海中时有蜃气，楼观、城郭、人马为市。

昌黎县东南三十里有溟海，突出海七里，亦名七里滩。其广延三十里，若浅若深。每元宵将旦，有城市楼台影现于上。

淮安府邳州宿迁县北八里诸葛湖，每春月阴晦时，常有城市楼观影影水中。俗传孔明尝屯兵于此。

太原府代州繁峙县东百里，有卤城，周围三里一百一十步，正东及西南、西北三门。其地多卤土，故名。俗传朝霁云雾中，呈现楼堞，门内似有人马。现则多雨。人在西则见，在东不见；远则分明，近则隐没。其东五里有齐城，其隐现亦同。今不复见，见则凶。

兖州府东平州汶上县西南二十里有石楼泊，每秋水泛涨，一望无际，常有城楼、人马之状出于水上，谓之"水市"。县西南三十里南旺湖中，有高阜六七，曰"阚亭"。鲁自隐、桓以下，皆葬于此。至今水际时见烟云楼台之状。

东阿县东南桃城铺旁，有一丘高可数仞，每阴雨后，烟雾中隐隐有城堞、楼台、宫室、桥梁、车马之状，谓之"海市"。此地去海尚远，以其类海市而名之也。

登州府城西北海中六十里鼍矶、大竹、小竹诸岛，春夏间常有城堞、楼台、宫室、桥梁、车马之状，谓之"海市"，以其望之若有人往来交易也。苏子瞻知登州，到官五日，召为礼部郎中，时当岁晚，以不见海市为恨，乃祷于海神广德王之祠，明日见焉。

汝州西南六十里崆峒山，广成子隐处也。九春三秋，天景清丽，必有素雾。自岩起，须臾，粉堞青甍弥亘数里，楼殿、辇辂、花木焕烂，数息中，雾势漫散，不复见矣。

台州府天台县北五十里石桥山方广寺，时现楼台于虚空中。

处州府庆元县西十里勋山上，有仙桥，人常见仙车、宝仗往来于桥间。

吉安府安福县西百余里武功山最高处，曰"雷岩"。云气开朗时，恒见岩户开阖，若有神仙居之，而聚散莫测。

建昌府城东四十里仙人岩，临溪峭壁数百仞，五岩连属，深广各数丈。天气晴明时，岩中光彩动摇，隐隐若一童子出没其中。

长沙府城东四十里影珠山巅，有井，其影如珠。

宝庆府城步县东一里山中，有龙井泉。相传牧童见龙影贯其中。

永州府东安县治东龙山下，有涌泉，尝有龙影见其中，山以此得名。

成都府汉州什邡县西五十里大蓬山，朝云初起，日射圆光于山顶，睹佛台西涧，光晕数重，作青、黄、红、绿色。稍升象王峰，大径百丈，中有黑影，仿佛佛像，食顷方散。

顺庆府蓬州治西资圣院金钱井，每月明，辄有金钱影浮水上。

重庆府江津县西一百五十里周溪上碛中，浅水一泓，周五六尺，有金钗影一双。昔有姑病渴，思得甘泉，其妇彷徨至周阳山下，遇一叟曰："能与吾钗，则泉可得。"妇拔钗授之，坠于地而泉出。今碛中浅水，即此泉也。

嘉定州峨眉县西一百里大峨山，一名峨眉山。山顶多于午时现出佛光，兜罗绵云自雷洞山而起，云头现大圆光，杂色之晕数重，倚立相对，中有水墨影，若仙圣跨象，谓之"小现"。大圆光偃卧平云之上，外晕三重，每重有素、黄、红、紫之色，光之正中虚明凝湛，观者各自见其形现于虚明之处，毫厘无隐，一如对镜举手动足，影皆随形，而不见旁人。此摄身光也，谓之"大现"。风起云散，独出大圆相光，横亘数山，尽诸异色，合集成彩，峰峦、草木皆鲜妍，绚蒨不可正视，谓之"青现"。青现者，不依云而现也，最难得。一云大峨山佛光有普贤光、辟支光、童子光、仙人首、仙人掌，种种不一。一云佛光色之浓淡随日转移，日有红晕，现光色亦赤，俗呼为"火光"；无红晕现，光色亦白，俗呼为"水光"。

雅州荥经县东北二十里瓦屋山峰顶，朝现辟支，午现普贤。

漳州府漳浦县东南大海中，有将军屿、鱼赐屿、竹屿、石城屿、菜屿、大桑、小桑、大澈、小澈诸处。国朝嘉靖九年正月，海中山峰并列，忽没不见。顷之，三山并为一峰，屹立腾空，作楼台巍焕之状。如是者凡三日，盖蜃见云。

汀州府宁化县东北五十里东岩，有仙影洞。始入隐隐若有人形，谛视则无有。

福宁州南七十里海中，有笔架山。嘉靖四年四月二十三日，南海浮来五山，自笔架山外而至。峰峦突兀，上有草木，人马往来贸易。阖城聚观，自午逾中乃没，盖海市也。

广州府新安县西北一百六十里大步海中，有龙穴、洲穴凡两，有龙出没。其间春晴，蜃气结为楼台、城堞、人物、车马往来之状，人常见之。

南雄府城东二里延祥寺西,有塔常现三影。

大理府宾川州西四十里鸡足山,相传为释迦佛以金缕袈裟付大弟子迦叶波处,每岁八月佛放光,故有"传衣"、"放光"二寺。李逸民记略云:时正六月,忽兜罗绵云缅平一白,宛如玉地,大圆光倚立玉地之上。外晕七重,每重五色环,中虚明如镜,观者各见自身现镜中,毛发可数,举手动足,影亦如之,僧呼为"摄身光"。有顷,光没,风起壑中,云气散尽,林峦[峦]改色,鲜妍夺目,复出一光如大虹霓,然只半缺,而佛光则圆莹如水晶映物,僧呼为"佛现"。须臾乃收,有时见平云上现二银船,樯柁皆具,往来江村沙浦中,如人掉[棹]之,但不见人。按:西域有鸡足山,此山形似之,故籍其名以为重,谓佛入涅于此,非也。

附　录

秦苻坚建元十七年四月,长安有水影,远观若水,视地则见人,至是则止。

宋文帝元嘉二十五年冬,青州城南地,远望见地中如水有影,人马百物皆见影中,积年乃灭。

唐神龙二年二月,洛阳城东七里,地色如水,树木、车马历历见影,渐移至都,月余乃灭。长安街中往往见水影。

大历末,深州束鹿县中有水影,长七八尺。遥望见人马往来,如在水中,及至前不见水。

金哀宗正大七年十二月,新卫州北三里许,有影在沙上,如旧卫州城状,寺塔宛然,数日乃灭。旧卫州,即今卫辉府新卫州[1],即今胙城县。

崇祯甲申十二月,开封府郑州荥泽县郭村,于十一日午刻,忽现大城,堞门毕具,历二时方隐。天官家谓广莫之气成城郭,此时河南茫无人烟故也。

[1] 卫辉府新卫州,当为卫辉府卫州。

倒　　影

应天府城南三十里牛首山辟支洞前，有石浮图。自洞西下，有禅堂，堂之左一佛室，阖其门，有窍如钱大，浮图影从窍中入，倒挂佛案，阴晴皆然，理不可晓。

嵩江府治东南兴圣寺东有水陆池，池南有塔，元时西有普照塔，又西有延恩塔，西南有超果塔，东南则此塔，谓之四塔。是时，有夏监运家在四塔之东，而小室内有一塔影，长五寸许，倒悬于西壁上。后或见于城西南黄泥溇中。

怀庆府济源县北八十里王屋山，日出没时，间有倒影之异。

河南府永宁县西四十五里天坛山，一名坛屋山。每日早暮有影，俱深碧色。旦则在西，直插天际。日高则卧与海接，暮影在东，先卧后立，他山所无也。

杭州府临安县西三里东山塔院，塔影倒垂。

长沙府湘潭县方广寺，每至四月朔日，在东壁则照见维扬宫府、楼堞、居民舍宇影着壁上，物物可数。

附　录

《酉阳杂俎》载："谘议朱景玄[1]见鲍容，说陈司徒在扬州时，东市塔影忽倒。老人言，海影翻则如此。"又云："高邮县有一寺，不记名，讲堂西壁枕道。每日晚，人马、车舆影悉透壁上，衣红紫者，影卤莽可辨。壁厚数尺，难以理究。辰午之时则无。相传如此二十余年矣，或一年半年不见。成式太和初扬州见寄客及僧说。"

[1] 朱景玄，唐朝武宗会昌（841—846）时人，吴郡（今江苏苏州）人。元和初应进士举，曾任咨议，历翰林学士，官至太子谕德。撰有《唐朝名画录》。

无　　影

保定府蠡县治北有无影山，在旧高阳城外。相传其山峰，日射无影。今仅存微阜。

兖州府东平州南三十里土山，日中无影，名"无影山"。

赣州府信丰县城中孝义坊，有宝塔寺。塔高九层，日中无影。影见则灾至。

武昌府城东十五里洪山上，有塔，名"无影塔"。

《汉书》交州日南郡有比景县，如淳曰："日中于头上，景在己下，故名之。"阚骃曰："比读荫庇之庇，景在己下，言为身所庇也。"按：影字本作景，《庄子》"飞鸟之景"，《史记·乐书》"如景之象形"，至葛洪撰《字苑》，始加"彡"为影，彡音先。徐铉曰："影者，光景之类也，合通用景。非毛发藻饰之事，不当从彡。"

奇　　构

应天府治东北十五里钟山东麓灵谷寺梵王中殿，不施一木，皆累甓空洞而成。其规制多自齐梁时来。

登州府福山县治西一里峴立山，有通仙宫，俗传其殿为公输子所造。梁柱悬空四垂，若不相属，而结构工巧，古今称殊绝。

台州府天台县北五十里天封寺，最巨丽，右楹有异僧以木屑缚为柱，尚存。

荆州府松滋县治东丘家湖中，有一柱观，刘宋临川王义庆镇江陵时所建。观甚大，而惟一柱。

神　木

应天府上元县治东北五里古台城，内有梅梁殿。晋太元间，谢安作新宫，造殿欠一梁。时有梅木流至石头城下，因取为梁。殿成，乃画梅花于上，以表瑞。又有樟柱殿。侯景平时，火焚太极殿。梁元帝议欲营之，独缺一柱。至陈永定二年，有大樟木大十八围，长四丈五尺，流泊陶家后渚。监军邹子度以闻，诏中书令沈众[1]、太府卿蔡俦起太极殿。

苏州府城西南二十五里灵岩山阁后，有二智井。相传昔有神僧，于此中出木。

宁国府城北十里敬亭山南有广教寺，《伽蓝记》[2]云：广教寺，其材皆松萝，惟安南有之，相传为黄檗禅师[3]所募。时寺后有二金鸡相斗，入井中，材皆从井中涌出。寺成，余松萝八株，檗师植之殿前，辄敷荣长茂。别有二株，遇僧有异行者，辄开异花数色。今井中断木尚存。卢肇碑铭则云：寺以会昌四年毁，大中二祀，故相国太尉裴公复建。初郡东有妙觉寺，寺毁，其杉、桧多大十围。一旦有二龙斗谷中，拔大树三十二，皆殿宇材也。于是用之，轮奂为新云。

扬州府通州海门县吕四场有东山，宋淳熙中，孙道人筑。又能以术运大木，建庙山中。

登州府栖霞县北二十里公山，有白云庵，元太祖为邑真人丘处机建。去此五里，有仙源泉，处机募有大木，悉投于水，其木辄从此泉浮出。

宁海州东南四十里大昆仑山，《仙经》谓之"姑余山"，麻姑修道处也，有麻姑庙。宋时石落村刘氏鲤堂前有大槐，刘氏忽梦一女官自称麻姑，乞此树修庙，许之。寤，异其事。后数日，风雷大作，失槐所在。即诣姑余山，视之，槐已卧庙前矣。重和初，赐额曰"显异"。按：麻姑有三，一为汉王方平之妹。宁国府城东三十五里麻姑山有麻姑丹灶，建昌府城西南十里麻姑山有麻姑仙坛，颜鲁公作碑记并书，及宁海州姑余山之麻姑庙，皆是也。一为后赵麻秋之女。秋，石勒骁将也。黄州府麻城县故城，乃秋所筑，故名"麻城"。秋，性严酷，昼夜役民筑城不止，惟鸡鸣乃息。女有恤民心，假作鸡鸣，群鸡皆应。父觉，欲挞之，女逃入仙姑洞。后于城北石桥飞升，人名其桥曰"望仙桥"，即其地建飞仙亭，至今存。一为唐放出宫人，姓黎字琼仙，麻姑其号也。

彰德府城北百里合龙山，初本荒寂无人居，惟一僧结庵山下。有农家生子，出胞即垂眉三尺，不食母乳，七岁不能言，其家送之庵中。宋仁宗朝令郡县津送至京，入宫忽语。诏削发，御笔赐名"行本"。年十二，锡赉并后宫所施，凡直千万余贯。放还乡，悉以建寺。其师市木于虔化深谷中，一夕大雷雨，江涨，合抱梁栋随流而至庵前。及寺落成，行本对佛合掌而逝。

河南府洛阳城南面四门，东第一门，曰"开阳"。相传门始成时，夜有一柱来，止楼上。开阳县上言："南门一柱飞去。"即此城门柱也，因名"开阳门"云。沈约《宋书》以为汉光武初都洛阳之年也。按：兖州府沂州有开阳城，《春秋》哀三年，季孙斯[4]、叔孙州仇[5]城启阳，注云即开阳也。汉避景帝讳改。

绍兴府余姚县北四十里明塘溪，一名明塘湖，又名淡水海。周三十余里，西南一曲有梅湾湖。相传昔有梅树，吴王时，采为苏台梁，水底梅根湛卧湖心，虽涸不露。秋七八月，雷雨交作，有声如鼍吼，震彻数里。土人谓之梅笼顾母[6]。一云三国吴造建业宫，伐材至明塘溪口，梅下见长木，取之还都。会梁已足，更别无用，其梅一夜飞还。土人异之，号曰"梅君"。今在湖中，随水浮沉。

宁波府城东南七十里大梅山，梅子真隐处也。山顶有大梅树，其上为会稽禹庙之梁。相传梁时修庙，一夕风雨，飘至。其下为它山堰之梁，长三丈余，去岸数尺，岁久不腐，大水不漂，因刀坠，误伤之，出血不止。今禹庙以他梅树代之，不斫不削，存故事耳，非旧物也。它山堰，在府城东五十里。

温州府乐清县东地，名黄塘。有寿昌寺，隋仁寿始建。唐光启二年，慧空大师欲购材迁址，忽洪水漂木，萃于此。又遇一古井，获铜佛三，乃成刹。

处州府景宁县南十里敕木山，相传山神尝见梦，以天木献于朝，因得名。

南昌府丰城县西二十里旧县城，有灵槎祠。晋范宁为守时，有人于白石墓伐大木，牵至独楮津，一夕逆流而还，以为神而祀之。世号"槎溪"，本此。

广信府城西南八十里大宾岩，梁大同中开山，有鹤衔木、水漂木之异。

南康府城西北二十里东林寺神运殿前有池，晋僧慧远造寺时，材木自池中溢出。

吉安府城南十里，有神助桥。相传宋至和间作桥，时有木十余泊于桥，取以为亭，因名。

安福县东南百余里，有龙陂。吴孙皓时，伐木顺流至此陂而沉，以绳挽之，即有风雷之变。后岁旱，试牵拽之，风雨立至。宋元嘉十六年，木忽自浮水面，厚可五寸，其半犹沉水中，垂成沙洲。

荆州府归州治东有清烈公庙，祀屈原。唐元和十五年，刺史王元茂始创祠，宋元丰三年封清烈公，邦人为立庙。元泰定初，州尹王秃歌里尝修之，久而湮废。至正壬午，郡长密儿阿马始议新之。江忽暴涨，巨木蔽中流而下。募善水者，致之，得柏木数十。咸资其用，庙乃成。

常德府城南开元寺，梁普通中，沅水大溢，巨木长十余丈，流泊于此，夜光明数里。郡人丁提因舍宅为寺，号"宝应"。唐开元中，改今名。

成都府城内西南隅，有江渎庙。宋文彦博少从父赴任蜀州，过成都，谒庙，谓祠官曰："若为成都守，当令庙宇一新。"后知益州，听事之三日，谒庙，若有所感。忽涨大木数千，蔽流而下，尽取为材，庙貌重新。按汉《郊祀志》云：秦并天下，立江水祠于蜀，至今岁祀之，即江渎庙也。《广雅》：江神谓之奇。《相江记》云：帝女也，卒为江神。陆游《江渎庙碑》云：成都自唐有江渎庙，其南临江，及后节度使高骈大城成都，庙与江始隔。

成都府城北十五里威凤山，一名斛石山，又名学射山。唐龙朔中，至真观道士黎元兴，于山创造观宇。夜梦神人引升高山大殿之中，谒见黄老君。身长数丈，髭须皎白，戴黄冠，着云霞衣，侍卫十余人。顾谓元兴曰："吾近有材木，可构此观，无烦忧也。"如此数日，有人于万岁池中乘舟取鱼，忽见水色清澈，池底大木极多，以告元兴。令人取之，得乌杨木千余段，至有长百尺者。用以起观，作黄老君殿，依梦像塑之，又创三尊殿，下及讲堂、斋坛、房廊、门宇，皆足用焉。

马湖府沐川司治西二十里神木山，旧名黄肿溪山。永乐四年，工部尚书宋礼[7]采获楠木百株，皆异材也。砍伐方毕，山水忽涌，木自流出，以为山川效灵。事闻，上命礼部尚书潘赐赍香帛往答神庥，闻山呼声者三，震动天地。赐归奏，上命立石纪之，改山名为"神木山"，仍建祠。

泉州府南安县西南二里九日山，有神运殿。唐咸通中，僧初建殿，求材于永春县东之乐山，遇一叟指引其处。是夕又梦许护送。既一日，溪水暴涨，其筏自至，若神赍运，故以名殿。又有灵岳祠，祀指木之叟，即乐山之神也。水旱、疾疫、海舶祈风，辄见征应。宋时累封通远王，赐庙额"昭惠"，其后加至"善利广福显济"六字。相传王尝隐乐山，后仙去。人为立祠，俗呼"白须公"，又呼"翁爹"云。

安溪县西北太湖岩，宋时道人张道源[8]自德化来居此。其起手时，邑有巨室，山多杉木。道源往施，巨室曰："视木末折者，即以奉君。"亡何？风大起，木尽折，既得木矣。又莫致之，乃自山顶湖中先后挺出，匠告曰："木足矣。"遂止不挺。今木头半挺，尚在湖中。

唐贞观初，析崖州地，立琼州于麻钗都一图。大江之滨，城垣治址俱具。廨宇初竖，一夕梁飞失向。后觅得之于今城，遂定州治，今卫基是。

景东府城北九十里蒙乐山，一名无量山。寺有古殿，世传阿育王娶夫女之处，其栋柱自空中飞来者。

［1］沈众，字仲师，吴兴武康人。南北朝梁臣时，曾为太子中舍人，兼散骑常侍。绍泰元年，除侍中，迁左民尚书。高祖时，迁中书令。陈永定二年，兼起部尚书，监起太极殿。
［2］《伽蓝记》，指《洛阳伽蓝记》，北魏人杨炫之撰。书中历数北魏洛阳城的佛寺，分城内、城东、城西、城南、城北五卷叙述，记载寺院的缘起变迁、庙宇的建制规模及与之有关的名人轶事、奇谈异闻等。
［3］黄檗禅师（？—855），唐时福建福清僧人，幼年在本州黄檗山出家，后于洪州黄檗山大弘禅法。有《传心法要》、《宛陵录》等传世。
［4］季孙斯，即季桓子（？—前492），春秋鲁国大夫。
［5］叔孙州仇，即叔孙武叔，姬姓，叔孙氏第八代宗主，名州仇，谥武。东周时期诸侯国鲁国司马。
［6］梅笼顾母，《涌幢小品》卷四"神木"原文题"梅龙顾子"。
［7］宋礼，字大本，河南永宁人。明朝著名水利官员，侍事明朝四个皇帝。洪武年间，任山西按察司佥事，左迁户部主事。永乐时，担任工部尚书、太子太保。
［8］张道源，即惠应祖师。南宋绍定间，在德化九窦溪学道。后择居安溪还一里（今长坑乡田中村），开山修建太湖岩（泰湖岩）。

名　　塔

顺天府城西郭天宁寺，塔高三十寻。

通州城西北隅佑胜教寺塔十三层，高二百八十尺。下作莲花台，座高一百二十尺，周围四百尺，虚其中以祀佛。考断碑，创于唐贞观七年，历五代、宋、辽、金，凡九代始成。

涿州城东三里普寿寺，塔高十丈，石基高二丈，周围二百步。涿郡山川之胜，一览在目。

保定府蠡县西有宝宁寺，寺西古塔周围十丈，高一百一十尺。

博野县东南二十五里有灵光塔，高十二级。

雄县城北有塔，九层，宋知雄州李允则[1]建。下瞰幽蓟，如指诸掌。

河间府景州治西北开福寺前，有古塔高二十二丈，阔八尺。相传下有海眼潮，故大石板覆之于内。近代石损，发视，上狭下宽，如覆斗状，砌极工致。石皆五色，中有方台凸起，围绕小石佛千百，下有金棺，藏舍利子。后为僧所私。

真定府定州治南开元寺中，有大塔。宋僧令能创于咸平四年，成于宣和二年。高十三级，围六十四步，洞门八面，铁幢四落，飞窦悬梯，俯眺百里。知州宋祁纪岁月于巅。我洪武末年，都督平安[2]尝毁州治东华塔以甃城堞，镕铁幢为戎器，而独大塔无恙。乃宋阴筑以望契丹者，故名为"料敌塔"。正德己卯，武宗南幸，驻跸于此，挥洒壁间。

赵州高邑县西南隅，有乾日塔。宋僧怀恭建，起工建中靖国元年，落成元至正三年。塔共十层，高二十余丈。趾培厚土，尖刺危霄，飞禽多巢其上。

应天府城南五里长干里，有阿育王塔。晋孝武中，并州胡刘萨诃[3]所建，以藏佛舍利及爪发。初止一级，后稍增至三级。梁天监元年，立长千［干］寺，出塔中舍利及爪发。发青绀色，众僧仲［伸］之，随手长短，放之则屈为蠡形。于是高大其塔。元末毁，国朝永乐十年重建，毕工于宣德初。凡九级，高三百六十尺。塔制纯用琉璃，八面照耀云日，上设黄金、珠宝，顶可数丈。

应天府城南三十里牛首山佛窟寺东西峰，有塔七级。城东北五十五里摄山栖霞寺前白石塔，高数丈，隋代物也。

凤阳府泗州大圣寺塔，高十五丈。大圣，乃西域僧伽，唐龙朔中入中国，景龙四年坐化。众为建此塔，两毁于火，延祐中再建。

苏州府城西南二十里楞伽山，一名上方山。寺有塔七级，隋大业四年，严德盛撰铭。

嵩江府城东南谷市桥兴圣寺东水陆池南，有塔九层。

徐州砀山县西街永庆寺前，有塔九层。

太原府太原县治西南晋祠西偏，有塔七层，高十五丈。

忻州府定襄县西南二十五里居士山，有居士台，台上有塔七级，山下石室有碑，其略曰：魏武定四年十月，任城王居士室。欧阳永叔《集古录》跋云：魏宗室封任城王者数人，其国中绝不知武定中封任城者何人也？按：武定，孝静帝年号，是时宗室已无封任城者。《魏书》可考其称居士者，或是任城王之支派耳。

大同府城内东南隅南堂寺，一名永宁寺。寺外有塔九层，高九十余丈，上刹复高十丈，铃铎声闻十里。

东岳泰山大云寺正殿西，有辟支塔，十三级，高三十六丈。

兖州府东平州东阿县北十里新桥镇铁塔寺，浮图十有三级，高十二丈。宋熙宁间，郓州僧应言所建。赵概为请额，曰"荐诚"。《苏文忠集》有"五百罗汉院记"，即此。

东昌府莘县[4]东北有古塔，高十三层。

冠县城西恩公塔，唐恩公和尚造，高十三层。

高唐州治东南大觉寺塔，甚北［壮］伟，内一层至三层，宋元丰五年修；五层，元丰六年修；八层，元祐二年修。

南阳府邓州城南福胜寺之东北隅，有塔十三层，高百余尺。

西安府城南曲江池侧慈恩寺塔，七层，高三百尺。唐韦肇初及第，偶于慈恩寺塔下题名，后人慕效，遂为故事，谓之"雁塔题名"。此塔仿西城［域］制，名亦本之。

宁夏卫城西南一百四十里峡口山，一名青铜峡。上有古塔，一百八座。

杭州府城南二里凤凰山东尊胜寺，有塔高二十丈。元至正间，胡僧杨琏真伽[5]发宋诸陵，建此。厥形似壶，俗称"一瓶塔"。内藏佛经数十万卷，佛、菩萨像万躯。坚[垩]饬[6]如雪，又名白塔。城南十三里开化寺前六和塔，宋开宝中建，有九层，后废。绍兴间，复建七层而止，层构一佛字[宇]。阁道四周之顶，有古刻四十二章经。钱塘门西北宝石山有宝所塔，九层，五代钱氏臣吴延爽所建。宋咸平间，僧永宝重修，今俗呼"保叔塔"。塔门旧有"湖山胜概"四字，张即之书。西湖雷峰塔，吴越王妃建，始以千尺十三层为率，寻以财力未充，后复以堪舆家言，只存五级，俗称"王妃塔"。南高峰顶有塔，旧七级，今存五级。北高峰上有塔，七级，唐天宝中建。

嘉兴府城南澄海门外隍池中，有壕股塔。其水弯曲如股，塔七级，高十余丈，制极工巧。

宁波府城东五十里阿育王寺东，有塔高百余尺。

台州府天台县北六里赤城山绝顶，浮图七级。山东十里国清寺浮图，高倍之。县北十里东山之麓，旧有大浮图，高九级。甓砌坚致，插入霄汉。不知何代。

处州府遂昌县西二十里曾山，一名西山，又名文笔峰。上有塔七级。

南康府城西北二十里匡庐山金轮峰顶，有舍利塔。东晋时，耶舍尊者自西域奉舍利来，于此建塔藏之。其塔范金为之包，以石峰峭峻，铁石至重，人力不可施，皆运神通力致之，故俗呼为"耶舍塔"。其下即归宗寺。

衡州府桂阳州治东鹿头山有塔，七层。

成都府城东锦江南岸，有廻澜塔，高二十余丈。

彭县治北龙兴寺有塔，十七层，高二十余丈，世传塔顶有宝珠镇之。又曲尺山云居院有塔，高一十三层。

叙州府城东北东山上报恩寺，塔高二百尺。

福州府城西南隅乌石山南涧寺东，有石塔寺。唐贞元十五年，德宗诞节，观察使柳冕以石建塔，九层，赐名"无垢净光塔"。五代晋天福二年，王延曦重建，名"崇妙保圣坚牢塔"。今改七层，唐碑见存。

福清县东二十里龙山之巅，有瑞峰寺石塔，七级，可以观日出之处。

泉州府城开元寺东镇国塔，起于唐文俪〔俩〕禅师。西仁寿塔起于闽王审知，然皆以木为之。至宋淳祐、宝庆间，易以砖石，其制始备。镇国塔，高百九十三尺，仁寿塔高减尺五寸。皆雕镂祇园、鹿苑故事，极其精妙。层堵各有八龛，中奉佛尊，皆琢青石为之，海内所无也。向在州西城外，自留从效拓城，在城中矣。城东南四十里宝盖山，一名大孤山。绝顶有石塔，宏壮突兀，出于云表，商舶以为抵岸之标。城南五十里石湖，有金钗山。山若两钗股，其凹处有石塔，号"六胜"。宋政和初，僧祖慧、宗什等，以其地类明州育王山，募缘为石塔，其壮丽不减城中开元寺也。

惠州府博罗县西北五十里罗浮山上，有瑶石台，高五百六十丈有奇，夜半见日，又名"飞云顶"。梁大同中，景泰禅师建凌云塔于其上。

延平府顺昌县北一百二十里梅仙山，汉梅福炼丹之所也。山上有炼丹坛，坛上累石为塔，危若累卵。风雨漂摇，弗颠坠也。人指以为仙迹。

广州府怀圣寺有番塔，创自唐时。轮囷直上，凡十六丈五尺。乃日南徼外，占城诸国人来中国商贩者所造。

南雄府城北八十里大庾岭上，有六祖塔，高七级。

大理府城西南点苍山七峰之麓弘圣寺，旧名王舍寺，亦名一塔寺。有塔高二百尺，为级十六，规制严整。考之史传，为隋文帝时建，或云古阿育王所造也。弘治间，南涧出怪物，水高百丈，状如雪水，至弘圣寺前勒留。久之，然后分倒而去，人以为浮图之功。十峰之麓崇圣寺中，有三塔，亦名三塔寺。中一座高四百余尺，凡十六级，旁二座差小，俱样制精巧，错金为顶，顶有金鹏。世传龙性畏鹏而敬塔，大理旧为龙泽，故用此制压之。塔尖有铁记，云"唐贞观六年，尉迟敬德监造"。开元二年癸丑，南诏请唐匠恭韬、徽义重修，塔成而二匠死。

姚安府城北二十里白塔，高十五丈，晋天福间建。

大姚县西北二里白塔上，有唐尉迟敬德监造字。弘治间，县地震而塔中裂，再震，复合如故。

附　录

宋元祐间，京师开宝寺塔一夜表里通明彻旦，寺中望之，一无所见，去寺渐明。

元至正二十八年六月壬寅，彰德路天宁寺塔忽变红色，自顶而踵，表里透彻，如煅铁初出于炉，顶上有光焰迸发，自二更至五更乃止。癸卯、甲辰亦如之。先是河北有童谣云："塔儿黑，北人作主，南人客；塔儿红，朱衣人作主人公。"我圣祖之兴，谣为之谶，塔示其兆矣。

[1] 李允则（953—1028），字垂范，北宋太原府盂县人。以荫补衙内指挥使。改左班殿直，曾任潭州知州、瀛州知州、雄州知州，迁西上阁门副使，后历任四方馆引进使、高州团练使等。

[2] 平安（？—1409），小字保儿，南直隶凤阳府滁州（今安徽省滁州市）人。明朝建文帝的大将，靖难之役多次痛击朱棣。朱棣即位后，赦免并任命其为"都督佥事"。

[3] 刘萨诃，俗姓刘，名叫窣和（其他经典均译为萨诃），即释门僧人慧达，被尊称为刘萨诃、刘师佛、刘摩诃，稽胡族（匈奴的别种），并州西河离石（今山西省离石）人。佛教第二十二代宗师。

[4] 东昌府萃县，当为东昌府莘县。

[5] 杨琏真伽,即杨琏真迦,别名琏真伽、杨琏真珈、杨琏真加,党项人。藏传佛教僧侣,任元朝江南释教都总统,曾盗掘南宋皇陵。

[6] 饬,通"饰"。修饰。

铁　塔

庆天府城内朝天宫后冈上,旧有宋太始中所建延祚寺,唐时立二铁塔于寺内,因名铁塔寺。今寺废塔存。

苏州府城西南二十余里尧峰上,有二铁塔。

镇江府城北北固山甘露寺门内稍右,有铁浮图七级,唐李德裕观察浙西时所铸。后毁于火。宋元丰间,再铸。元符末,寺火而塔存。米元章作诗云:"神护卫公塔,天留米老庵。"

开封府城内东北隅上方寺内,有铁塔,俗名铁塔寺。

杭州府城内祥符寺戒坛内,有铁塔。城西三里南屏山畔,旧有白莲寺,中有铁塔。山西发祥祠,旧为法因寺,吴越文穆王建有铁塔。

承天府荆门州当阳县西三十里玉泉山寺,有铁塔,高五丈余。宋嘉祐年立。

建宁府儒学对铁狮山,号文笔峰。昔有僧庵其上,铸铁塔山巅。郡人以其不利于科举,移置城东光孝寺。次年卢觉中第,人为□语曰:"城外打铁塔,城里得卢觉。"

广州府城西北隅光孝寺,有铁塔二座,各高二丈二尺,四面七层。有千佛如来像,南汉大宝二年铸。乃开元寺旧物也。

铜　像

真定府治东龙兴寺后天宁阁,一名大悲阁,九间五层,高一百三十尺。中有铜铸观音像,高七十三尺。

应天府城东北十五里钟山，太平兴国寺上有真觉大师[1]塔，宝公所瘗也。塔中有铜铸宝公像。

嵩江府治东北北禅寺，宋绍兴间，法宁禅师自马山航海至□亭。先一日有章衮之母高氏梦师至，遂迎至钱氏园。其夜园中有光，掘得碑云"大唐禅寺"，又得铜金刚天王像，因建此寺。

大同府城内华严寺，辽建，奉安辽诸帝石、铜像。石像五，铜像六，□一铜像衮冕垂足而坐，余皆巾帻常服。

济南府长清县南三里《碛金山真像院碑记》云：宋政和三年，西城谭经三藏尝凿义井，以惠渴者。于石龛中发得金铜佛像，因谓之"碛金山"。

南昌府城西通仙坊，有玉皇、天尊各像，皆金、铜物。

九江府城南二十五里匡庐山东林寺，有唐明皇铜像。今作传大士装饰，观其丰下，真明皇也。

袁州府萍乡县东一百二十里武功山上，有石屋丈许，祀葛稚川先生，其像范铜为之。

吉安府永新县永庆院，有铜佛像。周世宗时，舁以备铜纲至京，像现毫光，得免。

襄阳府均州南一百二十里太和山，一名武当山。有七十二峰，其中峰曰"天柱峰"，一名参岭，乃玄帝冲举之处。本朝文皇帝[2]于绝顶建金殿，以奉神。其中及外并纯铜为之，外涂黄金，制极工，浑如凿成。其梁楹钩合处无半罅，若不假凑合者；中设真武[3]像及四天兵，皆铜为之，精工逾土木。又灵应峰玄帝殿之左为玉像殿，旧有白玉像一，已入大内；今有紫玉像一，被发，跣盘□膝而坐；苍玉像一，冕而垂绅云履；菜玉像一，首饰不可辨，额微起，至后如抹帕，氅袍圆履；碧玉像一，顶左右结双鬟，素袍锐履；沉香像一，披发，跣端坐。诸像皆貌玄帝，而大小各不同，似非□时所为者。其余从神二，龟蛇二，香炉连盖一，皆菜玉制，天下寺观所无也。遇真官［宫］有真仙张三丰铜像，丰颐瓠领，锐目方面，髭磔出如戟，西向坐，戴笠，内加小冠。侍童二，左执杖，右执扇。笠径一尺八寸，中外旋揽如椒眼状，寸约二眼。平布其里，襄阳呼为"斗篷"。杖刻龙头，扇镂蕉叶。皆摩铜以成形，而袭之以金。盖三物，真仙平时所御者也，其故物藏之内府。

保宁府巴州南江县铜人观，唐开元间，集州刺史李成裕奏设，肖像皆铜。

顺庆府蓬州泮宫侧紫极宫后殿，有金铸唐明皇像。

夔州府万县西南三里寿宁观，有唐太宗、明皇铜像。

遵义府城外福光寺，有铜佛像。按《杨氏宣德庙碑》：其先有名选者，猎于荒榛中，见一岩人物，从猎者疑为怪，白其事。选遣人往视，则风雨暴至，不可迩。选自往，风雷如初。有僧进曰："必斋戒诚敬，乃可。"如其言而往，获睹其像，乃徙于观音院后，复徙本寺。

嘉定州峨眉县西一百里大峨山白水寺，有宋太平兴国年所铸普贤，丈六金身，白象莲盘，俱铜质金装。余法相或铜或铁，凡三千尊，皆宏丽庄严。山顶有铁瓦殿，昔建。又有铜殿，今建。

潼川州遂宁县北二十里广山集虚观，有铜铸唐明皇像。

福州府城西南隅乌石山有铜弥勒佛像，高三丈六尺。五代时，闽王用铜六万斤、黄金三百两铸成。

建宁府崇安县南三十里武夷山六曲三仰峰下陷石堂，石崖高叠，相倚成门，门中有一穴，中藏铜佛像，可见而不可取。

广州府城内玄妙观，有南汉刘氏铜像。刘鋹与其子各范铜为像，略不肖，即杀冶工，凡再乃成。光孝寺有铜释迦像一尊，高一丈；罗汉一十六尊，各高二尺。城西净慧寺有铜罗汉一十六尊，刘氏时物也。

惠州府博罗县西北三十里罗浮山宝积寺，有铜佛像。冲虚观有铜玉皇像及二侍从，乃南汉所铸者。

大理府城西北点苍山十峰之麓崇圣寺，有铜观音像，高二丈四尺。铜初不给，蒙诏民董善明吁天虔祷，天雨铜助之，无余欠。像成日，五色光瑞覆盖全境。

邓川州东十里有观音寺，成化间屡见其地放光，掘得白铜像一躯，因而立寺。

宾川州西四十里鸡足山，有铜佛殿。

铜仁府西南二江会流间，有巨石屹立，前代于其上作铜人像：夫子及老、佛，为三教庙祀，以化夷民，呼其岸曰"铜崖"。或云诸葛武侯铸之，以镇山川。元置铜人大、小江长官司。国初改人为仁，永乐间置府。

附　录

魏明帝景初元年，盛修宫室，西取长安金狄，承露盘折，声闻数十里。金狄泣，因留霸城。

晋太和四年，张天锡据凉州，东苑铜佛生毛。

拓跋魏太和十九年，徐州表言：丈八铜像汗流于地。孝昌三年，平等寺门外金像，面有悲容，两目垂泪，遍体皆湿，三日乃止。永安、普泰、永熙中，平等寺定光金像，每流汗则国有事变。普泰元年，临觉寺金像生毛，眉发具足。永安三年二月，民家有二铜像，各长尺余，一颐下生白毫四，一颊旁生黑毛一。

隋开皇二十年，京师大风，地大震，鼓皆应，净刹寺钟三鸣，佛殿门锁自开，铜像自出户外。

宋元丰元年，邕州佛像动摇。初像动，夏人入寇，又动，州大火，侬智高叛。复动，知州钱师孟投像于江。

绍兴二年二月，温州戒福寺铜佛像，顶珠自动，光彩激射，日不少停。数日火作，寺焚。

［1］真觉大师，当指义存禅师。
［2］文皇帝，指朱棣。
［3］真武，即真武大帝，又称玄天上帝、玄武大帝、佑圣真君玄天上帝、无

量祖师,全称真武荡魔大帝。是神话传说中的北方之神,为道教神仙中的玉京尊神。现在湖北武当山供奉的主神就是真武大帝。

铁　　像

顺天府旧燕城东南,有铁牛庙。旧有土埋铁牛露脊,都人因祠祀之。

保定府蠡县城西宝宁寺,旧有铁狮子,上坐铁佛一尊,高二十四尺,狮子长十八尺。国初洪武十七年,僧正季月仙募建殿宇以覆之。

河间府沧州东南四十里,有沧州旧城,其开元寺中有铁狮子,首昂一丈,身长二丈。五代周世宗伐契丹,驻师于此。有罪人称善冶,遂命铸之以赎罪。

景州东光县治西南普照寺,一名铁佛寺。中有铁佛,高二丈五尺,围一丈五尺。

应天府城内保宁寺古井,即今骁骑右卫仓门内,凿数十丈,大旱不涸。阑下有四铁人,里俗相传为怪。盖缘下空阔,恐易倾圮,故以此承之,无他异也。

凤阳府临淮县临淮门外淮岸渡口,有黑水将军庙。嘉定庚辰,郡守柴将军以铁铸神像,铭其后曰:濠州之北,淮水之边,于汝镇定亿万斯年。

泗州盱眙县治西南上龟山寺,有铁罗汉一百五十躯。县东三十里下龟山寺,佛像亦皆铁铸。

宁国府宣城县东北一百七十步铁牛门,相传有双牛,冶铁为之。以郡阙丑山,故像大武为厌胜,谚云"丑上无山置铁牛",即此。

庐州府治东怀德坊,有明教台寺。唐大历间,因得铁佛,高一丈八尺,刺史裴缉请建此寺,以安之。

无为州治东有铁佛院，昔有于其地见放光者，掘之得铁佛，因建院。

　　安庆府治，汉皖县也。汉《地理志》云：皖有铁官，铸铁作牛，埋于城北，以镇压也。《北史》：齐皇建二年，刺史王洪遣掘皖铁牛，举入城，将镕铸为兵。于时城中人马多死，间［问］巫觋，咸曰："铁牛为祟［崇］。"遂使人送牛本处当埋之地。时土没牛六寸，今牛出地一尺五寸矣。

　　淮安府邳州城北一百五十里铁佛山上，有三铁佛。

　　太原府太原县治西南晋祠西偏，有浮图七级，高十五丈。周围有铁佛像六躯，各高七尺，铸法工巧。其一云飞去，不知所在。

　　交城县西北二十里石壁上永宁寺，有铁弥勒。

　　平阳府蒲州治前有铁人，高四尺。昔唐玄宗幸蒲，臣民为铁金人于此。又铸八牛，置东、西岸各四，一人策之。牛下有山，入地丈余，皆铁也。

　　青州府临朐县西南七十里仰天山洞，内有铁佛二。

　　河南府陕州治南鼓楼下，有铁人二。相传秦始皇铸金人十二，董卓毁其九为钱，所存者三。石勒取置邺。苻坚又徙之，未至而乱，其一百姓推入河中。今鼓楼下二人，或其所遗者。又有铁牛在城外黄河中，头跨河南，尾在河北。世传禹铸此以镇河患，有庙。唐贾至尝作《铁牛颂》，即此物。一云铁翁仲二，在州治东召公祠前。

　　西安府同州朝邑县东三十五里临晋关，一名潼津关，今名大庆关。临黄河岸，接蒲州界，有铁牛在关东岸四，西岸三。唐时横絙连舰以渡黄河，后尝絙断舰破。开元中，铸铁牛八，以缆浮梁。今存其七，一沉于河关下，有渡名曰"铁牛渡"。

　　山丹卫城东南有发塔寺。洪武初筑城址，得铁佛五，香炉一，石函一。函内有发，上刻"发塔寺"三字。

　　严州府桐庐县西北五十里龙门寺，有古铁罗汉像二：左者祖衣露臂，脱履，哆然大笑；右者微笑拱坐，垂足纳履。皆丰美浑然，生气可挹，盖唐宋时物。

台州府天台县北三十里银地岭下高明寺，有铁铸佛像，甚精。

南昌府奉新县东宝云寺，有铁铸菩萨五十一躯。

临江府治南石溪右有铁佛寺，唐咸通中，岭南节度使韦宙征南蛮，道由萧滩，泊舟岸旁。夜见江中有光，命渔者入水，漉得铁佛相五躯。乃建寺安之，奏赐额名"兴化"。宋改光孝，元改天宁，俗但呼为"铁佛"。

建昌府城西南十里麻姑山丹霞观，有铁铸仙像七。

赣州府城东广化寺，我朝万历中，大宗伯王弘诲[1]倡，范铁佛一，菩萨二，诸天二十四，俗呼"铁佛寺"。

武昌府治内有铁佛寺，寺内有蜘蛛井。世传唐时有红、白二蜘蛛化为美妇以媚人，故铸铁佛镇之。

荆州府城西南隅五色潭内有铁牛，相传江陵有九牛三镬镇遏水灾。

长沙府城北铁佛寺，有三铁佛。

茶陵州治南，有铁牛亭。宋祥符中，邓宜筑城。至绍定间，刘子迈铸铁犀于江岸，以杀水势，而城之工始克告成。铁牛犹存。

成都府灌县都安堰，一名湔堰，又谓之"金堤"，左思《蜀都赋》所云"西逾金堤"者也。初作于秦李冰，后渐为江水所冲啮。元元统二年，佥四川肃政廉访司事普吉当巡行周视，以铁六千斤铸大龟，贯以铁柱，镇其江源，然后甃石范铁，以筑诸堰。

福州府城西一百八十里雪峰山，有丰泽潭。潭中龙二年一兴，兴则暴雨，涨溪、冲梁、突岸。乃铁缆缆之，上铸铁像，缝罅皆饮以铁。

福宁州宁德县北一百二十里显圣岩，有铁罗汉。

惠州府博罗县西北三十里罗浮山延祥寺，有铁佛像，相传为西域所献。

韶州府城内有张文献公祠，祀唐相张九龄也。玄宗幸蜀，遣使至韶吊祭，立祠于城东故第，铸铁像祀焉。宋天禧间，徙入城。郭祥正[2]诗："当年致主陈金镜，后世空祠见铁胎。"

梧州府郁林州博白县紫阳岩，有刘崇远所造铁像。县西六十里宴石寺，南汉建，内造铜钟、铁佛、五百罗汉。

附　录

宋绍兴二年，宣州有铁佛像，坐高丈余，自动迭前迭却，若伛而就人者数日。既而郡有火，火气盛，金失其性，而为变怪也。

[1] 王弘海（1541—1617），字绍传，号忠铭，广东琼州府（现海南省）定安县人。嘉靖四十四年（1565年）登进士，历官庶吉士、翰林院检讨、编修、会试同考官、国子监祭酒、南京吏部右侍郎、南京礼部尚书等。

[2] 郭祥正（1035—1113），字功父、功甫，号谢公山人、净空居士等，太平州当涂县（今属安徽）人。宋皇祐五年（1053年）进士，曾任官秘书阁校理、太子中舍、汀州通判、朝请大夫等职。著有《青山集》等。

镌石像

真定府平山县北二十里西林山，有二石室。镌刻佛像，俗名"千佛堂"。

大名府浚县东二里大伾山东岸曰"大佛岩"，就山为佛像一躯，高寻丈许。昔人凿之，以镇黄河。县西南三里浮丘山巅，有千佛洞，闳邃如室，凿为佛像者千数。唐永隆间，僧大渊募创。

永平府迁安县西南八里，有山高十余丈，巨石广三丈，就石为壁，凿佛像一躯。

应天府聚宝门外大报恩寺塔，四周镌四王金刚护法神，中镌如来像，俱用白石，精细巧致若鬼工。城北铁石山，一名老鹳山，山椒有石佛阁，即洞石为大士像。城北五十里摄山，又名伞山，有千佛岭。齐明僧绍子仲璋为临沂令，于山西峰石壁与法度禅师镌造石佛，文惠太子[1]、豫章、竟陵诸王增饰之。岩数百，随其浅深广狭为佛之大小。正中一岩高可五丈，具无量寿佛像；高四丈，势至观音像。俱可三丈余。山有栖霞寺，即僧绍舍宅为之者。寺前白石浮图高数丈，所镌释像寸许者，眉发皆具，极精巧。前有石佛二尊，高丈余，衣褶有顾恺之落物。

凤阳府定远县东六十里相公山，有石佛一躯，高丈余。

苏州府城西北二十五里花山，旧名华山，又名天池山。上有石室二间，乃就石峰镂成者。四壁皆凿浮屠像，妙夺天巧。楹、牖有"至正"字。

常州府江阴县西南五十里善卷洞，外甚逼窄，中极夷旷，可坐千人。周回峭壁，刻以佛像。

庐州府六安州西南六十里九公山，有雪峰。上凿千佛像，乃唐中峰禅师时物。

徐州城东南三里石佛山，有大石佛。

太原府交城县西北五里锦屏山下，有童子谷。谷中有佛像，高一百丈。齐天保时，有数童子牧于谷中，见巨石如人，因仿而镌之云。

大谷县[2]东南庵谷崖壁，镌千佛像，号"千佛崖"。

大同府浑源州东南六十里孙膑山南麓，有千佛洞，皆凿石而成。

辽州榆城〔社〕县西南七里紫金山，下有洞，悉镌佛像。入洞有金石声，空谷相应，名"响堂寺"。

济南府城南五里历山，一名千佛山。山下有隋开皇间所镌佛像，随石作形，因建寺，曰"千佛寺"，宋曰"佛慧寺"，今名"开元寺"。

章丘县南八十里有龙堂东、西二洞，东洞中石壁具神佛像四十余，巧若天造。

淄川县治东普照寺内有石佛，高二丈四尺。

兖州府东平州东三十里金螺山，宋淳化间，有僧剿佛，崖上石壁纯白，因呼"白佛山"。州西四十里棘梁山有石洞，剿佛像数百。

青州府临朐县西南七十里仰天山，有黑龙、水帘、罗汉诸洞。洞内有石罗汉、石佛千余。

莱州府[3]城东二十七里神仙洞，相连有七，曰虚皇、三青、五祖、六真、长生、披云、灵官，有神仙石像四十九尊。

平度州北五十里天柱山，有石龛如屋，刻浮屠像于上，州人谓之"劈石口"。

登州府宁海州文登县西五十里东华观，金马丹阳[4]修道处也，后人建观。观后有紫府洞，洞中有白玉石神像。

辽东义州城西十五里，有山俯瞰凌河。魏宗明[5]间，好事者于南岩剿石佛像，大小无数，名"万佛堂"。

卫辉府淇县西北二十里灵山上，有千佛洞。隋开皇年，荥阳郑元伯[6]斫石造像万四千躯。

河南府城西南二十五里，两山相对伊水中，名伊阙山，一名阙塞，亦名阙口，俗名龙门。西岸之洞内外石佛像，大小以千计。拓跋魏胡后崇佛，命工所凿。东岸之洞比西稍减，而面貌、衣褶极为闲逸生动，如欲语。中有极大者三龛，唐魏王泰[7]为长孙皇后所造，阎立本有文记。

西安府城西郭金寺右小亭中有石佛一尊，石色润如玉，神骨清绝。僧云掘田中得之。

巩昌府伏羌县西南五里大像山石崖上，有佛像一躯。自顶而趾，凡一千二百三十尺，缘阁道以登。

秦州东南九十里麦积山峭壁间，镌成石佛万龛千室。虽自人力，疑其鬼工。将及绝顶，有万菩萨堂，凿石而成。

延安府城东北青凉山，有万佛洞。洞内大小佛像万余，皆石镌成。

葭州府谷县南崖畔，有千佛洞，镌设甚古。

河州渡河至邴灵，即唐灵岩寺。寺有大阁，附山九重，中有大佛像，就山刻成，高百余尺。

宋至和中，杭守孙沔梦人泣告曰："吾兄弟三十六人，沉埋市舶司园地久矣。愿公怜我！"再梦，复如之。遂遣人发园中地，果得石神王三十六身，各坐执宝瓶，遂置之厅事前。

杭州府治东南吴山下石龟巷内百法寺，宋建炎初，僧宝宁建。有大佛半身依山，凿石为之。

杭州府城南十六里烟霞洞石壁上，旧有罗汉六尊，显像石壁，若镂刻而成者。吴越王钱氏梦僧告云："吾有兄弟一十八人，今方有六王可聚之。"梦觉，访得烟霞洞，有六罗汉，遂补刻一十二尊，以符所梦。

杭州府城西宝石山麓有大石佛，其石旧传为秦始皇缆船石。宋宣和中，僧思净者，当儿时见之，作念曰：异日出家，当镌此石为佛。及长，为妙行寺僧，遂镌石为半身佛像，饰以黄金，构殿覆之，名"大石佛院"。城西十二里南高峰下石屋洞，周围镌罗汉五百一十六身，中间凿释迦佛、诸菩萨像，峰侧有瑞应像，巧若鬼工。城西二十里飞来峰之阴，有理公岩，屈曲通明，壁间遍镌罗汉、菩萨之像，皆元僧杨琏真伽所为。理公岩北有龙泓洞，两边亦有人凿罗汉一十六尊。西湖栖霞岭后，有无门洞，亦名黄龙洞。宋淳祐间，僧慧开[8]字无门，卓锡于此。师自讳其形矮劣，因洞巅有巨石插空，莹如脂肪，高约二丈余，方广三四倍，乃命工肖己形，长丈余，飞云隐其足，缘背光焰，凿龙首蟠绕，前施几案，皆就石势镂成，且私祝曰：愿后有身等此。及师迁化之夕，钱塘孙某妇李氏梦一僧持灯笼寄宿，自云慧开上人。翌日产男子，异相非凡。及长，身长九尺有奇，出家受具足戒，号"中峰和尚"。时皆知为无门祖师后身。

严州府分水县东十二里，有千佛岩。昔邑人方子容母病，凿山作千佛，以佑母。

绍兴府新昌县南里许石城山，一名南明山。齐永明中，僧护至此，夜闻钟磬仙乐之音，又时见佛像，由是发愿凿百尺弥勒。乃自石中凿出佛身，而石壁之后有自然圆晕如大车轮，正当佛首，四方阔狭不差分毫。道俗咸骇为异。梁开平中造寺，额曰"宝相"。

饶州府乐平县东七十里石吴山有石像，肖吴番君芮，芮墓在此。

建昌府城西十余里麻源口，有灵峰庙。地出二石笋，就斫神及夫人像。遇科举岁，土人竞乞梦，占得失，他祈祷亦验。

南丰县西五十里齐云寺，唐开元年建。宋乾德中，因掘地得铜钟，内覆白石大士。治平中，赐名"慈云"。

赣州府兴国县治西大米寺，有石佛，俗谓之"飞来佛"。宋庆元中，寺毁，惟佛座火不及。

岳州府华容县东七里佛山，有石甚巨，昔人镌为佛像。

南岳衡山祝融峰下南岳庙中神像，就石笋出地刻之。云龙峰下栖真观中，有真人石像。

成都府学有石刻孔门七十二子像，人物衣褶差有古意。至真观有天尊、真人石像，大小万余躯。城西十五里有石妇像，昔有妇守节孝于舅姑，后人刻石像之。白乐天诗"至今为妇者，见此孝心生。不比山头石，空有望夫名"。

仁寿县东二十五里佛屋山，一名佛龛山。有三石像，背虚面岩，俗呼"倒坐寺"。

内江县南二十里高峰山下，有会真洞。唐大姓阎氏所辟，中刻罗汉大士，甚古。

简州治西五里涌泉镇西岩中，有石刻大悲像，光相屡现。近岩有石柱山，上有石像百余，石室数间。治西三十里玄都山逍遥洞石壁上，镌二孔雀、二神人，有"汉安元年四月十八日会仙友"十二字，汉隶尚存。

汉州什邡县西十里许,有古佛寺,曰"南阳"。宋大明中所建,后周沙汰寺废。隋文帝以皇子秀为蜀王,王以暇日猎至寺废址,有兔逸入垄中,登垄得石像甚巨。于是即其旧址复为寺,以像置其中。

茂州卫叠溪所城北四里石轮寺,沿崖皆佛相,志云:"唐贞观中,李将军所镌也。"

保宁府城东三里蟠龙山麓,有北岩寺。万历己卯,石岩出现空洞若庭,中有石佛、石炉,岩壁镌刻石佛百,字迹剥落不可考。岩顶泉下滴如瀑布、散珠,因创修佛殿、山门。城东南十里青崖山,宋淳熙间有僧凿佛像于青石间,一名"千佛崖"。

南部县东南三十里禹迹山,旧传禹治水经此,故名。山有石,因崖斫石为巨佛像,层楼覆之。

广元县北十里千佛岩,即古龙门阁。先是悬崖架木作栈而行,后凿石为千佛像,成通衢矣。

顺庆府城西金泉山,唐仙女谢自然[9]于此白日飞升,山上有石像。

重庆府江津县西十里有古石羊驿,其地亦名石门。对江壁上镌大佛,有大佛寺,宋相张无尽所创,亦名无尽庵。

大足县西宝顶寺,唐柳本曾学吴道子笔意,环崖数里凿浮屠像,妙绝古今。今县北三里北岩,亦沿崖刻浮屠像。

合州治北五里北岩,或以古为濮国,因名濮岩。沿崖镌刻像设,古意生动,有卢舍那佛一躯,菩萨二躯,又有石门弥陀像。

忠州酆都县东二里平都山,有仙都观。唐建,宋改景德,又名白鹤观。有天尊、老君石像。

叙州府城东一里寿昌寺,旧名花台寺。东殿石壁露立大像,其地内外石间镌有万佛。

富顺县治西西湖,有洞窅邃,洞前崖上镌观音大士像,天禧元年刻石记云:六月,甘露降像前。明月又降。绍圣元年,又降,莹洁如珠。县西五里中江之右，有峰峭拔数丈如佛像，旁有二石如侍者对立，因镌成之。藤萝绕身而不上面，俗谓之"圣佛"。县西北二里中崖山，唐咸通中，依崖镌大悲佛。宋初，僧自悟架屋三百楹，天圣丁丑，赐名"普觉院"。后林灵素毁佛法，欲坏其像，围绕凿之不损，乃以泥覆之。罢禁，将水洗去，依然如新。

夔州府梁山县西二十里赤牛山下觉林院之东，有一石龛，琢为大悲，七十二手皆有执。县西七十里落云潭，常有云覆其上。他日渔者抛网，得一石老君像，自此不复有云气。像在永安市民冉氏园中，背有字曰"天汉二年刻"。

达州治南有水流寺，巨石刻成殿形。余址芜没，惟佛像此立江边。

嘉定州治东九峰山，一名九顶山。唐开元二年，僧海通于渎江、沫水、濛水三江之合，冲涛怒浪之滨，凿石山为弥勒佛大像，未就而没。贞元初，韦皋尹成都，完之，积工凡十九年。高逾三百六十尺，建层阁以覆之，颜为凌云寺，故此山亦名凌云山，皋自作大像记。州西门外石像山能仁院前，有石镌弥勒佛，高丈余。盖初作此，以为大像之式。

夹江县西八里有千佛崖，崖石峭拔，镌佛母虑千数。

荣县东北四十里荣德山老君祠，刻石为像。

芦山县南六十里老君溪，相传周老聃曾经此，今溪旁崖壁上，老君像尚存。

洪雅县西七十里阿比山有巨石，镌罗汉一百八。

邛州西十里盘陀山有石刻佛像，唐人镌"异师"二字，其上又有"郭汾阳师"四字。五代及宋人皆有书墨。

潼川州遂宁县东南十五里真如院，倚山起屋，镌石为佛，凡佛龛一百，仪仗三千。县南一百里大佛寺，唐咸通中建，前依岩石，宋治千〔平〕间赐额"定明"。其岩上有石佛首，靖康丙午，道者王了知命工展开身像，高八十尺，下俯江流。

眉州青神县东北十里十岩，有罗汉洞。悬崖峭壁，一[上]刻千佛，石覆如屋。

泸州治南泸江之东有东岩，宋绍兴中，邦人依崖开创大像。后为开福寺，黄鲁直为大像记。

雅州城北十五里金鸡山石室中有石像，为尔朱真人。宋嘉泰中，碑尚存。

荥经县西六十里有菩萨溪，溪旁有石佛像，因名。

泉州府城东北五里泉山，有瑞像岩。宋元祐中，有林道者结庐是山，夜梦神人使镌佛像于石，匠作魏周梦亦如之，遂镌释迦于上。其石面平如砥，而屹立参天，故亦名天柱峰。又羽仙岩以老君像得名，像不知何年镌，宋淳祐志不载，必在淳祐以后者。高丈余，眼、耳、颔、辅，具有生气，须髯自然皓素，虽风雨不改。相传不敢屋，屋则虎至，亦一奇也。又赐恩岩，有石镌白衣观音像。弥陀岩有石，元时琢弥陀佛，丈六，金相特端妙，石室贮之，结构尤精。观音岩有宋元祐间观音石像，因夜见光相，琢像崖端云。城东南五十里西资岩，石镌立佛三躯，各高三丈。城西南七十里岱峰山，有石佛岩，镌弥陀、观音、势至三尊，各高五丈。相传未岩时，石有夜光三道。宋嘉定中，僧守净[10]镌像，刻"泉南佛国"四大字于旁。南安金鸡桥亦守净所造，造桥镌佛，同时兴工，法身双见云。

南安县治西南二里九日山高士峰之巅，有石佛岩。五代末，陈洪进[11]镌佛像于大石上，建庵以覆之。县西南三十五里有小身瑞迹岩，石室天成。下有三小石挡之，上一石长一丈余，室中一石长丈余，各镌佛像于其上，长略与石称。县北天柱峰上有天柱岩，极高峻，石佛长丈余，云烟常覆其上。县西妙峰山有石弥陀像，高可三丈。

永春县南魁星岩，琢石佛三十余身。

漳州府城南南山寺，有石弥陀佛像。万历间，渔人屡见海中发光，有僧募人捞得一石，长三四丈，以为神运，置教场侧。然非坏民庐舍，则不得至寺，难之，中止。戊午秋，大水，民居尽圮，因迎石入寺，琢成此像，甚庄严。

建宁府瓯宁、建阳二县界，有庵山。后唐时，处士石湖结庵其上，因名。今山麓灵济庙，盖祠湖也，其神像乃就山石刻成。

惠州府龙川县北二十里白云山，有普安寺，寺旧在子城西隅。天禧中，郁攸之灾，相土闲旷，得白云山，掘地数尺，有古石像七十余躯，遂创寺于此。

梧州府郁林州北流县东北十五里勾漏山宝圭洞石室中，有玉宸道君及葛真人石像，五季时迎自南海者。

楚雄府定边县北凤凰山中，有石扫寺。寺有石像。竹叶落殿墀，风随扫去。

鹤庆府城南一百二十里方丈山，有洞。昔蒙氏阁罗凤琢观音像于壁，又名观音山。

剑川州西南五十里石宝山，有飞崖如廊庑，谓之"中岩"。崖颔雕琢佛、菩萨之像，皆精巧奇特。又山西涧边石上有雕波斯胡像，绝肖。

永昌府城北二十五里云岩山，岩石深百步，中有石横卧，丈长余。好事者凿为佛，建寺以覆之，扁曰"云岩卧佛"，亦名"卧佛山"。

附　录

魏孝武永熙元年，于平等寺造五层塔。二年，土木毕工，帝率百僚作万僧会。其日，寺门外有石像无故自动，低头复举，竟日乃止。是年七月中，帝奔长安，十月迁都于邺。

[1] 文惠太子，即萧长懋（458—493），字云乔，小字白泽，南朝南兰陵（治今常州西北）人。南朝齐建元四年（482年），立为皇太子，终年三十六岁，谥号文惠太子。

[2] 大谷县,当为太原府太谷县。
[3] 莱州府,原抄作"莱州府",均予径改。
[4] 马丹阳(1123—1183),初名从义,字宣甫,更名钰,字宫宝,号丹阳子,宋陕西扶风人。后迁往山东登州宁海县(今山东省牟平)。道教全真道北七真之一,全真道遇仙派的创立者。
[5] 魏宗明,当为魏景明,历史上无"宗明"年号。
[6] 郑元伯,自东魏武定七年至隋文帝开皇四年,历四朝35年,在朝阳寺开挖石室一间,雕刻佛像八万四千尊。文中载"万四千躯"。
[7] 泰,即李泰(620—652),字惠褒,小字青雀。唐太宗第四子,宠冠诸王,曾主编《括地志》。
[8] 慧开,即无门慧开禅师(1183—1260),俗姓梁,杭州钱塘人。南宋僧侣。
[9] 谢自然(729—794),四川南充人,祖籍兖州(今属山东)。唐代女道士,世号为"东极真人"。传说谢自然在西山(今在四川南充)的飞仙石上飞升得道。
[10] 守净(1131—1239),号懿庵,亦作一庵,俗姓曾,晋江澄流里人。宋代名僧。
[11] 陈洪进,福建仙游人。北宋乾德二年(964年),曾为平海军节度、泉漳等州观察使、检校太傅等。

飞　　像

绍兴府城西南二十五里法华山天衣寺,有化身普贤飞来铜像。

温州府乐音县东九十里雁荡山有石罗汉像,在削[峭]壁,险莫可攀。相传自闽飞来。

吉安府永新县南四十里绥原山阿育王塔旁,有飞来佛像。

潼川州遂宁县东七里灵泉山,隋开皇中,大雾晦暝三日,始散。忽有释迦石像立其所,遂建圣佛寺,即资圣院也。

延平府永安县治南门外,有唐田王庙。神姓李,讳肃,字行申,陈州人,世以功封田王。建中间入闽,叛讨[讨叛]将牛氏,战死,尸浮水上,弥月不变。乡民殓而祠之,有祷辄应。贞元十五年,敕封孚佑广烈王。本朝正统十三年,邓茂七侵境,神显灵,败贼。明年,贼党罗丕复来,火其庙,神像飞腾于北莲花岩上。景泰四年,乡民复迎神像归,重建庙宇。

大理府城西十里点苍山第四峰,曰"圣应峰",峰半有荡山寺,一名感通寺。汉摩腾[1]、筑法兰[2]由西天竺入中国时所建,唐南诏重新之。本朝洪武十六年敕撰记略云:此寺落成之日,住持者焚香默祷,一夕有佛像自城中飞来,而奠位于此,今大雄殿未燔像是也。第十峰曰"应乐峰",有帝释寺,世传空中陨石,上有帝释像,今所奉者是也。

赵州城北五里有飞来寺,旧名敕开寺。蒙段时有佛像飞来集此,因改今名。

寻甸府城西六十里果马里,有神祠祀大黑天神,俗传像自东川府飞来。

附 录

凉州卫南百里崖中有泥塑行像,昔沮渠蒙逊王有凉土,于此崖中大造形像。千变万化,有土圣僧,可如人等,常自经行,无时暂舍,遥见便行,人至便止。有罗土于地者,后人看足迹纳纳,杜诗"纳纳乾坤大",当本此。

建宁府建阳县东南二十里时山,高五百余丈,经十三曲折,始造其巅。唐末有虎衔一□佛置其上,天降甘露,双松连理,有朱道人者,庵居焉。

---

[1] 摩腾,即摄摩腾,一名迦叶摩腾,略称摩腾,相传为中天竺僧人。东汉明帝时,被请至洛阳讲经,从事梵本佛经的汉译。

[2] 筑法兰,即竺法兰,东汉僧,中印度人。天竺学者之师,东汉明帝时,与迦叶摩腾同至洛阳讲经译经。

飞　炉

福州府城东十七里饮井山西麓，有显应庙，其神姓陈名礤，初与其弟观察使岩同庙祀于芦川。宋嘉祐七年春，一夕雷雨大作，神之香火迁于今所。城东三十里鼓山眠牛冈有黄石祠。宋熙宁间，冈下民锄地，空中忽轰然声，仰视树杪坠止香炉，遂取以下。翼日，有一道人至曰："此黄公炉，自谷城飞至，宜为庙。"言讫，忽失，锄民惊异，乃建祠祀之。

连江县北八里湖山，有古道场。相传仙炉飞置其上，邑人立宫祀之，今九天宫即其地也。一云唐景福中，王氏入闽，淮民随之。有桴浮香炉及书砚漂于岸侧，其人异之，曰："吾州杜三郎故物也。"因创祠祀之。

泉州府安溪县南阆山，有阆苑岩。先是，清水岩普足禅师尝坐是山，指曰："真佛家乡也，后数十年，当现身于此。"建中靖国元年示寂。绍兴四年七月十日，雷火烧山，自夜达旦。乡人异之，跻攀崖险，至石门，人迹不到处，见白菊一丛，姜三丛，香炉一，普足马。俄顷，云雾拥之上升，遂即其地创庙宇，为清水别岩。

兴化府仙游县东北四十里九鲤湖，有何仙宫。相传西汉时，何氏兄弟九人入湖中，炼药丹成，九鲤化龙，白日乘之升天。后其父携媪与女来觅九子，抵湖，则已仙去矣，遂偕隐兹山，而以四女妻人。寻没，遗铜环、铁鞭、香炉山中。未几，飞于溪南磐石上，虽洪水推激不去。后又飞于溪北林木上，鸟雀翔鸣环绕以万计。里人神之，即地作宫，中奉翁媪，九仙侍焉。

建宁府城东南十五里梨山上有庙，祀唐刺史李频[1]。先是频卒，郡人立小庙于梨山之下。梨山去此五里，既而立大庙于此。忽一夕风雨大作，小庙香炉飞挂庙前大梨树上，郡人因伐树刻像，祠之，今正殿像是也。像貌常泽，相传座下有井，有龙居之，润蒸神貌。

建阳县北五十里章山下,有感应王庙。神姓蒋,讳仲贤,兄弟五人,五代时俱为大夫,所居里因名"五夫"。既卒,乡人分祀之五所。而神在章山,神之殁也,葬在五夫。一夕风雨晦冥,墓前香瓶移上兹山,众创亭祀之,祷求皆应。宋宝祐中,里人改亭庙焉。又有石郭庙者,祀神弟季实,神旧庙亦在五夫。一日,乡众席地而祭,忽大风刮席,止今庙所,乡人乃就此立庙祀之。宋范汝为、熊志宁寇邑,神亦威灵,寇卷旗宵遁,井里获安。五夫里,今属崇安。

崇安县南三十里武夷山金鸡岩旁,有洞。嘉靖乙巳,飞铁香炉,大如车,入洞中,登岸可仰而见。

[1] 李频,字德新,唐寿昌长林西山人。任武功令,升侍御史,调都官员外郎。乾符年间上表自荐,请任建州刺史,政通民安。

涌　　像

汉中府城北十五里,有玉井洞,在平冈间,穴深如井。宋时大雷雨,一石出泥中,如老君像,因立祠其上。

衢州府常山县北二十五里容车山,昔有石,周三百步,高二百丈。有卖薪者,每五鼓适市,过之如闻梵呗声。后十年山谼破冈,涌起一石僧,跏趺而坐,众大惊异,因建石僧院,以祠之。今院废而石僧存。

常德府桃源县北七十里灵岩洞石壁上,有天然大士像。成化间,舁而取之,今其处复长前像。

晋时成都寺僧忽见寺门前土石坟起,随除随长。异之,乃告大众,深掘丈余,得白石佛像。花趺上有隶书"多宝"字,乃知其为多宝佛,因名寺曰"多宝寺"。

福州府城西南隅乌石山上，有石观音。唐天宝八载五月六日，骤雨雷震，须臾晴霁，石上涌出佛像。欧阳詹记。

大理府城东西洱海，古叶榆河也。海北有海神祠，庙记云：榆水西北岸各有水神祠，神状牛首人身，或虎头鸡喙，俱大石，自平地涌出，非人工也。按《山海经》云：西荒之山有神，兽面人身。其说盖与此合。

浮　　像

北京太医院有铜人，相传自海潮中浮出者。虚中注水，关窍毕通，古色苍苍，莹然射目。

真定府深州西北十五里，有象村。昔传有石象载佛像，自五台浮滹沱而来，远近人力莫之能举。深人迎以建寺，因名其村。

苏州府城内开元寺有石象[像]二，乃自海中浮来者。梁简文帝《吴郡石像碑》略云：晋建与[兴]元年，沪渎渔者，遥望海中，若二人像，谓为海神。竭款奉迎，沉没不见。吴县华里朱膺与东灵寺帛尼及胡伎数十人，乘船至沪渎口，顶礼归依，灵相几几渐来就浦。背各有题，一名维卫，一名迦叶，试就提捧，豁尔胜舟，指燕宫而西归，望蓟门而一息。膺家住近通玄寺，乃孙权为乳母陈氏之所立也，乃迁像于此寺云。嵩江府上海县西北十里芦浦，有静安寺，本孙吴赤乌中所建重玄寺，在沪渎江滨。宋祥符初，改今额。嘉定九年，避江涛冲啮，移今处。本朝周弥寺记云，晋建兴元年，有两石像浮于江浦，吴县人朱膺迎置重玄寺。其背有铭，盖七佛中之二，一为维卫，一为伽叶。六年，渔人又获两石钵于下沙，稍触膻荤，变怪辄见，因置于石像前为供具云。按一事而分载两寺，必有一误。梁去晋未远，简文之碑似属可据。《伽蓝志》云：开元禅寺，在盘门内，吴孙权母吴夫人舍宅，建永禅师开山，名通玄寺。又与简文碑异。

太仓州崇明县东南十四里，有石郎庙。宋末风潮中，有石人长二尺许，随潮浮至东乡广庆桥下，去而复来。人异之，立于桥侧，祈祷辄应。至元间，达鲁花赤道僧[1]立庙祀之，今迁于葛家桥西北。

常州府宜兴县南三十八里佛窟洞，系可数丈，中有流泉，人不得入。忽涌出一石佛，识云"宋端拱二年造"，因以名洞。

嘉兴府城西北五台山上，有木纹观音殿。唐咸通间，郡中有木在水，遇济人，净则浮，臜则沉。郡人异之，因取为观音像。镌刻甫毕，而面目、手指皆有文采，称为"木纹观音"。

嘉善县北二十四里祥符荡岸上，有福源宫。宣德初重修，求集镌三清像。乡人以为塘有怪木，天晴明则隐形不见，风雨辄出，形如黑鱼，围可五六尺。遂伺其出，取以为像。

海盐县治东有显忠庙，祀汉霍光，即松江府海中金山大王之行宫也。庙中铁铸四圣，乃海中浮来者。

湖州府长兴县西八十里佛川，宋元嘉初，有石佛自川涌出。因创佛寺，就名其川。

晋陶侃刺广州时，渔人得金文殊于海中，款云阿育王之所造也，以献于侃。后商人于海东获一圆光，持以合像，恰称。命送武昌寒溪寺，及都督江州，使迎像来治所，积十力不举，比入舟，舟沉。及僧慧远于庐山建东林寺，落成，至江上默祝，像浮出。遂迎祀神运殿重阁中。

永州府城西南七十里有龙洞，乃唐世旻所居地。唐昭宗时，盗起，世旻团结乡兵保里间，刘建锋举为永州刺史。光化初，马殷攻之，不屈而死。后或闻钲鼓声，且数昼见。尝有一木自洞流出，止于石荆岸，人送之中流，诘旦复还，如是者数四。适天旱，祷而雨。遂取木像而祠之。今石荆岸尚有庙。

福州府闽县治南旧有圣迹寺，五代梁时建。昔有人见南江夕有光，得一浮木，已而梦僧云："吾康僧行化吴越，今将福汝闽，宜以是木立吾像。"乃建是寺。出宁越门二里，南台之西有灵沟庙，其地故名洪沟。元至正间，朝水涨溪，忽一浮槎泛沟果日[2]，乡人异之，奉之巨石之上。是夜，乡父老咸梦一绯衣神人谓："曰素习岐黄，济利切多，今当庙食兹土。"父老即其处立庙，服神香烬，百疾皆愈，因号"灵沟医官大王"。

长乐县南魁山，有植柱庙。唐开元中，有神降察山之阴，乘大木溯湍流而上，有渔人负木趋下流，少选复上，如是者三，心异之。取置石室下，神奉之，远望若植柱然。里有洪氏女浣纱庙，旁忽一物浮水若银卮，褰裳探之，随水而没。其家诉神，忽雷雨暴作，死蛟上浮。剖蛟腹，得女。洪氏感涕，虚所居，刻柱为神像，塑女配焉。宋景祐中，祷雨有验，立庙。绍兴间，海寇迫境，见神兵而退。连年旱涝，应祷。部使上功，诏赐庙额曰"显应"。至嘉定中，累封"显应渊肃孚济广佑之神"，真文忠为碑文。县西北石台山有天王寺，唐大中七年建。先是有檀木溯江而上，牧童取之。夜中发光，里人林锜梦其木自言："我乃北方沙毗门天王。"锜遂募工雕刻，仍舍宅为寺。

永福县东南二里，有威济庙。神姓陈，讳必胜，家于闽城乌石山。兄弟九人，皆著奇节，殁而为神，而神则庙食于此。唐永泰二年，兹邑初置，溪潦暴涨，有若枯木溯而上者数四，乃㳺口祠所立神之刻像也。邑人柯氏取之，即今庙之址，累石为屋，祀之。民祷祠，或樵牧过者，往往石屋中获铜钱。宋开宝中，号"㳺口通灵护境庙"。绍兴元年，赐额"威显"。九年，封灵贶侯。县东三十五里方广岩，宋时有水暴至，漂巨木，长可丈余，广半之。卧山下者累月，风雨晦冥之夕，往往若有神光。舁置室中，亡何，有异人来，请斫为宾头卢尊者像。像成，不受，直去莫知所之。今县官祷雨，必躬往迎致，其应如响。

泉州府惠安县北二里泗州山，唐咸通间，有僧得浮木，夜光，刻为佛像，立精庐于此奉祀。

汀州府城南驻劄寨，有助威、盘瑞二王庙。相传神溪[汉]末人，以身捍敌，死城下。郡人祠之，号"石固大王"，累著灵响。庙前小涧，一日忽涨溢，有神像乘流而至，屹立于石固之左。众异之，号"石猛大王"。后以息火功，封石固为助威王，石猛为盘瑞王。宋元丰中建庙，元朱文霆为记。

福宁州南七十里南金山上有阜，俗呼"江王庙"。唐末有巨木浮海而来，土人将斧以为薪木，见梦于人曰："吾非凡材也，吾家台之黄岩，姓江名青，有道术，乡人呼我'江大圣'。吾欲庙，此木为我躯。"土人神之，因为立庙。

宁德县东九十里支提山华严寺，吴越王钱俶所建。建寺后，铸铁冠菩萨千尊，航海送寺。遇飓，以半沉水。比抵寺，而沉水者先到，人见其晒袈裟于石崖上云。

雷州府海康县第六都香坑村，有木佛。相传昔年水漂一木于香坑溪，逆流而上，落于田中。乡人弃去，复还者数四，因异之，刻为九座木佛。旱涝祷之，应如影响。今犹存。

桂林府全州西四十里大陂之阳，有柴侯祠。侯名崇趆，唐末人，为河北邢州守。弃官，闻湘山寂照大师道行，来从之游，僧众称曰"柴君"。殁后年余，忽积雨暴涨，溪水湍急，有大木自覆金山涌下陂江。已而溯流复上五里，夜闻空中有声云："吾柴君也，欲于此建庙。"乡人以其木刻神像，祀之。宋时，屡显灵逐寇。嘉定中，赐额"威信"。今在州西二里湘山麓者，乃其行祠云。

鹤庆府剑川州治南一里灵佛寺，有千光如来像。晋天福二年，蒙氏征摩弥，渡金沙江，遇逆流之木，取以刻像，祀焉。

[1] 达鲁花赤道僧，《姑苏志》卷二十八《坛庙下》原文题"达鲁噶齐多桑"。达鲁噶齐，即达鲁花赤。
[2] 果日，明万历《福州府志》文中题"数日"。

浮　　经

郢州渔人网于汉水,得一石,长丈余,群小蛤鳞次相比,绸缪巩固。以物试拭其端,得一书卷,乃唐天宝年所造《金刚经》。题志甚详,字法奇古,其末云"医博士摄比阳县令朱均施",首尾无沾渍。为土人李孝源所得,孝源感经像之异,施万缗写佛经一,藏于郢州兴阳寺。右[上]出宋《类苑》。郢州,今承天府。

福州府长乐县东南龟山下竹林寺,有藏经五百余函。内一函,乃宋乾德中有人于海上得巨螺,载一宝函,发之,为《莲华经》七卷,因送入寺。

附　录

吕端[1]奉使高丽,过洋,祝之曰:"回日无虞,当以金书《维摩经》为谢。"比回,风涛辄作,遂取经沉之。闻丝竹之声起于舟下,音韵清越,非人间比。经沉,隐隐而去。

南昌府城东一百八十里吴城山,即晋吴、许二真人诛大蛇处,有顺济庙,世号"小龙"。王介甫为江西漕,梦小龙呼:"相公,求夹注《维摩经》十卷。"久而忘之,后至友人家,见佛堂中有是经,因录而送庙,及在相府梦小龙来谢。

海若、小龙俱珍重《维摩经》如此,彼汉江之《金刚经》,闽海之《莲华经》,何以不秘之水府,而必使之流露于人间也?佛法示幻,固不可测。

[1] 吕端(935—1000),字易直,幽州安次(现廊坊安次区)人,北宋名相。荫补千牛备身,后任国子主簿、太仆寺丞、秘书郎等职。官至门下侍郎、兵部尚书,加右仆射。后以太子太保罢职。卒赠司空,谥号正惠。

远闻钟

顺天府通州宝坻县东门天觉寺内,有古钟。相传自东海浮来,声彻远近,俗名"东寺晓钟",即此。

河间府兴济县东北十五里窑子口,有观音寺。元大德三年,铸钟一,其声清越,击之闻两舍。

应天府城东南四十五里方山定林寺,有乳钟,即所称景阳钟也。钟有一百八乳,乳乳异声,故名。乳钟又有象皮鼓,云是象皮所鞔。

凤阳府临淮县桥楼门上铜钟,其声清越。相传兴泗州钟俱从淮上浮至,惟无文款可考。

扬州府高邮州兴化县南陵亭镇之法华院,唐咸通中建。有铜钟一口,其声清越,款识是"乾宁中铸,浮休居士"。

嘉兴府平湖县治东德藏寺钟,乃铜所铸者。古老相传初铸钟时,有匠者曰:"此钟未可便扣,俟我至六十里乃击之。"及既去,方至新坊十八里,僧遽扣之,匠人闻其声,叹曰:"惜哉,声止于此。"今寺中钟自新坊十八里外,不复闻矣。

衡州府衡山县西北二十里九真观,铜钟一口,重四千斤,上刻唐明皇御制铭,音韵振远,彻于霄汉。后乾元间,值兵火焚荡,铁石镕裂。惟有此钟,时忽不见数日,一日得之观前塘中,苔藓所渍,钟顶上龙折其右足,传云与青草渡龙斗。

福州府古旧县西北二里拍石岩前极乐寺西廊,有铜钟,声闻三百里。宋朝有旨,锯其唇三寸。

兴化府城梅山光孝寺,钟声闻江口,去城四十里。察其抑扬,可卜晴雨。钟上款识云:"绍兴乙亥,龟洋二真身菩萨驻锡本寺,重换。"一云匠蔡通所铸也。

福宁州宁远县北一百里支提山甘露寺,有九宝金钟,闽王审知所铸。声闻数十里外，则天必大晴。

大理府城西北点苍山十峰之麓崇圣寺三门内，有楼，上悬洪钟，声闻百里，款云："大蒙国建极十三年铸。"

永昌府城镇南门之西，有钟楼，跨城为之，铜钟千斤。盖汉时遗器，声闻数十里。

神异钟

松江府城东南谷市桥兴圣寺，元至正十年，铸铜钟，有老妪以双股银钗投液，钟成，见于钟腹。扣之，隐然又有金指环在蒲牢侧。

徽州府黟县北三十里黄堆山上，有西峰古寺，相传寺有金钟。某朝命取入内，异至栈阁，忽坠于潭。两石交合，遂不得出，名"金钟潭"。栈阁，即县东南二十里石门山也。

徐州萧县东南九十里钟簦沟，元末平地突出二钟钮。见剧之作数段，过夜突如旧。乃埋之，过夜亦如故。忽十余里内，闻鼓声如雷，但见钟入黄河中，喷水高丈余，流至彭城。

汾州府城东北五十里文谷水，一名万谷水。流至城东十里，谓之"文湖"，亦谓之"西河"。有钟在水中，晦朔辄鸣，声响悲激。

西岳华山昭阳洞内，有钟，贵客将至则自鸣。

汉中府兴安州紫阳县南四十五里，有显钟沟。昔沟中洪水，涌出二钟，一流入均州，一流入兴安州，今天圣寺钟是也。

湖州府德清县东北十八里敢三山下，有敢三漾。唐大历中，武康县大慈寺僧神悟举念铸钟，即有钟声响彻十余里。及钟成，其声如昔。事闻于朝，有诏取进，异致之。经此地，钟忽自跃入水，百计不可复得。后每硁然作声，或露水次，亟追迹之，仍复逝去。

金华府武义县东南九里潭，每风雨晦冥，辄有钟声，隐隐出潭中。尝有渔者扣钟见之，钟旁有屋庐若庵庙然。

处州府龙泉县治东金鳌山在水中，相传山北崇因寺有钟，忽一夕在稽圣潭，又一夕在吴岱山坞。寺僧视之，但闻钟腹中有咆哮声，而风雨逼人，无可为计。翌夜，其钟自还。

饶州府城东北一百五十里，有钟潭。唐大同间[1]，灵镡寺钟鸣，声彻百里。太清二年，诏取入朝，扣之不鸣。送还至此，遂沉于潭。命缏百余丈，壮夫千人取之，甫出而缏绝，竟莫能举。

吉安府城南龙兴坡观，有巨钟，顶上一窍古老。相传唐则天时，钟忽自鸣，声达于长安。有诏令凿之，此窍是也。

袁州府分宜县东十里钟山，晋永嘉元年，因洪水，有大钟从峡流出。时人得之，送上验其铭，云是秦时乐器，因以钟为山名。曾有渔人于山下江中，钓得一金锁，长数百尺。又得一钟如铎状，举之，声如霹雳，山川震动，忽而山摧，沉渔人于水。或曰："此秦驱山铎也。"

赣州府雩都县东，有龙钟潭。相传汉时，吴芮遣将军萧武，自盘古山运钟，过此没焉。渔者时或见影。

兴国县治西大乘寺，唐之万年寺也。有铜钟，为唐物。宋绍兴初，一夕失去。赣县渔者得之文潭中，鬻于天宝寺，考之无声。他日，大乘僧物色到赣，求赎不许，曰："果尔寺物，试扣之。"大乘僧一扣，其音愈洪，乃归之。

南安府上犹县治西童子保，有东山寺。昔有大钟，形旋如蛟。一夕忽飞去，坠寺前相陂潭。见者以告，因遣，没。人出之，则化为真蛟，蜿蜒可怖，竟不敢近。至今水泛数十里间，镗然声震虚谷，时有见之者，形犹钟也。

武昌府嘉鱼县南三十里秦钟山，世传秦时于此铸钟。其下为太平湖，某年水涸，夜有光怪。渔者认其处而掘之，得古铜钟。宋秦观为《吊铸钟文》。

荆州府夷陵州宜都县东十五里大江北岸，有滚钟坡。相传古有金钟寺，忽一日寺钟滚出，侍者见之大惊，挽拽不胜，遂扬声入江而去。至今山坡有滚钟迹。

承天府京山县东南二十里，有多宝钟潭，深数十寻，方广丈余。宋建炎中，多宝寺毁于盗，钟自巨焰中跃入此潭，不复可睹。县西南三十五里有滚钟潭，昔有寺钟忽自楼出，滚入于河。所历处，草木皆偃生。

德安府城外东北隅，有滚钟潭。相传昔有钟滚于此，遂成潭。

郧阳府郧西县[2]南天河内，有圣钟潭。旧有圣钟飞入此潭，遇风雨则自鸣。

南岳衡山寻真阁钟重五百斤，凡五更不敢扣击，恐惊动地府，阴神怒也。端拱末，忽闻五更初钟鸣，众皆惊讶。晓而视之，钟裂。不旬日，有一道人自云能补钟，但需数千斤火，于是煅钟。道人以掌心镕铜汁，就其裂处模之，入溪洗手，忽失所在。其钟至今有手模迹。

永州府祁阳县东北三十里白鹤山白鹤观中，有钟重数百斤。唐末，一夕雷雨，钟忽吼，跃入江中。后有客夜宿长沙之昭潭，梦一道流曰："吾祁阳白鹤观道士，幸附舟载还。"客许之。迟明解缆，见有钟卧水次，有文曰"祁阳白鹤观"。客悟，遂载归。

成都府笮桥门外净众寺，新罗僧无相所造，有巨钟重千钧，唐开元间物。会昌例毁此钟，移入大慈寺，大中复还。寺众以其钟大，隔江计功，两日始到。方欲为斋，辰去巳集，乃知神力所拽。

重庆府合川铜梁县西南十里钟山下，有池，大旱不涸。昔人发地，见大钟，冉冉而没，遗迹成池，俗谓"钟窝"。

福州府侯官、闽清二县界梅埔山下，有钟潭。相传潭中有钟，莫知年代。唐贞元年〈中〉，僧惟亮欲取之，见蛟龙出没其侧，遂不敢近。

兴化府城东北八十里长寿峰下，有金钟潭。昔有贾胡人自岭外掬溪水饮之，觉有金气溯流至此潭，见金钟浮水面。一胡投水戴之，一胡以绳引，鼻绳绝，钟沉。至今尚留潭中，风雨时，隐隐有声。土人常以此卜阴晴。又越王峰西有钟湖,每云雨晦冥,隐隐有钟声。旧传越王金钟飞落于此。

仙游县城中金石山福神道院,宋傅谦受所造,以奉祀其父楫者。院中铸钟,累月不就,陈夫人拔钗于炉而钟成。既成,扣之无声。羽士梅霄洞剑击之,其声震天。至今一钗一剑之痕,隐隐于蹲熊盘龙之上。

仙游县南四十里铁鼎冈之背,有钟潭。相传昔有大钟飞入,阴雨有声。

泉州府安溪县西阆苑岩下,有月娘潭,形如半月。相传中有大钟,阴雨则浮。

福宁州福安县南七十里双岩寺中,有大钟。原在文殊寺,黄巢寇闽时,欲取以烹牛,钟忽飞入龙潭。后潭渐塞,复飞入六印江。每遇晦冥,随波出没,铿然有声。宋咸平中,竞迎不动,惟双岩寺僧以锡杖挑入寺中。

惠州府西湖上永福寺,宋政和间,有钟常夜与龙塘蛟龙战,中夜复回寺。邑人皆见之。一夕钟竟不返,来年夏旱,江水落,钟在水中,以百牛挽之不动,乃已。

宋天圣间,有广州法性寺洪钟,飞入贵州城南南山寺中,自东门而入。贯其钮于横木,其木约大五六寸,长六七尺。自悬其上,历数百年。传闻钟初来,与白龙斗。斗则风雨暴至,声闻四境。万历九年三月初四日,钟始坠下,今横木兴[与]钟尚存。贵州,即今浔州府贵县。

廉州府城南七里钟湾,水接江海。相传宋政和间,灵觉寺钟一夕飞去。天明,悬空而下,犹湿。居人言:"湾中每夜有钟声,必与龙战。"寺僧察之,果然。遂凿去顶上龙角,乃止。其后湾中风起,辄有一物,大如车轮,蓝色,涌出波中,复汲。

柳州府象州[3]青规浣池中,有龙居焉。寺钟常夜飞入水,与龙斗,朦而归,则声震林木。偶一夕不回,僧往视之,见龙蟠踞钟上。寺随废。水落清澈，犹见其影。

太平府城有飞来钟，相传自交趾思琅州飞来者。嘉靖间，指挥沈希仪[4]遣舍人刘勋往相之，欲搥取其铜以造军器。未至钟，数百步仆地死。

北胜州治西拜佛台山麓有大德寺，寺前有宋段氏所建钟楼。境内每有大风雹，登楼，鸣钟即止。相传古钟可制毒龙云。

[1] 唐大同间，当为南朝梁大同间。
[2] 郧阳府郧西县，当为襄阳府郧西县。
[3] 柳州府象州，当为柳州府象州县。
[4] 沈希仪（1491—1554），字唐佐，号紫江，贵县（今贵港）人，明代将领。袭父职为奉议卫（治今贵港）指挥使，正德十二年（1517年）升任广西都指挥佥事。后因镇压荔浦、临桂、灌阳、右田（治今永福寿城）等地农民起义，升任都指挥同知。

古铜鼓

二广铜鼓皆汉时作，《后汉书》马援于交趾得骆越铜鼓是也。云贵铜鼓则诸葛武侯所作，或云征蛮钲也。广州府武库中有铜鼓一，乃唐郑绩镇番禺日，高州太守林霭所献者。初因乡墅小儿闻蛇鸣之怪，遂得于蛮酋大冢中。府城东八十里南海神东庙中，有铜鼓，径五尺五寸，高半之。叶盛《水东日记》[1]云：南海神庙中铜鼓二，黄寇毁其一，今存者一。径尺寸，围尺寸，高尺寸，而圆不甚厚。边突起，状蟾蜍者六。边地仍出口外寸许，以次层细如腰束，然下复大与面等，面与四围皆细波纹，中心高起寸许，圆围寸径寸分，盖控击处也。按：南海神有东、西二庙，此当是西庙中物。

高州府信宜县，有铜鼓。宋嘉泰中，本县民得之地中。高尺余,广二尺,款识精巧。悬而击之,其声颐震。

永乐中,万州土官王惠起黎兵,挖引多辉溪水,得一铜鼓。长三尺,面围五尺,凸二寸许,沿边皆科斗,各衔线抵脐,束腰夆尾。若令之杖鼓击之,声如鹅鹳,闻数十里。凡鼓形声未有如其怪远者。后文昌县人挖得一铜铳,长筒匾腹夆底,响亦七八十里,其声雄震而曳余如霆。

梧州府郁林州北流县北二十里,有铜鼓潭。昔有铜鼓浮水而出,击之声骇村落。至暮,复沉水中。景泰间,其鼓复出。舟人获,送本县谯楼,至今存焉。

南宁府左、右溪洞,时得铜鼓。形如坐墩而空,其下满腹皆细花纹,极工致,四角有小蟾蜍。两人舁行,拊之声如鞞鼓。按裴渊《广州记》云:俚僚铸铜为鼓,鼓惟高大为贵,面阔丈余。初成,悬于庭,克辰[2]置酒,招置同类豪富子女,执以叩鼓。叩竟,留遗主人。

[1]《水东日记》,明叶盛撰。书中主要记述明代前期典章制度,详载军政粮储、墩台设备、赋役官制、边陲地理、道路远近等,间及不见于史传的当时人一些轶闻逸事,博涉宋、元人行事及碑志,收录了一些宋、元、明人诗文奏议。

[2]克辰,限定时间。

古石研

嵩江府城内有郑桿儿坊,元周待制仁荣[1]买地于此,创义塾以淑后进。筑础时,掘地深才数尺,有青石护双砚,砚有款识,乃唐郑司户虔[2]故物。塾既成,遂名"双研堂"。虔,字弱齐,俗讹为桿儿云。

平阳府太平县东南三十里文中子祠中,有文中子续六经时所磨砚。

蒲州城东南二里帝舜庙中,有大研,方寻尺,刻文曰"帝鸿氏之研"。或云黄帝以玉为之者。

临晋县东南六十里王官谷之西山,有秦王砚。大如碾盘,无口,下如尖底磴。唐司空图《山中记》谓秦败晋师于王官谷时所遗者。

兖州府曲阜县阙里庙中,有孔圣修六经研。方一尺三寸,中心有穿穴,制作甚朴。

瑞州府城西一百九十里康乐城内,有宋谢灵运书台、石砚。

成都府新繁县北三十里,有清时苟居士写经台,台侧有石砚。

犍为人尝得扬雄草玄砚,如今制而去其圭角。

泉州府南安县西南二里九日山秦君亭侧,有石砚。相传唐隐士秦系遗物也。系,字公绪,会稽人。唐天宝末,避乱隐此。穴石为砚,注《老子》,弥年不出。

广州府城西北隅光孝寺有石砚,刻云:"大唐神龙改元,七月七日。"有天竺僧般刺密帝自广出译经回,出示此砚,验之,乃滩奇石也。其坚实可爱,置几案间,如厚重君子。因识于后,以永其传。前谏正大夫同中书门下平章房融[3]书。又城宋黄水湾海神庙,有古石砚。

[1] 仁荣,即周仁荣,字本心,临海(今浙江临海)人。元泰定初官至集贤待制,赐谥号康节先生。
[2] 郑司户虔,即郑虔(691—759),字趋庭,又字若齐(一字弱齐、若斋),河南荥阳荥泽人。盛唐著名文学家、诗人、书画家。
[3] 房融,唐代河南洛阳人,任过武周时期宰相。

古瓦研

凤阳府旧府城东门内开元寺潜龙殿,基多龙凤砖。我朝太祖微时，尝凿之为砚。及即位，遣使辇之。内府、中都争效之，一日搬取殆尽，号"龙凤砚"。

徐州城东南六里，有汉高祖庙，其瓦可作砚。

西安府城西未央宫，有掘得其砖头者，可为研石。渠阁，在未央宫内，其瓦亦可为研。

彰德府临漳县治西铜雀台，曹孟德所造。土人掘地得瓦，色颇青，内平莹，印工人姓名，皆八分隶书。其瓦乃杂金锡丹砂之属，陶成治之为研。愈薄而益坚，缜腻而廉密，入墨而宜笔，金砂之性犹存，故水渍之而不燥。世所传用若砖而燥者，皆伪物也。或云澄泥以絺绤滤过，加胡桃油挺[1]填之。又邺中所得古砖筒，其纪年或为元象，或为兴和，或为天保，盖东魏、北齐间物，如高欢避暑宫、香姜阁等，瓦皆可为研，非独铜雀台瓦也。观宋洪迈作《瓦砚铭》曰："元魏之东，狗脚于邺。吁其瓦存，亦禅千劫。"可证也。史东魏高澄骂孝静帝曰"狗脚朕"。

赣州府雩都县有灌瓦，可以为砚。汉高帝六年，使灌婴防赵佗，始立县，在今县城东四里东溪之上。雩人即其驻垒处立庙祀焉。尝有掘其地得瓦，以为砚。宋太守洪迈作《灌瓦砚铭》曰："范土作瓦，既埴既已，何断制于火，而卒以囿水？庙于汉侯，今千几年？何址蹶祀歇，而此独也存。县赣之雩，曰若灌池。砚为我得，而铭以章之。"

武昌府武昌县治东吴王城内安乐宫，其瓦皆澄泥为之，可作砚。

襄阳府宜城县东北三十三里楚昭王庙后小城，盖王居也，号"殿城"。多砖，可为砚。见韩退之《宜城驿记》。

南宋复古殿瓦，今亦有取为砚者，其瓦色黄而带白。殿绍兴中建，为燕闲之所，其址在今杭州府城南二里凤凰山下。

附　录

唐代多用瓦研，韩退之《毛颖传》止称为陶泓，可证也。至宋初，而研以谱行，端、歙二石始擅名天下。

唐人品研，以虢州澄泥研为第一。虢州，今何［河］南府陕州卢氏县。

彰德府人制陶砚，以熟绢二重，陶泥澄之，取极细者，燔为砚。有色绿如春波者，或以黑白填为水纹。其理细滑，着墨不费笔，但微渗。

平阳府绛州绛县人制澄泥砚，最善。缝绢袋盛泥，置汾水中，逾年而取之，陶为砚，贮水不涸。

泽州澄泥砚，其理坚重与石等，磨墨不乏。

兖州府泗水县柘沟出柘砚，陶土为之，清润可爱。

青州府有石末砚，乃瓦砚也。唐柳公权评为第一，言墨易冷。今莱州府平度州之潍县亦有之。

[1] 挺，同"埏"。

古　箭

顺天府通州城西北隅佑胜教寺塔顶，有铁矢一。相传金将杨彦升射镞于其上，迄今犹存。

真定府晋州城南十五里，有箭镞营。相传汉光武与王郎[1]交战，师行至晋境，道遇伏兔，引弓射之。兔挟矢而遁，奔追里许，遽失其踪。觅至浮图，但见其镞镞中于小碑上，遂驻营。后以碑刻佛，因号射兔处曰"石佛兔"，其营曰"箭镞营"，寺曰"留箭寺"。其碑无文，高五尺，广二尺，矢镞入石数寸，动摇不脱，厥迹如新。

苏州府吴江县东门外华严寺浮图之巅，望之有二矢着其上，䍪羽宛然可辨。相传宋南渡初，金粘罕至此，乘快一发而中。后贾似道出督时，祝矢自誓，亦中焉。

杭州府西湖有钱王箭,斜插石罅上。

长沙府茶陵州神子山有神箭,相传岳飞所遗。

郴州府兴宁县西二十五里兜率岩下,有金箭滩。旧传岩上有汉李广所射箭,风雨晦冥,时或见之。按:李广未尝至楚,其孙陵尝为临沅令,此箭或是陵遗迹耶。

福州府古田县西北一里柏石岩前,有极乐寺。宋绍兴间,贼射其法堂扁,至今箭镞尚在。

永昌府城东北三十里天井山下有大树,段氏时,獠蛮为盗,出没此中,过者辄弯弓以厌之。树高五丈余,箭镞如猬毛然。

[1] 王郎,即王昌(?—24),赵国邯郸(今河北省邯郸市)人。初以卜相为业,自称汉成帝之子刘子舆,公元23年被立为汉帝。公元24年,刘秀破邯郸,被杀。

古鼎镬

广平府广平县王夫人殿,已废不可考,惟遗一丈铁铸鼎,文云:"大元泰定四年岁次丁卯,灵惠齐圣广佑王夫人殿。广平县在坊居民程良辅献。"

应天府句容县东南四十五里大茅山,有铜鼎,可容四五斛,刻甚精好。在山最高处,入土八尺余,上有磐石掩鼎。每吉日,远近道士咸登山瞻视,无复草木,垒石为小坛。

镇江府城北二里北固山甘露寺内,有二铁镬甚巨,梁天监十八年造,在解脱殿前。铭曰:"满贮甘泉,种以荷蕖,供养十方一切诸佛"云云。后字二行,书官人名并"五十石镬"四字,盖当时种莲供佛之器也。

扬州府城北门外铁镬六口,南门外四口。各高四尺,厚四寸五分,周围一丈七尺,可容二三十石。半没于土,其未没处,光莹不锈如磨琢然。或云元镇南王府故物，或云出自隋宫。

大同府朔州太平城内，有大釜二口，各受二百石。按：此城后魏神武郡，北齐改曰"太平"，后周废。二釜本赫连夏[1]之物，魏破统万[2]，移于此。

青州府城东，有孟尝君故宅。宋为龙兴寺，庑西有木台，悬二小鼓，即孟尝君所击以召食客者。遗铁锅二，可容三四石，今在南阳村。

怀庆府济源县西八十里王屋山白云道院，有大镬一，径丈，深数丈，胜国时物也。

杭州府西湖上净慈寺，有铁锅重千斤。款云："陈祯明二年铸。"兹寺之建，在吴越时，而锅识祯明，疑从他寺移来者。

宁波府城东六十里天童山，宋绍兴间建千僧斋堂，有大镬二，深广皆盈仞。当时斋千僧之具也。

台州府天台县旧报恩寺览众亭内，有铁釜，极深广。

温州府乐清县东九十里雁荡山上，有大爨镬卧草中。盖前代寺院故址也。

饶州府城东北六十里南和乡，地名大雷冈，有雷义宅，宅基中有井，井中有铁镬。

吉安府永新县西北六十里禾山，一名秋山。其最高者曰"赤面峰"，峰下有唐甘露寺。一镬径可丈余，半瘗于土，盖古昔僧徒盛时物。

岳州府城西北隅，有剪刀池。相传池中有鼎耳，高数尺，其中容人往来，上有识文。善泅者尝见之。

南岳衡山莲花峰方广寺中，有千僧锅。锅已不可炊，洁空弗毁，欲以存古迹也。

耒阳县有鬲水，一名池水，中有大鬲，可容百斛。鬲，音历，鼎属，旧谓之"历水"，盖字以音误也。按：鬲与鬴同，《尔雅》：鼎款足，谓之鬲。《说文》：鬴，实五觳。斗二升曰"觳"。其字古作䥏,今亦作瓹、厲、鑠、壓。

永州府道州宁远县有一[二]鼎,一在神湾潭,一在神锅寨下江潭,中大可受五十石。觅鱼者,往来鼎耳中,隐见不常。

夔州府巫山县廨中,有故铁盆,底锐似半瓮状,极坚厚,铭在其中缺处。铁色光黑似佳漆,字尽淳质可爱玩。有石刻黄鲁直《汉盐铁盆记》云:余弟嗣直来摄邑事,堂下有大盐盆,有款识。盖汉时物也,其末云永平二年。

福宁州城西北七十里望海山,有棱层石,砺壳无数粘其上,旁有铁锅。

广州府城西南六十里博大山下,有铜鼎溪,天青水澄,见其鼎铉。唐刘道锡刺广州,遣人系鼎耳引出,耳断鼎没。执绋者,耳尽痛,人以为神。

梧州府容县廨后有池,唐大历间,元结为客管经略使,植莲于其中,今谓之"莲塘"。相传塘中有铜锅一口,每风雨夜,与谯楼禁钟相搏。钟乃元贞元间物,当事者屡欲徙之他处,皆不克达。若还之,只用其力之半。

[1] 赫连夏,十六国时期夏国政权,南匈奴屠各种铁弗部族人赫连勃勃建立。从其407年称天王大单于起,到431年北魏(拓跋鲜卑)的属国吐谷浑俘赫连定止,存在25年,是十六国时期最后出现的一个政权。
[2] 统万,指夏国都统万城。

古　　铁

河间府沧州盐山县旧街中,有铁钱山,高二尺许,无字成锭,民间至今有藏其钱者。

池州府铜陵县南五里五嵩山前湖田之下,有山首尾皆生铁,其形如船。俗传晋宝[灵]佑王乘铁舟过山左,人有见之,遂溺于水，露舳舻水面。其质若铁，有修官山庙工凿铁船，入炉镕之，可作钉。灵佑王[1]，晋浔阳守，扬州长史也，佚其姓名。

太平府城北二十五里采石山浮梁岸下，有古铁坠，状如碇石，大数石许。水落则见，上有赤乌字，乃孙吴年号也。

太原府城中有巨铁在街道上，名"蟥铁"。常露其顶，人将掘而取之，则深入不出，世谓之"铁母"。兹有蟥铁祠，在旗纛庙东。

济南府学大门内有铁门山，微露其脊，《齐记》云：一郡之镇也。《郡国志》谓历城有铁，指此。

长清县东南九十里方山顶佛殿内，有铁袈裟。高五尺。相传拥出地上，似铁非铁，未详何代。

泰安州千佛阁有片铁，高七尺，作水田状，名"铁袈裟"，或古佛所遗衣身也。

兖州府济宁州嘉祥县南二十里钓鱼山顶，有石如钓台。台旁石窍中，有铁环，往来移动辄作声。

沂州西南十里大利冶山，路旁有巨铁二块，在地中。

怀庆府城西北三十里马头山上，有石柱铁环。相传洪水怀山，民尝系舟于此。

南阳府桐柏县西北七十里石柱山上，有石柱，柱有铁环，莫知其故。

西安府临潼县东南三里金斧山石罅中，有斧，以杖抵之则动。

西岳太华山莲华峰顶有池，生千叶莲花，其中有破铁舟。

杭州府城候潮门外铁幢浦，相传吴越王筑塘，以捍江水，置铁幢三，以为水则。幢制如杵，径七八寸，出土可三尺余，其趾入土，不知若干。初置幢时，塘犹未成，虑潮荡幢，用铁轮护其趾，而以铁绠贯幢干，且引绠维于上下之槷，然后实土筑塘。故幢首出土耳。一在旧便门东南小巷，一在旧荐桥门，皆湮塞无考。独在利津桥者仅存，亦已为民居所占。

吉安府城南栅门外岸上，有铁铸一十字，长七尺，左题"保大二年五月日置",右题"重一千三百斤"。下有潭水,或清浅,亦见一十字。世传南唐造战舰,以此系缆。或云当时有木场商人于此编筏,官为经纪,故置此以系筏云。岸上铁,可二人举,稍喧言。增至数十人,不力也。或云久而成精灵,尝与钟夜斗,钟北坠江中,至今渔者犹见之。

岳州府城西南沙碛中,有铸器五枚,谓之"铁枒"。各重逾十斤,长一丈,厚二尺,四端平分燕尾,若两块相背,中各有巨窍,径尺许,不知何用?或云植木编栅,以御风涛。

承天府京山县北八里张良山下,有铁弹丸如鸡卵,土人多得之。俗传汉张良尝息兵于此,山因以名。

荆州府归州巴东县北临江,有向王铁枪,长二丈,悬崖壁间不坏。向王讳转,东阳人,隋大业间凿山通道,有功于时。

李膺《益州记》:成都市桥、笮桥各有一铁椎,大十许,围长六七十尺云。初营桥,引机运此椎,以击桥桂[柱],本有三,今余二。市桥,在成都府城西南石牛门。笮桥在城西四里,即夷星桥也。

夔州府万县治北集虚观内,有巨铁。岁旱祷雨烧之,汗出必有雨,干则无。

附 录

庐州府城西北八十里,地名公村,有铁索涧。涧东水穷处,一潭甚深,虽旱不竭。尝有铁索浮于水面,人或见之。

保宁府广元县北九十里潭毒山下,有深潭。潭下渊岸有一铁索,见则兵动。宋绍兴间,常见。开禧初,又见,果有用兵之应。

---

[1] 灵佑王,据历代铜陵县志载,灵佑王姓张名宽,晋时浔阳太守。为官清廉,为政贤明,某年乘铁船来到铜陵,溺水而死,死后为神。

古　船

济南府长山县西南三十里长白山，一名会仙山，上有败漆船，记云尧时物也。一云在长白山南之太湖山。

九江府湖口县南石门山，即庐山之天也、铁船二峰也。山顶有莲池，池边有故艑艚，一动摇便起风雨。一云赣州府城南六十里峰峒山巅有湖，湖中有艑艚，底动之则风雨立至。

建昌府南丰县西九十里壶公岩，昔有悬壶先生隐此。洞中有小木船及桅竿，不知何故。

荆州府归州巴东县西瀼溪崖壁间龙昌洞上，有龙舟。相传元时午日，居人钱[戏]舟于此，因醉鼓噪而出，龙怒涌水人溺。惟舟掉[棹]架阁，高万余仞，至今不朽。

辰州府卢溪县西三十里辛女岩，隔江对峙一岩，有机一乘，船一只，悬于崖孔。

建宁府崇安县南三十里武夷山一曲兜鍪峰西北，有穴，内藏一舟，俗名"阁船岩"。三曲溪南小藏峰侧，有小船二，架于崖半横木之上，岁久不坏，名"仙船岩"。六曲灵峰，一名白云岩，半壁一穴，中藏小艇。

廉州府城东十里登高山之阳，有铜船，湖每阴雨辄见有铜船出水。相传汉马援铸五铜船，以其四渡海征林邑，留其一于此。按《郡国志》云：马援造铜船，一既归，付程安，令沉于渚。天晴水澄，往往望见船楼上恒似有四寸，水不知几千丈许。其地乃在郁林州，今属梧州府。《交州记》云：越人铸铜为船，在定安江潮退时见。按：《前汉书》，交趾郡有安定县，《后汉书》作定安县。

南宁府横州东二十里月林湾，水底有缺船，大风雨时，或见其浮于水面。

古木鱼

处州府龙泉县治东金鳌山之北，有崇因寺。寺东廊有木鱼，长丈许，唐物也。宋时有窃而载之舟中者，夜自有声，风波汹涌，惧而返之。正德八年，寺火，而木鱼无恙。

吉安府治西南三里能仁寺，有木鱼，长七八尺。官有持木鱼去者，少锯其尾，香触人疫，其衙乃设彩迎还。

附　录

安庆府宿嵩县东北七十里龙门山乾明寺，不敢置木鱼，置则常感变怪。

杭州府余杭县西北五十里径山寺，本有大龙湫，唐开山法钦和尚结庵于此。龙避去，池水尽干，惟一穴至今在寺。甬道之左，其深无底，号曰"龙井"。自建寺后，僧斋粥不敢击木鱼，往尝误击，地裂泉涌，以鱼、龙为同类故也。

赣州府宁都县西北三十五里金精山阳灵观，岩顶悬木鹤，能随四时转指。

建宁府建阳县南二十五里黄扬山，朱文公尝于此著书三年。庵中有一木梆，桐木也，材可以琴，乃文公时物。

古瓴［砖］瓦

河间府肃宁县东南十余里有武垣废城，外城周遭四十里许，有九门；内城可十六里，有四门；中有瓴［砖］瓦，片块满地。民间时或起出，有字，执［砖］瓦皆汉时年号。

淮安府安东县西南三里金刚觜，当淮水冲击。前人筑之，突出淮岸，以杀水势。残砖上有"尉迟恭"字。

扬州府泰州城，相传为尉迟敬德所造，其砖尚有古色，尤小于宋朝柳叶砖。

《长安志》云：秦汉瓦，形制精妙，虽产壤清蚀，残缺漶漫，破之如新。瓦头皆作古篆，盘屈隐起，以为华藻。其文有作楚字者，亦秦瓦也。秦仿六国宫室于咸阳，意者必用其国号以别之与。

平阳府解州夏县西北十五里，有禹王故城。城中民聚为村，掘地得砖，方尺余而中尽［画］十二方。方容一字，以篆书之，其文曰："海内勋臣，岁丰登谷，路无饥人。"虽累千百不异，讹传谓禹所陶者，人争宝之。元末多事，夏当冲要，使臣络绎，至则求于县官。县官又求之民，上下病焉。王翰辩之，谓故城与司马温公墓近，其葬时，又陶于近处，用之余者既无所措，则必瘗之。详其文义，字尽［画］颇近。

台州府黄岩县南七十里有王昏墓，其砖螭形，鱼文贯以柳或为钱状，旁有文云："晋永和十二年。"

饶州府城北二百五十里有英布墓，其砖文皆作虎像。

吉安府安福县东六十七里有安成故城，即汉安成侯张普理处，人撤其故砖辄有虎祸，以为普之灵在。

福州府城北十里有陶灶，五代梁开平元年，闽王王审知所筑也。审知甃城，令陶砖者悉以钱文印其上。后城入吴越钱氏，人以为先兆云。

邵武府城西北有越王台，相传越王无诸游猎之所。故址犹存，耕者于土中得瓦，有罗纹雁翅之状，扣之铿然作金石声。

广州府城北郭外，有汉刘王冢。黄瑜《双槐岁抄［钞］》[1]云：弘治壬子，予觅寿藏白云之麓，有携瓴［砖］来售者。方二尺，厚五寸，上有篆识曰："景定辛酉预备瓴［砖］"。又有售碗碟盘盂者，其色黑润若饶瓷，然询其所由来，曰得诸刘王冢。往观藏处，实大墓也。然"景定"乃宋理宗年号，其非南汉物明矣。

永昌府保山县，有太保山。洪武间增筑新城，罗此山于其内。山巅平广，可习骑射。尝有掘地者，于此得巨砖甚多，俱有"平好"二字。

[1]《双槐岁钞》，明黄瑜撰，为史料笔记，内容涉及典章制度、科举考试、朝廷内部政争、文人轶事、天文、律历、学校、军事、农民起义等。所记大事大抵起于明初，迄于成化。

仙人器具

绍兴府新昌县西十五里南岩山，相传为任公钓台。山巅有古钓车，云是任公钓时所作。

广信府贵溪县西南八十里仙岩，有石穴二十四。人不能到，下有溪流，渔者仰视，其中各有物。有曰"辘轳岩"者，一木出尺余，系汲器。时斜阁木上，时收入，无定。洪武间，武士来游者，援弓射之，木乃缩。今犹见其半。又有杵臼、织机、纺车、床具、水桶之类，皆历历可见。

建昌府南丰县西九十里壶公岩洞中，一木榻坚黑如沉檀，久而不坏。

永州府东安县界有沉香崖，崖下有兵书峡。大匣悬石壁间，迄今不损。世传吕洞宾过此开之，仍旧封固。

重庆府黔江县西五十里峭壁中，有木柜，人迹不到，曰"柜子崖"。

夔州府东北十里赤甲山岩穴中，露出一匣，其高不可升。相传乃古兵书匣。

遵义府城北三百里有柜岩，高百丈，广半之。中有一石穴，穴前一柜，往来者悉见之。

建宁府建阳县北一百九十里阑于山半岩，有石室，可容五六十人。岩口有木阑干、飞阁、栈道，远望石室，中隐隐有床帐、几案之属。

崇安县南三十里武夷山一曲升真洞上石罅中，有香炉、乐瓶之属，可望而不可即。四曲金鸡洞下有潭，嘉靖戊戌夏五月，御史李元阳游至此，久坐而去。次日至此，忽见洞中新置一物，如香奁状，丹朱烨烨，约方六七尺。洞在二十仞之上，下临不测之渊，一宿之间，不知谁致此物。

南宁府境守芝山有镜瓮，昔有仙人处山岩炼丹，既成而去，遗下此瓮。人上山视之，则失其处。及下望之，复见宛然。

仙人棺

广信府城西二十五里，由月岩再过两山，至一山崦，仰视有大棺阁岩中，足不可到。乡民坛其下，□祷雨。又二里望远，岩极峻，上又有棺如人间所用匣。又二里至云洞，山形巘然如城，世谓之"仙人城"。相传仙人蜕骨葬于此，有三棺，或坏，因大风雨雷电，则复如初。

贵溪县西南八十里仙岩二十四，有名仙棺岩者，遥见棺横岩间。元至顺中，居民系长绠大树上，悬竹笼，坐一人，其中稍至岩前，以长钩钩二棺坠溪水中，棺皆楠木所制，一棺中有玉连环而已。

建昌府南丰县西九十里壶公岩，极崒绝，人不能到。有羽士拜黄箓，斋戒而上，见洞中有石函，贮七星木匙及五色销子骨。相传昔悬壶先生委蜕于此。

常德府桃源县南四十里倒水岩，削立数仞，正侧面皆霞壁，有窦八九。下临绝壑，一窦悬若棺者五。有好事者乘涨倚槛〔舰〕，令健夫引絙而上，至则见有遗蜕，沉香□棺。石无寸肤，虽猿猱不能攀，不知当时何徒置此。

建宁府建阳县北一百九十里阑干山岩石间，悉生古柏，悬棺仙葬类于武夷。

崇安县南三十里武夷山一曲升真洞口，有四船相覆以盛仙蜕，函半枕于洞。船皆圆木刳成，仙蜕函二十有余，空者数函。乡人传言，昔取仙蜕祷雨，作新函易之，仍还其旧于故处。及再取，则仙蜕尽入于旧函中，而新函空□。其上又有仙蜕岩，石壁之上谽谺一空，径数丈而深倍之，中有雷文瓷缸五，以盛仙人蜕骨，其一置石窖，窖口狭束不可出，不知当时从何而入。六曲灵峰半壁穴中，有仙蜕数函。

附　录

顺庆府境有插旗山，万历二十七年，偶有牧童掘地，见一小孔。其内深广数丈许，有瓦棺万余，惧而走告，太守令瘗之。

方舆互考 卷之七

石　墨

顺天府宛平县西北齐堂村出画眉石，一名石墨，一名石涅。许慎《说文》云："黛，画眉石也。"即此。

应天府句容县有石墨池，相传费长房于此学道书符，倾墨水于石，悉化为墨，可以书符。一云在镇江府金坛县西，疑其地在二县交界之间。

徽州府黟县南十六里墨岭上，有穴产石墨，软腻色碧，以为墨，甚鲜明。土人采之，久而成井，号"石墨井"。或云宜染皂。

太平府城东北四十里翰辟山产石墨，梁大同《起居注》云：九年，往姑孰翰辟山采石墨。

庐州府无为州巢县南六十里居巢山溪谷中，有石研之如墨，旧名墨山，唐改今名。

彰德府城西南郭村井中，有石如墨，可书。晋左思《魏都赋》所谓"墨井盐池，玄滋素液"是也。

河南府宜阳县西南一里有石墨山，其石尽黑可书。

凤翔府陇州汧阳县[1]东南三十里有石墨洞，产石墨，可书。

南康府城西北二十五里庐山，产石墨，可书。

赣州府兴国县南九十六里上洛山，出石墨，可书。

岳州府城东南乌石山下有石墨溪，溪边有石如墨，咽之可愈喉膈之疾，亦可代墨作书。

华容县东南七十里团山多赭石，可研书字。

晋车胤贫时，以败薪为笔，取五龙山下乌石作墨。至今田家无墨，有取用者。胤，字武子，南平人，今澧州。

沈怀远《南越志》云：怀化县掘堑，得石墨甚多，精好写书。今山中多出朱石，亦可以入朱砚中使。按：刘宋析南海郡之番禺县置熙安、怀化二县，至隋复并入番禺。沈怀远所志石墨出处，今志无载，存之以备考。

南雄府始兴县南五里小溪中，出石墨。巨细长短如墨，以端研发之，可写字。妇女取以画眉，亦名画眉石。古者漆书之后，皆用石墨以书。《大戴礼》所谓"石墨相着则黑"是也。汉以后松烟、桐煤既盛，故石墨遂湮废，并其名，人亦罕知之。晋陆云[2]与兄机书云："一日上三台，有曹公藏石墨数十斤，云烧此，复消可用。然烟，中人不知，兄颇见之否？今送二螺。"此似取石墨之烟为墨矣。南朝以墨为螺、为量、为丸、为枚。三台，铜雀台、金虎台、冰井台也。相去各六十步，曹公藏石墨处，在冰井台井中，其井深十五丈。

《水经注》云："石墨可书，又然难尽，亦谓之石炭。"今燕之西山真定之井陉，徐州之白土镇，晋之太原、午阳、大同，中州之河南，楚之荆州，江右之丰城、安福、宜春、兴国等县，蜀之渠县，滇之镇南州，皆产石炭，可以代薪炊爨，煅炼金石，亦名煤炭。又瑞州府高安县西羊山，出然石，色黄白而理粗，以水灌之便热，着鼎其上，炊足以熟，冷则再灌，如此无穷。晋元康中，雷焕入洛，赍石以示张华，华识之。《信州图经》云：贵溪县龙虎山有然石。又衡州府桂阳州临武县有热石，置物其上立焦。然石、热石二种，较之石炭尤奇。

附　录

成都府汉州治西五里石梯河，出缁土，可以代墨。茂州亦有之。

福宁州福安县东南四十五里苏阳南山涧，有绿莹泉，涧中小石，研之，色绿，可取较书。

[1] 凤翔府龙州汧阳,当为凤翔府陇州汧阳。
[2] 陆云(262—303),字士龙,吴郡吴县(今江苏苏州)人。西晋文学家,与其兄陆机合称"二陆",曾任清河内史,故世称"陆清河"。

石　　铁

邛州治西七里古石山,出石矿,大如蒜子,火烧合之成流支铁,甚刚。山有铁祖庙。

盐井卫城西北七十里铁石山上,有磐石,烧之成铁,为刀剑最利。

延平府尤溪县南百余里流溪岩,其崖石皆铁矿也,凿之可以煽铁。

惠州府长乐县南九十三里嵩螺山,出石可煮铁。

梧州府藤县出青石,为刀剑如铜铁,妇人用作环玦。

澄江府路南州东八十里札龙山下,有小石可炼为铜。

《禹贡》:荆州、梁州皆贡砮,砮石之可为镞者也。《国语》:肃慎氏贡楛矢、石砮。《后汉书》:挹娄矢用楛,长一尺八寸,青石为镞。《唐书》:黑水靺鞨,其矢石镞,长二寸。盖楛砮遗法。挹娄、黑水靺鞨皆古肃慎国也。今辽东三万卫北一千五百里黑龙江口出水花石,坚利入铁,可□矢镞。土人将取之,必先祈神。此石,即砮也,其地本古肃慎国。国朝永乐七年,置奴儿干都司辖之。又按沈莹《临海水土志》[1]云:夷洲,在临海东南,去郡二千里,摩砺青石以作弓矢。此亦即砮也。夷洲,即今日本国。

哈密卫产砺石,谓之"吃铁石",剖之得镔铁。

西海上多昆吾石,冶成铁作剑,切玉如泥。见《列子》。

附　录

梧州府郁林州西北三十五里丝鸦山上,有泥青黄色。州□淘取炼成铁,铸为锅。

[1]《临海水土志》，三国吴沈莹撰，是世界上最早记录台湾的文献之一。

石　　油

延安府延川、延长二县，鄜州及肃州卫，俱出石油。自石岩流出，与泉水相杂，汪汪而出，肥如肉汁。土人以草挹入缶中，色颇黑，似淳漆，作雄硫气。用以然灯，甚明。得水愈炽，不可入食。其烟甚浓，唐人延州诗有"石烟多于洛阳尘"之句。宋沈括宦西时，扫其煤作墨，黑光如漆，松墨不及，遂大为之，其识文曰"延州石液"。此即张华《博物志》所谓"石漆"也，亦名石脑油，又有水肥、石烛、石脂诸名。宜以瓷器贮之，若用金银器，虽至□密，亦透过。云南缅甸宣慰司出石油，油自石缝流出，臭恶而色黑，可涂毒疮。

正德末年，嘉定州开盐井，偶得油水，可以照夜，其光加倍。沃之以水，则焰弥甚；扑之以灰，则灭。作雄硫气，土人呼为"雄黄油"，亦曰"硫黄油"。后复开出数井，官司主之，此亦石油，但出于井耳。盖皆地产雄硫、石脂，诸石源脉相通，故有此物。

高丽之东出猛火油，盛夏日烘，石热所出液也。惟真琉璃器可贮之，别器则渗。入水涓滴，烈焰遽发，余力入水，鱼鳖皆死。此油性与石油同，而其力尤大，故边人用以御敌。占城国亦出猛火油，国人用以水战，周显德间，尝贡八十四瓶。康誉之《昨梦录》[1]：□西北边防城库皆掘地作大池，纵广丈余，以蓄猛火油，不阅月，池土皆赤黄，乃别为池而徙焉。不如是，则火自屋柱延烧矣。

附　录

南雄府城东一百二十里油山，高数千仞，旁有一小穴出油，人多取以为利。

建宁府建阳县南油岩下，有油洲。旧传石中出油，足供日灯。

贪僧凿之，遂绝。朱文公识云："油洲岩下水泠泠，枕石何妨梦里听。要与他年成故事，漫寻幽处着新亭。"

[1]《昨梦录》，又名《退轩笔录》，南宋康与之撰，文中题"康誉之"。宋人笔记小说，追述北宋轶闻。所记黄河卷扫事，竹牛角事，老君庙画壁事，西北边城贮猛火油事，可补当时史事之缺。

石　　乳

苏州府城西百余里西洞庭山林屋洞，深窈幽黑，游者列炬而入。壁上下皆作金色，有石乳自上至下相接至地，莹如白玉，所谓"金庭玉柱"是也。

常州府宜兴县东南五十五里张公洞中，石乳下垂，五色奇绝。大者如玉柱，或下垂至地，所不及者尺；或怒发上，不及者亦尺；或上下际不接者，仅一发。

广德州城东北大洞中，石乳垂四壁，若蜂房、鹤膝，色如玉，苔藓间之。得日光返照如绘，又如大绿金相，非人世有。

彰德府林县西南三十里天平山菩萨洞中，石乳自滴，成菩萨形。

严州府桐庐县西北五十里垂云洞檐前，乳石倒悬数十片，□锦云下垂，外绿中白。洞中有乳水结成巨莲花而倒垂，花下有乳水结成盘，大五六尺。雪浪水纹，重叠交互，细如斫玉。旱龙洞中有石乳结成龙形，尾、足、鳞、鬣皆具，长丈许，首入地底，二爪攫拏，狰狞如欲登云作雨状。

衢州府常山县北二十五里三衢山石室中，钟乳林立，击之铿然，花卉若生成。

温州府乐清县东九十里雁荡山阴，有石佛洞。洞中石乳下滴，凝为三像。

饶州府余干县治西藏山上，有梅岩，岩中有龙耳下垂，长六七尺许，其形逼真。耳中水滴名曰"乳泉"，下积成石，高可三尺，状类人立，名曰"石和尚"。积久则愈高，岁不遇［过］寸之二。

袁州府城东三十里石乳洞，滴乳坚凝，成观音、罗汉者不一。

南安府崇义县西南六十里双鹤洞，石乳凝结，上如列星，下如钟鼓，击之有声。又有佛像、床榻。

武昌府咸宁县南三十五里大龙洞，旧名"万仙洞"。有白石若幕，滴乳结成龙蛇状。

郧阳府郧西县北二十里观音洞内有钟乳，滴成大士像。

荆州府归州兴山县南五十里玉虚洞，石乳下滴，结成物像，列于前后，宛如幢节，温润如玉。

岳州府澧州慈利县七姑山下，有蟠桃岩，俗呼为"婆婆岩"。岩洞中有石乳，结成佛像及石床、鹿顶。

衡州府耒阳县南三十里狮子岩，有石乳滴成狮子。

宝庆府武冈州南五里宝方山，一名资胜山。岩洞间有龙甲神像，皆滴乳所成。

永州府道州宁远县南舜祠后紫虚洞中，滴乳凝结，如佛像、车盖、花果、器皿、飞走之类，甚多。

柳州兴宁县西二十五里兜率岩内金刚力士，形若雕刻。西至老君岩顶，望帐幄高广百丈，如猛风所吹，聚皱成叠，其中一叠，扣之清越如鼓。石尽路平，回折而北，嶙峋细碎，若荔支，若杨梅，若菌蕈，若饼饵，若搭架衣服，若飞檐冰雪，物像千品。自北而南，楼台参错，人鬼仿佛，或有菩萨、如来、莲花、龙蛇、璎珞、盆盂、奇花异木之状，皆钟乳凝结成像也。多黄白，罕有青碧。

叙州府珙县西南落哨山有仙洞，石乳凝结，如人如兽，千态万状。至洞顶黑质白章，如云如篆。

夔州府开县南五里温汤井后灵洞中，滴乳为石，如龙麟鸾鹤之形，不可胜纪。乳石如臂如指者，以烛照之，通透莹澈，随折脆断。及出洞门外，得风皆为白石矣。

漳州府龙岩县西四十里石钟岩，石乳玲珑，或乘空下垂，或从地突起。凡世所有之形象，无一缺者。

延平府大田县治东东岩石壁，流乳结成双龙，有水滴，滴自龙头下。相传其一被风雨化去，惟一现存。

南雄府始兴县南二十里机山，一名玲珑岩。其石乳凝结成观音像者，谓之"观音岩"。其上又有大岩石乳，左溜如狮形，右如象形。

肇庆府阳春县北三十里潭石岩，深广十余丈。岩中石乳若人物仙释状，奇绝甲于他峒。

德庆州东五十里三洲岩，一名玉乳岩。石室中石乳倒垂，皆苍绿色，间类佛像、钟磬、禽鱼之属。

桂林府城东二里七星山栖霞洞，有湘山佛合掌而立；布袋和尚侧坐，开口而笑。又有狮、有象、有驼骆，半为石乳，万古滴沥自成，巧于雕刻，如水精状，半乃真石，想其初亦乳结也。城西三里隐山内洞，仰瞩东崖，有凝乳如楼阁，如人形，如兽状。城西六里琴潭山有荔支岩，俯石门而入，深十余丈，滴乳垂缀若荔支。城南七里白龙洞，乳溜凝化，诡势奇状，如伞，如舆，如栾栌，支撑如莲蔓藻井，如帘如帏，如松偃竹袅，如云荡雷惊。

永宁州东南二里虎踞岩，有滴乳天成大士。州西五里将军岩有石乳，若垂芝、撒网等状。

梧州府怀集县西八十里朝岩中，石乳凝结为珠玉、璎珞、鸟兽、虬龙之状者甚多。

郁林州北流县东北十五里勾漏山，独秀岩石室中，可容数千人。石乳挂壁上，如弥陀、大士像。宝圭洞中，丹灶、床几、盘瓮、碾臼，皆石乳自然凝结而成。

柳州府融县南五里灵岩，一名真仙岩。积乳成屋，户牖玲珑，化工结构奇巧入神。西北复有一洞，垂乳如缨。

太平府左州东三里云岩山中，多奇乳，作云物、花草状。州南三里柏岭，一名北山岩，有拱台若金猊，座旁垂石乳，又如白龙状。座上有莲花，瓣正似米麦、木犀，堆积万点，扣之铿然。

临安府城东十里岩洞，一名水云洞，其前门垂乳如林，物象宛然。再三里，至中洞，凡水陆动植物象，洪纤悉备，皆垂乳所结也。又南明洞、万象洞，垂乳结成物象，俱极绚烂奇怪。万象洞中，石轮藏尤特异，即雕刻不能到。

曲靖府沾益州东八十里青溪洞中，有浮图、龙象、芝朵、云英诸相，皆石乳融结。

永昌府城南十五里卧狮山下，芭蕉洞中，石乳灿烂，有如莲花、钟伞之异，故又名"石花洞"。

天然石像

真定府赵州赞皇县西南二十里孔子岭，石室内有石人像，类执卷。

凤阳府定远县东北四十里韭山洞深处，有石台、石龛，坐大士、老君其上。

常州府宜兴县南三十五里张公洞内，有天然石罗汉十八尊。

广德州东南五十里石妇山，其巅有石，高二丈，窈长如妇人，藤萝为衣而不蒙面。旧传谢氏女介洁有守，登山化为石。今樵者不敢近。州东北七十里金牛岭，昔有僧逐一金牛至此，牛入洞中不出，僧化石立洞外。

济南府城东南三十里龙洞山，一名禹登山。山腰石壁间，多菩提像，无斧凿痕。

汝宁府信阳州罗山县西三十里有石人谷，谷内两石人，其状天成，不假人力。

西安府耀州富北县[1]北西女学洞山顶有崖龛，龛内有道经数万卷，皆置于柏木板床之上。有一石人，俯首凭案而坐，形如生人。

巩昌府成县西二十里泥功山，有泥功庙，石像天成，古怪殊甚。

杭州府于潜县北四十五里西天目山，有新妇石，天然人形，高五丈许，面东昂立，与东天目山新郎石相对。白乐天有诗镌于石。

昌化县西七十里龙塘山龙洞中有石，状肖罗汉，若雕刻者，然又名"罗汉洞"。

金华府城北二十里金华山上，洞有石观音像，垂衣伸一足，如塑成者。

衢州府江山县北二十里左坑洞中，有天然石佛。

开化县南四十五里宋村岩，有石人，无斧凿痕。

台州府城东南七十里石新妇山，有奇石如妇人。宋文帝尝遣画工摹写其状，时人盛图于白团扇。

宁波府定海县补陀洛伽山上，有潮音洞。每年三月三日，水尽落，得入洞底，有天然石佛，甚奇。

温州府乐清县东九十里雁荡山西谷罗汉寺前石崖，高数十丈。崖上有石罗汉，形肖宛然，异僧所化也。

处州府城西四里石僧山，有一石状如矐僧。宋绍兴间，刘大中以兵部尚书出守。未几召还，上问石僧之状，大中以诗对曰："云作袈裟石作身，岩前独立几经春。行人问我西来意，寂寂无言总是真。"

南昌府武宁县东北八十里鲁溪洞，幽邃嵌空，有楼台宫阁之状。峭拔瑰奇，龛像交列，有真仙古佛容仪，虽绝世巧工追琢不能及。

广信府城西三十五里妇石山，有缉女石，绝类红女之形。

九江府城西北东佳山，一名紫岩。下有观音洞，石门方圆七丈余，中有石观音、石香炉，生成自然。

吉安府吉水县北五十里石佛山，有佛相高数丈，头目皆具，袈袭环绕之状，逼真无别。

永丰县南一百二十里楼源岭上，有禅和洞。洞中石殿三层，□佛钟鼓，其像咸备。秉烛而入，历历可见。

万安县东八十里黄塘岩，其中空洞，宛然楼阁、殿庭，并有像设、钟鼓，皆石为之。人〔又〕有书院数处，中有石秀才、石学生之名。

永新县东二十里石灰山，有宝仙洞，亦名梅田洞，有石观音、罗汉二圣像。

瑞州府上高县南五十里蒙山洞中，有石佛、石僧、石狮子、罗汉坐之类。县南一百里为仙圣洞，洞中石佛与蒙山类。

新昌县西北一百里五峰山石崖飞瀑，有石罗汉像。横卧水际，因名"罗汉泉"。

袁州府分宜县西十五里洪阳洞之西第六洞中，有石如土地端坐，前有石香炉，又有石如禅僧静坐。

万载县西九十里龙城岩，有石如列仙者以百数。又有石人坐白沙旁，作鬻盐状，或扫去，有顷复积。

建昌府广昌县东北望军山，突兀万仞，中有岩洞，佛相、狮龟、锡袋、棋盘、水帘诸石形，悉天然分布左右，古人赞刻于壁十四字云："是名不动尊王佛，现此金刚不坏身。"

赣州府信丰县西南八十里黄石洞中，有石人兜鍪作按剑状。后有石狮、石象踞其左右，甚肖。

会昌县南一百十里濑江有圣姑石，石如人形，篙师过，必掷石以卜吉凶。

武昌府兴国州南七十里石屋洞，内有大士像俨然。州西一百里凤栖岩，内有石卧如来佛、石礼拜僧。通山县西南二十五里观音岩，宋绍兴间，居民万峻见云气盘结异常，寻其源，见一洞窈然，广十丈余，有石观音、石磬、石盏、石果，旁有人，森然奇怪。

岳州府华容县北石佛山，有石堆成佛像，衣服皆具。

荆州府夷陵州西北三十里石牌峡石穴中，有石宛如老翁持渔竿状。

长沙府安化县南三十里有观音洞，洞口深黑，秉烛而入，渐空厂。有观音像倚石而立，俨然如生。

茶陵州东二十里会仙山，有石罗汉像，石床天然。

辰州府城东南五十里有白雾洞，深五里许。石屋生成，多神仙、龙虎之状。

卢溪县西一百八十里武山辛女岩，有石屹立如人。相传高辛氏女所化，旁一石狗，槃瓠所化也。

重庆府涪州彭水县南一里卧佛岩，岩石欹悬，生一窍甚圆，仰窥之，又生一窍。其中虚明，有横石一块，眉目宛然如来佛，曲肱枕卧时也。

夔州府开县南五里温汤井，后有灵洞，洞门两壁有石，如金刚力士之形者数辈。

眉州彭山县北平盖山下有玉人，长一丈三尺。见《云笈七签》。

潼川州射洪县东南二十里，唐时梓潼官吏尝掘得石龛，中有石尊像一，真人六，狮子、昆仑各二。于时王维为留司，表贺略云：是圣祖见于万春，乡语绛都人而指其处也。周流六虚，言自晋而验于蜀；混成一气，出于有而入于无。未达斋心，初迷三里之雾；既行真气，俄成五色之云。山腹洞开，仙容俨若；万物今睹，千劫未逢。

黎州庆历乡山峡，有一石洞，壁间有夜又〔叉〕像。土人祠之，号"穿崖将军洞"。

泉州府城东北七里老君岩，有石天成，如老君像。其须常白，虽风雨不改。

延平府将乐县南十里天阶山下玉华洞，中有钟吕同达磨渡江、仙人吹笛、美人、童子拜观音等石，俱极形肖。

建宁府嵩溪县南南屏山，一名石林山，有石佛、石僧诸像。

汀州府清流县北五十里玉华西洞，中有天成石观音像。

南雄府城东南四十里青嶂山，有神仙隐凡，似玉琢成。

惠州府河源县西北一百七十里圣迹岩，初自平地涌出虚岩，有石像在峭壁，如观音冠服缨络，仿佛可认。其上有石如华盖者一，其旁如垂幡者七。

肇庆府城东北十里七星岩石室，洞中有石观音，缨缕绅珮，□袍成削，似立而过海之状。

桂林府城东二里七星山下玄风洞，有石老君像，唐人号为"仙李洞"。

梧州府怀集县西八十里燕洞，中有石僧。

柳州府驰县[2]南五里真仙岩，旧名灵岩山，又名老君洞，宋咸平中改今名。中有白石，长二丈余，俨如老子宴坐，狮子居前，乌猿居左，青牛卧于溪旁。

南宁府隆安县东南二十里石人山上，有一石，四望，绝似人形。下崖一石似马，古云"石人望马"。

横州谢村岩有石，如老君危坐台上，土人呼为"老君石"。

永淳县北三十里滕村岩，石顶有大佛像，出于天成。

浔州府城西南六十里罗丛岩碧虚洞，内有石佛。灵源洞内有石罗汉。

贵县南十里南山前有岩，中有石笋成佛像。

大理府洱河之东宾川州界有观音箐寺，寺有洞，可容数十人。洞中石大士像，乃天成不事雕琢。

云南县西北三十五里九顶山，唐时村人于此闻空中天乐，累日不休，乃相与寻索山岩。岩有九洞，一洞有石佛像五躯，因建寺焉。

临安府城北数十里有洞，曰"颜洞"。嘉靖中，蒙自丞县颜宏所□也，有上、中、下三洞。中洞深处有石观音，半身白如傅粉，唇若□朱，总一髻，左有青石净瓶，右有白石鹦鹉。上洞有石如一僧一道，蹲踞相视，为问答状，绝肖极。后洞门坐一老翁，戴东坡巾。

鹤庆府剑川州西南二十里石宝山，缘崖多石观音诸菩萨、罗汉像，若雕镂然。及省其手足指爪剥折之处，又皆空洞如人之骨，乃知为天成者。

武定府城北七十里三石塔，洞中四壁人物如画如塑，皆石生成。

贵州普定卫城南十里水云洞，高十余丈，广倍之。其西南隅最高处，一石直立，真若观音大士手提篮器。东南一白石甚小，若鹦鹉延颈伸喙然者，虽巧塑莫之能过。

[1] 西安府耀州富北县，当为西安府耀州富平县。
[2] 柳州府驯县，当为柳州府融县。

天然石龙

保定府安肃县西有神仙洞，入百步许，宽围高覆如屋，上有双龙下垂。

徽州府休宁县西四十里白岳山之西有罗汉洞，二石龙循洞门旁出，鳞甲隐隐，蹴之疑为砌就，谛视则石肉相粘，复意其为真龙也。县西六十里岐山，有应龙岩，岩上石龙奇绝。

和州含山县西南八十里白石山，一名祷应山。洞中有二石龙，鳞鬣皆具。

西安府盩厔县东南三十里望仙泽中，有石盘龙，鳞甲□有□气，声若鸣钟。

临洮府兰州金县道左有石洞，洞深处有白石龙一条，观者必秉炬而入，有旋烬即旋去之。每旱必往祈请，及出洞门，必有书字，记雨之多少。

严州府桐庐县西北十五里阆山洞，内有天然石龙。

遂安县西南五十里双龙洞中，有石龙附壁而升者二。

金华府城北三十里金华山下，洞内有石龙二，头角须尾毕具，屈蟠隐见，爪尖皆白石如玉，故谓之"双龙洞"。上洞内有石梁高桂〔挂〕，深可二三十丈。白龙护其左，苍龙护其右，鳞鬣皆具。

衢州府开化县南四十五里宋村岩，有石龙，水出龙口不绝，下有石台承之。

温州府乐清县东九十里雁荡山平霞嶂，右胁有洞，顽石而窍，陷入一龙，独绀碧夭矫，鳞鬣咸具。从洞西南峡中奔而下，一爪踞地，垂首悬鼻如瓠，鼻孔石髓时时下一滴，谓之"龙鼻水"，味甘，已目翳。

抚州府城西南三十五里石岩下，有石长丈二尺，隐起似龙形，头尾鳞甲皆具。

吉安府永新县东二十里石灰山有宝仙洞，亦名梅田洞。中有石龙，喷水不竭。

赣州府会昌县东南一百二十里汉仙岩，有石龙数丈，见者感讶为真。

武昌府咸宁县黄茅山下，石龟洞内石龙吐水不绝。

常德府城北六十里龙门洞，有石龙床。龙盘其中，生成似雕刻然。

辰州府城东南五十里白雾洞中，白龙奇甚可雩。

夔州府梁山县西北三十里三宝洞中，有石龙，鳞爪宛然。

福州府永福县东北五里极乐岩有四洞，下洞有石龙二盘，绕洞右龙颔下滴水，有石盆承之。县东南永唐里六洞仙山，对面南山有三石室，中室有一石龙，四面云雾分明如画。龙口出泉，凿井承之，四时不溢，亦不竭。

兴化府城东北八十里白龙岩内极宽广，仰视之，有白石长可丈余，头角、鳞爪宛然龙也。泉出其中，如吐沫。宋绍兴间，右侧复见一石龙，盘旋相向，第头角已露而余尚隐。乡人祠之，祷雨辄应。

漳州府龙岩县治东龙岩洞顶，青白小龙纹纷然不可胜计，壁右涌出一条如桎，黄色鳞甲若真龙，头角足爪不露，至顶而止。左一条青色附壁而上，蜿蜒缘壁至檐，头角鳞鬣宛然，口颊间有窍，滴水错落如珠。

延平府将乐县南十里玉华洞中，有渴龙饮泉石，状极肖。

尤溪县东北二十五里褒溪之旁，有天成洞，壁龙俨然，龙藏波浪，鳞鬣画笔逊土石，刻"天成"二字。

永安县东南六十里天斗山，石窦中有一石龙。石磴崚嶒，人迹罕至，惟樵者得睹其头角鳞鬣之异。县北八十里黄杨岩下，洞中有石龙，鳞爪皆具。

汀州府上杭县北四十里有石龙盘亘溪中，背有鳞文。遇旱，乡人积沙石于其背即雨，至水涨，荡去沙石乃止。

永定县东北六十里龙显岩，在黄田山麓，昂然一石如龙奋足掀爪，鳞甲具备。

庆远府城南五里南山洞中，石龙鳞甲宛然，因名"龙隐洞"。

临安府城北数十里颜洞，有石龙。仰附洞前，二足捧头而下，鳞角眼爪纤悉具备。

都匀府平浪长官司东三十里九龙祠内，有石龙。张露鳞鬣，蜿蜒如生。

天然石龟

我朝太祖葬钟山，是为孝陵。葬之时，掘地数尺，见一石龟颈长数寸，首足口目皆具。藏于太庙，久晴而腹下有水则雨；久雨而腹下干则晴。

安庆府潜山县西北二十里皖山西有大石龟，出泉名"灵龟泉"，黄鲁直有铭。

金华府城北二十里金华山双龙洞，有石龟黑色，白蛇斜绕其背，首入甲下，奇甚。

衢州府常山县南八十里灵龟洞中，有石龟，具青、黄、白三色，其像逼真。岁旱入洞，探而致祷，得白则不雨，洞亦名"太乙洞"。中有太乙泉故也。

赣州府兴国县儒林乡有石，形似龟，项背具备，仿佛八卦文，逐月随斗杓旋转。土人怪之，移置他所，翌日复归其处，屡验皆然，因时祀之。

顺庆府广安州北十里路次井中，有石龟。相传冬夏，龟能自转，其首所指之方，岁必丰稔。

福州府古田县东北移风里有石龟，眼口悉具，长二丈，广八九尺。人登其上，亦微动。

永福县西南六十里高盖山上，有东、西二石室，西室外数十步有石龟与石棋盘对立。故老相传龟旧在室中，徐真君叱而出之。

泉州府城南三十里有石龟铺，铺前石壁上，有石二丈许，形酷似龟。行旅望之，远近无异。

福宁州城南七十里莲花山麓有大、小二石如龟，其色莹白，形体皆具，首尾欲动，背有坼文。

琼州府崖州北五里豺狼岭下，有石龟，长一寻，阔二丈，遇旱蝗，祷之皆应。相传初在迁拖村前水边，夜每出踏伤田禾，村人厌之，乃走此寻踪。获之，折其一足云。

梧州府郁林州北流县东二里金龟山有石龟，口吻尻足皆具，远近视之，无不骇为真者。

附　录

福州府罗源县西三十里有石，高五丈，坦平如砥，上有石鳖。相传夜常下石饮水，石有爪痕。

天然石鱼

松江府西北三十里千山上有双鱼石,相传风雨化去。

登州府莱阳县出鱼石,凿溪底石中得之,其蜕可以指剥。盖鱼之淤沙中,久而化为石者。

凤翔府陇州西北鱼龙洞中有石,或大或小,随水流出,破而视之,中皆有鱼龙形。一云汧阳县西十里有鱼陇,相传掘地破石得鱼状,鳞鬣具备,可辟衣蠹。一云郿县河滩上乱石,随手碎之,中皆有石鱼,或双或只。

处州府城东八里硿峒岩,峡中有石鳝、石鱼。俗传水溢辄入田食稻,因去其尾,至今犹存。

长沙府湘乡县南十里石鱼山出石鱼,色黑而理若云母。开发一重,辄为鱼形,鳞鬣首尾宛如刻画,长数寸,烧之作鱼膏腥。

福州府城南七十里方山,一名五虎山,有灵源岩,溪中鲤鱼石甚奇。

延平府尤溪县南一百二十里莒溪潭,有石如鱼,长丈余,大可三尺,首尾鬐鬣毕具。

桂林府城东二里七星山有栖霞上、下二洞,下洞宏朗如堂皇,仰首见鲤鱼跃洞顶。正视之,忘其非真。

柳州府宾州上林县西二里印山上,有石盘潴水,盘内时出石鱼一双。

临安府城北数十里颜洞之中洞,有石,绝肖青鱼。

附　录

袁州府分宜县西十五里洪阳洞之第五洞中,有石形如螺,色白如玉儿,数十枚。又有石,形如蟹,大小数十枚。

郧阳府城西南三里宝盖山,一名西山,上有石虾蟆,仓卒视之,与真无异。

荆州府夷陵州西三十里石牌山下，有虾蟆碚。泛舟中望之，颐项口吻酷肖虾蟆。

姚宽[1]《西溪丛话》云：南恩州海边有石山嘴，每蟹过之则化为石，蛇过亦然。顾岕《海槎余录》[2]云：石蟹生于崖州榆林港，港内半里许，土极细腻，最寒，蟹入则不能运动，片时成石矣。相传置之几案，能明目。

[1] 姚宽，字令威，号西溪，会稽嵊县（今浙江省嵊县）人。以荫补官，后任尚书户部员外郎、枢密院编修官。撰有《西溪集》、《西溪丛语》等。
[2] 《海槎余录》，明顾岕撰。明代笔记小说，记录儋州山川要害、土俗民风，下及鸟兽虫鱼，奇怪之物等，对黎族的经济生活、风俗习惯尤多记载。

天然石禽

应天府溧水县东南七十里芝山上，有燕洞，产石燕。遇雨则飞，晴则还落为石。

徽州府休宁县东十里万安山，一名万岁山，又名古城岩，有石鹅公、石鹅母。

凤翔府宝鸡县东南四十里陈仓山上，有石似山鸡。晨鸣山巅，声闻三十里。

汉中府洋县西十五里汉江中，有鹅公潭。潭中石洞旁有石鹅一双，腊节以蒲藻布石鹅上，江渚寒鱼皆依之。太守泛舟，张乐揭取，名曰"揭蒲"。

宁波府慈溪县西二十五里鸡鸣山，一名仙鸡山，有石鸡。俗云是扶桑鸟飞下，因名"扶桑鸡"。

温州府乐清县东九十里雁荡山灵岩寺东岙，有石鹤立水中。

南康府城西北二十五里庐山顶，有三石雁，霜降则飞。

袁州府分宜县西十五里洪阳洞东第六洞中，有石燕。小砾如燕，能飞翔。按：永州府初阳县[1]西北十里石燕山，亦产石燕。《舆地广记》[2]云：石色绀紫而状似燕，或大或小，若母子，雷风相薄则群飞颉颃。然今医家所用石燕，乃初阳产也。其状如蚬蛤之类，绝不似燕，无羽翼势，而云能飞，妄耳。

赣州府兴国县北一百七十里覆笥山，有石雁。春秋时，能群飞。

荆州座夷陵州宜都县仙室山，有石鹅。

常德府武陵县西接辰州界有淳于山，绝壑之半有一白雉，远望，首尾可长二丈，仲足翔翼，若空中翻飞。即而视之，乃一石雉舒翅着石上。

宝庆府城西三十里野鸡塘侧石壁上，有二鸡，毛羽宛然。

永州府城南三十里兰岩，山路阻险，绝无人迹，有石如双白鹊，翔集其上。

道州永明县西北五十里白鹅山巅，有石类鹅。

顺庆府蓬州营山县北一百二十里孔雀洞，有石孔雀，水出喙中。

潼川州遂宁县东北二十里鹤鸣山，有双石鹤，每鸣则有得道者。汉张道陵居此，炼丹服气，石鹤乃鸣。

建宁府浦城县西南七十里大湖山，一名圣湖山，山椒有湖。昔有采药者，至湖畔，见禽鸟远而飞翔。近视之，乃石云。

汀州府城南六里石燕岩，昔有飞燕数十，遇骤雨，集石上，皆化为石。

宁化县东北五十里东岩最高处，有石鹤，若奋飞之状。

归化县治东凤凰岩内，一石形如凤凰。

福宁州东百里太姥山，有石鹦鹉。

桂林府荔浦县东五里鹅翎山下，岩中有石如鹅。

柳州府城西鹅山巅，有石如鹅。

南宁府隆安县东六十里陇鸦山，有石如凤凰形。顶一白石光亮如日，俗称"丹凤朝阳"。

横州永淳县北三十里藤村岩，石龛上有石鹦鹉。

临安府城北数十里颜洞之中洞，有石鹭鸶。

[1]永州府初阳县，当为永州府祁阳县。
[2]《舆地广记》，宋欧阳忞编撰。北宋时期历史地理学著作，记述从远古至宋的郡县建制沿革变化，为后代修纂一统志的先河。

天然石兽

真定府灵寿县有白羊山，派水所径处也。山下有白石如羊，头、角、身、足灿然逼真。

宁国府城南百里华阳山盘岭下洞中，石狮象极肖。

池州府青阳县南七十里鱼龙洞中，有石狮子肖甚。

登州府黄县西南三十里蹲狗山，有石形如蹲狗。汉刘宠出西都，经此山，山犬吠之，宠曰："山神谓我入也。"后果为太尉。

卫辉府辉县西北五十里白鹿山，有石自然为鹿形，远视皎然独立。

河南府城东象庄，有石象。相传汉时，西僧以象驮经来洛阳，后化为石。

金华府城北二十里金华山双龙洞内，有石猫一，石狮子一，头足尾具。又冰壶洞中石钟楼下，有石狮子蹲踞而坐。

绍兴府新昌县南一里石城山，有狻猊二石。旧传僧智顗卒，有二兽至，号吼作仰天叩地状，遂化为石。

广信府贵溪县西南八十里仙岩，有石狮、石犬、石羊。

建昌府南丰县西三十里罗汉峰，有石狮，口眼鼻额具足。

袁州府分宜县西十五里洪阳洞之西第六洞中，有石象、石狮、石虎。西第八洞中，有石麟。

黄州府蕲州广济县西二十里，有石牛，元袁楚山诗："一拳怪石老山边，头角峥嵘几百年。毛长苍苔春夜雨，头昂芳草夕阳天。终宵见月何曾喘，尽日和烟自在眠。恼彼牧童驱不去，一声长笛思悠然。"

宝庆府城步县东三里白云洞内，有石月、石牛。

永州府初阳县南五里梧溪口，有狮子石，状类狻猊，为雀、蒲所间，而眉目鼻口，视之俨然。

郴州兴宁县东北五十里石牛山，有石牛特异，土人望之以占冬寒燠。雪冒其顶，谓之雪过嶂，此后辄不复作。去此十里曰"宝山"，有石马洞，巨石绝类马。

兴化府城北八十里永兴岩左，有石狮、石象，绝肖。

漳州府龙岩县治东龙岩山，有石狻猊，舞跃俯伏，宛若生成。

延平府将乐县南十里天阶山玉华洞中，有仙虎、仙象、仙羊、仙犬石，极肖。

尤溪县西南四十里九仙山上，有石马二，一黑一白。

建宁府浦城县西北七十里，有伏水石，其形如狮，首尾爪距皆具，又名狮子石。

松溪县南南屏山，一名石林山，上有石狗。

汀州府武平县南八十里南安岩，有石虎、石狮。

福宁州东百里大姥山有石狮、石象、石麒麟。

桂林府城东二里七星山下玄风洞内，石狮、象、骆驼极肖。

柳州府象州武宣县西六十里石羊山峭壁上，有石如羊，俯瞰大江，江中石影，头角尾蹄俱全。

临安府石屏州南二十五里钟秀山，有砌碌石，蛮人呼鹿为砌，呼石为碌，犹华言鹿石池。其石高七尺，左右各一石，高二尺，形如狗逐鹿状。

鹤庆府剑川州西南二十里石宝山上，有石象、石狮、石犬、石虾蟆之属，皆天然。

姚安府大姚县长谷中有石猪，子母数千头。相传昔夷人牧猪于此，猪化为石，迄今不敢往牧。

平越府城南隅张三丰高真观下有犀牛洞，洞中有石犀。正德间，观内钟夜半与犀牛斗，如雷吼。侵晨，水草犹有存者。

天然石花草

池州府青阳县南七十里鱼龙洞中，有莲花、玉桂、芙蓉等石。

汉中府兴安州洵阳县东南五十里紫荆山，有深洞及石池，池旁有石莲花。县西南一百里神仙洞，内有石莲花朵凡十九。

袁州府分宜县西十五里洪阳洞之第五洞，有莲花岩，石牙形如莲花，白净可爱。西第六洞有莲房石，自上垂下，形如莲房，有数十房。

吉安府安福县西一百三十里石廊洞中，有石莲花。

永新县东二十里石灰山宝仙洞，亦名梅田洞。中有石笋、石藤。

荆州府归州东北鱼洞中，有石成芝草、竹笋之状，皆绝肖。

常德府桃源县南二十里桃源洞中，有石花盆、香草，皆天成。

夔州府开县南五里温汤洞中，有莲台，周回数步，高三四丈，台侧三四十步，有莲花罗布于地。

福州府连江县东十五里云居山，有莲花石，上平下尖，四围有瓣，状若莲花。

兴化府城西四里大象峰，有石如芙蕖，高数丈，衺数围，瓣缬突崛，朵蕊亭耸。

延平府沙县东七仙洞口有石倒悬，若蕉花正覆洞门。又有石柄如梢，长可数丈，皆自然天成。

建宁府浦城县西南七十里圣湖山，湖在山椒。昔有采药者，至此湖畔，见满湖芙蓉，涉水取之，乃石也。

汀州府清流县北五十里玉华西洞中，有石莲花。

宁化县东北五十里东岩洞旁，石莲数朵，大如车轮。

梧州府怀集县西八十里燕岩中，有石芝菌。

郁林州北流县东北十五里勾漏山玉田洞中，石花如玉色。

临安府城北地名普安进山四十里，有玲珑石树二株，一则干红花之桃，一则青干白花之李。

顺宁府城西南二百里西粤山，层峰削壁之下有洞豁然，形肖城阙，约广十许丈，嵌空奇崛。其上有青莲花，朵朵下垂。

贵州普定卫城南十里水云洞，有石莲花，形色种种。

天然石果

金华府城北二十里金华山双龙洞，有石碧桃，枝实累累下垂。

赣州府兴国县西十五里玉山，有石桃。相传昔寒桃生于岭巅，隐沦之士将取啖之，因变成石。

长沙府浏阳县东北一百六十里石柱山，有石殿、石樱桃。

郴州城北七里马岭山，有苏躭仙坛。人至心祈之，辄有仙桃落坛上，或至五六颗，形似石块，赤黄色，破之，如有核三重，研饮之，愈众疾，尤治邪气。

延平府将乐县南十里玉华洞中，有石葡萄、石荔支，及金鼠偷桃，形象极肖。

福宁州宁德县北一百里支提山辟支岩前，有五百天人石。石上有生成石龟、石桃，能生能落。

桂林府城西三里隐山之北潜洞中，有石作荔支、胡桃、枣之形。

梧州府郁林州北流县东北十五里勾漏山宝圭洞中，小石罗列如杨梅、荔支，充满垛叠，莫可名状。

天然石城

徽州府休宁县南四十里东蜜岩,高六十仞,周回绝壁如城,其巅平衍八百余步。

池州府铜陵县东六十里城山,四围石壁峭拔,惟西南一径可通,如城门。山巅平坦容数十亩,名曰"寨塘"。

太平府城东二十里石城山,有石环绕如城。

潞安府壶关县东南抱犊山,高七十丈。上有石城,高十丈,方一里。

杭州府于潜县北四十五里西天目山上,有石城。高数丈,南北五十余丈,其内邃不可入。

昌化县西八十里龙塘山,石壁环列如城,具雉堞。

台州府天台县北六里赤城山,山石皆赤色,壁立如城。

金华府城东北二十里上霄洞,亦名优游洞,石壁环抱如城郭之状。

衢州府城西四十里乌石山,巨石周匝若城,有门可入,俗号"寨门",中有水田。

赣州府龙南县南一百里归美山,一名龟尾,一名神阙。上有自然石城,高数十丈,周回三百步。

保宁府巴州西二十五里平梁山,其上平广,四围石壁如城。宋末曾徙巴州治于此。

通江县东一百二十里得汉山上,石壁如城,可容数百人。

顺庆府广安州大竹县东八十里黄城山,绝顶宽平,四围苍黄,石壁如城。

梧州府郁林州兴业县南十五里铁城山,周围巀嶪,皆铁色。其中平衍容数百家,外缭石壁,险固如城。山有四门,惟东首可通人行;南门有土基,相传为古敌楼;西北二门多石,艰阻。《图经》

云：陈、隋时，石南郡县设于此。

天然石室

徽州府休宁县西六十里岐山石桥岩下，石室广数十丈。

婺源县西北一百二十里灵岩三洞，其西曰"莲花洞"。中有大石室，广十丈。

祁门县东北一里祁山上，有石室，高五丈，阔二十丈，号"青萝岩"。

平阳府隰州北七十里妙楼，高广可容千人。

兖州府沂州费县南九十里南城山，西上二里许，有石室，周回五丈，乃郑康成注《孝经》处。

金华府城北二十里金华山双龙洞口，石室明净，可坐二三百人。山西有紫薇岩，石室滐［深］广数丈。梁刘孝标[1]弃官隐于其下，著《类苑》、《山栖志》等书，郡人呼为"书堂岩"。

义乌县西北二十五里稠岩山上，石室滐［深］十余丈，广数丈。晋咸康中，丹阳令葛洪弃官隐此。

武义县南四十里刘岩，本名金石岩。岩后山上石室廓然，深广五十丈，曰"仙都坛"。昔有刘氏隐此，改今名。

绍兴府新昌县西南二十里南岩山，有石室广二十余丈。

温州府城北一百里大若岩，有石室可容千人，又名石室山。沿山峭壁，高十二丈，传是石室步廊。

平阳县西南一百里南雁荡山，夹涧东西有二石室，可坐数百人。

处州府缙云县西北二十余里，有白云洞，石屋深敞，容数百人。

饶州府余干县北十里石虹山，有石平砥如床，可容数百人。

乐平县东北九十里洪岩，一名洪源山，山腰有石室，南北相通，方四十丈。

吉安府泰和县西三十里武山上高明坛下，有石房十八间，每间各有窗穴，上透天光，见石床具在，然人不能常至。山北有陶皮二仙室，容数百人，是为北岩。

永丰县南一百里石空岭，形如覆斗，室内空阔，可容二三百人。

袁州府分宜县西十五里洪阳洞，石室去地数十丈，有数十间。初入一间，平夷明爽，可容百人。

萍乡县东五十里有石室，室中有石房九门，素壁如雪，高十余丈。

赣州府宁都县西北十五里金精山，有石室，容万人，室中有金床、玉枕。

龙南县南一百里归美山，有石室，灿若黄金。

荆州府夷陵州长阳县西北七十八里武落钟山，一名难留山，山北有石室，可容数百人。每乱，民入室中避贼，贼不得攻，因名"难留城"。

长沙府安化县北二十里有十房洞，洞门广丈余，门内若厅事，自厅入穴中，有窗，左右列十房，各有门，钟鼓备具。

常德府武陵县西与辰州界淳于山下，有石室数亩，望室里虽暗，犹见铜钟高丈余，数十枚，其色甚光明。

保宁府巴州通江县西三百里牛角礴，有石室，可容千人。

福州府永福县东三十五里方广岩，石室可蔽千人。室内构阁三层，不戴片瓦。虽疾风暴雨，不能犯。

泉州府南安县西南二十里五峰山，有石长二十余丈，广十余丈，下覆如屋，可容五百余人，其色如银，俗呼"一片瓦"。

漳州府海澄县东南云盖山，有石室可容数百人，堂奥户牖具备。

延平府将乐县南二十五里天阶山玉华洞之阳，曰"南华洞"。

石室方平，景物极胜。

尤溪县西一百四十里灵惠岩，岩壁峭拔，去地三丈许，有窦可入，内若厅事者二所，可环坐千人。

建宁府建阳县西北百余里唐石山，即大林谷，有石方三四丈，厚五尺，平整如截，下搘三小石，中虚可容人数百。相传唐时，异人架为游息之所，每风雨骤作，闻鼓声，名"仙架石"。宋时名里曰"唐石"。

崇安县南三十里武夷山八曲鼓楼岩石楼，四楹窗棂皆具。又丘公岩石室，横数十丈。

政和县东八十里筹坑山，有石室，可容数百人。

邵武府光泽县北三十里黄茅岩，石楼七重，高下相透。

泰宁县东三十里宝盖岩石屋，东西五十丈，南北三十二丈，高五丈许。

福宁州宁德县北七十里霍童山仙坛，西南有石行廊三十余丈，石室深广。又县北一百四十里麻岭显圣岩，县东三十里万石岩，俱有石室，各容数百人。

韶州府乐昌县西五里，有仙人石室。石高三十余丈，室外蔓藤联络，登者攀缘而入，即泐溪福地。有陆羽题名。

南雄府始兴县南二十里机山，一名玲珑岩。二石室高大如屋，窍户相通。

惠州府博罗县西北五十里罗浮山，有石室七十二。又有大、小石楼，相去五里，皆孤高峻秀，邈出云表，重檐四柱，宛如楼阁，登之可望沧海，夜半见日初出。

肇庆府阳江县十里望海冈上，有二石室。内有悬泉、金膏银烛、灵芝玉髓之异，其石自然成楼台柱栋。

德庆州东六十里三洲岩，一名玉乳岩。有石室可容数千人，两旁有隙穴，俯偻以入，中甚高朗，大者如堂，小者如房，户牖具备。

桂林府城西三里隐山外洞之东，有石洞便房，桁栌栱梲，支撑环合，犹良工之追琢。又白雀洞内有石堂，光滑宽敞，可容数十人。

云南府宾川州北五十里鸡足山迦叶安禅处，谓之"华首门"。石壁深入丈余，高十余丈，广如高之数。其上石出二丈许，如飞檐。

临安府蒙自县西北四十里，有石室可坐千人。

宇内石室甚多，不可胜载，右［上］所录，择其高广奇异者。

附　录

兖州府济宁州巨野县南五十里金乡山北清凉洞中，凿石作四小阁，阁外一堂，陛高三尺。堂外两门，门外两大阁，石道长三丈，阔十有六尺。相传为秦始皇避暑宫。

南阳府唐县南有汉樊重[2]石室，重母畏雷，筑石室避之，遗迹尚存。重，光武帝外祖也。

广信府弋阳县南六十里有石室，昔有张氏隐居，琢石为室，其形如囷。郡守欲荐之，遁去。石室今存。

[1] 刘孝标，当指刘峻（463—521），字孝标，谥玄静先生，平原（今属山东）人。曾任荆州户曹参军，为《世说新语》作注，在东阳紫岩山讲过学。

[2] 樊重，字君云，西汉末年南阳湖阳（今南阳市唐河县湖阳镇）人。西汉末新莽初，当时全国有数的大庄园主，汉光武帝刘秀的外祖父。

天然石门阙

苏州府城西南二十五里支硎山，有石门，乃三巨石，直上干霄。西连尾峰，东临绝□，中犹枨臬然。

和州含山县南二十里石门山，有谷道十里许，石壁峙立如门，商旅经行其间。

杭州府于潜县北四十五里西天目山半峰岭，有石门二，大者高二十余丈，小者半之。自张公舍眺望，两扉对开，一山之绝致也。张公舍，在山南峭壁，门阔五丈，高二百余丈，乃汉天师张道陵隐室。旁有张公小舍，一名天师外室。登者扪萝而入，可坐数人。

新城县西三十五里渔泉洞，石门屹立，高可十丈，洞口如宇，行入百余步，有石如龙形。

昌化县西北五十里有小石门，两崖如门，高倚霄汉，仰观者惊心夺目，仅可通人出入，其中流泉潋潋，循门而出。

台州府天台县西北二十五里桐柏山上，有琼台，三面皆翠壁万仞，峭竖相向如城郭周遭。而台则南向，悬居其中。折而东南可二里许，为双阙。翠壁山至此忽中断，对峙如阙，石壁如鳞，深青黛色。路出其下，而涧水从之。

温州府平阳县西南一百里南雁荡山麓，有两岩相距当其前，高十仞，如开两扉，人谓之"石华表"。是为入荡门户。

岳州府澧州石门县西二十里，有石门。吴永安中，山石自然洞开三百余丈，仰射不得上。孙休以为祥，因置天门郡。

常德府城东南十五里枉山，宋元嘉中大水，山崩耸出石阙。其高数丈，宛若雕刻。

永州府城南二十五里澹山岩，有二门，壁立万仞。城东五十里石门岭上，有双石门，崛起如城壁。

辰州府城东一百三十里嵩梁山马伏波军渡处，山石开数十丈，名曰"天门"。

遵义府治东南一百七十里石门山，与氐羌分界，两壁相对如门，左思《蜀都赋》"阻以石门"，即此。

嘉定州峨眉县西一百里大峨山有天门石，石方正壁立，中通一径，若巨灵劈开，深可丈余。行者往来其间，最为杰观。

福州府福清县西南五十里云峰之绝顶，为白泽岩，有大石巍然下覆，中有石门，大可容数十人。

永福县东六十里龙都峰之西，有石壁对峙，高可三十丈。中为出入之路，广二丈有奇，路尽处平坦为坪，而建佛庐。

兴化府仙游县东北八十五里蔡溪岩，前有石如双阙，曰"石门"，高三十余丈，广一百一十丈。

泉州府城东北五里泉山头陀岩，一名日休岩。天成石罅，谓之"石门"，深数十丈，上沿小径，通于瑞像岩。

延平府顺昌县北三十里华阳山有石门，高广数丈，虽盛夏，寒气凛然。

邵武府泰宁县西南三十里甘露岩，石门天成，景物奇绝，一迳仅容单骑。

南宁府横州永淳县南雷埠矶，石壁耸突，广袤数十丈。两屋相对，夹之湍流，宛如二门。自横槎而上诸泷，惟此为险，亦惟此为胜。

天然石塔

太原府代州西北四十里白仁岩，晋释惠远出家处，上有天然石塔。

衢州府常山县南八十里灵龟洞，有天成塔，高丈余。

吉安府安福县西一百里武功山，有金灯塔生成，石刹七级。时或见火焰，若金灯然。

衡州府常宁县东有塔山，山腰白石七级。俗传昔阿育王叠石作塔于此。

建宁府建阳县西北百余里白塔山，其巅有石挺峙，黑白层分，如浮屠。

梧州府郁林州北流县东北十五里勾漏山，有普照岩，洞中仙坛、宝塔低昂交错。

广西府城西三里阿卢山洞中，深邃莫穷，中有雕栏、宝塔之异，皆石生自然。

武定府城北七十里，有三石塔洞，山巅叠石，层层如塔者三。

天然石碑

苏州府城西一百二十里东洞庭山之支，有石碑峰，其石如碑碣横立然。

兖州府邹县北五里冈山，南北并耸，南冈有石平阔数丈，北冈有石卓立如碑。石上刻有大字，形迹剥落，不可晓。

台州府城南三十里盖竹山，有石如树碑。

吉安府永丰县北三十里蠟山，上有石，特立如碑。

荆州府夷陵州西石碑峡，有石如碑。

顺庆府广安州大竹县西南一百里七碑山，有七巨石，望之宛然如碑。

夔州府开县南五里温汤井后灵洞中，有天然石碑，巨龟负之。

泉州府南安县西翔云山背，有石若碑状，长二丈余，面平如削。下有石趺，浑然天成，其岩名"碑岩"。

惠安县西北四十里太白峰，一名莲华峰。有石方直如碑碣，上刻宋蔡襄大书"太白峰"三字。

汀州府上杭县东三十里石碑岭下，有巨石方正如碑。

福宁州宁德县西五十里石碑山，有一石突出山前，如碑碣之形，故名。

广州府新会县西南三十里茂山前，有石如碑，巨浸不没，谓之"天台"。

雷州府徐闻县东北七十里石界岭顶上，有石卓立如碑，高一丈。

琼州府万州治东七里东山岭南，有巨石如盘，又一石方正如碑。宋端平元年，州民以知万安军刘椿有德政，民安黎顺，为建黎顺亭，军判陈德裕为记，刻于碑石。

梧州府郁林州陆川县北十里，有六穿石，壁立如碑，高丈余，上穿六孔。

附　录

镇江府城北大江中金山前白云岛，一名云根岛，俗谓之"郭璞墓"，有石并峙。类双阙，亦名石牌山。

永州府城北四十里石牌滩，其石皆片段，联缀如牌筏然，故名。

汀州府上杭县东三十里石牌岭下，有巨石方正如牌，故名。

天然石梁

苏州府城西二十里天平山之支垄曰"金山"，山腰有石梁，横架两壁，而脉理不连，无所根蒂，又非砻琢而成，乃坚完石也。其下空洞，仅通人行。城西南二十里楞伽山，一名上方山，东南麓有普陀岩，岩前石池深崖峻绝，石梁跨其上，两崖壁立，萝木交映。

常州府宜兴县南三十五里张公洞西南，有玉女潭。在山半深谷中，三面石壁，下插深渊，石梁亘其上，如楣而偃。

徽州府城西北一百二十里黄山文殊院之南，有菩提路。其石双峙为壁，孤偃为梁，异松覆之。

休宁县西五十里齐云岩，乃白岳山之最高处也。岩之西北有巨石飞跨两山间，长五十余丈，广十丈，其下去地百尺，人间无此桥也。县西六十里岐山，石壁千尺。西北有石梁，横亘两崖，深涧当其下。

池州府城南三里齐山上，有仙人桥，广仅咫尺，长五之，并跨两崖，肤理浑成。城西九十里石桥山，两峰对峙，一石横架于上，广数丈，袤十数丈，桥下滴溜，乃石千态万状。

安庆府桐城县东九十里浮山,一名符度山。有穿心岩,在胡麻溪发根处,天然石版两片联属。其上如砥,其下穿窿,容数百人。前后相贯如桥,天雨时,瀑水自中过,又名仙人桥。

庐州府无为州巢县南三十里崔仙洞,有石桥,险不可度。

广德州城东北七十里大洞中,有小窦,名"铜关"。有石桥亘其下,瀑流积水不可涉。铜关之外有二洞,其西洞口有桥横亘如铜关,洞水潺潺,名曰"仙桥",高约五尺。

和州含山县西南七十五里濡须山,与无为州七宝山对峙。中有石梁,凿石通流,山水险阻控扼之地,一名须口。相传为大禹所凿。

大同府怀仁县西北四十里玉龙山,有天然石桥。

兖州府东平州西四十里棘梁山顶,有石崖,东西判为二。其上驾石为桥,可通往来,名曰"天桥"。

沂州郯城县西北六十里石梁山,有巨石如梁,名"天生桥"。

登州府城南十里马鞍山之东,有天生桥,两畔皆深涧,中起石冈,南北通行,天所设也,故名。

平凉府城西三十里崆峒山,有巨石横亘两峰之间,名"仙人桥"。

肃州卫城东北三十里白亭海,有五涧谷水流入,有天生桥覆之,水流于下,人行于上,宛似桥梁,不假人力。

杭州府城内瑞石山青衣洞前,有石门,上横石梁,壁门皆细字水波纹。

余杭县西南十八里大涤山中峰之前,有石室洞,一名藏书洞,有岩窦石梁。洞外泉脉垂溜,注于石梁之下。

湖州府在西北十八里弁山下归云洞口,有石梁,阔三尺许,横绕两石间,名"定心石"。

严州府桐庐县西北十五里尖山阆仙洞,内有天然石桥。县西北五十里有仙桥岩,岩上一石如人立桥上。桥石平而圆,左右相角,入深丈余，少下一平度，几长二丈，上可藏物，下如垂云，千结万盘。

金华府城北二十里金华山，有双峦，曰"金盆"，曰"玉壶"。玉壶之水分两派下，下乎山之阳者，由山桥以达于溪山桥者，两崖峙百仞，上有石横跨之，溪流下注焉，是为赤松涧。

衢州府城南二十里烂柯山上，有石梁号"仙梁"。其状如都城之门，穹窿圆净，宽可数丈。

台州府城南三十里盖竹山，一名竹叶山。上有石桥，龙形龟背，架于壑上，两涧合流桥下，泄为瀑布。

天台县北五十里石桥山，即天台山之支也。其上有石梁架两崖间，长七丈，北阔二尺，南阔七尺，龙形龟背，中有尖起尺余，莓苔甚滑。两涧合流于桥下，声似震霆，是为剡溪之源。从昙华亭右麓视石梁，若在天半。惟攀藤萝梯，岩壁乃可登。俯视桥下，目眩心悸，非遗生死莫能度。晋孙绰[1]《天台山赋》："跨穹窿之悬磴，临万丈之绝冥。践莓苔之滑石，搏壁立之翠屏。"指此。由桐柏琼台陟石梁，未至二十里，有断桥两崖接栋，中不合者，一线飞流注岩下，如帘状，成二石池，有龙居焉。县西七十里寒石山宴坐峰之西，有两石崖，石梁数尺架其上，险峻不可度。

温州府乐清县东九十里雁荡山东外谷，有石梁。洞侧石如枯木，倚崖端空，其下可容千人，远望之又如长虹，下饮于涧山之北支，曰"南阁山"。有石佛洞，洞口四石相倚，水自石出，路可侧行，宛若二门。石梁横跨涧上，缘梯而上，跻礼佛坛，望西北岩龛，三石佛巍然苍莽间，若相次而行，相肩而语者，不知几百仞也。

平阳县西南一百里南雁荡山，两崖峙立，长亘数十仞，俨若城壁。上有石梁跨之，仰视如飞虹驾空，雄兀可畏。

处州府城南七里南明山印月池上，有石梁横亘岩间。

青田县西南九十里石榴洞，有石梁长三十余丈，横跨如门，名

"石门楼"。

缙云县东二十三里仙都山,有仙桥。怪石磷磷,水中疑非秦鞭莫至。又有回澜桥,桥石皆天然,嵌空礌魄,水贯其中,作梵潮音。

广信府弋阳县南二十五里宝峰山上,有石亭,高七十余丈。旁有石桥,长五十余丈,广二丈。又龟峰山上,有天然石桥。

南康府城西北二十里庐山五老峰东,有屏风叠,亦名九叠云屏。屏之上有三石梁,长数丈,广不盈尺。其下虚悬,杳然无底,苔滑不得度,度辄得遇异人。

抚州府宜黄县南二十里义泉寺,旁磴道高里许,有石梁数十丈,横绝两崖间。中空无柱,高出云表,神剜鬼刻,不可名状,谓之"石碧"。

乐安县西四十里两山间,有石岩穹窿,望之如梁,曰"石桥",一名高碧,其下空旷轩豁,可以游观。

九江府彭泽县西南五十里垂鱼洞,有自然石桥。

赣州府石城县南三十里,有仙女石。相传为秦时仙姑刘瑶英纺缉所栖。两峰夹涧,上架修梁。

南安府城西八里旧郁林镇之罗汉洞,有石梁长丈余,危峻不可度。

荆州府枝江县南三里,有天生桥,在三郎溪上。两崖扼束,中卧巨石,若天生然,行人经过其上。

宝庆府新化县西北二十里文仙山,乃晋高平令文斤修炼之所。山半有石室,拔地五丈,天生石梁,可陟而登。

常德府城北九十里龙岩山,城西北六十里龙门洞,各有天然石桥。

南岳衡山祝融峰有会仙桥,飞岩绝壁,下临无地而虹梁跨其上。又安上峰绝顶有仙桥,两山壁立,中夹涧。其下深万丈,俯视但有松杉,而桥上仅存一径,阔尺余,过彼岸无他路,止一悬石。

凿棋盘于上，可坐二人，心怯者多不敢步，故又名"试心桥"。

永州府道州永明县西南五里层山之阴，有层岩洞。穴空明，高数丈，宽倍之。有涧自岩中出，横纡如带，四时不竭。石梁跨之，有石作屋，遥望如观音。其东一石，扣之如钟。

长沙府浏阳县东五十里古风岩中，有天成白石桥梁。

郴州桂东县南七十里青石峒，有石桥长百余丈，非人力所能创。

施州卫城南十五里天成山，有天生桥，其下有溪通青江。青江，一名夷水。

成都府灌县西南五十里青城山有龙溪，两峰相去百余步，危竦相对。桥在峰首，桥之半渐渐促，小可六七寸，长一丈五尺，两边悬崖，俯临不测。

叙州府城西二十里滇池与天池相连，其中有石横亘南北，如桥梁状，往来由之。

南溪县东二里龙腾山之北有石横空，长四丈许，世呼为"龙桥"。

重庆府合州南五里铜梁山，石洞深丈余。石梁横亘，其色如铜，崖镌"铜梁山"三字。

忠州西北有天生桥，石梁长三丈，横溪可渡。

夔州府万县西苎溪上，有天生桥。一巨石自然成桥，长阔如履平地，青碧光莹，溪流出其下。

嘉定州峨眉县西四十里牛心寺下，有双龙桥，两水分流，会而为一，天生石梁跨其上，其水直通龙门峡。

夹江县西天水溪有天生桥，不假人力，下有涧水出焉。

乌撒府有天生桥二，一在府治东八十里众山中，一在府治东北一百里，石梁横截，拱架如桥。

福州府城西南隅乌石山，有天台桥，一名度鹊桥。两壁峭立，中架二石，宛若桥梁，神光寺之左胁也。城东南二十里城门山下，有石横跨涧上，名"自成桥"，有朱晦翁题刻。晦翁与郑湜善避伪学时，尝主湜家桥，即在其屋后。

兴化府城东北八十里芗林山下，有灵龟潭，石梁跨其上。又百丈山上有古仙岩，其岩向北有石梁，架虚以为门。

仙游县东北五十里九鲤湖，有石梁，广可六尺，修倍之。四旁若斫，上平如砥，左顾则雷轰漈建瓴而下，右盼则湖流下坠如弱水。

泉州府惠安县西北四十里三髻山，有仙人桥横跨两崖，崖深莫见其底。

漳州府城东十里鹤鸣山，有巨石，面方广三寻许。架绝壑，曰"仙梁"。

诏安县北二十五里九侯山，有天然石桥。

延平府永安县东九十里通天岩，壁峻绝，山半巨石横跨如梁。由石梁而过，仅容一人闯首而入，其中夷旷，泉石幽洁。

福宁州宁德县北七十里霍童山仙坛之东，有石桥横跨涧上，自下望之，如在半空。县南二十里飞鸾岭下，万石岩两崖之间，有石桥横跨。

惠州府博罗县西北五十里罗浮二山相接处，有石如桥梁，谓之"铁桥"。桥端两石柱，亦曰"铁柱"，其下即神湖也。

廉州府城东五十里新寮堡之前，有仙人桥。溪中突起一石，俨然如巨舟，长四丈许，阔半之。南岸十石联穿，北岸石条横架于上，有巨人迹累累然。南有两石人夹侍，过东又一石桥，横架小溪，桥头有石佛、石盘。俗传仙人撑石船引大廉小港，北通石康，至此闻鸡鸣乃止，又名"石鸡桥"。

钦州灵山县西一百里狼济山上，有石室、石门。门外横一石桥，桥上石人夹立。

平乐府富川县东十里穿山上，有岩石皆五色，苍藤数根从下统之，又有石梁可迳而度。

云南府城西南三十里大华山灵官殿前，有石梁飞跨高崖，名"朝天桥"。

大理府城西南三十五里有石门，巨石横楣，长丈余，号"石马桥"，又号"天桥"。相传为观音大士凿洞山骨，使洱水下趋处，下断上连，可度一人。俯临绝壑深堑，循岸南行里许，有泉涌出如梅花，名"不落梅"。

澄江府路南州有天生桥二所，石梁可度。一在州东北十二里，一去州五十里。

安顺府城东北五里搏翠峰下龙潭洞口，有天生桥。石壁千仞，环绕如城，水流其下，人行其上，坦平若桥。

镇远府城东北有长潭，潭岸北飞石架空，状如蟠蜿，俗呼"仙人桥"。

石阡府城西南龙底江上，有龙洞，洞中有天生桥，约丈余。

黎平府潭溪蛮夷长官司南，一水清澄可鉴者，潭溪也。巨石跨其上，广二丈余，长十倍之，名"天生桥"。

平越府瓮安县北三里鼠场，有龙洞，极幽邃。水深数仞，中一石横架如桥，宽夷可涉。

镇宁州城西六里双明洞，岩石高数十丈，左右两岩若双阙然，故名"双明"。各有飞梁，宛转相通。

十二营长官司东北四十里，有天生桥。

附　录

施南宣抚司都会里，有木根桥，悬崖绝涧，高不可渡。

[1] 孙绰（314—371），字兴公，中都（今山西平遥）人，东晋玄言诗人。为廷尉卿，领著作。任临海章安令时，撰《天台山赋》，参加了王羲之兰亭修禊。

天然石井

石中有泉者,皆可谓之井,择其井形浑成及曾著灵异者录之。

保定府满城县西南十里抱阳山,石洞中有天然石井。

徽州府休宁县西五十里齐云岩之南山涧,有石井九,黛色深坎,地设冥造,非人力所能成。

池州府建德县东三十里五龙山,有石井名"化龙池",深不可测。

扬州府高邮州西南六十里土山顶,有石井。大可五尺,深倍之,一名石塘。水清冽,大旱不竭。山下时见朱衣人,高冠巍巍,徘徊井侧。

东岳泰山之东有澧泉,其形如井,本体是石。欲取饮者,洗心志,跪而挹之,则泉出,足用。或污慢,则泉止焉。

青州府城南五里云门山,有石井深不可测。春夏时,雹从井出,常败五谷。人以柴塞之,不塞即出,因号为"柴都"焉。

莱州府城东北十里有户轮井,石穴下出泉口如车轮,无雕琢之迹,自然而成,谓之"天井",能兴云雨。

甘州卫城西南一百里祁连山下石洞中,有石井,四时不竭。

抚州府城南二十五里井山半峰,有自然石井,深可三尺。阔丈余,乃唐黄华姑修炼之丹井也。天欲雨则云雾先起。

吉安府永丰县南二十里有石井,深阔丈余,大旱不涸,风雨晦冥,时见金鸭出没其间。

德安府随州应山县东二十里龙兴寺旁,有天井。涧石上深一丈有奇,广八尺,泉水冬夏不竭。

福州府城东七十里重云山有一岩,平坦十余丈。岩中石井天成,其深莫测。城东北八十里黄岩峰顶,有仙井,巨石浑成,不假穿凿。中有清泉,冬夏不竭。

兴化府城北二十五里凫山,一名香山岩。有天然井在石盘中,方广丈余,泉极清冽,号"香泉"。下有鉴池,广可十亩。

仙游县南四十里石碑、东溪二岭之间,有井曰"东井"。溪中有石洼,广数尺。其水深绿,旁有膝足迹、鞭迹。宋志作张赵井,谓张赵跪饮于此。县西四十里灵源洞前,有石高数丈,顶平,上有井深尺余,大旱不竭。

泉州府南安县西北高盖山下,有仙人石井,井在大盘石中。旧有渔人钓得双髻童子,惊怪而走,他日缒石引线测之,其深无极。又仙人漈侧,有仙人井,石窟天成,深不可测。

延平府尤溪县东南九十里有二石井,在千仞高峰之下,琢削天成。每欲雨,必有龙缘崖上下,或盘旋波间,人多见之,谓之"龙井"。

永安县北八十里黄杨岩,有三洞相联。绝顶一洞,有石井下透,两洞深不可测。

建宁府崇安县南三十里武夷山一曲万年宫门前,有龙井二,左井内方,右井内圆。二井底皆石崖生成,泉自石罅迸出,无沙泥气。山北九井岩,有石井九口,浑然天成。

政和县东八十里筹坑山,有三石井,中一井外狭内广,深不可测。旧传神龙所居,遇旱,以铁石投之,雷雨立至。

广州府青远县东三十里金芝岩洞内,有石井,深数十丈。

梧州府郁林州傅白县[1]西南五十里金鱼山下,有石井,深十余丈,多金鱼。

平越府黄平州东四十里马鬃岭之阳,有马蹄井。大不盈尺,深入石窍丈余。相传宋末一将军追苗贼至此,军渴,马足忽陷,清泉涌出。苗退,马因坠鬃于此。其鬃竖立虚空,若在马首而不就地,拔之不可得,掘之亦不可得。其后欲求见者,具纸钱拜祝,始露其形。

[1] 梧州府郁林州傅白县，当为梧州府郁林州博白县。

天然石田

常州府宜兴县西南五十里善卷洞，在上者为干洞，有石田数丘。乡人岁时祈祷，以占水旱，若田中有水，则为丰年之兆。其下为水洞。

广德州东北七十里大洞有石田，大小十二段，经画斩然，名"仙田"。再进得西洞，又有仙田一二十畦。

严州府桐庐县西北五十里仙人洞，有浅石田五七方，田中有散白石子如米谷粉饵，粗细不一，皆乳水所化也。旁小洞中，复有仙田七八区，亦多石米。旱龙洞，又有石田七八区，高下三四级，中多石米，但粗大如枣栗。

金华府城北二十里金华山双龙洞，中有石屈折而方，名"仙田"，町畦高下可数。冰壶洞中亦有仙田。

衢州府江山县西二十里大岭洞，县北二十里翁岩山左坑洞，皆有石田。

饶州府乐平县东梅花岩，有石田一方，纵横三尺许，中分畦畔，号"仙人田"。

广信府铅山县西二十五里新岩，一名石城洞，俗呼"仙人田"、"仙人仓"者甚多，皆石也。

吉安府永新县东二十里石灰山玉虚洞中，有石田。

袁州府城东三十里石乳洞中，有石田，卑高广狭，丘塍如经画而成。

分宜县西十五里洪阳洞之第五洞中，有石田百余丘，有畛有亩。畛似石，亩似玉。县北一百三十里桃源洞中，石级如田，田旁有池，四时泓澄。

万载县南二十里石洞中，有石如田。

赣州府城西二十里通天岩，有石田。

龙南县北五里玉石岩，有石田圳。

武昌府蒲圻县南十五里荆泉洞中，有石田，沟塍悉具。居民岁视其燥湿，以占凶穰。

兴国州大冶县北四十里大泉洞，有石田三十六丘，长丈余。

岳州府平江县东南二里昌江山顶，有石田数十亩。塍渠隐然，非人力所能治。昌江山，一名天岳，一名天柱，一名雷台，一名幕阜。

澧州安乡县东十五里赵判岩洞中，石田成丘，异草奇花，甚鲜丽。

永州府道州宁远县南舜祠后，有斜岩，石田棋布，高下三四十丘，皆有畦町。

长沙府安化县北二十里十房洞后，有石田、石池。

郴州西三十里坦山万华岩，内有石田。

福州府永福县东三十五里方广岩，有石田。

延平府将乐府南十里玉华洞中，石田丘画畛分。

肇庆府阳春县南十里望海冈，有自然石田。

桂林府兴安县西南十里乳洞有三，上曰"飞霞"，中曰"驻云"，下曰"喷雷"。下洞有泉流石壁间，田垄沟塍如凿。

全州北十五里砻岩，中有石田。

柳州府柳城县西观音岩，有石田。

梧州府郁林州博白县南三十里将军洞中，有石田。

北流县东北十五里勾漏山玉田洞中，有石田数区。

庆远府城西南六里九龙山有石田，高低井井。

石阡府城西南龙底江上有龙洞，洞内有石田。

黎平府城东北三十里铜鼓岩，有石平铺可十余丈，其纹片片如云如甽，又如龙甲，俗呼"万顷田"。

普定卫城西十里水云洞，有石池沟涂封植，宛若田制。其上有石龙，因称之为"龙田"。

天然石钟鼓

顺天府蓟州玉田县西北二十五里燕山悬岩之侧，有石鼓。去地百余丈，望若数百石园[1]，贯以石梁，往来迳度。鼓之东南有石人援枹，状同击势。旧传燕山石鼓鸣，则土有兵。

应天府城南三十里牛首山大峰之北，有石如卧鼓，中虚可坐数十人，呼为"石鼓"。云天欲雨，则石鼓自鸣。

苏州府城西南二十五里灵岩山，即古砚石山也，一名石鼓山。山上馆娃宫旁有石鼓，大三十围。《吴志》云：其鼓有兵则鸣。晋隆安二年，贼孙恩[2]作乱，鼓鸣。

宁国府宁国县南十五里石鼓山，亦名击鼓山。上有石如鼓，天将雨即鸣。一云在旌德县东。

池州府建德县东二里鸡鸣山，有朝霞洞，深广数丈。内有悬石，形肖钟鼓，声亦如之。

广德州东南五十里石鼓山顶，有石如鼓，下有石如架鼓状。相传每阴雨，石鼓自鸣，后坠于山南乱石中。

青州府临朐县西二十五里逢山上，有石鼓。齐地将乱，石鼓声闻数十里。一云石鼓鸣则年凶。

彰德府磁州武安县南二十里鼓山，一名滏山。上有石二所，若鼓形，南北相当。俗语云南鼓北鼓相去十五，鼓鸣则兵起。北齐末、隋末皆验。

西岳华山北有石鼓，相传常有闻其鸣者。

汉中府城固县北四十里褒水中，有石鼓，击之有声。

杭州府余杭县西南十八里大涤山，有洞。洞门石鼓广可寻丈，扣之有声。

湖州府长兴县东南三十里夏驾山，又名石鼓山，有石鼓，高丈余，面径三尺许，下有磐石为足，鸣则三吴有兵。

严州府桐庐县北十五里阆仙洞，有石鼓，击之则鸣。

金华府城北二十里金华山双龙洞中，有石钟、石鼓，搥之作钟鼓声。

绍兴府诸暨县南三十五里石鼓山下，有磐石如鼓，扣之有声。

嵊县东五十里石鼓山，有石如鼓，人骑践之辄响。

台州府城东南二十里白鹤山前，有石如鼓。俗传石鼓鸣，则兵乱。府城东一百五里石鼓山，有石似鼓，兵兴则鸣。

温州府城西六十里石鼓山，有石如鼓，击之有声。

处州府青田县西六十里钟楼洞，深广数丈，形如钟楼。有悬石如钟，击之有声。

广信府贵溪县西五十里，有石形如鼓。旧传鼓自鸣为兵兆。

吉安府安福县西资福寺旁有弯潭，众石错落，中有如鼓者，俗呼"石鼓"。宋绍兴间，此鼓常夜鸣。

永新县东二十里石灰山，有宝仙圣洞，洞内石鼓，击之有声。

永丰县南一百里石鼓潭，内有石鼓，击之则雨。

袁州府分宜县北一百三十里桃源洞中，有石钟、石鼓，扣之则鸣。

万载县西十五里仙游岩有石钟，扣之清越。县西九十里龙成岩，亦有石钟，扣之有声。

赣州府安远县南十余里打鼓岭巅，有石鼓。鼓旁二石人对立，邑谯楼鼓鸣，辄应之。后断石人手，遂不然。

武昌府成宁县[3]东南一百里钟台山顶，有石钟，或时自鸣。

兴国州西八十里石鼓山，有石鼓鸣则雨。

大冶县北四十里大泉洞，有石钟、石鼓，击之如雷鸣。县北七十里凤楼山上，有石鼓，鼓鸣则雨。

承天府京山县南二十五里空山洞口，有石鼓，击之有声。

岳州府澧州安乡县三都金鼓岩项［顶］，有石如鼓。相传城中有警，或边陲不靖，则石鼓自鸣。

黄州府蕲水县北十五里石鼓山，有石如鼓，扣之有声。

《水经注》云：临烝县有石鼓，高六尺，湘水所经，鼓鸣则有兵革。按：在今衡州府城东北三里石鼓山，唐元和中，邑人李宽构屋，读书其上，是为石鼓书院之始。山据烝、湘二水之会，石鼓头有合江亭，唐刺史齐映建。

郭璞注《山海经》云：晋永康元年，襄阳郡上鸣石，色青，撞之，声闻七八里。今零陵泉陵郡永正乡[4]，有鸣石二所，其一状如鼓，俗因名为"石鼓"，即此类也。按：零陵郡即今永州府，泉陵县即今零陵县。

东安县有石鼓，鸣则有军旅。扣之，鸣者胜，不鸣者败。见晏殊《类要》。

长沙府宁乡县西一百四十里大沩山香严岩前，有悬钟，巨石下垂如钟。人不语，以石击之则有声，既语而击则无声。

湘潭县南界空灵洲旁，有悬石山。山有巨石如鼓，俗传石鼓鸣则有兵兴。

郴州兴宁县西二十五里兜率岩，有石钟、石鼓，击之有声。

成都府绵州彰明县北三十里石磬山，有石室，口方丈三尺。内有石床，四面高一丈。有悬石如磬，击之，声闻数里。又蕨山下，水上有悬石如磬，击之有声。

保宁府巴州通江县治东歌籁山上，有石鼓，声闻数里，连击旋雨。

福州府城东二十五里鼓山巅，有巨石如鼓。或云每风雨大作，其中簸荡若鼓声。或云石鼓鸣则为兵应。

福清县西四十里仙举岩，有石如鼓，扣之即鸣。

连江县南五里覆釜山中，有石形圆如鼓，击之有声。

罗源县西二十里万石山顶左，一大石如盘，上叠一小石如鼓，右一石如笼，有金鸡栖其上。相传风清月霁，辄闻鸡鸣鼓响之声。

闽清县西玉台山上，有石鼓，扣之辄鸣。

兴化府城西北六十里紫霄岩，有石鼓，大可五六尺，考击有声。

平海卫前小澳，四面皆石。二石悬倚沙碛，如鼓者周三丈，如锣者差小。扣之，各如其声。

泉州府城南十里雁塔山，有石高丈余。周广四丈余，上有圆迹，扣之如鼓，号"灵鼓石"。又十里鼓雷山，有石如鼓，扣之如雷，或云天雨则鸣如雷。

同安县西六十里夕阳山国师岩前，有石状如鼓，扣之如鼓声。

惠安县东南四十里海中大岞山，有石如钟二，扣之声闻数里。

永春县西有石鼓祠，瞰溪，溪心有石如鼓。或时鸣声如雷，雨鸣则晴，旱鸣则雨，雨旱祷之辄应。

漳州府漳平县北十里石鼓山，有大石如鼓状。相传天阴雨则鸣。

延平府顺昌县东南四十里灵龟洞，内有石如钟磬、鱼鼓状。扣之，其声清越。

建宁府城东北一百五十里辰山有大石如鼓，扣之则鸣。城西北九十里琼溪岩顶，有石如鼓，扣之铿然有声，亦名石鼓岩。

汀州府上杭县北四十里管公岩，内有石鼓，击之辄鸣。

归化县北十里滴水岩，有石如钟鼓，扣之有声。

福宁州宁德县北十里石钟山顶，有二石如钟。扣之，其声鎗然。

广州府东莞县西南二十里石鼓山，有石如鼓，纹如龙鳞。其土有乱，则鼓自鸣。昔卢循来寇时，隐隐有声。

龙门县南九十里石鼓岭，有石如鼓，扣之则鸣，一名仙女石。

潮州府程乡县东六里东岩，有石鼓，扣之则鸣。

肇庆府城南隔江十里铜鼓山，有赤石如鼓形，扣之有声，故名。

阳春县南西十五里崆峒岩，有石钟、石鼓，扣之则鸣。

德庆州东七十里三洲岩，有石钟覆地，击之如鼓声。

梧州府郁林州博白县东三十里石钟岩，内悬乳如钟，撞之声响。

兴业县南八里古州潭侧，有石悬下如钟，扣之有声。

浔州府贵县南十里南山上，有石钟不可辄击，击则风雨立至。

思恩府武缘县西江水中有石如钟形，相传击之则风雨作。好事者试之，果然。

临安府城北数十里颜洞之中洞，有钟、鼓二石，扣之，其声切肖。

宁州阳暮山，一名龙洞山，有三洞，上洞内石钟、石磬，击之铿然有声。

鹤庆府剑川州西南五十里石宝山，有钟鼓洞，石钟、石鼓击之，声韵宛然。

附　录

巩昌府伏羌县南五十里石鼓山，有石长丈三尺，广厚略等。在崖胁，去地百余丈，俗谓之"石鼓"，鸣则有兵。一云于星为河鼓，星动则石鼓鸣，鸣则秦土有殃。鸣浅殃万物，鸣深殃则君王矣。

严州府寿昌县东南七里石鼓山，有大石，以小石投之，有声如鼓。邑有灾诊，则不击自鸣，乡人候之有验。

黄州府蕲水县南龙潭直上，有巨石数十丈。邑中有鼓声，石辄应之，号"打鼓石"。

延平府城北三十里石鼓岭，有石圆数丈，中心尺余。以石扣之，其声如雷。

肇庆府城东北十里七星岩有水洞，曰"蛟龙窟"。洞口悬一石，持竿击之，作钟声。盘桓水上，久不出。

琼州府澄迈县南七十里石鼓岭，二石并立，扣之若钟鼓响，声闻里许。凡遇节令，乡人咸击之以为乐。今击痕深寸许。

桂林府全州灌阳县西四十里打鼓洞，有石鼓。形如覆船，扣之清响远彻。

[1] 石园，据《太平寰宇记》卷七十，为石困。
[2] 孙恩（？—402），字灵秀，琅琊郡（今属山东）人。东晋五斗米道道士和起义军首领。
[3] 武昌府成宁县，当为武昌府咸宁县。
[4] 零陵泉陵郡永正乡，当为零陵郡泉陵县永正乡。

天然石樽

莱州府城北五十里有盏石，北临大海，大磐石方围五步，作洼樽状。古老相传秦始皇以盛酒醴，祈祭百神。

南阳府邓州内乡县北汤河半山之间，有宋浮休居士张舜民[1]洼樽石刻。

杭州府余杭县西南十八里白鹿山腰，有石洼樽。

湖州府城南五里岘山上，有石坡陀，积流潆石，岁久洼然，俨如樽形，可贮斗酒。唐李适之[2]为湖州别驾，夜张宴，昼决事，狱无留词，饮酒尽此石樽不乱。后颜鲁公刺州，日与客陆羽[3]、吴筠[4]及诗僧皎然[5]辈同游，有洼樽联句二十七韵。元至元间，建洼樽亭于其上。

武昌府武昌县西五里郎亭山下石。有窊颠者，唐元结[6]修以盛酒，铭曰："时俗浇狡，日益为薄。谁能抔饮，共守淳朴？"宋县令朱尧书"窊樽"二大字，刻石上。又县西陶侃宅，有黑石，中坳如樽状，唐县令孟士源命为杯樽以盛酒。

蒲圻县龙堂寺后一石，方平五六尺许。中一孔如瓮，环坐五六人，玩者注酒，其中抔掬而饮。

衡州府城东北三里石鼓山书院西廊外，石磴缘山，谓之西溪有洼樽。

永州府道州报恩寺，有窊樽。石城外左溪，一名左湖，湖东二十步小石山巅，有窊石可为樽。元结为亭其上，作诗云："巉巉小石山，数峰载窊亭。"窊石堪为樽状，类不可名。东郭外孝泉之阳石，有双目，一目名"洞樽"，可贮酒。

郴州城东一里郴江畔，有窊樽石。张舜民谪监郴州酒税时，刻铭其上。城西南一里路萦水边亦有之。

兴化府仙游县东北五十里九鲤湖之东雷轰濑，一名黄鸡滩，有石广圆可六七尺许，上复有小石盖之。相传为何氏九仙酒樽。

梧州府容县西三里绣江上，有石横枕江上，平如砥，可坐数人。石罅如紫玉樽，受水数斗。元结为容管经略使时，亦名之为"窊樽"，有濯缨亭。

附　录

处州府缙云县东北吏隐山，唐乾元间，李阳冰为缙云令，任满，挈家归隐于此。凿岩为洼樽，后人因名为"洼尊山"。

福州府城内东南隅九仙山，汉无诸王以九日登是山，凿石樽以泛菊。樽可盛三斗，犹存。

[1] 张舜民，字芸叟，自号浮休居士，又号矴斋，邠州（今陕西彬县）人。治平二年（1065年）进士，曾任襄乐令、监察御史、右谏议大夫，以龙图阁待制知定州，改知同州，后又出任过集贤殿修撰。

[2] 李适之（694—747），原名昌，祖籍陇西成纪。唐朝宗室，神龙年间入仕，被授左卫郎将，开元中任湖州别驾，官至左相兼兵部尚书。

[3] 陆羽（733—804），字鸿渐，复州竟陵（今湖北省天门市）人。唐代著名的茶学专家，被誉为"茶仙、茶圣"，编纂世界第一部茶叶专著《茶经》。曾居湖州青塘别业，与诗僧皎然交情深厚，得到颜鲁公的器重。

[4] 吴筠（？—778），字贞节（一作"正节"），华州华阴（今属陕西）人，唐代著名道士。

[5] 僧皎然，俗姓谢，字清昼，湖州人，唐代最有名的诗僧、茶僧。

[6] 元结（约719—约772），字次山，号漫叟、聱叟，原籍河南（今河南洛阳），后迁鲁山（今河南鲁山县）。唐代文学家，天宝十二年（753年）进士及第，曾任任山南东道节度使史翙幕参谋，道州刺史。调容州，加封容州都督，充本管经略守捉使等。与武昌县令孟士源、马玿交友，筑亭作《抔樽铭》。

天然石棋

真定府获鹿县西八里抱犊山，一名莘山。有交龙洞，洞内石棋盘二，如龙交抱之状。

辽东广宁前屯卫西南七十里，有孤石屹立海中，高百余尺，周围三十余步。上有仙人石棋盘，下有黑白棋子。每潮落，人多取之，以为奇玩。

汝宁府光州光山县北八十里浮光山，一名浮弋山，又名弋阳山。出名玉及黑石，堪为棋子。

汉中府兴安州北十里山中，有石洞。相传吕洞宾、郭尚灶传道于此。洞前有石棋枰及子，人不敢取。

巩昌府成县南三十里五仙山后，有洞，时流出小石如棋子。

杭州府城西五十里有仙人棋山，旧传以丹砂为局路，子分黑白。今已湮漫矣。

昌化县西二十五里龙湫之上，有仙人石，高三十余丈。其巅坦平，有石棋局，赤色如界画。人有攀缘而上观者。

宁波府定海县治东招宝山，有棋子坪。凡欲取棋子者，先以白饭撒之，翌日可得白子；次以黑豆撒之，翌日可得黑子。

处州府遂昌县东三十五里牛头山，与嵩阳县接境。唐叶法善尝与道士对奕此山，局终，掷棋子于地，化为石。后人于其地，每得一卷石，中有小石棋子，圆滑绀白。初出土尚温软，擘取可足一局云。

饶州府余干县东六十里藏山，一名梅岩，有仙棋石盘、石子。今子去而盘存。

吉安府永新县东南二十里义山下，有梅田洞。前洞中有石，方广一尺余，颇类棋局，有乳头迸出石面，若布子然，可扪而数。

武昌府沿江而下，土名匿头，水中产石如黑、白棋子，圆滑區薄，不假人力，黑者如金，白者如玉。

宝庆府城西棋盘岭，旧传诸葛武侯宴师，与客对奕，有石盘广六尺，黑白子痕宛然。

兴化府城东南八十里湄洲屿，出白黑博石，可为棋子。

仙游县二十里留仙山巅，有石棋枰。天雾雨，或见仙人奕其上。

泉州府德化县东北一百四十里九仙山有石棋盘，文理纵横，瞭然可数。石棋子淡紫色，星布其上。

永春县西六七都陈岩山东峰之半，有棋局文。

延平府尤溪县南九十里龙门山洞中，有石棋局、棋子。

永安县北二十里栟榈山降仙台下，石室内棋局界画分明，有黑白数子，左右苍石可坐，名"烂柯石"。

福宁州城南三十里洪山石洞内，有石屏、石几、石棋局，皆浑然天成。城西南四十里马迹岭上，有石室、石棋盘，亦皆天成。

宁德县北七十里霍童山仙坛东，有石棋盘，自然天成。

惠州府博罗县西北三十里罗浮山石楼之南，有黑、白棋子十八枚，往来相荡，人拈之不起，名为"仙奕"。

柳州府城南仙奕山，旧有石棋枰，黑肌赤脉，十有八道。

琼州府儋州昌化县西北十里濒海，有棋子湾，产石肖棋子。取之者以纸钱抛山下，取勿拣送，取毕视之，黑白适均。

云南府城西二十五里玉案山顶，有石棋枰，其中凹处隐然如布子状。

宾川州北五十里鸡足山后西岩畔，有仙人石棋枰，三十二子亦具。

蒙化府城北里许斗斛山顶，有石如棋枰，中有黑白石子。相传牧童乱之，明日如故。又名棋盘山。

天然石器

保定府满城县西南十里抱阳山石洞中，有天成石门、石床。

庐州府六安州霍山县东二十里复览山顶，有天成石臼。

兖州府曲阜县东南五十里尼山中峰之麓，有坤灵洞。元时，尝有人持火曳絙而入三四丈，忽隙间有光，睹一室口，广两楹，中横石床、石枕，皆若天成。

南阳府南召县空山洞内，有石床、石砚，飞泉时滴砚上。

西安府耀州富平县北四十余里，有三泉。山谷内有三石盆，各广丈余，制度工滑，殆非人工。三盆涌出泉水常满，余水流出山外。古老云时有仙人浴此盆。

汉中府褒城县东北十里褒水出谷之处，有大白石如盆，名曰"白玉盆"。

兴安州石泉县北五里有枯柳洞，洞门有石台、香炉，内有笾、豆、杯、爵之属，皆出天成。

巩昌府阶州文县玉女驿旁，有石色白，状如玉枕。在悬崖绝壁间，人迹不到，但可望见而已。

宁波府慈溪县西南五十里白岩山，崖罅间有石砚，可见而不可得。

处州府缙云县东北八十里炼丹山上，有石釜，俗谓"轩辕炼丹釜"。

南昌府宁州武宁县南四十里严阳山，有石如镬，传为严阳尊者[1]秦［擒］龙之处。

广信府贵溪县西南八十里仙岩，凡二十四。岩石嵌空，多房室、窗牖、床榻、仓廪、棺椁、舟楫、洒瓮、磨碓、药罗、木屐、染具、铁炉之状。

袁州府分宜县西十五里洪阳洞内，有石凉伞。县北三十里灵仙洞内，有丹炉，阔二尺，厚三寸许。其圆如瓯，旁有一石磨，状与丹炉尺寸不差毫杪，或曰此炉盖也。

万载县西九十里龙城岩，有石墨、石笔、石砚，岩水滴注砚中，墨横其上，笔阁其旁。

赣州府宁都县北二十五里濛山顶，有岩方丈，前石户牖、石床、石梯，不假斧凿。

黄州府城东一百里孔子山，相传孔子自卫适楚，尝登此山。有坐石，草木不侵；有石砚，雨下墨水浸水。

承天府京山县东南四十里仙女山洞口，有石床、石枕、石镜台。

荆州府松滋县西七十里梅平洞，石壁高悬，以三丈梯陟之，始达其中，可容数百人。有石床、石磨、石盆。

宝庆府城南十里桃花洞，内有石床、石灶。

新化县西北二十里文仙山，乃晋高平令文斤修炼之所。上有石床，高一丈四尺。

永州府道州宁远县南六十里九疑山箫韶峰，有修真坛四具，第三坛有石床，其第四坛有石盆，出水不竭。

重庆府城南六十里冠山，有仙侣洞，洞中石床、石伞俨如刻画。

平茶洞长官司治南有诸葛洞，武侯征九溪蛮时，宿此。设一榻，悬粟一握以秣马，后遂化为石。石榻、石粟至今犹存。

兴化府城东北六十里大蚶山上，有石船。城西仙台峰上有石伞、石楼。

仙游县东北五十里九鲤湖黄鸡滩东，有石床，广八九尺，修三之，高六七尺，旁皆类削成。俗传九仙设此床，令从游者卧之。

延平府将乐县南十里玉华洞中,有仙磨、酒卣[坛]、凉伞、药笼、床、灶等石,极肖。

建宁府城东北上溪仙人岩有洞,可容数十人。中有药炉、丹灶、石棋局,人迹不可到。惟一窦如窗,眼斜窥见之。

崇安县南三十里武夷山五曲拜章台上,有石香炉,浑然天成。又云虚洞中,石盆、石砚,皆天成。

嵩溪县东二十里百丈岩,有石缸宛若陶成,不容一物。乡人祷雨,不至,投以木石,滚出即雨。

邵武府建宁县南二十里金铙山石燕岩内,有石凳、石床、石屏、石窗、石廎[斛],位置皆天成。

福宁州宁德县北七十里霍童山上,有捣药石臼、石盆、石盂,皆天成。县南二十里飞鸾岭下,万石岩中,有石床、石几,旁有石舟。

肇庆府阳江县南十里望海冈上,有自然石床、石枕、石屏,制度皆如人工。

桂林府城西六里琴潭山,有小岩,虚广明洁,石榻、石琴各一具。

柳州府来宾县南四十里居松山有自然石盆,夏生莲花,尝有鱼戏盆中。

梧州府郁林州北流县东北十五里勾漏山,洞中丹灶、床几、盘瓮、碾臼,皆石乳自然凝结而成,奇怪万状。

大理府城北十三里三阳峰下,有石案长一丈六尺,阔六尺,厚二尺许。四足皆大石,上阁此案,千夫莫举。案与足相依处,可度一发,是神巧也。世传大士为迦叶波尊者[2],设供用此案。

附　录

广信府城西三十五里妇石山南,有石鞋一对。

云南府宾川州北五十里鸡足山上,铁瓦殿后有袈裟石,青质白觔[3],如袈裟之制。

临安府城北数十里颜洞之中洞，有石如黄罗伞，红卓围，色相宛然。

[1] 严阳尊者，名善信，武宁新兴人。从师赵州和尚，为晚唐高僧。曾在严阳山建寺，山有石罅，外方内圆，泉出其中，不泛不涸，传为严阳尊者制毒龙处。
[2] 迦叶波尊者，即摩诃迦叶，佛陀十大弟子之一。
[3] 觔，同"筋"。

石　　经

顺天府城西南旧燕城之南，有石经文碑二，上刻《春秋》《礼记》文，今磨灭不完矣。其地盖金国子学也。

汉灵帝时，蔡邕等奏求正定六经文字，许之。邕乃自书册于碑，使工镌刻，立于太学门外。魏正始中，又立古、篆、隶三种字石经。元魏孝静帝[1]武定四年，迁汉、魏石经于邺。张缵曰唐章怀太子[2]引《洛阳记》注范晔《汉书》，称石经凡四十六碑。及高澄迁石经于邺，《通鉴》所书为五十二碑。自东汉历魏、晋、宋数百年间，洛阳数被兵，此碑当有毁者。其迁于邺，乃视《洛阳记》多六焉，疑《洛阳记》未讳也。碑制高一丈，广四尺六，经文多，必非四十六碑所能尽者。宋常山公[3]《河南志》称石经七十三碑。常山公博物洽闻，欧阳文忠每以古今疑事咨之。《河南志》所书必有据依矣。后周伐齐，毁碑以为炮石，方高纬[4]昏乱，两阵胜负之顷，犹需孽妇一观，遂以其国输后周，复何有于石经，则此碑之残毁，亦宜也。贞观考古，止得石经数段，其传于今者，亦可知其无几矣。蔡邕本传称邕自书册于碑，不言为何体，今世所传皆为隶体。至《儒林传》序，则云为古文、篆、隶三体书法以相参检，注言"古文"，谓孔氏壁中书。以缵考之，孔壁所藏皆科斗文字。孔安国当武帝之世,已称科斗书无能知者,其承诏为《尚书》五十九篇作传,为隶古定,不复从科斗古文,邕独安能具三体书法于安国之后二百年哉?汉建武际,杜林[5]避地河西,得《古文尚书》一轴,诸儒共传宝之。一轴已为世所珍如此,熹平距建武又几载?乃谓六经悉能为古文?非事情也。或者邕以三体参检其文,而书册于碑,则定为隶,亦如孔安国之书传耶!《儒林传序》疑字有误者,初邕正定六经,与堂溪典[6]等数人同受诏。今六经字体不一,当是时书册者亦不独邕也。姑识其末,以俟博识之君子。

西安府学内文庙之碑洞,有唐石经。文宗[7]时,国子监郑覃[8]言经籍刊谬,诏与张次宗、孔温业[9]等共力雠刊,准汉旧事,镂石太学《九经》,并《孝经》、《论语》、《尔雅》,共一百五十九卷,《字样》四十卷,开成二年告成。初置在务本坊,宋元祐五年,移置京兆学中。又有天宝四载,玄宗隶书《孝经》石刻。

伪蜀孟昶有国,其相母昭裔[10]刻《孝经》、《论语》、《尔雅》、《周易》、《尚书》、《周礼》、《毛诗》、《礼记》、《仪礼》、《左传》凡十经于石,其书"渊"、"世"、"民"三字,皆阙画避唐高祖、太宗讳也。石凡千数,尽依太和旧本,历八年乃成。《公》、《榖》则有宋田元均时刻,《古文尚书》则晁公武所补也。胡元质宗愈[11]作堂以贮之,名石经堂,在成都府学。已上诸刻,今皆不存,惟《周礼》石刻,有数段在合州景厚堂中李阳冰篆系辞八大字之碑阴。

重庆府大足县北三里北山有石刻《古文孝经》,凡二十二章,与今文十八章小异。王象之曰:今文先出于汉初,而古文与《尚书》同出于孔子坏宅。今文已盛,而古文独不列之学宫。惟孔安国、马融为之传。及明皇注今文十八章《孝经》,古文益微矣。司马光、范祖禹[12]皆曾缴进,光谓"始藏之时,去古未远,其书最真"。祖禹又为之说,亦云古文庶得其正。

附　录

顺天府涿州房山县西十五里大房山之东,有石经洞。隋大业中，法师静琬[13]募金钱凿石为板，镌刻藏经以传于后。唐贞观初，仅成《大涅槃》一部而卒。后子孙相继，历辽、金始完，贮于洞者七，穴者二。洞以石门闭之，穴以浮图镇之，累代皆有碑碣。佛经不得与我圣经比，然沙门能勒石以久其传，其志亦可嘉也。

[1] 元魏孝静帝，即东魏孝静帝元善见（524—552），鲜卑族，南北朝时期东魏皇帝。

[2] 唐章怀太子，即李贤（655—684），字明允，系高宗时期所立的第三位太子，后遭废杀。著有《君臣相起发事》、《春宫要录》、《修身要览》等书。

[3] 宋常山公，即宋绶（991—1041），字公垂，谥宣献，赵州平棘（今河北赵县）人。赐进士，判吏部兼史馆修撰，迁吏部侍郎。后加资政殿大学士，曾拜参知政事，以礼部尚书出知河南府。修《真宗实录》等。

[4] 高纬（556—577），字仁纲，南北朝时期北齐第五位皇帝。任用奸佞，残害忠臣，纵情声色，最终导致亡国。

[5] 杜林（？—47），字伯山，扶风茂陵（今陕西兴平）人。东汉建武六年（30年）官侍御史，仕至大司空。曾得漆书，《古文尚书》一卷，后世推崇他为"小学之宗"。

[6] 堂溪典，又作唐溪典，字伯并，颍川鄢陵（今河南鄢陵西北）人。历任侍中、五官中郎将。

[7] 文宗，即唐文宗李昂（809—840），是唐朝的第十六代皇帝。826—840年在位，在位14年。

[8] 郑覃（？—842），封荥阳公，唐文宗年间任宰相，被视为牛李党争中李党的领袖之一。

[9] 孔温业（？—857），字逊志，唐冀州[一说兖州曲阜（今山东曲阜）]人。长庆元年（821年）登进士第，曾任宣歙观察使，检校户部尚书，兼太子宾客等。开成元年（836年）兼知制诰，二年（837年）参预校正石经。

[10] 母昭裔，河中龙门（今山西河津）人。后唐时跟随剑南西川节度使孟知祥镇为辟掌书记，后蜀建立后，历任御史中丞、中收侍郎同平章事、宰

相、左仆射以及太子太师等官职。
[11] 胡元质，长洲（今江苏苏州）人。宋高宗绍兴十八年（1148年）进士，历官秘书省正字，知太平州、建康府。召为起居舍人兼权中书舍人兼国史院编修官，出为四川制置使兼知成都府，以敷文阁学士致仕。
[12] 范祖禹（1041—1098），字淳甫（淳，或作醇、纯，甫或作父），一字梦得，成都华阳人。中进士甲科，任秘书省正字，迁给事中，后贬昭州别驾。北宋著名史学家，著有《唐鉴》、《帝学》等。
[13] 法师静婉，隋代云居寺开山刻经的高僧。

古　　篆

　　北京国子监文庙戟门内，左右有石鼓凡十。乃古猎碣辞，类雅颂。字画盖籀文，大径尺余，高可三尺，其形似鼓，而顶微圆。初在陈仓野中，唐郑余庆守凤翔，迁置凤翔县学，而亡其二。宋皇祐间，向传师求得之，十鼓乃足。大观间，徙开封，置辟雍。靖康末，金人取归燕，置大兴府文庙。元皇庆初，移置今所。无文者一，有文者九，可见者四百一十七字，可识者二百七十二字。按：石鼓文，韦应物以为周文王之鼓，至宣王[1]始刻诗。韩退之直以为宣王之鼓，欧阳永叔、苏子瞻谓非史籀不能作，而郑夹漈[2]以为秦文。马子卿又辩其为宇文周[3]时所作，引据传记，几有万言。

　　真定府赵州赞皇县东北十里坛山，周穆王[4]尝驻军于此，篆"吉日癸巳"四字。原在崖壁上，宋权郡事李中祐辟石括木，移置厅事，自为文记之。按：穆王时代，远在宣王之前，其石刻是小篆，而石鼓乃古文籀书，可见古者大小篆并用已久，非至李斯始有小篆也。

　　应天府句容县东南四十五里茅山之北，有良常山，秦始皇三十七年游会稽还，于此山埋白璧一双，深七尺。李斯刻篆石壁，其文曰："始皇圣德，平章山河。巡狩苍洲，勒石素壁。"

　　苏州府治西一百二十里西洞庭山林屋洞中石壁上，多奇字，皆古篆隶书。

常州府宜兴县西南五十里国山，吴孙皓时，立石颂德。石形如鼓，高八尺，围一丈，篆文绕其上，俗呼"国山碑"。

江阴县西三十里有季札墓碑云："於乎！有吴延陵君子[5]之墓。"欧阳永叔《集古录》跋云：右[上]《吴季子[6]墓铭》，自前世相传，以为孔子所书。据张从绅[7]记云：旧石湮灭，开元中，命殷仲容[8]摹拓其书以传。然则开元之前已有本矣。至大历中，萧定又刊于石，则转相传摹，失其真远矣。按：孔子平生未尝至吴，以《史记》世家考之，其历聘诸侯而不逾楚。推其岁月踪迹，未尝过吴，不得亲铭"李[季]子之墓"。又诸字特大，非古简牍所容。第以其名传之久，不可遂废，故锓之，以俟博识君子。吾丘衍《学古编》云：古法帖上止云，於乎！有吴君子而已。篆法敦古，似乎可信。今此碑妄增"延陵之墓"四字，除之外，三字是汉人方篆，不与前六字合，借夫子以欺后人，罪莫大于此。陈眉公《书画史》[9]云：吴季子碑，"吴"、"子"二字类小篆，"有陵之墓"四字类大篆。杨升庵[10]曰："大、小篆三代以前通行，非始于秦也。"诸说不同，并存之。按：今江阴墓上之碑，乃宋守朱彦复所摹，刻者唐箫定，当时所刻，在今镇江府丹阳县延陵镇西北九里季札庙中。延陵镇，在丹阳县南三十里，乃晋所置县。宋熙宁中，省为镇，非古延陵也。古延陵，即今武进县。季札庙在武进东门直街者，谓之南庙。在江阴治西三十里中浦者，谓之北庙。在延陵镇西北者，谓之西庙。又无锡县西三十里，亦有季札庙。

徐州沛县治东南歌风台亭中二碑，一刻汉高帝《大风歌》，字悉篆文，文长径尺，阔八寸，相传为蔡邕书。一则元大德中摹刻者，近日台地倾圮，前碑移竖于泗水北岸之琉璃井亭。

太原府太原县西北七十里石室山上，有石室，方丈四尺，四壁有篆字，人莫之识。

平阳府绛州碧落观，碑文乃唐高祖子韩王元嘉[11]四男训谊撰，谌为其先太妃所制篆文,陈惟玉书。李阳冰叹其高古。一云有二道士来求书,因闭户成之。篆毕,化二鸽飞去。今此碑在州治内,盛传于世。

辽州城东南七十里箕山,有石室,壁间文字,人莫能识。

东岳泰山秦观峰东南有石,高三尺许,刻始皇封泰山制,丞相李斯所篆。今毁,仅存数字。山顶又有石刻二世诏书,仅存数十字。《集古录》云:余友江休复宦于奉符,尝自至泰山顶上视秦所刻石处,云石顽不可镌凿,不知当时何以刻也。其四面皆石,无草木而野火不及,故能若此之久。然风雨所剥,其存者仅此数十字而已。

兖州府邹县南二十里峄山书门岭,旧有秦碑。始皇东游登峄山,李斯刻石颂功德。其碑不知何时火,后人传其文,刻于枣木。杜子美《李潮[12]八分小篆歌》云:"峄山之碑野火焚,枣木传刻肥失真。"宋元祐八年,邹令张仲文复摹之,石置诸峄阴堂,今邹县治内所存者是也。

青州府诸城县东南一百四十里琅琊山,始皇东巡登此,作琅琊台,立石刻颂秦德。台基三层,层高三丈,上有始皇碑。碑上有六百字可识,余多剥落。

登州府治内有秦碑,李斯篆文。今残缺,只存二十字。

黄县东南二十里莱山,秦汉祭月于此。山上多秦篆,悬崖绝壁,人莫能辨。

福山县东北三十五里之罘山,三面临海,始皇二十九年登此,刻石纪功,李斯篆之。《集古录》载秦篆遗文曰:"于久远也,如后嗣焉,成功盛德,臣去疾。御史大夫臣德。"共二十一字。

宁海州文登县南一百二十里成山巅,有李斯篆"狱讼所公"四字。

西安府商州有仓颉古迹,今存二十八字。

凤翔府有秦《诅楚文》[13]石刻。苏子瞻签判凤翔时,作《八观诗》、《诅楚文》，其一也自注云"碑获于开元寺土中，今在太守便厅"。按：诅楚文，有数本，惟"神名有异"，此则为巫咸神者。

杭州府于潜县东五里石柱山上，有石柱，高二丈许。有古篆，或云秦刻。

嘉兴府海盐县西南三十五里金粟山石上，有篆书三十六字，天册元年碑。天册，吴孙皓年号也。

绍兴府城东南十二里会稽山禹陵有窆石，旧经云禹葬会稽山，取此石为窆。上有古隶，不可读，今以亭覆之。

绍兴府城西南七十里刻石山，一名鹅鼻山。自诸暨入会稽，此最高顶。有巨石如屋，中间插一碑于其中，文皆为风雨所剥，隐约可见，乃秦始皇登会稽时所刻以颂德者。或云大篆，或云小篆，皆不可考已。一云府城东南四十里秦望山，始皇登之以望海，使李斯刻石云：皇帝休烈平一，宇内德惠悠长。卅有七年，亲巡天下，周览远方，遂登会稽，宣省习俗。王十朋[14]诗序云：会稽秦颂德碑在何山，碑石仅存，字磨灭尽。按：何山，在秦望山东南，盖秦望之别峰也。

新昌县东南五十里天姥山，与括苍山相连，石壁中有刻字，蝌蚪形，高不可识。

宁波府奉化县西南四十里相见汇溪，岩石耸峻，有古篆刻，为溪流所淹，涸时始见。

象山县西一里炼丹山，梁陶贞白[15]修炼于此。西麓有蓑衣岩，岩壁篆书数行，了不可识。

台州府仙居县西四十里韦羌山，有石壁刻蝌蚪篆文，不可识。

饶州府余干县北十里石虹山上，有石室甚广，旁列峭壁如屏，篆字八十三，岁久半剥矣。

广信府弋阳县南十里南岩，有大石高耸百尺，壁间镌古篆二十三字，笔法大佳。今渐剥落矣。

南康府城西北庐山之西有紫霄峰，去平地七千仞。相传禹治水至此，刻石在石室，中深险，人迹罕至。尝有好事者缒而下摹，得七十余字，止有"鸿荒漾余乃樺"六字可辨。余叵识，后追寻之，已迷其处矣。

建昌府城西南十里麻姑山，有石壁高万仞。其上虫书鸟篆，洒洒纵横，绰有风格。

武昌府治内有唐李阳冰鄂州篆字，相传篆此字时，鬼神泣于空中。士大夫争摹以致远，谓可御魑魅。

郧阳府房县治西乾溪赤崖石壁上，有篆书古字。

衡州府城北五十二里岣嵝峰，有禹碑，字皆蝌蚪篆文。徐灵期[16]云昔樵者曾见之，自后无有见者。《舆地碑目》云在蜀之夔门，宋嘉定初，蜀士因樵夫引至其处，以纸打其碑，凡七十二字，皆不可晓。后人以摹本刻岣嵝观中。一云衡山县西北三十里云密峰半，有禹碑，皆蝌蚪文字，凡七十有七。宋嘉定中，摹刻于岳麓书院，何致手勒，张世南[17]叙。没草莱中，久之，嘉靖癸巳复搜出，长沙熊宇跋。岳麓山，在长沙府善化县西南，即衡山七十二峰之一也，亦名灵麓峰。

成都府仁寿县治东艳阳洞口，有石碑，刻"艳阳仙洞"四字。字体兼篆，不知何代，或以为汉隶，旁有款识，岁久磨灭矣。

夔州府巫山县东三十里巫山峰顶古篆，乃秦时物。苏子瞻诗云"绝顶有三碑，诘曲古篆字。老人那解读，偶见不能记"。

张世南《游宦纪闻》云永福县东南八十里罗汉寺之仙岩，有篆书十，形体奇怪，环布岩石，不著姓名，人所未识，号曰"仙篆"。欧阳永叔尝得之，喜其无镌刻之迹，如指书成文，欲以番夷金书字图号译之，未暇也。蔡端明时守三山，以道家书释之，曰"贫道守贞一，中有不死术"，亦莫得其据。政和三年之夏，邑宰陈武祐，好奇士也，访求其详，知篆有三：一在安仁寺仙人山，寺僧惮墨蜡之费，燎斫瘗之；二在中和寺黄坑之崖，今存焉，字皆奇怪，亦不可识；三即罗汉寺仙岩也。安仁者，掘而得之，仅完三字。又于上生僧院景纯得所藏本四,余不复有,遂再锓诸木,列岩之堂,今闻亦有不存者。按志,中和寺,在县东永安里;安仁寺、罗汉寺,俱在县南唐元里。

福清县东二十里镇东卫城外鹿角山巨石上,有仙篆数字,人莫能识。

兴化府仙游县南四十里石碑岭,有石立道侧,平阔数尺,上有鸟迹书,其文漫不可晓。城东北六十里石所山,有云居岩石,上古篆百余字,如龙蛇纠缠不可识。

邵武府光泽县北一百里昂山上,有石坛、丹鼎、丹灶。石上有篆文,奇古不可辨。

福宁州城南三十里洪山石洞,有篆文六字,莫能辨。

大理府城东西洱河赤文岛上,有大篆数十字,莫能辨。志谓之"地券"。《佛祖记》云:洱河昔有罗刹,啖人睛肉,居岁久族盛,乃王其地,号"罗刹国"。观音化为老人,乞地藏修,问其广狭,曰:"袈裟一展,犬再跳之地足矣。"罗刹许诺,老人曰:"恐后悔,请立地券!"又许之。券成,解所衣袈裟一展,盖其国都,令其犬一跃,尽其东西,再跃,尽其南北。云今永昌府永平县东七十里观音叫狗山,有犬跃古迹,其地乃洱河之东也。

赵州南四十里昆弥山两崖间,有古刻文印篆,世传是诸葛孔明之印。国初,西平侯休英过此山,更名定西岭。

附 录

汉中府兴安州洵阳县北山,有悬书崖,高五十丈。刻石为文字,人不能上,莫知所述。

[1] 宣王,即周宣王(?—前783),姬姓,名静,一作靖。西周第十一代君主,前827—前783年在位。
[2] 郑夹漈,即郑樵,字渔仲,南宋兴化军莆田人,世称夹漈先生。
[3] 宇文周,即南北朝时期的北周。因皇室姓宇文,故称。

［4］周穆王，又作周缪王，姓姬，名满，西周第五代天子，在位时间约为55年。
［5］延陵君子，即季札。
［6］吴季子，即季札。
［7］张从绅，当指张从申，活动于大历（766—779）间，吴郡（治今江苏苏州）人。官至大理寺司直，人称"张司直"。唐代书法家，善真、行书。
［8］殷仲容（633—703），字元凯，陈郡长平（今河南西华县）人。活动于唐高宗到武则天时代，官至秘书丞、工部郎中、申州刺史。初唐书法家、画家。
［9］《书画史》，明陈继儒（字眉公）撰，杂录书画家琐碎之事，间及名迹。所载阙略不备，无裨考证。
［10］杨升庵，即杨慎（1488—1559），字用修，号升庵，四川新都（今成都市新都区）人，祖籍庐陵。正德六年（1511年）状元，官翰林院修撰，豫修武宗实录，曾任经筵讲官等。明代文学家，明代三大才子之首。
［11］元嘉，即李元嘉（618—688），李唐宗室、画家。武德四年（621年）封宋王，太宗贞观十年（636年）封韩王，武后时授太尉。
［12］李潮（712—770），杜甫甥，善八分小篆。
［13］《诅楚文》，相传为秦石刻文字。战国后期秦楚争霸激烈，秦王祈求天神保佑秦国获胜，诅咒楚国败亡，因称《诅楚文》。
［14］王十朋（1112—1171），字龟龄，号梅溪，浙江乐清人，南宋著名的政治家和诗人。
［15］陶贞白，即陶弘景，卒谥贞白先生。
［16］徐灵期（？—474），南朝刘宋时吴郡（今江苏宜兴）人。"南岳九仙"之一，著有《衡山记》。
［17］张世南，《文献通考》作士南，约1225年前后在世，字光叔，南宋鄱阳人。尝官于闽之永福，著有《游宦纪闻》。

三　　绝

大名府滑县东二里有滑台城，后魏高昌所筑也。《滑台新驿碑》，唐大历九年八月立，李勉[1]撰文，李阳冰篆。碑阴有铭，舒元舆玉筯篆也，称"三绝"。

应天府清凉门内清凉寺，有董羽[2]画龙，李后主八分书，李霄远[3]草书，称"三绝"。

句容县东南四十五里《茅山玄静碑》[4]，唐柳识[5]文，张从申书，李阳冰篆，称"三绝"。

凤阳府亳［亳］州《大飨碑》，魏曹植文，梁鹄[6]书，钟繇[7]篆，称"三绝"。

扬州府城内《汉寿亭侯祠碑》，元苏昌龄起句，冯子振[8]脱草，赵子昂书，称"三绝"。

《东昌府学碑记》，金大定间重修学，王去非[9]文，王庭筠[10]书，党怀英[11]篆，称"三绝"。

西安府城内《多宝佛塔感应碑》[12]，唐岑勋[13]撰，颜真卿书，徐浩[14]题额，称"三绝"。

汉中府有唐《赠梁州都督徐秀碑文》，颜真卿撰，韩择木[15]八分书，李阳冰篆，称"三绝"。

汉中府有《山南西道新修驿路记》，刘禹锡撰，柳公权书，李阳冰篆，称"三绝"。

《袁州府学碑记》，宋李觏[16]文，柳淇书，章友直[17]篆，称"三绝"。

武昌府武昌县西四里怡亭，唐裴虬作铭，李莒八分书，李阳冰篆，称"三绝"。

[1] 李勉（717—788），字玄卿，唐朝宗室、宰相，累迁京兆尹兼御史大夫，拜岭南节度使。任工部尚书，封汧国公，不久出为永平军节度使，又兼任汴宋节度使，加封同平章事、检校左仆射。失汴州，以司徒平章事之职召回朝中，后以太子太师罢相。

[2] 董羽，字仲翔，毗陵（今常州）人，五代南唐画家。原为画院待诏，后

［3］李霄远，南唐人，喜草书。
［4］《茅山玄静碑》，即《唐茅山紫阳观玄静先生碑》，碑原在江苏句容，明嘉靖三年遭火毁，原碑行数已不可知。字共八百三十五，前有"李阳冰篆额"五字，后有大字"大历七年八月十四日建"十字。
［5］柳识，字方明，襄州襄阳人（今湖北襄阳），唐散文家。曾官屯四郎中、集贤殿学士，代宗时官左拾遗。
［6］梁鹄，字孟皇（也有记作孟黄），安定乌氏（今甘肃平凉）人，东汉末年至曹魏时期著名的书法家。初举孝廉为郎。光和元年（178年），入鸿都门学，出任凉州刺史。后入朝，提升为尚书。
［7］钟繇（151—230），字元常，颍川长社（今河南许昌长葛东）人，三国时期曹魏著名书法家、政治家。曾任尚书郎、黄门侍郎、司隶校尉，迁前军师。曹魏时，曾为相国等。楷书（小楷）的创始人，被后世尊为"楷书鼻祖"。
［8］冯子振（1253—1348），字海粟，自号瀛洲洲客、怪怪道人，湖南攸县人，元代散曲名家。元大德二年（1298年）登进士及第，召为集贤院学士、待制，继任承事郎，连任保宁（今四川境内）、彰德（今河南安阳）节度使。
［9］王去非，字广道，平阴县玫瑰镇人，金国处士。应试不得志，在家耕读，立馆教授。
［10］王庭筠（1151—1202），字子端，号黄华山主、黄华老人、黄华老子，别号雪溪，金代辽东（今营口熊岳）人，金代文学家、书画家。大定十六年（1176年）进士，历官州县，仕至翰林修撰。
［11］党怀英（1134—1211），字世杰，号竹溪，谥号文献，冯翊（今陕西冯翊县）人，后定居山东泰安。金代文学家、书法家。大定十年（1170年）进士，官至翰林学士承旨，世称"党承旨"。擅长文章，工画篆籀，称当时第一。
［12］《多宝佛塔感应碑》，全称《大唐西京千福寺多宝塔感应碑》，史华镌刻，唐天宝十一年（752年）四月立。碑高七尺九寸（260.3厘米），宽四尺二寸（140厘米），34行，行66字。原在唐长安安定坊千福寺，现藏于西安碑林博物馆，为国宝级文物。

[13] 岑勋，即岑夫子，唐代诗人李白的好友，后隐居鸣皋山。
[14] 徐浩（703—782），字季海，越州（今浙江省绍兴市）人。唐代书法家。少举明经，肃宗时，授中书舍人，四方诏令，多由徐浩所书。后进国子祭酒，历任工部侍郎、吏部侍郎、集贤殿学士，封会稽郡公。
[15] 韩择木，活动于开元年间（713—741），昌黎（今属河北通州）人，唐代书法家。官至工部尚书、右散骑常侍，故人称"韩常侍"，善八分书。
[16] 李觏（1009—1059），字泰伯，号盱江先生，北宋建昌军南城（今江西抚州资溪县高阜镇）人。一生以教学为主，曾为太学助教，后为直讲，创办盱江书院。
[17] 章友直（1006—1062），字伯益，祖籍浦城，北宋人，工玉箸篆。

四　　绝

河南府嵩县北二十五里元德秀[1]墓碑，唐李华[2]撰文，颜真卿书，李阳冰篆，德秀有德行，称"四绝"。

李阳冰篆《处州新驿记》、《缙云城隍庙记》、《忘归台铭》、《福州般若台铭》，天下称为"四绝"。吾丘衍云李阳冰《新泉铭》乃最佳者，人多以舒元舆之言称《新驿记》，殊不知此碑胜百倍也。按：阳冰，本名潮，赵郡人，官将作少监。后以字行，而别字少温。阳冰有侄曰李腾，善伪作阳冰书，见赏于贾，耽承贾命，撰说文字源。

岳州府治西南岳阳楼，宋庆历间，滕宗谅[3]作而新之，范希文为之记，苏子美[4]书丹，邵竦篆额，时称"四绝"。

长沙府善化县西南岳麓山下道林寺有四绝堂，后唐保大中马氏建，谓沈传师[5]、裴休笔札，宋之问[6]、杜甫篇章也。宋治平间，蒋颖叔作记，取沈传师、欧阳询书，杜甫、韩愈诗，为"四绝"。

成都府大圣慈寺，有唐常粲写，悟达国师[7]真僧道盈书额，李商隐赞，李升画山水，称"四绝"。

[1] 元德秀（约695—约754），字紫芝，唐代河南（今河南洛阳市）人，世居太原（今山西省太原市），后移居河南陆浑（今河南嵩县）。唐代诗人。

[2] 李华（715—766），字遐叔，赞皇（今河北元氏）人，唐开元进士。官至吏部员外郎。因在安禄山陷长安时受伪职，被贬为杭州司户参军。唐代诗人。

[3] 滕宗谅（990或991—1047），字子京，北宋时河南洛阳人。与范仲淹同科进士，曾任军事判官、知县、大理寺丞等。谪守巴陵郡，重修天下名楼岳阳楼。

[4] 苏子美，即苏舜钦（1008—1048），字子美，祖籍梓州铜山（今四川中江），曾祖时迁至开封（今属河南）。北宋词人。曾任县令、大理评事、集贤殿校理、监进奏院等。

[5] 沈传师（769—827），字子言，吴县（今江苏苏州）人。唐德宗贞元末举进士，历太子校书郎、翰林学士、中书舍人、湖南观察使。宝历元年（825年）入拜尚书右丞、吏部侍郎。唐书法家，工正、行、草。

[6] 宋之问（约656—约712），字延清，名少连，汾州隰城（今山西汾阳市）人，一说虢州弘农（今河南灵宝县）人。初唐时期的诗人。

[7] 悟达国师（809—882），法名知玄，字后觉，唐代眉州（今属四川眉山）中保镇人，唐代高僧。著有《如来藏经释疏》二卷、《慈悲三昧水忏》三卷等。

集刻名书

真定府定州郡圃有杜牧之诗刻，苏子瞻书，王维阴阳竹刻及苏子美《千文》草刻，米元章《淮南避暑诗》刻，雪峰、溥光楷书刻。其《松醪赋》者，盖子瞻于曲阳得松膏酿酒法所为赋也。

应天府城东北五十五里摄山般若台，有四十二章等刻，俱名流所书。

庐州府无为州宝晋斋，宋米元章所建，有晋人石刻函壁间。绍兴间，曹之格刻《宝晋斋帖》[1]于无为州学，多元章所临。

西安府学有历代石刻,宋向拱镇长安,摹拓三千余本。民以为害,往往镵□其字。韩缜修霸桥,督工急,民磨碑石供之。罹此二厄,全者遂少。

汝州治内有《汝帖》碑石,凡十二片。

平阳府绛州有《绛帖》[2]。宋淳化间,用古名人书勒石,后潘师旦以《淳化帖》增入别帖,摹于绛州,计二十卷。其帖比淳化高二字,亦称《潘附马帖》。旧在儒学,本朝宣德初,移置晋王府。

淳化阁帖十卷,宋季南狩,遗于泉州,已而石刻湮地中。久之,时出光怪,枥马惊怖,发之即是帖也,故泉人名其帖曰"马蹄真迹帖"。纳郡庠,岁远剥蚀。其后庄少师氏复摹以传,今泉中又有两部翻刻者。

临江府新淦县治东二里,有戏鱼堂。宋长沙刘次庄[3],元祐间为殿中侍御史,谪居于此。凿池数亩,名其堂曰"戏鱼",自号"戏鱼翁"。手摹淳化帖,除去篆题年月,增入释文,刻石于临江官署,亦名《临江帖》。庆元中,次庄以《戏鱼堂帖》重刻于益昌,其释文字画较临江稍大,而今不存。益昌,今保宁府之广元县也。

韶州府治西有政宝堂石刻,乃苏子瞻、黄鲁直墨迹也。

---

[1]《宝晋斋帖》,宝晋斋为米芾的斋号,因其收藏了谢安、王羲之、王献之三位晋代名流的书法真迹而得名。崇宁三年(1104年),米芾取书迹入石,惜原石遭兵火而残毁。曹之格于南宋宝祐二年(1254年)至咸淳五年(1269年)依据米芾残石,及家藏的晋人名帖汇刻而成。

[2]《绛帖》,为北宋潘师旦摹刻,因刻于绛州,故名。以《淳化阁帖》为底本而有所增删,刻于宋皇祐、嘉祐年间(1049—1063),集宋以前书法名家之大全,是与《淳化阁帖》齐名的三大名帖之一。

[3] 刘次庄,字中叟,晚号戏鱼翁,北宋潭州长沙(今属湖南)人。神宗熙宁七年(1074年)赐同进士出身,曾任殿中侍御史、江南西路转运判官。工正、行、草。

磨［摩］崖大字

真定府定州曲阳县南二十五里少容山，一名黄山。有"燕南奇胜"四字刻于北崖，高处字大数尺，时代及人莫考。

苏州府城西南二十五里支硎山南峰，有寒泉二注。平石刻"寒泉"，字径丈，旁有紫霞道人"虞"字，乃虞廷臣也。又灵岩山有"佛日岩"三字，大径三尺，悬勒万仞。

池州府南三里齐山新岩之左，有"寿"字，长六尺，阔多一半，张时修刻。

安庆府潜山县西二十里野人原石崖之巅，有玉京叟张虚靖[1]题"白云闲似我，我似白云闲。二物俱无心，逍遥天地间"二十字，大可径二尺。

湖州府城北十八里弁山，一名卞山，有洞曰"归云"。有篆书于石梁，阔三尺许。

台州府天台县北十里国青寺，山门石刻"万松径"三字，围八尺。

南昌府奉新县西一百四十里百丈山石壁上，有唐柳公权楷书"天下清规"四字，大近二尺。

南康府城西北二十里庐山瀑布二道，流出石峡口，峡石上刻"青玉峡"三字，大二尺；奔注龙池，池上卧石数丈，刻"庐山"二字，大可四尺；"第一山"三字，大可二尺，米芾书也。山北三叠泉之下，注成渊潭，潭侧巨石平广，劖张安国"玉渊"二大篆，画广四寸，字径五六尺许。

武昌府武昌县谯楼，即晋之南楼也。宋庆元中，修楼剥土得磨［摩］崖碑刻"柳君"二字，径二尺四寸，笔势清劲，下若翻书人字，或以为符，或以为花押。邦人至标饰神堂，香火供祀。

郧阳府城北狼子山旁，凿石作六字，皆方一尺，可识者"亥丘中田"四字。

成都府崇庆新津县南十里修觉山寺，有唐明皇幸蜀时所书"修觉山"三大字，嵌佛殿左侧岩壁上。其字方广三四尺，一字各专一石。

威州治后即玉垒山，蜀后主[2]观湔江至此，亲书"玉垒山"三字于州署，其大盈丈。

顺庆府蓬州营山县东北七十里大蓬山，有透明岩，孔穴相连，宛如穿凿，岩下有隋尔朱真人书"隔凡石"三大字。又唐人知事任惠琳书"透明岩"三大字，横直各二尺余，楷法遒劲，石刻宛然。

重庆府合州宾馆中有李阳冰篆书系辞八字，字径四尺。州东十里东山赵伯章别业有"东山"二字，广丈余。

忠州酆都县东二里平都山，有"总真群仙之府"、"道山洞天"等刻，或隶篆、或真行，大径尺。吕纯阳书，见存。

龙安府石泉县治北石纽山下禹庙侧崖石上，刻"禹穴"二字，大径八尺。或云李阳冰书，或云李白书。

眉州西南九十里连鳌山旁，有栖云寺。苏子瞻少时读书寺中，尝于石崖上作"连鳌山"三字，大如屋宇，雄劲飞动，其画专车。

青神县东五里慈姥岩，篆刻"中岩"二大字，径可四尺。邵博伯温书。

邛州大邑县西北三十里鹤鸣山抪腰岩，有李阳冰篆"龟鹤齐年"及陈抟草书"福寿"大字。

福州府福清县西南三十里黄檗山龙潭前巨石上，镌"灵渊"二字，大可径尺，作李斯篆体。

永福县东七都方广山之半，有岩曰方广岩。未至岩，石壁崚嶒，有泉如练，元邑人王翰[3]镌"飞珮"二字。又里许，有用文与辽东薛朝晤诸人来游，镌八分书四十一字，字径尺，笔法苍古。用文，盖翰字。

兴化府城东北二十里囊山慈寿寺石屏上，刻蔡襄所书陈伯孙诗云:"六合万籁息,秋林月正辉。琴中弹不尽,石上坐忘归。"字大径尺许。

仙游县东北五十里九鲤湖九仙阁后石屏上,勒"天子万年",字大径丈,宋隆兴进士邑人陈说书。

泉州府城北五里泉山碧霄岩下,有石刻"寿"字,高广丈余,乃宋淳祐间邑宰林奭[4]奉亲游北山所镌。城东北二十里洛阳桥,宋太守蔡襄所造,公自为记,书大方尺,分勒二石。今在公祠。父老云先时二石为倭载去,后见江间发光,探之,得后一石。其前一石,乃后人复摹,故前石不如后石之莹润。

漳州府长泰县东五十里天柱山上,有巨石如屏,高九丈,阔五丈。刻"天柱岩"三字,各阔三尺。宋崇宁中所凿也。

海澄县西一里虎甲山,俗名山美。上有石,镌"虎甲山美"四字,字大数尺。

延平府顺昌县治前溪南水滨石上,有"庄濠"二字,径数尺,名"庄濠石"。

建宁府城东北二十五里凤凰山,最高处有乘风堂,堂侧竖石碣,字大尺许。城北九十里壶山,相传仙人壶公与费长房尝游此山。山瞰大溪,石壁削立,上镌"壶天寒冰玉屏"六大字,字径二尺许,笔势遒劲苍古。

福宁州城西北一百二十里任公岩后,有悬崖篆刻"任公凤栖,岩谷清幽"八字。又有"卧石"二字,沉于渊底,字大盈尺,笔力古劲,皆任公手书。

惠州府博罗县西北三十里罗浮山上,有石刻篆书"罗浮"二大字,广一丈许。右刻"淳熙己亥良月望日",左刻"郡守睢阳吴裒男有书"。

浔州府贵县城东一里有一井,其下石篆"东湖"二字,画大如斗。

附 录

苏州府城北陲报恩讲寺,宋张即之[5]书"华严性海"四字,字皆径丈,刻榜犹存。

湖州府儒学"经史阁"三大字,宋石曼卿[6]书,石真书大字妙天下。

吉安府庐陵县学明伦堂前有进士第一堂,宋文天祥第进士第一,因名。板扉刻公所书"魁"字,方广丈余。

[1] 张虚靖,北宋时期的第三十代张天师。
[2] 蜀后主,当指蜀汉后主刘禅。
[3] 王翰(1333—1378),字用文,号时斋,仕名那木罕,安徽庐州(今合肥市)人。曾任福州路总同知,升理问官,总理永福(今永泰)、罗源二县。至正二十九年(1369年)升福建行省参知政事(二品)。元亡后,移居福建省永泰县塘前乡官烈村。
[4] 林蒇,字君召,宋闽县人。
[5] 张即之,南宋后期书法家。
[6] 石曼卿,即石延年(994—1041),字曼卿,一字安仁,祖籍幽州(今北京市一带),后其祖举族南迁,定居于宋城(今河南省商丘市睢阳区)。累迁大理寺丞,官至秘阁校理、太子中允。北宋文学家、书法家,工诗善书。

再完碑

应天府城南三十里牛首山云岩东路有石碣,折为三段,各段石冈碣长二丈,乃吴天玺神谶碑,东观令华核文,皇象书。其略云:于临平湖边得石玺,青白色,长四寸,广二寸,刻"上作皇帝"四字,于是改元"天玺"云耳。今碣移入应天府学。

句容县东南四十五里雷平山左乾元观内,有碑,宋陈辅为朱观妙先生立。隆庆间,观久圮,土人取石为灰,碎此碑。忽雷雨,一夕自合。初裂缝可容指，今渐满矣。

太平府城东南十五里有晋杨府君墓，墓上有二碑，名亮，弘农人。桓温[1]破姚襄，亮伏策南归，后为雍州刺史卒。碑阴各刻巴蜀故吏姓名，合五百人。碑已断裂，宋太守杨俠合之，而移置郡学。

徐州沛县治东南《大风歌碑》，蔡邕所书者，已中断，以铁锢之。

西安府华州蒲城县西十五里，有《唐李思训墓碑》，李邕撰并书，世所传《云麾将军碑》也。久已断裂，正德中，刘远夫御史谪为蒲城簿，访出，以铁束锢之，复为完物。

饶州府城东三里《荐福寺碑》，唐欧阳询笔也。宋时为雷所轰而碎。近世好事者取其碎裂，合而卧树之，犹可摹印。

建昌府旧有颜鲁公手书小楷《仙坛碑》，碑阴附刻卫夫人、褚河南、虞永兴、欧阳率更、薛稷、柳河东、李北海[2]诸小楷，俱称神品。志云碑刻不知何代逸去，郡中所存，止翻刻新本。正德间，一樵竖偶于山涧锄得之，幸只断去一角，今箧置郡库中。

南岳衡山旧有碑刻七十二峰图，裂弃草莽中，吉水邓淮取而弥完之，覆以亭。

泉州府城北二十里洛阳桥，名万安桥，宋守蔡忠惠襄所造，自为文，勒石记之。嘉靖末有兵燹之变，忠惠祠被贼毁。碑离地四尺许，石理横裂，斜倚石垣之上。居久之，忽自端正，盖有神物呵护之也。

[1] 桓温（312—373），字元子，一作符子，谯国龙亢（今安徽省怀远县龙亢镇）人。东晋杰出的军事家、权臣。

[2] 李北海，即李邕（678—747），也称李括州，字泰和，鄂州江夏（今湖北省武汉市武昌区）人。唐代书法家，被召为左拾遗，曾任户部员外郎、括州刺史、北海太守等职。

无字碑

东岳泰山顶有无字碑，秦始皇所建，以识封事者。或曰始皇有金册石函、金泥玉简，此当是石函耳，今谓之"石表"。

兖州府曲阜县西八里阙里孔子庙，汉魏以来列七碑，二碑无字。

西安府乾州西北五里梁山，唐高宗乾陵上，有于阗国所进无字碑。

金华府城北六里，地名沙溪，有钱大王墓，即唐末青海军节度使判婺州钱元懿[1]也。墓有巨碑，未刻，而石羊、虎之类，凡十余头。

福州府城西一百八十里雪峰山，有无字碑，古颂云："一片如屏紫翠间，风吹日炙藓花斑。莫言个里无文字，要在当人着眼看。"

[1] 钱元懿，原名钱传璙，字秉徽，杭州钱塘（今浙江杭州）人。初任镇海军右直都知兵马使，安国军衣锦军防遏指挥使，检校兵部尚书，曾历任清海、武胜军节度使，太傅，同中书门下平章事，封金华郡王。

雷书灵迹

苏州府昆山县北三里马鞍山下慧聚寺，淳熙中火，得二柱于雷火中，各有天书。一"勋溪火"三字，一蜿蜒蟠结若符篆，人莫能晓，大小近二尺许，深入木理，好事者或摹印之。

常熟县西北二十里破山寺僧堂柱上，有雷神书凡三。内有一柱题云："勋溪可作火田"，凡六字，上一字作从贝从力，字书所无，皆作隶体，入木三分。此僧堂建自李唐，今不存矣。

常州府宜兴县西南五十里善卷寺，昔曾雷震，殿柱有字者三，在殿左第一柱近猊座者曰："谢钧记诗米汉在左"，第二柱者曰："谢钧记在右后壁"。第一柱者曰："诗米汉"，字皆倒书，大可径尺，非篆非隶，深入木理。正统间，周文襄戏命削"谢钧记"三字，随削而字随入，文襄异之，乃止。今柱上削处犹洼，乡人摹拓其字，佩之可愈痞，亦云可辟疟。善卷寺，亦作善权。周必大《泛舟录》云：善卷广教寺《军民图经》[1]，殿柱上有雷部鬼书，曰"骆审火者一，谢钧火者二"，字皆倒书于柱。今不见所谓"骆审"大字，其"谢钧火"入木寸余，又有"诗米"等字，皆遒劲可爱。

湖州府德清县东北三十里果山前，有觉海寺。宋时殿柱为雷所劈，柱上倒书云："酉侯李约火攸利火谢均思通"十二字，字大盈尺，入木三分。

岳州府华容县老子祠曰：大皇观祥符八年二月，雷震其西北，楹有倒书"谢仙火"三字，入木逾分，字画遒劲，人莫之测。庆历六年，滕子京令摹而刻之。俗谓"谢仙火"，雷部火神也。兄弟二人各长三尺，形质如玉，好以铁笔书字，其书高下与身等，验之皆然。东南楹亦有"谢仙"二字，逼近柱础，又不知何也，其后摹刻岳阳楼上。元丰二年，岳阳楼火，土木、碑碣悉毁，惟此三字尚存。《赵康靖公见闻录》载欧阳永叔说，永州有一亭为火所烧，独存一柱，柱根下倒，刻三字，云"谢仙火"。好事者问何仙姑，姑，永州之异人也，曰："此雷部中有姓名，夫妇二人，长才三尺，洁白如玉，其名谢仙，主行火者。"谢仙，一云兄弟，一云夫妇，不可致诘，然其为火神无疑矣。按：永州何仙姑，嘉祐辛酉坐化，政和四年敕封政和真人。唐亦有何仙姑，增城人，何泰之女，景龙间，白日上升。世但知仙女中有何仙姑，而不知其有两也。

宣和间平江县罗孝芬[2]居侧有大柿树，雷析之火燎，其文成"罗状元"三字，下有三点，人莫能测。明年孝芬甲第三人，始悟其兆。后擢吏部郎中，靖康初致仕。

嘉靖乙未六月杭州徐氏圃中，雷击枣树，中书"右卫玉通所"

五字，余字漶漫不可读，钱塘田汝成[3]亲见之。

嘉靖戊午七月广州府番禺县，雷入乡宦知县冯继科宅，蚝墙上正书其姓，左书其名，三字分明，字外一无所损。

按：罗孝芬柿树成文，雷之示祥兆也。徐圃枣树之书，何所取义耶？雷震死人，多书其生时罪恶于胸背间，所以使人知戒也。雷入冯继科家，书其姓名于墙，其人必非积善者，且名曰"继科"而左书之。或谓其有愧科名耶？至于焚寺观而留书，则其理不可晓矣。《雷书》云：凡雷书木石，入二三分，青黄色，或云雄黄青黛丹砂合成，以雷楔书之，或云蓬莱山石脂所书。夫雷造化之神也，气至成色，而谓其用某物合色成书，诞矣。然雷楔则实有之，《博物志》云：人间往往见细石形如小斧，名霹雳斧，一名霹雳楔。沈括笔谈云：世人有得雷斧、雷楔者，云雷神所坠，多于震雷之下得之，而未尝亲见。元丰中，予居随州，夏月雷大震，一木折其下，乃得一楔，信如所传。凡雷斧，多以铜铁为之，楔乃石耳，似斧而无孔。《本草》：霹雳碪，即雷楔也。云其色青黑，斑文至硬如玉。又有雷槌重数斤，雷钻长尺余，并如钢铁，乃雷神用以击物、劈物者。雷环如玉环，乃雷神所佩遗落者。鬼神之情状，真幽微怪幻，而不可究诘也。

[1]《军民图经》，据周必大撰《文忠集》卷一六七《泛舟游山录》，原文题"单氏图经"。

[2] 罗孝芬，字廷杨，平江（今湖南平江）人。北宋徽宗宣和三年（1121年）探花，曾任吏部郎中，绍兴年间起通判永州，官至直秘阁提举荆湖南路茶盐公事。著有《鸡肋集》。

[3] 田汝成，字叔禾，钱塘人。明嘉靖五年（1526年）进士，官至广西布政司右参议。著《辽纪》等。

儒书灵迹

和州含山县北十五里褒禅山寺有浮图,宋张孝祥为书"宝塔"二字。墨迹入石三分,至今人异之。

温州府平阳县西南三十里凤山石洞,刻魏晋八分书,其字迹随潮大小为枯润。

泉州府城东南二十里石壁山,一名狮山。其地名深扈,有石刻"深扈"二字,画白不昧,相传为唐末罗隐所书。

建宁府建阳县西南二十五里黄杨山中,有庵,朱文公于此著述三年。尝书扁,每夜放光,僧疑为怪,因饰之以金,其光遂隐。扁今尚存。

附　录

绍兴府城南三十里云门山,有宋高宗御书"传忠广孝之寺"六字碑,笔法遒劲。书用朱,每雨则朱流滴,滴如红汗下,朱不加益,而红不加减,真奇事也。

仙书灵迹

凤阳府宿州天庆观,宋雍熙中,有回道人来访,观主不在,题诗二首于门,其一云:"肘传丹篆千年术,口诵黄庭两卷经。鹤观古坛槐影里,悄无人迹户长扃。"其字乃玉筋篆,往往为人刮去煎汤治病,而字迹复生。

淮安府城西南隅紫极宫,尝有神仙来游,题壁云:"宫门一间入,临水凭栏立。无人知我来,朱顶鹤声急。"笔迹刮之不灭。紫极宫,今改名紫霄。

临江府新喻县城南道院,即古九仙观,宋邑人萧尚书逵所建。初逵引年归乡,作纵目楼以学仙,忽一婆病者叩门求谒,阍者辞之,曰:"第通报尚书,不吾却也。"及逯出视,则已去矣。但以所食新榴皮书"桂岩来"三字于阶石,字迹透彻,磨之不灭。时嘉定十年丁丑寒露前一日也。

吉安府安福县东三十里,有福圣寺。唐天宝间,女仙吴采鸾[1]尝入寺小室中,写《法苑珠林》凡百二十轴。一夕弃去,不知所往。其轴卷粘连处,至今不断。

赣州府定南县北四十五里神仙岭上,有仙人题字微迹。

柳州兴宁县东十五里题诗岭,有仙人题诗于上,墨迹犹存,字不可辨。

保宁府南部县北二里停云崖,有灵云洞,唐蒲珣家于此。一日,吕洞宾访之不遇,以瓜皮写诗于石壁上,其字痕常湿,随擦随现。洪武中失去,只存一龛。

潼川州遂宁县北二十里广山集虚观殿柱上,有仙人葛瓛题字,削之愈明。

福州府城东三十里鼓山眠牛冈,有黄石祠。宋熙宁间,冈下民感飞炉之异,建以祀黄石公。先是龙江畔有商人积木数千,一客至问值,遂遍题木数百本为识,皆作"黄石"二字。去涉旬无耗,商人诞之,以斧削题,题皆入木数寸,相与骇惧。翼日,牛眠冈下民来买木,具言飞炉之异,商遂以半价归之。

兴化府城东南六十里大蚶山,有光济王庙。相传宋初,海中漂来大木数百根,尽刻罗字号。乡民得之,斧砍其字,愈砍愈现。数日,有一人峨冠黄袍,立山上,呼众告之曰:"我罗仙子也,卜居此地。"言毕不见,于是众为建庙,舟楫往来必祷焉。或云罗仙子,即罗隐也。

孙吴时,广州治中卢耽有仙术,刺史步骘[2]恶其惑众,奏诛之。耽后题其门曰:"诛门诛国,虽存无射年。欲知此书,卢耽还。"[3]太守削之,随削字更生。

铜仁府平头著可长官司界,旧有仙人题柱。宋开宝间,郡之瓮蓬寨人杨再从[4]崇尚仙学。一日,有丐者携草屣一双,诣再从,索金五两鬻焉。再从疑其妄,不之信。丐者掷屣于市,化为双鹤,冲天而去。但见门柱上有诗云:"新打芒鞋巧又牢,五金还价未为高。杨家不听浑家话,随我蓬莱走一遭。"水洗刀刮,其字益显,柱至国初方圮。

[1] 吴彩鸾,唐大和年间(828—835)河南濮阳县人,吴猛之女,夫文箫。家贫,以抄书为业。后演变成神话中的仙女。
[2] 步骘(? —247),字子山,临淮淮阴(今江苏淮阴西北)人。三国时期孙吴重臣,曾代陆逊为丞相。
[3] 据《太平御览》卷一百八十三居处部十一文,题"珠门珠门,国虽存,无射年。欲知此书,卢耽还"。
[4] 杨再从,宋开宝间袭平头长官司,好道。殁后为神,土人称为天龙相公。

释书灵迹

池州府铜陵县西二百余步,俯临大江,有天王山,山有护法寺,故名。昔有一僧持钵丐食,投宿于寺。寺僧遗以一席,俾宿于佛殿。明旦,不知所之,卷其席,则帖砖上成迹,遗书云:"杯渡禅师过此。"迹至今存。

延平府将乐县东北六十里有下洞,宋末,顺昌颜丙举乡试,弃儒入释,号"如如居士"。元初过此,将建洞庵,物力已具,但缺正梁。或告以张氏墓山有梓合抱,求之不得。是夕,风雷拔之,乃得买为梁。居士题其上曰:"灵根不肯混凡柴,天意移将福地来。向日亲逢霹雳手,今朝果作栋梁材。"后庵圮。正统间,有僧重建,得梁于瓦砾中,外朽中坚,所题字墨渍入木不漫,遂复为梁。

附 录

吉安府安福县南有西云岭,昔义鉴禅师遗铜印一枚于此。后人得之，一刷可度数十纸。

魂书灵迹

　　处州府松阳县西二十里永宁观，唐叶法善建。旧有叶公碑，李邕撰并书。法善祖国重，唐时称有道先生，墓在嵩阳县西二十里酉山。李邕为处州刺史，法善求为其祖作碑文，许之。文成，又请书，未许。一夕，梦法善请曰："向辱雄文，光贲泉壤，敢再求书。"邕喜而为书，未竟，钟鸣梦觉，至丁字下数点而止。法善刻毕，持墨本往谢，邕惊曰："始以为梦，乃真耶！"今称"追魂碑"。

　　常德府城北三十里梁山庙碑，载庙神为汉梁松，以征南将军卒此，土民尸祝之。五代时，湖南雷氏[1]构逆，马殷[2]讨之。请于神，有功，敕封神为义安王。神欲为表文谢上帝，遣朱衣吏夜摄史生松于梦中而为之文，又追僧彦修魂而佐之书。史生，洛阳人，时寓州城，梦神语以名在科目，且云："名与吾同，宜改曰'扈'。"为文毕，神饮之酒，生为诗以献之，又为歌以赠彦修。忽惊觉，酒气拂拂，犹在枕中，因尽忆所为文，笔之。比明访彦修，得之开元寺已录文在其案，相与诧其事而传之。按：梁山本名阳山，旧经云阳山之女，云梦之神，尝以夏首秋分献鱼，自汉时，郡人建庙以祀阳山之神。至唐天宝间，始以梁松配享，而改阳山为梁山。《汉书》：马援征五溪蛮，至壶头失利，帝使虎贲中郎将梁松乘驿责问，因代监军。会援病卒，松宿怀不平，遂因事陷之。盖松尝拜援床下，受而不答故也。松数为私书，请托郡县，发觉免官。永平四年冬，县飞书诽谤，下狱死。其官无征南将军之号，而亦非卒于武陵明甚。夫本无功德于此土，而祀之于五六百年之后，生非聪明正直之人而为神，乃能大著灵异，皆事理之不可晓者。刘禹锡《梁山庙观赛神诗》首句云"汉家都尉旧征蛮"，亦误。《汉百官志》光禄勋所属有奉车都尉、驸马都尉、骑都尉。松本传，少为郎，嗣其父统为陵阳侯，尚舞阴长公主，再迁虎贲中郎将，永平元年迁太仆，未尝一为都尉。汉制，以列侯尚公主，未尝定都尉为主婿之官，如董贤为附马都尉，其弟宽信又代贤为之，可证也。三国六朝帝女降嫔素族，故凡尚主，必拜驸马都尉，以示隆其等级。禹锡盖未之考耳。碑记语神而传讹，文人使事而失实，往往类此。关中石刻，乾化中，僧彦修以能书名，则实有其人。乾化，朱梁太祖年号也。

附　录

唐薛用弱《集异记》[3]载，蔡少霞梦人召去，令书碑，题云："《苍龙溪新宫铭》，紫阳真人山玄卿撰。"逸史又载，陈幼霞梦人遣书碑铭，题云："苍龙溪主欧阳集撰。"其词各不同。苏东坡游罗浮山，作诗示叔党[4]，其末云："负书从我盍归去，群仙正草新宫铭。汝应奴隶蔡少霞，我亦季孟山玄卿。"自注述蔡少霞所书铭词乃陈幼霞所书者。坡公盖误以幼霞为少霞也，夫坡公犹不免误记，况他人乎？

[1] 雷氏，指雷满与子雷彦恭、雷彦雄等。
[2] 马殷（852—930），字霸图，许州鄢陵（今河南鄢陵）人。五代十国时期南楚开国君主。
[3] 《集异记》，又题《古异记》，原书共三卷，唐薛用弱著。古代传奇小说集。
[4] 叔党，即苏轼第三子苏过（1072—1123），字叔党，号斜川居士，时称小坡，眉州眉山（今属四川眉山市）人。曾监太原税，知郾城，通判定州。

留壁名画

真定府定州曲阳县治西北岳庙有鬼尉像，在昭福门壁之西，唐人刘伯荣笔也。毛骨森奇，神采飞动，后有作者莫能摹拟。谚云"毗卢寺水，北岳庙鬼"，指此。

赵州治东南柏林寺殿后壁上，有画水二堵作波涛状。其起伏之势，笔底凹凸，涡回流动，自侧视之，乃知其为平壁也。本朝宣德间定州何生所作。

应天府城东北十五里钟山灵谷寺西廊，有吴道子画折芦渡江及鸟巢佛印三教画壁。

常州府城东四里太平寺弥陀殿画壁水，宋太平兴国中，郡人徐友画青济贯河，一笔起西北隅，萦绕数丈，却立谛视，疑若飞涛。城东南四里玄妙观寥阳殿壁，有宋姑苏道士李怀仁画龙。怀仁有秘术，尝于松江召龙狎而观之。一日大醉，睨殿壁，索墨汁数斗，曳帚裂袂，号呼奋掷，立就二龙，为世绝壁。

淮安府城西南隅紫极宫，宋李公麟[1]尝于壁上画猴戏马，马惊而围人鞭之，时称为绝笔。城西北十五里钵池山景慧寺壁画弥勒佛像，乃米元章手迹也。

扬州府高邮州城中水壁院，壁有画水。米元章《画史》云：高邮壁水，郡人曹仁熙笔，中一笔长丈余，水势从此分去。

中岳嵩山少林寺房门上，有画神，乃迦佛陀禅师之迹也。师，天竺人，学行精悫，灵感极多。隋文帝为之建少林寺。

西安府临潼县南山半腹福严寺上，有红楼，楼上有王维山水两壁。按：福严寺，旧名石瓮寺，以临石瓮谷故。宋太平兴国始改今名。

汉中府洋县醴泉院，有宋文同[2]为洋州守时，所画古柏八株，根节礧砢，笔势飞动。

凤翔府开元寺东塔，有王维画竹。两丛交柯，乱叶飞动若舞。普门寺有吴道子画佛在双林下入涅槃像。

平凉府泾州东南四十里长武镇安仁谷中，有龙马寺。相传宋太祖微时过此，僧守严异其骨相，阴使画工图于寺壁上。今犹模糊可辨。

嘉兴府桐乡县南四十里惠力寺壁间画龙，一骧首跃洪涛中，一既升而反顾，恍惚有风雨随之，鳞甲飞动。乃元叶茂章元统甲戌夏所作。又画两胡僧，亦入妙品。

湖州府龙殿壁画竹，管道升[3]所画。或以为赵子昂读书其中时所作。

处州府城东九里东山上，有硿硐岩。岩左绝壁上有彩画如来三，罗汉十八，历千载如新，不知何人所作。

南昌府城西西山之极峻处，曰"梅岭"，唐末僧贯休[4]所居在云堂院。尝于院壁画罗汉，已毕十五身，忽从禅定起，自写本身，以足十六之数。宋元丰中，建阁盖藏。

九江府城南二十五里匡庐山楞伽院，有崇德郡君墨竹，李公择妹，黄鲁直姨母也，为朝议大夫王之才[5]妻。

赣州府治东天宁万寿寺，杨吴时建寺，壁有陈海珠所绘龙首。

成都府城南汉文翁[6]石室，安帝[7]永初间遇火，兴平初，太守高朕更新之，又增造一石室，始作礼殿，以祀先圣周公。壁上画三皇五帝、仲尼七十二弟子及三代两汉君臣像于殿壁。其后，好事者颇增益以魏晋。宋嘉祐中，王素命摹写为七卷，凡一百五十五人，为成都礼殿圣贤图。绍兴中，席益又摹写于石经堂，为一百六十八人。文翁石室壁间画一妇人，手持菊花，前对一猴，号"菊花娘子"。大比之岁，士人多乞梦，颇有灵异。按：文翁，姓文名党，字仲翁。见张崇文《历代小志》。

成都府正法院法堂，有宋僧道宏所画高僧像。水陆院普贤阁，有宋僧智干[8]所画观音像，其徒虚己作水石。大慈超悟院佛殿，有宋僧祖鉴所画十观音像。鉴又尝于邛州凤凰山画观音，一旦忽现五方圆相，直阁计敏功为作瑞像记，见存。山在大邑县西八十里。

重庆府城西十里佛图关，石壁绘佛像，一径仅容舆马。

嘉定州峨眉县西一百里大峨山牛心寺，有唐画罗汉一板，笔迹超妙，眉目津津，欲与人语。中峰乾明寺僧堂壁间，有宋眉山程堂所画菩萨竹，俨然如生。堂，字公明，举进士，为驾部郎中，善画墨竹，师文与可[9]。

邛州城西八里白鹤山寺，壁间绘像，乃范琼[10]、杜措、丘文播[11]诸人名笔。虽丹青剥落，而笔法具在。

建宁府城东二里白鹤山岳祠东庑壁，有乔戚里画，元时名画也。

[1] 李公麟（1049—1106），字伯时，号龙眠居士，舒州（今安徽桐城）人，北宋著名画家。神宗熙宁三年（1070年）进士，历泗州录事参军，曾为中书门下后省删定官、御史检法。
[2] 文同（1018—1079），字与可，号笑笑居士、笑笑先生，人称石室先生，北宋梓州梓潼郡永泰县（今属四川绵阳市盐亭县）人，北宋画家、诗人。皇祐元年（1049年）进士，迁太常博士、集贤校理，历官邛州、大邑、陵州、洋州（今陕西洋县）等知州或知县。
[3] 管道升（1262—1319），字仲姬，一字瑶姬，浙江德清茅山（今干山镇茅山村）人，祖籍江苏青浦（今属上海）人。元代著名的女性书法家、画家、诗词创作家。赵孟頫之妻，行楷与赵相似。
[4] 贯休（832—912），俗姓姜，字德隐，婺州兰豁（今浙江兰溪）人。五代著名画僧。
[5] 王之才，柳州人。宋庆历二年（1042年）进士，曾任韶州知州。官至工部侍郎，以朝议大夫致仕。
[6] 文翁（前156—前101），名党，字仲翁，其故里在安徽省舒城县枫香树乡文家冲。西汉循吏。
[7] 安帝，即汉安帝刘祜（94—125），东汉第六位皇帝（106—125年在位），在位19年。
[8] 智干，当为智平。据宋邓椿《画继》卷五：智平，成都清凉院僧，善画观音。水陆院普贤阁所画像，其徒虚己作水石。
[9] 文与可，即文同，字与可。
[10] 范琼，唐文宗时人，画家。善画人物、佛像、天王、罗汉、鬼神。
[11] 丘文播，又名潜，五代后蜀广汉（今四川广汉）人。初工道释人物，兼作山水，其后多画牛。

方舆互考 卷之八

补　遗

[清] 卢勖吾

剑　池

怀庆府修武县刘伶台下有池，方广可数丈。泉出其中，四时不涸者，嵇康淬剑池也。池畔有锻灶。

墨　池

山阴兰亭王羲之墨池，可以染缁。
广信府治南有墨池，旧传尝有仙人于池内洗笔，其水常黑。

饮马池

保宁府剑州梓潼县北十里千佛岩下，有饮马池。

洗药池

附　录

高州府茂名县治东，有思乾井，水味香甘。相传晋潘茂名炼丹于此。

丙　穴

附　录

刘欣期《交州记》：有龙门水深百寻，大鱼登此化成龙。不得过者，曝腮点额血流，此水恒如丹池。即钦州龙门江也。

京　观[1]

魏邓艾平蜀，使于绵竹筑台，以为京观，用彰战功。

后梁乾化三年，使宁国节度使王景仁[2]侵吴，吴徐温[3]、朱瑾大败之于霍丘。梁兵渡淮时，表其可涉之津，霍丘守将朱章［景］浮表于木，徙置深处。及梁兵败还，望表而涉，溺死者大半。吴人聚梁尸为京观于霍丘。

［1］京观，古代战争中，胜者为了炫耀武功，收集敌人尸首，封土而成的高冢。
［2］王景仁，原名王茂章，庐州合淝（今安徽合肥）人，后梁名将。原为淮南节度使杨行密部将，历任都指挥使，润州团练使、宁国军节度使。
［3］徐温（862—927），字敦美，海州朐山（今江苏东海）人。五代十国时期吴国大臣，曾任大丞相、都督内外诸军事。

琉璃井

徽州府婺源县北十三都庐源，有琉璃石井。

附　录

应天府江宁县陶吴镇西北二百余步响井，阑尚存"元祐五年"

四字。或以纱帛蒙其上,以物击之,或作鼓声;或以瓦石投其中,则作钟磬声。

夫人城

沁水县东北窦庄,张忠烈铨[1]故里也。铨父尚书五典[2]谓海内将乱,筑墙为堡,甚坚。崇祯四年,流贼犯窦庄,时五典已没,铨子道浚、道泽,俱官京师。铨妻霍氏率家僮为守御,贼至环攻之,堡中矢石并发,贼伤甚众。越四日,乃退。其避山谷者多,遇贼淫杀,惟张氏宗族得全。冀北兵备表其堡曰"夫人城"。

[1] 张忠烈铨,即张铨(1577—1621),字宇衡,号见平,山西沁水窦庄人,张五典之子。明末武将,万历三十二年(1604年)进士,任保定推官、浙江道御史,出巡陕西茶马,后又巡按江西。先后任御史十多年,后任辽东巡按,驻辽阳。
[2] 五典,即张五典,明万历二十年(1592年)进士,先后在天津、山东、河南等地为官。天启二年(1622年)任南京大理寺正卿,天启三年(1623年)加升兵部尚书。

铜　　柱

太华山天门西出为栈,而铜柱者二。

索　　桥

天全六番招讨使司西三十五里龙安桥,以竹索为之。
越嶲卫都司城东四百里,有龙溪索桥。
腾冲指挥司有藤桥三:一在龙川,一在尾甸,一在回石,俱跨龙川江。盖江水湍急,难以木石为之,编藤为桥,系于岸树,以通人马。

唐史高仙芝[1]征小勃律王[2],断娑夷水藤桥。娑夷水,即弱水也,其水不能胜草芥。藤桥者,通吐蕃之路也。小勃律去长安九千里而赢。

[1] 高仙芝(?—756),高句丽人,唐朝著名军事将领。官至四镇十将、诸卫将军,曾击败吐蕃取小勃律。
[2] 小勃律王,苏失利之继位小勃律王,被吐蕃(今青藏高原)军击败,被迫臣服吐蕃(今青藏高原),迎娶吐蕃(今青藏高原)公主为妃。唐天宝六年(747年),安西节度副使高仙芝受命进讨,俘虏小勃律王夫妇。

皮　　船

后周显德三年三月,宋太祖攻寿春,乘皮船入其壕中。
附　录
张士诚将吕珍,骁勇善战。尝廓革囊兵,宵济以袭我师,升山之败来降。

吕后杀韩信处

地志云:未央殿东北二里许,钟室故处也。有隙地丈余,草生皆殷赤色。相传吕后杀韩信于此,血渍而然。

汉光武渡冰处

附　录
建文元年十一月,李景隆[1]围北平。成祖自大宁归,率兵至孤山，河水难渡。是日雪，默祷曰："天若助予，则河冰合。"是夜冰果合，遂进师，击败前哨都督陈晖兵。晖众跳冰遁，冰解溺死无算。

[1] 李景隆（1369—1429），朱元璋外甥李文忠之子，袭父爵封曹国公。靖难之役，奉命讨伐朱棣，屡战屡败。朱棣逼近南京，开金川门迎敌，致使南京失守。永乐时加封太子太师。

孟嘉[1]落帽处

太平府城南一十里龙山，荆州府城西北一十五里龙山，俱相传为桓温宴僚佐，参军孟嘉落帽处。温尝为荆州刺史，又尝移镇姑熟，两处皆有龙山，故皆以九日落帽事附之。按：嘉本传，为征西桓温参军，温甚重之。温进位征西大将军，正在镇江陵之日，至移镇姑熟，则已加扬州牧、录尚书事矣。嘉落帽，实在荆州之龙山，后人筑落帽台于山上，其证也。

[1] 孟嘉，字万年，江夏郡鄳县（今湖北孝昌）人。东晋时期名士，历任庐陵从事、江州别驾、征西参军等职。晚年长期在桓温幕府任职，担任桓温的从事中郎、长史，留有"孟嘉落帽"的典故。

晒经石

雅州荣经县北二十里晒经山，传为唐僧三藏晒经处。

巨　桥

巨桥，一在大名府浚县西五十里，纣聚粟之所。一在卫辉府东吴里社。

汉光武扳倒井

附录

青州府诸城县城阳社有倒井,欹卧斜入,如人扳倒之者。泉甘,冬夏不竭。

范蠡宅

湖州府德清县东北一十五里蠡山,旧传有范蠡故居,因名。

朱买臣读书台

苏州府城西南六十里穹窿山,有磐石平坦,相传为朱买臣读书台。有穹窿寺,梁时建,即买臣故宅也。

丹朱墓

附录

天宝故实载:卢氏县南山尧女冢,唐时有人开发,珠玉宝器甚多。史传地理书皆不载此冢,且以茅茨土阶诒训者,安得有厚葬之事?此必后世之冢,误传为尧女耳。

冉仲弓[1]墓

东昌府冠县北二十五里,有冉仲弓墓。

[1] 冉仲弓，即冉雍（前522—?），字仲弓，春秋时期茶崮（今菏泽张什店）人。为孔子弟子，以德行著称。

长沮、桀溺[1]墓

归德府睢州柘城县北三里有双冢，世传长沮、桀溺葬处。

[1] 长沮、桀溺，春秋时期的隐士。《论语·微子》中的"长沮、桀溺耦而耕"一文，通过孔子问路于长沮、桀溺的对话，展示孔子在四处碰壁却志向不改的崇高精神境界。

楚庄王墓

楚庄王墓，一在武昌府城东六十里灵泉山，一在襄阳府城北邓城。

孙叔敖[1]墓

孙叔敖墓，一在荆州府旧江陵城中白土里，去郢城北二十里。叔敖曰："葬我于江陵，后当为万户邑。"一在承天府白板滩。

[1] 孙叔敖（约前630—前593），名敖，字孙叔，楚国期思县潘乡（今河南省固始县）人。官拜令尹（宰相），辅佐庄王独霸南方，使楚国成为春秋五霸之一的国家。

巴蔓子[1]墓

巴蔓子墓，一在承天府荆门州南五里荆门山之阳，一在施州卫城北二百里都亭山。周末，巴国乱，将军蔓子请师于楚，许以三城，楚救巴。巴国已宁，楚使请城，蔓子曰："藉君之灵克绥祸难，诚许是三城，将吾头往谢，城不可得也！"乃自刎，以头授楚使。楚王以上卿礼，葬其头于荆门，巴国葬其身于都亭。按：重庆府有巴子城二，一在忠州东一百里江北岸，亦名临江故城，盖汉县也。一在合州南五里。

[1] 巴蔓子，古巴国忠州（今重庆市忠县）人，东周末期（约战国中期）的巴国将军。

孟姜墓

附　录

过空桑里许，伊尹墓，地名三家次。有范郎庙，塑孟姜女，隅坐配享者，乃蒙恬将军也。

张敖[1]墓

张敖墓，在郧阳府房县西一百里。

[1] 张敖（前241—前182），大梁（今河南开封）人，赵王张耳之子。秦末随父参加陈胜、吴广起义，曾封成都君。汉高祖五年（前202年）袭爵赵王。

吕蒙墓

吕蒙墓，在武昌府嘉鱼县西石头口吕蒙城内。

孟嘉墓

孟嘉墓，在武昌府兴国州西南阳新里。

谢晦[1]墓

谢晦墓,在岳州府澧州安乡北六十里黄山上。相传晦刺荆州,尝过此,顾瞻久之。后死,柩过山下,不肯去,因葬焉,民为立祠黄山。本朝载郡祀典,祭以八月二十九日。又黄州治西赤壁矶,有金甲井,井傍有古墓,相传为晦葬处,俗谓之"谢铁龙墓"。宋绍兴间浚井,得金甲一具,乃晦败,以甲投井中也。按:晦伏诛京师,二墓未知孰是。

[1] 谢晦(390—426),字宣明,陈郡阳夏人,南朝刘宋大臣。刘义隆继位后,任荆州刺史,后进封卫将军、散骑常侍、建平郡公。

曹彬[1]墓

曹武惠王彬墓,在归德府永城县西太丘城,一在河南府巩县西南。彬,灵寿人。

[1] 曹彬(931—999),字国华,真定灵寿(今属河北)人,北宋开国名将。死后追封济阳郡王,赠谥号为武惠。

张叔夜[1]墓

张叔夜墓,一在广信府永丰县东三十五里灵鹫山,一在南康府治东。

东都自路都尉始见墓阙,盖表阡铭圹之滥觞也。有文而传于今,则自谒者景君[2]始。

[1] 张叔夜（1065—1127），字嵇仲，信州永丰县（今江西省上饶市广丰县）人，北宋名将。宋徽宗大观年中赐进士出身，曾任右司员外郎、礼部侍郎、龙图阁直学士。曾镇压宋江起事。

[2] 谒者景君，指《谒者景君墓表》，东汉元初元年立。

灯　　山

武昌府咸宁县治东南金灯山，每月夜，有光如灯，至晓乃灭。

台州府城西六十里灯坛山，有石坛。每阴雨望之，其上有光如灯。

大峨山，夜佛灯出岩下，遍满弥望，以百千万亿计。

移　　山

嘉靖二十六年十二月十四日，西安府同州澄城县麻陂山界头岭，昼夜大吼如雷。至二十七日夜，山忽中断百丈，移走东西三里，南北五里。

正统八年十一月，绍兴府某山移于平田。是年，陕西某山叫三日，移数里。时畏王振，不敢奏。

附　录

嘉靖四十二年，北京观象台忽崩陷。时雷，尚书礼觅台四围，并无余土，更不知土从何去。后访知，台土移填于城外某泽，泽且夷矣。

涌　　山

万历己亥[1]秋，狄道县有山数百尺，一夜陷入地中，其旁涌出小山□所，皆数十丈，相去百武。先是数夕，山旁居人闻山上有金鼓声，远视有火光照入，皆争走避。无何，遂有此怪。

[1] 万历己亥，明万历二十七年（1599年）。

通　　山

　　临洮府城西六十里，有通谷。宋熙宁中，尝置堡。其谷东西出入，中可容千百人，往来不逾数十步。上有大窍，可见天日。

　　嘉定州峨眉县大峨山，有天门石。石方甚，壁立，中通一径，宛若门户。

多面山

　　广信府贵溪县西南五里五面山，一峰屹立，削成五面。

广顶山

　　辽东都司城东一百里平顶山，周三十里，其项［顶］平敞可耕稼。

　　剑川州西南五十里石宝山，层崖峭壁。上有石坪，方数十亩。昔为高僧养道之所，中有罗汉迹。

　　南雄府城西北二十里扬历岩山巅，方广百余丈。

占年山

　　平阳府解州闻喜县北四十里凤凰山，一名定秋山。山上卉植春甲齐萌，可占年。若发有先后，则无年。

　　台州府乐音县[1]雁荡山能仁寺右火焰山，有天马不时出，出则有成。

[1] 台州府乐音县,当为温州府乐清县。

占雨山

附 录

司城南九十里有避瘴山,有干、湿二洞。凡瘴欲动,时鸢皆此洞;瘴已,乃出。土人欲知无瘴,以鸢为候,鸢出必在立冬前后。

四削山

处州府龙泉县东一百里棋盘山,临流壁立,状如削成。昔有仙人奕棋于此。

一线天

金华府城北二十里朝真洞,有一线天,其上有飞梁。

寿 水

附 录

万历辛巳[1],开封有人瑞,姓高,年一百五岁。其妻王氏,年一百一岁。询高致寿,无他术,其断欲亦止卅年耳!至今犹以淬青铜为业。右[上]见王恒叔[2]《游梁记》。

[1] 万历辛巳,明万历九年(1581年)。
[2] 王恒叔,即王士性,字恒叔。

酿　　水

郴州兴宁县东醽醁泉，一名酒官水。

茗　　水

兖州府城外沂水之北，有浮香亭，亭少北一石穴，茶泉也。金党怀英书刻石，而不书名。

杭州府钱塘县定北乡洋井畋，有泉煮茗，味胜虎跑，黄嘉惠名之曰"功山泉"。

临安县西五十里径山南峰偃松下，石泓激泉成沸，甘白可爱，煮茗最宜。

辰州府沅州城外有龙井泉，味甘美，煮茗尤佳。

承天府沔阳州治西广教院，有陆子泉，一名文学泉。相传陆羽曾以此泉试茶。

淬　　水

附　录

饶州府德兴县北铜山有胆泉，一名铜泉。以泉浸铁数日，辄类朽术。刮其屑，煅炼成铜。

广信府铅山县西南铜宝山，石窍中涌泉，浸铁成铜。

疗疴水

徐州城南二里石佛山顶，有石佛井，方一丈二尺，自然液水。虽雨旱无增减，饮之愈疾。

济南府章丘县南三十里净明泉，俗呼为"麻湾"。其水至洁，可以洗目退昏翳。

南昌府城南、城东，各有龙井，病者饮之多愈。

抚州府城东七十里雄岚峰，有灵泉，病者饮之多愈。

郧阳府房县东十五里土地岭东山，下有大汤池，四时常温澄澈，愈痼疾疮癣。

靖州城内有安乐井，水清味甘，病饮多愈，故名。

崖州感恩县北七十里有泉，夏则清泠，冬则沸热。有患风疥瘴气者，洗之皆愈。

云南府城北商山下有冷泉，土人云浴之去风疾。

澄江府治东北空谷泉，汇而为池，春时颇温，浴之可去痒疴。

附　录

巩昌府秦州东南二十里仙家岭，土中尝出药丸，色黑。相传服之可以疗病。

瀑布水

安庆府潜山县西北二十里潜山，左有雪崖，崖半色垂如雪，瀑布万丈，冬夏莹然。

泰山入红门数里，过高老桥，有水帘洞。左崖耸立数十仞，而两大石腹相接，泉从石上奔泻，如垂帘以下。

河南府登封县东十余里卢岩寺，唐卢鸿隐处也。寺后瀑布，泉出岩顶，下泻石壁，长逾数十丈，阔二三丈。

杭州府临安县西五十里天目山，有东、西二瀑布，喷注为池，名"蛟龙池"。又有上、中、下三池，池上有潭如仰箕，曰"箕潭"，箕潭溢而入者曰"上池"；悬崖五十仞，上有石壁如门，其环流而下者曰"中池"；垂岸三十余仞，喷涌如雷，悬流而下注者曰"下池"，其深莫测。

金华府永康县东四十五里寿山，有瀑布峰。峰左连大石壁，从下望之，瀑布高阔数百丈。山中有吕东莱读书小洞，洞之西南又见瀑布下注，其下有潭，泓深澄黛。

台州府天台县北七十里寒石山，一名寒岩。上有仙人洞，唐寒山子居之。岩左有瀑布，绝壁光削，约五百丈，练子水抛下，溅石珠碎；右有雀桥，如瓮圈削，剩一条黝不可上，比石梁尤为奇险。隐身岩壁，顶挂一瀑，银绳条落，半坠潭时，绥绥洒洒，似一束碎雨。诺讵那观瀑台，望数千仞凹壁，悬空挂下一团白柱。

仙居县西南四十里水帘山，有瀑若帘垂，四时不竭。

延安府宜君县西南四十里玉华山驻銮崖，始入见双壁，屹然如削石而成。既至其处，若视瓮侧有泉飞而下，如悬雨喷珠，名曰"水帘"。稍北，有崖与泉，亦若是而差小。

建昌府麻姑山有瀑布，淙下三里余尺。两山夹瀑如阙，瀑口有巨石峙焉，而流界为二，其右则绿壁而泻，其左则冲石而飞，是曰"雌雄之水"。

琼州府临高县东三十里美陇滩，水自石巅泻下，高数十丈，如曳白练。

桂林府阳朔县西五十里，飞泉涌自山椒，悬石百级，飞舞而下，如挂银河，入于漓水。

流觞水

常州府宜兴县南三十八里玉女潭，有凝玉亭。亭西一渠，激水行乱石间，丝石旋转，可以流觞，名"流觞屿"。

绍兴府城南二十五里兰渚，即古兰亭，依山依涧，涧湾环诘曲流觞之地，莫妙于此。今乃择平地，砌小渠为之，非其旧矣。

温州府城东南积谷山，有谢池，谢灵运尝流觞其中。池颇澄湛，俗呼"灵池"。

辨官水

武昌府武昌县庭有醴井泉，令贤则涌出。

应祈水

徽州府婺源县西四里龙王潭，有龙居之。嘉靖初，长山李士翱为令，多惠政。值岁旱，祷雨不应，走潭激切投衣，为龙掣去。顷之，衣浮，载黍角一双，亟取以归，雨随之如注。李后仕至户部尚书。

郴州兴宁县东一十里有石岩如灶，名曰"仰灶"。四面壁立，下有深潭，其气上腾如炊，水深而黑，云翳生寒。凡郴衡属境岁旱，能精洁祷此，则云雾四合。必有小鱼跃出，急以器盛之，雨即至。否则变异交作，泉水涌沸。宋邑令郭梦升作亭其上，扁曰"致云"。

高州府电白县东二十里有龙湫井，一泉出岩下，四时常涌。以竹木刺之，则雷雨立至。

平坝卫东南十五里龙井，水极甘清，其上常有烟雾。居民遇旱，屠狗魇之，则风雨立至。

陷沦水

雁荡山雁湖旁，昔有塔寺，一夕沉湖中数百年。犹余遗地败址，棠梨花数百株，皆俨然成列。

绝巅水

徽州府婺源县北一百一十里高湖山椒,有湖宽六七亩,四时不涸,人称"圣湖"。

衢州府常山县东三十里常山,亦名长山。绝顶有湖,广可数亩。

建昌府南丰县西南二十里,有天井湖。众山环簇,一山最高而顶平,中有天池,圆阔十亩,不知其深。

云居岩高可千仞,而方沼潴其巅。

通脉水

武昌府治南大洪山有塔,名"无影塔"。塔下有浪花井,水常沸涌如浪,其脉通江。

逆逝水

衡州府桂阳州临武县西南十五里秀岩下,有二穴,水出左穴为大溪,流二百余步,复入右穴。

黑色水

卫辉府获嘉县治西白云寺,旧名白茅寺,地藏王殿西崖有窟窅然,曰"青龙洞"。洞内有水,色正黑。

桂林府城西三里隐山南华洞中,水色黑绿,深不可测。又北牖洞,洞虚而潭幽,其水泼墨,中有巨鱼,可三四尺,镂鳞铲甲,朱须赪尾,或以为龙云。又白雀洞中,其水如墨。

澄江府阳宗县北明湖，一名夷休湖，一名阳宗湖，其水黑色。

甘　　水

大名府开州治南有御井，泉极甘洌，宋真宗驻跸时所饮之井也。

徽州府婺源县西南三十都中云有龙泉井，味甘有香意。

归德府广安州治南有甘泉井，中有三冗，而中一冗出泉极甘。

怀庆府城东北四十里明月山观音阁之东，有课蜜泉。本朝正德初，河南提学副使历城王公敕[1]所凿。水甘美，至朝聚群蜂吮之，故名。

瑞州府治旧三皇庙前醴泉井，甘洁如醴。

重庆府南川县治南，有孝妇泉。相传为孝妇所感而出，泉极甘冷。

潼川州射洪县南四十里，有甘泉。唐时邑人黄嘉猷父没，躬负土成坟，感甘泉之应。

附　录

朱郑绮家于浦江县东芙蓉山下，母嗜溪水。值旱溪涸，绮恸哭，水为涌出，因名"孝感泉"。

[1] 王公敕（1446—1511），字云芝，一字懋纶，另字嘉谕，山东历城人。明成化二十年（1484年）甲辰科李旻榜探花，授翰林编修。弘治九年为河南提学副使。正德二年（1507年），升南京国子监祭酒。好谈仙论道，平生多怪，人以为仙。

二味水

附 录

泉州府惠安县北五十里,地名沙格。王家宅中有井,坐艮向坤,顺向而汲,煮饭则白;反之,则红矣。

海中淡水

同安县浯洲屿后浦海滨,新涌一泉,潮至则没于咸潮,退则淡可食。商船丛泊,其侧砌石为阑,旁留一窍,每潮退,咸水从窍出尽,淡水涌溢。人竞汲之,亦可煮茗。离余家里许,亲见而试之。又嘉禾屿东澳中有井,径二尺许,深三四尺,潮来咸水没之,潮落则甘淡可食。

清　水

鄱阳螺蛳洲,在江上流,南岸夹汀,其水最清。隋梁文谦[1]刺饶,日嗜此水。后人思其廉,因名"清洁湾"。

[1] 梁文谦,乌氏人。隋开皇十五年(595年),拜上州刺史。炀帝即位,转饶州刺史。后为鄱阳太守、户部侍郎。辽东之役,领武贲郎将,寻以本官兼检校太府、卫尉二少卿。次年,领武贲郎将,为卢龙道军副。

温　水

雁荡山灵岩,由平霞嶂右胁旁登悬崖之上,有石室。绝端有洼,石洼中泉冬暖如汤。相传昔有罗汉,常浴是泉。浴毕,偃息石室中，故石上有平偃之迹。

凉　　水

汾州府孝义县西南二十里，有冷泉。

雁荡山云峰洞左方有性井，寒沁而甘。汲之，毛发皆爽。

建昌府南丰县西泠水井，一名醴浆，源味甘洌。

吉安府吉水县西北鹿角峰下，有清冷泉。平地涌出，味极清洌。

郴州城南三十里，有寒泉。其源出黄岑山，流入郴江，春夏尤冷，故名。

澄江府江川县西北七里，有冷水泉。

黄山谷云虾蟆碚水，亦不甚甘，但冷熨人齿。

温凉水

蓟州遵化县西北有汤泉，甃石为浴池，深二丈许，广几倍之。池阴有窦，蓄寒水，浴者时其温凉之候，而启闭之。别有池如偃月，寒水所自出，色且凝碧。僧言泉本寒沁，有石根可一亩，类焦釜覆之，水受石性，故沸，所不及则否。数武之内，而水火共鼎，亦一奇也。

宣府城东一百四十里龙门镇北乡赤城寺侧，有汤泉。泉旁又有冷泉。

平凉府泾州灵台县东三十里保岩山之阴，有温冷泉。半温半冷，有疾者于此洗涤即愈。

常德府桃源县西北一百二十里有汤泉，常如沸汤。其旁又有冰泉，人谓之"阴阳水"。

嘉定州峨眉县大峨山呼应庵，有温凉泉。孙思邈隐峨眉，与茂其［真］尊者相呼应于此，故名。

广州府增城县西四十里白水山佛迹院，有温冷二泉。相去步武间，东者如汤，西者如雪，必相调而后可浴。

水状之奇

西安府华州华阴县南十里太华山落雁峰，有灵泉二顷，上者名"蒲池"，东偏者名"太上泉"。水皆青绿，作瑟瑟光，俗谓之"仰天池"、"黑龙潭"。

潮　　泉

台州府仙居县西北三十里张阜潭，相传中有龙潜潭。侧有一沙潭，每潮长，则沙潭之波浸沙石，潮退复平。

思南府城北八十里汲溪泉，日有消长。婺川县东二十里龙泉，或一日一涨，或三日一涨，消则澄清，涨则浑浊，人莫能测。

附　录
闽中有候潮草，草间有荚如榆荚，潮至则开，退则合。

雷　　泉

衢州府城五十里，有神塘。唐开元中，因风雷摧山，堰涧成塘，溉田二百顷，因名。

剑　　泉

徽州府婺源县北门外，有仙井，相传吕洞宾以剑劈开者。井深不可测，两崖怪石壁削，上有洞宾像。

锡　　泉

衢州府龙游县治南，有吕公井。世传吕洞宾以杖卓地出泉，故名。

袁州府分宜县南三里钤冈上，有卓篙泉。相传昔仰山二神[1]自维扬附舟归，夜至钤冈，卓篙于半峰以维舟，后遂有泉涌出。

[1] 仰山二神，指萧大分、萧隆（七郎）。

不盈泉

保安州城西北六十里保宁山，有石如仰盂。泉出其中，仅一斗许，虽群饮不竭。

嵩山会善寺佛殿东偏，有泉出自山中，惟供寺僧之汲。通之，俾滋灌溉，则伏而不流。相传唐有高僧晏公于此诵《法华经》，龙作人来听，晏公知其龙也，告以寺乏水，遂送此泉云。

凤翔府岐山县治南，有不溢泉，引润德泉注于池，久而不溢。润德泉，在县西北十五里周公庙旁。

金华府浦江县东南三十里康侯山，有池水，久雨不增，甚旱不减。

眉州青神县道侧，有猪母佛泉。泉出石上，深不及二尺，大旱不竭。中有二鲤鱼，时隐时现，相传为猪龙云。

临安府西北六十里万象洞，有小池如芙蕖，容水数升，味极清甘，饮之不竭。

迁移泉

眉州青神县东南松柏滩，多覆舟之患。宋天禧中，令张逸为文，祷江神。不逾月，滩徙五里。

辽圣宗太平五年三月，鱼儿泺有声如雷，其水一夕越沙冈四十里，别为一陂。

云　井

徽州府婺源县城北五显庙，有龙井。深数丈，传云其下有龙，时吐气如云。

风　穴

光州固始县南一百八十里金刚台，一名石额山，上有风洞。

金华府城东北三十五里有新洞，宋绍兴间，一石摧下，旁露大窍，风自中出。

衢州府城南二十一里响谷山，崖壁峭立，水环其趾。崖半有石穴，风嘘则鸣。

台州府宁海县西四十里，有风穴。昔僧昙猷暑行至此，以杖卓石取风，遗迹犹存。

襄阳府均州武当山，有风洞。

南康府庐山崇胜寺前山，中有风穴。

保宁府剑州梓潼县北十五里七曲山，有风洞。

动　土

施州卫大田所西南二百里，与酉阳接界，有万顷湖。其湖深陷，行之周围动摇。

响　土

青州府诸城县常山后麓，有响埠，亘八九里。人行其上，铿然有声，缓行如登楼阁，急走如击鼓鼙。

攻玉沙

附　录

杭州府仁和县海际出橐钥沙，可为鼓铸铜锡之模。

武昌府武昌县西四里樊山，有洞穴。其土紫色，可以磨镜。

字　石

唐太宗时，太原石有文曰"治万吉"。及太子承乾废，长孙无忌请立晋王治为太子，遂从之。

印　石

徽州府婺源县西七十里田路，有石浮水面若印，里称"印墩浮虹"。

宁波府定海县东半里有印山，地面涌起一石，形方如印，故名。

照 石

苏州府城西二十五里天平山巅,有巨石,面圆,坎如镜。当坎望之,全湖在目,谓之"照湖镜"。

泰安州泰山绝顶石室,中有黧色石方丈,莹润可鉴。

目 石

延安府葭州神木县治东南龙眼山峰,上有二孔,透穿如龙眼。

迹 石

青州府诸城县信阳里西北海东岸,上有石床。巨石平正,有巨人仰卧迹,身长丈余,首乾趾巽,脑跟胁、肘痕,皆入石数寸。

矗 石

金华府仙都山玉柱峰,一名独峰,高三百丈,三面临水,周一百六十丈。

台州府天台县西北七十里隐身岩,对山下石,孤立二千尺,松柏植其上。

温州府乐清县雁荡山天柱峰,平地矗起八百丈,孤圆削直,绝无墙壁。

应 石

袁州府城南三里狮子岭后有响石,声传响答,故名。

飞　　石

广州府新会县崖山下，有磨刀石。自海门飞来，潮来则没，潮落乃见。

长　　石

琼州府城东南一百里陇堆山，下有息石。初甚小，岁久渐大，乡人祀以为神。

坐　　石

徽州府婺源县卿云洞，有巨石拔出洞外，可坐数十人，曰"聚仙台"。台下有水，亦曰"钓台"。

怀庆府城东北四十里明月山苍公洞中，有天平石，光莹如碧玉。苍公者，寺之游僧也，尝居是洞，故名。

崖州东南十三里石版山旁，有横石平如砥，周围数丈。

桂林府隐山夕阳洞中，有石如砥，十数人可憩。

穿　　石

琼州府城西南六十里云露山，潭中有小石如橄榄，有窍可穿。

妍　　石

蔚州出玛瑙及造作玛瑙磨石。

延安府葭州府谷、神木二县，出玛瑙石，元时尝遣人采取。

怪　石

应天府句容县东南四十五里茅山，出怪石。

砚　石

巩州旧名通远军，即古渭州也。西门塞石产深土中，一种色绿而有纹，自为水波。琢为砚，颇温润发墨，宜笔。

陈眉公《妮古录》[1]云：子陵滩下有佳石，可作砚材。往三怀讲师没水中抱一石，沉绿色也，而更质朴，余题云："镇之以无名之璞。"又云：孙汉阳以宋复古殿瓦为砚，色黄而带白，制颇古。

曹安《谰言长语》[2]云：川江有石可为砚，大发墨，但脆而易破。

[1]《妮古录》，明陈继儒撰。杂记书画、碑帖、古玩及遗闻轶事。
[2]《谰言长语》，明曹安撰。书集撰者生平见闻，辨证其缺误。自以为暇日手录，皆零碎之词，无益于事，故以逸言剩语比之。

屏　石

宋洪迈记：祁阳石藉人力磨琢，惟高凉树石屏，混然天成，无斧凿痕。

高州府茂名县黄沙大石岭，石理有崖树景物。

穰州朱阳县[1]，石产土中，或在高山，其质甚软，无声。一种色深紫，中有白色如圆月，或如龟蟾吐云气之状。欧阳永叔《赋云月石屏》诗，即此石也。又有一种色黄白，中有峰峦罗列，涧壑远近。

[1] 穰州朱阳县，当为虢州朱阳县。

试剑石

安庆府潜山县西北二里三祖山后有赵公岭，岭上有赵真人试剑石。

出米石

顺天府城西史家营，大山峻峭，有石如臼，传为仙人隐所。臼产米，日取不竭。僧惮险阻，凿石通之，穴成而米不至。

星化石

元顺帝至正十年正月甲戌，陨石于棣州，色黑，中微有金星。先有声自西北来，至州二十里而陨焉。

嘉靖二十年，冀州枣强县午时天鼓鸣，星陨为石者四。

隆庆二年正月初九日未时，新城二圣庙前西南六十余步，落火光一块，陷地一尺。掘出黑石一片，如碗大，识者以为星陨。同日，许家庄亦有一星落地，陷一孔如拳大。掘出石一片，黑色，秤重二斤十四两。

万历二十八年八月二十七日，怀庆府河内县，天鼓自西北而来，声如雷，降一星大如升，随带火光，坠于常平镇北二里。掘地尺许，获一石，外黑如铁，中白如银，形小而甚重，非金非石，人莫能识。时巡按御史姚思仁上疏，以为采金使者四出害民致干天怒，乞罢开采，施赈贷，庶可消灾沴为福泽。

树化石

附 录

万历三十一年二月二十三日夜，太仓草场空中火发，自上而下，焚草六万余束。既熄，视所焚者，皆成巨石，大数十围，堆叠如山。斧击碎之，真石也。问守者，云仓内从来无石，比积年烂草耳，莫晓其故。

元顺帝至正二十二年，汴梁祥符县邑中树木，一夕皆为湿泥涂之。

地涌石

金华府浦江县北八里宝掌山岩巅，有巨石玲珑若斫成，遥望蹁跹如欲飞舞。俗传宝掌禅师宴坐时，忽雷霆交作。迨霁，而石涌出，因号"飞来峰"。

石　铁

杜绾《云林石谱》[1]载：临江军新淦县数十里，地名白羊角，凌云岭上平如掌，皆古时寨基。地中往往获古箭镞，锋而刃脊，其廉可刿，其实则石，长三四寸许，间有短者。孔子辨肃慎氏之楛矢石砮，《书·禹贡》：荆、扬二州贡砮，即此类也。又云：有石甲，叶形如龟背纹，稍厚。石斧大如掌，有贯木处。率皆青坚，击之有声。

[1]《云林石谱》，南宋杜绾撰。是中国第一部论石专著，体现宋代文人赏石观之精髓。

石　乳

台州府城一百九里玉岘山，有钟乳穴，伏翼[1]如鹅大。

常德府城北九十里龙岩山，崖壁嵌空，石乳如笋。

[1] 伏翼，蝙蝠的别名。

天然石像

涿州房山县西六十里斗泉山下，洞中石玉白镜莹，有长眉祖师、吕纯阳二像，状貌、衣冠肖似。

徽州府城西北一百二十里黄山始信峰，有石仙人对奕，布局落子，势皆生动。后立者，背手而观。又有波斯胡负宝而献。

婺源县西北一百二十里莲华洞，有玉莲台。石人南向坐，高丈七八，修囟隆背，状如老君，有龙缠绕胸腹。

中峰塔院有祖师石像甚古。山顶四仙人解石处，石板薄不盈寸，长仅丈许，解文一线可穿而望。有全解者，有解及半者，有倒解者，神工鬼斧所不及也。

西安府城南五十里终南山玉泉洞上，有石俨若老妪凭岩而休。左一圈石，明可鉴物，谓之"石镜"。

处州府缙云县东南二十里溪中，有数石拔起数百丈，不相倚附。其最大者略如人，形俯而相先后，俗名"新妇阿家石"。

天然石鱼

婺州东阳县之南五里，有涵碧池，池中二大石鱼。鱼前有石一块，高一尺许，巉岩可观，石之半间凹然如掌。罗隐昔避地著书，尝以为砚。好事者每往游。

天然石禽

徽州府齐云山有一石，色正绿，昂啄而弹尾，曰"鹦鹉石"。

天然石室

陕西行都司城西南一百里祁连山下普观寺，旧名马蹄寺。内有石洞七，洞各有石佛。

台州府天台县西北三十里柘溪潭，有石室，可容百人。

温州府乐清县雁荡山散水崖，过东南隅，有石天窗，俨似楼阁。栏槛上有梁石，横若楣宇，凭槛而跳［眺］，奇岚叠嶂，皆可揽有。

宝庆府武冈州城东一百五十里紫阳山，有千寻石室。宋谏议大夫周仪[1]读书于此。陈与义谓为雷霆鬼神之所，有非人力之所能就者。

[1] 周仪，邵阳县塘田一带人。宋太宗雍熙二年（985年）中进士，累官至谏议大夫。

天然石阙

齐云山天门石壁如屏，忽中穿一窦，高可五六仞，深半之，广又半之，方如门阙，故名。

天然石碑

玉女潭瑶台超宇之后，有石甚奇，曰"天成碑"。

天然石梁

天台石城山趾为清溪,汇大盘、国清、桃源三水,跨石桥长数百武,东汱十里余,数石巉削,剌中流,不利舟楫。土人谓之大小恶,即李白所称"恶溪",溪由灵江入海。

夔州府开县北三十余里温汤洞溪上,有桥长二三丈,阔一丈许,非石非土。

铜仁府城北一百二十里名崖横亘溪上如桥,名"天生桥"。

天然石井

台州府城东八十五里平岩洞,中有石井。

郴州桂阳县北一十五里鹿角岩,有九石井。

天然石田

徽州府婺源县卿云洞,有石田、丘塍、井,井谓之"仙田"。

岳州府澧州安乡县西北六十里古田山,有石田。

附　录

雁荡山平霞嶂左臂架栈道,至旗半有石穴。下窥穴中,别有平土,类人间土田。

天然石钟鼓

池州府城南三里齐山新岩石鼓洞,有石旁出,如肺肝,白肌赤脉,击之冬然。远闻,可谐管弦。

抚州府城西南三十九里有石鼓,其状似鼓,或自鸣。

平乐府富州县[1]北一百八十里泰山,吴孙权时,此山夜雷暴震,开为六洞,有石鼓、石坛在焉。

南宁府武缘县西江水中,有石如钟形。相传撞之则风雨作,好事者试之,果然。

[1] 平乐府富州县,当为平乐府富川县。

天然石棋

池州府城南九华山五龙池畔,有石棋盘、棋子。

徽州府婺源县卿云洞仙田东,方石坟起石子数枚,谓之"仙棋"。县西北一百二十里大部山,一名率山。昔有张公修炼于此,俗以名"张公山",旁有天生棋局。

天然石

徽州府婺源县涵虚洞,有石长尺余,如宋时凤池砚,谓之"仙砚"。县西南有砚峰,山巅大石如砚。有池可注水,久晴亦不涸,俗名"砚瓦尖"。

南雄府城东南四十里青嶂山,有石锅,似玉琢成。

三　　绝

永州志浯溪《中兴颂碑》,元结文,颜真卿书,与祁阳镜石,内外莹澈,称三绝。

摩崖大字

应天府句容县茅山华阳洞上,巨石如削,有"华阳洞"三大字。

徽州府婺源县涵虚洞,高百尺,有飞白"岳飞游此"四大字。盖在行间所书,体势壮健,胆气可想。

苏州府城西北九里虎丘山剑池,左右刻"虎丘剑池"四大字,颜鲁公书。或谓唐人避高祖讳,凡"虎"字皆改为"武",不应书"虎丘",当是善颜书者假托耳。可中亭北有蔡君谟篆"生公讲台"字,分镌四砥而亡其一。

台州府天台县西二十里佛陇峰大慈寺前,石壁上有"佛陇"二字及"天台山"三字。字径大八尺,矢劲铁强,相传为僧指堂所书。

琼州府万州城东五里东山岭,有高石可百余尺,元监郡大都书"攀凤"二字其上。

再完碑

芳山有唐颜鲁公书方静先生《李君碑》[1],已断裂三四段,好事者合而树之,尚可拓。

[1]《李君碑》,即《李元靖碑》,全称《有唐茅山元靖先生广陵李君碑铭并序》,亦称《李含光碑》,唐代正书碑刻,颜真卿书。大历七年建于句容。《金石萃编》载:碑高约一丈余,宽三尺二寸五分,厚一尺四分,四面刻,共46行,满行39字。原石于宋绍兴七年断裂。

无字碑

平阳府解州平陆县新关河东口，涉水上山，有小祠祀龙神。檐下二石，其状似碑，无字，上作三窍。

兖州府曲阜县东北二里轩辕寿陵前，有祠。祠中有石像，又有大石碑四。二碑长三十有三尺，阔半之，厚四寸，负赑高十有三尺，阔如之，厚四尺，龟趺十有八尺。二碑广二十有四尺，阔半之，厚四尺，负赑高十有八尺，阔十有六尺，厚四尺，龟趺十有九尺。皆无文字，宋时物，或垂成而金兵至也。按：陵，本名寿，金改为寿陵。

雷书灵迹

宋承华县[1]，某年因雷震，有字在天王寺屋柱上，倒书云："高洞杨雅二十六人火令章。"凡十一字，内"令章"二字特奇劲，似唐人书体。

[1] 承华县，查无此县。据《梦溪笔谈》卷二一《异事》载，为"秀州华亭县"，今为上海郊区。

儒书灵迹

王羲之书《祭北郊文》，工人削之，入木三分。

留壁名画

定州柏林寺壁画水，州志谓为吴道子画，非也。道子，开元间人，而寺始于晋天福，王世贞[1]尝作歌辩之。

镇江府城内兴国寺，旧苦鸠鸽污佛像，唐张僧繇于东壁画一鹰，西壁画一鹞，自是鸠鸽不复入。

孔庙天成殿壁，有行教像，颜子随后者，是顾恺之画。小影像案几而坐者，是吴道子画。

眉州治北嘉祐阁，有李龙眠[2]所画三苏像。

[1] 王世贞（1526—1590），字元美，号凤洲，又号弇州山人，太仓（今江苏太仓）人，明代文学家、史学家。"后七子"领袖之一，力主诗必盛唐。官刑部主事，累官刑部尚书，卒赠太子少保。著有《弇山堂别集》等。
[2] 李龙眠，即李公麟，号龙眠居士。

勒石名画

徽州府休宁县西四十里白岳山有道德岩，刻古圣贤像。其中圆通岩刻观音像，其中真仙洞中以贞珉刻玄武像，又刻释迦像于其后，刻诸天罗汉小像于两岩间，文昌岩刻梓潼像。自榔梅庵至玄武观，径旁皆作石屏，雕琢古今神仙遗迹，极其工巧。白岳山有齐云岩，嘉靖壬辰，上亲洒宸翰，题曰"齐云山"。

西安府鄠县仙游寺西二石塔，刻吴道子画诸佛像。

广信府玉山县北一百里三清山上，有三清观。观中有石刻三清仙君、葛仙翁、李尚书、金童玉女及潘元帅像。尚书，晋时德兴人，与葛洪修炼于此。

疑冢

附　录

后周太祖[1]遗命,葬其平生所服衮冕、通天冠、绛纱,祀各二,其一于京师,其一于澶州。又葬其剑甲各二,其一于河中,其一于大名。

[1] 后周太祖,即郭威（904—954）,邢州尧山（今河北省邢台市隆尧县西）人,后周开国皇帝,951—954 年在位。

女冢

魏兴郡婿水南,历婿山溪,又东迳七女冢,冢夹水,罗布如七星,高十余丈,周回数亩。元嘉六年,大水破坟,崩出铜不可称计。得一砖,刻云"项伯无子,七女造椁"。郦道元云：世人疑是项伯冢。按《史记》,项伯名缠,有子四人,皆封侯。今所谓无子者,当别是一项伯也。

自成冢

苏州府城西北三十里阳山下,有白龙祠。父老言：东晋时,有白衣翁投宿民家,一夕而去,民家女遂有孕。后产一白龙,头角究然,冉冉而升,女遂惊绝。至今山下有龙母冢,土人祠之。祠前有柏一株,大可二十围,时见白龙桂[挂]枝上,如一匹练,徘徊顾望,若省觐者。

余威冢

青州府诸城县北七十里，有小泥冢，年代不可考。冢周遭黑土如画格，然方正整齐，中各陷以白土，不相侵乱，莫知其所以然，人亦不敢发。

附　录

梁山有汉武帝庙，至今有祭者。往往有一二百蝴蝶降祠所，享其食，近之不惊。彻馔，然后群去。时谓武帝侍从，捉之者病。

发冢更活

附　录

缙云县民华某失其名，其母孕时，临蓐不下而死，家人殡之宜棺中。舁至山下，停三日，忽大霹雳一声，其家人惊往山下视之，棺裂四寸许。启视，已生矣。自腰以下，尚以布束之，而母不复活，遂收归养之。及长，为木匠，隆万间事也。

洪武二十四年八月，河南龙门有妇人司牡丹，为夫殴死。越三年，同乡袁马头死而复苏，自言我司牡丹也。呼其家人验之，良是。云死后为薄姬庙侍婢，今借尸还魂云。时懿文太子自陕还，闻于上。上召面询，赐钞遣还，令两家给养。

幻　　影

东昌府高唐州恩县西十五里白马营，相传为唐时故镇。二三里外农工者，于夏秋之际侵晨，望之如城郭，掩映林木翁郁，日出即不见。每岁约数次，行路人皆见之。

泸州合江县西五里安乐山有金线鱼，有仙鱼影隐隐石壁间。

雅州名山县西十五里蒙山峰上，常有瑞云及瑞相影现。
附　录
王莽建国四年，池阳有小人影，长一尺余。或乘车，或步行，操持万物，大小各自相称，三日乃止。

奇　构

《后山丛谈》：东都相国寺楼门，唐人所造。宋木工喻浯[浩][1]谓他可能，惟不解卷檐耳。每至其下，仰而观焉，立极则坐，坐极则卧，求其理而不得。门内两井亭，近代木工亦不解也。寺有十绝，此为二焉。

保宁府剑州梓潼县北十五里七曲山文昌灵应祠前，有忠孝楼，累三层，高百尺。自楚黄鹤而下，莫之与京。

[1] 喻浩（？—989），又作预浩、俞皓、喻皓，五代吴越国西府（杭州）人。五代末北宋初建筑工匠。

名　塔

宋都料喻浩工于造塔，每卧则交手于胸前，为结构之状如此。逾年，撰《木经》三卷行于世。浩尝造开宝寺塔，望之不正而势倾西北。问之，曰："京师地平无山，而多西北风，吹之，不百年当正也。"

铁　塔

应天府句容县茅山王泉寺，有铁塔。
南康府西北二十里庐山紫霄峰顶，有铁浮图，九层，藏舍利。

附 录

怀庆府济源县北岭绝顶，巨石直大而方，如砌成。为叠三层，高数十丈，广倍之，总仙宫构具，上瓦槛皆铁。

嘉定州峨眉县大峨山光都寺殿头瓦，镕铁为之，重三十斤。昔有铜、锡、铁三殿，今惟存铁。

泉州府安溪县感化里翠屏山，一名大尖。宋宣和间，道人黄惠胜自永春来居小尖，又自小尖徙此。初徙时，尖有异光，人怪之。往观，则惠胜在焉。因岩架屋，屋用铁瓦，悉飞递而至。后人去其尖字，曰"大山"。

铁　　像

徐州城南开元寺，有铁佛像。

金华府城北四十里西岩寺，有铁罗汉五百一十八尊。

镌石像

顺天府涿州房山县石经山石经堂中，有四石柱。柱各雕佛像数百，皆为小圆光，而饰以金碧。

永平府昌黎县有仙人台，石刻围棋，烂柯仙子像存焉。

西安府临潼县骊山老君殿，琢白玉石为像，唐玄宗所造。

卫辉府城西北四十里林落山，有华严壁，摩崖作隶书，刻华严部，特精致可观，字约万数。中凿巨龛古佛，护以龙象。林，一作霖。

嘉兴府嘉兴县东十里宝圣石佛院，唐至德二年，于寺基掘石佛四躯，至今现存。天圣中赐名"宝圣人"，但呼"石佛"。

绍兴府城西北四十里柯山，有石佛，高数丈余。相传一高僧幻化三世身凿成者。

保宁府剑州梓潼县北一十里千佛岩，镌壁成佛像无数，皆饰金碧。又七曲山有盘陀石，石圆如磨，高三丈许，上肖石像。

嘉定州夹江县西一百里阿吒山崖，有巨石一，周回镌罗汉一百八躯。

眉州城东七里蟆颐山上三仙祠，有石刻四目老人、杨太虚、尔朱真人三像。四目老人者，一目各有两瞳子，授张远霄[1]以度世法者也。杨太虚，名昭庆，唐景云时人。尔朱，名洞，唐懿僖时人。张远霄故宅，在眉州治西北，宋时归于苏，又归于蒲，中有双桧尚存。又邛州崇真观后挟仙楼，亦传为远霄故居。

青神县治南太公池上，有石刻姜太公钓鱼像。又十里中岩之右，为伏虎岩，就岩镌佛像百千万亿数。

廉州府钦州灵山县西三里因胜岩壁上，有龙女献珠、观音现世、寿星骑鹿之像。又城西七里天堂岩，有仙人拥膝弥勒涅槃石像。

桂林府隐山朝阳洞中镌石成老君像，左右垂石仿佛鹤鹿。

[1] 张远霄，关于此人物有多种说法。据《历代神仙通鉴》记载，为五代时期道士，在巴蜀道教名山青城山修道成仙，擅长弹弓绝技，百发百中，目标是那些作乱人间的妖魔鬼怪。

塑　　像（新增）

保定府安州城北易水旁，有四贤祠，祀燕郭隗、乐毅、剧辛[1]、邹衍[2]像，皆国工刘銮所塑，技极精巧，元郝经撰碑。

应天府鸡鸣山塔中，有梁宝志公塑像，筋骨皆露，俨如生人，非今之匠工所能为。

句容县茅山老君殿，有仙人展上公像，相传谓因汉像增饰之。山志谓上公，高辛时人，不知何据。

广德州城东北七十里大洞中，用白石塑观音像，文理纵横，如今之泥塑佛像者。

济南府长清县东南九十里方山灵岩寺五华殿，有五佛像，中须弥，南观音，北药师，东释迦，西阿弥，各庄严精好，云是晋像。

西安府鄠县东南三十里普缘寺，一名仙游寺。殿前石塔下空，中塑一病佛，侧睡且死，诸罗汉按摩、哭泣、吁祷，备极情态。

太华山趾玉泉院龛中，貌希夷蛰卧，骨法奇古，黄衣束绦，俨乎如生。眸类[3]间并为人手拊，汗津津然，类佳眠之欲醒。

唐郑虔作《圣善寺报慈阁大像记》云：自顶至颐八十三尺，额珠以银铸成，虚中，盛八石。

《中吴纪闻》[4]：慧聚寺有毗沙门天王像，形模如生，乃唐杨惠之[5]所作。惠之初学画，见吴道子艺甚高，遂更为塑工，亦能名天下。

[1] 剧辛（？—前243），赵国人，战国时期著名燕国将领，法家的代表。著有《剧子》。
[2] 邹衍（约前324—前250），战国末期齐国人，战国时期阴阳家学派代表人物与五行学说代表人物。著有《邹子》。
[3] 类，据《杨文弱先生集》卷五六《太华山记》，当为"颊"。
[4] 《中吴纪闻》，南宋龚明之撰。南宋地方风土掌故笔记。
[5] 杨惠之，唐开元年间雕塑家。

飞　　像

《天皇山护国寺自来佛碑记》云：晋永和五年，有广客舟下载未竟，夜觉有人奔船，迹之不得，而载忽重。既达荆州渚宫，若有人跃而上，舟遂轻。是夕现像于郡城之北，千众咸迎，凝然不动。有道安弟子昙翼卓锡长沙寺，闻之，令小师三人导之，飒然轻举，遂归长沙寺。后罽宾僧迦陀难瞻像，悲咽谓昙翼曰："近失天竺，何为远降此土？"诘其年月，无不符合，像纹有梵书"阿育王造"四字。宋齐以来，放光现瑞，异迹尤多。今像貌、衣褶已被庸工数髹，仿佛不可见字矣。寺名长沙者，郡人滕畯舍宅为寺，故长沙守也。

浮　　像

南昌府城南安仁乡，有英泽庙。本朝祭酒胡俨[1]记云：随[隋]季有曾昭渔山泽间，一夕雷雨，得木槎于水中，如闻语云："吾乃杯山之神，姓章氏，明日徙于岸。"众以为异，主庙祀，赐额"英泽"。

附　录

处州府城北一十里丽阳山，有丽阳庙，其神即以丽阳为姓字。寝殿二像刻自老樟灵根，千年不荣不槁，而柯萌特出殿外，此理之不可推者。

[1] 胡俨（1360—1443），字若思，南昌人。通览天文、地理、律历、卜算等，洪武年间中举人。明成祖朱棣成帝后，以翰林检讨直文渊阁，迁侍讲。永乐二年（1404年）拜国子监祭酒。

远闻钟

顺天府城西十里万寿寺，有神钟，我朝成祖所铸。径长一丈二尺，外范《法华》及《金刚》、《心经》，字画精工。击之，声闻数十里。

嘉兴府海盐县禅悦寺神钟，胜国时，宣慰杨梓以海外铜铸建，六丈楼悬之，声闻数十里。本朝天顺间，忽无声，渡海者睹其影波间，浮屠用法摄之，乃复声。成化初楼圮，浮屠啬于财，建之卑，邑产悉侏儒焉。嘉靖六年楼再圮，钟沉涂，邑复病尪。董隐君从吾，偕厥子进士榖与僧法聚[1]谋，兴之。七年正月壬午定盟，将集四方之乐施者。庚子，钟忽自声，若扣百有人〔八〕。楼成，四明豊〔丰〕坊[2]为之记。

[1] 法聚，明代高僧。
[2] 丰坊（1492—1563），字人叔，一字存礼，明鄞县（今浙江省宁波市）人。嘉靖二年（1523年）进士，授吏部（一说礼部）主事。改南考功主事，因吏议被免官。博学工文，尤精书法。

神异钟

隆庆六年七月七日，华亭县东见云端有一物，甚巨，火引前后，色红。有人随之，色稍淡而黄，轰轰有声，向东而飞，至八团某寺外坠地，入尺余，乃钟也。有铸时年月，云自闽省飞来者。

嘉靖间，山东张秋水涨，有二钟溯流而上。一道人见之，曰："须得兄弟十人挽之，则可上。"其一至聊城，聊城民许姓者兄弟十人挽而出之，今置府西钟楼中者是也。其一至临清，临清民有九子一婿者，相率挽之。且举矣。其父出，呵婿曰："何不多着力？"言毕，而钟沉，莫知所之。

渤海大清河有钟，自西浮来，且浮且鸣。蒲台令率众起之，及悬，昼夜有声。有道人过此，以马策击之。明日视钟，有裂故数十道，自此不复鸣。今县治所悬者是也。

正统十三年，河决荥阳。自开封府城北经曹州至范县，水中呦呦有声，如歌如泣。知县郑铎募夫挽之，得大钟二。验其铭，金承安二年造也。移置文殊寺中。

骊山温泉池东，即华清宫故址，有三清殿，前卧一巨钟。视其款,乃华清勤。

承天府沔阳州城北紫阳观,一名天庆观。有古钟一,乃唐神龙间所铸。

广州府城东北景泰山,唐景泰禅师卓锡处。绍兴间,风雨山裂,得唐天宝时铜钟,藏寺中。

古铜鼓

雷州府城西南天宁寺,有铜鼓,高二尺四寸,径四尺余,形极精致。广南所出铜鼓,甚多,或云马伏波所制,而《晋书·地理志》又云:诸獠所铸也。

附 录

夔州府梁山县西一百二十里瓦城山,一名石瓦山。山顶平坦,耕者往往得古铜片。

古鼎镬

南京太学有会馔食锅二,皆径可八九尺,宽深犹巨钟焉。或云后因坠一膳夫于内,蒸死,遂废会馔。

茅山玉泉寺,有隋大业十二年镬。

古砖瓦

《邺中记》[1]云:北齐起邺,南城屋瓦皆以胡桃油油之,光明不藓。筒瓦覆,故油其背;版瓦仰,故油其面。筒瓦长二尺,阔一尺,版瓦之长亦如之,而阔倍之。今得其真者,当油处必有细纹,俗曰"琴纹",有白花曰"锡花"。传言当时以黄丹、铅、锡和泥,积岁久而锡花现。古砖大者方四尺,上有盘花鸟兽纹,千秋万岁字,其纪年非天保则□□。盖东魏、北齐也。又有砖筒,花纹、年号如砖,内员外方,用承檐溜,亦可以为砚。

[1]《邺中记》,晋陆翙撰。该书是记载割据王朝的国都邺城的专门史籍,原书已佚,仅存辑本。

仙人器具

诸葛武侯兵书匣,在定军山上,壁立万仞,非人迹可登。其匣色淡红,后则鲜明若更新者,殆不可晓。出《说听增纪》。

仙人棺

附 录

隆庆间,甘肃城塌一角,内小棺无虑数百。启之,各有小尸,男子幞头红袍束带,或官帽,服色容貌俨然,须发尚存;女子翟冠霞帔。各长尺余,俱有骨衬[椟],一时甚惊骇。时固始廖逢节巡抚甘肃,寻修城,命仍筑置其中,遣官致祭,竟不知其故。

异　　鸟

高阳山有鸟,白首青身而黄足,其状类乌,其名鸜鹋,或曰是名神鸦。见之,其人有吉祥。

成都夹岷江,矶岸多植紫桐,每至暮春,有灵禽五色,小于玄鸟,来集桐花,以饮朝雾。及花落,则烟飞雨散,不知其所往。

罗浮山之阳,蓬莱峰之上,有鸟毛彩如孔雀而五距,名曰"碧鸡"。

附 录

唐高宗时,吐火罗献使遣大鸟如驼,食铜铁。

代宗时,大鸟见武功,肉翅狐首,四足有爪,爪长四尺三寸,毛赤如蝙蝠。群鸟随而噪之,神策将张白芬射死以献。

宣宗大中年,舒州吴塘堰有众禽成巢,阔七尺,高七丈。凡水禽、山鸟、鹰隼、燕雀之类,无不驯狎。又有鸟人面绿毛,爪、喙皆绀色,其声曰"甘人",呼为"甘虫"。

异　　兽

大峨山有兽,虎质而差短小,其名曰"陀佛",人因以"比丘"字之。

罗浮山之南麻姑峰,有兽,麇身狼尾,马足而黄色,名曰"麒麟"。真人王远乘以陟降。

附　录

唐穆宗时,陇山有异兽如猴,而腰瓦皆长,色青赤而猛鸷。见蕃人则跃而食之,遇汉人则否。

鸟不栖

王充《论衡》云:孔子茔中,无荆棘,无鸟巢。

唐杨惠之将塑楞伽山,乃为大义净三藏咒。其土故至于今,跂行喙息,螺飞蠕动,一切兽禽不敢至山。

台州府天台县北一十里国清寺,山门斗拱如洗,即罘罳无一蛛雀。按:寺,隋炀帝为智顗大师[1]建,初名天台,师有谶云:"寺若成,国即清。"故后人改国清。

温州府城内华盖山真华观,宋时道士黄良晤居之。精五雷法,尝飞神朝谒,经日始苏。山有群鹄纵秽,良晤默祷,皆悲鸣而去。后坐化。

附　录

常州府宜兴县西南五十里善权寺，建自唐大中十年，至今栋宇绝无尘埃与蛛网粘带。

平阳府解州闻喜县西北四十里凤凰山，姜嫄[2]墓之旁有庙，鸟飞度此者，必翔集，无辄去。

永州府道州宁远县南六十里大疑山中峰之下，水无鱼鳖，林无鸟兽，如蝉蝇之类，听之亦无。

郧阳府竹山县西一百三十里圣母山，相传有圣母仙过此，见恶蛇，举而掷之。迄今周回四十里无蛇。

[1] 智顗大师（334—416），俗姓陈，字德安，荆州华容（今湖北潜江西南）人。中国佛教天台宗四祖，也是实际的创始者。
[2] 姜嫄，也作姜原，有邰氏。古时代汉族神话传说中的人物，帝喾之妻，周朝祖先后稷的母亲。

蛙不聒

元仁宗石潜即日奉答吉太后，驻跸怀孟时，苦群蛙乱鸣，终夕不寐。翌日，命近侍传旨，谕之曰："我母子方愦愦，蛙何恼人耶？自后其毋再鸣！"至今，此他［地］虽有蛙，而不作声。怀孟，今怀庆府。

异　米

魏文帝[1]《与朝臣书》云："江表惟长沙有好米，上风炊之，五里闻香。"始兴令杨应隆，祁州人，言其遂祖掘地种竹，忽铿然有声，得一石瓮。发之，有物数百个，长三寸余，见其上下肤如谷形，去肤，熟之，直是大米，香美异常。后食者皆寿百二三十岁，饮其汁者亦寿八九十。尝读《藏经》云：太古之世，谷长五六寸，人寿皆数百岁。又《图经》称：昆仑之墟有木禾，食者得上寿。岂其余粒耶？刘子敦令保昌与杨令接壤甚欢，得之最详。右［上］见王圻[2]《续文献通考》。

[1] 魏文帝，即曹丕。
[2] 王圻（1530—1615），字元翰，号洪洲，上海人，祖籍江桥（时属青浦县）。明嘉靖四十四年（1565年）进士，升御史后，黜为福建金事，降为邛州判官。复起任陕西提使、神宗傅师、中顺大夫资治尹，授大宗宪。明代文献学家、藏书家，撰有《续文献通考》。

异　　花

凤阳府怀远县东南八里涂山，有草生石上，高一尺。其花可玩，不假土力，人取悬檐间，呼为"石莲花"。

徽州府城西北一百二十里黄山殊［朱］砂庵，有木莲花。叶如枇杷，花如茶盏，白辨［瓣］带紫，花叶皆九出，状与芙蕖无异。花不常开，间数岁一见。

大同府浑源州西南四十五里青龙山，一名龙门山，白狮子峰下有徐童仙观。其地多桐木花，其花清香袭人，其子碧，可染青碧色。若移植他处，则萎。

东昌府高唐州武城县城南二十五里红花口洼坑，稻生莲花，艳丽馥郁，异于他植。夜雨时，人过其旁，闻音乐喧闹。次日天晴，往则无闻。

嘉兴有山茶二大树，其一在东塔精舍，婆娑满庭；其一在白莲寺后屠氏家旁，有四老桂辅之，花开万余，皆二三百年物也。

异　　竹

三灵山产光竹，相传昔有仙姑修真其地，去日，以燎火筒插地。至今生秃笋，不生枝叶，六月最盛。

甘棠树

凤阳府寿州安丰塘，楚相孙叔敖所筑也，至今赖之。塘西有庙，塘上之木花皆西向，子皆东向。

浔州府贵县城内东偏陆绩井旁，有橘一株，乃宋乾和中刺史刘传古所植。

奇古树

宣镇开府之西有槐龙，干高丈余，乃榆櫱耳。项折处，始为槐。相传本朝武宗幸此，中人所接植者。或曰：文皇时物，其围永匝两把，而广团如盖，纠枝如龙蛇，重不可胜。支拄以数十，可拟五槛屋之覆。盛夏叶生，苍赭骞扑，若龟穹而鹏下。

苏州府城西六十三里华山寺前，侧柏两株，高仅三尺，枝偃叶冒，有璎珞庄严之相。又西洞庭山之趾上方坞，有古松攲卧石桥上，若推仆不得起，作拥肿支离态，而髯戟怒张，盖尝为龙所攫者。又天王寺古柏一株，枝枝向佛，若合十皈依者。

安庆府潜山县西北二十里潜山白云岩旁，有白松。其树如盖，不知几百年物。

徽州府婺源县三贤祠后瑞云楼右隙地，有唐时罗汉古柏，宋末已枯。本朝正嘉间，复茂发枝，高三丈有余，周围径五尺许，每年生罗汉子数十石，食之味甘。

婺源县西北二十里庆云洞口，有仙柏。根盘石上，倒垂而下，不沾雨露。又县西七十里甲路六山下，有宋平章马廷鸾手植桂树，至今尚存。轮囷盘曲，与他桂独异。其后裔扶乩，称马公来题联云："六世祖碧梧，老去尚存丞相府；五百年丹桂，时来应放状元花。"

太原府太原县治西南晋祠旁，有千年柏桑，皮黧干苍苍，盖于祠上。

平阳府霍州东南三十里霍山东镇庙前，古松数株，高数丈，槎枒诡怪，如青幢铁干，枝皆东向。

兖州府曲阜县孔庙奎文阁下，古柏森然。孔林出楷木，文理纵横，缙绅多取之为简。

沂州费县西北七十里蒙山玉虚宫，有松高五尺，枝干盘旋，纵横各一丈二尺，项平如车轮。世传道士贾文所植，号为"神松"。

东昌府濮州范县儒学古槐，大数围，高数丈，老干盘旋如戏龙，虽故老亦不知其何年栽植。南京祭酒王嘉谕见之，曰"神物"也。知县杨文进修学落成，饮于明伦堂，闻树中有悲啼声，环立而听者久之。是夜，风雨大作，摧其东大枝。

怀庆府济源县西天坛山四圣殿后，御爱松一株，传为轩辕憩处。枯久矣，尚坚甚，不腐。

西安府鄠县二十里草堂寺后银杏，四枝上薄霄汉，数百年物也。

华州太华山苍龙岭上，旧有将军树，至今存其四而一仍萎，大数人围，高数十丈。又云台观老君殿前娑罗树，数百年物也，其子类栗。

延安府葭州神木县十五里杨家城，内有松二株，号"神松"。

杭州府城西南二十五里横山，一名黄山。有六松夭矫似龙，骧首腾上，俱大十围，高百尺。又黄山平天矼，奇松生石上，高不盈尺，而蔽地亩余，若蒲团者甚众。

临安县南玲珑山九折岩上，有罗汉松一株，苍叶老干，可合抱。盖千年物。

嘉兴府崇德县西北二十五里祇园寺，梁天监中建。寺中有桧树，相传梁时所植。

严州府治东有高风堂，宋时建。范仲淹记堂北有柏，石刻"寿柏"二字，识其久也。

绍兴府诸暨县西五十一里，未至五泄山，地名青口壁，上有古木一株，土人云是沉香树。一年一花，猿猱所不到。

新昌县西五里南明山，有月峡。以月在中秋夜正照峡中，故名。峡高千仞，有松亦高千仞，唐宋间物也。

台州府天台县西三十里万年寺，有巨杉十二，树高大庄严如宝幢。传为晋兴宁时，帛道猷[1]手植。

温州府乐清县雁荡山小龙湫之上，有独秀峰。峰巅有百尺松，四隅天削，无人得到。

抚州府城东北清远镇禅居东山，有寿樟亭。樟木一干，其围三寻。

瑞州府宅有偃松，宋陆游诗云："巨松偃翠盖，阅世岂独存。颇疑古仙翁，藏井［丹］在其根。或是结灵药，百尺有伏鼋。终随风雨化，不死何足言。"

襄阳府均州武当山榔梅，皮苍藓似梅，叶圆而大似杏。今榔梅熟进贡。又神虚庵上有桧一株，开黄花如金粟，山中惟此一株。又飞升台旁，有一树，下穷壑，上出亭，挟千章万株之气，而叶未能自发，作枯木状。

衡州府衡阳县九疑山舜庙前，有沙树十二株，大者七八围，小者四五围。县官某欲锯其最小者四围为用，风雨霹雳，死者二人。右［上］见吴兴《慎蒙记》。

永州府道州宁远县南六十里萧韶、祀林两峰之间，有炼丹观，观中有石曰"松穿曰"，而生枝柯拳曲如伏龙状。

郴州城北郴江口曹王寨山，山势壁立，其巅有石若鼎，在大石罅中。岁久石合，两耳出石外，有柏人树偃生，贯石耳中，俗号"曹王柏"。

正德己卯七月，施州卫龙马村有柿树大数十围，为风雨所拔，仆道中，已三年矣。一夜忽有声如雷，比旦，居民惊走往视，则仆树自起如故。植者逾月，枝叶繁盛。

保宁府苍溪县东南三十五里云台山，多古柏。一绝大者中空，可坐数人，旁有亭曰"魁柏亭"。

剑州梓潼县七曲山应梦台，右有晋柏二株。其形盘踞如虬龙，色会苍翠，几三合抱。

嘉定州峨眉县大峨山解脱坡石楠银杏，大可数围十寻许，乃叶檀栾如盖。

福州府永福县界有水帘，帘外有舌杉树蔽之，杉树高与水帘接。其首秃，其枝下垂。相传以为倒植，乃徐、赵二真人手迹。又高盖小石门，内有树直，高百尺，无旁枝。

[1] 帛道猷，本姓冯，山阴（今浙江绍兴）人。东晋高僧，孝武帝时在世。

占年树

徽州府婺源县宋南九十里石耳山，产五谷树，一名占年树。在古寺中阶下，高二丈余，围三尺许，枝叶扶疏，上生稻黍稷麦菽。其年若某种登则先发，其种独盛。

木　书

金宣宗兴定四年，华州渭南县民裴德宁家伐树。破其中，有赤文大字，表里吻合。

唐大历中，成都百姓郭远因樵获瑞木，一茎理成字曰"天下太平"。献之，诏藏于秘阁。

木中有物

徐铉《稽神录》[1]云：建康有木工破木，木中有肉五斤，其香如熟猪肉。

附　录

南唐末年，溧水天兴寺，桑生木人，长六寸如僧状，右袒而左跪，衣袜皆备，其色如纯漆可鉴，谓之"须菩提"。县掇置龛中，以仁寿节来献烈祖[2]。惊异，迎置宫中，奉祀甚谨。按：谯氏五行书"主有大丧"，不三，烈祖死。

归德府睢州柘城县某年，柳树内偶出人物，各类人马冠裳等像。

[1]《稽神录》，宋徐铉撰。宋代志怪小说集，大多写鬼神怪异和因果报应故事。
[2] 烈祖，即李昪（888—943），字正伦，小字彭奴，原名徐知诰，庙号烈祖，谥号光文肃武孝高皇帝，徐州人。五代十国时期南唐建立者。

井　盐

临洮府兰州南二里雪盘山，有盐井。

诸葛盐井有十四，自山下至山上，其十三井常空。每盛夏水涨，则盐池迤逦迁去，常去于江水之所不及。

越嶲卫都司城东一十五里，有海子盐井。

楚雄府广通县阿陋井、猴井，定远县黑井、琅井，俱出黑盐。

洞穴遥通

徽州府婺源县西北五十里船槽岭，峡有石屏，广可三里，石屏下有二洞。俗传洞内有穴通鄱阳湖。

溪山应梦

徽州府婺源县东朱塘，昔朱子还婺，与门人滕璘[1]游，见其山水幽静，曰："俱如畴昔梦中所见。"问其地名，曰："朱排塘，璘世业也。"曰："故与子有神交者在。"因命作亭，为书"草堂"二字贻之。

[1] 滕璘（1150—1229），字德粹，号溪斋，婺源（今属江西）人。受教于朱熹，南宋淳熙八年（1181年）进士，授鄞县尉，调鄂州教授，历四川制置司干官，知嵊县，签书庆元府节度判官等。起通判隆兴府，历浙东、福建帅司参议官，以朝奉大夫致仕。

陵谷预铭

梁任昉大同四年七月，于钟山塘［圹］中得铭，曰："龟言土，蓍言水，甸服黄钟启灵趾。瘗在三上庚，堕遇七中巳。六千七百浃辰交，二九重三四百纪。"当时莫能辨者。昉之五世孙升之以授郑钦，说乃悟卜宅者庚[1]葬之岁月日辰，而识其葬地。殆无一字闲设，又毫厘不差也。右［上］见沈作喆《寓简》。

[1] 庚，据《四库全书》版《寓简》卷二文为"庾"，隐藏，藏匿。

洞府开闭

光州固始县西南三百里上天山,旧有石洞,吴真人修道处。尝题颂云:"慕道修真性自然,存神运气养丹田。心澄碧净明如月,走出轮回入洞天。"相传兵火间,因妇人避难,洞门自合。

贵征冥告

郭翀[1],壶关人,少负大志,以状元自期。尝与其友贾敏、李素,桥庙夜取神笏,先得者及第。贾、李皆先往取之,笏岿然不动。翀至取笏,神立授。既同二友还,笏神复起。及见庙祝,云:"夜闻神语'有郭状元借笏,与之,但不得上第'。"洪武四年,廷试,翀果传胪第,吴伯宗[2]第二。伯宗,金陵人,先知名,太祖命填为状元,翀为第二,果如神言。

[1] 郭翀(1338—?),字子翔,山西壶关人。明洪武四年(1371年)进士第二人,官吏部考功主事。
[2] 吴伯宗(1334—1384),名祐,以字行于世,明初金溪新田(今属江西省东乡县红光垦殖场新田分场)人,天文学家。明洪武四年(1371年),廷试第一,官至武英殿大学士。文中题"伯宗,金陵人"。

灵宇夜移

(以下缺文)

方舆互考地名释录

凡　　例

1. 政区地名由专名、通名组成，专名指地理坐标名称，通名指行政区划级别名称。对《方舆互考》中政区地名的注释，只注释古今专名不同者，如"长山县，东阳郡长山县，治今浙江省金华市"、"太平县，温州府太平县，治今浙江省温岭县"、"黄龙府，治今吉林农安县"，"长山县"、"太平县"、"黄龙府"给予注释。古今专名同名，而存在郡、州、军、府、县通名差异者不注释，如"宜兴县，治今江苏宜兴市"，"宜兴县"不注释。

2. 以注释治所所在地为主，方便读者识别大概地理位置。未注朝代者，以明代治所为主，个别以书中限定的朝代为准。

3. 加（ ）的通名，如州、府、军、郡，代表与注释的州、府、军、郡治所地一样，不重复注释。

4. 地名注释主要依据上海辞书出版社 2005 年版《中国古今地名大词典》。

5. 各条注释按地名的汉语拼音字母音序排列。

A

安　成　文中指吉安府，治今江西吉安市。
安定县　延安府安定县，治今陕西子长县西北安定镇。
安东县　淮安府安东县，治今江苏涟水县。
安肃县　保定府安肃县，治今河北徐水县。
安　州　保定府安州，治今河北安新县。

安庄卫　贵州安庄卫，治今贵州镇宁布依族苗族自治县。

B

巴陵县　岳州府巴陵县，治今湖南岳阳市。
巴丘县　治今江西峡江县。
巴　州　保宁府巴州，治今四川巴中市。
褒城县　治今陕西汉中市勉县东褒城镇。
宝庆府　治今湖南邵阳市。
保安州　治今河北怀来县西北新保安。
保昌县　南雄府保昌县，治今广东南雄市。
保宁府　治今四川阆中市。
保　县　成都府威州保县，治今四川理县东北薛城乡。
北平府　治大兴、宛平两县（今北京城西南隅）。
北胜州　治今云南永胜县。
比景县　交州日南郡比景县，治今越南广平省宋河下游地区。
宾川州　治今云南宾川县南州城。
宾　州　柳州府宾州，治今广西宾阳县南。
并　州　治今山西太原市西南。
博平县　东昌府博平县，治今山东茌平县西博平镇。

C

蔡阳县　治今湖北枣阳市西南。
曹　州　兖州府曹州，治今山东省荷泽。
柴桑县　治今江西九江市西南。
孱陵县　治今湖北公安县西南。
昌化县　杭州府昌化县，治今浙江临安市西昌化镇。
昌化县　琼州府儋州昌化县，治今海南昌江西北昌城。
昌平州　顺天府昌平州，治今北京市昌平区。

昌松县　唐治今甘肃武威市东南汉苍松县南十里。
昌元县　唐治今重庆市荣昌县西北。
昌　州　唐乾元二年（759年）置，治今重庆大足县东南。后移治今荣昌县西北。
长乐县　福州府长乐县，治今福建长乐市南古槐。
长乐县　惠州府长乐县，治今广东五华县西北华城。
长清县　济南府长清县，治今山东济南市长清区西南。
长山县　东阳郡长山县，治今浙江金华市。
长山县　济南府长山县，治今山东邹平县东长山镇。
长寿县　治今重庆市长寿区凤城镇。
长洲县　苏州府长洲县，治今江苏苏州市旧城区。
巢　县　庐州府无为州巢县，治今安徽巢湖市。
朝城县　东昌府濮州朝城县，治今山东莘县西南朝城镇。
朝邑县　西安府同州朝邑县，治今陕西大荔县东朝邑镇。
辰州府　治今湖南沅陵县。
陈留县　开封府陈留县，治今河南开封县东南陈留镇。
陈　州　治今河南淮阳县。
承天府　治今湖北钟祥市。
程乡县　潮州府程乡县，治今广东梅州市。
充　县　武陵充县，治今湖南省桑植县。一说在今张家界市西大庸所。
崇安县　建宁府崇安县，治今福建武夷山市驻地崇安镇。
崇德县　嘉兴府崇德县，治今浙江桐乡市西南崇福镇。
崇庆州　成都府崇庆州，治今四川崇州市。
犨城县　治今河南宝丰县南。
犨　县　治今河南鲁山县东南五十五里。
楚城县　治今江西九江市西南。
处州府　治今浙江丽水市。

D

大宁县	夔州府大宁县，治今重庆市巫溪县（城厢镇）。
丹水县	治今河南淅川县西南。
丹阳郡	汉治今安徽宣城市，晋治今江苏南京市。
丹阳县	汉丹阳县，治今安徽当涂县东北苏皖界上小丹阳镇。
丹阳县	唐天宝置丹阳县，治今江苏丹阳市云阳镇。
当阳县	治今湖北荆门市西南。
德安府	治今湖北安陆市。
登州府	治今山东蓬莱市。
邓川州	大理府邓川州，治今云南洱源县东南新州镇。
氐池县	张掖郡氐池县，治今甘肃民乐县。
垫江县	治今重庆合川市。
鼎　州	治今湖南常德市。
定边县	楚雄府定边县，治今云南南涧彝族自治县。
定海县	宁波府定海县，治今浙江宁波市镇海区城关镇。
定襄郡	治今内蒙古和林格尔县西北土城子。
定远县	楚雄府定远县，治今云南牟定县。
东阿县	汉置东阿县，治今山东阳谷县东北五十里阿城镇。
东阿县	明兖州府东平州东阿县，治今山东平阴县西南东阿。
东安县	永州府东安县，治今湖南永州市东北。
东昌府	治今山东聊城市。
东川军民府	当为东川府，治今云南会泽县。
东流县	池州府东流县，治今安徽东至县西北东流镇。
东乡县	达州东乡县，治今四川宣汉县。
东阳郡	三国时，治今浙江金华市。

E

峨眉县　嘉定州峨眉县，治今四川峨眉山市。
鄂　　州　治今湖北武汉市武昌。
峨嘉县　楚雄府峨嘉县，当指今云南楚雄彝族自治州双柏县峨嘉镇一带。
恩　　县　东昌府高唐州恩县，1956年划归山东省平原、夏津和武城三县。

F

番禺县　广州府番禺县，治今广东广州市。
分水县　严州府分水县，治今浙江桐庐县西北分水镇。
汾州府　治今山西汾阳市。
封川县　德庆州封川县，治今广东封开县南封川镇。
酆都县　重庆府忠州酆都县，治今重庆市丰都县。
冯翊郡　汉代京畿政区名称。
鄜　　县　治今陕西省洛川县东南鄜城。
鄜　　州　又作敷州，延安府鄜州，治今陕西富县。
伏羌县　巩昌府伏羌县，治今甘肃甘谷县。
扶风郡　汉代京畿政区名称。
涪　　州　重庆府涪州，治今重庆市涪陵区。
符　　县　治今四川合江县。
福宁州　兴化府福宁州，治今福建霞浦县。
抚州府　治今江西抚州市临川区。

G

甘州卫　治今甘肃张掖市。
感恩县　崖州感恩县，治今海南东方市南感城。

葛城县　治今河北安新县西南安州镇。
葛彰葛商长官司　治今贵州石阡县西南葛彰司。
巩昌府　治今甘肃陇西县。
巩　县　河南府巩县，治今河南巩义市东北巩县老城。
巩　州　秦凤路巩州，治今甘肃陇西县。
拱　州　治今河南睢县。
姑孰县　丹阳姑孰县，当指今安徽当涂县。
姑臧县　治今甘肃武威市。
固陵郡　治今重庆市奉节县东。
观城县　东昌府濮州观城县，治今山东莘县西南观城镇。
灌　县　成都府灌县，今四川都江堰市。
光化县　襄阳府光化县，治今湖北老河口市东北光化镇。
光　州　汝宁府光州，治今河南潢川县。
广都县　治今四川双流县东南华阳镇。
广济县　黄州府蕲州广济县，治今湖北武穴市梅川镇。
广宁前屯卫　治今辽宁绥中县西南前卫。
广平府　治今河北永年县东南。
广通县　楚雄府广通县，今在云南禄丰县西敦仁（广通镇）。
广武郡　十六国前凉辖境约当今甘肃永登县地。
广武县　治今甘肃永登县东南。
广西府　治今云南泸西县。
广信府　治今江西上饶市。
归德州（府）　治今河南商丘市南。
归化县　汀州府归化县，治今福建明溪县。
归　州　荆州府归州，治今湖北秭归县。
贵　县　浔州府贵县，治今广西贵港市贵城镇。
贵　州　明都司名，驻今贵州贵阳市。
桂阳郡　治今湖南郴州市。

崞　县	太原府代州崞县，今在山西原平市北崞阳镇。
虢　州	治今河南灵宝市。

H

海澄县	漳州府海澄县，治今福建龙海市东南海澄镇。
海丰县	济南府武定州海丰县，治今山东无棣县。
海曲县	治今山东日照市西。
海　州	淮安府海州，治今江苏连云港市西南海州镇。
汉　州	成都府汉州，治今四川广汉市。
合　州	重庆府合州，治今重庆合川市。
河内县	怀庆府河内县，治今河南沁阳市。
河南府	治今河南洛阳市。
河阴县	开封府郑州河阴县，治今河南荥阳市东北一带。
河　州	临洮府河州，即今甘肃临夏市。
郃阳县	西安府同州郃阳县，治今陕西合阳县。
贺　县	平乐府贺县，治今广西贺州市贺街。
衡州府	治今湖南衡阳市。
弘农县	治今河南灵宝市。
洪　州	治今江西南昌市。
虹　县	凤阳府虹县，治今安徽泗县。
侯官县	福州府侯官县，治今福建福州市。
湖　县	治今河南灵宝市西北文乡西。
鄠　县	西安府鄠县，治今陕西户县北。
华容县	汉朝南郡华容县，治今湖北监利县北（一说在潜江市西南）。明朝岳州府华容县，治今湖南岳阳市华容县城关镇。
华阳县	成都府华阳县，治今四川成都市。
怀德县	治今陕西大荔县东南沙苑南、渭河北岸。
怀化县	南海郡怀化县，治今广东广州市东南。

怀庆府	治今河南沁阳市。
怀远县	柳州府怀远县,治今广西三江侗族自治县南丹洲。
怀　州	治今河南沁阳市。
淮安府	治今江苏淮安市楚州区。
黄安县	黄州府黄安县,治今湖北红安县。
黄龙府	治今吉林农安县。
黄　县	登州府黄县,治今山东龙口市石良镇北黄城集。
黄　州	治今湖北黄冈市北。
黄州府	治今湖北黄冈市。
徽　州	巩昌府徽州,治今甘肃徽县。
徽州府	治今安徽歙县。
会川卫	治今四川省会理县。
会稽郡	治今浙江绍兴市。
会稽县	绍兴府会稽县,治今浙江绍兴市。

J

吉　州	治今江西吉安市。
即墨县	治今山东即墨市即墨镇。
集庆路	治今江苏南京市。
蓟　县	幽州蓟县,治今北京城西南隅。
葭　州	治今陕西佳县。
嘉定州	四川布政使司嘉定州,今四川乐山市。
嘉禾屿	今福建厦门岛。
郏　鄏	今河南洛阳市王城公园一带。
简　州	成都府简州,治今四川简阳市西北。
建安郡	治今福建建瓯市南,松溪南岸。
建安县	建宁府建安县,治今福建建瓯市。
建昌府	江西行省建昌府,治今江西南城县。

建昌卫 治今四川西昌市。
建昌县 南康府建昌县,治今江西永修县西北艾城。
建德县 池州府建德县,治今安徽东至县北梅城(秋浦)。
建宁府 治今福建建瓯市。
建平县 广德州建平县,治今安徽郎溪县。
剑　州 保宁府剑州,治今四川剑阁县。
剑　州 延平府剑州,治今福建南平市。
江都县 扬州府江都县,治今江苏扬州市西南。
江宁县 应天府江宁县,治今江苏南京市区。
江浦县 应天府江浦县,原治今江苏南京市浦口,洪武二十四年(1391年)迁江北新北路口(今珠江镇)。
江　州 晋置,治今江南南昌市,后迁治今江西九江。
绛　州 平阳府绛州,治今山西新绛县。
交河郡 治今新疆吐鲁番市西北二十里雅尔湖西。
交河县 治今新疆吐鲁番市西北雅尔湖村附近。
交　州 中国东汉到唐初的行政区划名称,包括今天越南中北部和中国两广。东汉时治中国广州,三国吴时治今越南北宁。
阶　州 巩昌府阶州,治今甘肃武都区。
解　州 平阳府解州,治今山西运城市解州镇。
金牛县 治今陕西宁强县东北大安镇。
金　县 临洮府兰州金县,治今甘肃榆中县。
晋陵县 治今江苏常州市。
晋　州 平阳府晋州,治今山西临汾市。
晋　州 真定府晋州,治今河北晋州市晋州镇。
京兆府 唐京畿地区行政机构,治今陕西西安市。
泾　州 平凉府泾州,治今甘肃泾川县城关镇。
荆　州 古九州之一。《汉书·地理志》以为即今湖南衡山县西衡山。

荆州府　治今湖北江陵县。
景陵县　沔阳州景陵县，治今湖北省天门市。
靖虏卫　治今甘肃靖远县。
镜　州　治今云南祥云县云南驿镇高官铺村。
巨津州　丽江府巨津州、丽江军民府巨津州，治今云南玉龙纳西族自治县西北巨甸。
均　州　襄阳府均州，治今湖北丹江口市西北。

K

开德府　即澶州。治今河南濮阳市。
开　州　大名府开州，治今河南濮阳市。
康　州　治今广东德庆县。
考城县　归德府睢州考城县，治今河南民权县东北葛村北。
苦　县　治今河南鹿邑县东。
夔州府　治今重庆市奉节县。
昆阳州　云南府昆阳州，治今云南晋宁县。

L

兰陵县　治今山东苍山县西南兰陵镇。
兰　县　临洮府兰县，治今甘肃兰州市。
兰　州　丽江府兰州，治今云南兰坪白族普米族自治县东南金顶镇。
朗　州　治今湖南常德市。
浪穹县　大理府邓川州浪穹县，治今云南洱源县。
乐会县　琼州府乐会县，治今海南琼海市东南乐城。
雷泽县　治今山东荷泽市东北。
黎　州　黎州路黎州，治今四川汉源县北清溪镇。
黎州安抚司　治今四川汉源县北清溪镇。

醴泉县　西安府乾州醴泉县，治今陕西礼泉县。
丽江府　治今云南玉龙纳西族自治县。
廉　州　廉州府，治今广西合浦县。
良乡县　顺天府良乡县，治今北京市房山区东北良乡镇。
凉　州（卫）　治今甘肃武威市。
梁山县　夔州府梁山县，治今重庆市梁平县。
梁　县　治今河南汝州市西南。
梁　州　古九州之一。《尚书·禹贡》："华阳黑水惟梁州。"
辽　州　治今山西左权县。辽阳城所在辽州，治今辽宁辽阳市。
辽　东　指今辽宁省东部地区，包括今丹东市及本溪市部分地区。
辽东都司　治今辽宁辽阳市。
林　县　彰德府林县，治今河南林州市。
林　州　治今广西桂平市南旧县。唐武德六年（623 年）改名绣州。
临安府　治今云南建水县。
临河县　大名府开州临河县，治今河南浚县东北。
临淮县　凤阳府临淮县，治今安徽凤阳县东北临淮关。
临江军（府）　治今江西樟树市西南临江镇。
临晋县　平阳府蒲州临晋县，治今山西临猗县西南临晋镇。
临烝县　衡州府临烝县，治今湖南衡阳市。
临淄县　治今山东淄博市东临淄区北。
泠道县　治今湖南宁远县东偏南。
零陵郡　治今湖南永州市。
零陵县　永州府零陵县，治今湖南永州市。
零阳县　治今湖南慈利县东白公城。
酃　县　治今湖南炎陵县城关。

六番招讨司　治今四川雅安市。
六合县　应天府六合县，治今江苏南京市六合区雄州镇。
龙安府　治今四川平武县。
龙门卫　治今河北赤城县西南龙关。
龙泉县　吉安府龙泉县，治今江西遂川县。
龙阳县　常德府龙阳县，治今湖南汉寿县东南。
泷水县　肇庆府德庆州泷水县，治今广东罗定市东南。
卢溪县　辰州府卢溪县，治今湖南泸溪县西南。
庐江郡　治今安徽庐江县西南。
庐陵县　吉安府庐陵县，治今江西吉安市吉州区。
庐州府　治今安徽合肥市。
潞安府　治今山西长治市。
潞　州　治今山西长治市。

M

马湖府　治今四川屏山县。
茂名县　高州府茂名县，治今广东高州市。
眉　州　治今四川眉山县。
蒙化府　治今云南巍山彝族回族自治县。
蒙　县　梁国蒙县，治今河南商丘市东北。
孟艮府　明辖境相当今缅甸东北部与中国云南、泰国交界处地区。
密　县　治今河南新密市。
绵　州　治今绵阳市东。
沔　县　汉中府宁羌州沔县，治今陕西勉县西老城（武侯镇）。
沔阳县　治今湖北仙桃市西南沔城回族镇。
闽　县　治今福建福州市。

N

纳楼茶甸长官司，临安府纳楼茶甸长官司 治今云南建水县南官厅。

南安府 治今江西大余县。

南安县 晋南郡南安县，西晋（一说三国吴）析孱陵县置南安县，治今湖南岳阳市城关镇。

南安州 楚雄府南安州，治今云南双柏县北云龙镇。

南海郡 治今广东广州市。

南　郡 治今湖北荆州。

南康府 治今江西星子县。

宁国府 治今安徽宣城市。

宁海州 登州府宁海州，治今山东烟台市牟平区。

宁羌州 治今陕西宁强县。

宁夏卫 治今宁夏银川市。

宁　州 庆阳府宁州，治今甘肃宁县。

宁　州 南昌府宁州，治今江西修水县。

宁　州 临安府宁州，治今云南华宁县。

O

瓯宁县 建宁府瓯宁县，治今福建建瓯市。

P

沛　郡 汉治今安徽濉溪县西北。

彭　县 成都府彭县，治今四川彭州市。

蓬　州 顺庆府蓬州，治今四川蓬安县。

邳　州 淮安府邳州，治今江苏下邳县。

毗陵县 治今江苏常州市。

平茶洞长官司　治今重庆市秀山土家族苗族自治县西。
平海卫　治今福建莆田市东平海。
平浪长官司　治今贵州都匀市西南平浪镇。
平阳府　治今山西临汾市。
平越府　治今贵州福泉市。
蒲圻县　武昌府蒲圻县，治今湖北赤壁市。
蒲台县　济南府滨州蒲台县，治今山东滨州市南蒲城。
蒲　州　平阳府蒲州，治今山西蒲州镇。
濮　州　东昌府濮州，治今河南范县西南濮城镇。
普安州　治今贵州盘县。
普安县　保宁府剑州普安县，治今四川剑阁县。
普定卫　贵州普定卫，治今贵州安顺市。

Q

祁　州　保定府祁州，治今河北安国市。
岐　州　治今陕西凤翔县。
蕲水县　黄州府蕲水县，治今湖北浠水县东。
蕲　州　黄州府蕲州，治今湖北蕲州镇。
汧阳县　凤翔府陇州汧阳县，治今陕西千阳县。
钱塘县　杭州府钱塘县，治今浙江杭州市。
潜　县　治今安徽霍山县东北。
黔阳县　辰州府沅州黔阳县，治今湖南洪江市黔城。
灊　县　治今安徽霍山县东北。
秦　州　巩昌府秦州，治今甘肃天水市。
清平县　东昌府清平县，治今山东高唐县西南清平镇。
清平县　都匀府独山州清平县，治今贵州凯里市西北清平。
清源县　太原府清源县，治今山西清徐县。
庆都县　保定府庆都县，治今河北望都县。

庆阳府　治今甘肃庆城县。
庆远府　治今广西宜州市。
邛部长官司　治今四川越西县东北。
邛　州　治今四川邛崃市。
琼州府　治今海南海口市琼山区。
丘　县　临清州丘县，治今河北邱县丘城镇。
曲　江　韶州府曲江县，治今广东韶关市西南。
泉陵县　治今湖南永州市。

R

饶　州（府）　治今江西鄱阳县。
仁和县　杭州府仁和县，治今浙江杭州市。
日南郡　交州日南郡，西汉辖境约相当今越南中部，北起河静、广平省交界处横山南抵富安省大岭。
荣河县　平阳府蒲州荣河县，治今山西万荣县西南宝井。
融　县　柳州府融县，治今广西融水县。
汝南郡　西汉治今河南上蔡县西南。
汝宁府　治今河南汝南县。
瑞州府　治今江西高安市。
沙　州　治今甘肃敦煌市西南。

S

山阳县　淮安府山阳县，治今江苏淮安市。
删丹县　张掖郡删丹县，治今甘肃山丹县。
陕西行都司，陕西行都指挥使司　治今甘肃张掖市。
陕　州　河南府陕州，治今河南三门峡市西旧陕县。
善化县　长沙府善化县，治今湖南长沙市。
商　州　西安府商州，治今陕西商洛市商州区。

上元县 应天府上元县，治今江苏南京市。
韶　州 治今广东韶关市南武水之西。
韶州府 治今广东省韶关市。
施南宣抚司 治今湖北宣恩县。
施州卫 治今湖北恩施市。
十二营长官司，镇宁州十二营长官司 在今贵州普定县东十二营。
石埭县 池州府石埭县，治今安徽广阳。
石旧县 治今云南禄劝彝族苗族自治县东北旧县。
石泉县 龙安府石泉县，治今四川龙安县。
石　州 太原府石州，治今山西吕梁市离石区。
寿昌县 严州府寿昌县，治今浙江建德市西南寿昌镇。
寿张县 兖州府东平州寿张县，治今山东阳谷县东南寿张镇。
寿　州 凤阳府寿州，治今安徽凤台县。
舒　州 治今安徽潜山县。
蜀　州 治今四川崇州市。
束鹿县 唐属深州，治今河北辛集市东北旧城。元改属祁州，明移治今辛集市东南新城镇，清改属保定府。
顺德府 治今河北邢台市。
顺宁府 治今云南省凤庆县。
顺庆府 治今四川南充市。
顺天府 治今北京城。
思恩府 治今广西武鸣县北府城。
四川行都司，四川行都指挥使司 治四川西昌市。
泗　州 凤阳府泗州，治今江苏洪泽市西洪泽湖西岸。
嵩　江 即松江府，治今上海松江区。
肃　州（卫） 治今甘肃酒泉市。
遂安县 严州府遂安县，治今浙江省淳安县西南姜家东南（今已没入新安江水库中)。

T

台州府 治今浙江临海市。

太和县 吉州太和县,今江西泰和县。

太平府 广西等处行中书省太平府,治今广西崇左市太平镇。江南行中书省太平府,治今安徽当涂县。

太平县 夔州府达州太平县,治今四川万源市。

太平县 宁国府太平县,治今安徽黄山市北仙源镇。

太平县 平阳府太平县,治今山西襄汾县西南汾城镇。

太平县 温州府太平县,治今浙江温岭县。

潭溪长官司 治今贵州黎平县东北潭溪乡。

唐山县 顺德府唐山县,治今河北隆尧县西南尧城。

唐　县 南阳府唐县,治今河南唐河县。

堂邑县 东昌府堂邑县,治今在山东聊城市西北堂邑。

桃源县 淮安府桃源县,治今江苏泗阳县西南废黄河南岸旧泗阳(城厢)。

腾越州 永昌府腾越州,治今云南腾冲县。

天兴县 今陕西凤翔县。

汀　州(府) 治今福建长汀县。

通远军 治今甘肃陇西县。

通　州 顺天府通州,在北京市通州区西北部,北运河、通惠河、温榆河汇合处。

通　州 扬州府通州,治今江苏南通市。

同官县 西安府耀州同官县,治今陕西铜川市北城关。

同　州 治今陕西大荔县。

铜阳县 治今安徽临泉县西鲖城。

潼川州 治今四川三台县。

W

完　县　　保定府完县，治今河北顺平县。
宛平县　　顺天府宛平县，治今北京城西南隅。
皖　县　　治今安徽潜山县。
万安县　　福州万安县，治今福建福清市。
万全都司，万全都指挥使司　　治今河北宣化县。
万泉县　　平阳府蒲州万泉县，治今山西万荣县古城村。
万　县　　夔州府万县，治今重庆市万州区。
万　州　　琼州府万州，治今海南万宁市。
威清卫　　治今贵州清镇市。
威远御夷州　　当治今云南景谷傣族彝族自治县南郊的大寨。
威　州　　成都府威州，治今四川汶川县。
潍　县　　莱州府平度州潍县，治今山东潍坊市。
洧川县　　开封府洧川县，治今河南尉氏县西南。
渭　州　　治今甘肃陇西县东南。
阌乡县　　河南府陕州阌乡县，治今河南灵宝市西故县。
乌程县　　湖州府乌程县，治今浙江湖州市。
乌蒙路　　治今云南昭通市昭阳区旧圃镇。
乌撒路（府）　　治今贵州威宁彝族回族苗族自治县。
吴　县　　治今江苏苏州市旧城区。
武昌府　　治今湖北武汉市武昌。
武昌县　　武昌府武昌县，治今湖北鄂州市。
武城县　　定襄郡武城县，治今内蒙古清水河县北。
武德县　　怀州武德县，治今河南温县东北武德镇。
武定州　　济南府武定州，治今山东惠民县。
武进县　　常州府武进县，治今江苏常州市。
武康县　　湖州府武康县，治今浙江德清县千秋。

武陵郡　治今湖南常德市西。
武陵县　常德府武陵县，治今湖南常德市。
武兴县　太原府武兴县，治今山西文水县东南。
武延县　治今山西原平市东南唐林冈。
武缘县　思恩府武缘县，治今广西南宁市郁江北岸。
婺　州　治今浙江金华市。

X

熙安县　治今广东广州市西北。
下蔡县　治今安徽凤台县。
下邳县　治今江苏睢宁县北古邳镇东三里。
咸宁县　延安郡咸宁县，治今陕西宜川县东南。
相如县　蓬州相如县，治今四川蓬安县西锦屏乡。
相　州　治今河南安阳市。
香山县　广州府香山县，治今广东中山市。
湘东郡　治今湖南衡阳市。
襄阳郡（府）　治今湖北襄樊市汉水南襄阳区。
襄邑县　治今河南睢县。
祥符县　汴梁祥符县、开封府祥符县，今在河南开封市。
孝丰县　湖州府安吉州孝丰县，治今浙江安吉县西南孝丰镇。
新安县　广州府新安县，治今广东深圳市西宝安区。
新昌县　瑞州府新昌县，治今江西宜丰县。
新城县　杭州府新城县，治今浙江富阳市西南新登镇。
新城县　建昌府新城县，治今江西黎川县。
新城县　济南府新城县，治今山东桓台县西新城镇。
新都县　治今四川成都市新都镇。
新繁县　成都府新繁县，治今四川省成都市新都区西北新繁镇。

新淦县	临江府新淦县，治今江西新干县。
新宁县	夔州府新宁县，治今四川开江县。
新卫州	卫辉府卫州，治今河南延津县北胙城。
新喻县	又作新渝县。临江府新喻县，治今江西新余市南。
兴安州	汉中府兴安州，治今陕西安康市。
兴国州	武昌府兴国州，治今湖北阳新县。
兴　化	可指兴化军，治今福建莆田市。
兴化府	治今福建莆田市。
兴济县	河间府兴济县，治今河北沧县北兴济镇。
兴宁县	郴州府兴宁县，今湖南资兴市兴宁镇。
绣　州	唐武德六年（623年）林州置，治今广西桂平市南。
徐沟县	太原府徐沟县，治今山西清徐县东南徐沟镇。
徐　州	治今江苏镇江市。徐州是古九州之一，范围大致在今淮海地区。
许　州	开封府许州，治今河南许昌市。
叙州府	治今宜宾市。
宣平县	处州府宣平县，治今浙江武义县西南柳城镇。
宣　州	治今安徽宣城市。
洵阳县	汉中府兴安州洵阳县，治今陕西旬阳县。
浔　阳	浔阳县，治今江西九江市。
浔州府	治今广西桂平市。

Y

崖　州	琼州府崖州，治今海南三亚市西北崖城镇。
雅　州	治今四川雅安市。
延平府	治今福建南平市。
严州府	治今浙江建德市东北梅城镇。
盐井卫	治今四川省盐源县东卫城。

方舆互考地名释录

雁门郡　东汉治今山西朔州市东南。
阳武县　开封府阳武县，治今河南原阳县。
阳宗县　澄江府阳宗县，治今云南澄江县北阳宗镇。
冶　县　会稽郡冶县，治今福建福州市旧冶山之麓。
夜郎县　石阡府夜郎县，约治今贵州省石阡县西南。
掖　县　莱州府掖县，治今山东莱州市。
伊阳县　汝州伊阳县，治今河南汝阳县。
伊　州　治今新疆哈密市。
仪封县　开封府仪封县，治今河南兰考县东。
仪真县　扬州府仪真县，治今江苏仪征市。
夷陵州　荆州府夷陵州，治今湖北宜昌市。
沂　州　兖州府沂州，治今山东临沂市。
义宁县　永宁州义宁县，治今广西临桂县西北五通。
义　州　辽东义州，治今辽宁义县。
邑梅洞　邑梅洞长官司，治今重庆市秀山土家族苗族自治县东南梅江。
峄　县　兖州府峄县，治今山东枣庄市南峄城镇。
益都县　青州府益都县，治今山东青州市。
鄞　县　宁波府鄞县，治今浙江宁波市。
应天府　治今江苏南京市。宋南京城应天府，别称"河南郡"，治今河南商丘市南。
荥阳县　开封府郑州荥阳县，治今河南城关镇老城。
荥泽县　开封府郑州荥泽县，治今河南郑州市西北古荥镇北。
营丘县　治今山东昌乐县东南营丘。
郢　州　治今湖北钟祥市。
颍昌府　治今河南许昌市。
颍　州　凤阳府颍州，治今安徽阜阳市。
邕　州　治今广西南宁市南。

雍丘县 治今河南杞县。

雍　州 汉雍州，东汉兴平元年（194年）置，治今甘肃武威市，辖境相当今甘肃省河西走廊地区。唐雍州，辖境在今陕西省秦岭以北，乾县以东，铜川市以南，渭南市以西地区。雍州是古九州之一。

永安郡 黄州永安郡，治今湖北黄冈市黄州区北。

永安县 雍州永安县，治今陕西铜川市耀州区。

永安州 平乐府永安州，治今广西蒙山县。

永昌军民府 治今云南保山市。

永昌郡 治今云南保山市东北金鸡村。

永昌卫 治今甘肃永昌县。

永昌县 治今河南洛阳市。

永淳县 横州永淳县，治今广西横县西北峦城镇（永淳旧县）。

永丰县 广信府永丰县，治今江西广丰县。

永福县 福州府永福县，治今福建永泰县。

永嘉郡 东晋治今浙江温州市。

永明县 永州府道州永明县，治今湖南江永县。

永宁郡 治今重庆市江北区。

永宁县 河南府永宁县，治今河南洛宁县。

永宁宣抚司 治今四川叙永县永宁河东。

永宁州 桂林府永宁州，治今广西永福县西北寿城。石阡府永宁州，治今关岭布依族苗族自治县西南永宁镇。

永平府 治今河北卢龙县。

幽　州 古九州及汉十三刺史部之一，隋唐时北方的军事重镇。

于潜县 杭州府于潜县，治今浙江临安市西于潜镇。

鱼复县 治今四川奉节县东十里白帝城。

雩都县 赣州府雩都县，治今江西赣州市于都县东北东溪。

郁林州　梧州府郁林州，治今广西玉林市。
裕　州　南阳府裕州，治今河南方城县。
元江府　治今云南元江哈尼族彝族傣族自治县。
沅　州　辰州府沅州，治今湖南芷江侗族自治县。
袁州府　治今江西宜春市。
岳州府　治今湖南岳阳市。
悦城县　治今广东德庆县东悦城。
越嶲卫　治今四川越西县。
云南府　治今云南昆明市。
云南郡　西晋治今云南祥云县东南云南驿。
云南县　大理府赵州云南县，治今云南祥云县。
云阳县　三国吴治今江苏丹阳市。
云中郡　唐治今山西大同市。
郧阳府　治今湖北郧县。

Z

泽　州　治今山西晋城市。
翟道县　治今陕西黄陵县仓村乡。
澶　州　治今河南濮阳市。
彰德路（府）　治今河南安阳市。
彰明县　成都府绵州彰明县，治今四川江油市南彰明镇。
昭化县　保宁府昭化县，治今四川广元市西南昭化镇。
赵城县　平阳府赵城县，治今山西洪洞县赵城镇。
赵　郡　北魏治今河北赵县。
赵　州　大理府赵州，治今云南大理市东凤仪镇。
真定府　治今河北正定县。
真宁县　庆阳府宁州真宁县，治今甘肃正宁县西南罗川。
镇番卫　治今甘肃民勤县。

镇南州	楚雄府镇南州，治今云南南华县。
盩厔县	治今陕西周至县。
朱提县	治今云南昭通市。
朱阳县	虢州朱阳县，治今河南灵宝市西南。
资　县	成都府资县，治今四川资中县。
淄川县	济南府淄川县，治今山东淄博市西南淄川区。
梓　州	治今四川三台县。
邹　县	兖州府邹县，治今山东邹城市东南。
左　州	太平府左州，治今广西崇左市东北左州镇。
胙城县	卫辉府胙城县，治今河南延津县东北。

后　　记

　　卢若腾的著述可谓丰富，清道光《金门志》著录的存目有八种，加上志书未录入的，有十余种之多，今存世的尚有《岛噫集》、《方舆互考》、《岛居随录》和《浯洲节烈传》四部。在明清鼎革之际的兵燹战火中，卢若腾的著述得予幸存，实属不易。作为坚贞不屈的明朝遗臣，卢若腾自登第出仕到病逝澎湖，二十多年历尽战乱，颠簸流离。若不是败退入闽，依附于郑成功麾下而稍得喘息，"困寄金门时，以遣愁愤无聊而著"，恐没有这些著述问世。也因为后来他欲东渡台湾投奔郑经，不幸病逝澎湖，他的这些著述手稿方能凭借海外孤岛与世隔绝而留存下来。而百六十年后，又有幸得着他的同里后学林树梅在澎湖觅得其遗文数册，校订刊行，其著述方才重见天日。据考，其今尚存世的四部著述，至少有三部是经林树梅之手校刊的。《岛居随录》二卷，由林树梅刊刻于清道光十一年（1831年）；《岛噫集》一卷，由林树梅刊刻于道光十二年（1832年）。《方舆互考》虽未付梓，然这部抄本仍是经过林树梅亲手校订。

　　在卢若腾的四部存世著述中，我们首选《方舆互考》作点校注释，并列入《厦门文献丛刊》刊行。首先，抢救、保护和开发利用珍稀古籍，是我们编辑《厦门文献丛刊》的目的之一，而厦门市图书馆所藏的《方舆互考》抄本，极可能是个独一无二的孤本。编者曾检索国内各大图书馆的古籍书目，均未查到该书信息。而林树梅刊刻的《岛噫集》和《岛居随录》，倒是在一些图书馆还能看到踪影。其次，《方舆互考》作为地理博物的类书，其信息量十分丰富。作者从《水经注》、《舆地碑目》、《酉阳杂俎》、《山海经》等200多种以上的古籍中采辑异地同类的地理博物琐闻，分缕离析，参互考证，其中内容虽有些是荒诞不经的神异传说，但更多是涉及地方历史、地理、风俗、人文，对开发各地旅游，丰富旅游内涵，颇有帮助。鉴此，我们将《方舆互考》整理付梓，奉献给读者。

本书的文字点校与注释仍沿袭《厦门文献丛刊》的点校原则。书中地名信息量极大，且在各卷中反复出现。其中有部分政区地名古今变化很大，因此将古今专名不同者抽出，采用集中注释的方法，于书后附录《方舆互考地名释录》，以便读者识别。而古今专名同名者，恕不一一注释。

本书的校注出版，得到丛刊编委会顾问江林宣先生的大力指导，提出不少宝贵的意见。本馆古籍室曾舒怡同志也给予不少的帮助。厦门大学出版社薛鹏志先生尽瘁校务，付出甚多艰辛劳动。特此向他们表示衷心感谢！

卢若腾编撰此书，摘抄百家书，再条分汇合，略加按语而来。虽经林树梅重校，但异形字、抄误字屡见不鲜，地名、年号、人名有失考订，正如作者所说："若夫挂一漏万之讥，故自知其必不免也。"编者在整理和校注过程中，尽力将讹误之处予以注释。然限于编者水平，整理与校注不免有疏漏之处，敬祈诸位方家有以教正。

编者
2016 年 7 月